Wiebke Haas

Haustiere perfekt fotografieren

BILDNER

Verlag: BILDNER Verlag GmbH
Bahnhofstraße 8
94032 Passau
http://www.bildner-verlag.de
info@bildner-verlag.de

ISBN: 978-3-8328-0489-3

Lektorat: Ulrich Dorn
Layout und Gestaltung: Nelli Ferderer
Autorin: Wiebke Haas
Herausgeber: Christian Bildner
Druck: FINIDR s.r.o., Lípová 1965, 73701 Český Těšín, Tschechische Republik

Coverfoto: Wiebke Haas
Tierzeichnungen in grünen Hinweiskästen: Yod67 – stock.adobe.com

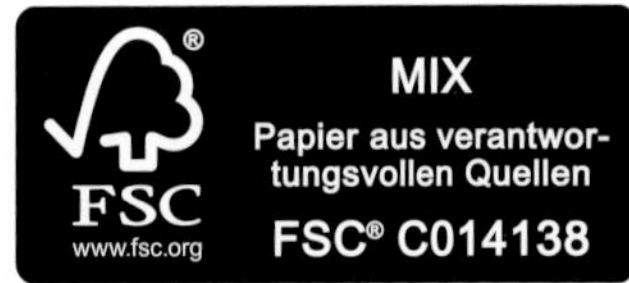

Das FSC®-Label auf einem Holz- oder Papierprodukt ist ein eindeutiger Indikator dafür, dass das Produkt aus verantwortungsvoller Waldwirtschaft stammt. Und auf seinem Weg zum Konsumenten über die gesamte Verarbeitungs- und Handelskette nicht mit nicht-zertifiziertem, also nicht kontrolliertem, Holz oder Papier vermischt wurde. Produkte mit FSC®-Label sichern die Nutzung der Wälder gemäß den sozialen, ökonomischen und ökologischen Bedürfnissen heutiger und zukünftiger Generationen.

Wichtige Hinweise

Die Informationen in diesen Unterlagen werden ohne Rücksicht auf einen eventuellen Patentschutz veröffentlicht. Warennamen werden ohne Gewährleistung der freien Verwendbarkeit benutzt. Bei der Zusammenstellung von Texten und Abbildungen wurde mit größter Sorgfalt vorgegangen. Trotzdem können Fehler nicht vollständig ausgeschlossen werden. Verlag, Herausgeber und Autoren können für fehlerhafte Angaben und deren Folgen weder eine juristische Verantwortung noch irgendeine Haftung übernehmen. Für Verbesserungsvorschläge und Hinweise auf Fehler sind Verlag und Herausgeber dankbar.

Fast alle Hard- und Softwarebezeichnungen und Markennamen der jeweiligen Firmen, die in diesem Buch erwähnt werden, können auch ohne besondere Kennzeichnung warenzeichen-, marken- oder patentrechtlichem Schutz unterliegen.

VORWORT

Gibt es etwas Schöneres, als sich an den eigenen Haustieren tagtäglich zu erfreuen? Zu erleben, wie sich meine vierbeinigen Familienmitglieder von tapsigen Fellknäulen zu individuellen Charakterköpfen entwickelt haben und unseren Alltag mit ihren Ideen, Eigenheiten, dem Unsinn und ihrem Charme bereichern, ist für mich das größte Geschenk.

Tiere sind mein Lebensmittelpunkt. Daher ist es wenig verwunderlich, dass ich auch beruflich mit ihnen zu tun habe und das, was ich mit meinem Herzen sehe, auch anderen Menschen nahebringen möchte. Die Fotografie schlägt hierbei für mich seit über zehn Jahren die Brücke und vereint darüber hinaus noch viel mehr Vorteile: Als Fotografin kann ich auch meine kreative Ader ausleben. Man kann für sich oder andere Erinnerungen schaffen, die einen über Jahre begleiten und erfreuen.

Sie vertieft die Bindung und das Verständnis für das Individuum vor der Kamera. Außerdem: Die Arbeit mit den Tieren vor der Kamera läuft, zumindest weitab von der Werbefotografie, zwanglos ab. Die vierbeinigen Models dürfen einfach sie selbst sein und müssen keine Leistung erbringen, wie etwa in einem Zucht- oder Reitsportbetrieb, dessen Wirtschaftlichkeit an die Leistung und den Verkaufswert der Tiere gekoppelt ist.

Das Allerwichtigste jedoch wird vielleicht auch der Grund dafür sein, dass du zu diesem Buch gegriffen hast: Tiere zu fotografieren, macht einfach Spaß und bereitet Stolz und Freude, wenn man ein gelungenes Bild seines geliebten Vierbeiners zeigen und damit andere Menschen zum Staunen, Lachen und Nachdenken bringen kann.

Dieses Buch ist nicht das erste, das ich zum Thema Tierfotografie schreibe. Doch mit jedem weiteren Jahr als Berufsfotografin ändern sich natürlich auch Ansichten, Arbeitsweisen und -abläufe, die ich gern mit dir teilen möchte. Kreativität ist ein fließender Prozess. Sie ist planbar und erlernbar, braucht aber gleichzeitig Raum und Zeit, um sich zu entfalten.

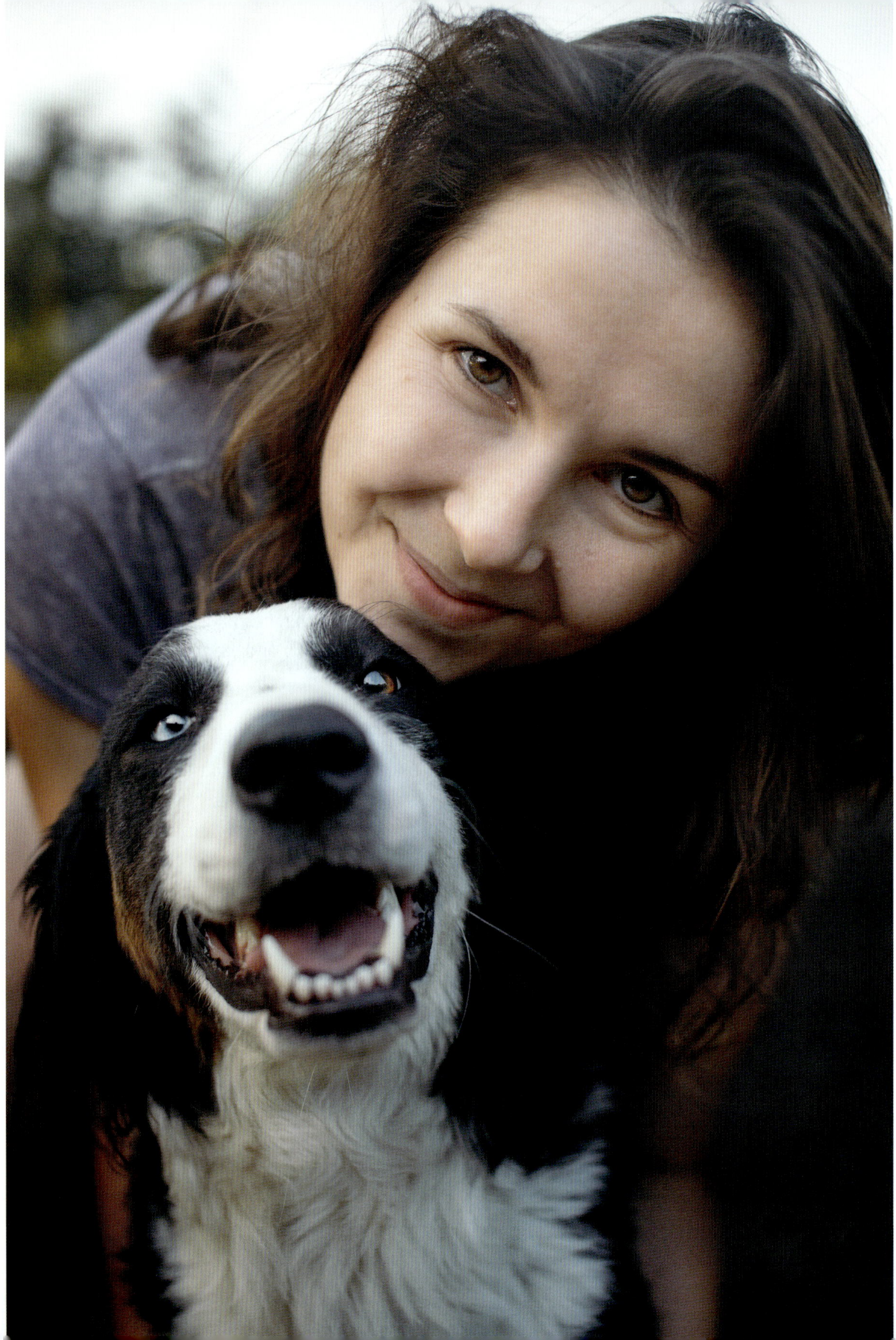

Aber wie genau fängt man eigentlich an?

In den nachfolgenden Kapiteln möchte ich dir den Einstieg in die Tierfotografie erleichtern. Vielleicht teilst du bisher nur die Liebe zu den Tieren mit mir und wagst dich gerade erst an die Fotografie heran. Möglicherweise hast du auch schon eine Kamera und verfügst über einige Grundkenntnisse in der manuellen Fotografie, aber weißt noch nicht so recht, wie du dein Haustier so richtig in Szene setzen sollst. Als Tierfotograf wird man ins kalte Wasser geworfen, denn die Models geben dir weder eine Extrazeit, noch sind sie für dich besonders geduldig. Deswegen ist es eine große Erleichterung, wenn du mit der richtigen Strategie an ein Tierfotoshooting herangehen kannst.

Planung und Vorbereitung sind das A und O – und auch wenn sich das für dich erst mal nach viel Aufwand und Arbeit anhört: Bleib am Ball. Du wirst sehen, wie du mit der Zeit deine Kamera ganz intuitiv bedienen, das Licht richtig nutzen und deinen Bildaufbau wie von selbst harmonisch gestalten kannst. Die Voraussetzungen dafür sind theoretische Grundlagen in Sachen Technik und Bildgestaltung, ein Verständnis für das Verhalten der Tiere, eine gute Planung der Motivumsetzung und natürlich deine Motivation.

Für die drei ersten Punkte gibt dir das vorliegende Buch einen leichten Einstieg mit auf den Weg. Aber natürlich hoffe ich auch, deine Motivation beim Lesen des Buchs anzukurbeln! Du kannst das Buch natürlich von vorne bis hinten der Reihe nach durchlesen, aber genauso gut kannst du einfach zu den Kapiteln springen, die für dich gerade am wichtigsten sind. In jedem Fall wünsche ich dir viel Spaß und jede Menge Input für deine Fotografie!

Wiebke!

◀ *Wiebke Haas*

Inhalt

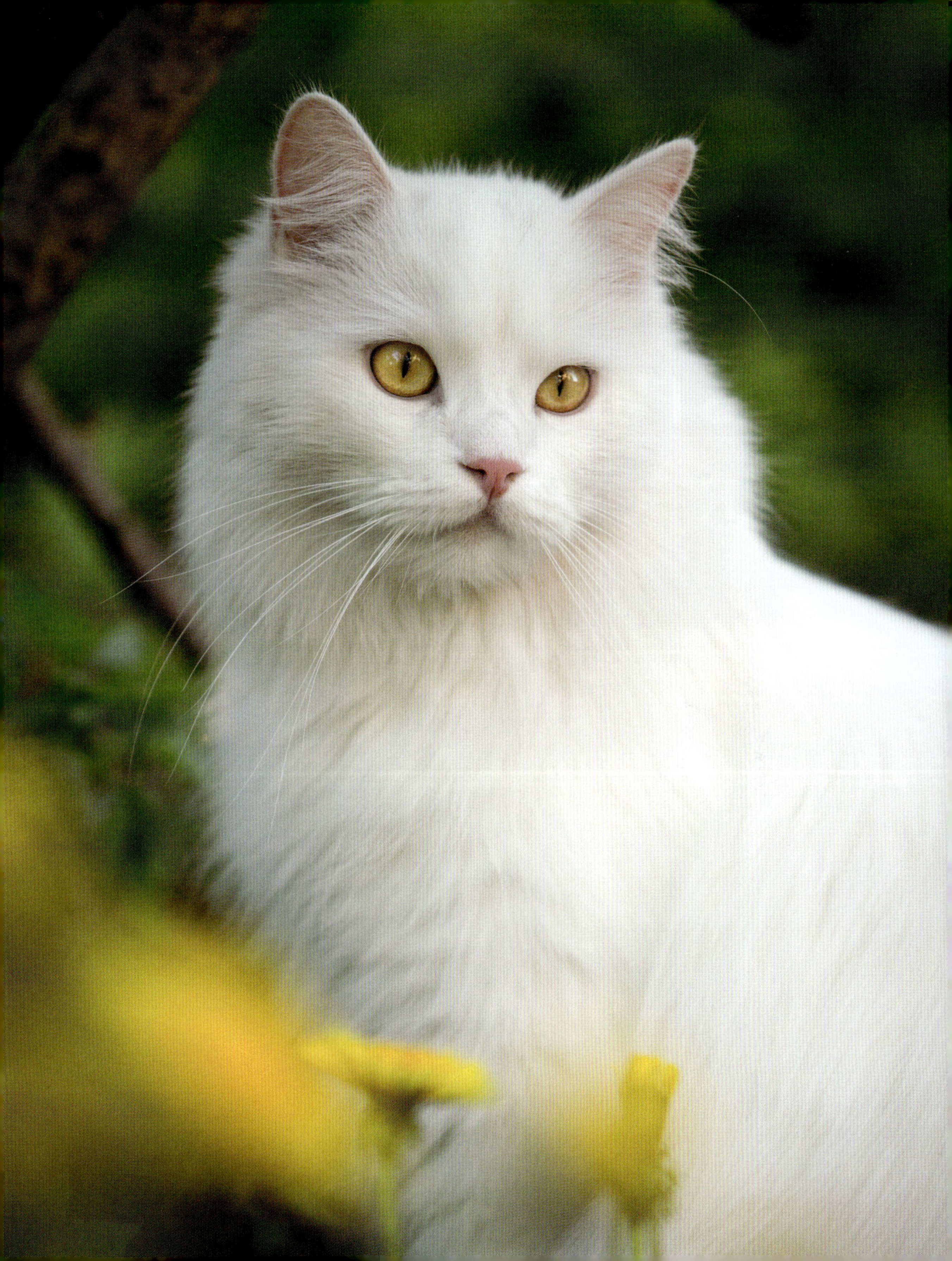

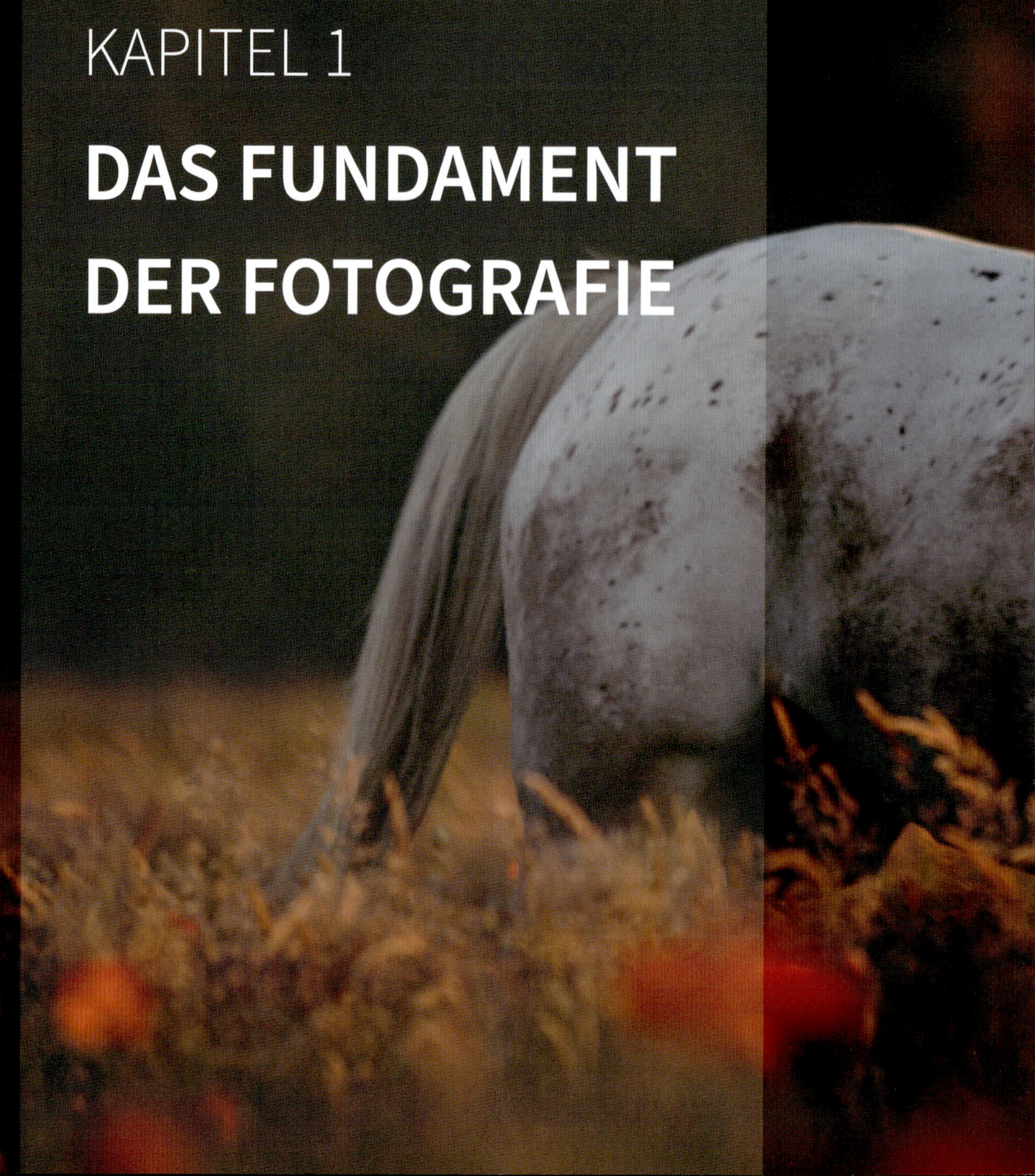

KAPITEL 1

DAS FUNDAMENT DER FOTOGRAFIE

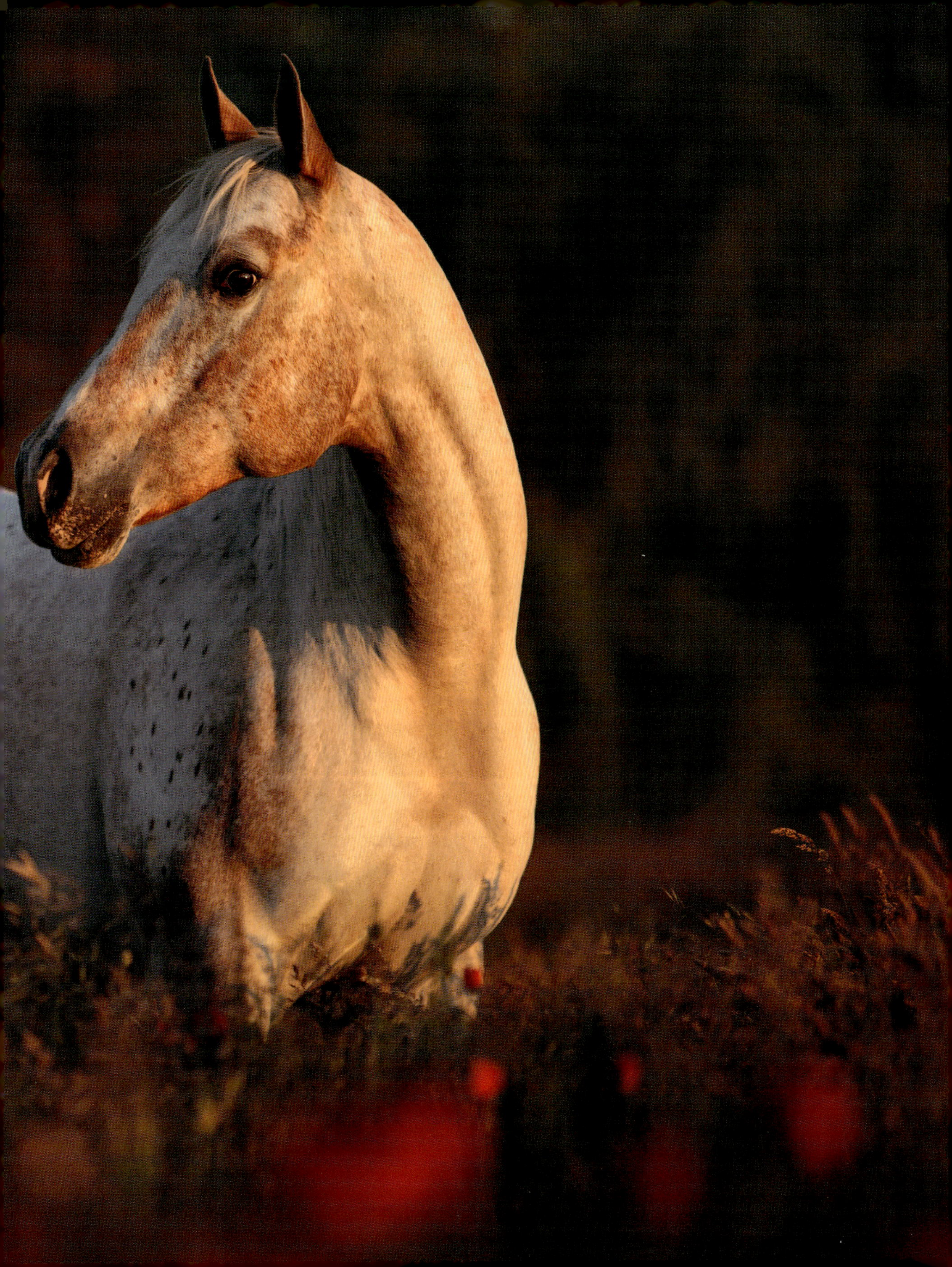

Welche Kamera soll es sein?

Ein Fotograf muss zunächst das Handwerk beherrschen, die Technik verstehen und das Auge für grundlegende Gestaltungsregeln schulen, bevor er sich seinen Motiven wirklich frei widmen kann. Ich persönlich betrachte meine Fotografie jedoch bei Weitem nicht als Handwerk im engeren Sinne. Vielmehr sehe ich mich als Künstlerin, die sich zu 100 Prozent ihren Motiven verschrieben hat. Meine Bilder sollen ein Sprachrohr für die Tiere sein. Sie zeigen, wie sie sind in ihrer vielschichtigen und viel tieferen Art und Weise, als ihnen von so manchen Menschen überhaupt zugesprochen wird.

Und dennoch: Nichts ist ärgerlicher, als wenn ein unwiederbringlicher Moment nicht fotografiert werden konnte, weil die Einstellungen der Kamera nicht gepasst haben. Deswegen geht es in diesem Kapitel mit dem Fundament los, auf dem jeder Fotograf später seine eigene Galerie errichten kann.

Es gibt keine häufiger gestellte und notwendigere Frage zu Beginn eines jeden fotografischen Wegs als die nach der besten Kamera für die eigenen Bedürfnisse. Das Angebot ist scheinbar endlos und erschlagend. Ich kann daher verstehen, dass die meisten Menschen an ihre Lieblingsfotografen herantreten oder in Foren nach Kameraempfehlungen fragen.

Die Wahrheit aber ist: Wenn du einen Fotografen nach der besten Kamera für dich selbst fragst, wird er dir nur erklären, was für ihn am besten funktioniert. Fragst du mehrere Fotografen, erhältst du sehr wahrscheinlich mindestens genauso viele verschiedene Antworten. Das ist nicht nur frustrierend, sondern bringt dich auch nicht wirklich weiter. Aus diesem Grund gebe ich dir keine präzise Kaufempfehlung, dafür aber einen Leitfaden zu deiner Traumkamera. Denn was für dich am besten ist, musst du für dich selbst definieren:

Was möchtest du vor allem fotografieren?

Wahrscheinlich lehne ich mich nicht zu weit aus dem Fenster, wenn ich annehme, dass du vor allem deine Haustiere fotografieren möchtest. Aber vielleicht soll die Kamera auch besonders leicht sein, um sie auf Reisen mitzunehmen, oder du möchtest außerdem noch in die Astro- oder Makrofotografie einsteigen? Mach dir klar, wo deine Prioritäten für den Anfang liegen. Und keine Sorge: Die meisten Kamerabodys decken heute schon ein wirklich breites Feld bei den Fotosparten ab. Die Objektive entscheiden grundsätzlich viel mehr über die Art und Weise, wie und was du besonders gut (aus technischer Sicht) fotografieren kannst. Je nach Priorität kannst du dir so nach und nach die geeigneten Linsen zulegen.

In welchem Umfang willst du fotografieren?

Bist du ein ambitionierter Fotograf und schießt mehrmals die Woche Fotos, oder kommt deine Kamera nur für eine Handvoll Einsätze im Jahr ans Tageslicht? Eine Kamera für den gelegentlichen rein hobbymäßigen Gebrauch muss sicherlich nicht das technische High End bereithalten.

Schätze dich realistisch ein. Auch hier sei gesagt: Die Optik ist für den ersten Bildeindruck viel entscheidender. Wenn du noch gar nicht weißt, ob die Fotografie überhaupt das Ding für dich ist, reicht definitiv ein günstiger Einsteigerbody. Fängst du an, die Kamera häufiger und gezielter zu nutzen, lohnt sich die Investition in ein sehr gutes Objektiv. Dieses kannst du später auch an einem anderen Kamerabody verwenden, sollte dein Hobby größere Dimensionen annehmen.

Wie sieht deine fotografische Zukunft aus?

Diese Frage geht eigentlich Hand in Hand mit der vorherigen, aber ich möchte noch etwas mehr ins Detail gehen, falls du jetzt schon weißt, dass du die Fotografie sehr ambitioniert betreiben möchtest oder sogar eine gewerbliche Laufbahn anstrebst. In diesem Fall lohnt sich bereits ein Blick in die Semiprofiliga der Kameras zusammen mit einem hochwertigen Objektiv. So vermeidest du gleich zu Beginn technischen Ärger, wenn der ISO-Wert doch nicht so hoch nutzbar ist oder der Autofokus nicht schnell genug greift. Nach meiner Erfahrung sind ambitionierte Fotografen recht schnell an einem Punkt angelangt, an dem die einfachsten Kameramodelle wirklich nicht mehr ausreichen. Aber gerade im Semiprofisegment gibt es ein unglaublich breites Angebot. Ich kann dich beruhigen: Heutzutage liefern wirklich die allermeisten Kameras das, was du für den Einstieg brauchst, ohne zu schnell an technische Grenzen zu stoßen. Vielmehr geht es darum, mit welchem System du dich am besten fühlst und welches Kameramenü oder welche Handhabung der jeweiligen Hersteller dir am meisten liegt.

Wie hoch ist dein Budget?

Setze dir einen Preisrahmen. Das erleichtert dir die Suche, da du so den Suchradius eingrenzen kannst. Spielt das Budget keine Rolle, aber bist du noch ganz am Anfang und willst eher rein hobbymäßig fotografieren? Dann empfehle ich zunächst trotzdem keine Profikamera – du wirst vielleicht überfordert sein und die ganzen Funktionen nicht richtig nutzen wollen oder können. Die Profikameras, die ich bisher eingesetzt habe, hatten keine Vollautomatikfunktionen und mussten manuell bedient werden. Investiere lieber in eine breite Objektivauswahl, um für verschiedene Situationen gewappnet zu sein. Du wünschst dir die „Eier legende Wollmilchsau" – also bei eher kleinem Budget eine Kamera für Actionfotografie in dunklen Räumen, aber gleichzeitig ein kompaktes Reisegefährt für Landschaften und Safari?

Dafür gibt es zwar günstige Kit-Pakete, aber die Objektive sind meist lichtschwach und kommen schnell an Grenzen. Setze auf einen Kamerabody in deinem Preisrahmen passend zu deinen häufigsten Motiven und kaufe dir nach und nach die Brennweiten, die du brauchst. Du kannst Objektive gebraucht kaufen – der Verschleiß hält sich in Grenzen, sofern die Gläser nicht zerkratzt oder von Schimmel befallen sind.

Die Kamera für Tierfotografen ...

... gibt es im eigentlichen Sinne nicht, denn wie oben beschrieben hängt die Wahl auch stark von persönlichen Vorlieben und finanziellen Möglichkeiten ab. Trotzdem stelle ich dir im Folgenden eine Auswahl wichtiger Eckdaten zusammen, nach denen du dich richten kannst.

Serienbildgeschwindigkeit

Tiere sind schnell. Nicht nur, wenn sie über eine Wiese flitzen, sondern auch, wenn sie bei einer Porträtreihe plötzlich zur Seite schauen oder sich ruckartig bewegen. Sie wissen schließlich nicht, dass sie stillhalten sollen. Um keinen Moment zu verpassen – und natürlich gerade für actiongeladene Motive –, ist eine schnelle Kamera ein großer Vorteil. Mit der Serienbildfunktion kannst du in einer Sekunde mehrere Bilder fotografieren, indem du den Auslöser einfach gedrückt hältst. Wie viele Bilder in der Sekunde fotografiert werden können, hängt von der Serienbildgeschwindigkeit ab.

Achte beim Kauf darauf, wie viele Bilder du im RAW-Modus machen kannst. Früher oder später wirst du, statt im JPEG-Format zu fotografieren, auf den RAW-Modus wechseln. Doch dazu später mehr. Meine langsamste Kamera schaffte nur 4 B/s (Bilder pro Sekunde) und war damit richtig lahm. Als Minimum empfehle ich 6 B/s, besser sind 8 B/s. Meine Profispiegelreflex schaffte 12 B/s, die ich jedoch nie ausgereizt habe. Ich habe die Kamera auf 8 bis 10 B/s gedrosselt.

Allerdings fotografiere ich meistens Pferde, die meinem persönlichen Eindruck nach generell etwas „leichter" im Galopp in einer tollen Phase zu erwischen sind als Hunde oder gar Katzen. Meine aktuelle Kamera, ein spiegelloses Modell, kann sogar 20 B/s fotografieren. Bisher habe ich das aber noch nicht gebraucht.

Messfelder für den Fokus

Mit den Messfeldern bestimmst du, wo genau im Bild die Kamera fokussieren soll. Je mehr Messfelder zur Verfügung stehen, desto leichter kannst du dein Foto aufbauen und gestalten. Hast du z. B. nur sechs oder acht Messfelder zur Verfügung und willst ein Porträt fotografieren, musst du zwangsläufig ein Messfeld wählen, das so nahe wie möglich am Auge deines Tieres liegt, und deinen Motivausschnitt noch etwas verschieben, um wirklich das Auge unter den Fokuspunkt zu schieben.

Hast du 20 oder noch viel mehr Messfelder zur Verfügung, kannst du deinen Bildausschnitt nach deinen Wünschen gestalten und einfach das Messfeld aktivieren, das genau dort liegt, wo du das Bild scharf stellen möchtest. Es ist natürlich kein Drama, wenn du erst mal nicht so viele Messfelder zur Verfügung hast, aber es erschwert deine Bildgestaltung.

▶ *Mit über 60 Messfeldern lässt sich der Fokuspunkt sehr genau bestimmen. Das erleichtert den Bildaufbau und vor allem das Handling bei schnellen und zappeligen Motiven. Das rote Messfeld war in diesem Fall das von mir ausgewählte und liegt genau über dem Auge von Baby Joyce.*

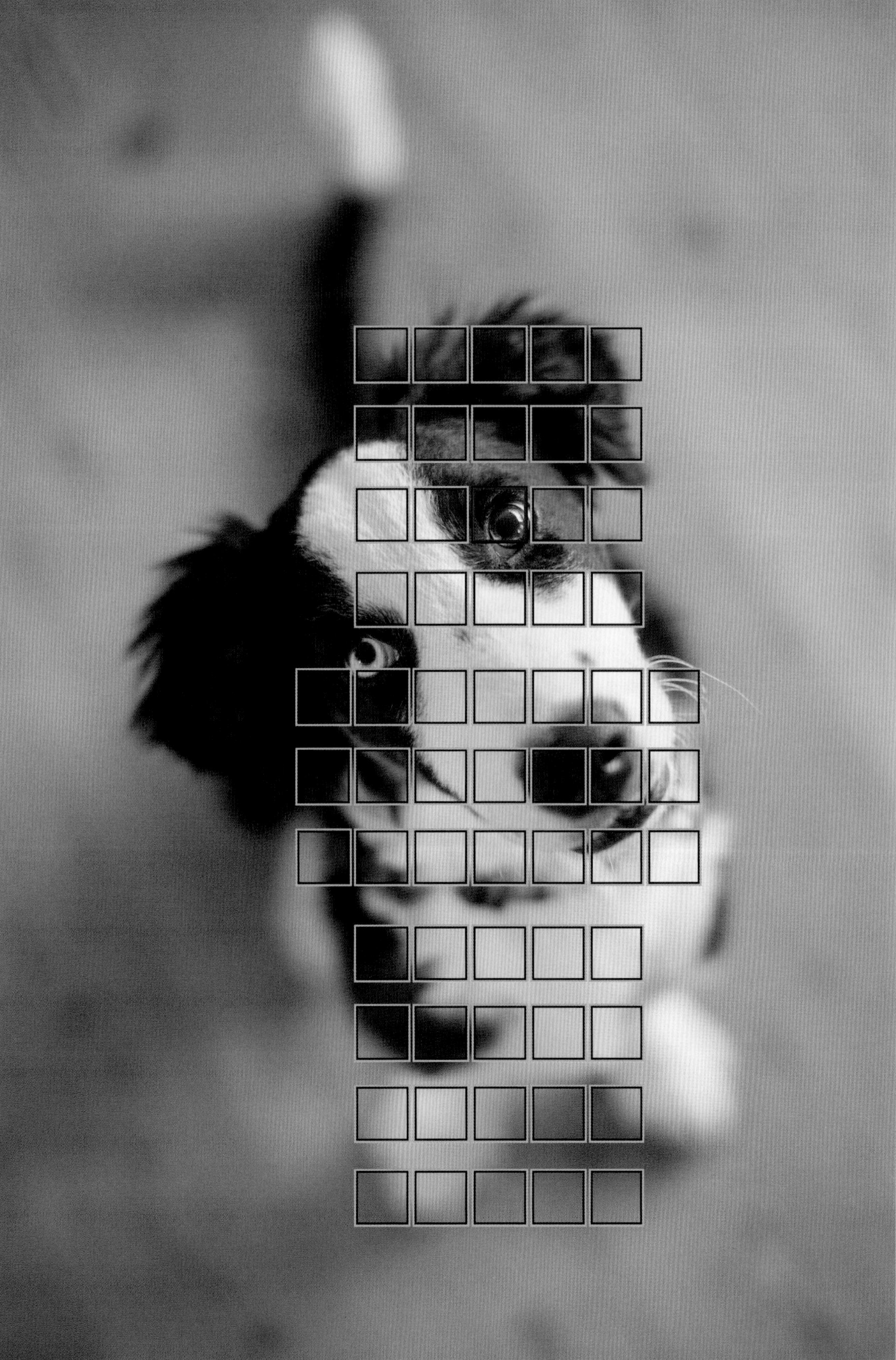

ISO und Rauschverhalten

Als Tierfotograf wirst du vorrangig mit kurzen Verschlusszeiten arbeiten. Tiere bewegen sich schnell, und nur mit kurzen Verschlusszeiten vermeidest du Bewegungsunschärfe. Das kostet allerdings Licht. Keine Sorge, wenn du bis jetzt noch nie mit manueller Belichtung, also Blende, ISO und Verschlusszeit, zu tun hattest. Diese Begriffe erkläre ich dir später. Für deine Fotografie kann es erleichternd sein, wenn deine Kamera über einen recht hohen ISO-Bereich und vor allem über ein möglichst geringes Rauschverhalten verfügt. Je höher dein ISO-Wert, desto höher ist die Lichtintensität auf deinem Sensor, und desto höher ist auch das Rauschen.

Mittlerweile gibt es im Internet zu allen Kameramodellen entsprechende Testbilder zu hohen ISO-Einstellungen. Ich selbst arbeite recht häu-

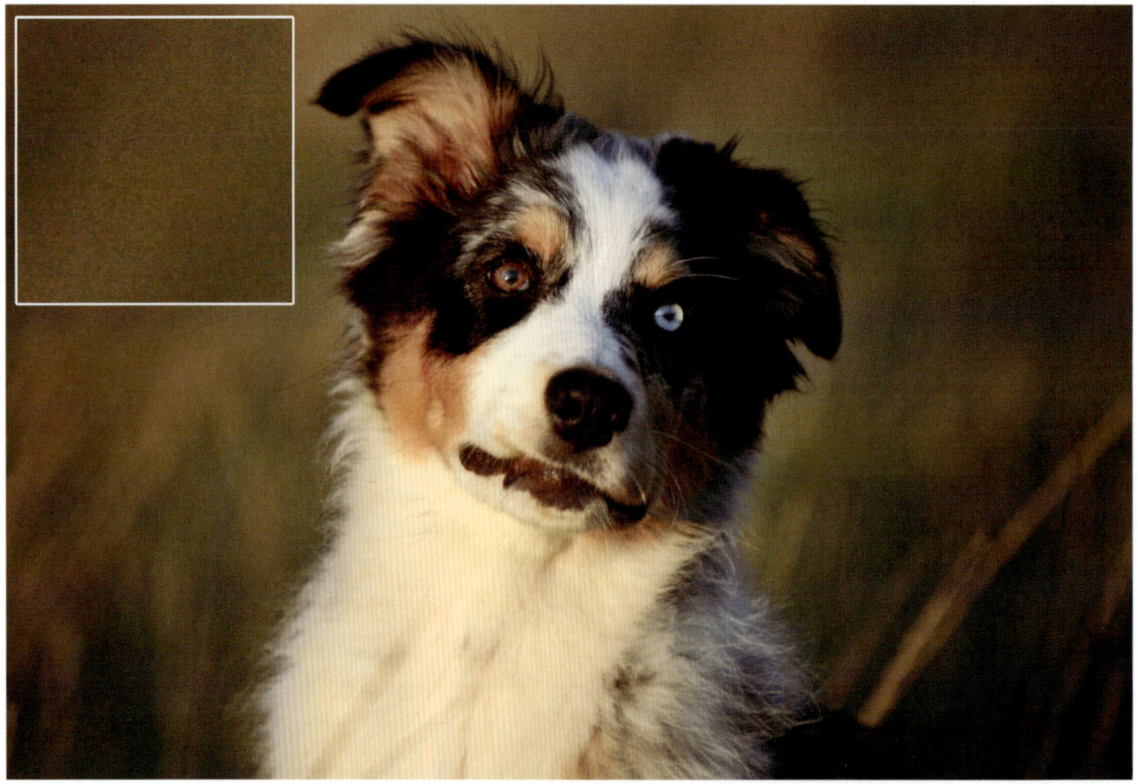

▲ *Meine erste Kamera war ein günstiges DSLR-Einsteigermodell. Bei höheren ISO-Einstellungen begann das Farbrauschen. Vor allem die roten und grünen Pixel des Sensors treten in diesem Beispiel hervor.*

ISO 400 | 200 mm | f/2.8 | 1/1600 s

fig mit ISO 800 bis ISO 1600. Selten komme ich sogar auf ISO 2500 und im äußersten Notfall auch auf ISO 3200. Diesen ISO-Bereich decken die allermeisten Kameras heute ab. Du musst für dich abwägen, ob dir das Rauschverhalten der Kamera in diesem ISO-Bereich noch gefällt und ob du damit leben kannst.

Etwas bessere Sensoren rauschen monochromatisch und sorgen für einen ähnlichen optischen Effekt wie die Körnung in der Analogfotografie. Das empfinde ich als stilvoller als das Farbrauschen von einfacheren Sensoren. Hier sieht man deutlich die RGB-Pixel (RGB = Rot, Grün, Blau), aus denen der digitale Sensor aufgebaut ist.

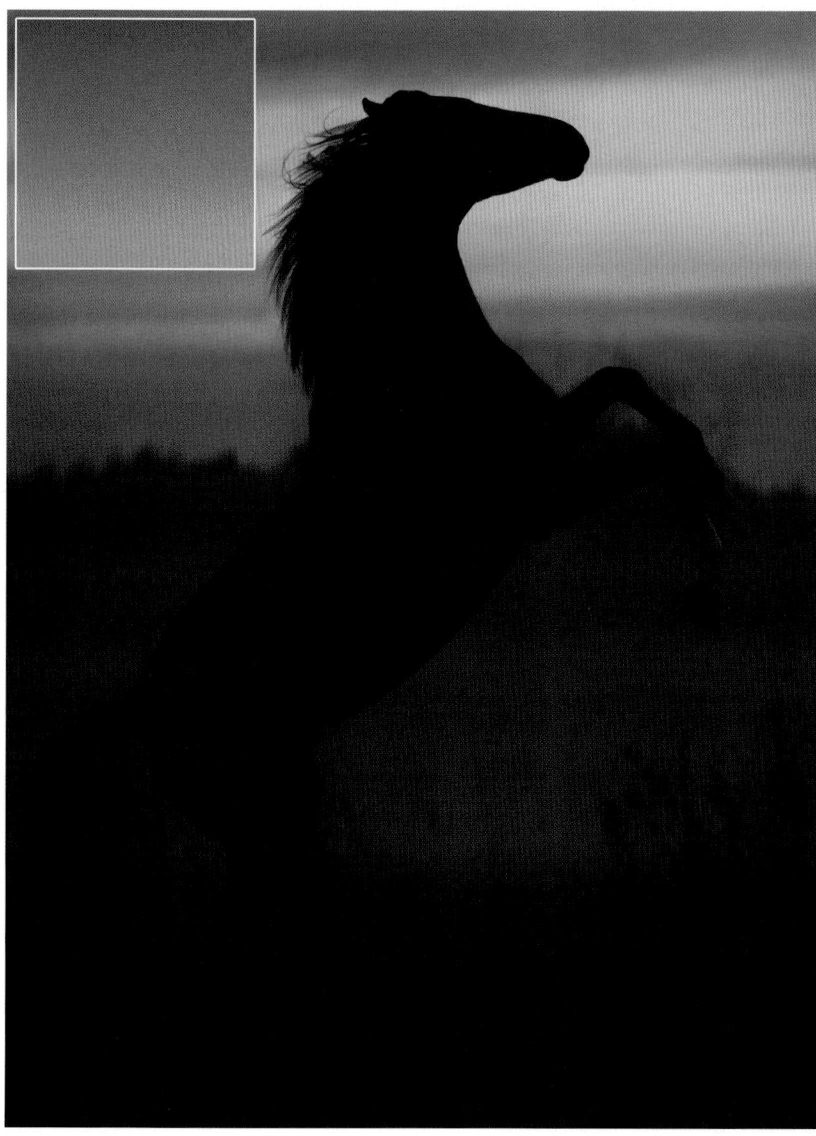

◄ *Anders verhält es sich mit einem professionellen DSLR-Body. Trotz hoher ISO rauschen die Pixel monochrom und verfälschen so den Farblook des Fotos nicht. Das Rauschen fällt weniger auf und erinnert eher an das Filmkorn aus analogen Zeiten.*

ISO 1600 | 180 mm | f/2.8 | 1/500 s

Nachverfolgender Autofokus

Deine Kamera sollte bei aktivierter Serienbildfunktion über einen nachverfolgenden Autofokus verfügen. Das bedeutet, dass die Kamera den Fokus auf dem von dir festgelegten Messfeld automatisch mit deinem Motiv nachkorrigiert, wenn du den Auslöser halb gedrückt hältst. Läuft ein Tier z. B. auf dich zu und du hast den Kopf anfokussiert, wird die Kamera den herannahenden Kopf immer wieder neu scharf stellen, bis du den Auslöser ganz durchdrückst und ein Bild machst. Das klingt in der Theorie natürlich alles etwas einfacher, als es in der Praxis ist – aber es ist eine enorme Erleichterung, wenn deine Kamera eine gute Nachverfolgung parat hat.

So kannst du steuern, wie empfindlich die Nachverfolgung sein soll. Das ist recht wichtig, um z. B. zu verhindern, dass zu schnell Grashalme, die vor deinem Model auftauchen, plötzlich anvisiert werden. Richtig praktisch ist selbstverständlich der Tieraugenautofokus. Hier erkennt die Kamera, mehr oder weniger zuverlässig, die Augen deines Models und hält sie im Fokus. Das ist aber kein Muss – bei mir hat es über zehn Jahre auch ohne geklappt.

20 Megapixel sind mehr als genug

In Sachen Megapixel musst du dir nur eine einzige Frage stellen: Möchtest du als Werbefotograf Hauswände plakatieren? Lautet die Antwort „Nein“, reichen 18 bis 20 Megapixel völlig aus – auch für das Erstellen von Ausschnittvergrößerungen. Ich habe bis vor Kurzem eine Kamera mit nur 18 Megapixeln für etliche Jahre benutzt und damit metergroße Galeriebilder fotografiert.

Vollformat- oder Cropkamera

Eine Vollformatkamera besitzt einen Sensor, der die exakten Maße des analogen Kleinbildformats von 24 × 36 mm hat. Kameras mit einem kleineren Sensor können nicht so viel von dem abbilden, was das Objektiv „sieht“ und was auf dem größeren Vollformatsensor dargestellt werden könnte. Das bedeutet, dass sich bei gleicher Brennweite der Bildausschnitt verändert.

Daraus resultiert der sogenannte Cropfaktor, der ausdrückt, wie sich der Bildausschnitt einer bestimmten Brennweite im Vergleich zum analogen Kleinbildformat verändert. In diesem Zusammenhang taucht immer wieder der Begriff *kleinbildäquivalente Brennweite* auf, die nichts anderes ist als der Cropfaktor – das Ergebnis aus der tatsächlichen Brennweite und dem Formatfaktor, bezogen auf das Kleinbildformat von 24 × 36 mm.

Es gibt dazu mehr oder weniger komplizierte Umrechnungsverfahren, um zu ermitteln, wie sich die tatsächliche Brennweite eines Objektivs an einer Cropkamera auswirkt.

- **Canon-Kameras** mit APS-C-Sensor haben den Formatfaktor 1,6.
- **Fujifilm**- und **Nikon-Kameras** mit APS-C-Sensor haben den Formatfaktor 1,5.
- **Olympus**- und **Panasonic-Kameras** mit MFT-Sensor haben den Formatfaktor 2.

Umrechnungsbeispiele

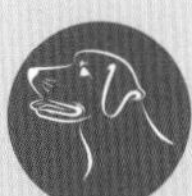

- Fotografieren Sie mit einer Canon mit APS-C-Sensor und einer 23-mm-Festbrennweite, entspricht das bei einem Formatfaktor von 1,6 einer Brennweite von 36,8 mm an einer Kleinbildkamera.

- Fotografieren Sie mit einer Fujifilm oder einer Nikon mit APS-C-Sensor und einer 23-mm-Festbrennweite, entspricht das bei einem Formatfaktor von 1,5 einer Brennweite von 34,5 mm an einer Kleinbildkamera.

- Fotografieren Sie mit einer Olympus oder einer Panasonic mit Micro-Four-Thirds-Sensor und einer 23-mm-Festbrennweite, entspricht das bei einem Formatfaktor von 2 einer Brennweite von 46 mm an einer Kleinbildkamera.

Um es kurz zu machen: In der Praxis spielt es für uns Tierfotografen überhaupt keine Rolle. Wenn du mit 200 mm an einer Vollformatkamera fotografierst, musst du nur etwas dichter an dein Motiv gehen, um den gleichen Bildausschnitt zu bekommen. Mit einer Cropkamera wäre durch den kleineren Sensor der Bildausschnitt bei 200 mm Brennweite einfach schon etwas begrenzter, und du müsstest etwas weiter weg vom Motiv. An der tatsächlichen Optik der Linsen ändert sich nichts.

Ich persönlich bevorzuge Vollformatkameras. Durch den größeren Sensor wirkt das Bokeh der Linsen weicher und runder, da das Glas der Objektive einfach bis zum Rand ausgenutzt wird. Auf der anderen Seite schwächeln die meisten Objektive genau an den Rändern der Linsen. Wer also einen kleinen Zoombonus braucht und Objektivfehler vermeiden möchte, kann auch zu einer Cropkamera greifen. Ich habe in den Workshops erlebt, dass bei Pferdeshootings häufig der benötigte Abstand mit einer Cropkamera nicht verfügbar war, um wirklich mit den für Pferde so wichtigen 200 mm zu fotografieren. Auf weiten Koppeln hingegen ist der Bonus an Zoom natürlich ein Vorteil, der für mich jedoch mit der schöneren Optik aus der Vollformatkamera nicht mithalten kann.

Bokeh

Der Begriff Bokeh kommt aus dem Japanischen und bedeutet so viel wie „unscharf“ oder „verschwommen“. Das Bokeh bezeichnet die Darstellung von Bildelementen, die nicht in der Schärfeebene liegen und damit unscharf wiedergegeben werden. Fotografierst du dazu mit offener Blende und fokussierst auf ein Tier im Vordergrund, sollten im Idealfall Lichtreflexe oder Spitzlichter im Hintergrund der Aufnahme zu sehen sein, die unscharfe Flecken auf dem Bild produzieren (siehe hierzu Bild Seite 26).

Bedienelemente der Kamera

Ob dir die Menüstruktur eines Herstellers zusagt, kannst du nur selbst entscheiden. Mir persönlich ist es z. B. wichtig, dass ich drei Rädchen für meine wichtigsten Einstellungen habe:

- Blende
- ISO-Empfindlichkeit
- Verschlusszeit

Ich arbeite von jeher mit dem Canon-System und bin mit der Menüführung und dem Aufbau sehr vertraut.

Nützliche Zusatzfunktionen

Klappdisplay, Touchscreen, WLAN oder Bluetooth sowie andere technische Errungenschaften sind mir bis heute recht unwichtig. Einzig für das Klappdisplay habe ich mich bewusst entschieden, um das Drehen von YouTube-Videos zu erleichtern. In diesem Zusammenhang verfügt meine Kamera natürlich auch über eine entsprechende Videofunktion. Sie kann aufgrund des spiegellosen Systems während des Filmens sogar automatisch meine Augen im Fokus lassen. Brauchst du aber alles nicht, wenn du keine Videos machen möchtest.

Spiegelreflex oder spiegellos?

Das Zeitalter der digitalen Spiegelreflexkameras neigt sich dem Ende entgegen. Durch die Spiegelmechanik sind technische Grenzen in Sachen Geschwindigkeit und Videofunktion gesetzt. Daher habe ich auch den Wechsel von einer Spiegelreflexkamera (DSLR) zu einer spiegellosen Kamera mit elektronischem Sucher und Wechselobjektiv (EVIL) gewagt.

Trotzdem kannst du dir eine DSLR für den Einstieg kaufen (Stand: Februar 2022). Es sind immer noch sehr gute Kameras, und erfahrungsgemäß wird dein erster Kamerabody sowieso einem besseren Modell weichen, wenn du den Pfad der Fotografie eine Weile gegangen bist.

Immer noch unsicher? Ich kann mir vorstellen, dass du auch mit dieser Hilfe zwischen mehreren Kameraherstellern und Modellen schwankst.

Licht im Dunkel der Abkürzungen

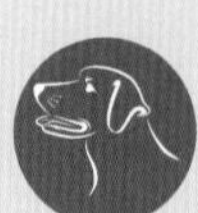

Kameras ohne Spiegel werden im Vergleich zu Spiegelreflexkameras meist als „spiegellose Systemkameras" bezeichnet. Als Abkürzung wird häufig DSLM (*Digital Single Lens Mirrorless*) verwendet. Das stimmt so nicht ganz, denn Spiegelreflexkameras sind auch Systemkameras. Hier die gängigen Abkürzungen:

- **DSLR** (engl. *Digital Single Lens Reflex*) ist die Abkürzung für digitale Spiegelreflexkamera.
- **EVIL** (engl. *Electronic Viewfinder Interchangeable Lens Camera*) ist die Abkürzung für spiegellose Kamera mit elektronischem Sucher und Wechselobjektiv.
- **MILC** (engl. *Mirrorless Interchangeable Lens Camera*) ist die Abkürzung für spiegellose Kamera mit Wechselobjektiv, aber ohne elektronischen Sucher.

Zu Beginn meiner Fotografie ging es mir ähnlich. Aber ich möchte dich beruhigen: Stand 2022 sind die Kamerabodys auch im Einsteigersegment echt okay. Und auch wenn ich für den nachfolgenden Satz einen Euro ins Phrasenschwein stecken muss, kann ich ihn mir nicht verkneifen:

Das Auge macht das Bild und nicht die Kamera.

Okay, wir sollten uns natürlich darauf einigen, dass hier nicht die Rede von Smartphone-Kameras ist.

Beratung im Fotofachhandel

Mein ultimativer Tipp ist es, dass du dich in einem guten Fachgeschäft beraten lässt. Die Mitarbeiter sind in der Regel geschult, kennen die aktuellsten technischen Funktionen und bieten ein breites Spektrum an Kameraherstellern. Ich selbst war ganz überrascht, wie sich der Kameramarkt entwickelt hat, ohne dass ich sonderlich viel Notiz davon genommen hatte. Und weil ich weder Zeit noch Lust hatte, mich damit selbst zu beschäftigen, kaufte ich meine aktuelle Kamera nach einer ausführlichen Beratung in einem Fachgeschäft.

Über die Jahre hat sich meine technische Versiertheit total abgebaut, einfach weil ich festgestellt habe, dass ich mit der manuellen Fotografie aus allen Kamerabodys, die ich bis dahin genutzt habe, immer etwas Brauchbares herausholen konnte. Je mehr Funktionen, desto leichter mag das Shooting vielleicht werden. Aber am Ende ist es viel entscheidender, was du mit deinen Augen siehst und welches Objektiv vor deiner Kamera hängt.

Optik ist alles!

Der Titel könnte sicher auch als ehrliche Werbung für Tinder durchgehen, aber gemeint sind damit natürlich die Objektive, die für jede Sparte der Fotografie entscheidend sind. Die verschiedenen Brennweiten sind für die unterschiedlichsten Einsätze gemacht und bestimmen maßgeblich den Look deines Fotos!

Telezoom 70-200 mm f/2.8

Die Arbeitslinse schlechthin für Tierfotografen! Mit 200 mm Brennweite lassen sich rennende Tiere auch mit etwas Abstand prima verfolgen. Die Stauchung bei so viel Brennweite lässt die Verbeiner kompakter und eleganter erscheinen. Außerdem wird auch der Hintergrund gestaucht, sodass aus einem kleinen Busch ein formatfüllender, schön aufgelöster Hintergrund entstehen kann. Das begünstigt die Freistellung des Motivs, selbst wenn etwas abgeblendet wird.

Freistellung mit Offenblende

Allerdings nutze ich im Freien für Pferde, Hunde und Katzen in 90 % der Fälle die Offenblende 2.8 für eine schöne Freistellung und vor allem das benötigte Licht, um bei hohen Verschlusszeiten etwas ISO zu sparen. Ich möchte behaupten, dass diese Linse wichtiger ist als der Kamerabody selbst. Sie wird von diversen Herstellern angeboten. Auch hier hast du die Qual der Wahl. Schau dir Vergleichsbilder an und teste die Objektive selbst. Sind sie dir neu zu teuer, wähle lieber ein gebrauchtes Objektiv, statt auf die lichtschwächere f/4.0-Version zu wechseln.

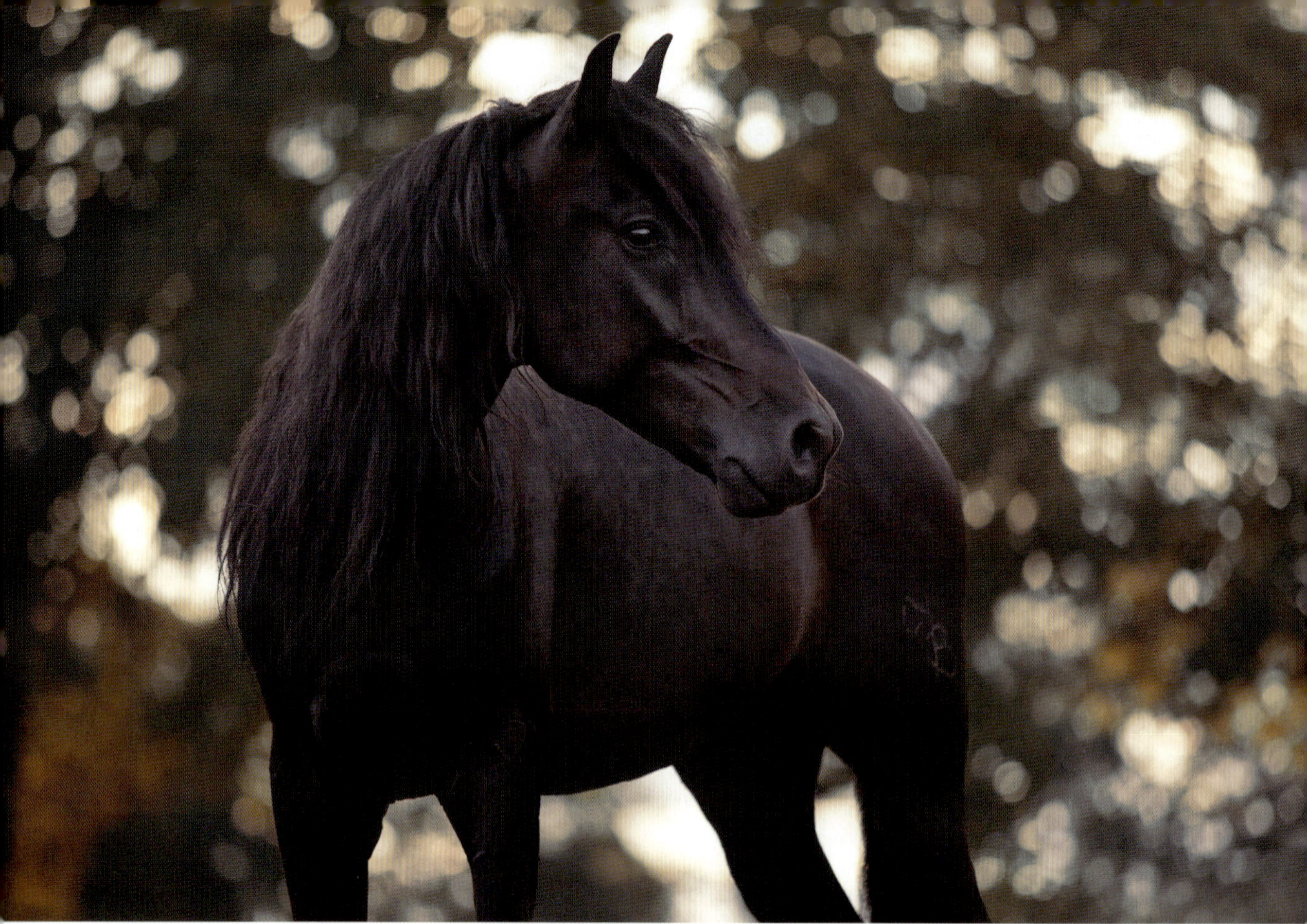

▲ *Besonders mit Lichtpunkten im Hintergrund wirkt ein Bokeh effektvoll. In der Tierfotografie ist es meist das Gegenlicht, das durch Bäume und Büsche im Hintergrund bricht. In diesem Beispiel war die Koppel zwar schon in Schatten getaucht, aber die letzten Sonnenstrahlen haben noch durch das Blattwerk geschimmert. An einer Vollformatkamera wirkt das Bokeh noch „runder". Wenn du genau hinschaust, siehst du, wie sich die Lichtpunkte kreisförmig um das Pferd wickeln. Das entsteht durch die Form der Objektive, die am Vollformat auch komplett ausgenutzt wird.*

ISO 400 | 200 mm | f/2.8 | 1/640 s

Mit oder ohne Bildstabilisator?

Ältere Versionen haben vielleicht noch keinen Bildstabilisator (IS). Das ist kein Drama, auch ich bin zehn Jahre mit der ersten Version der Linse aus dem Hause Canon ausgekommen – ohne Bildstabilisator. Zudem arbeitest du meistens sowieso in so hohen Verschlussbereichen, dass ein Bildstabilisator unter Umständen sogar eher hinderlich ist. Dieser versucht nämlich auch, die Bewegung vor der Kamera, also z. B. die deines vorbeilaufenden Tieres, auszugleichen. Du kannst ihn in diesem Fall natürlich auch ausschalten.

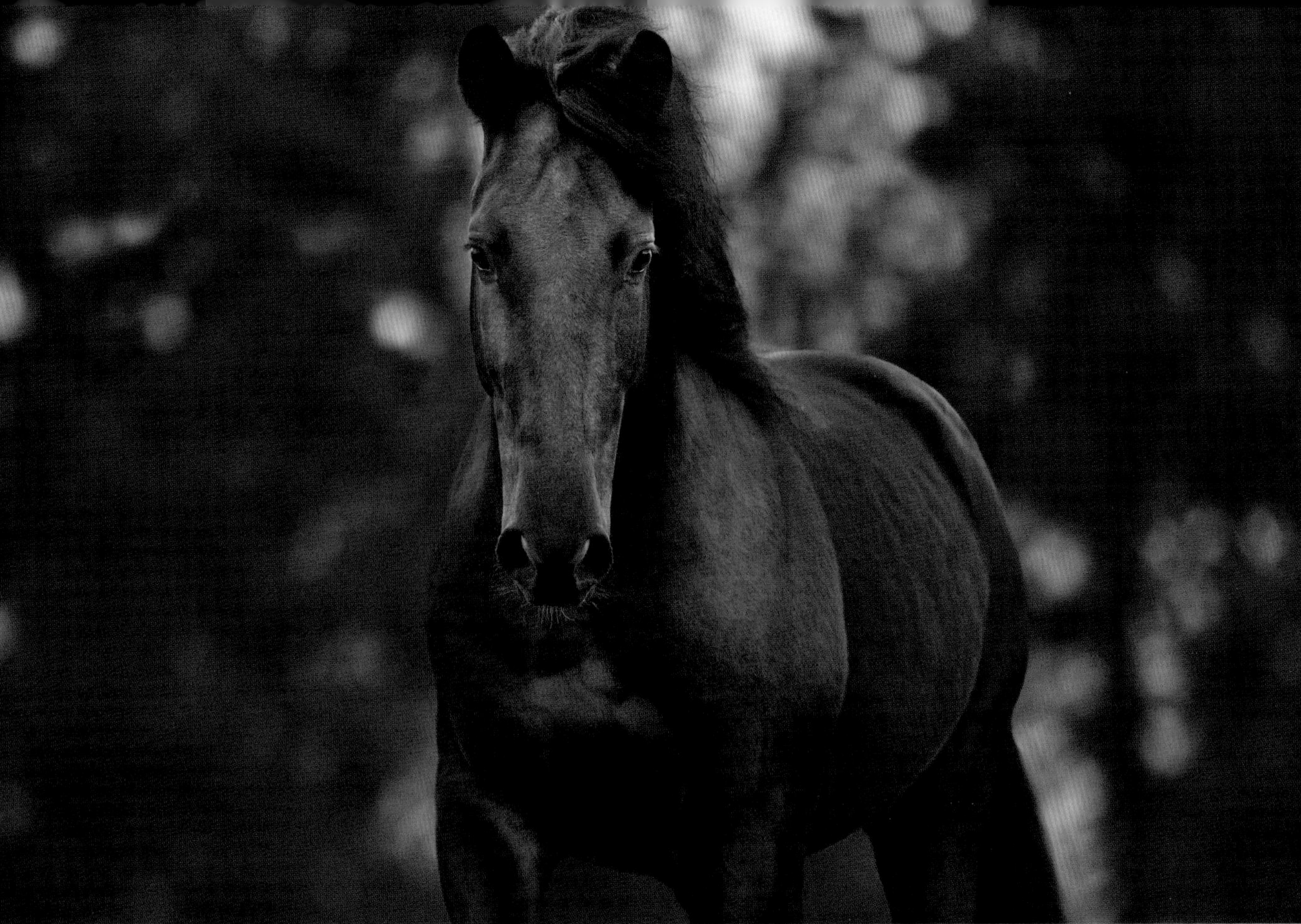

▲ *Pferde von vorne zu fotografieren, ist nur in Ausnahmefällen zu empfehlen. In diesem Fall beugt die leichte Diagonale zu mir einem dick aussehenden Bauch zu beiden Seiten vor. Aber auch die Stauchung der 200 mm sorgt für eine kompaktere Darstellung, weswegen ich mich für dieses Bild als Beispiel entschieden habe. Übrigens: Das Foto entstand im Februar. Die grünen Bäume Den Hintergrund mit den grünen Bäumen bildete eine schmale, kleine Reihe immergrüner Nadelbäume, die ebenfalls durch die Stauchung wie grüne Baumkronen wirken.*

ISO 640 | 200 mm | f/2.8 | 1/800 s

Mittlerweile sind die Systeme an ganz neuen Objektiven so aufgebaut, dass auch dieses Problem nicht mehr der Rede wert ist – aber wirklich brauchen tut man den Bildstabilisator meiner Meinung nach als Tierfotograf eher wenig bis gar nicht.

Normalbrennweite 50 mm

50 mm an einer Vollformatkamera entsprechen ungefähr unseren tatsächlichen Sehgewohnheiten. Für Hunde und Katzen ist diese Brennweite prima geeignet. Du kannst sie z. B. innerhalb begrenzter Räume und indoor verwenden, vor

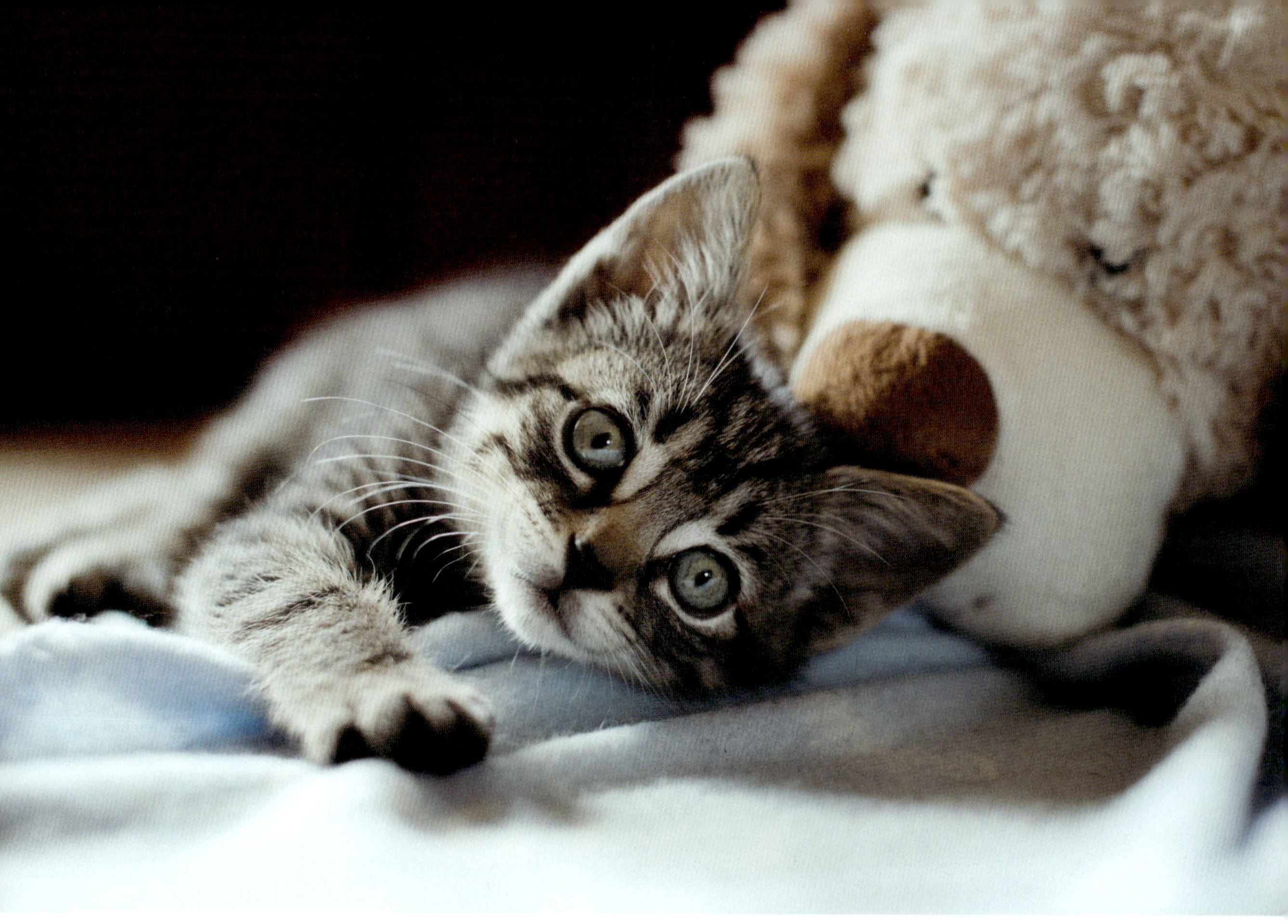

▲ *Überall dort, wo du nicht so viel Platz zum Fotografieren hast, ist ein 50 mm ziemlich praktisch. Es verzerrt die Models noch nicht so, wie ein Weitwinkel es tun würde, und lässt dich trotzdem sehr nah an dein Motiv heran. Für Pferde würde ich es dir aber wegen fehlender Stauchung nicht empfehlen. Katzen und Hunde hingegen lassen sich damit super fotografieren.*

ISO 2000 | 50 mm | f/2.8 | 1/320 s

allem dann, wenn du eine Linse mit Blende f/1.4 kaufst. Natürlich ist die Schärfeebene bei einer so offenen Blende sehr klein, aber in bestimmten Situationen wirklich schön anzuschauen.

Außerdem empfinde ich Porträts mit 50 mm als emotionaler. Um formatfüllend zu fotografieren, musst du nämlich viel dichter an dein Motiv heran. Eine lange Brennweite von z. B. 200 mm bringt dich zwar optisch auch nahe an dein Model, aber durch die Stauchung wirkt das Bild trotzdem etwas unnahbarer, etwas ferner. Das ist nur mein persönliches Empfinden, vielleicht siehst du es ganz anders.

Weitwinkel bis 28 mm

Weitwinkelobjektive haben ein sehr breites Aufnahmefeld. Sie eignen sich vor allem für Landschaftsfotografien. Aber auch Porträts können mit dem Weitwinkel fotografiert werden. Durch die tonnenförmige Verzeichnung bekommen Hunde und Katzen, je nach tatsächlicher Brennweite, damit eine richtig urige, knollenförmige Nase. Du kannst so also sehr witzige Bilder erzielen.

Auch hier musst du viel dichter an deine Models heran. Ideal ist dieser Brennweitenbereich also, wenn du alleine bist, während du dein Tier fotografierst, und die Kamera in der einen und das Lockmittel für dein Model in der anderen Hand halten musst. Auch dokumentarische Bilder, die viel Umgebung zeigen und den Betrachter optisch wirklich in das Geschehen bringen sollen, sind mit Weitwinkellinsen am besten fotografiert.

Ich empfehle das Zoomobjektiv 15-35 mm f/2.8. Es ist sehr lichtstark für eine tolle Freistellung und deckt einen praktischen Weitwinkelbereich für Porträts und Landschaften ab.

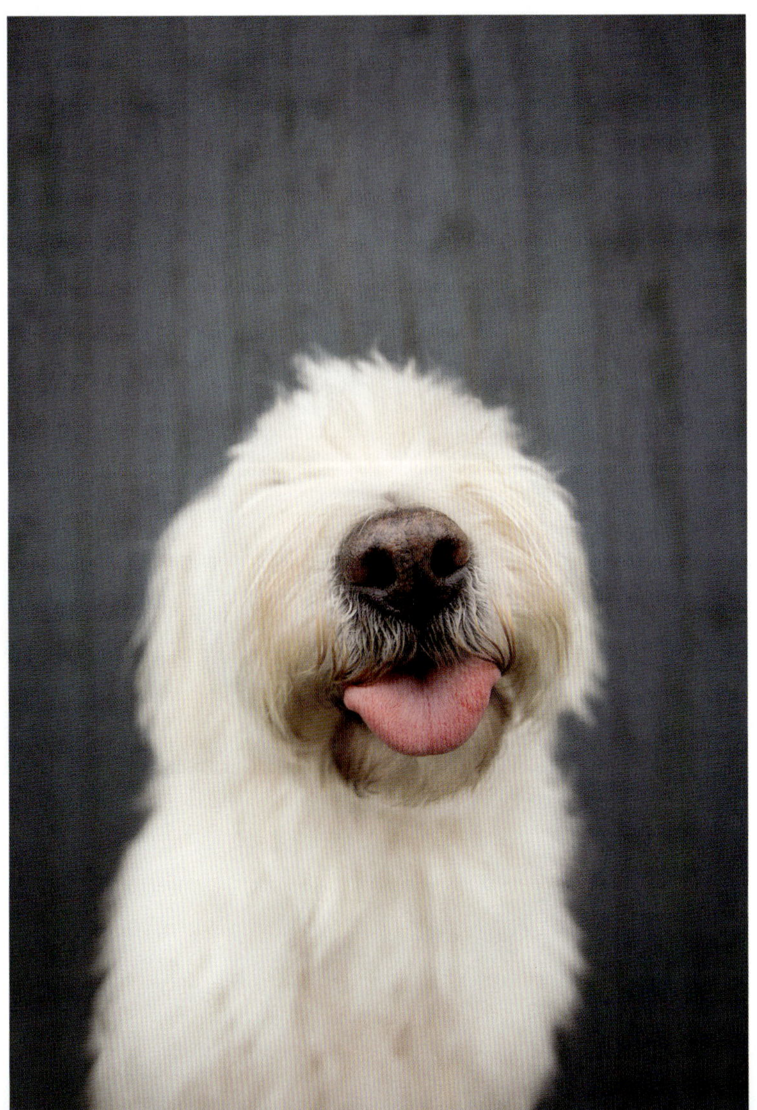

◀ *Urige Knollennasen von Hunden werden mit einem Weitwinkel noch dominanter in Szene gesetzt. Für spaßige Porträts nutze ich gern die Verzerrung aus diesem Brennweitenbereich. Aber natürlich kannst du damit auch toll Landschaften inszenieren oder auf Reportage gehen, um möglichst viel der Szenerie zu zeigen.*

ISO 200 | 16 mm | f/2.8 | 1/800 s

Festbrennweiten oder Zoom?

Je weniger Glas und Elemente in einem Objektiv verbaut sind, desto besser ist der Autofokus, desto schärfer sind die Ergebnisse und desto schöner ist das Bokeh. So zumindest wurde es uns damals in der Berufsschule für Fotografen beigebracht. Auch meine eigenen Erfahrungen stützen diese Aussage. Natürlich hängt die Abbildungsleistung einer Linse generell erst mal davon ab, ob sie für den professionellen Einsatz gebaut und entsprechend hochpreisig ist oder für den reinen Hobbyfotografen entwickelt wurde. Doch dazu gleich mehr.

Mit den beiden oben vorgestellten Zoomobjektiven machst du ganz gewiss nichts falsch. Das Zoom bringt natürlich den entscheidenden Vorteil, in schwierigen Situationen doch etwas flexibler zu sein, als wenn du mit einer festen Brennweite arbeitest und den Abstand zum Motiv ausschließlich zu Fuß ändern kannst.

Eine 200-mm-Festbrennweite kann ich daher maximal als Ergänzung empfehlen, nicht aber als Arbeitslinse Nummer eins. Zumindest, wenn du vorhast, viel an unterschiedlichen Orten zu fotografieren. Und ob der Unterschied zwischen einer hochwertigen 200-mm-Festbrennweite und den aktuellsten Versionen des Zooms 70-200 mm f/2.8 immer noch so groß ist, muss dann zusätzlich überprüft werden. Kleinere Brennweiten hingegen können durchaus für eine Festbrennweite sprechen.

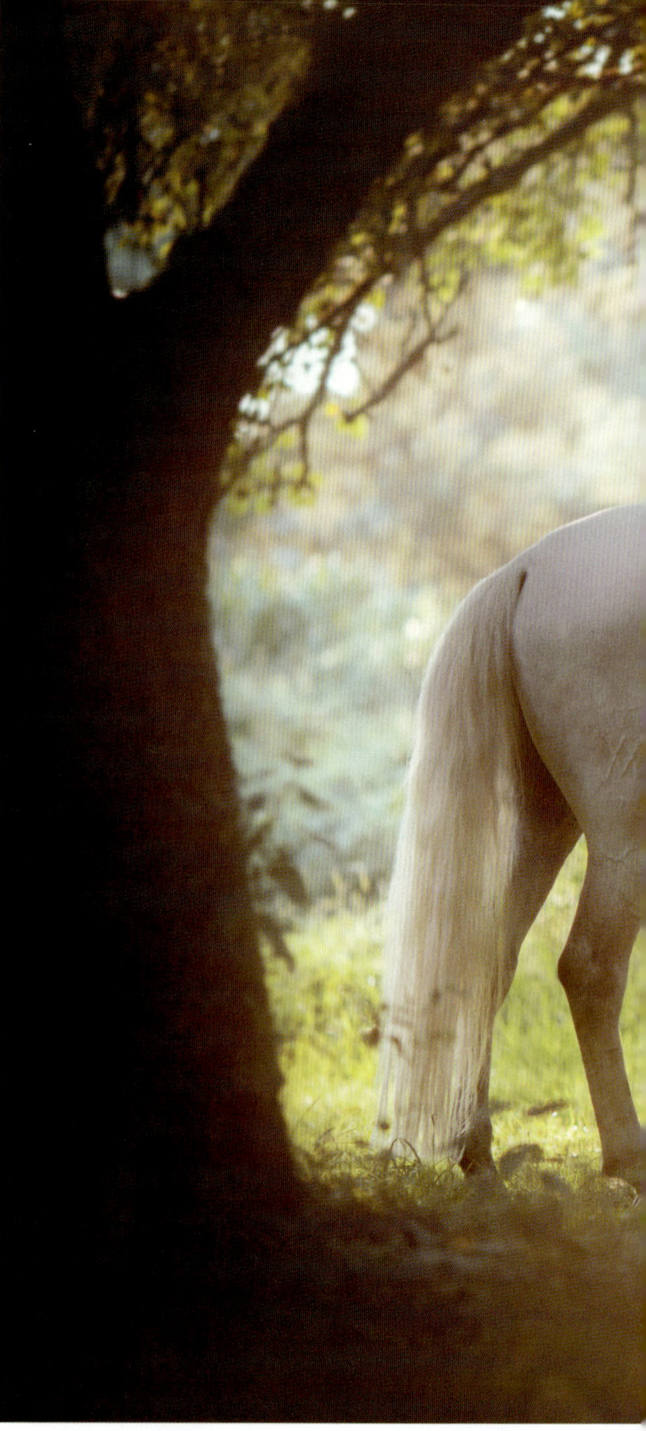

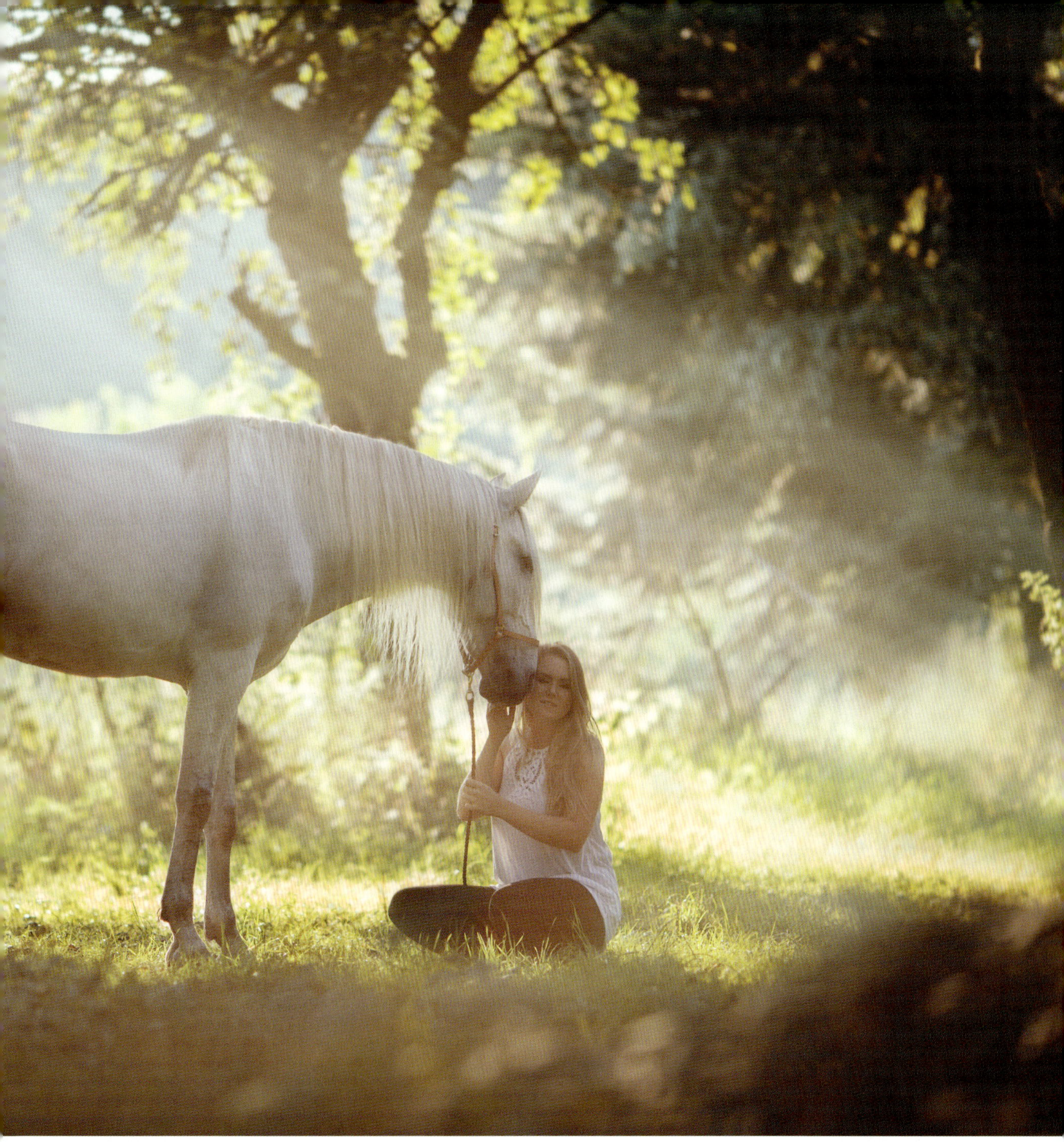

▲ *Für größere Bildausschnitte habe ich gern die 135-mm-Festbrennweite genutzt. Solange es genug Raum um das Pferd gibt, wird es noch „genügend" gestaucht. So kann man den Raum z. B. mit einem menschlichen Model füllen und beide in eine sehr weiche Szenerie betten, die durch die Offenblende entsteht.*

ISO 640 | 135 mm | f/2.0 | 1/800 s

Weitere interessante Brennweiten

Ich hatte neben dem 50 mm f/1.4 auch hin und wieder das 135 mm f/2.0 im Einsatz, das nicht nur noch lichtstärker als mein Zoom war, sondern auch weichere Bokehs gezaubert hat. Außerdem sind das 85 mm und das 35 mm sehr beliebte Festbrennweiten für Hunde, Katzen und andere eher kleine Tiere. Der Geldbeutel entscheidet dann, ob es die sehr lichtstarken Profiversionen werden, die oft mehrere 1.000 Euro mehr kosten, oder ob die günstigeren Varianten auch ausreichen.

Ich denke, dass spezielle Festbrennweiten eher nur bei bestimmten Einsätzen verwendet werden und jeder schlichtweg selbst testen sollte, welche Version einem ausreichend erscheint. Deswegen hier noch mal die unbedingte Empfehlung, bei den wichtigsten Brennweiten nicht zu sparen – also beim 70-200 mm f/2.8 und eventuell auch beim Weitwinkel oder der Normalbrennweite – je nach Belieben.

Ein Objektiv für alles?

Einsteiger-Kits werden manchmal mit Zoomobjektiven angeboten, die vom Weitwinkel bis zum Telebereich alle hier genannten Brennweiten abdecken. Das klingt natürlich verlockend, und du könntest mit so einem Objektiv zunächst austesten, mit welchen Brennweiten du am meisten fotografierst. Theoretisch spricht dagegen also überhaupt nichts. Allerdings kannst du auch von meinen Tipps und Erfahrungen profitieren und diese Testphase überspringen.

Keine Frage, die Nachteile solcher Linsen sollen nicht verschwiegen werden. Zum einen verfügen sie über keine durchgehende Offenblende. Das erkennst du z. B. an folgender Blendenangabe: f/3.5-6.3 an einem 18–200-mm-Objektiv. Nicht nur, dass Blende f/3.5 ohnehin schon schwächer ist als das hier empfohlene Minimum von f/2.8 – die f/3.5 gelten bei diesen Objektiven auch nur für die kleinste Brennweite (also 18 mm), zumindest bei allen Linsen bis 200 mm. Bei noch längeren Brennweiten geht es eher auf f/4.0 zu, außer man hat das Budget eines Kleinwagens.

Bei höchster Zoomstufe (200 mm) greift das Objektiv nur noch auf die f/6.3 zu. Du wirst damit also niemals eine Freistellung erlangen wie mit einer f/2.8-Offenblende, und schon ein bedeckter Tag kann dir einen Strich durch deine Actionbilder machen. Es fehlt dir einfach dringend benötigtes Licht, und du musst den ISO-Wert schmerzhaft hochschrauben. Von genereller Schärfe und Abbildungsleistung noch ganz zu schweigen.

Wichtig: eine große Offenblende

In Sachen Offenblende geht es aber nicht nur um eine schöne Freistellung oder die Tatsache, dass du selbst an dunklen Tagen noch genug Licht auf deinen Sensor lassen kannst, um Actionbilder mit hohen Verschlusszeiten zu fotografieren. Auch die generelle Leistungsfähigkeit deines Autofokus hängt von der Offenblende ab. Egal mit welcher Blendeneinstellung du fotografierst, deine Kamera fokussiert dein Motiv immer mit vollständig geöffneter Blende an.

Klar, dass sie bei einer Blende von f/2.8 also auch bei schlechtem Licht deutlich mehr sieht und der Fokus schneller sitzt als bei einer dunklen f/6.3-Offenblende. Aus diesem Grund solltest du auch Festbrennweiten kritisch überprüfen. Reicht dir die Fokusgeschwindigkeit eines 50 mm f/1.8 gegenüber einem 50 mm f/1.4 oder gar f/1.2? Auch dann, wenn die Blende generell schon ziemlich groß ist.

Schärfe und Abbildungsleistung

Die beste Schärfe und die beste Abbildungsleistung erreicht ein Objektiv sogar erst, wenn man ein oder zwei Stufen von der Offenblende abblendet. Mich persönlich hat das nie gekümmert, da meine professionellen Objektive auch bei Offenblende schon tolle Motive geliefert haben. Außerdem brauche ich in der Praxis schlichtweg die f/2.8 – für Freistellung und Licht. Bei hochwertigen Optiken musst du dir darüber also keine allzu großen Sorgen machen. Festbrennweiten mit f/1.4 oder weniger bringen sowieso schon eine so große Blende mit, dass man hier getrost ein oder zwei Stufen abblenden kann und trotzdem noch ein sehr freigestelltes Ergebnis erhält.

Adapter und Extender

Zumindest bei Canon ist es so, dass die neuen Systemkameras einen anderen Bajonettanschluss besitzen als die herkömmlichen Canon-DSLR-Kameras. Dafür gibt es natürlich neue Objektive mit passendem Anschluss. Der Technikmarkt muss schließlich florieren. Die alten DSLR-Objektive können, laut Aussagen aus meiner Community, jedoch mit einem Adapter ohne Qualitätseinbußen weiterverwendet werden. Ich selbst habe mich von allen DSLR-Objektiven getrennt. Meine Optiken hatten teilweise aber auch schon mehr als zehn Jahre auf dem Buckel, sodass es für mich einfach Zeit war, in moderne Gläser zu investieren.

Falls du jedoch auch vor einem Systemwechsel stehst, schau dich vor dem Verkauf deiner Objektive erst mal nach einem passenden Adapter um. Außerdem gibt es auch Extender, mit denen du die Brennweite deines Objektivs verlängern kannst. Das ist super praktisch, wenn du mit 200 mm doch mal an Grenzen stößt – z. B. im Urlaub auf Wildpferde-Tour. So kannst du die Investition in ein wirklich teures Zoomobjektiv um die 400 mm vermeiden und sparst auch noch Platz und Gewicht im Fotorucksack. Allerdings raubt dir der Extender Lichtstärke. Das ist zu verschmerzen, da Zooms mit viel Brennweite ohnehin durch ihre Bauweise etwas lichtschwächer sind.

Mein Equipment seit 2008

Als kleine Orientierungshilfe gebe ich dir hier einen Überblick über meine „Kameralaufbahn“. Du siehst, wie ich meine Ausrüstung zusammengekauft und welche Prioritäten ich dabei gesetzt habe:

2008

■ **Canon EOS 450 D**: Einsteigermodell, 12 Megapixel, wenige Messfelder, langsam, schwache ISO

■ **Tamron 55-200 mm f/3.5–5.6**: lichtschwach, langsam

2009

■ **Canon EOS 70-200 mm f/2.8**: kein IS (Version 1), lichtstark, schnell, tolle Abbildungsleistung und für die folgenden zwölf Jahre meine Arbeitslinse Nummer eins

2010

■ **Canon EOS 1Ds Mark 2**: schon damals ein recht altes Modell, aber meine erste Profikamera, 16 Megapixel, unglaublich tolle Klarheit, schwache ISO (ab ISO 400 ging nichts mehr), sehr langsam (4 B/s)

2010 bis 2014

■ **Canon EOS 16-35 mm f/2.8 II**: ein erstklassiges Weitwinkelobjektiv mit toller Abbildungsleistung, im Einsatz auf Fotoreisen, bei Reportagen, für urige Porträts

■ **Sigma 50 mm f/1.4**: lichtstarke Normalbrennweite für Porträts von Hunden und Katzen, schöne Freistellung

■ **Canon EOS 1Dx**: ehemaliges Flaggschiff aus dem Hause Canon mit fantastischer Geschwindigkeit (12 B/s), über 50 Messfeldern, 18 Megapixeln und einem sagenhaften Rauschverhalten auch bei über ISO 2000; an die Klarheit des uralten Sensors meiner 1Ds Mark 2 ist sie jedoch nie herangekommen

■ **Canon EOS 135 mm f/2.0**: herausragende Schärfe und zauberhaftes Bokeh, vor allem für Bilder von Mensch und Pferd genutzt

2021

■ Umstieg von DSLR auf Systemkameras:

■ **Canon R6**: Ich hatte an meiner 1Dx schon nichts mehr auszusetzen, sodass mir die noch höhere Geschwindigkeit der R6 gar nicht mehr viel nützt. Sie kommt außerdem mit etwas mehr Megapixeln. Für mich am besten: endlich ein Tieraugen-AF, Klappdisplay und AF für Video – und ja, mittlerweile schätze ich auch die viel kleinere Bauart. Mein Rücken sagt danke!

■ **Canon RF 70-200 mm f/2.8**: der neueste Streich aus dem Hause Canon, Sahnelinse bleibt Sahnelinse, erst recht in neuester Bauart

■ **Canon RF 15-35 mm f/2.8**: mein geliebtes Weitwinkel darf für Hunde- und Katzenporträts nicht fehlen – kommt vor allem im Videobereich und auf Reisen zum Einsatz

■ **In Planung**: 50-mm- und 85-mm-Festbrennweiten auf Profiniveau, sobald Fremdhersteller etwas für das neue RF-System entwickelt haben – schont den Geldbeutel

Weiteres Fotozubehör

Glücklicherweise braucht es für die Tierfotografie kaum weitere Fotohelfer, wie es in manchen Porträt- oder Werbefotostudios der Fall ist. Erfahre jetzt, was in deinem Fotorucksack aber nicht fehlen sollte.

Ausreichend Speicherkarten

Ich denke, es bedarf nicht vieler Worte, um zu erklären, warum ausreichend Speicherkarten vorhanden sein sollten. Achte beim Kauf auf eine hohe Schreibgeschwindigkeit – je schneller die Kamera, desto wichtiger. Außerdem solltest du lieber keine zu großen Speicherkarten kaufen. Hast du eine Karte mit über 100 GByte vollfotografiert und diese geht dann kaputt oder du verlierst sie, sind wichtige Aufnahmen oder gar Kundenbilder unwiederbringlich verloren. Ich habe lieber Karten mit einer Kapazität von 32 GByte, die ich natürlich regelmäßig auf meine Festplatten sichere.

Festplatten und Cloud-Speicher

Auch Festplatten können schnell das Zeitliche segnen, weswegen du deine Daten immer doppelt sichern solltest. Ich nutze dafür ein RAID-System als Backup zu den normalen externen Festplatten. Das RAID-System verfügt über vier integrierte Festplatten. Einfach erklärt: Meine Daten werden darauf so gespeichert, dass sie noch intakt sind, sollte eine der vier Festplatten sterben.

Software für die Nachbearbeitung

Adobe Lightroom und Adobe Photoshop sind die Bildbearbeitungsprogramme schlechthin. Auch ich arbeite mit ihnen. Allerdings schreckt das Foto-Abo von 11,89 Euro pro Monat Fotoeinsteiger verständlicherweise ab. Denn nicht nur, dass Bildbearbeitung zum Beginn der Fotolaufbahn vielleicht noch gar nicht so wichtig ist, auch die Programme selbst brauchen Einarbeitungszeit und können erschlagend wirken.

Wenn du dem Braten nicht traust, hast du die Möglichkeit, das Abo sieben Tage lang ausgiebig zu testen. Dazu legst du eine kostenlose Adobe-ID an, über die du die Software auf deinem Computer installierst. Es spielt keine Rolle, ob du mit Microsoft Windows oder Apple macOS arbeitest

Es gibt kostenlose Alternativen sowohl bei den reinen RAW-Konvertern (Darktable, RAW Therapee u. a.) als auch bei den Retuscheprogrammen (Pixlr Editor, GIMP u. a.) sowie Programme gegen einmalige Bezahlung. Eine Empfehlung kann ich aber nicht aussprechen. Ich arbeite seit über zehn Jahren mit Adobe Lightroom und Adobe Photoshop und habe mich daher wenig mit kostenlosen Alternativen beschäftigt. Nach einem etwa zweiminütigen Googeln wurde ich jedoch mit Vergleichs- und Testseiten überschlagen, sodass du dir schnell einen eigenen Überblick verschaffen kannst.

Grafiktablett für die Retusche

Für meine Art der Bildbearbeitung ist ein Grafiktablett unumgänglich. Mit dessen Hilfe kann ich viel schneller Elemente aus meinen Bildern entfernen und Kontraste per Hand im wahrsten Sinne des Wortes „zeichnen". Bist du jedoch mit der Bildbearbeitung noch gar nicht vertraut, musst du nicht gleich mit einem Grafiktablett starten. Das lohnt sich erst, wenn du Bilder regelmäßig in Photoshop retuschierst.

Objektivfilter gegen Kratzer

Wenn du nicht gerade Landschaftsfotograf oder Videofilmer bist, brauchst du im Grunde keine Objektivfilter. Ich habe mir etwa zwei Wochen nach dem Kauf einen Kratzer auf meinem Telezoom eingehandelt und aus Panik einen günstigen Skylight-Filter zum Schutz aufgeschraubt. Der blieb die restlichen Jahre genau aus diesem Grund auch vor dem Glas. Einen weiteren Zweck hat er jedoch nicht gehabt. Ich persönlich mag Diffusionsfilter, die Lichtquellen im Hintergrund noch weicher wirken lassen. Aber auch dieser kommt eher beim Filmen zum Einsatz.

Knieschoner zur Entlastung

Als Tierfotograf fotografierst du sehr viel vom Boden aus, um auf Höhe deiner Models zu sein. Du kannst deinen Knien einen Gefallen tun und dir eine weiche Unterlage besorgen, die du schnell umlegen kannst, sobald du deine Position änderst. Auch an sehr kalten Tagen können ISO-Matten oder Ähnliches dir deine Arbeit erleichtern.

Dünne Halfter und Leinen

Für Hunde und Pferde gibt es spezielle dünne Leinen und Halfter, die du anschließend besser retuschieren kannst. Falls die Retusche für dich wichtig ist oder sein wird, lohnt sich hier die vorsorgliche Arbeitserleichterung.

In der Bildbearbeitung kannst du noch eine Menge aus deinen Bildern hervorholen. Neben Farb- und Kontrastanpassungen ist vor allem die Retusche ein gängiger Bearbeitungsschritt. Auch wenn begabte Photoshop-Künstler aus so ziemlich jeder Datei ein fantastisches Composing gezaubert bekommen, solltest du trotzdem lieber zeitsparend denken. Soll z. B. das Halfter am Ende aus dem Bild retuschiert werden, nimm lieber ein ganz dünnes Fotohalfter. Es macht viel weniger Arbeit als ein dickes Stallhalfter, und mit etwas Übung wirst du hier viel schneller gar keine Stempelspuren mehr hinterlassen.

Anhand des folgenden Bildbeispiels siehst du noch weitere Anpassungen wie etwa die selektive Kontrastsetzung und das Herausarbeiten des Warm-kalt-Kontrasts. Im Laufe dieses Buchs zeige ich dir die allerersten Schritte in Richtung Bildbearbeitung. Im letzten Kapitel findest du dazu noch weiterführende Wegweiser.

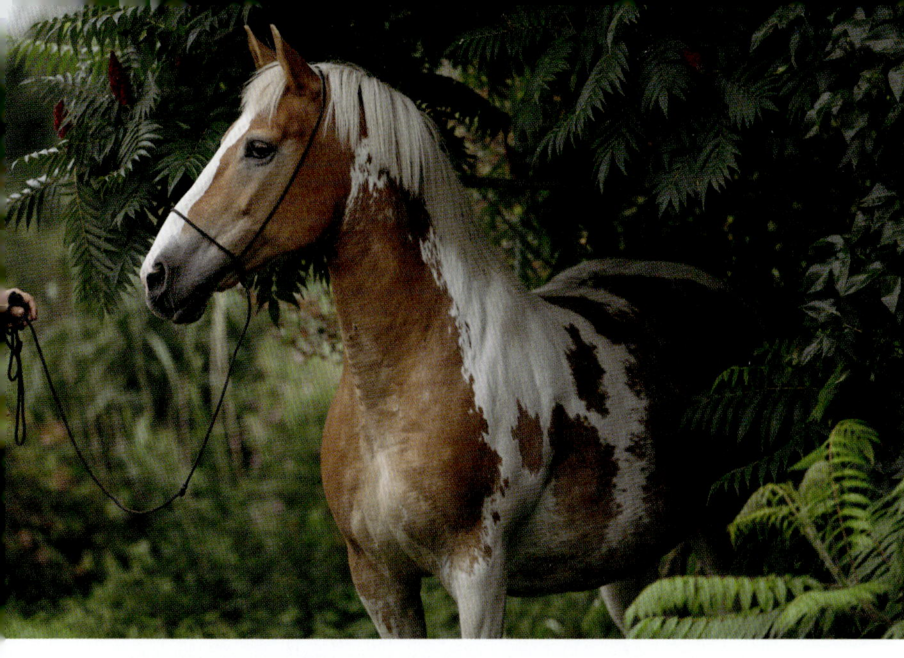

◀ *Vorher*

▼ *Nachher*

ISO 1250 | 200 mm | f/2.8 | 1/640 s

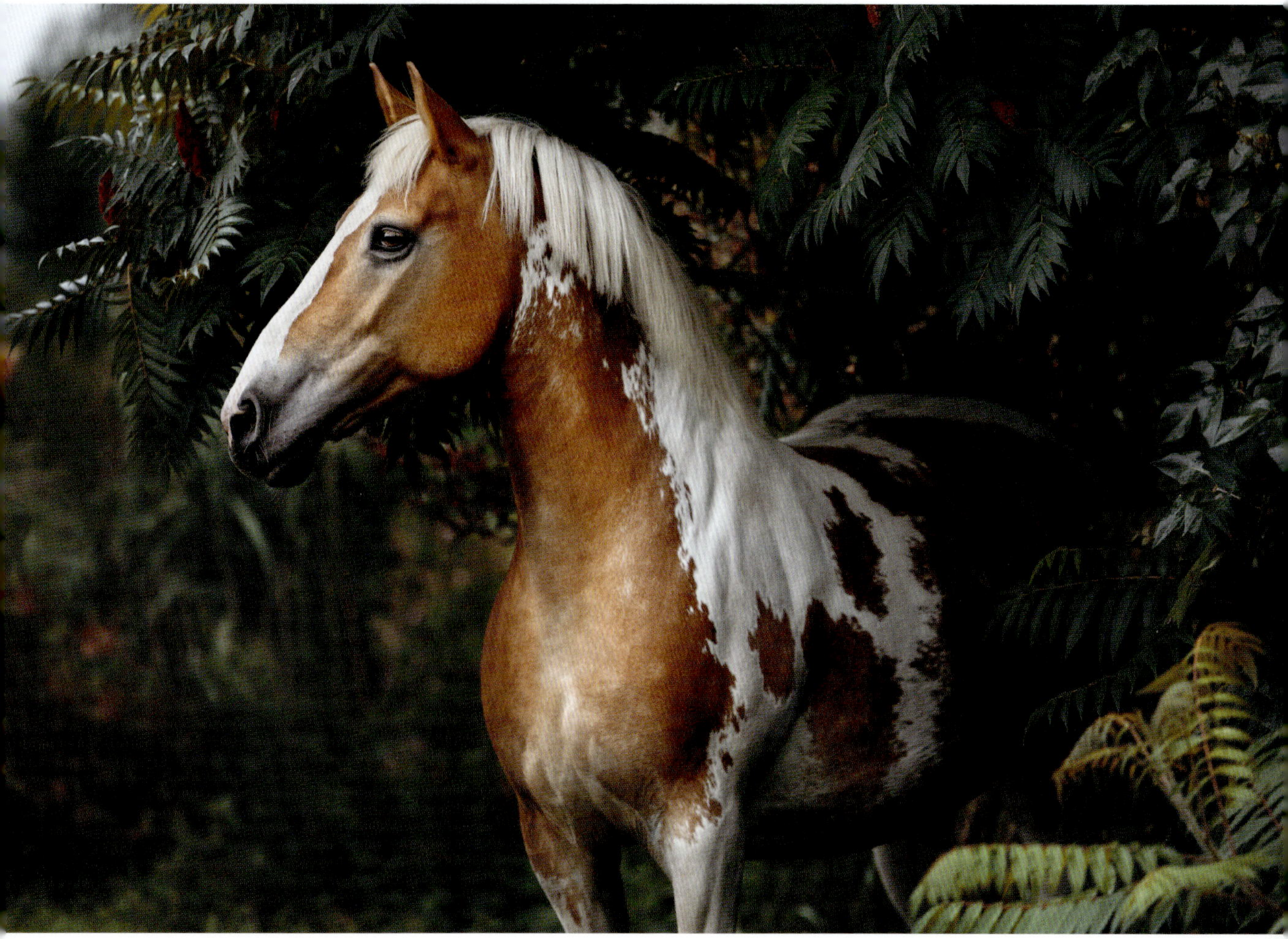

Studio und Reflektoren

Wenn du dich auch mit Blitzlicht ausprobieren möchtest, kommst du um eine Blitzanlage nicht herum. Blitzanlagen gibt es natürlich in verschiedensten Preisklassen. Für kleinere Tiere reichen Einsteiger-Kits fürs Erste aus. Für Pferde wirst du viel mehr Lichtstärke brauchen und tiefer in die Tasche greifen müssen. Ich nutze mittlerweile Highspeed-Blitze der Firma Hensel, die jedoch pro Blitz etliche Tausend Euro kosten. Das Thema Blitzen ist technisch noch mal eine ganz eigene Nummer. Auch hier habe ich mir trotz Fotoausbildung nie mehr Gedanken als nötig gemacht und mich einfach beraten lassen.

Wenn du mit der Fotografie gerade erst anfängst, wirst du hierüber vermutlich sowieso noch gar nicht nachdenken. Und solltest du trotzdem einmal reinschnuppern wollen, reichen für den Anfang zwei Lampen mit unterschiedlichen Lichtformern. Ich empfehle Softboxen, die das Licht schön weich brechen, in verschiedenen Maßen je nach Größe deiner Models. Dazu schaust du dich am besten im Fachhandel um, um ein Gefühl für die verschiedenen Lichtformer zu bekommen. Auf der Website der Firma Hensel findest du einen tollen Lichtformervergleich.

Eine preisgünstigere Lichtquelle sind Reflektoren, die du zum Aufhellen nutzt. Ein Helfer kann so z. B. mit dem Reflektor dafür sorgen, dass der Kopf und insbesondere die Augen deines Models noch etwas mehr Licht abbekommen. Es gibt Reflektoren mit weißer, silber- und goldfarbener Seite. So kannst du verschiedene Lichtstimmungen erzeugen.

Stative nur im Ausnahmefall

Stative brauche ich nur zum Filmen oder für Langzeitbelichtungen – also nicht für die tatsächliche Tierfotografie. Als Tierfotograf musst du sehr flexibel und mobil sein. Innerhalb weniger Sekunden bewegt sich ein Tier auch bei Porträts unter Umständen so stark, dass du dich immer wieder um einige Zentimeter umsetzen musst. Ein Stativ schränkt dich dabei total ein. Für besonders große Telezoomlinsen gibt es jedoch Einbeinstative zur Unterstützung. Ich habe es nie gebraucht – aber falls das Gewicht deiner Objektive für dich eine Einschränkung bedeutet, kannst du mit einem Einbeinstativ Abhilfe schaffen.

Endlich manuell fotografieren

Allein, um auf dem Kameramarkt überhaupt durchzusteigen, braucht es schon einiges an Wissen über Fachwörter und Begrifflichkeiten. Vielleicht hast du gerade das Dickicht des Kameramarkts erfolgreich zurückgestutzt und dich für die passende Ausrüstung entschieden? Dann geht es erst richtig los mit dem Lernprozess der Fotografie. Die Kamerabedienung ist vermutlich der nächste große Schritt auf deiner Reise und kann auf den ersten Blick genauso verwirrend erscheinen. Auch ich komme noch heute an meine Grenzen, wenn ich mit Kameras anderer Hersteller Einstellungen „schnell“ suchen und ändern möchte. Aber keine Bange, hast du dein Kameramenü erst einmal verstanden und weißt außerdem, wie du manuell fotografieren kannst, wird das ganze Thema Technik endlich zu der Nebensache, die sie eigentlich auch ist. Schließlich soll die Kamera nur dein Werkzeug sein und nicht das Zentrum deiner Aufmerksamkeit.

Die Kameramenüs aller Hersteller dieser Welt kann ich dir natürlich nicht erklären – es würde dich zu Tode langweilen, denn du wirst selbst schnell damit vertraut werden. Stattdessen möchte ich dir beschreiben, wie du weg von Voll- und Halbautomatik kommst und das manuelle Fotografieren lernst. Es wird dir viel bringen, wenn du zukünftig auch in schwierigen Lichtsituationen die volle Kontrolle behältst und so mit dem Licht viel freier gestalten kannst.

Sehr wahrscheinlich sind dir die Begriffe Blende, ISO und Verschlusszeit spätestens beim Lesen dieses Buchs immer mal wieder ins Auge gesprungen. Das ist quasi die „Holy Trinity" der Fotografie. Die drei Einstellungen gehen Hand in Hand und bedingen sich gegenseitig. Trotzdem folge ich der festen Reihenfolge meiner eigenen Priorität beim Einstellen:

Einstellung 1: Verschlusszeit

Die Verschlusszeit gibt an, wie schnell sich der Verschluss deiner Kamera öffnet und wieder schließt. Während der Verschluss geöffnet ist, gelangt Licht durch das Objektiv auf den Sensor und belichtet diesen. Sehr kurze Verschlusszeiten ab 1/800 Sekunde frieren Bewegungen ein. Mit 1/1250 Sekunde fotografiere ich die meisten meiner Laufbilder von Pferden, sodass diese gestochen scharf aussehen. Es gibt keine Bewegungsunschärfe an den Beinen. Allerdings kostet die kurze Verschlusszeit eben vor allem Licht, da der Verschluss ja nur den Bruchteil einer Sekunde geöffnet ist. Damit das Bild also nicht zu dunkel wird, müssen Blende und ISO entsprechend ausgleichend eingestellt werden.

Mit längeren Verschlusszeiten steht dir mehr Licht zur Verfügung, aber du hast schnell mit Bewegungsunschärfe zu tun. Bei Porträts ruhig stehender Models mag das noch gehen. Ich selbst fotografiere meist nie unter 1/640 Sekunde – auch Porträts. Zu schnell bewegt sich ein Tier doch mal zur Seite, oder ich halte die Kamera zu unruhig. Denn natürlich wird auch die eigene Bewegung bei zu langen Verschlusszeiten sichtbar. Je nach Bildstabilisator (am Objektiv und/oder integriert in die Kamera) können zwar auch längere Verschlusszeiten aus der Hand gehalten werden, aber wenn es um das Einfrieren von Bewegungen geht, wirst du um kurze Verschlusszeiten nicht herumkommen.

An Langzeitbelichtungen kannst du dich natürlich auch heranwagen und so z. B. die abendlichen Lichter vorbeifahrender Autos zu langen Lichtstreifen werden lassen. Bei Landschafts- oder Architekturaufnahmen zur blauen Stunde wirst du ebenfalls auf lange Belichtungszeiten (und ein Stativ) zurückgreifen müssen, um ISO zu sparen und deine Blende für mehr Schärfentiefe schließen zu können. Doch das ist für die Tierfotografie eher uninteressant.

Einstellung 2: Blende

Die Blende steuert über Lamellen im Objektiv die Menge des Lichteinfalls. Je offener eine Blende, desto mehr Licht kommt durch das Objektiv auf den Sensor. Dabei stehen kleine Blendenzahlen, also z. B. f/2.8, für große bzw. mehr geöffnete Blenden, während hohe Zahlen wie z. B. f/16 für geschlossene Blenden stehen. Gestalterisch lässt sich außerdem die Schärfentiefe im Bild steuern. Denn je offener eine Blende ist, desto geringer wird die Schärfeebene, also der Bereich, der im Bild scharf ist, und desto weicher und verschwommener erscheint der Hintergrund. Daher eignen sich für Porträts generell eher offene Blenden, um einen unscharfen homogenen Look im Hintergrund zu erzeugen, und für Landschaften oder Ähnliches geschlossene Blenden für mehr Schärfentiefe.

Für meine Tierporträts und auch für die Actionaufnahmen verwende ich in über 90 % aller meiner Bilder f/2.8. Nur selten blende ich etwas ab, etwa wenn mehrere Tiere oder Pferd und Mensch im Motiv stehen und nicht exakt auf einer Schärfeebene posieren können. Die offene Blende kommt den sowieso schon sehr kurzen Verschlusszeiten in der Tierfotografie zugute und lässt ein Fotografieren bei schlechtem Licht zu, ohne zu viel ISO zu verbrauchen.

Einstellung 3: ISO-Wert

Mit dem ISO-Wert wird die digitale Lichtempfindlichkeit des Sensors gesteuert. Je mehr ISO eingestellt wird, desto lichtempfindlicher wird der Sensor. Allerdings verliert man mit zu viel ISO Klarheit im Bild. Die Fotos beginnen zu rauschen. Je nach Kameraqualität passiert das schon ab ISO 800 oder erst jenseits von ISO 2000. Meiner Erfahrung nach empfinden die meisten meiner Workshop-Teilnehmer das Rauschen ihrer Kameras allerdings immer als zu hoch. Heutzutage rauschen die Kameras nämlich bei Weitem nicht mehr so schlimm wie am Anfang der digitalen Fotografie.

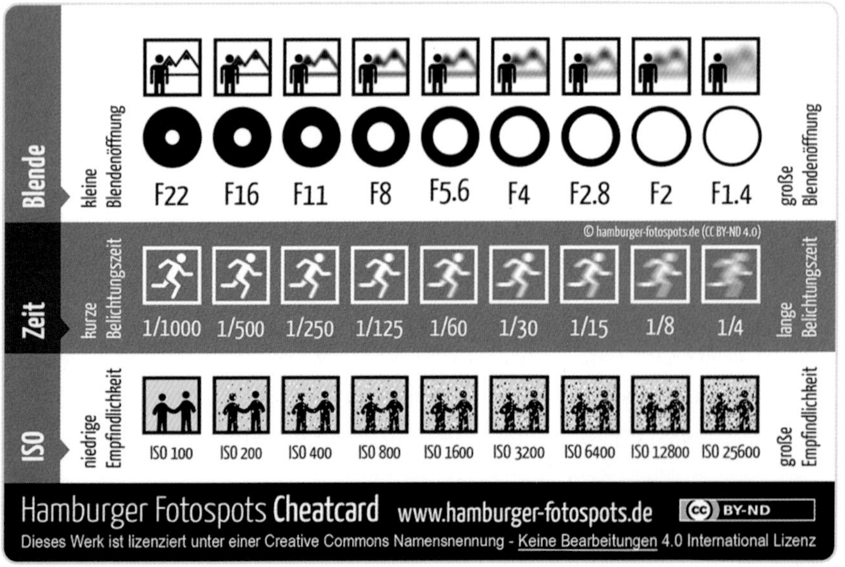

◀ *Die „Hamburger Fotospots Cheatcard" stellt den Zusammenhang von Blende, Zeit und ISO grafisch ziemlich präzise dar. Du kannst sie dir abfotografieren oder unter der angegebenen Adresse selber ausdrucken.*

Ich empfehle dir, deine (vermeintlich) verrauschten Bilder einfach mal ausdrucken zu lassen. Bilder sehen im Druck noch mal deutlich besser aus als am Monitor, zumindest in Sachen Rauschen. Ich selbst wurde schon mehr als einmal davon überrascht, wie sehr weich und schön meine ISO-starken Bilder im Druck plötzlich wirkten. Lass dich also nicht vom Monitor täuschen und zoome auch nicht auf 300 % in dein Bild hinein, denn dann wirst du immer irgendwelche Pixel zählen können.

Den ISO-Wert passe ich auf meine Verschlusszeit und meine Blende nach dem Motto „so viel wie nötig, so wenig wie möglich" an. Wobei ich fairerweise dazu sagen muss, dass es bei meiner Kamera egal ist, ob ich nun mit ISO 100 oder 400 fotografiere. Der Unterschied ist für mich nicht feststellbar. Um trotzdem sauber zu arbeiten, solltest du darauf achten. Bevor du also den ISO-Wert anhebst, frage dich vorher, ob du deine Blende nicht weiter öffnen oder nicht doch ein oder zwei Verschlusszeitstufen sparen kannst.

Fallbeispiel: Wenig Licht und Action

Ein Pferd zur blauen Stunde, also kurz nach Sonnenuntergang, wird im Galopp fotografiert. Meine Überlegung: Ich brauche eine gewisse Mindestverschlusszeit von 1/1250 Sekunde. Die Blende ist aus Gestaltungs- und Lichtgründen bei f/2.8 bereits so weit offen wie möglich. Ist

▼ *Die blaue Stunde gehört mittlerweile zu meinen liebsten Fotozeiten. Allerdings ermöglicht mir erst die Profitechnik ein Arbeiten zu dieser Zeit. Das Licht ist weich und diffus, während am Himmel die letzten Farben im wunderschönen Pastell leuchten.*

ISO 1250 | 200 mm | f/2.8 | 1/1000 s

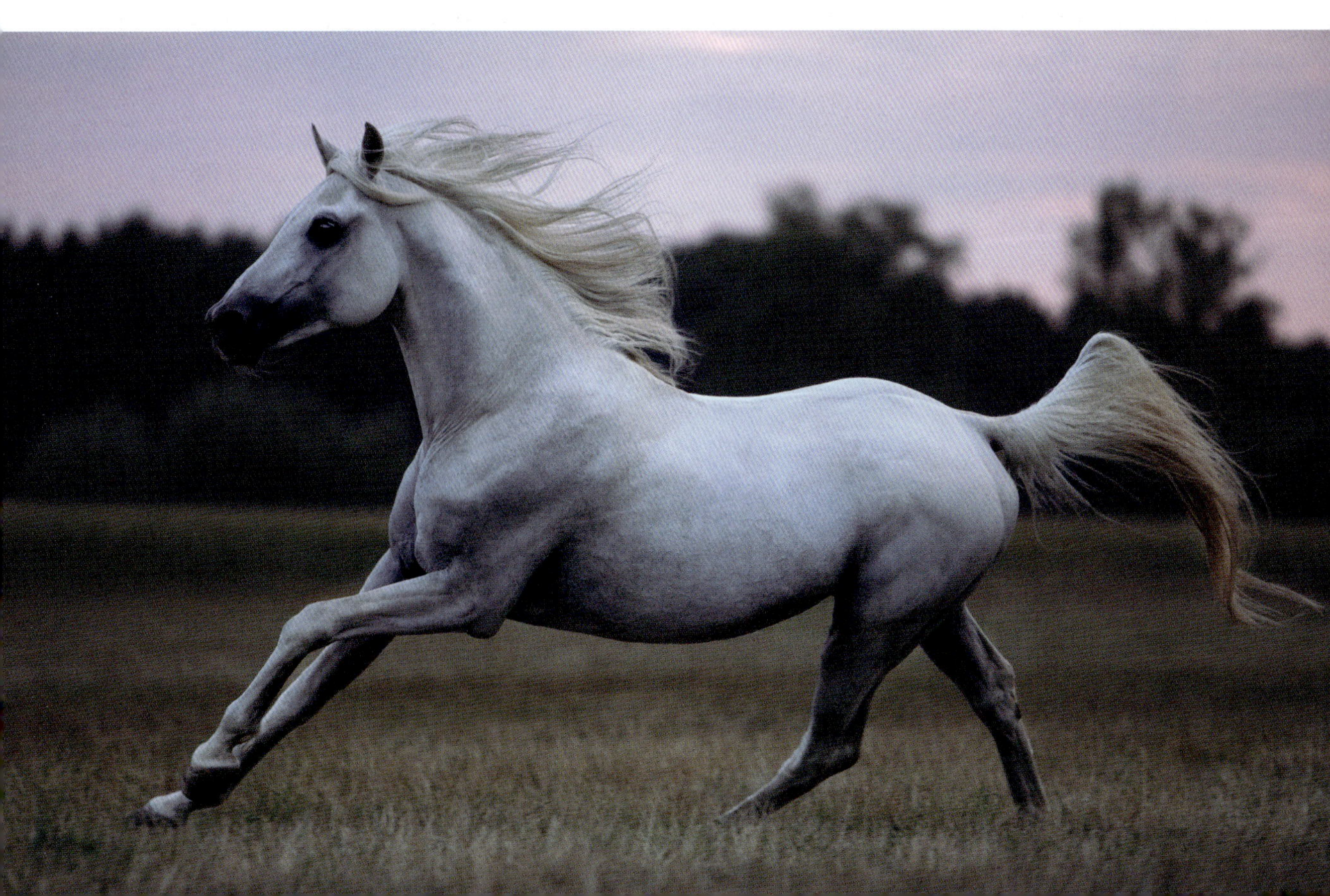

das Bild zu dunkel, reicht mein ISO-Wert also noch nicht, und ich muss diesen wohl oder übel so weit nach oben korrigieren, dass das Bild gerade so gut belichtet wird.

Ich fotografiere OOC (engl. *Out Of Cam*) immer etwas dunkler, um später im RAW-Konverter so viele Informationen wie möglich zu erhalten. Trotzdem soll das Bild in der Kamera nicht unterbelichtet erscheinen.

Fallbeispiel: Viel Licht und Ruhe

Auch wenn ich es dir aus gestalterischen Gründen nicht empfehle: Du fotografierst um 12 Uhr mittags im gleißenden Sonnenlicht ein ruhiges Hundeporträt. Die Überlegung: Für ein Porträt brauchst du nicht viel Verschlusszeit, sodass theoretisch auch 1/400 Sekunde locker reicht, um die Kamera verwacklungsfrei zu halten. Du möchtest eine offene Blende nutzen und stellst dein Objektiv auf f/2.8. ISO kannst du getrost sparen, da die Mittagssonne genug Licht spendet. ISO 100, bei manchen Kameras auch ISO 50, ist das Niedrigste, was du einstellen kannst. Und trotzdem ist das Bild überbelichtet?!

Klar, die Blende lässt super viel Licht auf einen für Kameraverhältnisse langsamen Verschluss. Weil du aber nicht an gestalterischer Freistellung durch die Blende einbüßen willst, stellst du einfach die Verschlusszeit viel kürzer auf z. B. 1/2000 Sekunde oder mehr.

Übrigens: Wenn du stattdessen filmen möchtest oder Bewegungsunschärfe mit noch längeren Verschlusszeiten einfangen willst, hast du kameraseitig keine weiteren Möglichkeiten, um das Bild wieder dunkler zu bekommen. Dafür gibt es jedoch Graufilter (ND-Filter) in verschiedensten Stärken und Stufen oder gar variabler Ausführung. Diese schraubst du vor die Linse und verdunkelst so optisch dein Bild. Für die Tierfotografie brauchst du das nicht. Ein Bild von diesem Szenario habe ich glücklicherweise nicht im Archiv. Das harte Licht der Mittagszeit ist wirklich nicht sehr ansehnlich, sodass du dir ein solches Ergebnis am besten erst gar nicht einprägst.

Mit Blende, ISO und Verschluss ist es aber noch nicht ganz getan. Du musst deiner Kamera auch sagen, ob sie schnell sein soll und wie sie den Autofokus zu steuern hat. Dateiformate müssen ebenfalls bestimmt werden.

Einzelbild oder Serienbild

Als Tierfotograf wirst du vorrangig im Serienbildmodus arbeiten. Deine Kamera ist so in der Lage, bei durchgedrücktem Auslöser so viele Bilder in der Sekunde zu machen, wie ihr technisch möglich ist. Im Einzelbildmodus fokussiert die Kamera nur einmal und sperrt dann den Fokus. Hier arbeitet der Fokus zwar schneller, aber du musst immer wieder per Hand neu fokussieren, sobald sich dein Motiv bewegt, und beim Auslösen wird die Kamera auch nur ein Foto machen. In ganzen seltenen Fällen im Studio, bei sehr schwachem Einstelllicht und dunklem Fell, nutze ich die Einzelbildfunktion. Meine Kamera war so tatsächlich in der Lage, aus dieser bescheidenen Lichtsituation heraus zuverlässiger den Fokus zu finden.

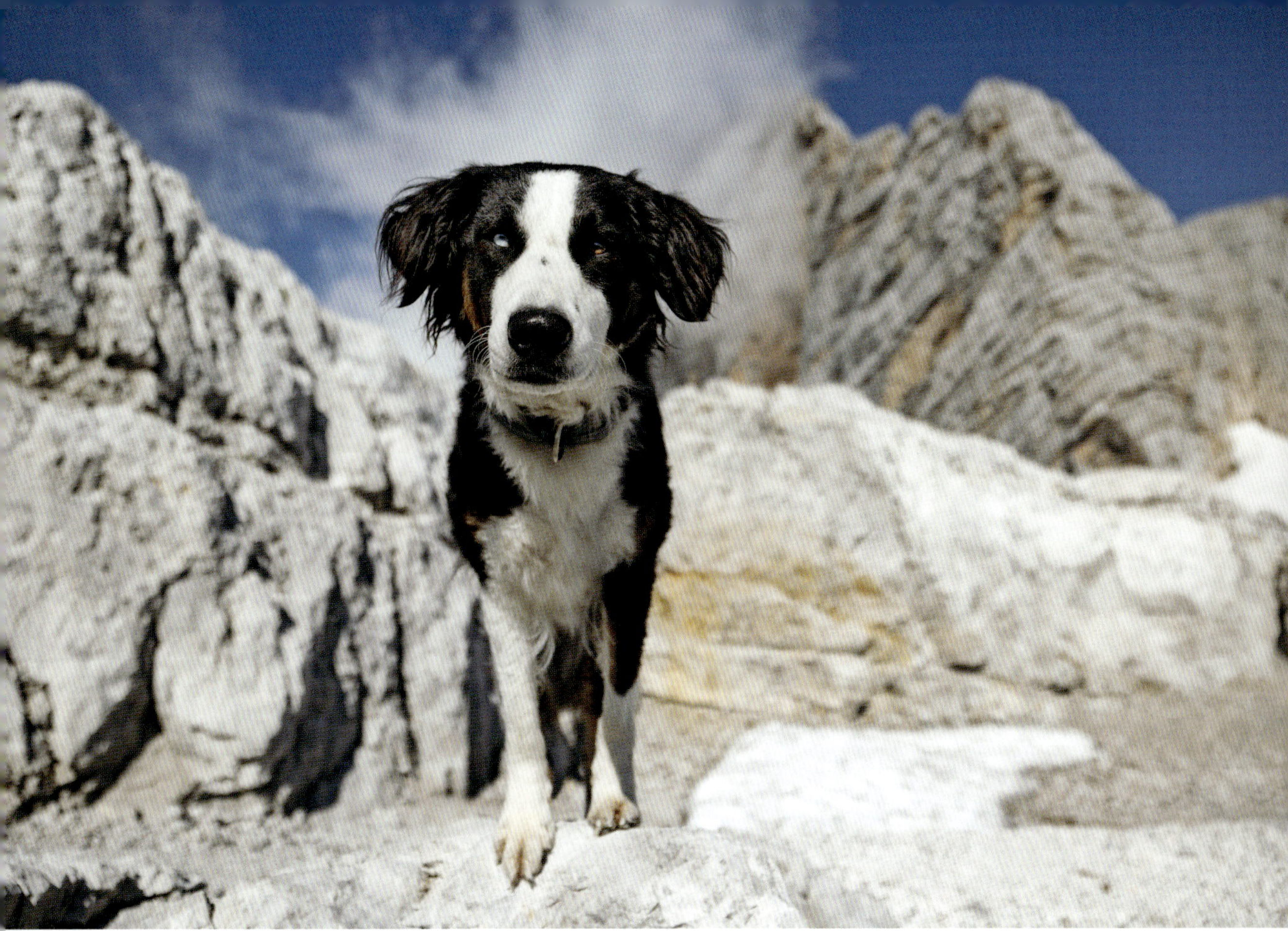

▲ *Eigentlich vermeide ich es seit etlichen Jahren, direkt zur Mittagszeit zu fotografieren. Meine Gondel hat mich und Joyce aber leider erst gegen 11 Uhr auf den Gletscher gebracht. Also musste ich mich mit dem harten Licht arrangieren. Das kann passieren, wenn du auf Reisen bist und nicht immer Einfluss auf zeitliche Abläufe hast. In diesem Fall haben Fels und Schnee noch etwas von unten gegen die starken Schatten reflektiert. Aber du siehst trotzdem, wie schattig Joyce' Augen bereits sind, obwohl sie den Kopf recht hochhält.*

ISO 100 | 22 mm | f/2.8 | 1/4000 s

Generell empfiehlt sich für die Tierfotografie jedoch der Serienbildmodus, um nicht nur von den Serienbildern selbst, sondern auch vom nachführenden Autofokus zu profitieren. Denn bei halb gedrücktem Auslöser arbeitet der Fokus selbstständig mit und stellt kontinuierlich dein Motiv in Bewegung scharf.

Autofokus desensibilisieren

Je nach Kameramodell kannst du im Menü diverse Nachführmethoden auswählen und so die Sensibilität einstellen. So kannst du den Autofokus etwas desensibilisieren, damit er auf deinem Motiv stehen bleibt und schnell ins Bild kommende neue Motive wie etwa Grashalme oder zweite Tiere einfach ignoriert. Ich empfehle dir, alle Funktionen zu testen und herauszufinden, mit welcher du am besten arbeitest. Meine Kamera bleibt meistens auf der Werkseinstellung.

Ein Fokusfeld festlegen

Mit Zunahme der zur Verfügung stehenden Fokusfelder stehen dir auch hier mittlerweile mehrere Funktionen zur Verfügung. Ich nutze trotz aller technischen Neuerungen am meisten den Einzelspotautofokus. Das heißt, dass ich per Hand ein einzelnes Fokusfeld wähle und dieses, je nach Motiv, ständig an meinen Bildaufbau anpasse. Dabei sollte natürlich möglichst ein Auge oder der Kopf genau im Fokusfeld sitzen.

Meine aktuelle Systemkamera unterstützt jedoch auch den Tieraugenautofokus, bei dem die Kamera automatisch versucht, das Auge bzw. das Tiergesicht (je nach Abstand) zu erkennen und im Fokus zu halten. Das klappt manchmal ganz gut und manchmal gar nicht. Von diversen Fokusfeldbereichsfunktionen (was für ein schönes Wort) rate ich eher ab. Hier legst du fest, in welchem generellen Bereich deines Bilds sich die Kamera automatisch für einen Spot entscheiden soll. So kannst du zwar bestimmen, dass deine Kamera eher links oder eher rechts scharf stellt, aber ob sie dann tatsächlich den Kopf des Motivs trifft und nicht eher den Spot links oder rechts vom Kopf wählt, musst du genau testen.

Messmethode für Lichtmessung

Ob deine Kamera mit der Mehrfeldmessung, der mittenbetonten Messung oder der Spotmessung das Licht überprüft, spielt bei rein manuellen Kameraeinstellungen kaum eine Rolle. Damit wird nämlich nur definiert, woran im Bild die Kamera ihren integrierten Belichtungsmesser ausrichten soll. Für Voll- und Halbautomatiken ist das durchaus eine wichtige Einstellung, da hier die Kamera Blende, ISO und Verschluss ganz oder teilweise steuert.

Fotografierst du rein manuell, übernimmst du diesen Job und kannst am Display, am Histogramm oder mit eingeschalteter Überbelichtungswarnung erkennen, ob dein Bild zu hell oder zu dunkel ist. Manche Kameras zeigen eine Skala für die Belichtungsmessung an. Damit kannst du auch beim manuellen Fotografieren überprüfen, ob deine Kamera deine Einstellungen zu hell oder zu dunkel findet. Aber natürlich bist du etwas schlauer als sie und weißt besser, wie du mit einer schwierigen Lichtsituation umgehen möchtest.

Dateiformate und Anwendung

Dateiformate können am Anfang verwirren. Um es dir leicht zu machen: Du brauchst für den Anfang das JPEG-Format und vermutlich recht schnell auch das RAW-Format. Arbeitest du mit Bildbearbeitungsprogrammen wie Adobe Photoshop, Affinity Photo oder GIMP, dann wird auch das TIFF- bzw. PSD-Format für dich interessant. Hier eine Übersicht, um dir die Vor- und Nachteile aufzuzeigen:

Farbräume und Farbprofile

Kaum ein anderes Thema hat mich in der Ausbildung mehr gestresst als das Thema der Farbräume und Farbprofile. Kein Wunder, dass es dazu sogar einen einwöchigen Extraworkshop gab, der am Ende aber trotzdem noch nicht alles zu

Dateiformat	+/-	Eigenschaften und Anwendung
JPEG	+	Kleine Dateigrößen.
	+	Einfaches Handling für private Zwecke.
	-	Verlustreich und komprimiert, es stecken nicht so viele Informationen in der Datei, was Belichtungskorrekturen oder Ähnliches stark einschränkt.
	-	Ebenenfunktionen aus Bildbearbeitungsprogrammen werden nicht unterstützt. Anwendung: Webdateien mit höherer Komprimierung, Printdateien für einfache Anwendungen.
PNG	+	Verlustfrei.
	+	Kann Transparenz speichern und höhere Farbtiefen anzeigen.
	-	Für Bildschirm und nicht für Druck optimiert. Anwendung: Webdateien, vor allem wenn diese Transparenzen darstellen sollen.
TIFF	+	Verlustfrei.
	+	Kann Photoshop-Ebenen speichern.
	+	Neben RAW-Datei das Grafikformat mit höchster Qualität.
	-	Große Dateigrößen.
RAW	+	Unverarbeitetes „digitales Negativ".
	-	Kann nur von RAW-Konvertern bearbeitet und gelesen werden. Anwendung: Belichtungskorrekturen und weitere nahezu verlustfreie Bearbeitung im RAW-Konverter, mit der RAW-Datei kannst du deine Belichtung in großem Umfang korrigieren.
PSD	+	Photoshop-Dateiformat für Retusche und Ebenen.
	-	Muss nach Bearbeitung meistens in andere Formate konvertiert werden.

diesem Thema vermitteln konnte, was es dazu zu sagen gibt. Ich versuche es für dich also möglichst kurz zu halten, möchte es aber trotzdem nicht ganz unter den Teppich kehren. Denn vielleicht stehst du selbst manchmal vor der Frage, warum deine Bilder auf Facebook & Co. plötzlich farblich ganz anders aussehen?

Vereinfacht gesagt, dienen Farbräume und Farbprofile zur Anpassung der unterschiedlichen Anzeige-, Ausgabe- und Printergebnisse auf den verschiedensten Medien – wie Monitoren, Fernsehern, Druckern und Papieren. Im Idealfall möchte jeder Fotograf schließlich, dass sein

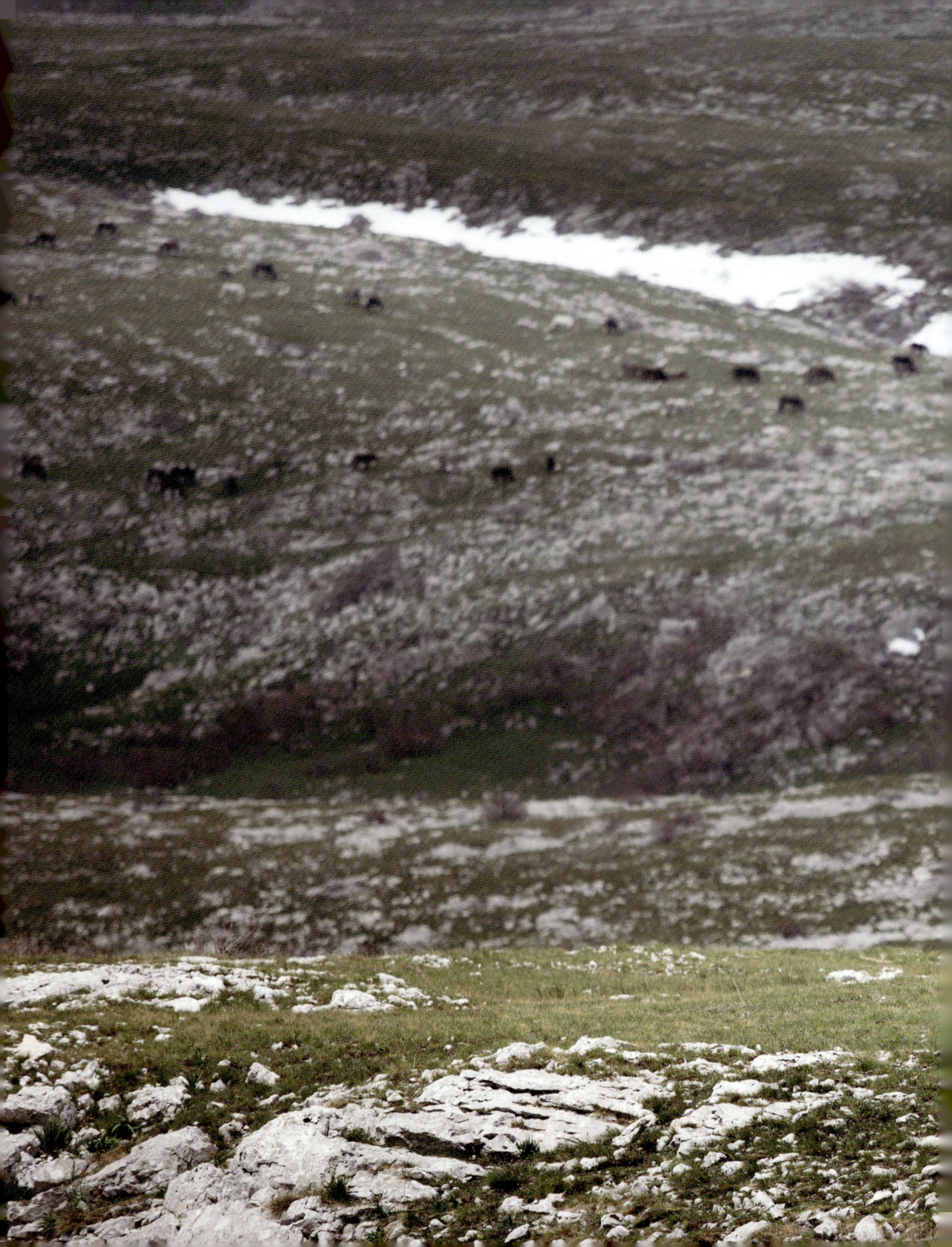

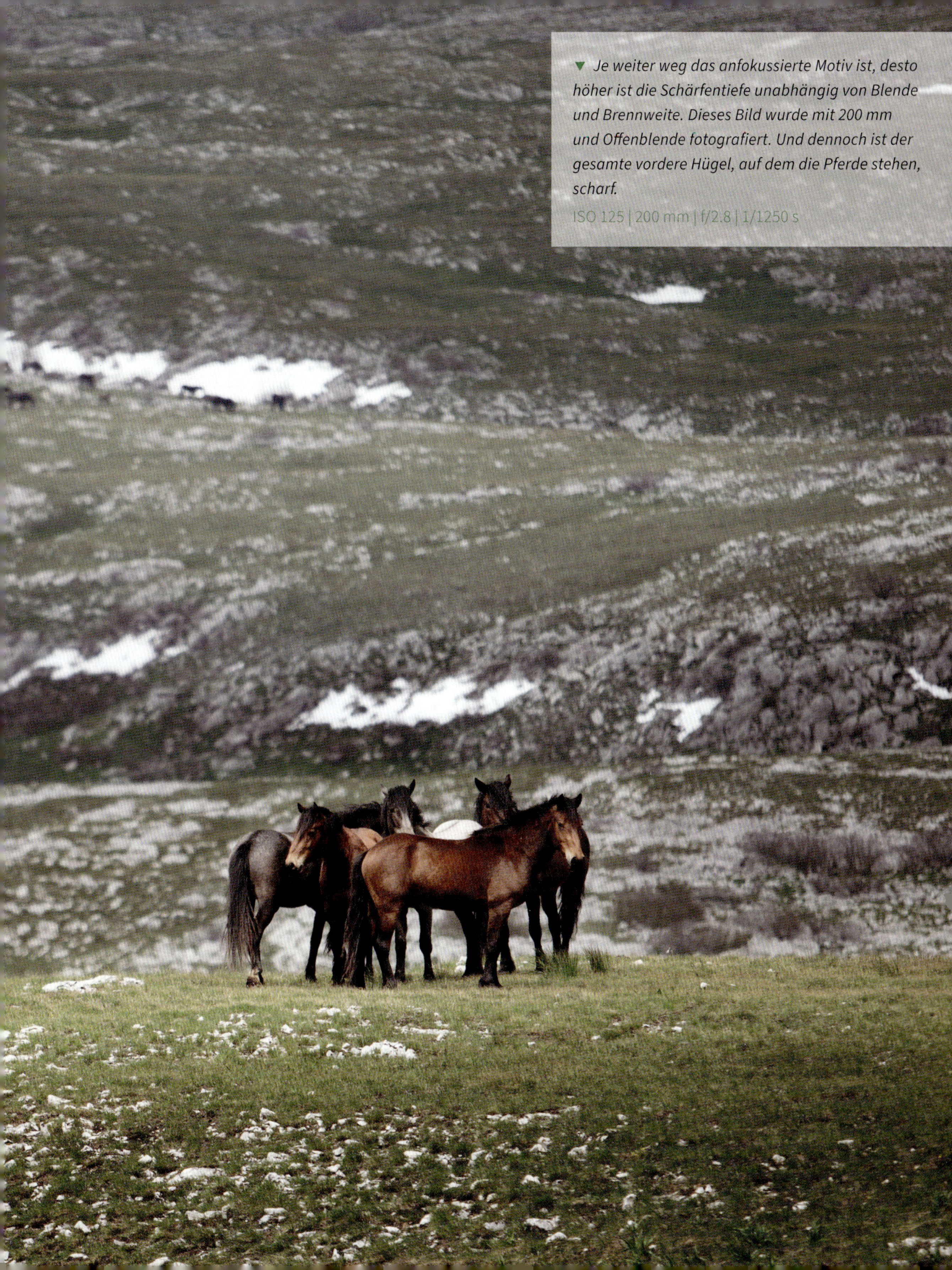

▼ *Je weiter weg das anfokussierte Motiv ist, desto höher ist die Schärfentiefe unabhängig von Blende und Brennweite. Dieses Bild wurde mit 200 mm und Offenblende fotografiert. Und dennoch ist der gesamte vordere Hügel, auf dem die Pferde stehen, scharf.*

ISO 125 | 200 mm | f/2.8 | 1/1250 s

Profitipp: Farbräume ändern

Beim Ändern der Farbräume solltest du in Photoshop in jedem Fall über *Bearbeiten/In Profil umwandeln* gehen, da so das Farbaussehen weitestgehend erhalten bleibt! Bei der Einstellung *Profil zuweisen* liest der Farbraum die Zahlenwerte hinter jedem einzelnen Pixel aus und gibt diese im entsprechend gewählten Farbraum wieder, was zu starken optischen Abweichungen führen kann. Das ist auch der Grund dafür, dass Bilder ohne Farbraum oder mit Adobe-RGB in einigen Browsern plötzlich farblich ganz anders aussehen. Die Browser können manchmal nur den sRGB-Raum auslesen. Unterscheidet sich der Farbraum deines Bilds jedoch, werden einfach die Zahlenwerte ausgelesen und als sRGB ausgegeben. Das Bild wirkt dann flauer, da sRGB eben kleiner ist als Adobe-RGB und der Browser (oder auch andere betroffene Programme) keine Farbräume so konvertieren kann, dass das Farbaussehen erhalten bleibt. Manchmal wirken Bilder in Photoshop auch plötzlich farbenfroher, als sie sind. Das kann vorkommen, wenn der eingestellte Arbeitsfarbraum auf Adobe-RGB steht und ein sRGB-Bild einfach „falsch" uminterpretiert wird – und auch hier das Farbaussehen nicht erhalten bleibt. Klingt kompliziert? Ist es auch.

Nachgedacht: Wie war das mit der Schärfentiefe?

Du hast den sehr technisch-theoretischen Teil fast geschafft, und vielleicht hast du bis hierhin auch schon erste Versuche in Sachen manueller Fotografie unternommen. Dann ist dir bestimmt schon aufgefallen, dass sich die Schärfentiefe trotz Offenblende dennoch auf manchen Bildern stark unterscheidet. Das liegt am Abstand, den du im Verhältnis zu deiner Brennweite zum Motiv hast. Ohne physikalische Umschweife kurz gesagt: Je weiter entfernt du dich von deinem anfokussierten Motiv befindest, desto höher ist die Schärfentiefe. Aus diesem Grund ist bei einem formatfüllenden Ganzkörperbild von einem Pferd bei f/2.8 und 200 mm auch der ganze Kopf scharf, während es bei einem kleinen Hund gerade mal für die Augenpartie reicht. Beim Hund bist du nämlich viel näher dran, um ihn formatfüllend ins Bild zu setzen, als bei einem Pferd.

Foto überall möglichst gleich aussieht und es zu keinen farblichen Überraschungen kommt.

Für uns sind vor allem der sRGB- sowie der Adobe-RGB-Farbraum wichtige Begriffe:

- **sRGB** – Der sRGB-Farbraum ist der kleinste gemeinsame Nenner und eignet sich für alle, die nichts mit Colormanagement am Hut haben wollen und weder in die Werbung verkaufen noch detailgetreue Druckergebnisse benötigen. Außerdem ist der sRGB-Farbraum am besten für Webdateien geeignet, da es dann zu keinerlei Farbunterschieden in den Browsern kommt. Wenn du also im JPEG-Modus fotografierst, stell am besten den sRGB-Farbraum ein.

Falls du mit RAW arbeitest, ist der Farbraum egal. Dieser wird nämlich erst nach dem Konvertieren aus dem RAW-Format an deine Datei gehängt und somit erst in deinem RAW-Konverter bestimmt. Achte darauf, dass du auch hier sRGB ausgewählt hast, wenn du dich nicht weiter mit diesem Thema beschäftigen möchtest.

- **Adobe-RGB** – Der Adobe-RGB-Farbraum ist etwas größer und zu empfehlen für alle, die Wert auf gute Drucke legen. Hier können mehr Nuancen dargestellt werden. Allerdings empfiehlt es sich, bei der jeweiligen Druckerei spezielle ICC-Profile für die gewünschten Papiere herunterzuladen, da diese an die Struktur und die Drucker angepasst sind und zu noch besseren Ergebnissen führen.

Du kannst beruhigt sein. Als Tierfotograf arbeitest du in einem weitestgehend harmlosen Farbbereich, sodass du im Druck keine großen Überraschungen erleben solltest. Oftmals täuschen Monitore in Sachen Helligkeit. Ich empfehle statt eines aufwendigen Colormanagementprozesses, einfach Testdrucke zu bestellen und deinen Monitor nach „Augenmaß“ an deine Druckerei anzupassen. So habe ich es auch gemacht.

Shortcut: Auf einen Blick

Nur du selbst kannst herausfinden, welche Kamera am besten zu dir passt. Schreibe eine Liste mit deinen wichtigsten Anforderungen an deine Ausrüstung in absteigender Priorität und lass dich beim Fachhändler beraten. Nach meiner Erfahrung bringen eine Kamera und die Objektive für Tierfotografen Folgendes mit:

Shortcuts: die Kamera	
1.	mindestens 8 B/s
2.	gutes Rauschverhalten bis ISO 1250
3.	ca. 20 Messfelder zur Fokuslegung
4.	mindestens f/2.8 als Offenblende
5.	schneller AF (Kamera und Objektiv – unbedingt unter schlechtem Licht testen!)
6.	70–200 mm für Outdoor-Shootings
7.	Weitwinkel und/oder 50 mm für indoor
8.	ISO, Blende und Verschluss bedingen sich gegenseitig. Stell als Erstes die Verschlusszeit angepasst an dein Motiv ein: ist es schnell = kurze Verschlusszeit ist es langsam oder ein Mitzieher ist geplant = lange Verschlusszeit
9.	Wähle danach die Blende: Offenblende für höchste Freistellung und maximales Licht auf dem Sensor geschlossene Blende für mehr Schärfentiefe und Lichtreduzierung
10.	Passe den ISO-Wert an: wenig ISO bei viel Licht/zu hellen Bildern viel ISO bei zu wenig Licht/zu dunklen Bildern, jedoch nur, wenn du die beiden anderen Einstellungen aus Gestaltungs- oder Technikgründen nicht ändern kannst
11.	Verschiebe dein Fokusfeld immer wieder auf den Kopf bzw. das Auge des Tieres abhängig von deinem Bildausschnitt oder nutze den Tieraugen-AF!

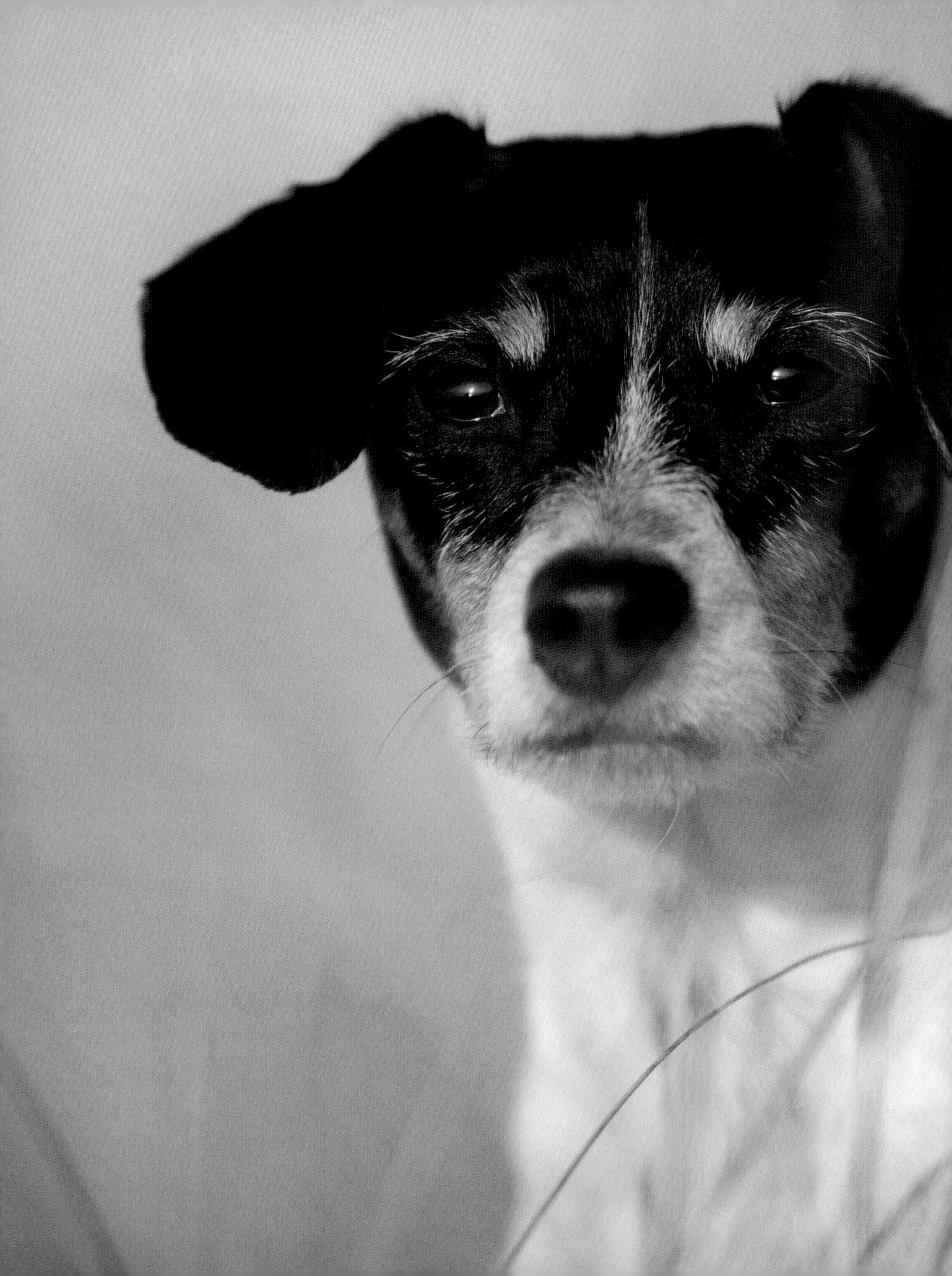

KAPITEL 2

DAS KLEINE EINMALEINS DER BILDGESTALTUNG

Selbst die technisch saubersten Bilder sind langweilig, wenn die Linien und Flächen im Bild keiner Komposition folgen. Auch wenn die Kamera unser Werkzeug ist und das sichtbar macht, was wir als Fotografen festhalten wollen, so ist es doch viel eher das gestalterische Auge und das emotionale Gespür des Fotografen für sein Motiv, was ein Bild letztendlich ausmacht. So wie du deine Kamera eines Tages ganz intuitiv bedienen wirst, so wirst du auch Formen und Linien im Bild erkennen und harmonisch miteinander komponieren. Doch dafür lohnt sich erst mal ein Blick in die Gestaltungslehre.

In meiner Ausbildung zur Fotografin haben sich die Grundlagen der Gestaltungstheorie in meinem Unterbewusstsein gefestigt. Gewiss messe ich keines meiner Bilder mit Winkelmesser nach oder berechne den Goldenen Schnitt. Vielmehr ist es ein intuitives Gespür für Flächen und Verhältnisse – und wie man diese für das Auge angenehm im Bild platzieren kann.

Du willst jetzt aber endlich wissen, wie man einen Hund im Laufen anfokussiert? Klar, du kannst natürlich einfach zu den entsprechenden Tierkapiteln blättern, um endlich mit etwas mehr Praxis zu starten. Ich empfehle jedoch auch einen Blick in dieses Kapitel, um den Bildaufbau einfach besser zu verstehen. Mindestens zum Thema Licht solltest du einen Abstecher wagen. Schließlich gibt es ohne Licht auch keine Belichtung und damit keine Fotos.

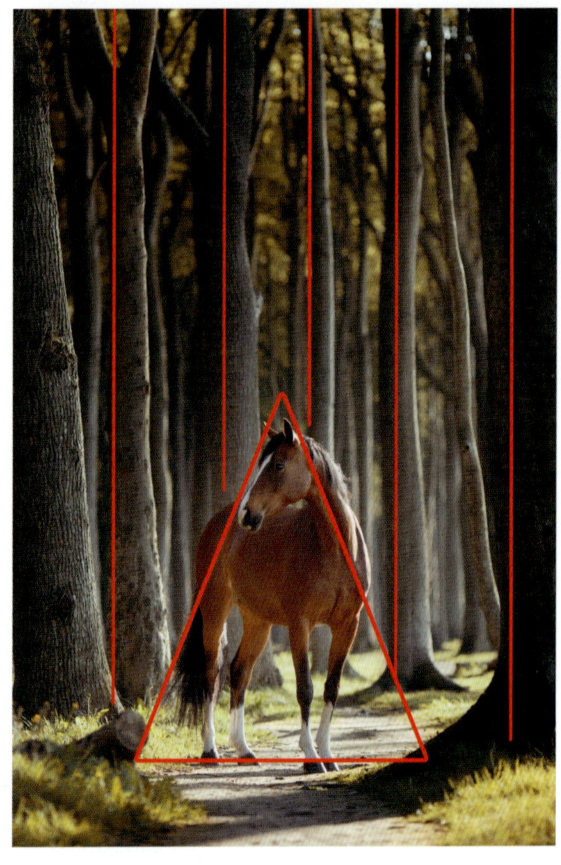

▲ *Auch Linien und Flächen haben in der Gestaltungslehre bestimmte Funktionen. Hier wirken sie z. B. stabilisierend und ruhig. Das Model selbst spitzt sich von den Hufen bis zum Kopf zu und wirkt, natürlich stark abstrahiert, wie ein Dreieck. Ein Dreieck auf einer breiten Kante wirkt ebenfalls ruhend und stabil – ganz anders, als würde die Fläche des Dreiecks auf der zarten Spitze stehen.*

▶ *Anhand dieses Bilds beschreibe ich am liebsten das Zusammenspiel von Linien und Blickführung. Zunächst habe ich das Bild in seine Essenz aufgegliedert. Versteh mich nicht falsch, es gibt sicherlich noch viel mehr Linien und Flächen in diesem Bild, aber zur Veranschaulichung reichen erst mal die dominantesten Linien: die Bäume im Hintergrund. Sie ragen statisch und in relativ homogenen Abständen fast von ganz unten bis über den oberen Bildrand hinaus.*

ISO 320 | 135 mm | f/2.5 | 1/1250 s

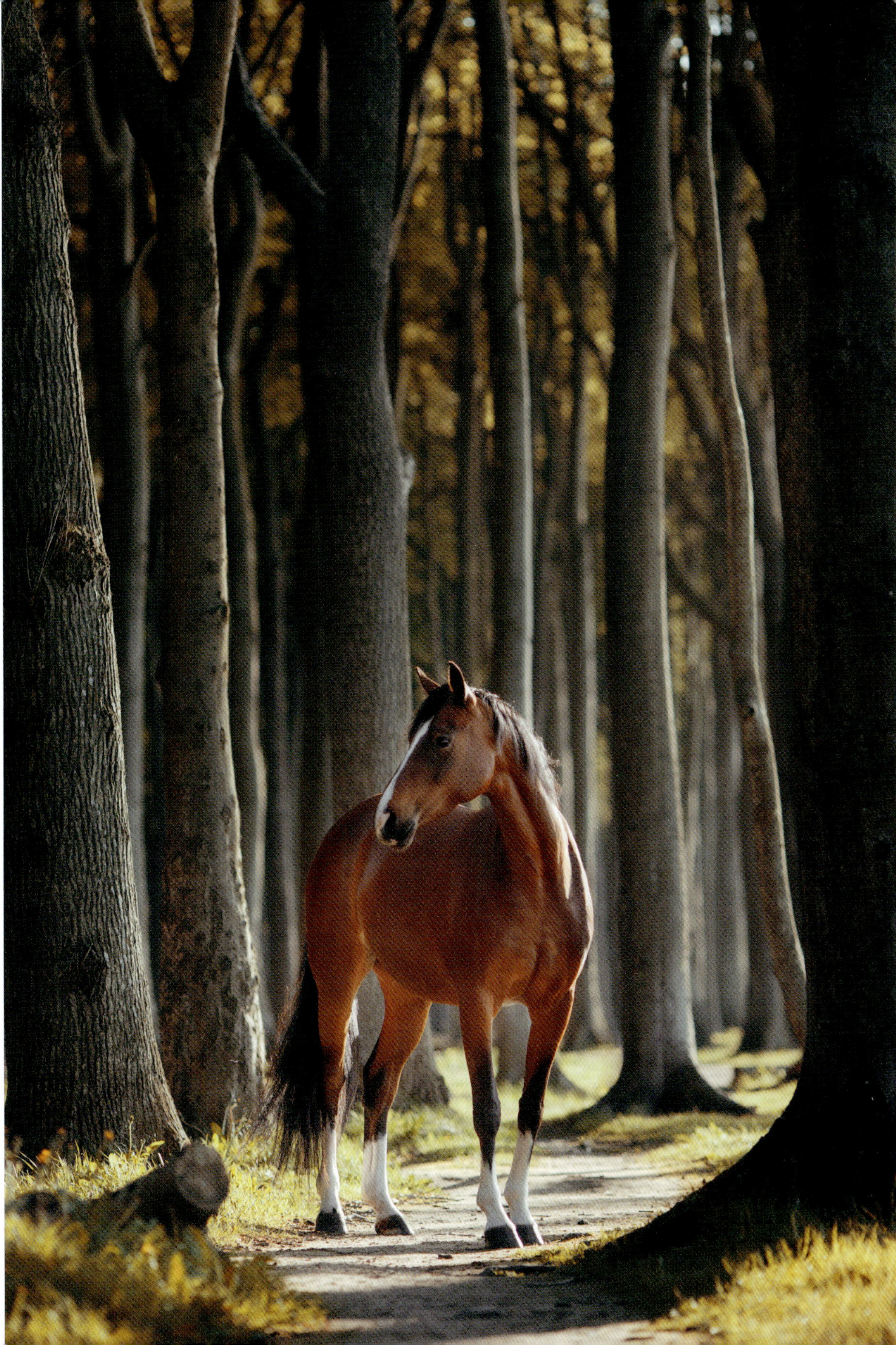

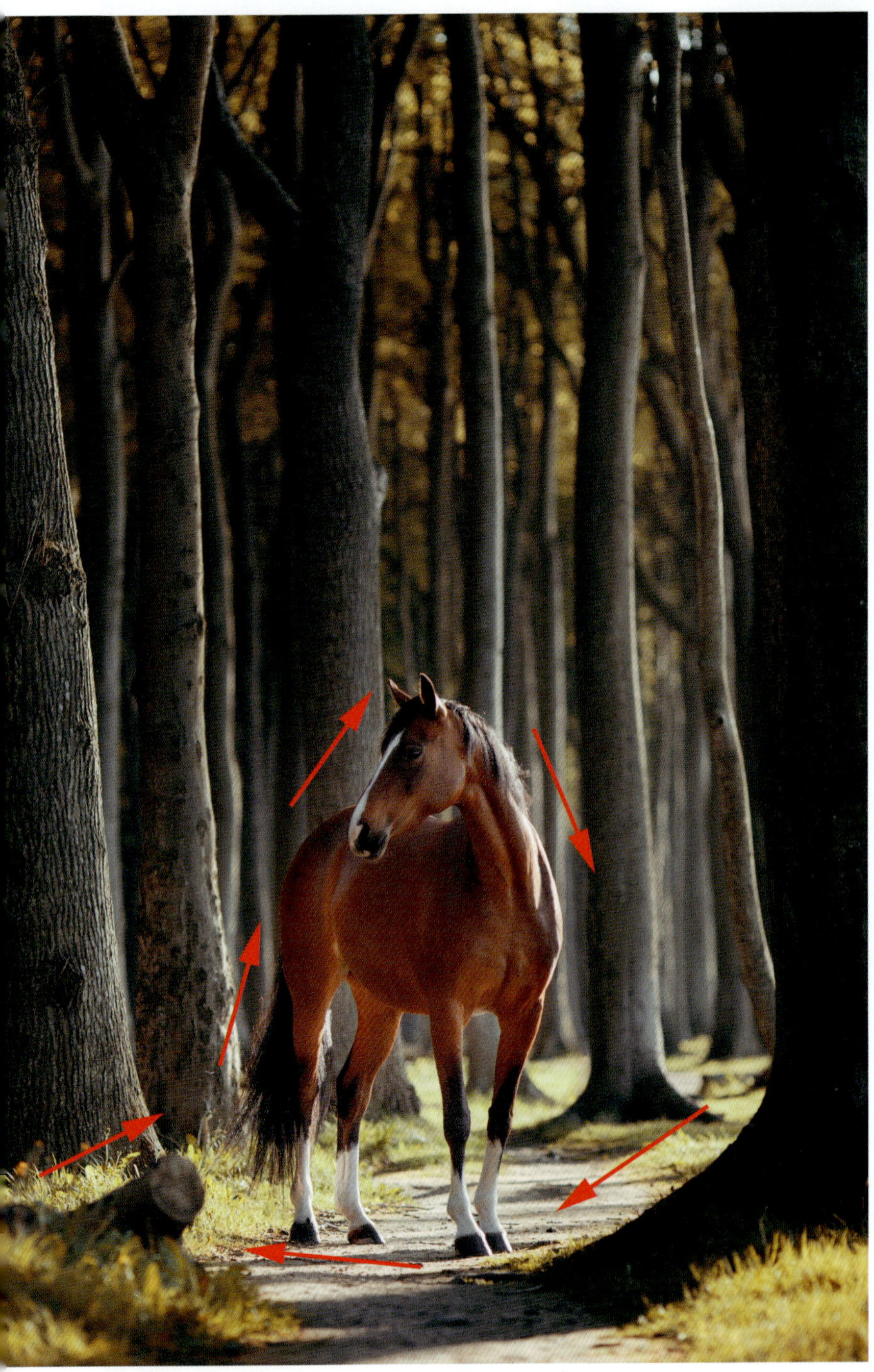

Weitere Linienfunktionen führe ich in ihrer Definition nicht weiter auf. Das würde den Rahmen des Buchs sprengen, und für dich wichtig ist vor allem, dass du deine Models und Motive harmonisch anordnen kannst und erkennst, ob und welche Linien in deinen Fotos dominant wirken.

◀ *Die zweite Markierung stellt die „Leserichtung" des Bilds dar. Als europäisch geprägte Menschen schauen wir uns intuitiv auch Bilder eher von links nach rechts an. Ich achte in den meisten meiner Bilder daher darauf, dass sich rechts im Bild auch ein „Einstieg" befindet. In diesem Fall übernimmt der abgesägte Baumstamm die Funktion und führt den Blick schwungvoll über den Körper des Pferdes. Rechts leitet der Baum am Rand des Fotos den Blick zurück ins Foto über die Wurzel und den Schatten. Alle wichtigen Blickführer habe ich im Kontrast verstärkt, sodass sie deutlicher ins Auge fallen.*

Wichtige Einstellungsgrößen

Mit diesem Begriff bezeichnet man die Größe des gewählten Bildausschnitts im Verhältnis zum Motiv. Sicherlich hast du schon mal Begriffe wie „Totale“ oder „Nahe“ im Zusammenhang mit Bildausschnitten im Film und der Fotografie gehört.

Einstellung: Totale

Die Totale zeigt das Motiv, also unser tierisches Model, in Gänze. Es macht jedoch den Hauptteil des Bilds aus und wird in die Umgebung eingebettet. Fotografierst du also ein Ganzkörperporträt formatfüllend – ohne dass du dein Bild zu eng beschneidest –, arbeitest du mit der Totalen. Diese Einstellungsgröße ist vor allem für Actionaufnahmen am geeignetsten und natürlich für Standbilder.

▼ *Blanca liebt, wie alle Katzen, Aussichtspunkte. Hier hält sie kurz inne auf einer kleinen Steinmauer am Rand eines Blumenbeets. Das satte, dunkle Grün lässt die weiße Katze gut zur Geltung kommen, während sich das Gelb ihrer Augen in den etwas wärmeren Grüntönen wiederfindet.*

ISO 1000 | 165 mm | f/2.8 | 1/800 s

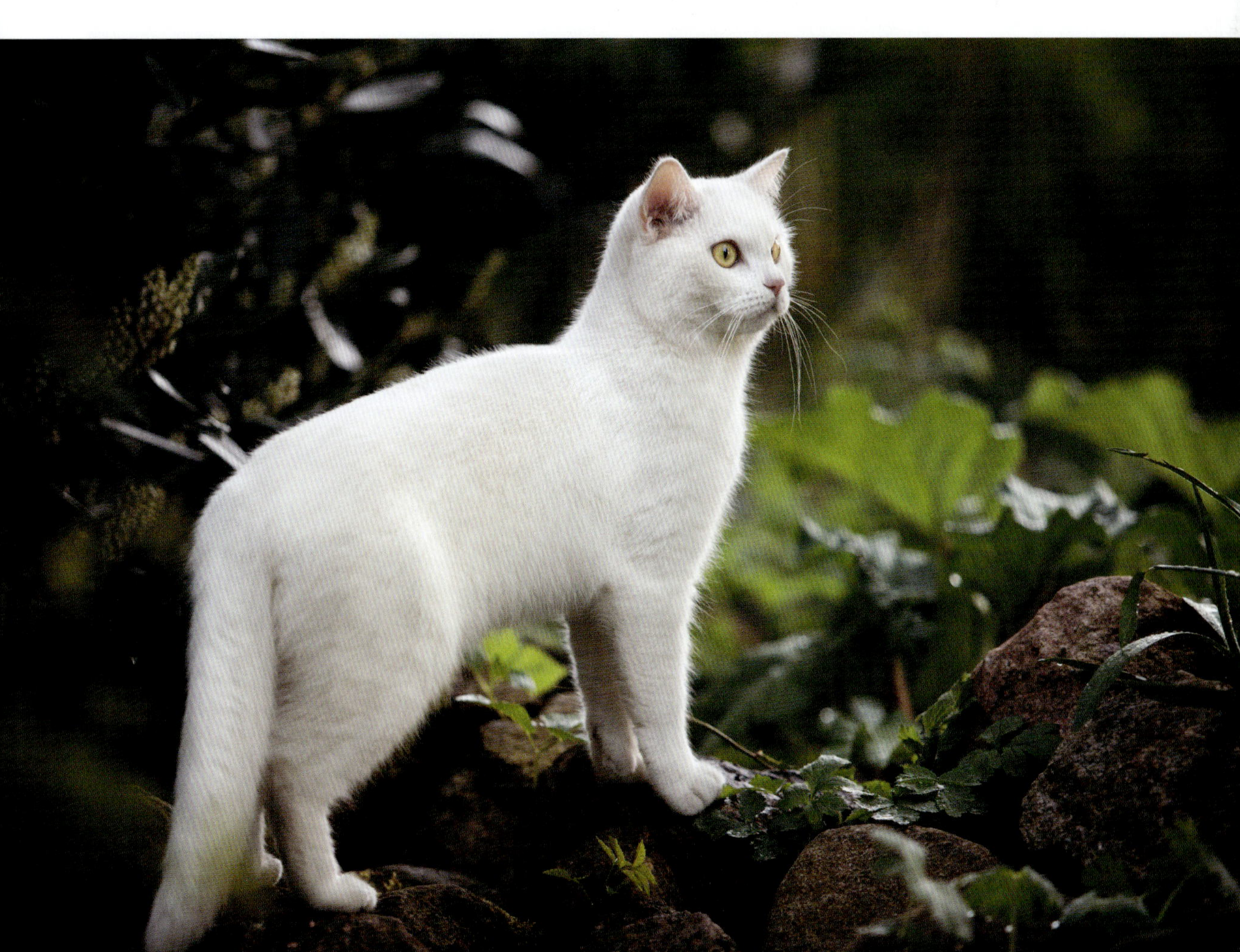

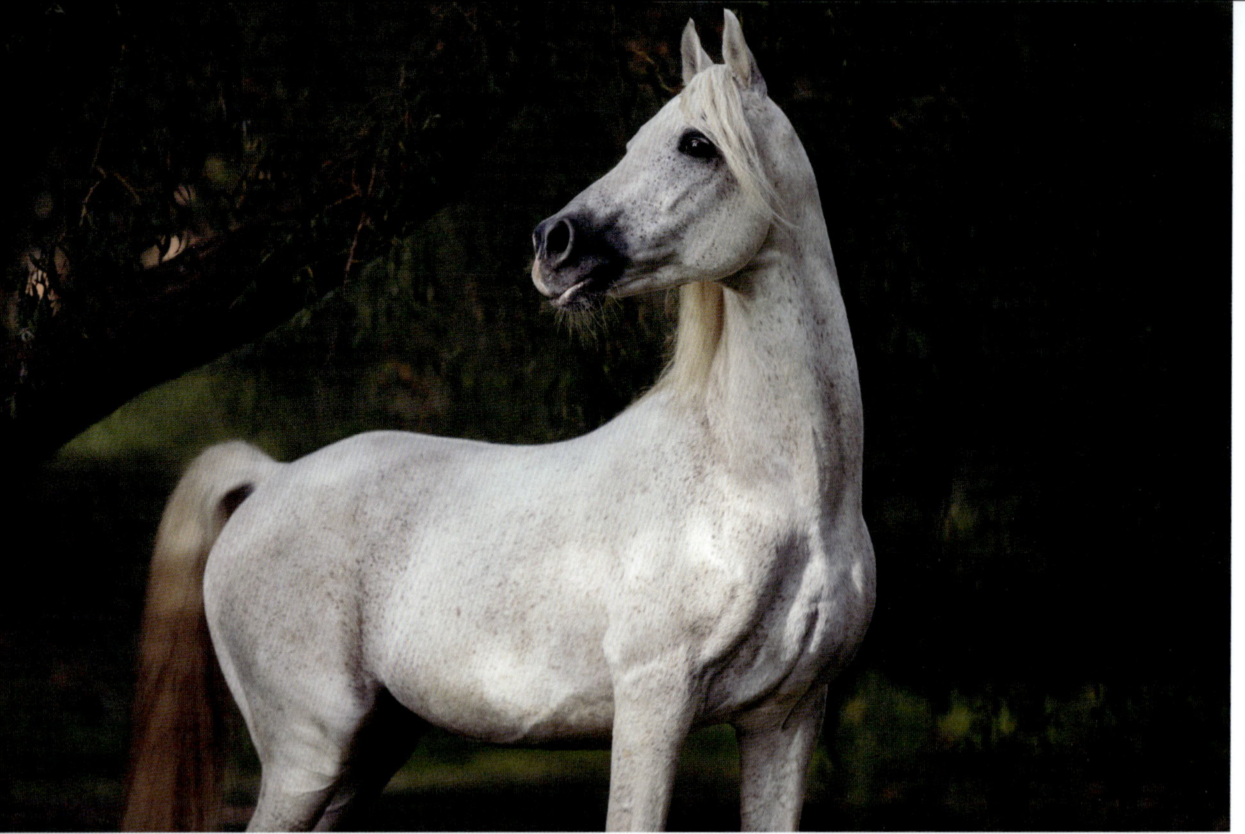

▲ *Zur Mittagszeit habe ich den Schatten einer riesigen Trauerweide als Porträt-Location für diesen Araber genutzt. Er steht in einem sehr schrägen Winkel zu mir, sodass ich den gesamten Rücken inklusive Schweif sehen konnte. Vom geplanten Hochformat bin ich dann zum Querformat übergegangen, aber darauf geachtet, dass der Bauch nach unten hin ausreichend Platz erhält. Enger angeschnitten, würde das weiße Fell unheimlich auftragen und den Hengst dick wirken lassen – obwohl er das bei Weitem nicht ist. Da er über seine eigene Achse schaut, kommt genug Spannung in seinen Körper, und der Schwung des Körpers passt optisch zum Schwung des dicken Asts oben links im Bild. Falls auch du vor der Frage stehst, ob sich das Hoch- oder das Querformat besser eignet, überprüfe immer, in welche Richtung sich die Form des Tieres mehr streckt: nach oben oder zur Seite?*

ISO 640 | 200 mm | f/2.8 | 1/800 s

Einstellung: Halbnahe

Die Halbnahe schneidet das Motiv etwas an. Pferden, Hunden und Katzen wird hier noch etwas Raum unter dem Bauch gegeben, sodass die Beine etwa zu einem Drittel oder bis zur Hälfte sichtbar sind. Diese Einstellungsgröße ist zu empfehlen, wenn du besonders runde Tiere in ihrer Form strecken möchtest. Verjüngt sich eine Form nämlich zu den Bildrändern, wirkt sie eleganter. Das Auge des Betrachters kann die Form im Gesamten besser erfassen.

Einstellung: Nahe

Die Nahe zeigt nur Kopf und Brust eines Tieres, je nach Körperbau und Größe sogar nur den Kopf. Sie ist bei Tieren mit langem Schädel und Hals wie Pferden mit Vorsicht einzusetzen. Pferde sind optisch dafür „anfälliger", dick auszusehen, als Tiere mit ähnlicher Gesichtsanatomie wie wir Menschen. Hunde und Katzen haben ihre Augen vorne im Schädel und verzeihen damit optisch viel besser engere Anschnitte. Im Laufe des Buchs wird dir dieser Unterschied sicherlich noch etwas klarer.

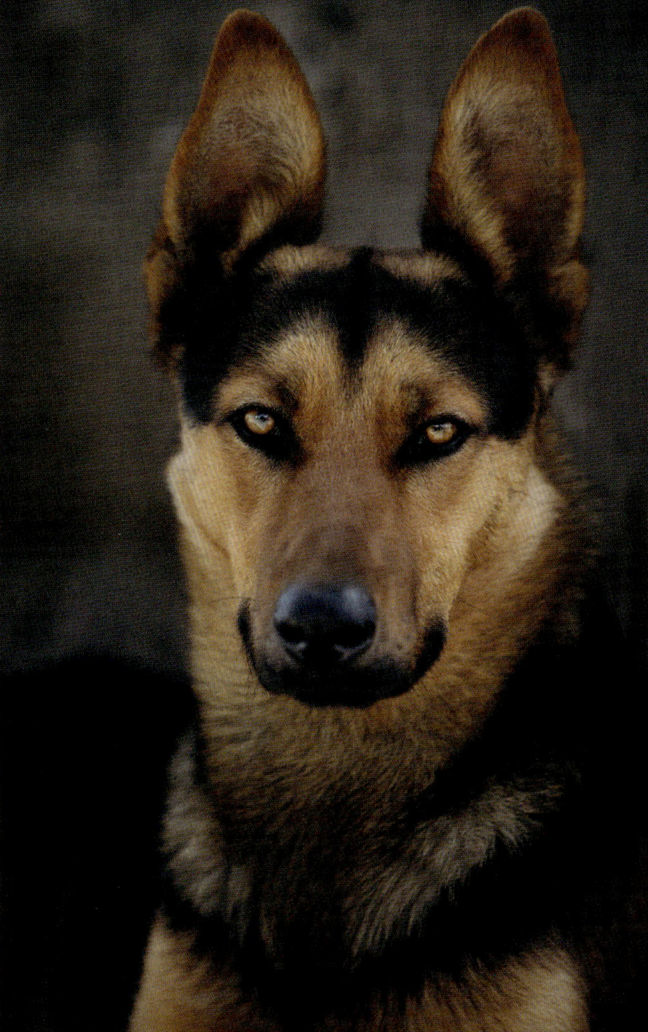

▶ *Dieses wunderschöne Gesicht mit seinen goldstrahlenden Augen hat mich auf meiner Reise durch Ecuador beobachtet. Der schöne Schäferhund rastete geschützt vor der Mittagshitze im Schatten und schenkte mir diesen Blick. Durch die spitzen, Raum einnehmenden Ohren sitzen die Augen im Bild etwas tiefer. Zwar hat mein Model auch nach unten hin noch genug Platz, aber die Form kann sich in diesem Bild sowohl nach oben als auch nach unten strecken. In der Nahen solltest du darauf achten, dass du trotz des engeren Anschnitts genug Raum für die wichtigsten Formen im Bild gibst.*

ISO 200 | 170 mm | f/2.8 | 1/800 s

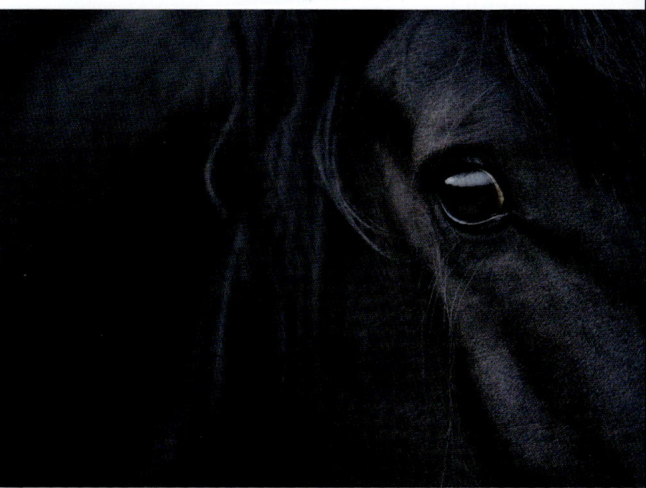

▶ *Achte beim Finden von Details darauf, dass Formen und Linien klar erkennbar bleiben. Im diffusen Licht hast du z. B. nicht mit ungünstigen Schatten zu kämpfen. Das Auge in diesem Beispiel habe ich außerdem auf einen Knotenpunkt des Drittelrasters gesetzt. Es liegt damit in einem Bereich, den wir intuitiv als harmonisch empfinden.*

ISO 1250 | 200 mm | f/2.8 | 1/500 s

Einstellung: Detail

Das Detail ist, denke ich, ziemlich selbsterklärend. Es stellt einen Teil des Motivs formatfüllend dar.

Regeln für die Bildharmonie

Wie die Regeln beim manuellen Fotografieren greifen auch die Gestaltungsregeln ineinander. Schließlich ist es nicht damit getan, dass du dich für eine Einstellungsgröße entschieden hast. Nun heißt es, das Motiv bildgestalterisch harmonisch zu platzieren. Hilfreich ist dabei die Drittelregel oder, wer es ganz genau haben möchte, der Goldene Schnitt.

Klassisch: der Goldene Schnitt

Die genaue Definition des Goldenen Schnitts lautet: „Der Goldene Schnitt beruht auf der Teilung einer Linie in zwei unterschiedliche Teile, von denen sich der kleinere Teil so verhält wie der größere Teil zur Summe der beiden Teile."

a b

Der Goldene Schnitt ist berechenbar, konstruierbar und findet Anwendung sowohl in Kunstwerken, Plastiken, Architektur, Typografie und Produktdesign als auch in der Landschaftsgestaltung.

Der Goldene Schnitt ist in erster Linie ein Teilungsverhältnis. Ein Punkt P teilt eine Strecke mit den Endpunkten A und B dann im Goldenen Schnitt, wenn das Verhältnis von AP (längere Teilstrecke) zu PB (kürzere Teilstrecke) dem Verhältnis von AB (Gesamtstrecke) zu AP entspricht. Teilt man die Länge der größeren Teilstrecke (AP) durch die Länge des kürzeren Abschnitts (PB), muss das Ergebnis der Division von Gesamtstrecke (AB) und längerer Teilstrecke (AP) entsprechen.

Der Zahlenwert der Division beträgt in beiden Fällen ca. 1,618. Das entspricht einem Verhältnis von 62 : 38 (oder praxistauglicher ungefähr 60 : 40). Mit der folgenden Formel kann man die längere (AP) der beiden Teilstrecken errechnen, die durch den Goldenen Schnitt entstehen, wenn man eine Gesamtbreite (AB) bzw. -höhe kennt: AP = AB : 1,618.

Das Maß des Goldenen Schnitts entspricht in etwa dem Längenverhältnis zwischen dem menschlichen Unter- und Oberarm, was man an gut gestalteten Skulpturen der Antike nachmessen kann – wenn man im Museum denn so nah an die Statuen herankommt. Für die fotografische Praxis bedeutet der Goldene Schnitt, dass man Strecken (Höhe, Breite) im Verhältnis von ca. 60 zu 40 teilt und an den Schnittpunkten Haupt- und Nebenmotive platziert. Das Gleiche gilt für Linien, die durch das Bild führen. Wenn Sie ein Foto im Goldenen Schnitt teilen, trägt auch das zur Spannungssteigerung bei.

Einfach: die Drittelregel

Etwas einfacher verhält es sich mit der Drittelregel. Hier wird das Bild schlichtweg mit zwei horizontalen und zwei vertikalen Linien gleichmäßig geteilt.

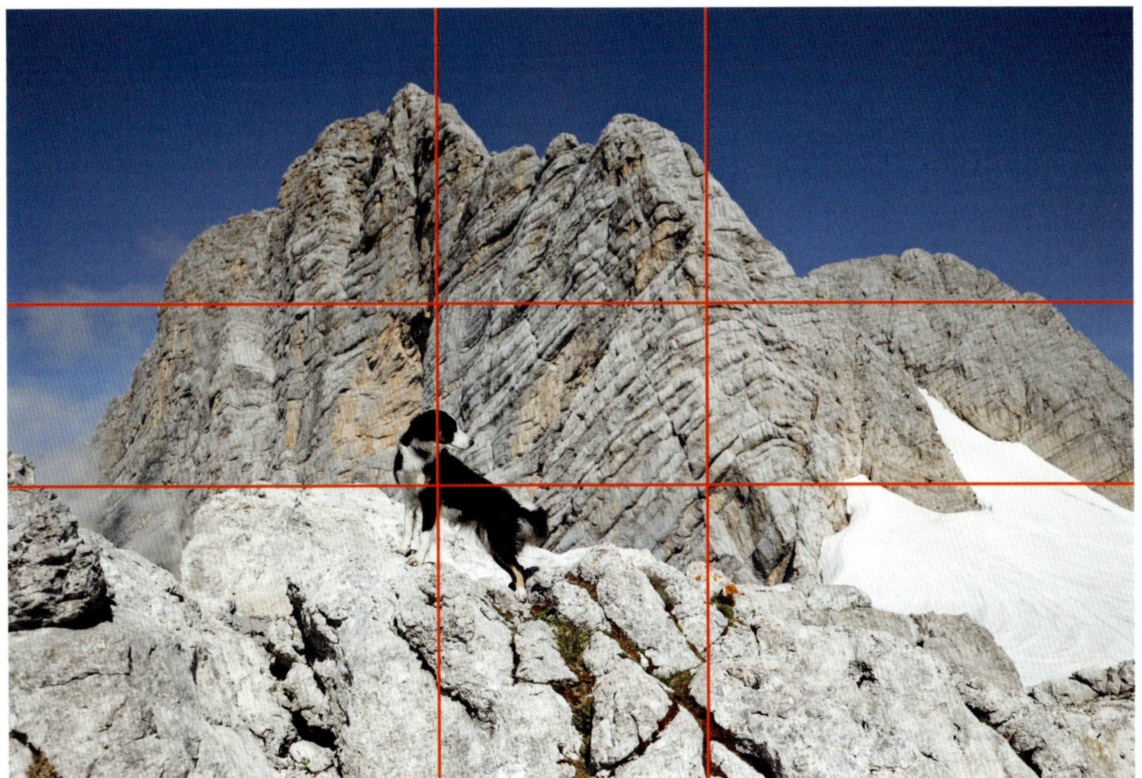

▲ *Super-Totalen, also Totalen, in denen der Ausschnitt so groß gewählt wird, dass das Motiv sich in die Umgebung einfügt, eignen sich prima, um den Goldenen Schnitt zu üben. Hier wurde Joyce direkt auf dem Knotenpunkt unten links platziert. Die Felsen, auf denen sie steht, ragen bis zur unteren Horizontalen heran. Die erste vertikale Achse kreuzt nicht nur Joyce, sondern liegt auch fast auf den dunkelsten Schatten des Bergs im Hintergrund. Übrigens, was hier wie ein gewagter Balanceakt aussieht, war in Wahrheit natürlich völlig harmlos, da es vor Joyce nicht in die Tiefe ging und hinter ihr der Pfad auf der gleichen Höhe lag wie sie selbst.*

ISO 200 | 310 mm | f/2.8 | 1/8000 s

Für beide Raster gilt jedoch: Alles, was sich optisch auf den Linien befindet, wirkt im Foto harmonisch platziert. Die Knotenpunkte, also die Punkte, an denen sich die Linien kreuzen, gelten dabei als besonders gut geeignet, um bildwichtige Elemente anzuordnen. Natürlich kommt es ganz auf dich an, zu erkennen, was in deinem Bild eigentlich bildwichtig ist und welche Flächen dominant wirken.

Du musst erst dafür sorgen, dass Vor- und Hintergrund dein Hauptmotiv umrahmen, in das Bild führen und deinem eigentlichen Motiv auch den nötigen Raum geben. Bis hierhin mag sich die Gestaltungstheorie vielleicht noch nach Fachchinesisch anhören. Aber je häufiger du anfängst, Bilder im „Raster" zu sehen und sie in Flächen und Linien aufzuteilen, desto intuitiver wird dein Gespür dafür.

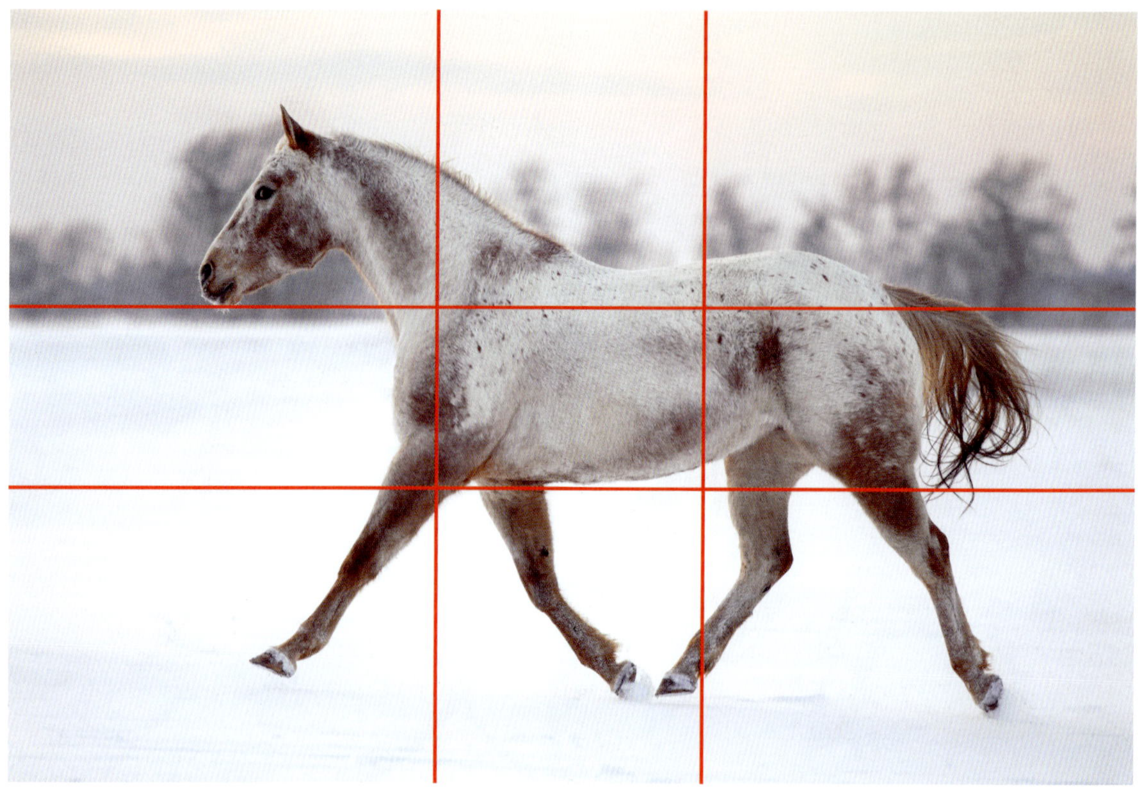

▲ *Bei Ganzkörperaufnahmen in der Totale achte ich darauf, dass die Vorhand auf der ersten vertikalen Achse liegt und die Hinterhand die zweite Vertikale möglichst noch touchiert (oder ganz auf ihr liegt, je nach Größe und Biegsamkeit des Models). Du siehst in diesem Bild, dass Feliz nur minimal mehr Platz in Bewegungsrichtung bekommen hat. Das ist völlig ausreichend, und du musst das Pferd nicht weiter nach rechts schieben, um es dann in eine große, strukturlose, weiße Schneefläche laufen zu lassen. Diese wäre nicht nur im Bild eine sehr dominante Fläche, sondern wäre auch völlig bildunwichtig.*

ISO 320 | 200 mm | f/2.8 | 1/1250 s

Bei Porträts in der Halbnahen oder Nahen im Hochformat versuche, den Kopf oder gar ein Auge möglichst auf die jeweils obere Horizontale zu legen. Generell kannst du jedes in diesem Buch gezeigte Bild einfach mit der Drittelregel nachmessen und schauen, wie ich die Fotos anhand des Rasters ausgerichtet habe. Auch wenn ich bei meinen Bildern den etwas engeren Goldenen Schnitt nutze, werden die Abweichungen zur Drittelrasterung nicht sonderlich groß sein.

Dabei können dir die Gestaltungsgesetze sowie die Figur-Grund-Beziehung helfen. Ich habe vier Gestaltungsgesetze herausgesucht, die in Sachen Tierfotografie häufig Anwendung finden und sich auch recht leicht erklären.

Weitere Gestaltungsgesetze

Gesetz der Nähe

Das Gesetz der Nähe besagt, dass nahe beieinander befindliche Elemente vom Betrachter als einer Gruppe zugehörig wahrgenommen werden. Die Grenze der Gruppe liegt dort, wo die Abstände größer werden.

Oft wird die Frage gestellt, wie man am besten mehrere Tiere auf einmal fotografieren soll. Lassen wir in diesem Part des Buchs zunächst die Tatsache außer Acht, dass viele Tiere gar nicht so dicht nebeneinanderstehen oder sitzen wollen. Um auf dem Bild als eine Einheit zu wirken, sollten sie aufgrund des Gesetzes der Nähe so dicht wie möglich beieinander sein – möglichst ohne optische Lücke zwischen ihren Körpern.

Gesetz der Gleichheit

Das Gesetz der Gleichheit bzw. Ähnlichkeit geht fast Hand in Hand mit dem Gesetz der Nähe. Einander ähnelnde Elemente werden vom Betrachter

▼ *Nicht nur, dass die beiden Schimmel so nahe beieinanderstehen, dass wir sie wegen des Gesetzes der Nähe als eine Figur wahrnehmen, auch gleichen sie sich in ihrem Exterieur und der Fellfarbe natürlich sehr stark. Übrigens habe ich die beiden mit einem kleinen Trick zu dieser zärtlichen Geste gebracht. Zunächst hat ein Helfer das hintere Pferd im gewünschten Winkel zu mir positioniert. Dann wurde das vordere Pferd im gleichen Winkel einfach zum ersten Pferd geführt. Meistens begrüßen sich die Pferde dann noch einmal. Natürlich sollten sie sich dafür gut kennen, sonst bleibt es nicht so ruhig.*

ISO 320 | 200 mm | f/2.8 | 1/800 s

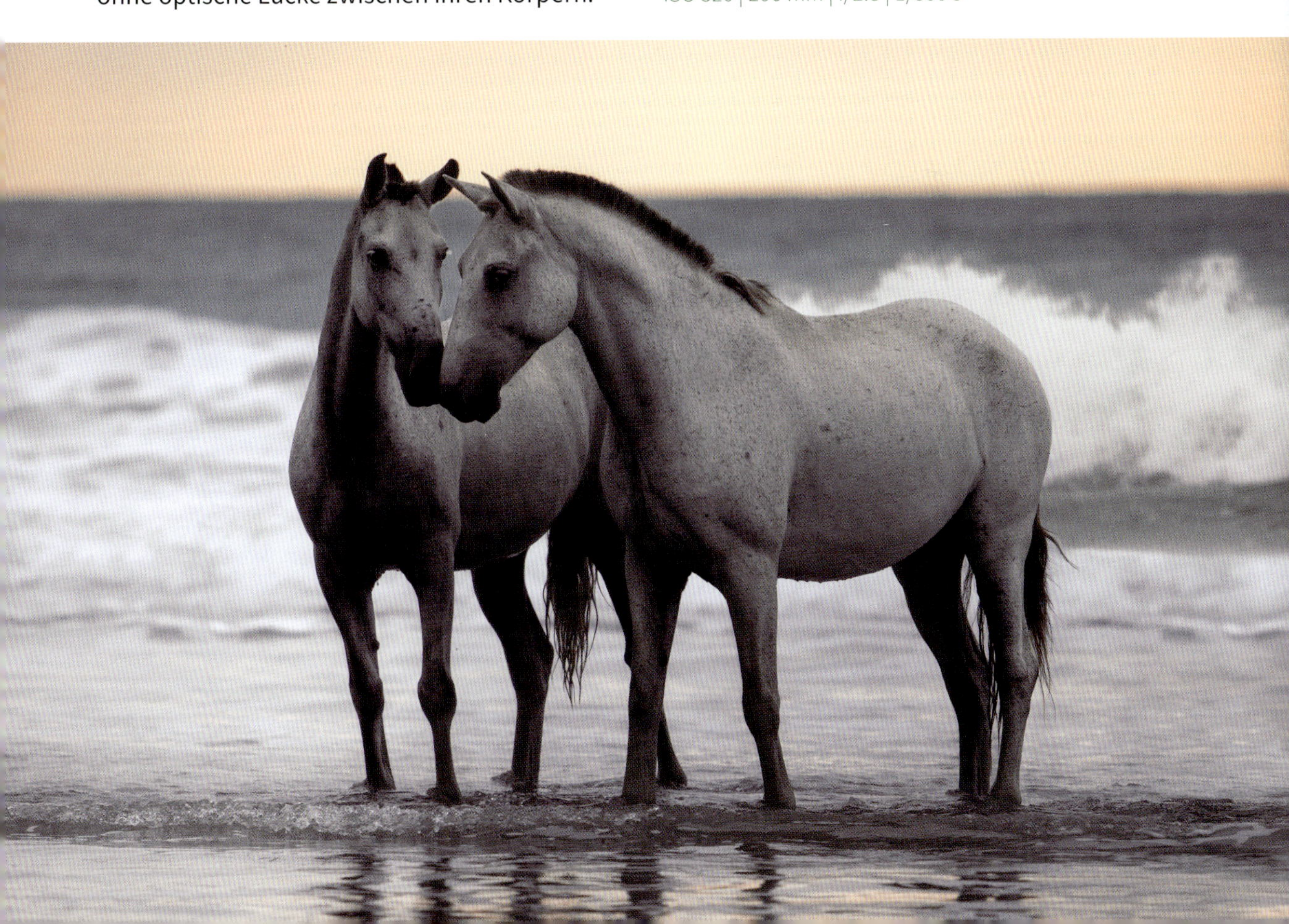

▼ *In diesem Bild gibt es gestalterisch zwei Figuren: zum einen die Stutenherde mit den Fohlen. Die Stuten stehen so positioniert, dass die Fohlen abgeschirmt sind und jede Richtung im Auge behalten werden kann. Zum anderen bildet der etwas abseits stehende Hengst die zweite Figur. Er steht außerhalb seiner Familie, um im Ernstfall schnell eingreifen zu können. Für unser Auge ist sein Abstand zu den Stuten schon zu groß, um sie als eine Form erfassen zu können. So bildet er ein Gegengewicht zu der größeren Figur der Stutenherde, die durch das Gesetz der Nähe als eine Einheit wahrgenommen wird, und bringt durch die „Ungleichheit“ Spannung in das sonst sehr ruhige Foto.*

ISO 200 | 200 mm | f/2.8 | 1/1250 s

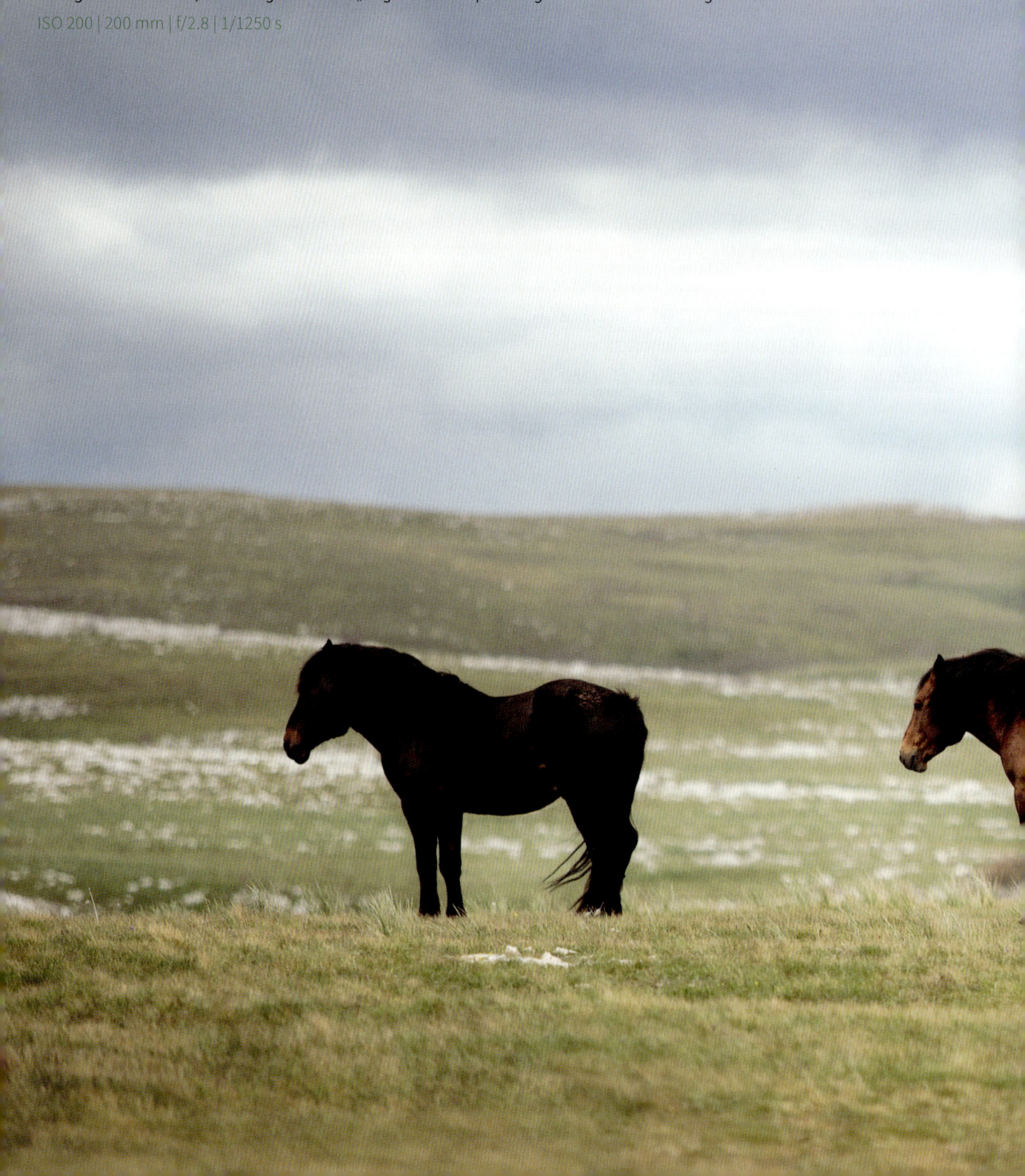

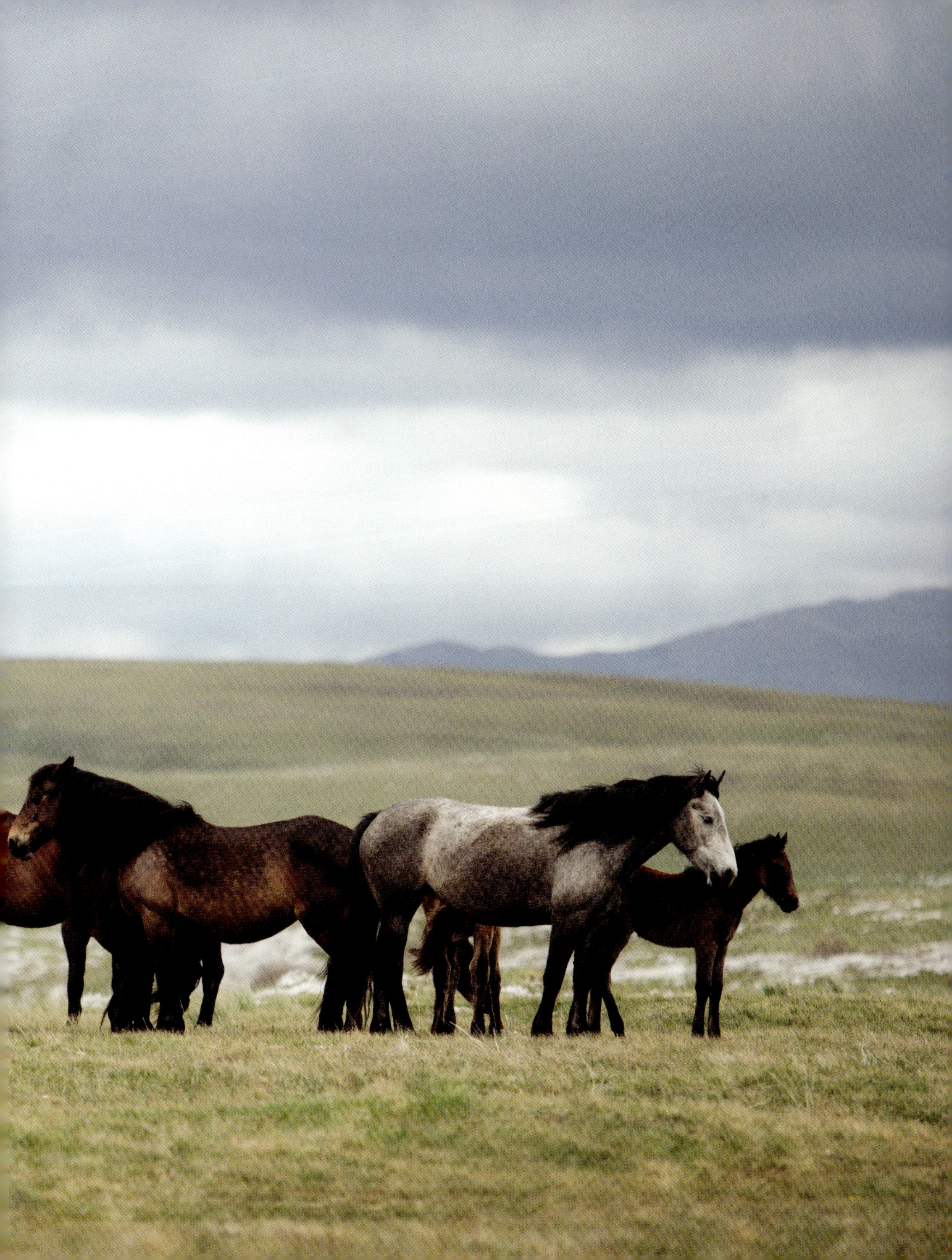

als zusammengehörig eingestuft. Bestandteile in der Gestaltung können unter anderem Tonwert, Farbe, Größe und Form sein. Stehen sich jedoch das Gesetz der Gleichheit und das der Nähe gegenüber, überwiegt Ersteres.

In der Praxis wird eine Pferdeherde oder ein Hunderudel also nicht nur dann als eine Gruppe wahrgenommen, wenn die Tiere möglichst dicht beieinander posieren, sondern noch intensiver, wenn sie vom gleichen Typ sind und sich optisch sehr ähneln. Für Tier-Mensch-Bilder ist es deshalb z. B. sehr ratsam, wenn sich der Mensch passend zu den Fellfarben seines Tieres kleidet. Das verstärkt das Zusammengehörigkeitsgefühl also ganz offiziell nach allen Regeln der Kunst. (Keine Sorge, andere, eher gedeckte Farben gehen natürlich auch als geeignet durch, falls Frauchen nicht im Leopardenlook neben dem Dalmatiner stehen möchte.)

Gesetz der Symmetrie

Das Gesetz der Symmetrie definiert, dass symmetrische Elemente als zusammengehörig wahrgenommen werden. Die Symmetrie um die senkrechte Achse hat eine stärkere Wirkung als jede andere Spiegelung.

Ruhige, aber intensive Porträts können beispielsweise vom Gesetz der Symmetrie profitieren. Anstelle von dynamischen Linien und Formverteilungen werden hier alle Formen zur Ruhe

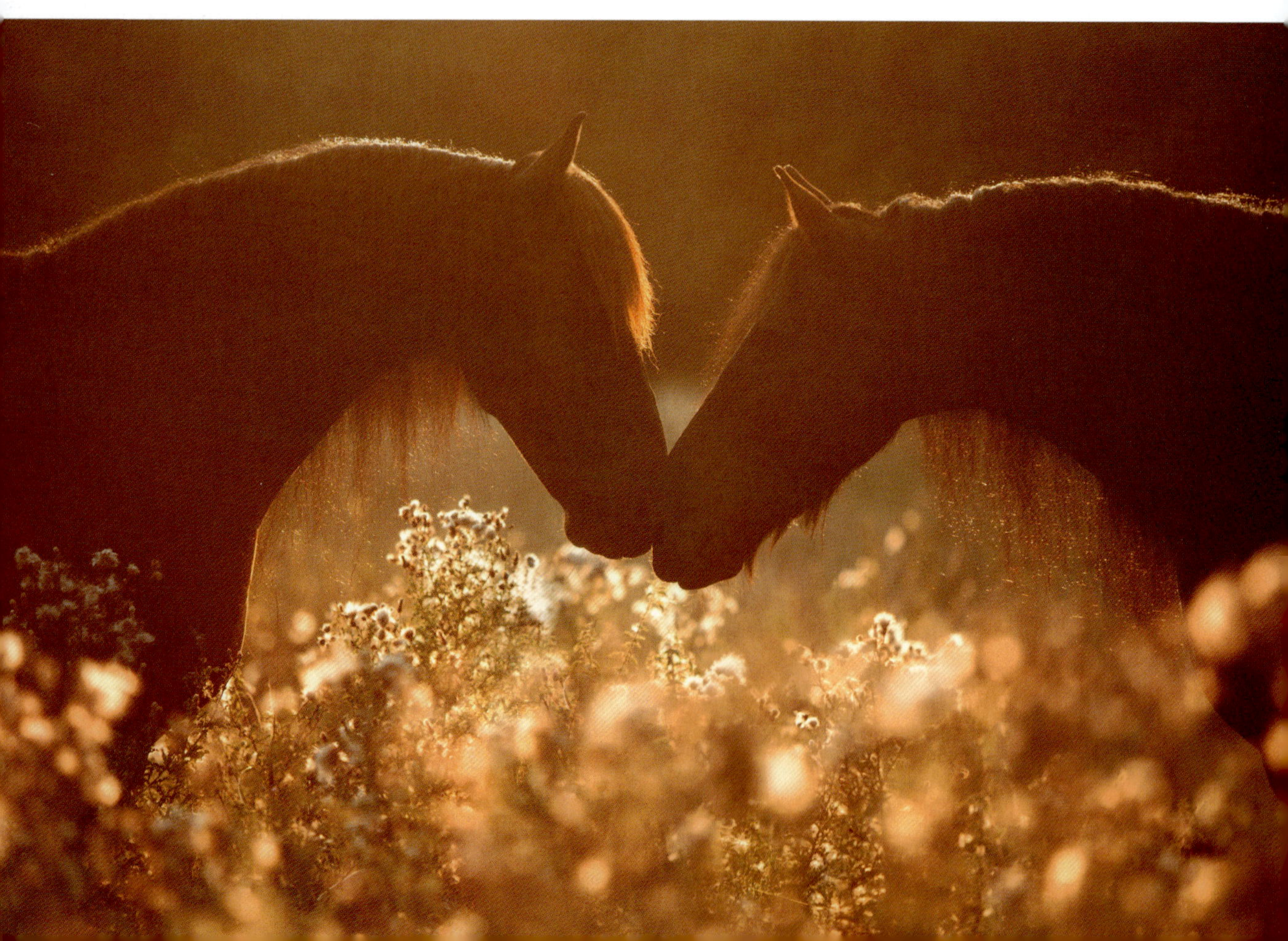

gebracht und durch die Symmetrie ansprechend gestaltet. Auch bei Lauffotos geht das natürlich, aber hier erreicht man eher selten eine wirklich perfekte Symmetrie.

Gesetz der Erfahrung

Das Gesetz der Erfahrung klingt etwas geheimnisvoller – und kann genau das für einige Betrachter sogar sein! Denn Wahrnehmen ist auch Wiedererkennen. Wir können bekannte Formen, Zeichen und Körper auch bei starker Transformation noch erkennen. Wahrnehmung ist jedoch auch kulturell abhängig und subjektiv.

Wo wir als Pferdefreunde also schnell die Venen und Adern eines blütigen Pferdes erkennen, mag ein Botaniker vielleicht eher an die Detailaufnahme eines Blatts und ein Topograf vielleicht an eine Landkarte mit vielen Flüssen und Straßen erinnert werden. Dieses Foto spielt mit dem Gesetz der Erfahrung auch im Titel: „Life's Topography", also „Lebenslandkarte", spielt auf die Mehrdeutigkeit beim Betrachten an. Sei mutig und probier dich mit diesem Gesetz kreativ aus!

◄ *Auch bei diesem Foto habe ich ein Pferd stehen lassen und das zweite durch einen weiteren Helfer an das erste herangeführt. Die Begrüßung findet aber oft nur einmal statt! Halte dich also zum Fotografieren bereit. Du siehst, dass dieses Motiv auch in einem engeren Anschnitt und einem anderen Winkel funktioniert. Die Variante hier ist etwas leichter umzusetzen, da du nicht auf die Beine der Tiere achten musst.*

ISO 200 | 200 mm | f/2.8 | 1/500 s

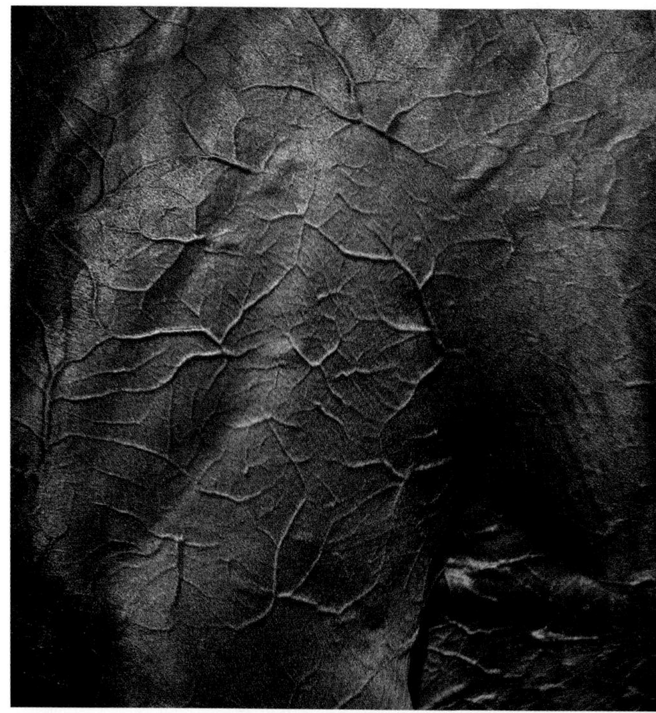

▲ *Im Zusammenhang mit diesem Buch wirst du sicher schnell erkennen, dass es sich bei diesem Bild um die Haut eines sehr sportlichen Pferdes handeln wird, genauer eines Vollbluts nach dem Laufen auf der Rennbahn. Aber jemand, der gar keinen Bezug zu Pferden hat, braucht vielleicht eine Weile, weil ihn die Adern eher an ein Herbstblatt erinnern. Je nach Gesellschaft und persönlicher Erfahrung unterscheidet sich die Wahrnehmung einzelner Völkergruppen. Damit kannst du kreativ spielen. Dieses Bild trägt z. B. den Titel „Life's Topography", also „Lebenslandkarte", weil mich die Strukturen an eine Landkarte erinnern.*

Wirkungsvolle Perspektiven

Die Perspektive entscheidet darüber, wie das Objekt auf den Betrachter wirkt. Die neutrale „Normalperspektive“ bei einem Pferd erzeugt man etwa auf Brusthöhe des Tieres – egal bei welchem Stockmaß. Je nach gewünschter Bildwirkung verändert man seine Perspektive und bewegt sich somit zwischen Frosch-, Normal- und Vogelperspektive.

Perspektiven sollen eine Wirkung erzielen. Deshalb ist es wichtig, sie ganz bewusst zu wählen. Soll dein Model liebevoll, stark oder majestätisch wirken? Oftmals ist die Wahl der Perspektive auch von der Körpergröße oder gar der Rasse abhängig. Man findet zum Beispiel häufiger Bilder, auf denen sehr barocke Pferde von weiter unten aufgenommen sind. Diese Perspektive

▼ *Die Kamera ist gerade zum Motiv gerichtet. Ein ganz gerader Horizont würde das Bild genau mittig teilen. Bei Tieren heißt es: Du bist auf Augenhöhe deines Models. Diese Perspektive lässt die Proportionen von allen Motiven so natürlich wie möglich aussehen, da es zu keinen perspektivischen Verzeichnungen kommt. Allerdings ist die Normalperspektive auch die „spannungsloseste“, verglichen mit der Vogel- und Froschperspektive. Für Lauffotos finde ich sie jedoch sehr geeignet, da hier die Spannung sowieso viel mehr durch das Tier selbst ins Bild kommt.*

ISO 100 | 200 mm | f/2.8 | 1/1600 s

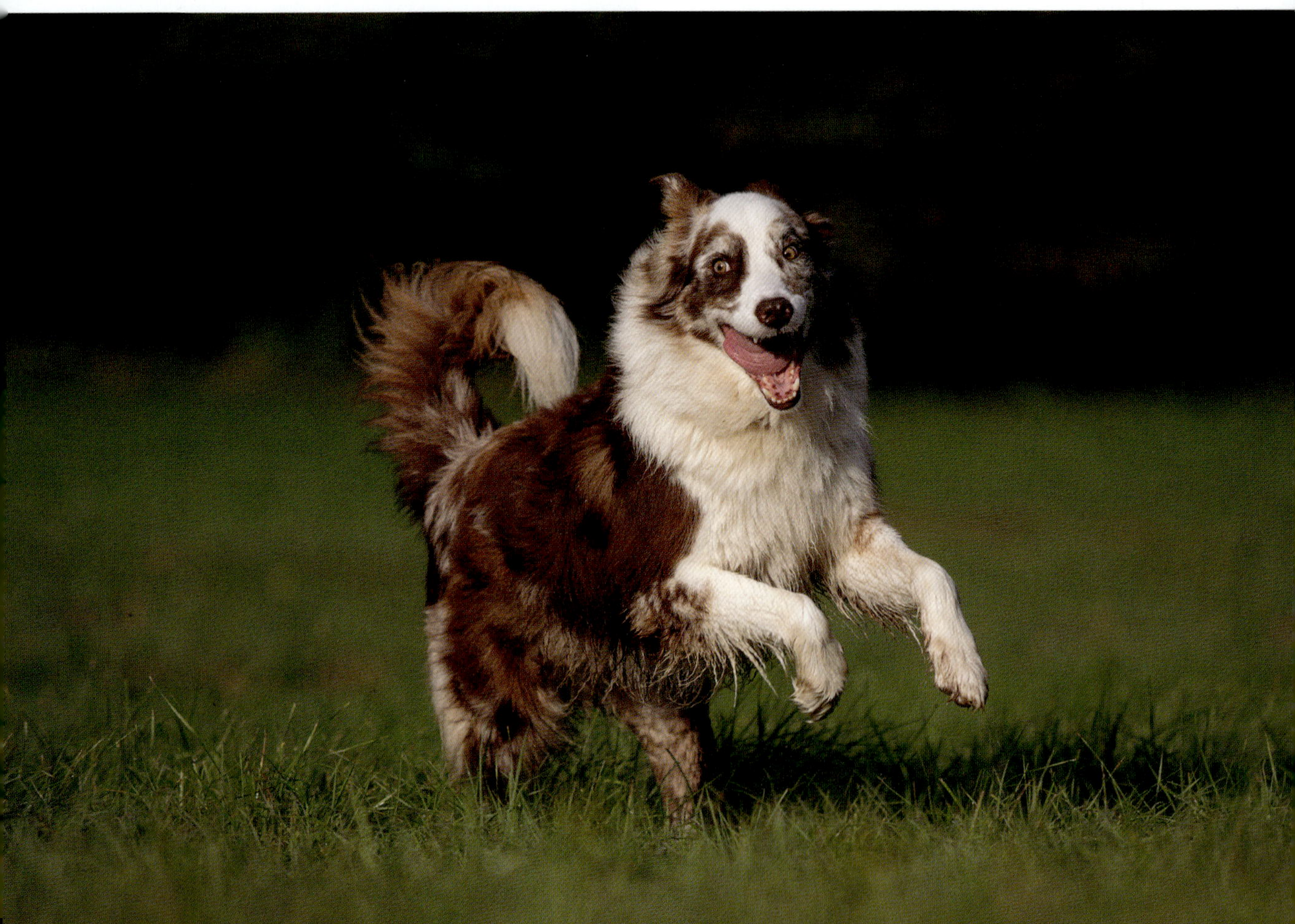

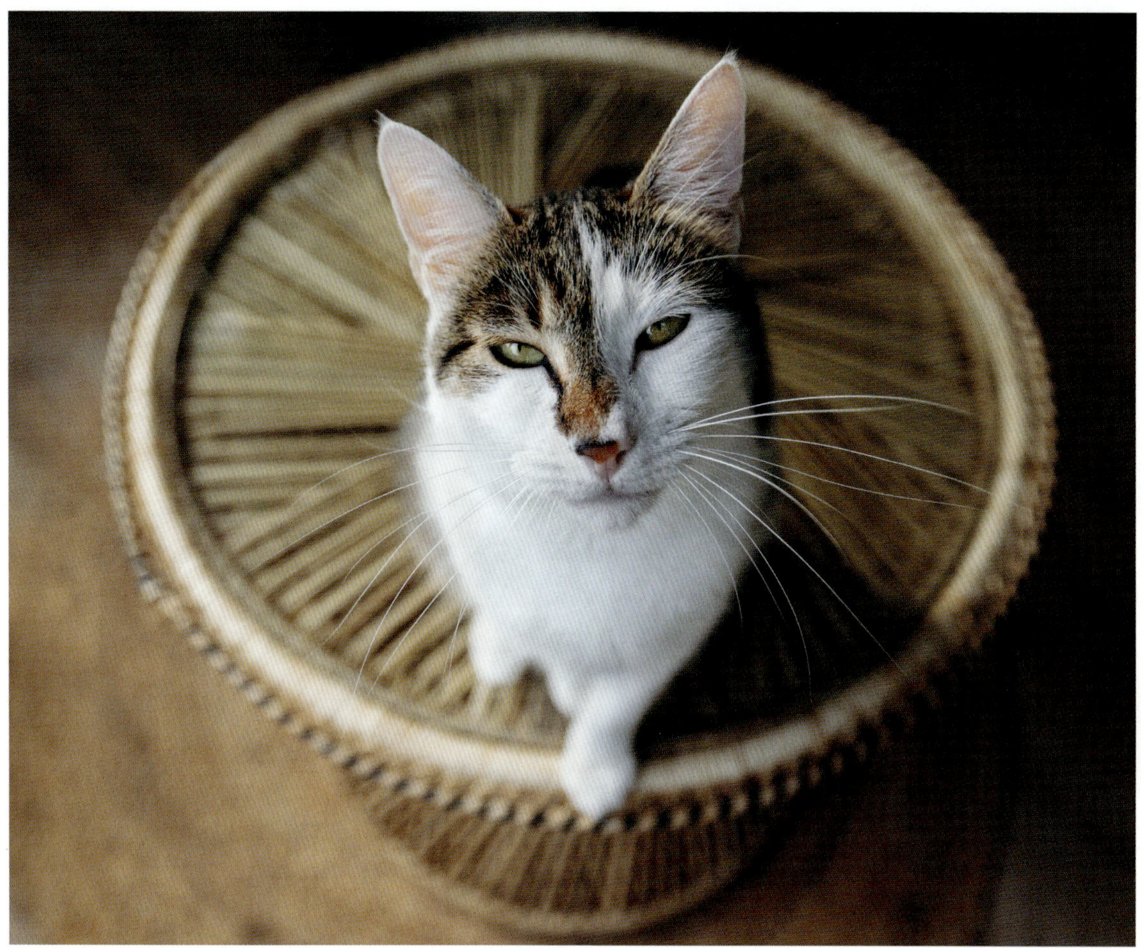

▲ *Die Kamera schaut von oben auf das Motiv herab. Die Horizontlinie befindet sich im oberen Drittel des Bilds oder ist, je nach Winkel der Draufsicht, gar nicht mehr zu sehen. Tiere, die du von oben fotografierst, wirken meistens viel niedlicher und „kleiner". Allerdings sind die Körper dadurch stark verzerrt. Wenn du dich für diese Perspektive entscheidest, solltest du sie bewusst für witzige Porträts z. B. von Hunden und Katzen einsetzen. Pferde bekommen optisch oft schon „kurze Beine", wenn du sie aus dem Stand heraus fotografierst. Außerdem nimmt dann die Grasfläche optisch viel mehr Platz im Bild ein, als wenn du dich ganz nach unten begibst. Bei Pferden habe ich die Vogelperspektive daher nur sehr selten und dann umso deutlicher mithilfe von Leitern verwendet, wenn ich über den Pferdekörper hinweg mit einem Weitwinkel auch die Landschaft fotografieren wollte. In diesem Beispiel schaut mich Nora von unten aus an. Ihr Gesichtsausdruck wirkt etwas frech und fordernd, aber in Wahrheit schenkt sie mir ein beschwichtigendes und schmeichelndes Zwinkern, damit ich sie streichle.*

ISO 250 | 26 mm | f/2.8 | 1/640 s

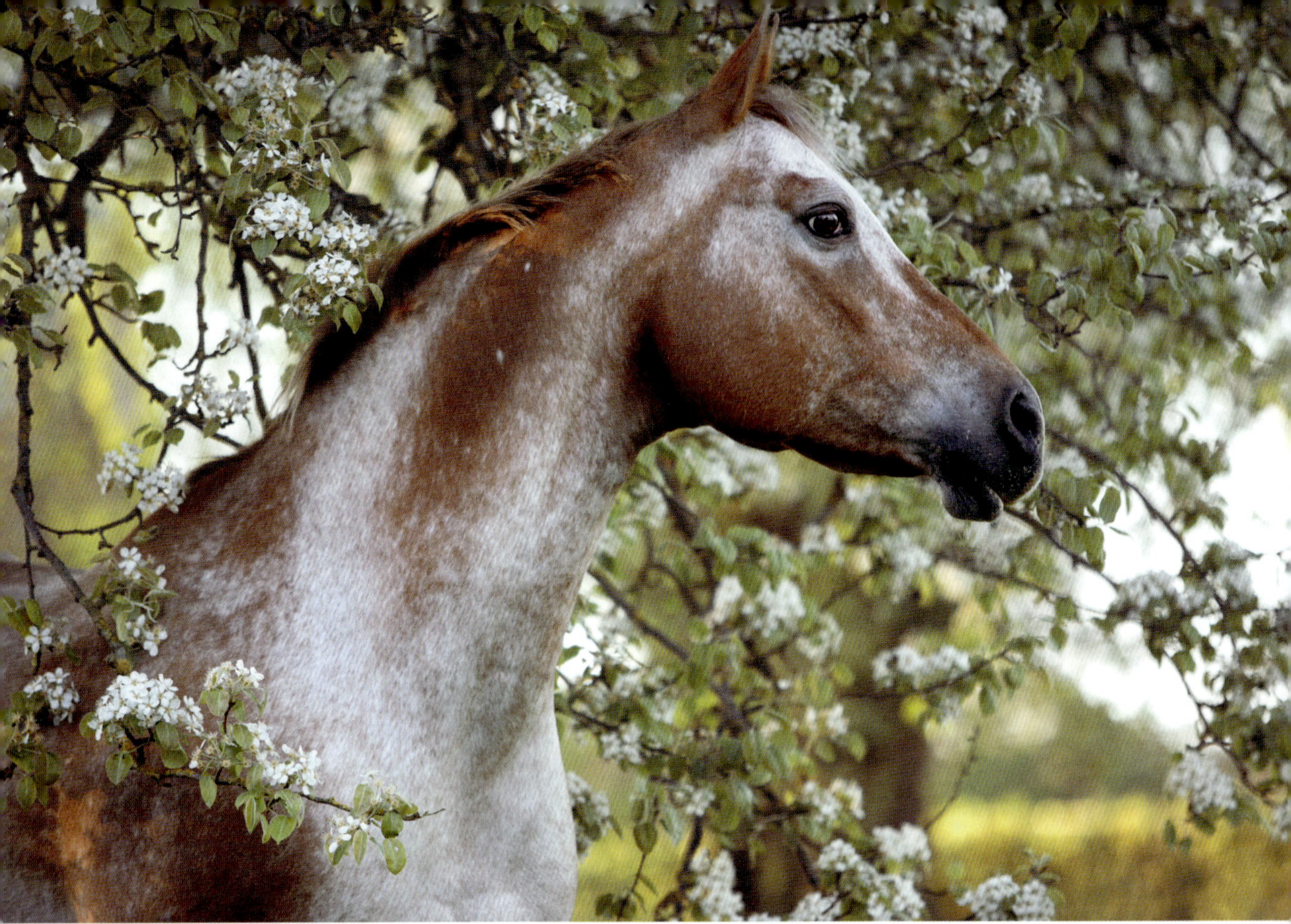

▲ *Die Kamera schaut von unten nach oben zum Motiv. Die Horizontlinie rückt in das untere Drittel des Bilds. Die Motive wirken mächtiger, größer und erhabener. Ich nutze gern eine leichte Untersicht für Pferde, um die Grazie und die Stärke meiner Models zu betonen.*

ISO 1000 | 200 mm | f/2.8 | 1/800 s

unterstützt die rassetypische Aufrichtung am Hals und lässt das Pferd eindrucksvoll und groß erscheinen.

Hingegen werden Hunde mit einem eher niedlichen Gesicht (Welpen, „weiche" Gesichter mit tellergroßen Herzchenaugen) meist von oben porträtiert, um sie kleiner erscheinen zu lassen und den „Oh-nein-wie-niedlich"-Effekt auszulösen.

Die Perspektive richtet sich immer nach dem Motiv, das du fotografierst. Bei kleinen Tieren wie Katzen musst du dich schon auf den Bauch legen, um mit ihnen auf Augenhöhe zu sein und sie aus der Normalperspektive aufzunehmen. Ähnlich wie die Filmmusik gibt die Perspektive den Ton an: Eine falsche Perspektive führt zu falschen Wahrnehmungen, und die gewünschte Wirkung setzt aus.

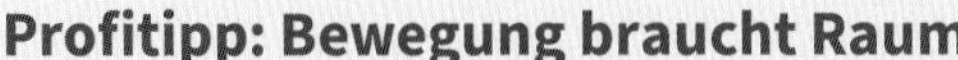

Profitipp: Bewegung braucht Raum

„In Blick- und Bewegungsrichtung soll dein tierisches Model immer Platz haben." Das war, nach „Nur mit der Sonne fotografieren!", eine der ersten Fotoregeln, der ich in der (Tier-)Fotografie begegnet bin. Beide Formulierungen kann ich heutzutage bestreiten, aber beide haben einen Ursprung, den es zu berücksichtigen gilt. Das Licht ist gleich anschließend an diesen Absatz Thema. Doch zunächst möchte ich auf den Mythos, dass in Blickrichtung eines Tieres auch mehr Bildraum gegeben werden soll, eingehen. Eigentlich müsste der Spruch viel eher heißen: „Bewegung braucht Raum". So hat es uns meine Gestaltungslehrerin an der Fotoschule immer wieder eingetrichtert. Damit ist aber nicht die tatsächlich abgebildete Bewegung deines Motivs gemeint. Es heißt also nicht, dass du, nur weil dein Hund oder Pferd im Bild gerade von links nach rechts läuft, zwangsläufig auf der linken Seite (also vor dem Kopf des Tieres) auch mehr Platz im Bildausschnitt brauchst. Und schon gar nicht trifft das für irgendeine Blickrichtung des Tieres zu. Gemeint ist damit die Bewegung der Linien im Bild. Damit Flächen nicht erdrückend wirken oder das Bild optisch kippen lassen, solltest du die Linien im Bild fließen lassen und den Blick des Betrachters bewusst lenken. Gewiss braucht dieser Punkt einiges an Sehübung und wird auf deiner Prioritätenliste für den Anfang der Tierfotografie nicht ganz oben stehen. Trotzdem möchte ich, dass du zumindest schon einmal mit diesem Satz in Berührung gekommen bist. Anhand des nachfolgenden Bilds (nach Seitenlayout!) erkläre ich dir, wie der Linienaufbau in diesem Beispiel funktioniert und warum alle Flächen und Linien genug Raum für ihre Bewegungen haben, obwohl nicht mehr Platz in Blickrichtung gegeben wurde.

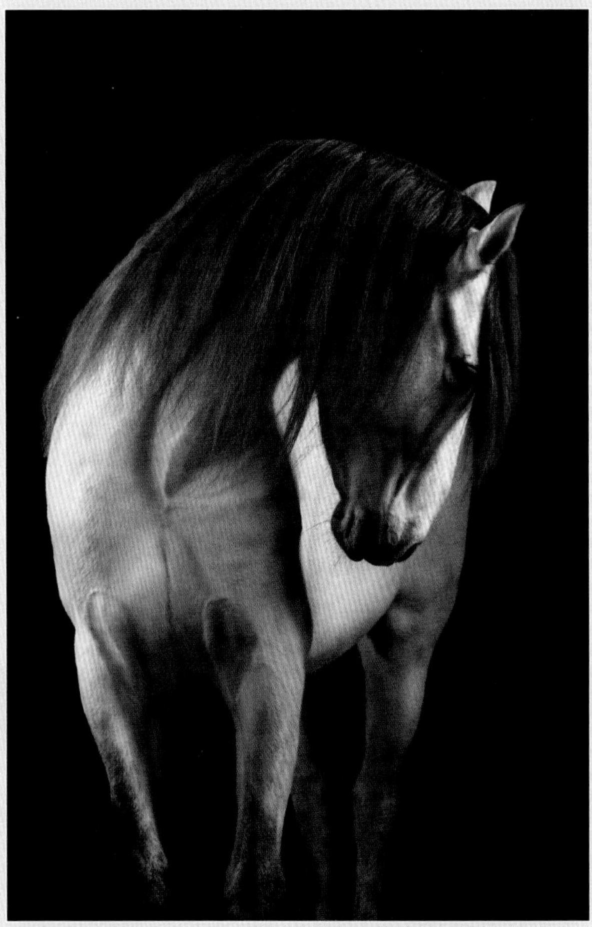

▲ *Auch wenn ich bereits an einem anderen Bild erklärt habe, dass es gar nicht viel mehr Platz in Bewegungsrichtung bzw. „Schaurichtung" braucht, gibt es hier noch eine Blickschulung für dich. Die Bewegung in diesem Bild kommt durch die Spannung des Pferdes selbst. Sie verläuft von links über die Schulter und den stark gebogenen Hals nach rechts zum Schopf und Kopf des Pferdes. Die Schatten im Gesicht und der starke Kontrast an Maul und (von dir aus gesehen) rechter Schulter fangen den Blick des Betrachters auf und führen ihn zurück ins Bild. Es spielt keine Rolle, dass das Pferd hier nach rechts schaut, da die Linien im Körper selbst zusammen mit den von mir nachträglich verstärkten Kontrastpunkten dominieren und durch das Foto führen.*

ISO 100 | 170 mm | f/11.0 | 1/250 s

Ohne Licht kein Foto

Ohne Licht kein Foto. Keine weltbewegende Erkenntnis – und auch dass die Fotografie als das „Malen mit Licht“ gilt, wird dir sicher nicht neu sein. Das Wichtigste ist einfach, dass die Sonne scheint. Oder? Nicht ganz! Denn Tages- und Jahreszeiten sowie Lichtrichtungen geben deinen Bildern erst so richtig Stimmung und Charakter. Am Anfang meiner Fotografie war mir das zwar auch irgendwie klar, aber für mich galt 18 Uhr, also das Abendlicht, als beste Fotozeit. Auch im Sommer. Natürlich waren meine Fotoreihen dann mit entsprechend hartem Licht fotografiert, denn die Sonne geht im Sommer erst Stunden später unter.

Es hat mehrere Jahre Zeit gebraucht, bis ich fotogenes und wunderschönes Licht wirklich gesehen habe und es für meine Bilder gezielt planen und nutzen konnte. Damit du mit diesem Buch eine Abkürzung einschlagen kannst, zeige ich dir die unterschiedlichen Lichttypen sowie Lichtrichtungen und wie du sie am besten für dich nutzen kannst.

Direktes Licht von vorn

Direktes Licht bzw. Frontallicht, also wenn du die Sonne genau hinter dir stehen hast, sorgt für eine gleichmäßige, flache Ausleuchtung des Motivs. Es stellt das Motiv sachlich dar, ist gestal-

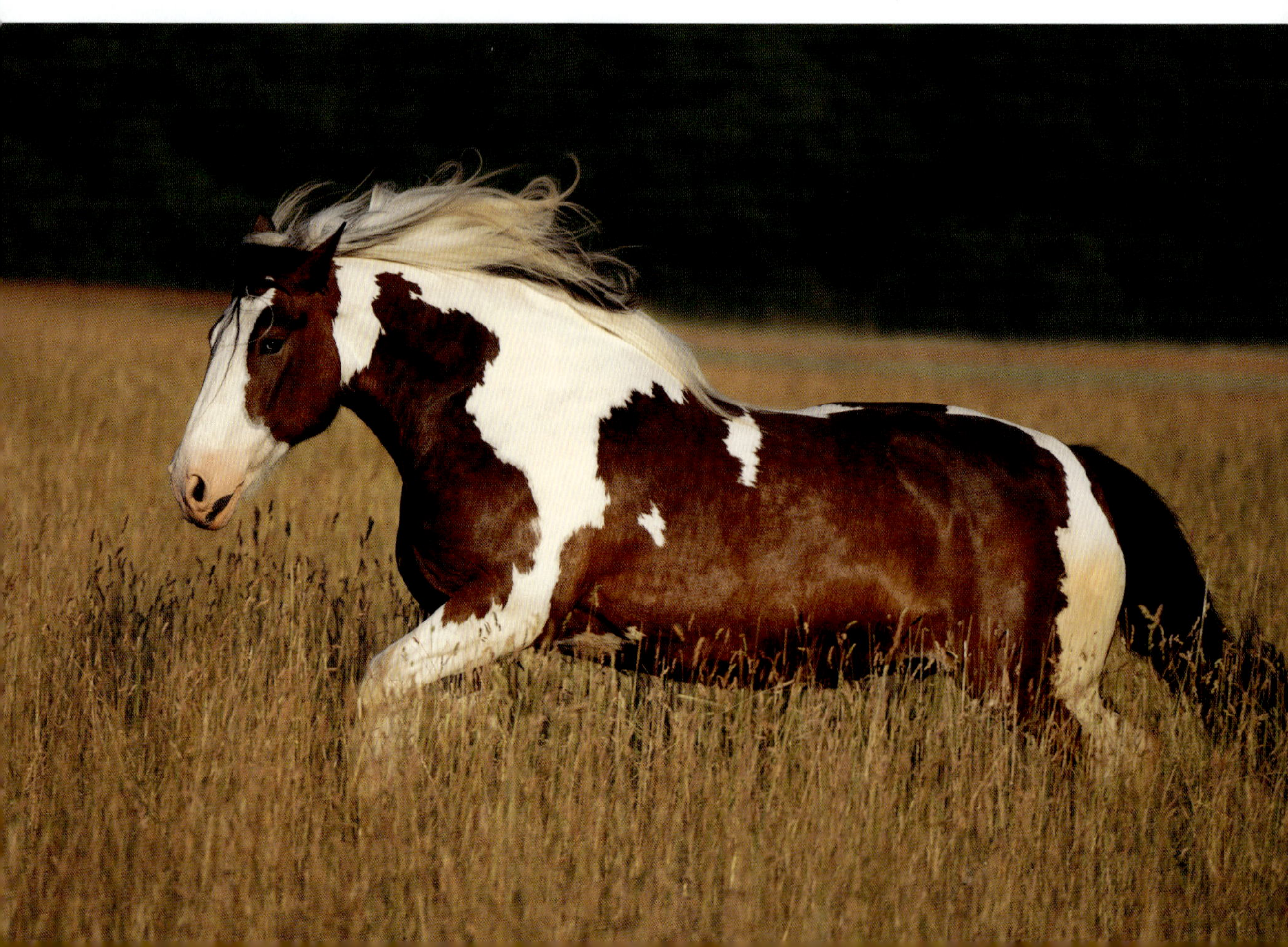

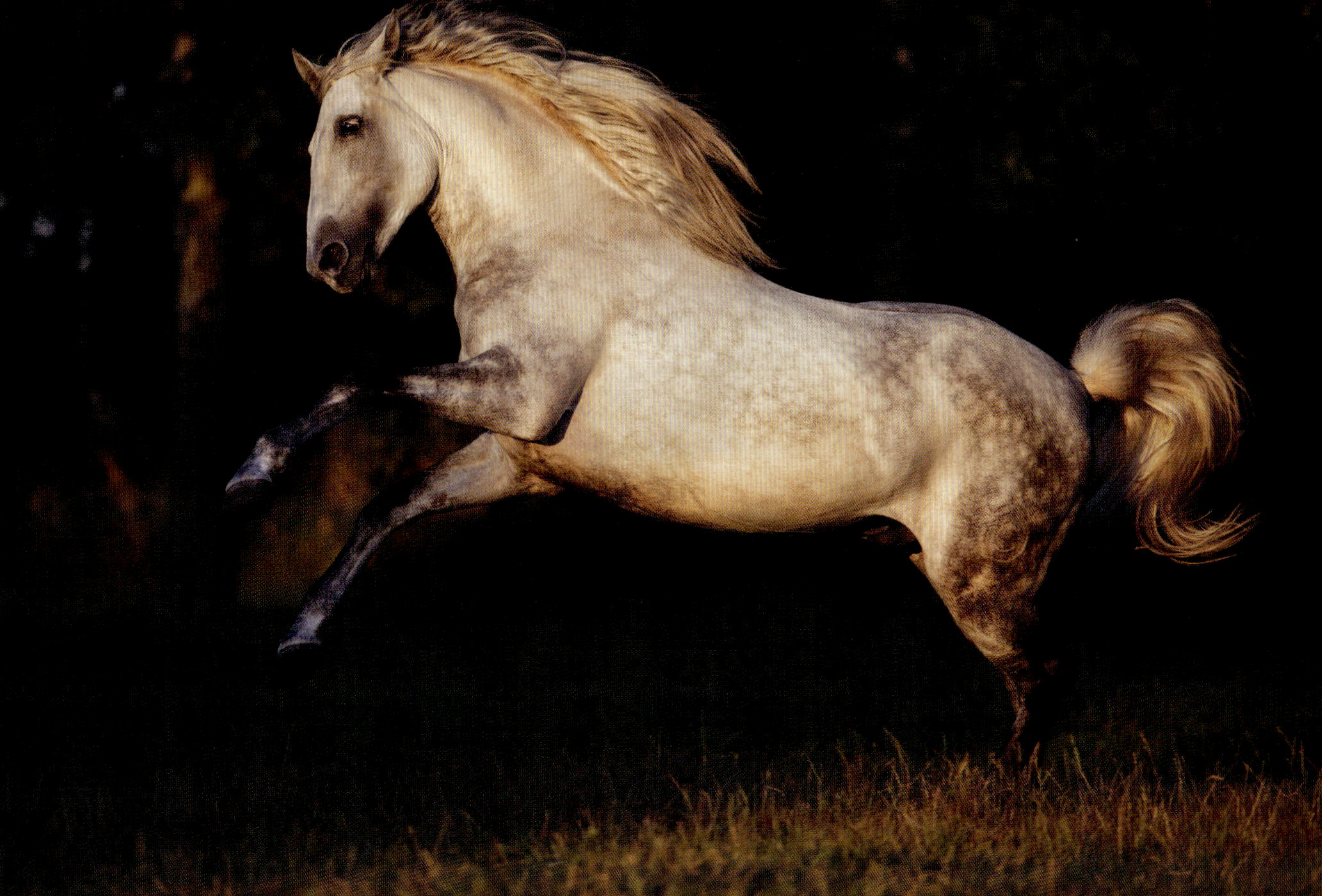

▲ *Sobald das Licht dann weicher geworden ist, malt direktes Licht sogar ein paar Pastelltöne auf das Motiv, wie im zweiten Beispiel mit dem Schimmel.*

ISO 1250 | 200 mm | f/2.8 | 1/1250 s

◀ *Wenn das Licht noch etwas zu hart ist, um ins Gegenlicht zu wechseln, nutze ich lieber das direkte Licht. Die harten Schatten werden so kaum sichtbar, da das Motiv recht „platt" frontal beleuchtet wird. Trotzdem ist diese Lichtrichtung nicht „falsch" oder weniger geeignet, denn irgendwann musst du nun einmal mit einem Shooting beginnen. Es lassen sich nicht alle Motive in das 30-minütige Zeitfenster vor Sonnenuntergang pressen. Du solltest direktes Licht also nicht unterschätzen!*

ISO 100 | 200 mm | f/2.8 | 1/1250 s

terisch aber eher spannungslos, da es kaum zu Licht-Schatten-Kontrasten kommt. Gerade der letzte Satz bedeutet aber nicht, dass direktes Licht nicht auch schön sein kann. Die Tageszeit spielt hierbei eine entscheidende Rolle. Nutzt du direktes Licht nämlich zur goldenen Stunde oder – besser – zur goldenen Viertelstunde, tauchst du dein tierisches Model in die schönsten warmen Farben, mit denen die Sonne unsere Erde kurz nach Sonnenaufgang bzw. kurz vor Sonnenuntergang küsst.

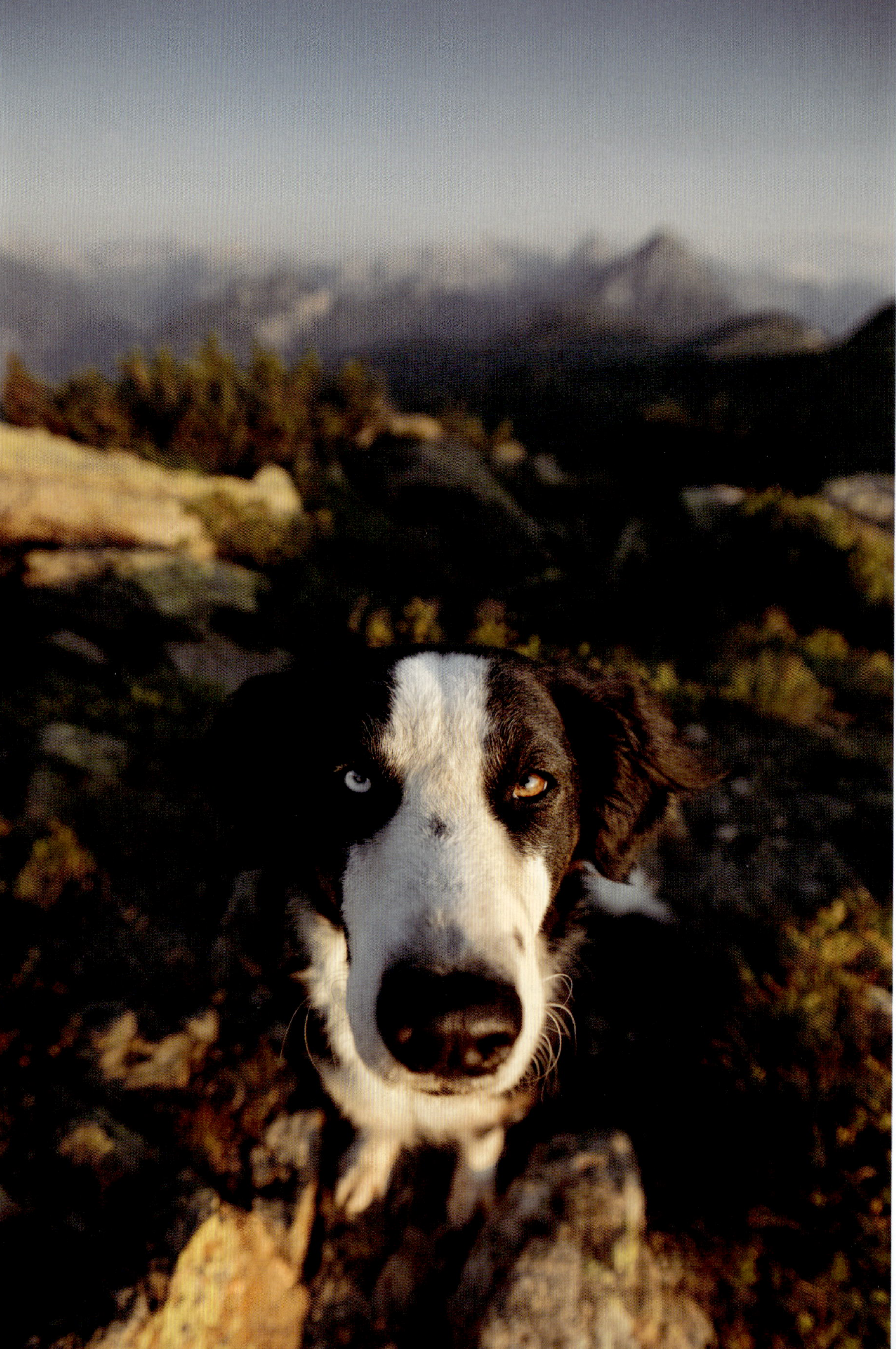

Am besten sehen die Farben wirklich genau in der Viertelstunde vor bzw. nach Sonnenauf-/-untergang aus. Achtung: Das gilt aber natürlich nur, wenn du so flach wohnst, dass du auch tatsächlich einen solchen Sonnenverlauf sehen kannst. Wir bleiben der Einfachheit halber beim Beispiel des Sonnenuntergangs: In den Bergen ist es viel früher schattig, und du rutschst quasi vom noch recht harten, direkten Licht in das diffuse Licht der Schatten.

Trotzdem kannst du das direkte Licht auch etwas eher nutzen. Denn Streif- und Gegenlicht funktionieren bei einem härteren Lichtcharakter noch weniger. Und wenn du viel fotografieren möchtest, kannst du nicht alle deine Wunschmotive auf die letzte Viertelstunde des Tages schieben. Ich gehe bei meinen Shootings wie folgt vor:

Bevor die goldene Stunde anbricht, bleibe ich im direkten Licht. So habe ich eine sachliche, flache Ausleuchtung und vermeide zu harte Schatten auf dem Model selbst. Solche Bilder sind außerdem auch super geeignet, um wirklich das Tier darzustellen. Züchter oder Fachmagazine lieben diese Fotos, da die Fellfarben und das Exterieur, also der Körperbau des Tieres, deutlich zu sehen sind. Erst mit Anbruch der goldenen Stunde drehe ich mich langsam ins Streif- und später sogar ins Gegenlicht – sofern meine Location das überhaupt zulässt.

◀ *Streiflicht sorgt durch die Licht- und Schattenspielereien für Spannung im Bild. Du kannst es einsetzen, um Strukturen zu betonen. In meinem Fall war es eher eine praktische Entscheidung, um den richtigen Winkel zum Hintergrund zu erwischen. Trotzdem gefallen mir die Licht-Schatten-Kontraste auf Joyce' Gesicht und im Hintergrund.*

ISO 200 | 16 mm | f/2.8 | 1/1250 s

Streif- und Seitenlicht

Streif- und Seitenlicht, also Licht, das von deiner Seite auf das tierische Model trifft, modelliert durch Licht-Schatten-Kontraste den Körper des Tieres. Muskeln und Sehnen treten hervor. Das gibt dem Bild Spannung. Falls du es umsetzen kannst, wäre es geschickt, dein Model mit dem Kopf Richtung Licht aufzustellen. So werden Kopf und Augen beleuchtet und liegen nicht im Schatten.

Hast du die Sonne also zum Beispiel im 90-Grad-Winkel rechts von dir, lass dein Tier auch von links nach rechts durch dein Bild laufen oder Richtung Sonne schauen. Das klappt leider nicht immer, kann aber ein späteres Ärgernis beim Sortieren der Fotos vermeiden, gerade bei Tieren mit dunklem Fell, die viel Licht schlucken und viel dunklere Schatten auf dem Fell haben als Tiere mit hellem Haarkleid.

Im Gegenlicht

Im Gegenlicht steht dir deine Lichtquelle genau gegenüber. Früher hieß es, man solle nicht gegen die Sonne fotografieren. Die Belichtung im Gegenlicht ist schwieriger, und bei falschen Einstellungen, unachtsamen Hintergründen oder einer ungeeigneten Tageszeit sieht Gegenlicht auch wirklich nicht schön aus. Das Motiv erscheint zu dunkel, während der Himmel fast ausgebrannt wirkt. Dabei kann das Fotografie-

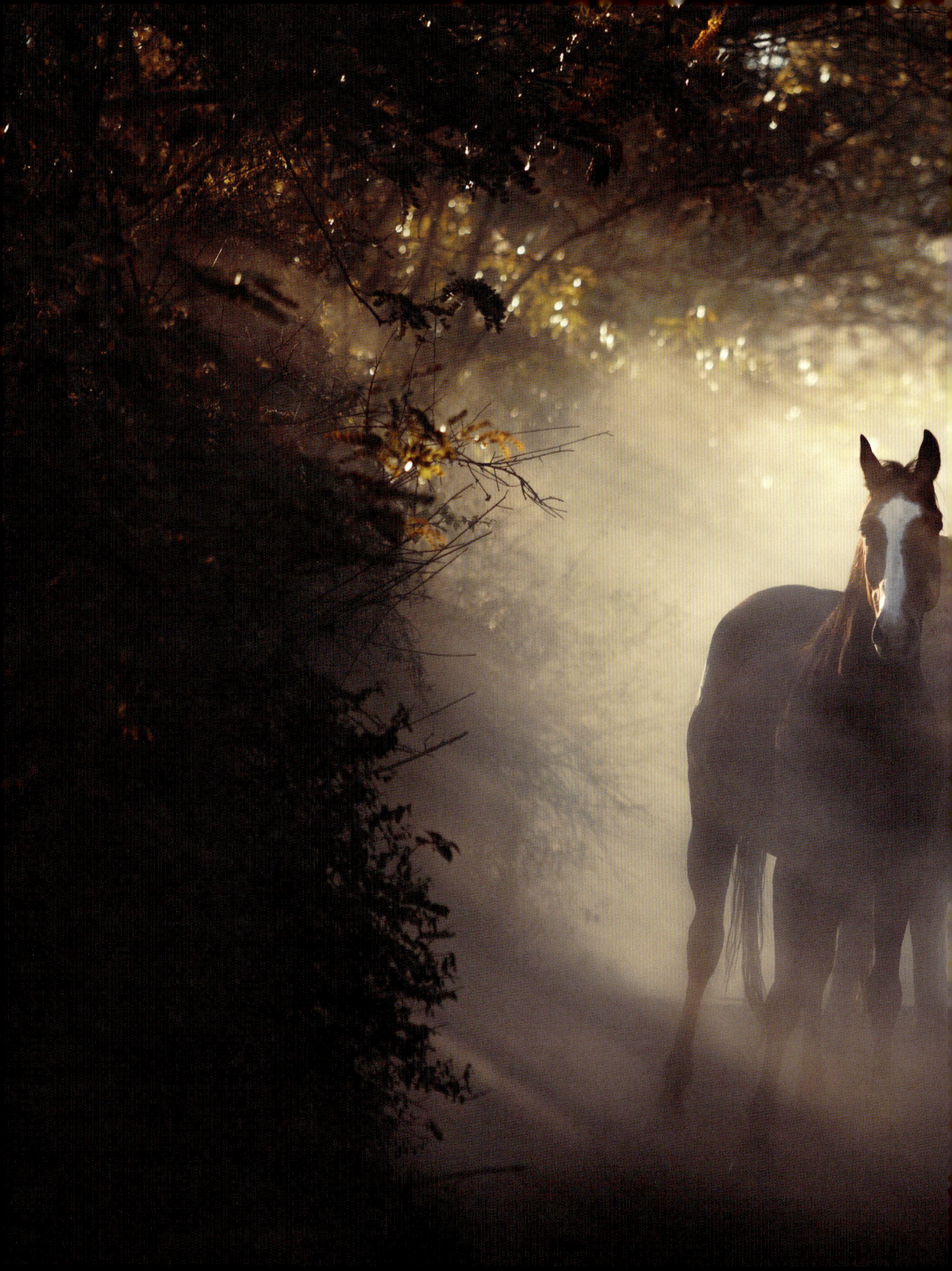

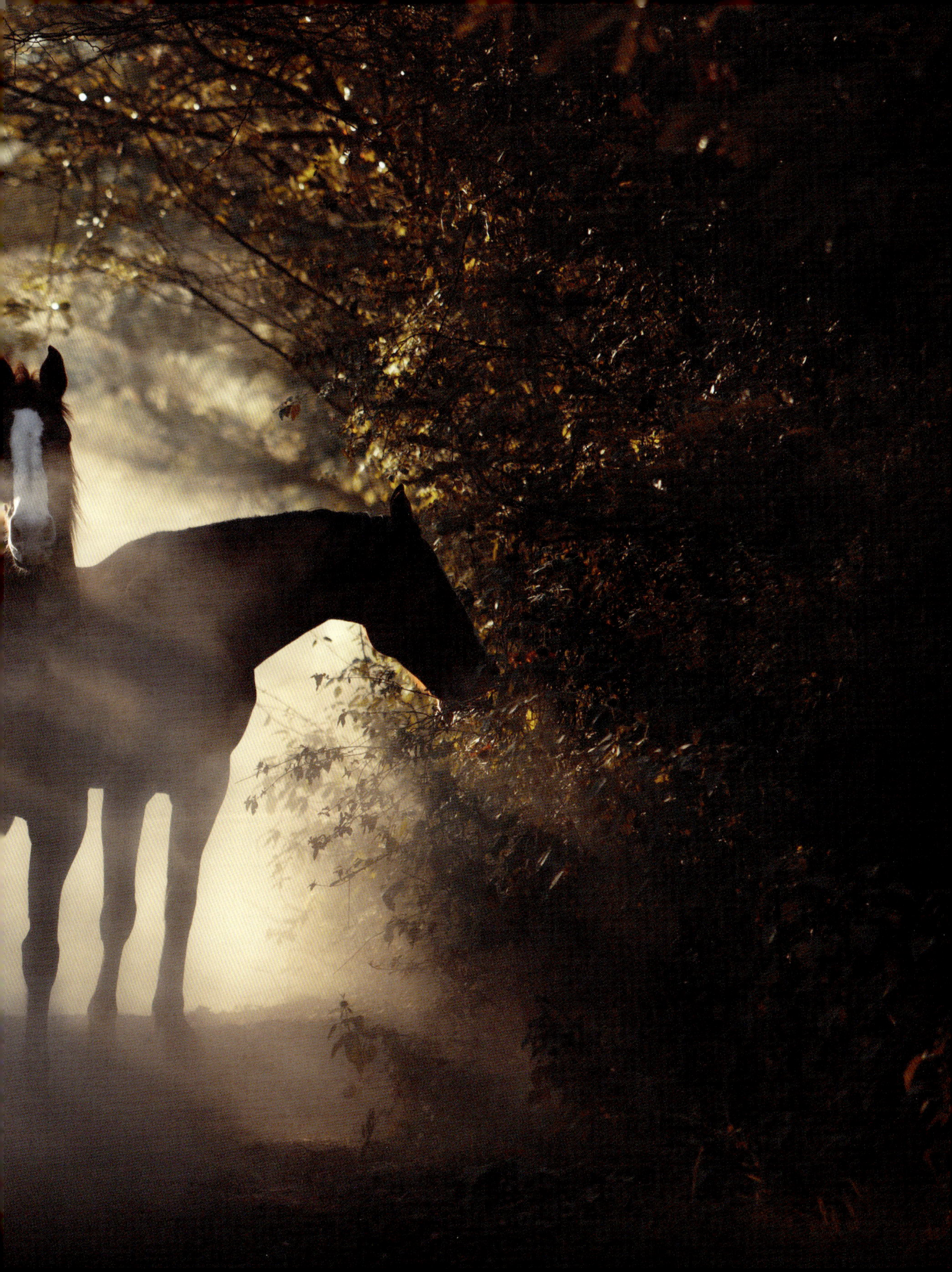

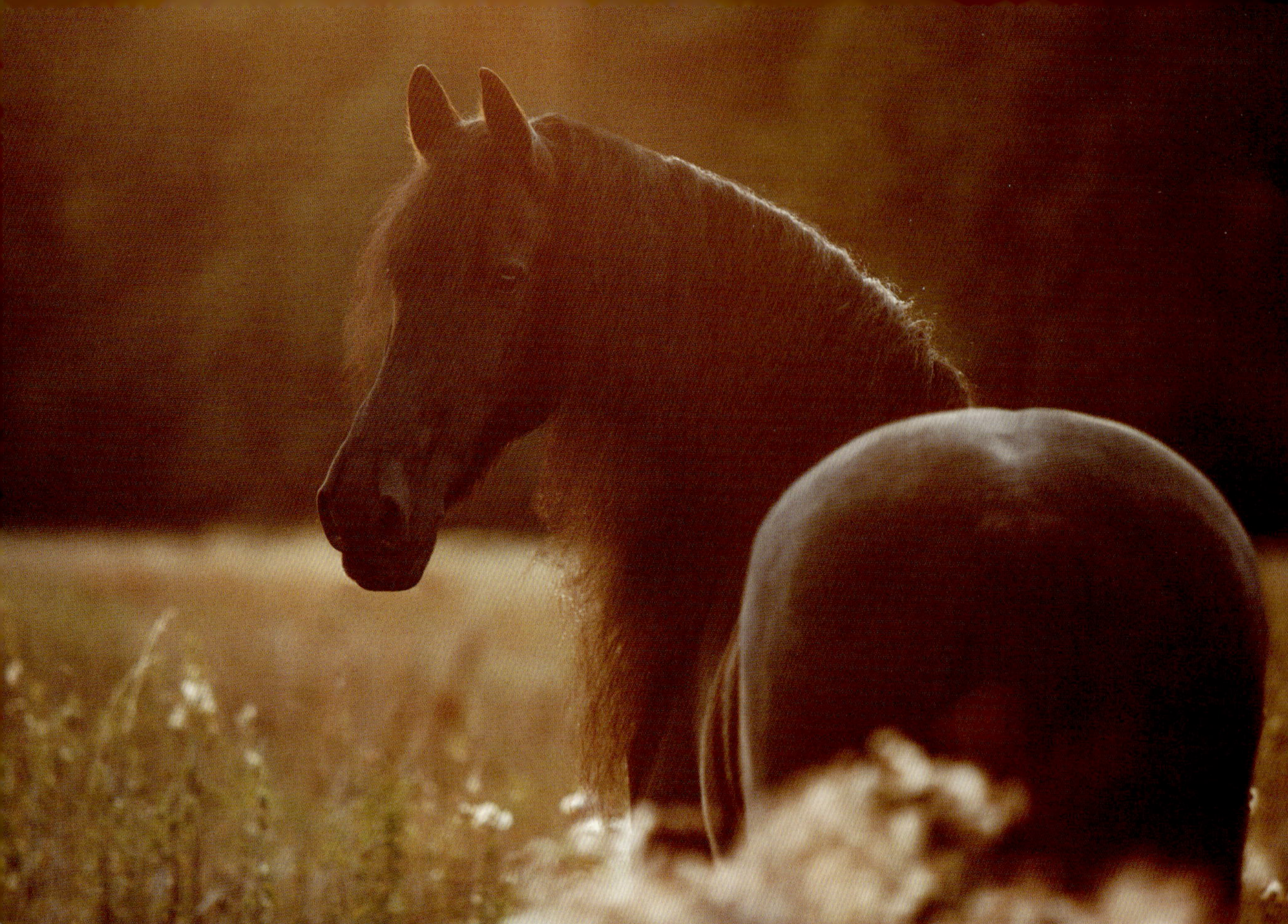

◀ **Seite 74-75:** *Gegenlichtbilder gegen den blanken Himmel oder, wie hier, gegen einen offenen, hellen Bereich können entsprechend dunkler belichtet werden. So verwandeln sich die Motive zu Silhouetten, aber die hellen Bereiche im Hintergrund überstrahlen nicht. Die drei Warmblüter waren gerade auf dem Weg zur morgendlichen Koppel, als sie mich und die Helfer im Treibgang entdeckt haben. Das hat sie dazu veranlasst, kurz innezuhalten und zu überlegen, wer wir sind. Sie stehen im aufgewirbelten Staub der vorherigen Gruppen.*

ISO 320 | 200 mm | f/2.8 | 1/1250 s

▲ *Mit einem dichten, geschlossenen Hintergrund kannst du in Gegenlichtsituationen leicht auf dein Model belichten. Für das schwarze Fell des Friesens musste ich die Belichtung der Kamera entsprechend sensibler einstellen als z. B. für ein weißes Fell.*
Wäre im Hintergrund kein Wald, sondern der blanke Himmel zu sehen, wäre dieser ausgebrannt gewesen. Übrigens: Solche „Blicke über die Schulter" von Pferden funktionieren am besten, wenn das Pferd dehnbar im Hals ist. Andernfalls drehen sich die Pferde lieber um, als sich zu verrenken. Du kannst dich etwas seitlicher zur Flanke stellen, um es dem Pferd nicht ganz so schwer zu machen, und die Hinterhand notfalls mithilfe eines Helfers, sodass sich das Pferd nicht dazu verleiten lässt, sich mit dem ganzen Körper umzudrehen.

ISO 250 | 200 mm | f/2.8 | 1/500 s

ren gegen die Sonne für wirklich stimmungsvolle Bilder sorgen. Belichtest du auf dein Model, das im Gegenlicht steht, wird vor allem flauschiges Fell von den Lichtstrahlen durchleuchtet, und eine mystische, verträumte Aura entsteht. Gleiches trifft auch auf Gräser zu und auf Blattwerk, das ebenfalls von der dahinterliegenden Lichtquelle durchstrahlt wird.

Aber was bedeutet „auf das Model belichten"? In diesem Fall stellst du die Kamera so ein, dass das Tier „sichtbar" bleibt. Die zu dir gewandte Seite des Models liegt im Schatten, da die Sonne dahintersteht. Demnach wirst du eine etwas lichtsensitivere Einstellung brauchen, also z. B. den ISO-Wert etwas erhöhen müssen. Aber genau deswegen wird der Himmel, je nach Tageszeit und oft auch noch kurz vor Sonnenuntergang, einfach mehr oder weniger stark überstrahlt sein.

Klar, der Kontrast ist für die Kamera einfach zu groß, und sie kann Licht und Schatten nicht so ausgleichen wie wir. Die Kamera nimmt entweder nur das Helle oder nur das Dunkle auf. Aber keine Sorge, wenn du im RAW-Modus fotografierst, kannst du später ganz gezielt die Lichter und Tiefen im Bild bis zu einem gewissen Grad wieder anpassen. Für diese Art von Bildern ist es daher besonders ratsam, wenn du gegen einen geschlossenen Hintergrund fotografierst.

Geh jedoch nicht so dicht an deinen Hintergrund, dass dein Motiv vollends im Schatten ist. Denn dann verlierst du logischerweise die Gegenlichtstimmung und bist ganz im diffusen Licht. Bäume oder Büsche eignen sich dafür sehr gut. Durch das Blattwerk wird mehr vom Gegenlicht sichtbar. Alternativ kannst du auch auf den Himmel belichten, die Kamera also so einstellen, dass der Himmel nicht ausbrennt. Dann wird dein Motiv in Dunkelheit verschwinden, und du kannst tolle Silhouettenbilder machen. Für diesen Fall sollte der Hintergrund dann aber möglichst frei sein, damit der Umriss auch klar vor dem Himmel zum Vorschein kommt.

Diffuses Licht

An bedeckten Tagen oder im Schatten wird vom diffusen Licht gesprochen. Es gibt zwar auch hier eine Lichtrichtung, die aber z. B durch einen dicken Wolkenschleier so gebrochen ist, dass alles mehr oder weniger weich und gleichmäßig ausgeleuchtet wird. Diese Art der Lichtstimmung eignet sich hervorragend für menschliche Haut. Und auch Tiere profitieren davon. Deine Porträts kannst du im diffusen Licht intensiv wirken lassen. Kein Licht-Schatten-Kontrast lenkt ab, und das Fell wirkt besonders weich.

Manchmal fehlt es jedoch an Glanz in den Augen. Dann ist deine Location möglicherweise schon zu dunkel, oder du fotografierst nicht mit dem Licht. Denn auch wenn das Licht relativ gleichmäßig verteilt wird, gibt es eine Lichtrichtung. Überprüf es selbst: Gehe in einen Raum, der nur vom Tageslicht erhellt wird. Stell dich an einem sonnigen Tag nicht direkt in einen Sonnenfleck, sondern in einen schattigen Bereich. Strecke deinen Arm aus und klapp deine Hand nach oben, sodass du genau auf deinen Handrücken schauen kannst. Jetzt dreh dich einmal um dich selbst und beobachte, wie sich auch das diffuse Licht auf deinem Handrücken verändert. Besonders freundlich

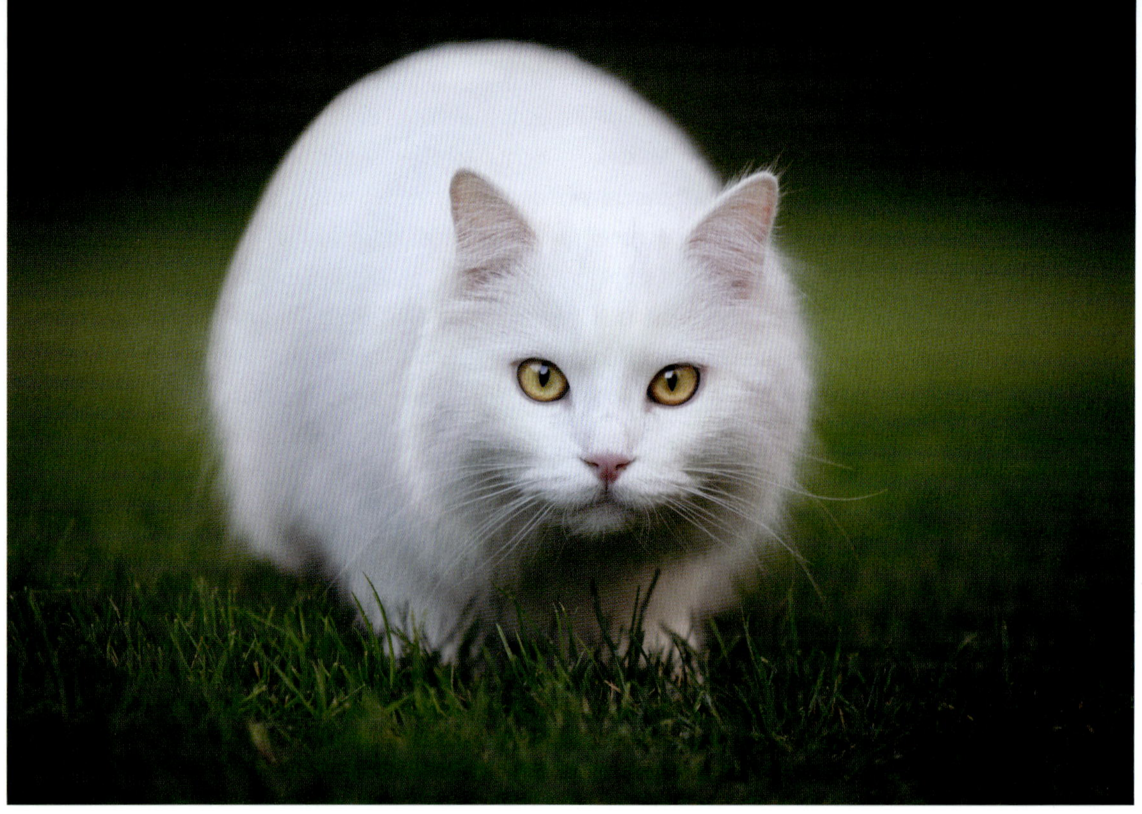

▲ *Ganz weich und satt wirken Farben im diffusen Licht. Zumindest, wenn der Tag eigentlich sonnig ist und du lediglich im Schatten fotografierst. Für intensive Porträts bevorzuge ich diffuses Licht, weil keine Schatten vom Motiv ablenken und alles viel ruhiger und klarer wirkt. Hier hat Anton gerade einen roten Gartenschlauch untersucht und kurz zu mir geschaut, nachdem ich ihn gerufen habe.*

ISO 800 | 200 mm | f/2.8 | 1/800 s

und weich sieht es aus, wenn die Lichtquelle hinter dir ist (du solltest natürlich nicht selbst einen Schatten auf deinen Handrücken werfen).

Künstliche Lichtquellen

Kunstlicht mag an dunklen Tagen und vor allem, wenn du viel in Innenräumen fotografierst, besonders verlockend sein. Einfach das Deckenlicht einschalten, und schon ist das schlechte Wetter vor der Tür weggezaubert. Aber leider ist diese Art von Licht für viele Kameras trotzdem sehr dunkel und vor allem für gestalterische Zwecke sehr unästhetisch. Kommt es dann auch noch zu Mischlicht durch verschiedene Lampen, ist das Fotoergebnis meist mehr als ernüchternd. Nicht ohne Grund sind fotografische Blitzlampen beim Auslösen unglaublich hell. Wenn du dich also an das Thema Kunstlicht heranwagen willst, empfehle ich dir unbedingt fotografische Lampen. Es gibt auch Dauerlichtlampen, wenn du nicht blitzen möchtest. Die sind jedoch auch nicht so lichtstark (und wenn doch, dann entsprechend teuer).

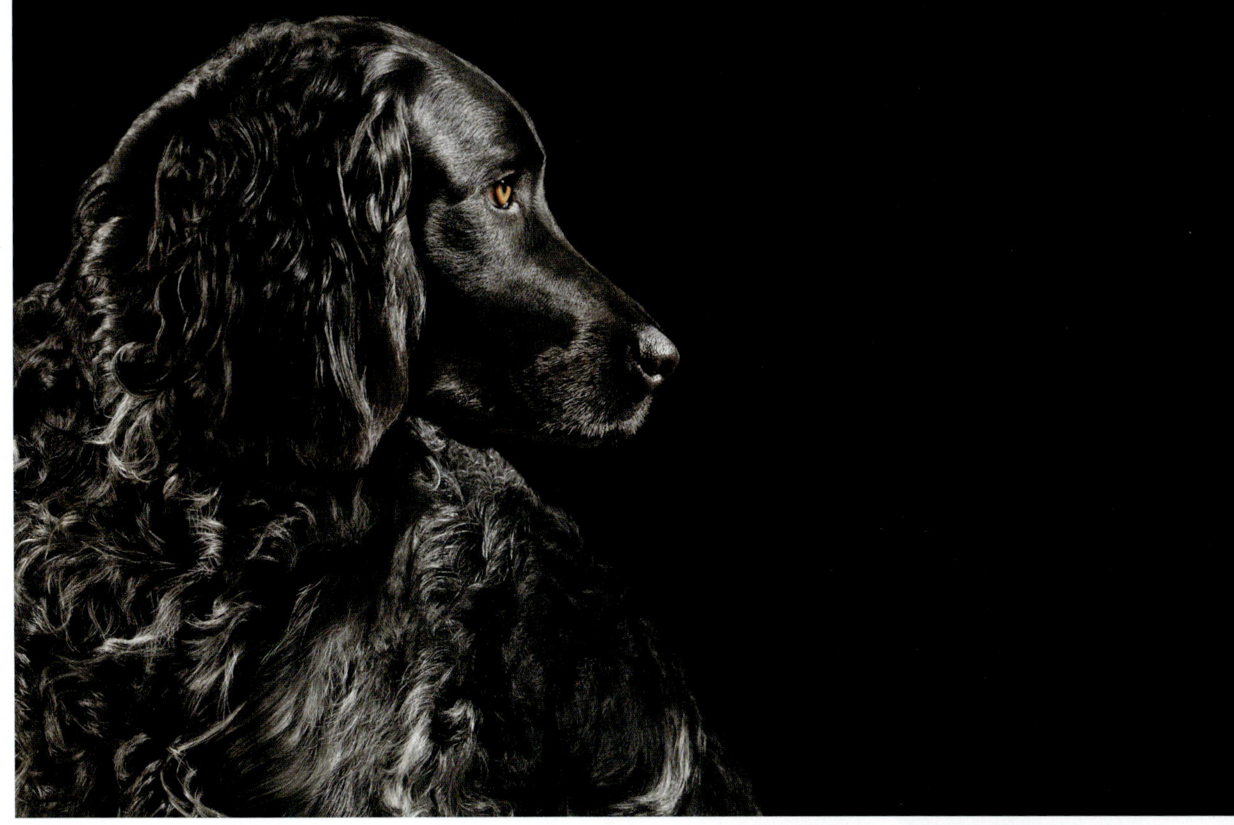

▲ *Im Studio hast du die volle Kontrolle über das Licht. Mit nur einer Lampe kannst du alle Lichtrichtungen wie im Freien nachstellen und dich darin üben. Allerdings brauchst du ein sehr geduldiges Model. Spätestens wenn du mit zwei oder drei Lampen arbeitest, solltest du ein gutes Gefühl für das Posing deiner tierischen Shooting-Stars haben und das Licht sicher beherrschen. Daher empfehle ich, zunächst im Outdoor-Bereich Routine zu entwickeln.*

ISO 200 | 115 mm | f/13.0 | 1/250 s

Bei Blitzen und Dauerlicht hast du den Vorteil, die Lampen frei bewegen zu können und unterschiedliche Lichtformer zu verwenden. Denn eines ist klar: Auch das Fernlicht eines Autos oder ein Baustrahler kann richtig hell sein. Ich bezweifle aber, dass du ein Auto so schnell umstellen kannst wie eine Lampe. Und wenn du nicht gerade einen richtig großen, lichtdurchlässigen Stoff als Diffuser davorsetzen kannst, wirst du auch mit dem sehr harten und direkten Licht solcher Lichtquellen klarkommen müssen. Das Anbringen einer Softbox ist hingegen deutlich einfacher.

Mit künstlichen Lichtquellen kannst du jede der obigen Lichtsituationen nachstellen. Besonders toll ist die Arbeit mit Streif- und Seitenlichtern im Studio. Aber das braucht natürlich Übung, um Winkel und Abstände richtig hinzubekommen und nebenbei auch noch das Tier zum Bleiben und Mitmachen zu motivieren. Das Thema Tiere und Studiofotografie ist also noch mal eine ganz eigene Herausforderung. Du kannst dich ihr sehr gern stellen, doch ich empfehle zunächst etwas Übung in Sachen Tierfotografie generell.

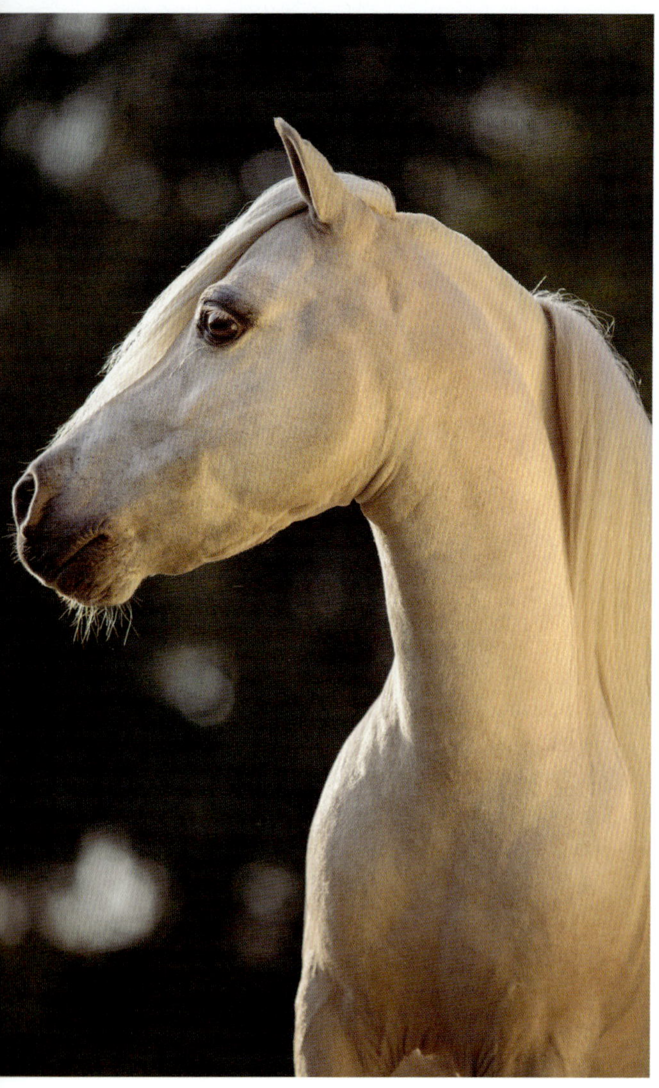

▲ *Ein Zwischenschritt zum Studio kann ein Aufheller im Freien sein. Mit ihm (und einem Helfer) kannst du für schicke Effekte im Freien sorgen und einfach eine weitere Seite deines Models belichten. Logischerweise muss der Reflektor dazu gegenüber der natürlichen Lichtquelle gehalten werden.*

ISO 500 | 200 mm | f/4.0 | 1/1000 s

Denn erst wenn du wirklich gut mit Tieren vor der Kamera arbeiten kannst und weißt, wie du das Beste aus ihnen herauslockst, wirst du auch die Nerven und die Geduld für die Lichtsetzung einer oder mehrerer Lampen aufbringen können. Mein absoluter Tipp für angehende Studiofotografen: Schau dir die Lichtsetzung auf Studiobildern an, die dir gefallen. Du wirst schnell herausfinden, wo die Lampen positioniert wurden und ob eher ein weiches oder ein hartes Licht verwendet wurde.

Aufheller und Reflektoren

Du kannst auch ohne Elektrik für etwas mehr Beleuchtung in deinen Bildern sorgen. Aufheller bringen tolle Effekte ins Bild und können dich beim Fotografieren unterstützen. Am häufigsten kommen dafür Reflektoren zum Einsatz, die, wie der Name schon sagt, einfach das natürliche Licht reflektieren. Du wirst dazu eine zweite Person brauchen, die den Reflektor hält und dafür sorgt, dass das reflektierte Licht auch dorthin leuchtet, wo du es brauchst: auf dein Tier. Hast du keinen Reflektor zur Hand, wird auch eine helle Häuserwand den gleichen Effekt haben.

Voraussetzung dafür ist, dass du mit deinem Model dicht genug herankommst und trotzdem einen schicken Hintergrund nutzen kannst. Auch helle Böden, allen voran Schnee, aber auch heller Betonboden oder Sand, sind „natürliche" Aufheller. Gerade wenn an bedeckten Tagen trotz allen Versuchen noch etwas Licht im Auge fehlt, kann dir ein Reflektor gute Dienste leisten. Manche mögen auch den etwas surrealen Look, wenn der Reflektor an einem sonnigen Tag bei Gegenlichtfotos zum Einsatz kommt.

Tageszeit und Jahreszeit

Allen Menschen in unseren Breitengraden ist klar, dass die Tage im Sommer länger und im Winter kürzer sind. Und du als Fotograf weißt sicher auch, dass das Licht im Winter viel weicher ist, weil die Sonne tiefer steht. Das wusste ich zu Anfang meiner fotografischen Laufbahn auch – aber mich richtig hineingefühlt in die Lichtcharakteristiken habe ich mich erst viel später. Deswegen möchte ich dir hier noch eine kleine Übersicht darüber mit auf den Weg geben, wann sich das Fotografieren besonders lohnt:

Strahlendes Morgenlicht

Das Morgenlicht ist in den langen Monaten vor allem kurz vor und bis etwa eine halbe bis dreiviertel Stunde nach Sonnenaufgang am schönsten. Es wirkt sehr warm und sorgt für kräftige Farben. Danach wird das Licht recht schnell sehr hart. Um im Morgenlicht zu fotografieren, musst du gerade im Sommer sehr früh aufstehen. Das bedeutet auch, dass du noch im Dunkeln zu deiner Location fährst. Du solltest sie dir also unbedingt einen Tag vorher angesehen haben, um zu wissen, wo die Sonne aufgehen wird und was dich fotografisch an Hintergründen und Gegebenheiten erwartet.

In den kurzen Monaten musst du nicht mehr ganz so früh aufstehen, und je nach Feuchtigkeit steigt deine Chance auf morgendlichen Nebel. Außerdem ist das Licht jetzt auch etwas länger weich, in den kürzesten Monaten sogar fast bis zum Mittag.

Achtung: Du hast am Morgen zwar die Aussicht auf Nebel aufgrund der aufsteigenden Feuchtigkeit der Nacht, aber die nassen Wiesen benetzen natürlich auch das Fell deiner Models mit Wasser. Kleinere Tiere wie Hunde werden also sehr schnell nass, wenn du sie durch morgendliches Gras laufen lässt. Der Australien Shepherd, der zum Thema „Normalperspektive" als Beispiel dient, hat z. B. wegen des nassen Morgengrases schon eine Unterbodenreinigung erhalten.

Übrigens: Im Schnee

Im Schnee zu fotografieren, ist technisch gesehen ziemlich leicht. Mich erreichen immer wieder Fragen nach Tipps zur Fotografie in weiß gepuderter Landschaft. Die Schneedecke wirkt wie ein natürlicher Aufheller. Du kannst also wirklich zum Sonnenuntergang oder gar erst kurz danach im diffusen Licht arbeiten und hast trotzdem durch den großen Reflektor am Boden genug Aufhellung im Bild. Der Schnee wirkt nur dann „grell", wenn du zur Mittagszeit z. B. im Februar, wenn die Sonne allgemein schon wieder etwas höher steht, fotografieren willst. Beachte so wie bei allen Shootings die günstigste Tageszeit, dann wird der Schnee dir tolle Bilder bescheren.

▶ *Seite 82-83: Frostkristalle im Winter kannst du am besten zum Sonnenaufgang erwischen, da sie meist tagsüber trotz Minusgraden verschwinden. Allerdings arbeitest du gegen die Zeit: Zwischen den beiden Handyaufnahmen meiner Location liegen gerade einmal 20 Minuten, und der Unterschied der Stimmung wird mehr als deutlich. Daher arbeite ich lieber am Abend: Du kannst dich mit mehr Ruhe auf dein geplantes Motiv einrichten und alles an Ort und Stelle haben, um dann einfach auf das beste Licht zu warten. Morgens musst du bereits im Dunkeln vor Ort sein, um genau auf die Sonne zu warten. Danach wird alles schrittweise kühler, und die Kontraste werden härter.*

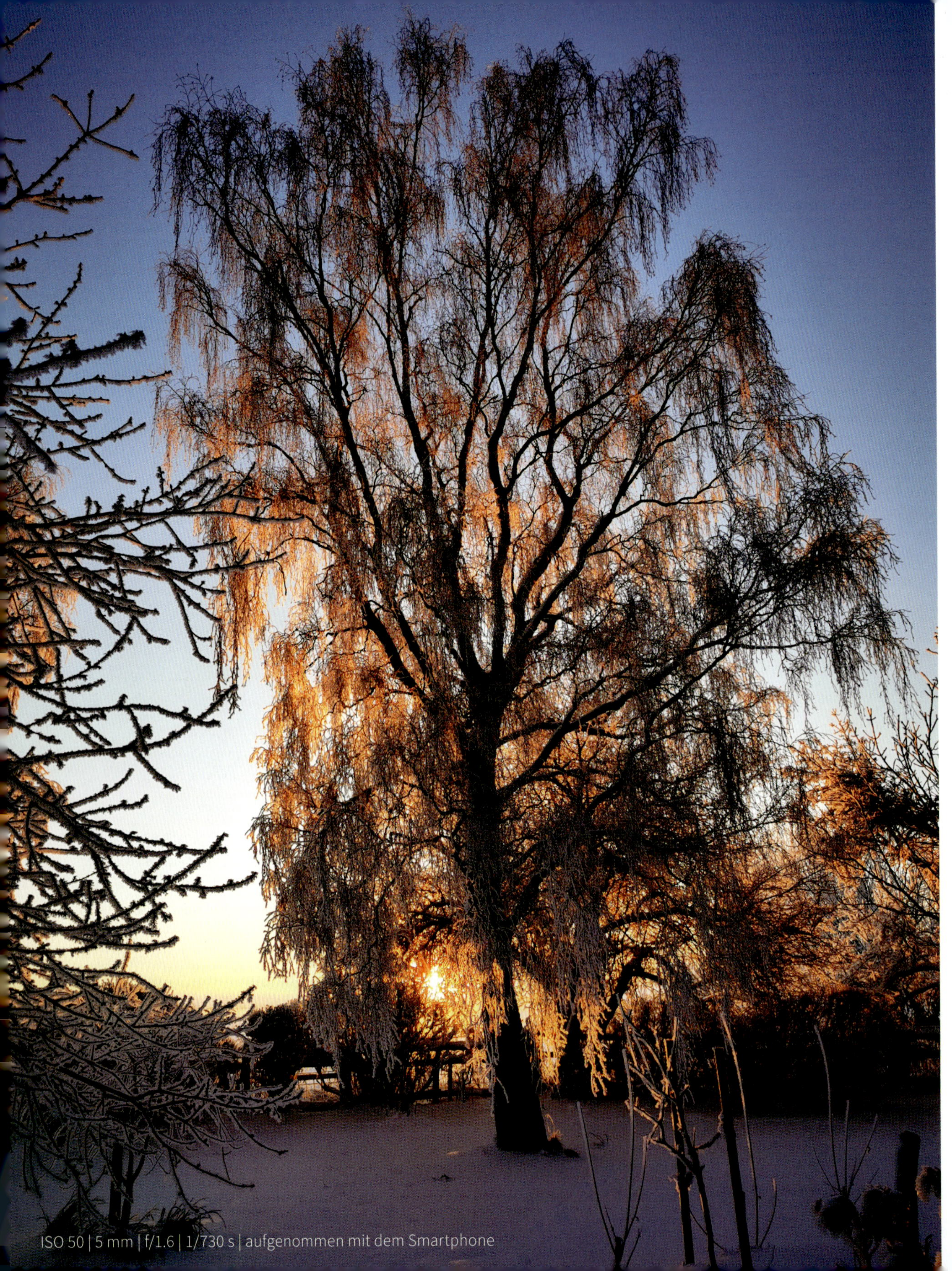

ISO 50 | 5 mm | f/1.6 | 1/730 s | aufgenommen mit dem Smartphone

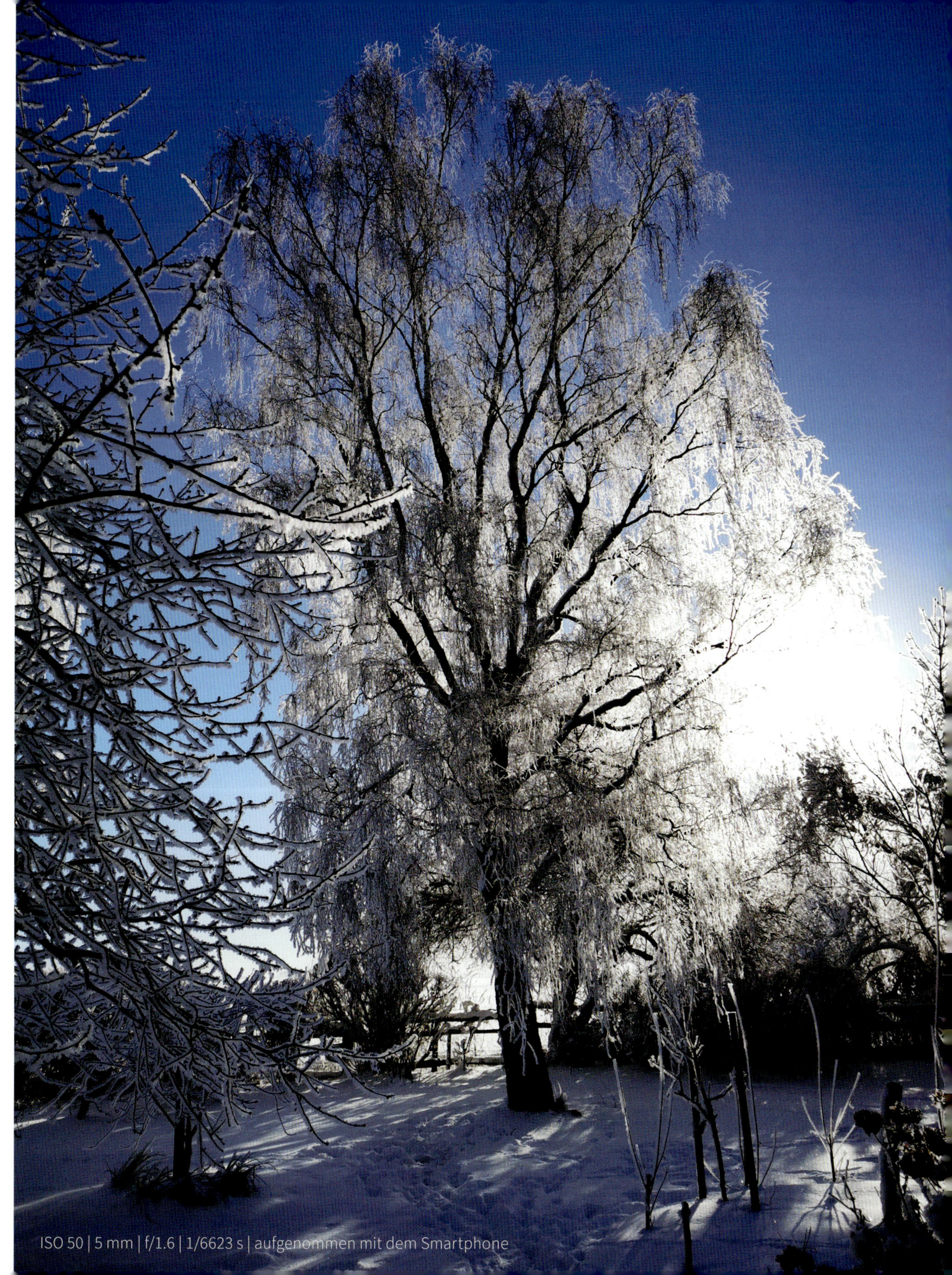
ISO 50 | 5 mm | f/1.6 | 1/6623 s | aufgenommen mit dem Smartphone

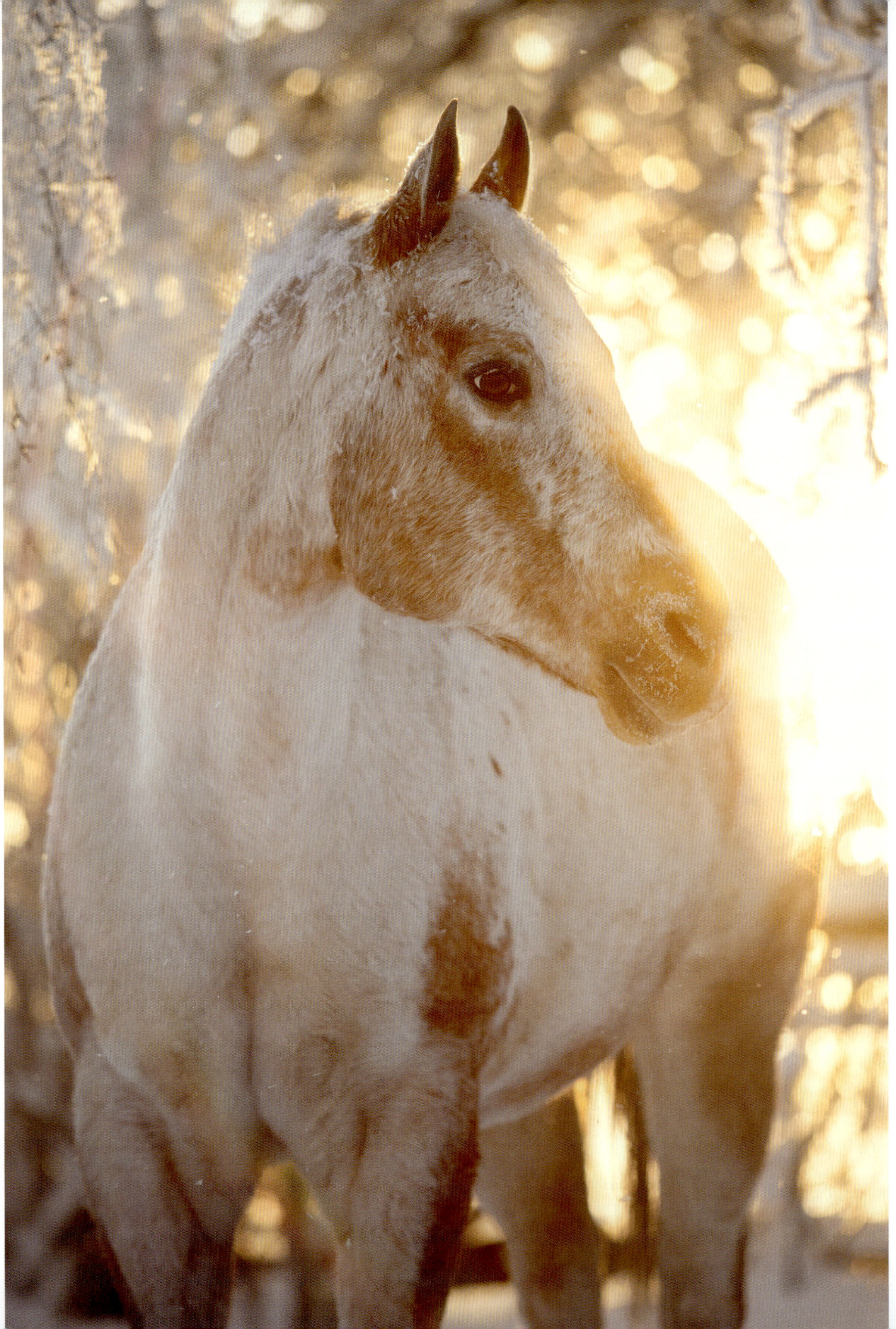

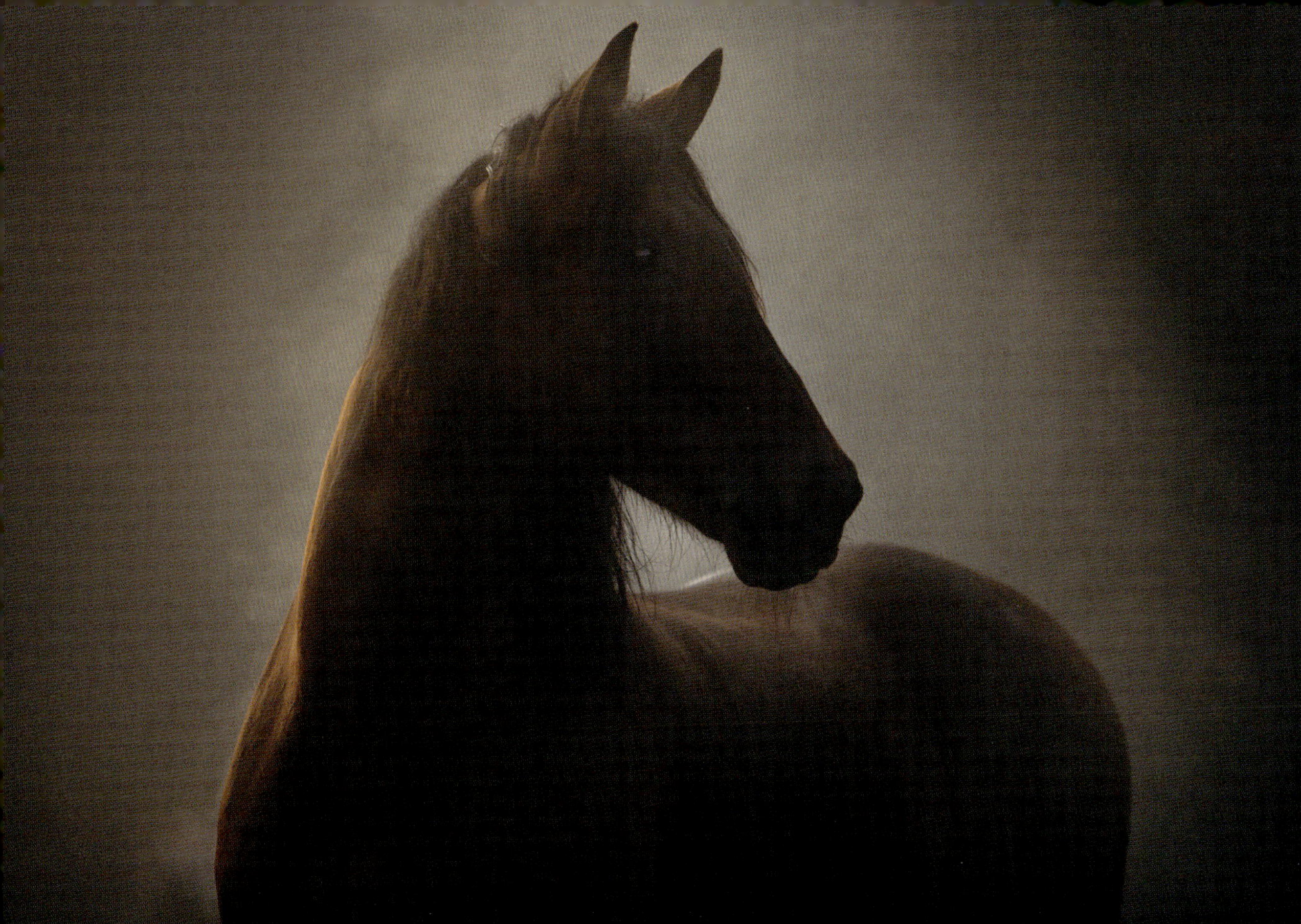

▲ *Das Ergebnis hat sich aber gelohnt! Das schöne Glitzerbokeh und den leichten Schneestaub um Feliz hätte ich am Abend nicht fotografieren können, zumal der Baum sowieso gänzlich ungünstig für abendliche Gegenlichtbilder steht. Die Sonne wäre dann nämlich auf der anderen Seite, und ich hätte keinen geeigneten Hintergrund mehr.*

ISO 500 | 180 mm | f/2.8 | 1/800 s

◀ *Wie auch Frostkristalle gibt es am Morgen manchmal dicke Nebelschwaden, die deinen Bildern eine tolle Aura verleihen können. Du musst einfach nach Wetterlage und verfügbaren Hintergründen entscheiden, ob sich das frühe Aufstehen lohnt oder es unnötigen Stress bedeutet.*

ISO 250 | 200 mm | f/2.8 | 1/1000 s

Hartes Mittagslicht

Das Mittagslicht wirkt kühl und hart. Scharfe Schatten und kräftige Farben sind kennzeichnend. In den langen Monaten ist das Licht schon ab 10 Uhr sehr grell und wird erst langsam gegen 19 Uhr etwas weicher. Im Winter ist die Mittagssonne deutlich gnädiger, aber auch hier sind die Sonnenauf- und -untergänge die fotografisch schönste Zeit. Kannst du der Mittagssonne nicht ausweichen, versuche, mit direktem Licht zu arbeiten. Gegenlicht wirkt zu dieser Tageszeit sehr grell und ungeeignet.

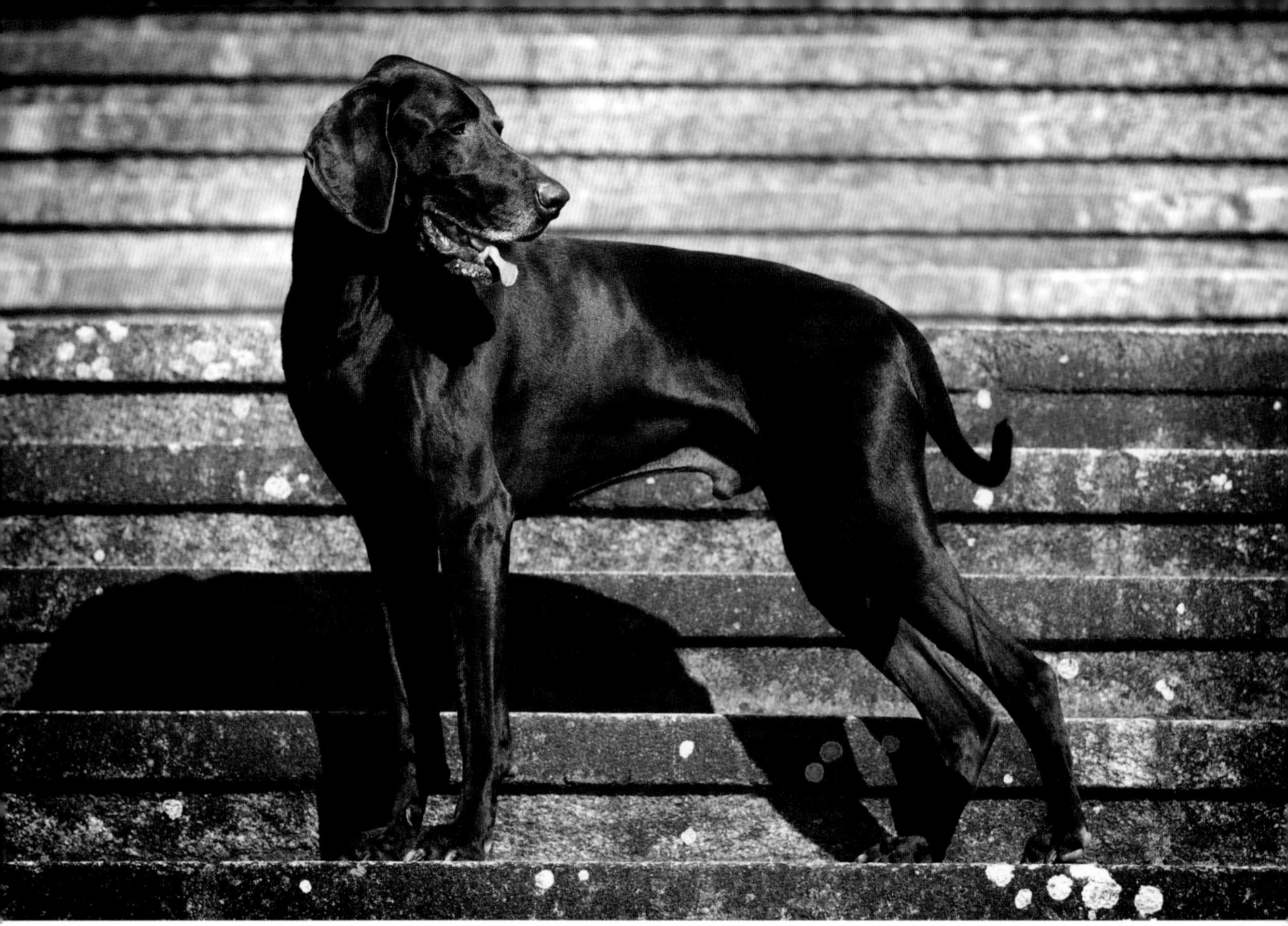

▲ *Dieses Bild stammt aus einem meiner ersten Shootings mit Hunden und wurde von mir an einem Morgen im Mai geplant – nur leider viel zu spät, sodass ich in das harte Mittagslicht geraten bin. Ich habe mir mit eher statischen Motiven geholfen und das Bild in Schwarz-Weiß umgewandelt. So kommen die ohnehin starken Schatten deutlicher zur Geltung und passen zu den ebenso scharfen Linien der Treppe. Trotzdem arbeite ich schon lange nicht mehr unter diesen Lichtbedingungen, wenn es sich vermeiden lässt.*

ISO 200 | 155 mm | f/5.0 | 1/1000 s

Du kannst dafür sehr schön unter schattigen Bäumen fotografieren. Dann arbeitest du mit diffusem Licht, aber hast mehr als genug Lichtintensität zur Verfügung. Falls du an einem generell bedeckten Tag fotografieren möchtest, solltest du aus genau diesem Grund auch die Mittagszeit bevorzugen. Dann hat die Sonne genug Kraft, um die Wolken zu erhellen … wenn es nicht gerade schwere Regenwolken sind.

Magisches Abendlicht

Das Abendlicht ist das Pendant zum Morgenlicht, nur in umgekehrter zeitlicher Reihenfolge. Für mich überwiegen aber die rein praktischen Vorteile, sodass ich am liebsten am Abend fotografiere. Man kann sich die Location tagsüber anschauen und sich auf das beste Licht des Tages vorbereiten. Außerdem fällt das frühe Aufstehen weg, was allein schon ein klarer Punkt für das Abendlicht ist. Bei einem gebuchten Shooting mit mehreren Tieren fange meist am späten Nachmittag mit den ersten Fotos im direkten Licht an, oder ich weiche auf schattige Plätze für Porträts aus. Das beste Abendlicht spare ich mir für die schönsten Motive – meistens sind das die Laufbilder auf der Koppel.

Goldene Stunde

Das Licht ändert sich nicht nur mit dem Wetter, sondern auch mit den Tageszeiten. Bei der sogenannten goldenen Stunde handelt es sich um die Zeiträume kurz nach Sonnenaufgang und kurz vor Sonnenuntergang, wenn die Helligkeit des Himmels in etwa der von Straßenlaternen und beleuchteten Fenstern entspricht.

Blaue Stunde

Die Zeiträume kurz vor Sonnenaufgang und kurz nach Sonnenuntergang werden dagegen blaue Stunde genannt. Hier steht die Sonne noch bzw. schon unterhalb des Horizonts, das vorhandene indirekte Licht hat einen überwiegend blauen Farbton und wirft keine harten Schatten. Voraussetzung für all dies ist natürlich ein halbwegs klarer Himmel. Dann aber liefern diese Zeiten ein absolut magisches Licht und sind vor allem in der Landschafts- und Naturfotografie sowie in der Porträtfotografie sehr beliebt.

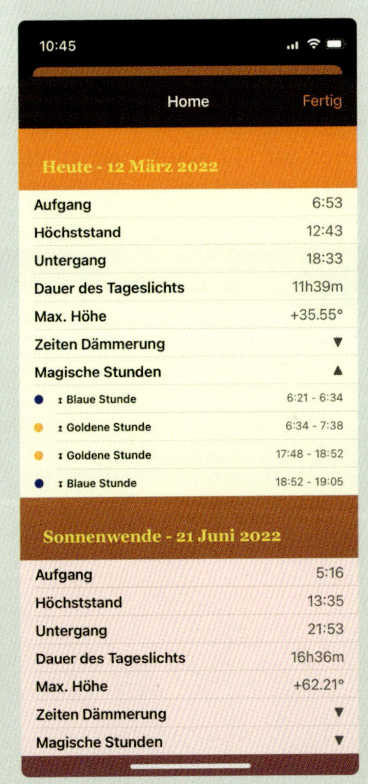

▲ *Präzise Anzeige der magischen Stunden in der App Sun Seeker.*

Farben und Kontraste

Farben können wuchtig oder raumgebend wirken, sie verleihen Bildern Ausdruck und Stimmung. Unterschätze nicht die Kraft ihrer Bildwirkung und nutze sie für dich aus. In der Tierfotografie haben wir es eher mit natürlichen Farben zu tun. Aber eine Wiese kann je nach Jahreszeit oder Wetter mal ganz frisch und voll wirken, etwa wenn im Mai das kräftig grüne Gras richtig Saft bekommt, wogegen es im trockenen Sommer nur noch einer kargen, beigefarbenen Fläche gleicht. Gerade die Farbe Grün ist für viele Tierfotografen ein Thema in der Bildbearbeitung. Grün ist eher eine kühle Farbe und wird daher gern in einen herbstlich warmen Ton verfärbt. Gelbe Herbsttöne hingegen wirken zwar warm, aber die Flächen erscheinen auch dominanter im Bild. Ich persönlich bevorzuge das Spiel mit der Farbperspektive in meinen Fotos. Naturgemäß ist es so, dass Elemente am Horizont bläulicher wirken und dadurch auch optisch in den Hintergrund rücken. Wo es passt, lasse ich mein Gras daher eher etwas dunkler in Richtung Blau wirken, um es optisch zurückzunehmen. Lichttupfen im Hintergrund oder warme Fellfarben geben dann einen tollen Warm-kalt-Kontrast. Farbkontraste sind eine gute Möglichkeit, mit denen du die einzelnen Farben in deinen Bildern intensivieren kannst.

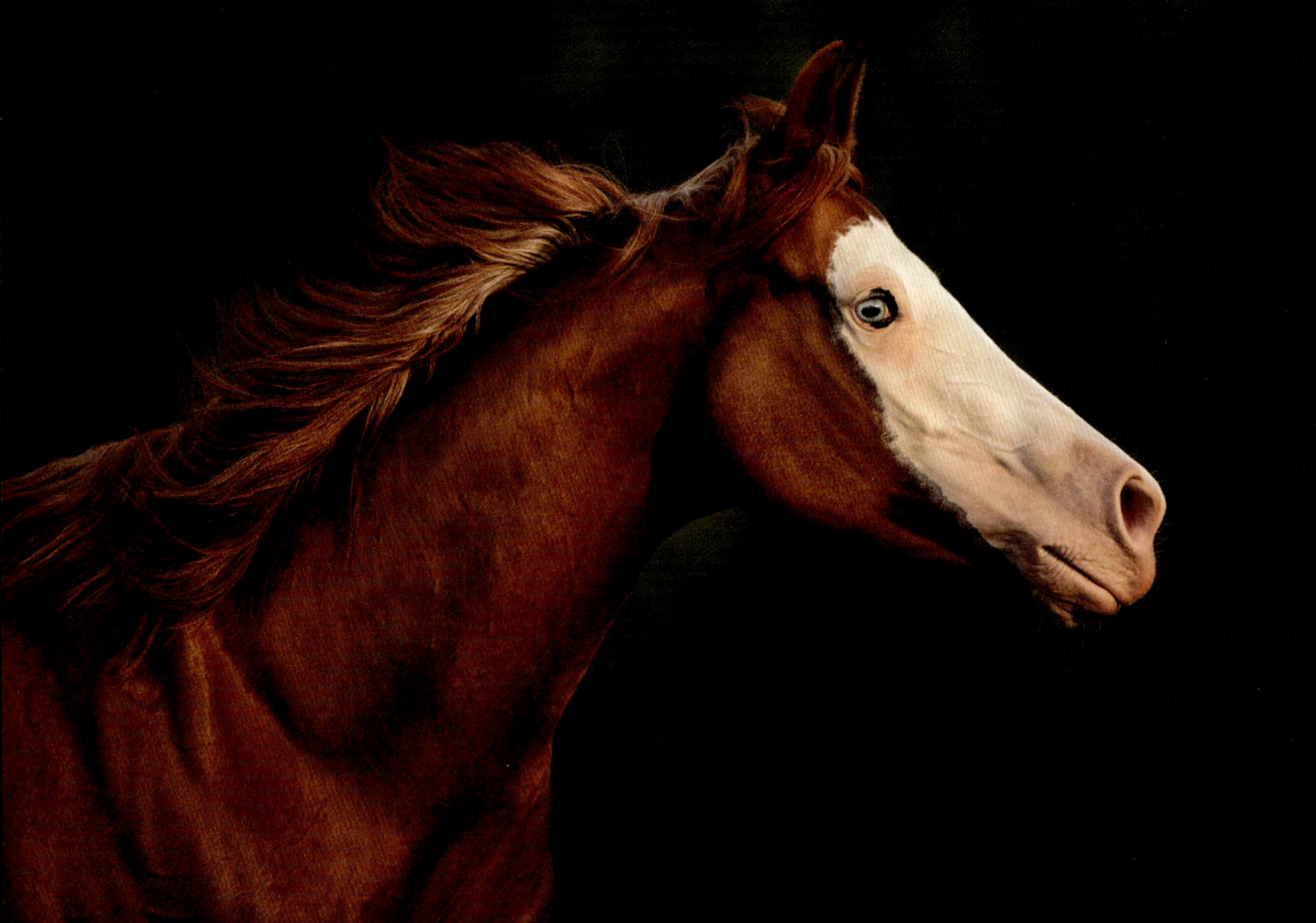

Die nachfolgende Tabelle ist für deine Fotografie nicht ausschlaggebend, aber vielleicht hilft sie dir irgendwann mal bei einer Gestaltungsfrage weiter:

Farbe	Raum	Temperatur	Stimmung
Schwarz steht für: Nacht, Geheimnis, Melancholie, Trauer, Tod, negative Gefühle, Eleganz, Luxus	voll	neutral	beruhigend
Blau steht für: Treue, Himmel, Wasser, Eis, Weite, Kühle, Harmonie, Ausgeglichenheit	Entfernung, Gegenstände erscheinen größer, flach, Flächen treten zurück	sehr kalt bis neutral	sehr beruhigend, weich
Gelb steht für: Sonne, Reife, Licht, Heiterkeit, Optimismus, Neid, Geiz	Nähe, Gegenstände erscheinen heller, plastischer und leichter, Flächen treten hervor	sehr warm	anregend, hart
Rot steht für: Signalfarbe, Gefahr, Feuer, Kampf, Revolution, Dynamik, Blut, Leidenschaft, Liebe	Nähe, Gegenstände erscheinen heller, plastischer und leichter, Flächen treten hervor	sehr warm bis warm	aufreizend, hart gedecktere Töne auch beruhigend
Grün steht für: Natur, Frische, Wachstum, Hoffnung, Friedlichkeit, Unreife, Gift	Entfernung, Gegenstände erscheinen größer, flach, Flächen treten zurück	kalt bis neutral	beruhigend, weich
Weiß steht für: Reinheit, Unschuld, Vollkommenheit, Klarheit	leer	neutral	anregend

◀ *Farben, die sich im Farbkreis nach Itten direkt gegenüberliegen, nennt man Komplementärfarben. Sie verstärken sich gegenseitig und passen harmonisch zueinander. Ein kräftiges, dunkles Grün harmoniert mit Rottönen wunderbar, du kennst die Farbkombi sicher aus der Weihnachtszeit. Füchse mit ihrem rot schimmernden Fell sehen also vor grünen Kulissen besonders prächtig aus.*
ISO 500 | 200 mm | f/2.8 | 1/1250 s

▶ ***Seite 90-91:*** *Einfach, aber effektiv: Helle und dunkle Töne bilden den höchsten Kontrast zueinander. Schwarz-Weiß-Bilder reduzieren sich einzig darauf.*
ISO 200 | 200 mm | f/2.8 | 1/1000 s

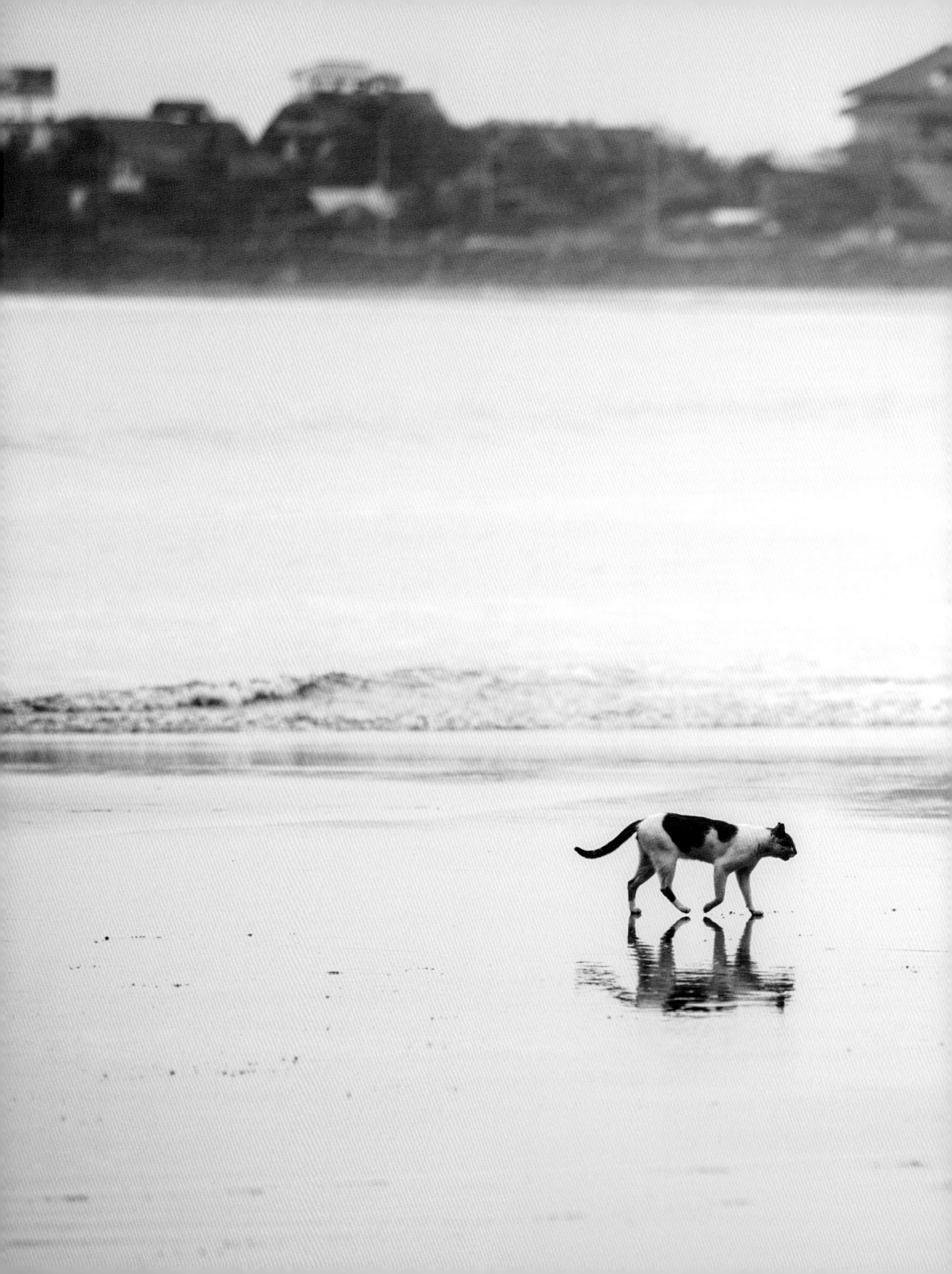

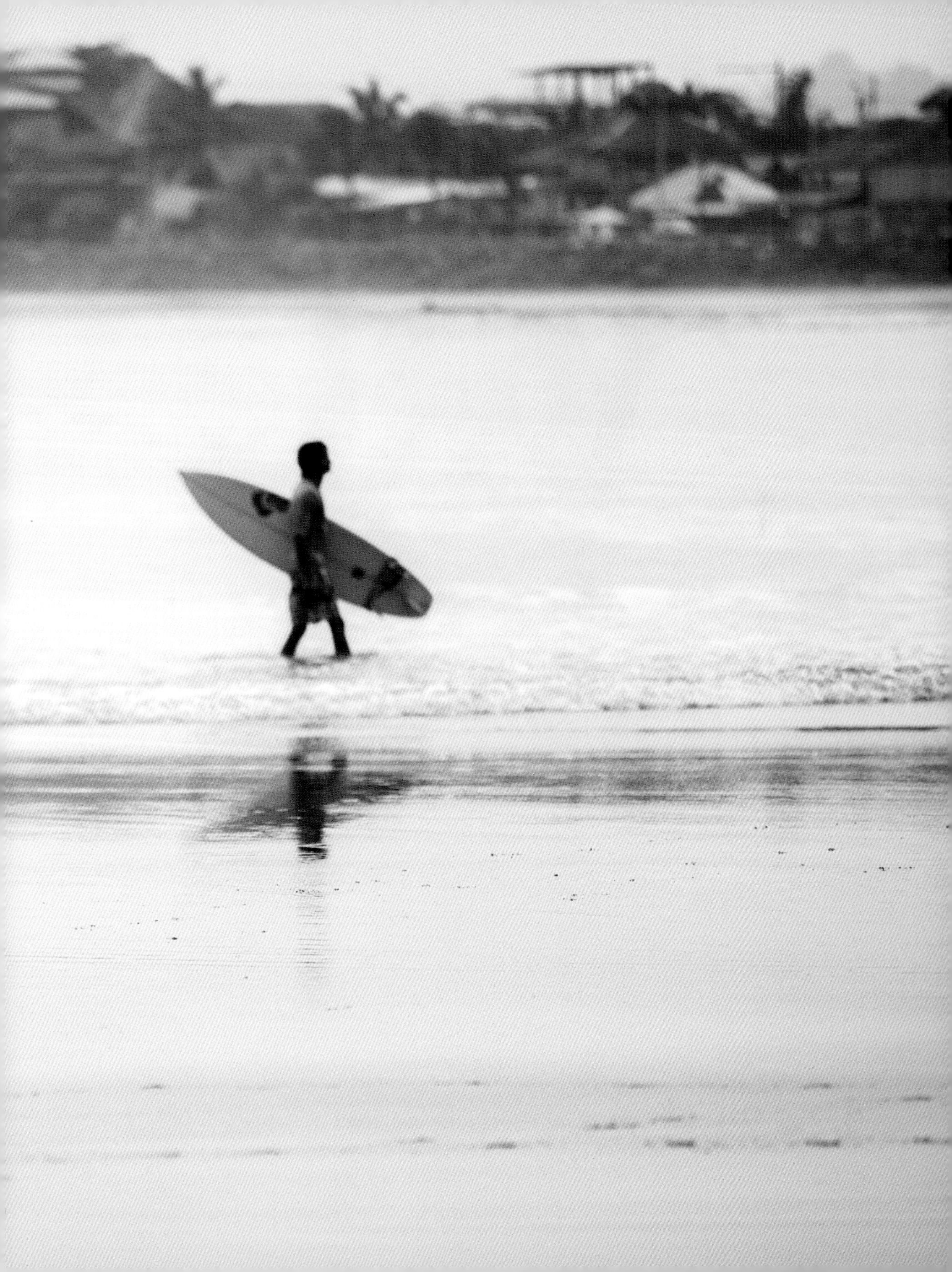

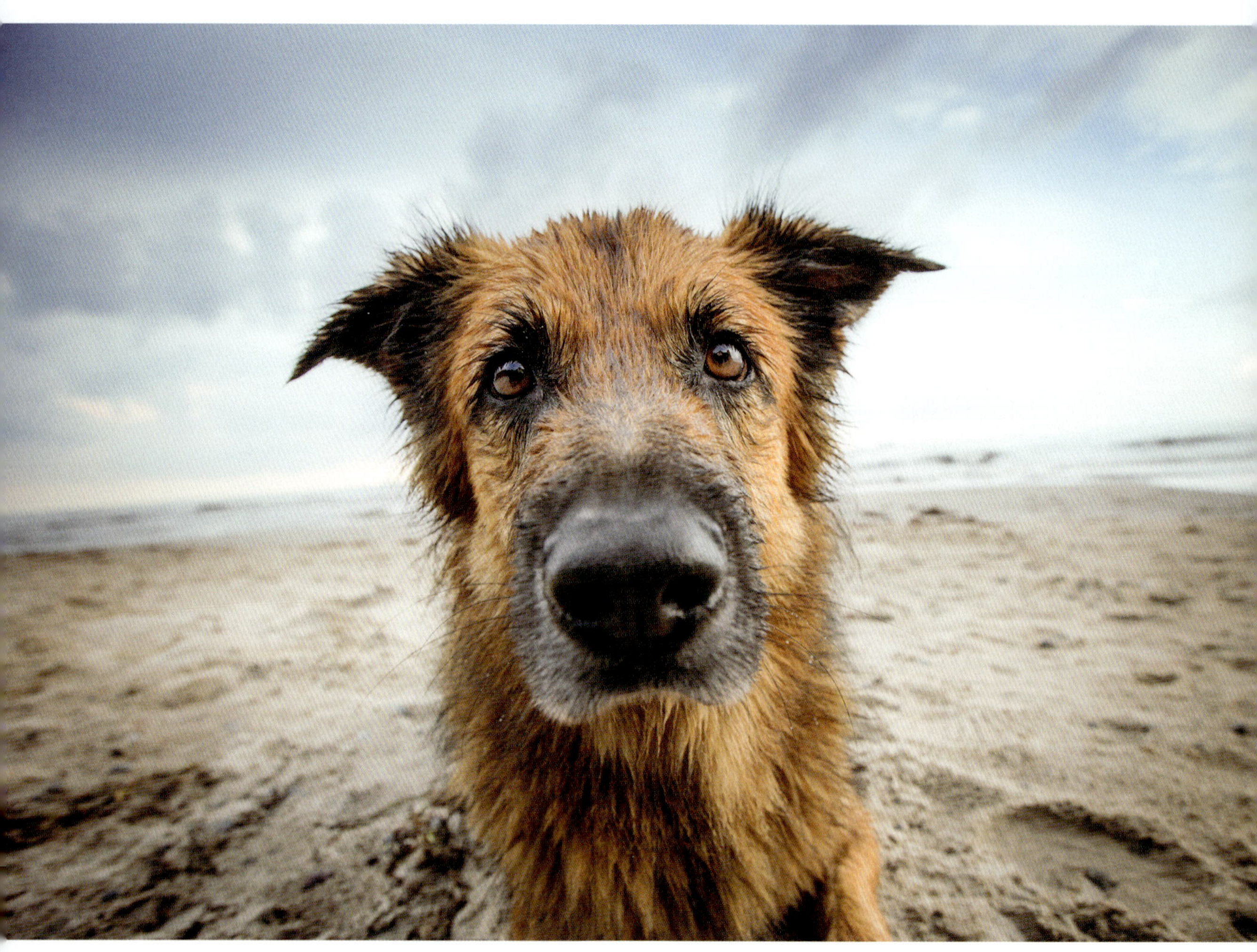

▲ *Der vorangegangenen Liste zu den einzelnen Farben und deren Wirkung kannst du auch entnehmen, welche Farben eher kühl und welche eher warm wirken. Aus gegensätzlichen Farbtemperaturen kannst du auch einen Kontrast bilden. Im Beispiel harmoniert das kühle Blau von Himmel und Meer mit dem warmen Sandton von Strand und Hundefell.*
ISO 800 | 16 mm | f/5.0 | 1/640 s

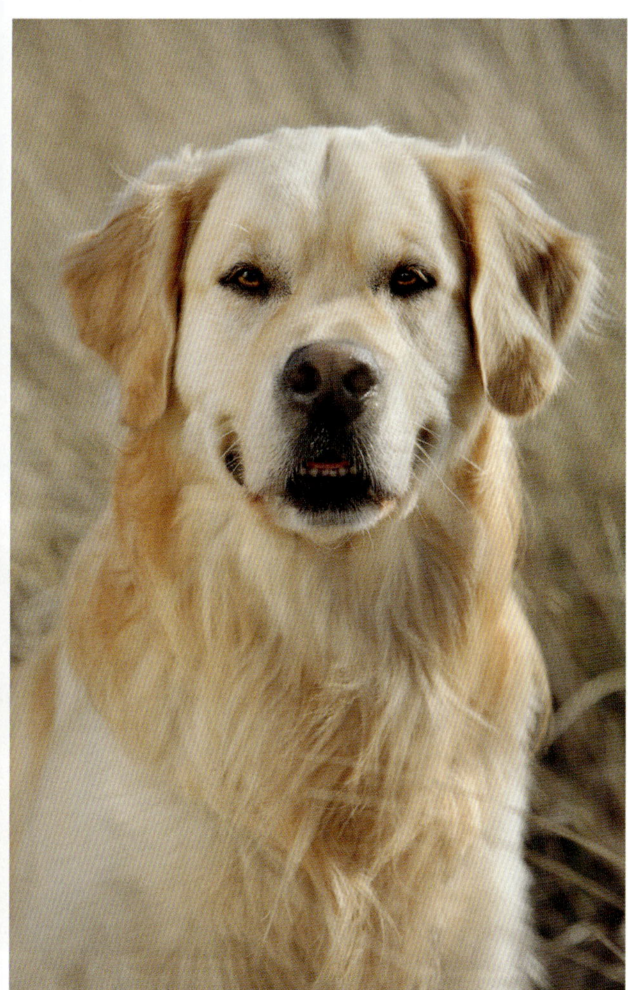

▲ *Hunde haben eine ideale Körpergröße, um sie von Pflanzen aller Art zu umgeben. Es bietet sich an, einfarbige Tiere zwischen Pflanzen mit gleichem Farblook zu setzen.*
ISO 100 | 165 mm | f/5.0 | 1/1000 s

Shortcut: Auf einen Blick

Einige Themen aus diesem Kapitel mögen sich für dich noch sehr theoretisch und weit entfernt vom Hauptthema dieses Buchs lesen. Aber je mehr du fotografierst, desto eher wird sich deine Kreativität entfalten, und mit einigen Grundregeln kannst du sie bewusst steuern oder eben auch mal gezielt Regeln brechen. Mach dir beim Shooting die wichtigsten Gestaltungsregeln bewusst:

Shortcuts: Gestaltungsregeln	
1.	Aus welcher Perspektive fotografierst du gemessen an der Größe deines Models?
2.	Hast du bildwichtige Punkte ausgewogen nach der Drittelregel im Bild verteilt? Falls das beim Fotografieren nicht gelingt, lass etwas mehr Raum und schneide dein Bild erst später am Rechner passend zu. Das ist ein gutes Training für den Anfang.
3.	Aus welcher Richtung kommt das Licht, und welche Stimmung erzeugt es?
4.	Ist die Tageszeit für deine gewählte Lichtrichtung geeignet, oder wirkt das Licht zu grell?
5.	Passt die Fellfarbe gut in die Umgebung, z. B. zu der farbigen Decke, die du zum Fotografieren gewählt hast?

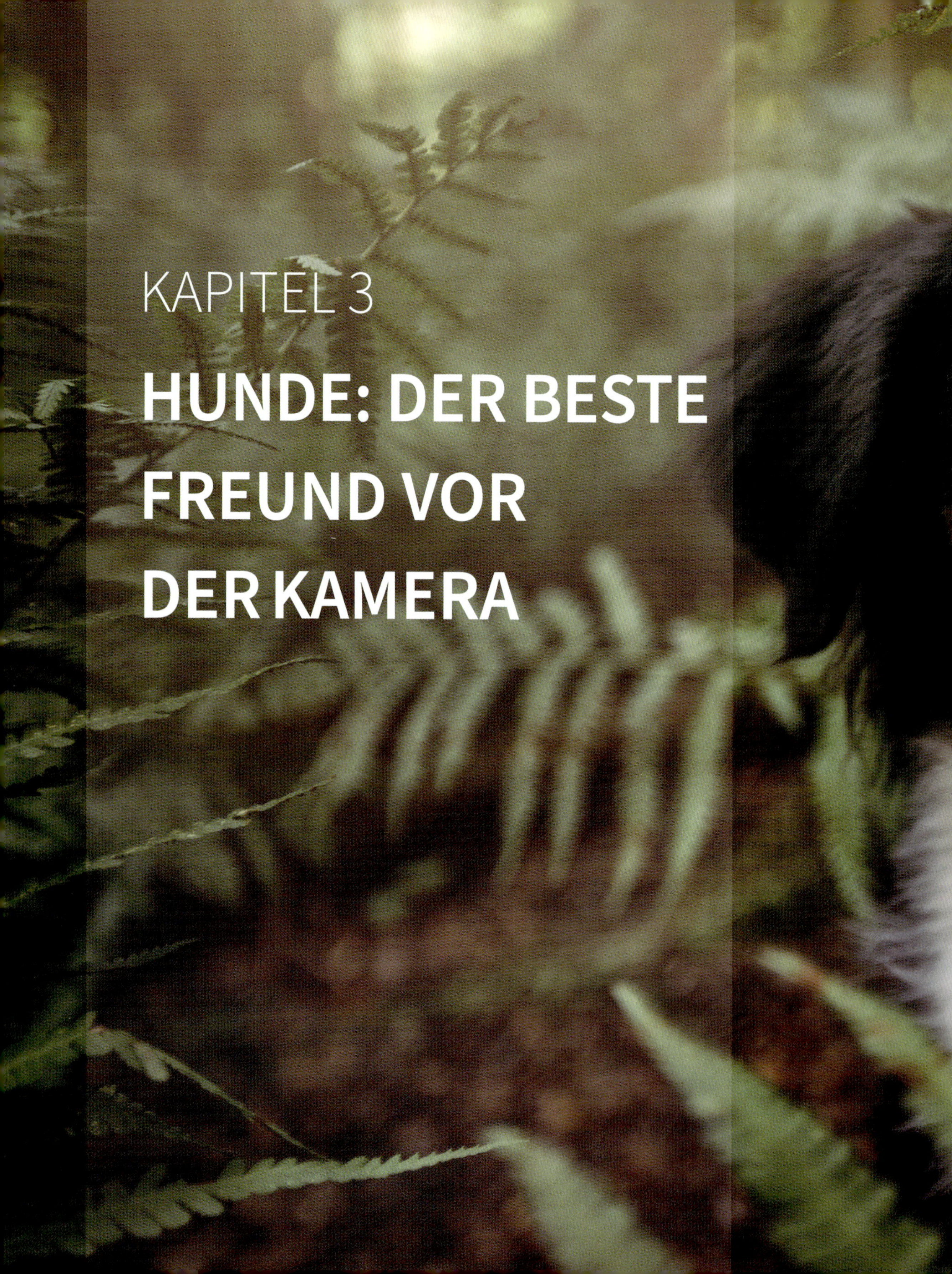

KAPITEL 3

HUNDE: DER BESTE FREUND VOR DER KAMERA

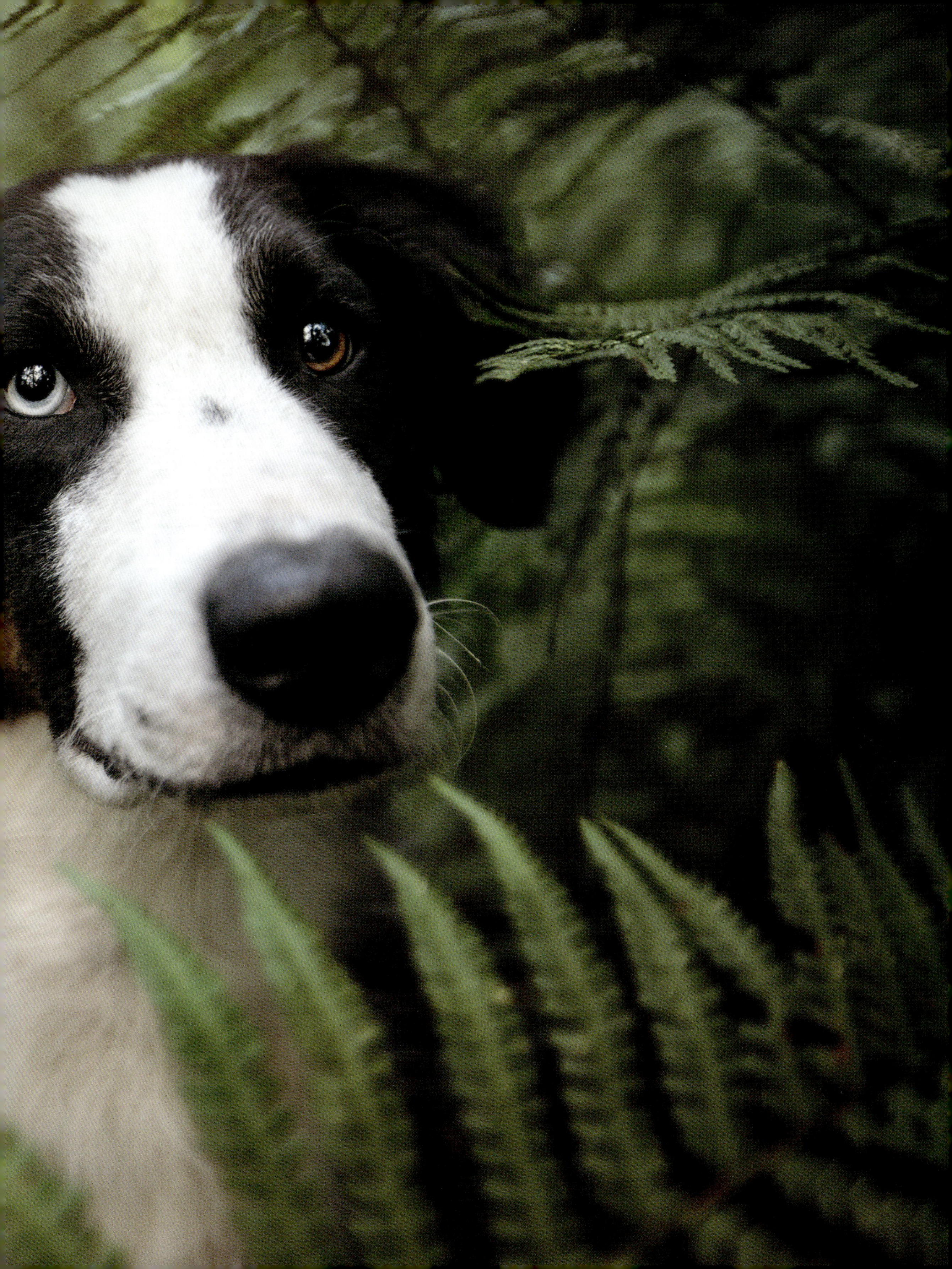

Technische Anforderungen

Ich liebe Hunde! Okay, das ist auch wirklich nicht schwer. Dir geht es bestimmt auch so, oder? Dazu müssen sie uns schließlich nur einmal mit ihren tellergroßen Augen anschauen, leicht mit ihren Augenbrauen spielen, uns mit der feuchten Nase anstupsen und am besten mit dem ganzen Körper wackeln. Außerdem gibt es Hunde in so vielen verschiedenen Größen, Formen, Farben und Wesenszügen, dass wirklich für jeden Menschen etwas dabei ist. Genau diese Vielfalt macht die Hundefotografie wirklich spannend und gleichzeitig herausfordernd!

Denn nicht nur charakterlich liegen zum Beispiel ein ausgewachsener Herdenschutzhund und ein Malteser an zwei völlig verschiedenen Enden der Hundeskala. Als Hundefotograf solltest du einen typgerechten Hundeverstand mitbringen und dich auch optisch auf die verschiedensten Models einlassen können.

Objektivempfehlungen

■ **Telezoom 70-200 mm** – Das Telezoom 70-200 mm f/2.8 ist die Hauptarbeitslinse im Freien für actionreiche Bilder. Versuche, die 200 mm auszureizen, um für einen kompakten Körper und einen schön freigestellten Hintergrund zu sorgen. In diesem Brennweitenbereich ist ein Fotoassistent äußerst hilfreich.

■ **Festbrennweiten zwischen 50 und 135 mm** – Je nach Geschmack kannst du mit verschiedenen Festbrennweiten tolle Porträts oder Ganzkörperbilder von Hunden fotografieren. Entscheide, welcher Look der jeweiligen Linse dir am besten gefällt. Es gibt kein „richtig“ oder „falsch“. Durch die uns ähnliche Gesichtsanatomie (Augen liegen im Schädel nach vorne gerichtet) und die kurzen Hälse sind Hunde kaum anfällig für brennweitenbedingte optische Verzerrungen, die sie unharmonisch wirken lassen. Du kannst dich also ausprobieren. Je kürzer die Brennweite, desto näher kannst du am Hund sein und sogar allein ohne weitere Hilfe fotografieren.

■ **Weitwinkel zwischen 15 und 35 mm** – Egal ob als Weitwinkelzoom oder Festbrennweite, in diesem Millimeterbereich kannst du fantastische Landschaftsaufnahmen mit deinem Hund mittendrin machen. Da erzogene Hunde in der Regel auch auf ein „Bleib“ hören, kannst du dich in entsprechende Positionen bringen und musst mit einem Weitwinkel dafür noch nicht einmal weit weg. Aber auch besonders urige Porträts kannst du mit Weitwinkeln fotografieren. Die niedlichen Knollennasen können sich nämlich ganz bezaubernd Richtung Objektiv strecken, wenn du ein Leckerli in deiner Hand hältst.

Kameraeinstellungen

Für schnelle Hunde brauchst du mindestens 1/1250 Sekunde Verschlusszeit, für Windhunde sogar noch kürzere Zeiten! Blende f/2.8 bringt dir genug Licht auf den Sensor, aber lässt deine Schärfentiefe schrumpfen. Um gerade bei Actionbildern also den Kopf möglichst gut zu treffen, wähle die Serienbildfunktion und die automatische Fokusnachverfolgung. Wenn du einen Tieraugen-AF hast, probier ihn aus. Ansonsten geht es auch mit einem Single-Spot, den du per Hand auf den Kopf des Hundes legst. Du kannst am Anfang auch etwas abblenden auf f/4.0 oder f/5.6, falls dir der Fokus mit f/2.8 schwerfällt. Jedoch verlierst du an Licht und brauchst dann entweder mehr ISO oder musst auf etwas Geschwindigkeit verzichten. Außerdem reduziert sich dann auch die Freistellung, und Hintergründe sind nicht mehr so schön aufgelöst.

Aber Achtung: Je kleiner der Hund, desto dichter positionierst du dich selbst mit 200 mm an deinem Motiv. Durch den verringerten Abstand ist die Schärfentiefe bei Blende f/2.8 noch geringer als bei einem größeren Model, bei dem du mehr Abstand brauchst. Es kann also sein, dass schon bei leichter Schrägstellung des Kopfs das zweite Auge nicht mehr im Schärfebereich sitzt. Wenn dich das stört, arbeite mit einer etwas geschlosseneren Blende, je kleiner das Tier ist. Für Porträts muss die Kamera nicht ganz so schnell eingestellt sein. Mir reicht dann eine 1/640 Sekunde ohne Bildstabilisator.

Helfer beim Shooting

Leckerlis, Spielzeug und eine Grunderziehung des Hundes sind die drei wichtigsten Helfer für dein Hundefotoshooting. Auch eine dünne Leine mit Halsband sowie eine zweite (Bezugs-)Person für den Hund machen die Aufnahmesessions leichter. Bei sehr sabberfreudigen Vertretern kann dir ein Handtuch zum Saubermachen der Schnuten spätere Retuschearbeit am Rechner ersparen.

Übrigens: Auch wenn es nicht an dir liegt, Erziehungsmaßnahmen zu ergreifen oder den Besitzer sonst irgendwie zu belehren, kannst du versuchen, auf Stöckchen während des Shootings zu verzichten. Beim Spielen bzw. Werfen von Stöcken können sich Hunde ziemlich stark verletzen. Falls ein Stock aber doch zum Einsatz kommt, empfehle ich, den Stock erst zu werfen und den Hund erst zu schicken, sobald der Stock wieder am Boden liegt. Ich selbst bin bei meinen Shootings auch nicht übervorsichtig und traue den Tieren ihren gesunden Tierverstand zwar zu, aber ein gewisses Maß an Vorsicht sollte im Umgang mit Tieren einfach gegeben sein.

Plane das Fotoshooting

Hunde sind als total soziale Rudeltiere sehr empfänglich für deine Stimmung und deine Energie. Dessen sollte sich jeder Mensch bewusst sein, der mit Hunden arbeiten möchte. Bei einem Fotoshooting ist das nicht anders. Denn hier muss sich ein Hund über einen längeren Zeitraum total konzentrieren und Kommandos ausführen. Was für dich wie ein schlichtes und anspruchsloses Stillhalten für die Kamera wirkt, ist für den Hund Anspannung und Arbeit. Um den Stresspegel für alle Beteiligten also so gering wie möglich zu halten, solltest du dein Shooting vorher planen. Auch wenn du nur mit deinem Hund beim Spazierengehen ein paar Schnappschüsse machen möchtest, so wirst du sicherlich einen gewissen Anspruch – und sei er noch so klein – an deine Bilder haben.

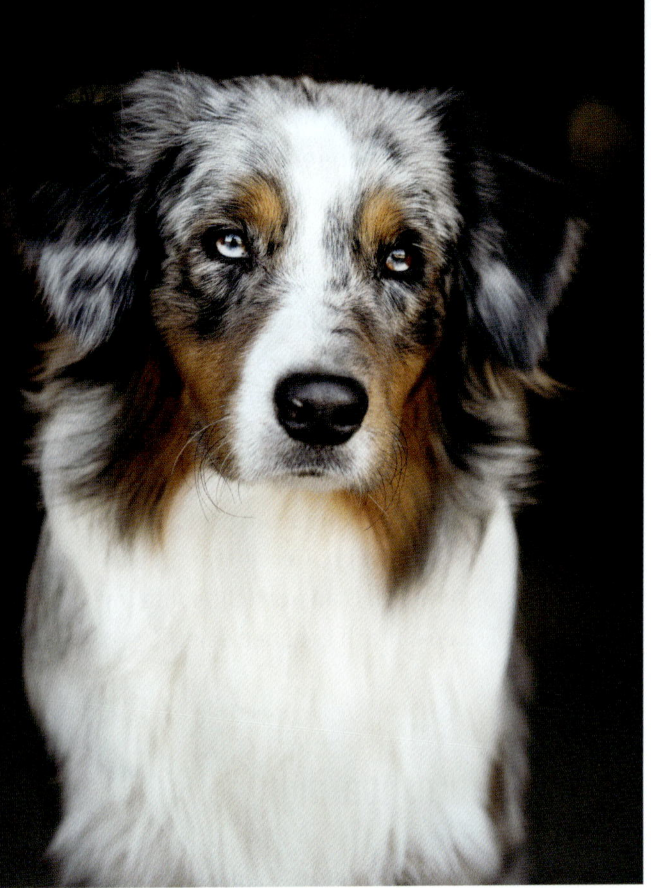

▲ *Normalerweise dienen mir Stallgassen vor allem als Location für Porträts von Pferden vor (nahezu) schwarzem Hintergrund. Aber auch für Hunde eignet sich dieser auf den ersten Blick eher ungeeignete Hintergrund. Dank der hohen Freistellung und dem Kontrast zwischen hellem Fell und dunklem Raum kannst du auch an solchen Orten elegante Hundebilder fotografieren. Achte darauf, dass dein Model genau im Eingang des Gebäudes sitzt, sodass genug Licht auf den Kopf gelangt.*

ISO 1250 | 120 mm | f/3.5 | 1/800 s

Locations für Hundefotos

Mach dir beim Location-Scouting von Anfang an klar: Das beste Licht des Tages steht dir nur für etwa eine Stunde zur Verfügung – bei großzügiger Rechnung. Hast du auf einem zweistündigen Wanderweg also mehrere tolle Fotospots gefunden, die jedoch weit auseinanderliegen, dann entscheide dich für die, die du auch in kürzerer Zeit erreichen kannst. Denn du brauchst am Fotospot selbst Zeit, um das Motiv umzusetzen, und dein Hund soll nicht völlig k. o. sein, wenn du am letzten Spot angekommen bist. Begrenze dich und versuche nicht alles auf einmal. Das wird dir das Fotografieren erleichtern.

Aber was sind eigentlich gute Locations für Hundefotos? Du bist mit Hunden zum Glück ziemlich flexibel und kannst eigentlich überall tolle Möglichkeiten finden:

Auf einer Wiese

Eine Wiese ist deine tolle Location für Actionbilder. Es gibt genug Platz für dein Model und dich. Das Gras sollte nicht so hoch sein, dass es die Beine deines Hundes verdeckt, denn dann wirst du Schwierigkeiten beim Fokussieren bekommen, und der Hund kann „ohne“ Beine optisch schnell seltsam wirken. Für Laufbilder muss er mehr Kraft aufwenden, um, statt zu laufen, eher durch hohes Gras zu springen. Im Hintergrund hast du im Idealfall Bäume oder Büsche, die aber etwa fünf bis zehn Meter oder mehr von deinem Hund entfernt stehen. Je mehr Abstand dein Motiv zum Hintergrund hat, desto freigestellter wirkt es.

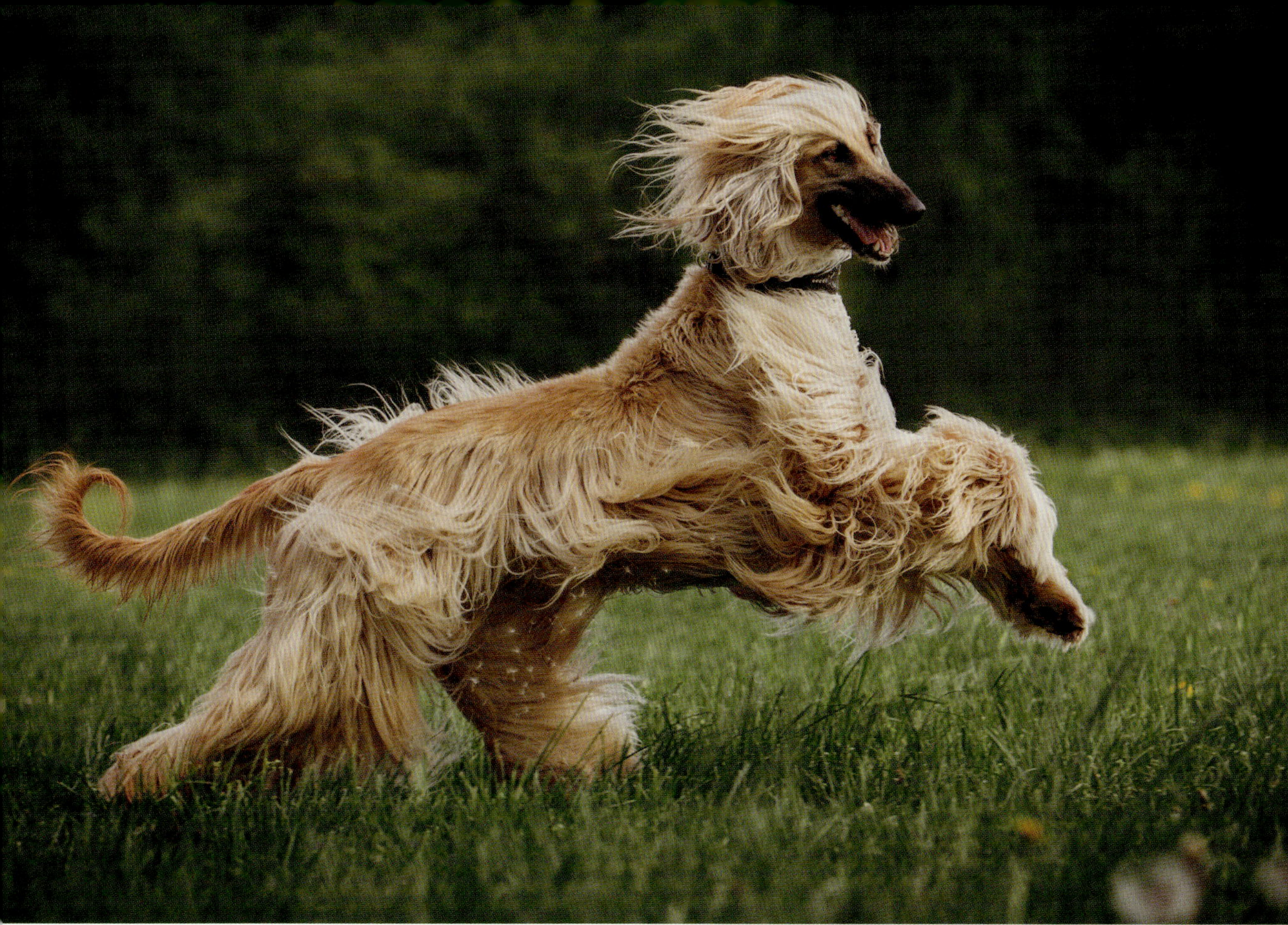

▲ *Diese frühlingshafte Wiese ist zwar nicht sonderlich spektakulär, aber durch das recht kurze Gras, die gerade Fläche und den geschlossenen Hintergrund dafür recht einfach „zu bedienen". Das diffuse Licht spielt einem auch in die Karten, da so die Fotorichtung bzw. Laufrichtung des Hundes keine große Rolle spielt. Gerade zum Üben von Actionaufnahmen sind solche Plätze also bestens geeignet. Du musst dir kaum Gedanken über die Bildgestaltung machen und kannst dich ganz auf den vorbeisausenden Hund konzentrieren.*

ISO 640 | 120 mm | f/4.0 | 1/1250 s

Aber Achtung: Sind die Bäume und Büsche zu weit entfernt, können sie deinen Hintergrund optisch ungünstig teilen, nämlich dann, wenn es Lücken in der Hecke gibt oder die Baumkronen zu unruhig in den Himmel übergehen. In diesem Fall kannst du versuchen, wieder etwas dichter an den Hintergrund heranzugehen. Das Fotografieren auf einer Hügelkuppe gegen den blanken Himmel ist auch eine gute Möglichkeit.

Für Porträts halte ich Wiesen für weniger geeignet – zumindest für ganz klassische Porträts aus dem Kommando „Sitz" heraus. Natürlich kannst du hier auch Porträts machen, aber auf einer gemähten Wiese hast du keine Gestaltungsmöglichkeiten, was den Vordergrund anbelangt. Dabei lassen sich gerade Hunde so schön einrahmen, wenn die Location es hergibt.

Im engen Garten

Ganz anders auf beengten, dicht bewachsenen Flächen, wie etwa im heimischen Garten. Diese eignen sich wahrlich nicht für Actionaufnahmen, aber dafür passen Hunde rein körperlich dicht an so ziemlich jedes schicke Gewächs. Damit meine ich nicht den stacheligen Rosenbusch, sondern z. B. eine Ansammlung von Farnkraut (siehe Titelbild des Kapitels). Setzt du deinen Hund zwischen die Pflanzen und nutzt eine kurze Brennweite, kannst du eine Pflanze vor deine Linse halten und so einen unscharfen Vordergrund kreieren. Das gibt dem Bild eine tiefere Räumlichkeit und rahmt dein Motiv gestalterisch harmonisch ein – solange du keine bildwichtigen Teile verdeckst. Das ist beim Hund aber nicht so schwierig wie bei einem Pferd. Achte darauf, dass auch dein Hintergrund bzw. die Pflanzen um deinen Hund herum eine schöne Rahmung bilden, aber das Hauptmotiv nicht optisch erdrücken.

Am Waldrand

Am Waldrand gibt es noch genug Licht von „draußen“, das du nutzen kannst. Achte auf einen klaren Untergrund ohne viel Unterholz oder stell deinen Hund auf einen Waldweg. Du wirst manchmal ganz schön überrascht sein, wie anders ein paar Bäume durch verschiedene Brennweiten aussehen können. Stehen sie in deinem Bild zu weit auseinander, können sie eher stören. Achte darauf, dass nicht ein dominanter Baum genau hinter deinem Motiv steht, sondern dass dein Hund eher eingerahmt wird.

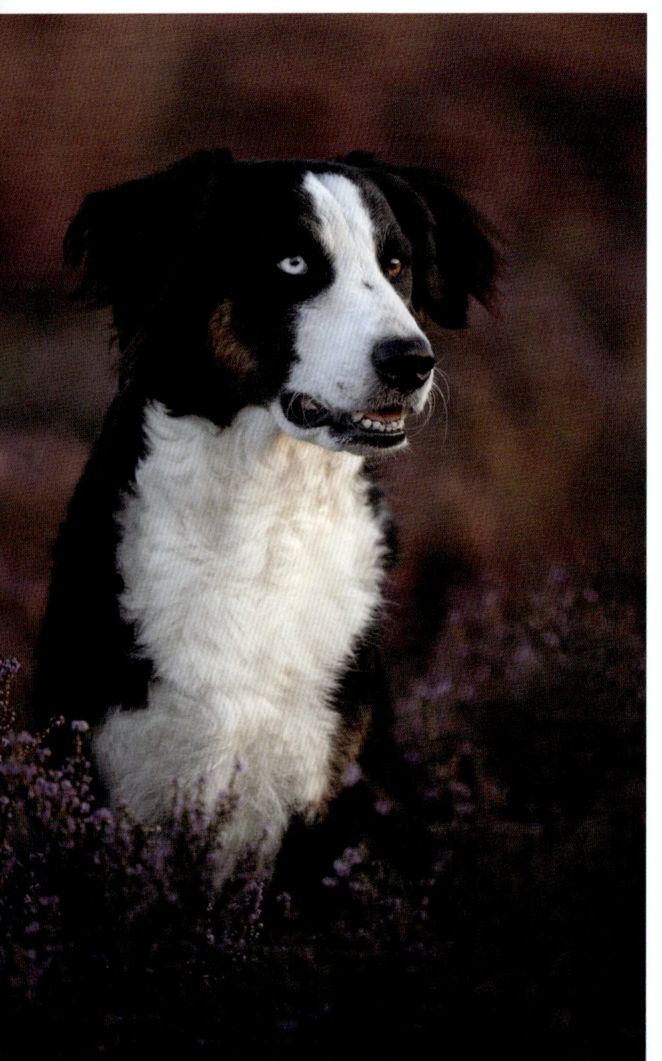

◄ *Heidekraut zählt auch zu den Gewächsen, die sich rein von Größe und Beschaffenheit exzellent als Porträt-Location für Hunde eignen. Es ist selbstredend, dass du dafür Sorge zu tragen hast, keine Sträucher zu beschädigen. Du kannst auf den Wegen bleiben und den Hund am Wegesrand in „Lücken“ zwischen den Pflanzen setzen. In diesem Fall habe ich eine lange Brennweite gewählt, um die Pflanzen mehr zu stauchen und optisch Lücken zu schließen.*

ISO 200 | 200 mm | f/2.8 | 1/640 s

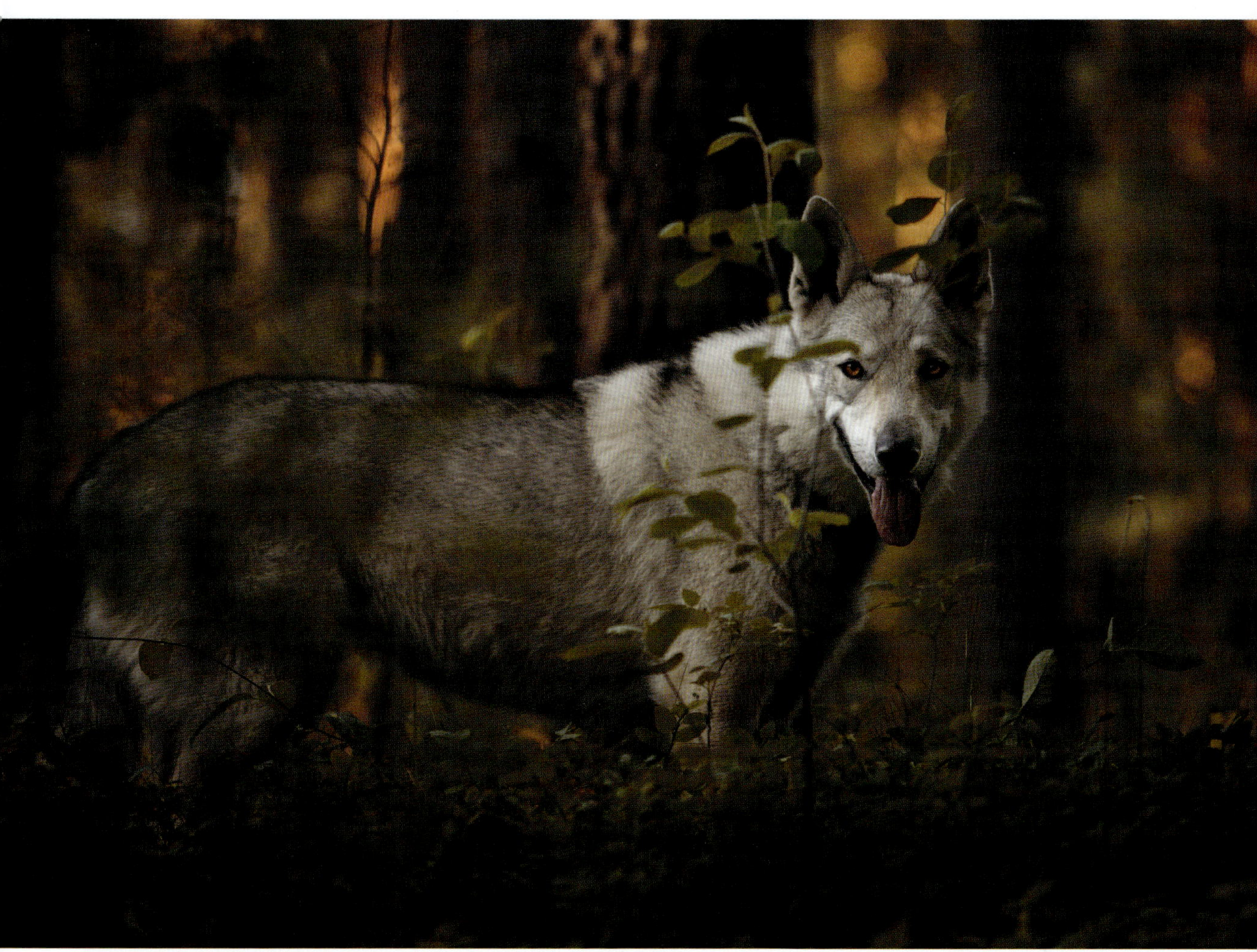

▲ *Dieses Bild entstammt einem meiner ersten Waldshootings überhaupt. Alle Lehren, die ich zum Thema Waldshooting in meinen Büchern und Kursen weitergebe, stammen zum großen Teil aus diesem Shooting. Ich habe den Wald fotografisch vorher nicht auf mögliche Locations untersucht, sondern bin direkt zur Fotosession zum ersten Mal durch den Wald gegangen. Ich musste feststellen, dass mir weder die Uhrzeit (gegen 18 Uhr im Sommer) noch der dichte Wald als geeignete Location wirklich dienlich war. Die Schatten waren hart und dunkel, der Wald war durch das Sommerdach dicht verschlossen und leuchtete grün. Das Unterholz war dicht, und wir mussten eine ziemlich lange Strecke gehen, um ein paar besser geeignete Stellen zu finden. Heute schaue ich mir Wälder vor einem Fototermin an. Ich achte vor allem darauf, dass genug Licht vorhanden ist, was meistens am Waldrand der Fall ist. Auch Bäume und Untergrund sollten klar sein und nicht überwuchert wirken. Mit Glück konnte ich damals trotzdem dieses Foto machen, das ich später am Rechner farblich wärmer und weicher gestaltet habe.*

ISO 1000 | 200 mm | f/2.8 | 1/640 s

Am Wasser

Je nach Größe und Platz des Gewässers kannst du hier Actionbilder oder Standbilder machen. Ich lebe an der Ostsee und habe damit jede Menge Strand zur Verfügung. Laufbilder mache ich gern im weichen Strandsand oder in der Gischt, während sich ufernahe Gräser und Pflanzen als tolle Porträt-Locations anbieten. Am Strand gibt es kaum Schatten, dafür aber viel Sonne, weshalb ich die Shootings sehr spät plane. Ein Fluss oder See im Wald hingegen ist schattig und vermutlich auch etwas beengter. Überprüfe geeignete Brennweiten und Belichtungen also am besten vor dem Shooting!

▼ *Gerade kleine Hunde, die schnell im Gras versinken, sind leichter im Sand zu fotografieren. Zwar hat nicht jeder das Meer direkt vor der Tür liegen, aber du siehst an diesem Bild, dass auch nicht zwingend Wasser zu sehen sein muss, um eine schöne Stimmung zu schaffen. Auf sandigen Plätzen wie Kiesgruben kannst du (mit Erlaubnis des Eigentümers) ähnliche Bilder fotografieren. Nur der Seetang fehlt dann – der liegt an jedem Strandtag durch Wind und Wellen an anderen Stellen und kann leider nicht wirklich eingeplant bzw. eher „ausgeplant" werden. In diesem Bild bringt der Seetangstreifen aber noch etwas Tiefe in den Hintergrund. Ich habe mich beim Fotografieren nicht daran gestört. Übrigens trägt mein Model, entgegen meiner Empfehlung in diesem Buch, ein Stöckchen im Maul herum. Solche Regeln solltest du nicht dogmatisch sehen, sondern von Situation zu Situation beurteilen. Der alte Herr im Bild hat Zeit seines Lebens mit Stöckchen gespielt und durfte diesem, in seinem sowieso etwas gemächlicheren Tempo, auch beim Abschiedsshootings ein letztes Mal nachsetzen. Diese Entscheidung überlasse ich jedoch stets den Haltern.*

ISO 320 | 200 mm | f/2.8 | 1/1600 s

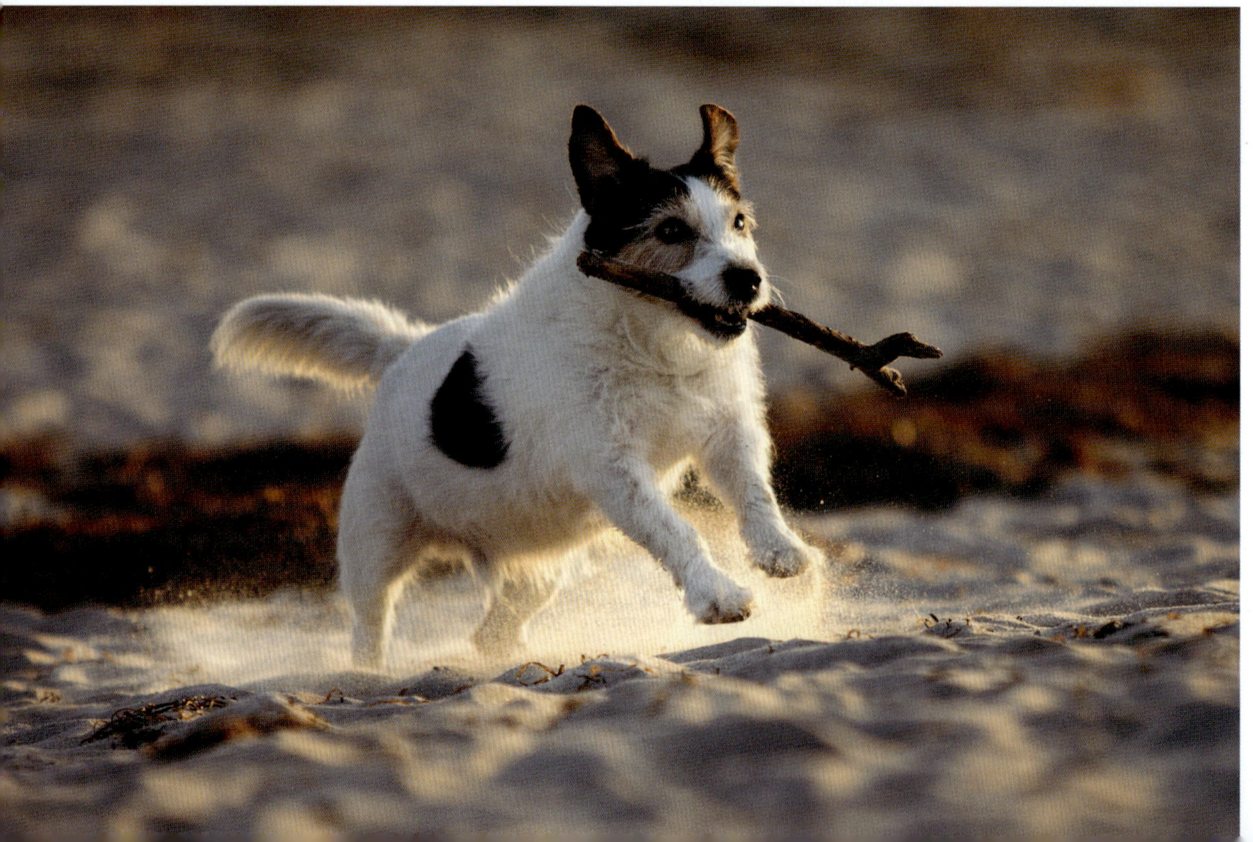

Andere Fotoideen

Du kannst mit Linien spielen, wenn du Architektur aus urbanen Gegenden als Location nutzt. Auch indoor im Wohnzimmer lassen sich Motive finden und natürlich auf Berggipfeln, in Gruben usw. Studiofotografen können Hunde auch mit Kunstlicht fotografieren, so wie Elke Vogelsang es an späterer Stelle in diesem Buch zeigt.

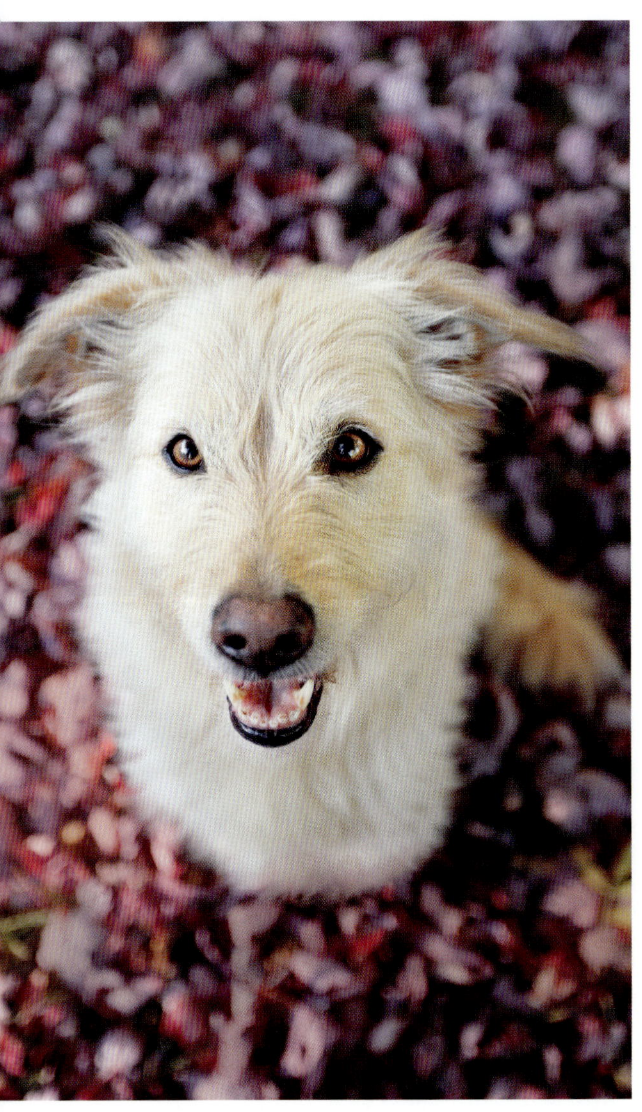

▶ ***Seite 104:*** *Wie bereits erwähnt, sind auch Sand- und Kiesgruben eine willkommene Alternative für deine Shootings. Kläre mit dem Eigentümer einer Grube ab, ob du dort fotografieren darfst. Ideal sind natürlich die Stellen, an denen nur Sand sichtbar ist und dieser sich auch im Hintergrund möglichst natürlich anmutend auftürmt. Auf diesem Bild passt nicht nur die Farbe meines Models zur Umgebung, auch der thematische Zusammenhang zwischen einem hochbeinigen, kurzhaarigen Windhund und der „Wüste" ergänzt sich prima. Noch schöner wäre es gewesen, wenn das leicht verdeckte Hinterbein zu sehen gewesen wäre. In der Kürze des Moments war das mit meinen damaligen Fotogeschicken jedoch leider nicht möglich. Heutzutage hätte ich mir vermutlich für viel weniger Motive umso mehr Zeit gelassen, um sie zu perfektionieren. Das Bild ist nunmehr acht Jahre alt – und ich selbst bin gerade zwei Jahre mit der Ausbildung fertig.*

ISO 400 | 70 mm | f/2.8 | 1/1000 s

▶ ***Seite 105:*** *Was erhält man, wenn man sich Ende Mai am späten Vormittag zum Fotografieren bei Sonnenschein verabredet? Hartes Licht. Vor acht Jahren war es mir einfach noch nicht so klar, wann genau am Morgen und Abend das Licht wirklich weicher wird. Entsprechend stark sind die Schatten, mit denen ich zur vollen Mittagssonne an einem der längsten Tage im Jahr zu tun hatte. Doch zufällig passten die harten Schatten recht gut zum Thema des Shootings. Ich wollte Hunde mit Architektur fotografieren. Herrschaftliche Jagdhunde im Schlosspark passen einfach gut zusammen. Aus dem damals nicht vorhandenen Wissen über Licht habe ich heute (mehr oder weniger) eine Tugend gemacht: Denn der statische Bildaufbau, den du unbedingt wahren solltest, sobald du mit den starren, klaren Strukturen der Architektur arbeitest, kumuliert mit scharfen Kontrasten und Schatten. Im Studio setze ich seit ein paar Jahren auch viel mehr gezielt hartes Licht ein, um für deutliche Licht-Schatten-Spielereien zu sorgen.*

ISO 200 | 140 mm | f/4.5 | 1/640 s

◀ *Bunte Blätter im Herbstlaub schreien doch schon fast danach, fotografiert zu werden. Erst recht, wenn sie so herrlich lilafarben schimmern. Das helle Fell meines Models hebt sich super von dem eher dunklen Untergrund ab.*

ISO 800 | 35 mm | f/2.8 | 1/400 s

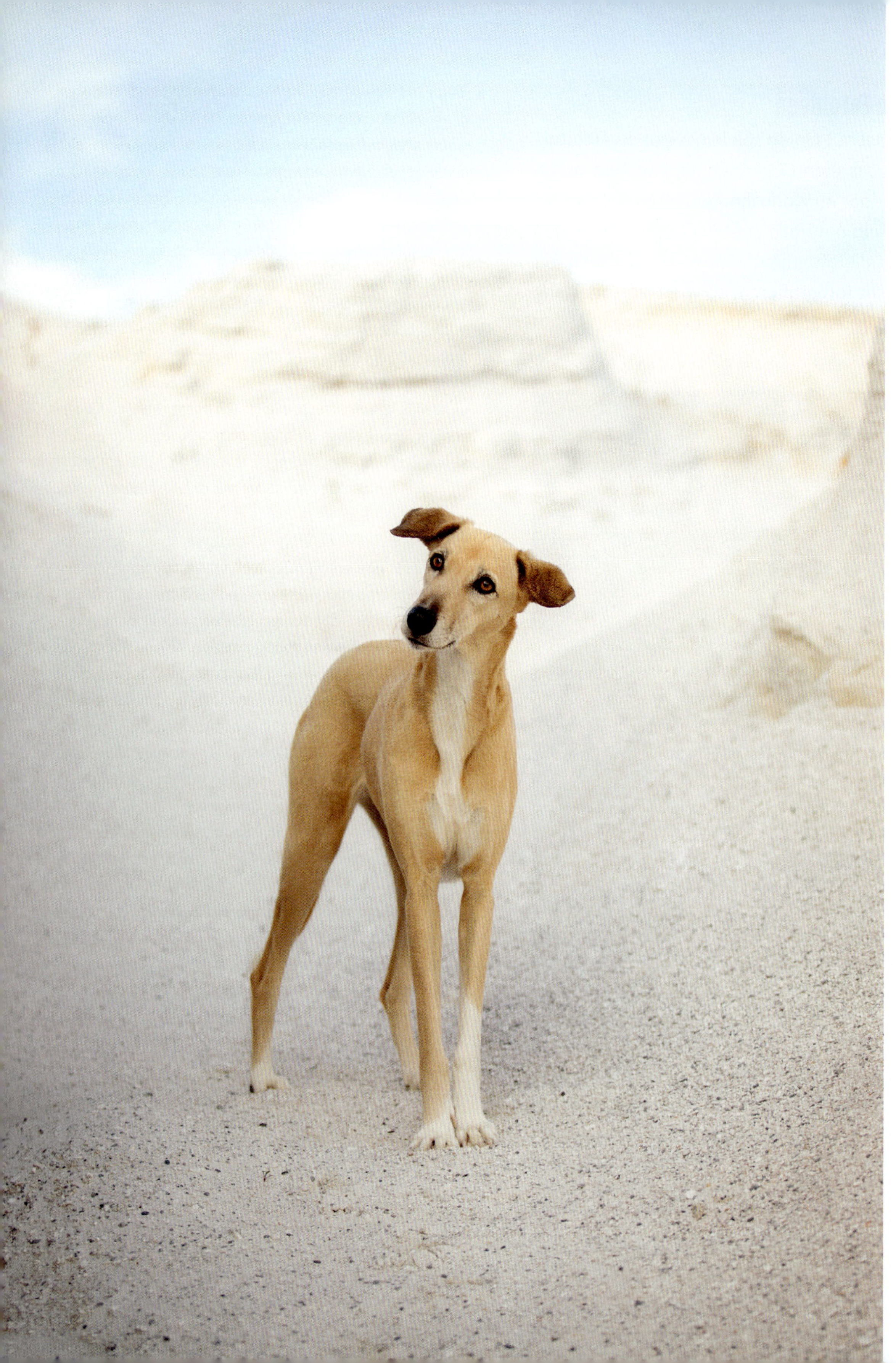

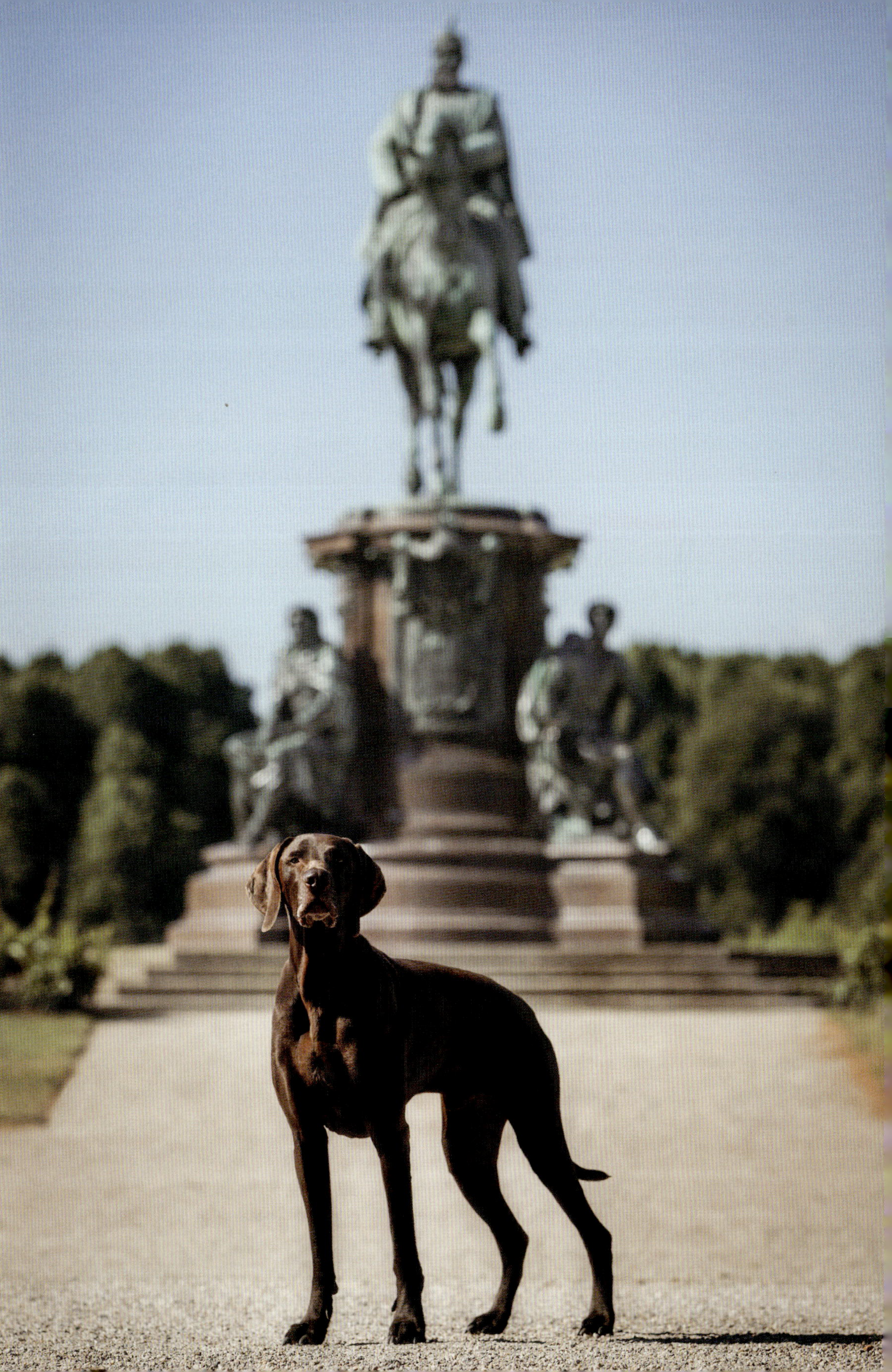

Für alle Orte gilt: Beobachte deine Location ganz genau.

- Wo steht die Sonne zum Zeitpunkt des Scoutings, und wo wird sie am Morgen oder Abend zum Zeitpunkt des Shootings sein?
- Ist der Ort dann in voller Sonne oder gar im Schatten?
- In welche Richtungen kannst du fotografieren, und wo gibt es unschöne Objekte im Hintergrund?
- Mit welcher Lichtrichtung kannst du arbeiten?
- Kannst du neben einem formatfüllenden Hintergrund auch einen einrahmenden Vordergrund nutzen?
- Gibt es Bildausschnitte, die zu unruhig sind?

Porträts vor Actionbildern

Bei meinen Hundefotoshootings bevorzuge ich meistens das Fotografieren von Porträts und Ganzkörperbildern. Aber um meinen Kunden eine breite Fotoauswahl anzubieten, gehören natürlich auch Actionaufnahmen dazu. Aus diesem Grund versuche ich, die ruhigen Motive an den Anfang des Shootings zu legen. Dann sind die Hunde noch frisch, können sich gut konzentrieren und hecheln mit Glück noch nicht. Das Hecheln entsteht meistens nach einigen Toberunden oder wenn die Hunde im Stress sind. Bei einigen Individuen lässt es sich nie ganz vermeiden –vor allem nicht, wenn es nicht dein Hund, sondern das Tier von Freunden, Bekannten oder Kunden ist.

Aber zumindest kannst du versuchen, die für den Hund anstrengenderen Motive, meistens also das Stillhalten auf Kommando, zügig zu Beginn des Shootings zu fotografieren.

Nimm dir nicht zu viel vor! Das Tier bestimmt das Tempo. Machst du mit deinem Hund einen Spaziergang, lässt es sich auch nicht in Stein meißeln, dass du am Anfang alle Porträts machen musst. Schließlich kann es sein, dass du erst später zu einer tollen Porträtstelle kommst. Aber du kannst bis dahin auf Tobespiele verzichten. Nicht nur aus Fotosicht lohnt es sich zudem, auf die Mittagshitze im Sommer zu verzichten. Auch die Tiere fühlen sich sehr häufig viel wohler bei kühleren Temperaturen am Morgen, am Abend oder gar zu einer anderen Jahreszeit.

Klassische Porträtposen

Begib dich für klassische Porträts (und Laufbilder) auf Augenhöhe deines Hundes. Wie bei allen Motiven vor der Kamera gilt dann: Spannungsaufbau. Spannung kannst du zwar zum einen schon durch die Komposition von Vorder- und Hintergrund erlangen, zum anderen aber auch durch das Posing deines Models selbst. Auch hier sind Hunde recht einsteigerfreundliche Motive. Ihre Gesichtsanatomie ähnelt uns Menschen: recht kurzer Hals und beide Augen vorne im Schädel. Das begünstigt Porträts, in denen Hunde einfach gerade in die Kamera schauen.

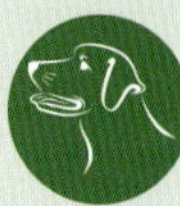

Profitrick: Kommando „Schau“ für Blickkontakt

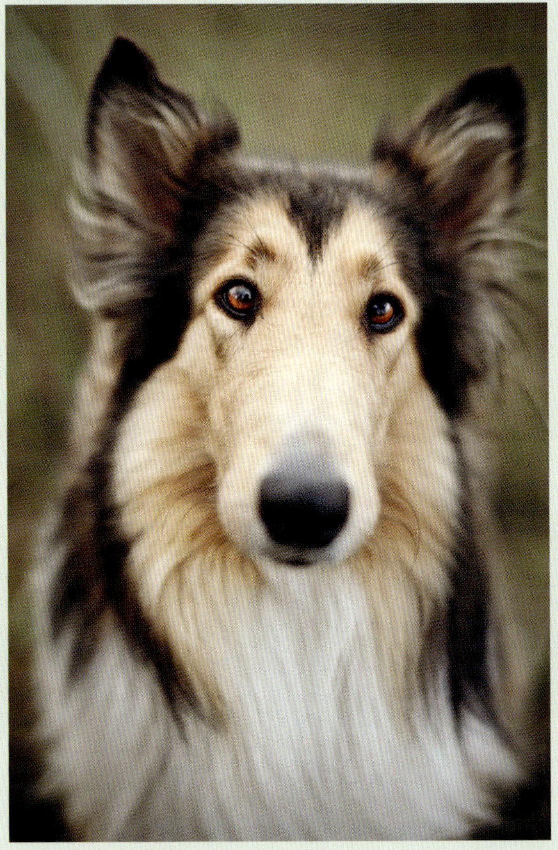

▲ *Weiches Licht, seidiges Fell und ein zuckersüßes Köpfchen – Hunde sind einfach tolle Models, die mit ihren Blicken unsere Herzen zum Schmelzen bringen können. Ich liebe es, für solche Porträts ein 50-mm-Objektiv zu verwenden. Es bringt mich physisch dichter an mein Model und sorgt durch die offene Blende für eine tolle Unschärfe und Weichheit, während das Gesicht und vor allem die Augen ganz scharf und klar wirken. Für diese Motive ist es hilfreich, wenn dein Hund das Kommando „Schau“ beherrscht und so (fast) direkt in die Kamera blickt. Du kannst das aber auch mit lustigen Geräuschen erwirken oder einfach etwas Futter direkt an die Linse halten.*

ISO 100 | 50 mm | f/1.8 | 1/250 s

Gerade wenn du allein deinen Hund fotografierst, kann dir dieser Trick ein Shooting erleichtern. Beim Kommando „Schau“ lernt der Hund, dir aufmerksam in die Augen zu schauen. Das kannst du aber auch auf deine Kamera übertragen. Ich habe mit meiner Hündin Joyce zunächst am „Schau“ in die Augen gearbeitet. Sie ist eine sehr aufmerksame Mitarbeiterin, sodass sie schon beim ersten Aussprechen des neuen Kommandos den Blickkontakt zu mir suchte, weil sie einfach wissen wollte, was nun ansteht. Den Blickkontakt habe ich dann sofort mit Leckerli bestätigt. Die Phasen zwischen Kommando und Leckerli habe ich dann verlängert, sodass sie wusste, dass mit dem Wort tatsächlich „nur“ der Blickkontakt gemeint ist. Es stört sie nicht sonderlich, dass mittlerweile eine Kamera vor meinem Gesicht sein kann. Trotzdem unterstütze ich das Kommando noch mal etwas, und je nach Konzentrationslage halte ich manchmal einfach ein Leckerli neben die Kamera, sodass sie motiviert ist. Falls dein Model dieses Kommando (noch) nicht beherrscht, kannst du auch einfach direkt mit einem Leckerli nahe an deinem Objektiv arbeiten und so den Blick des Hundes etwas beeinflussen.

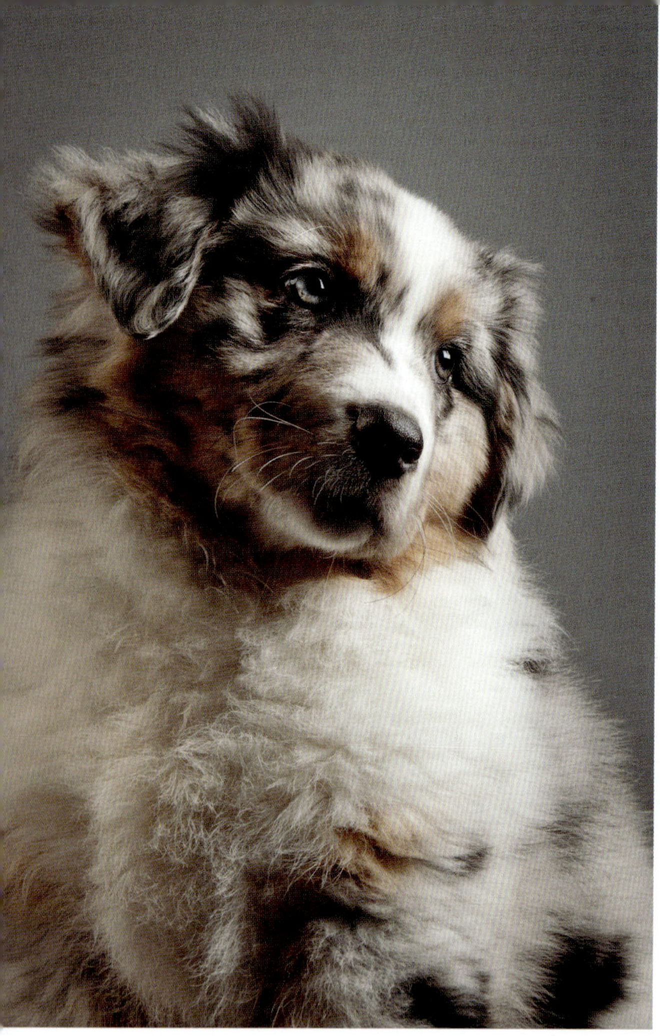

▲ *Etwas mehr Spannung erhältst du, wenn du dein Model über eine Achse blicken lässt. Selbst runde Welpen bekommen so etwas Form (und verlieren keineswegs an Niedlichkeit). Der Körper hier ist eher etwas schräg zu mir positioniert worden. Mit lustigen Geräuschen wurde dann die Aufmerksamkeit in die entgegengesetzte Richtung gelenkt. Das Bild ist übrigens im Studio entstanden, aber die Porträtpose kannst du überall nachstellen. Hier habe ich mich für ein Streiflicht von rechts entschieden und die linke Seite mit einem leichten Aufheller erhellt.*

Wir Menschen können in ihren Gesichtern viele Emotionen erkennen oder auch welche hineininterpretieren, was Hundeporträts als solche schon ansprechend macht.

Durch das Schauen in die Kamera sind die Körper der Hunde jedoch recht gerade ausgerichtet. Lass dem Hund ein wenig Raum nach unten bis etwa auf Brusthöhe, sodass sich die Form des Kopfs strecken kann. So hast du auch genug Spielraum für deine Vordergrundgestaltung. Dichtere Anschnitte funktionieren jedoch auch. Versuche dann, die Augen in das obere Bilddrittel zu setzen. Eventuell schneidest du so sogar die Ohren ab – aber sorgst für Nähe zum Betrachter. Du kannst dich außerdem in die Vogelperspektive begeben und leicht über deinem Hund mit kurzer Brennweite fotografieren. Schaut er dann zu dir nach oben, sieht er besonders süß dabei aus.

Etwas mehr Körperspannung erreichst du, wenn du den Hund über die Achse schauen lässt. Du stellst ihn etwas schräg zu dir auf (oder lässt ihn sitzen) und sorgst dafür, dass er zur anderen Seite schaut. So kommt automatisch etwas Dynamik in die Position. Das nutze ich gern im Studio für seitliche Porträts oder für Ganzkörperbilder. Bei Ganzkörperporträts kannst du außerdem darauf achten, dass alle Beine gerade zum Boden stehen. Für diese Art von Porträt brauchst du im Idealfall einen Helfer. Der kann die Blickrichtung des Hundes z. B. mit einem Leckerli steuern. Natürlich wird hierbei vorausgesetzt, dass dein Hund trotz des Reizes im Kommando

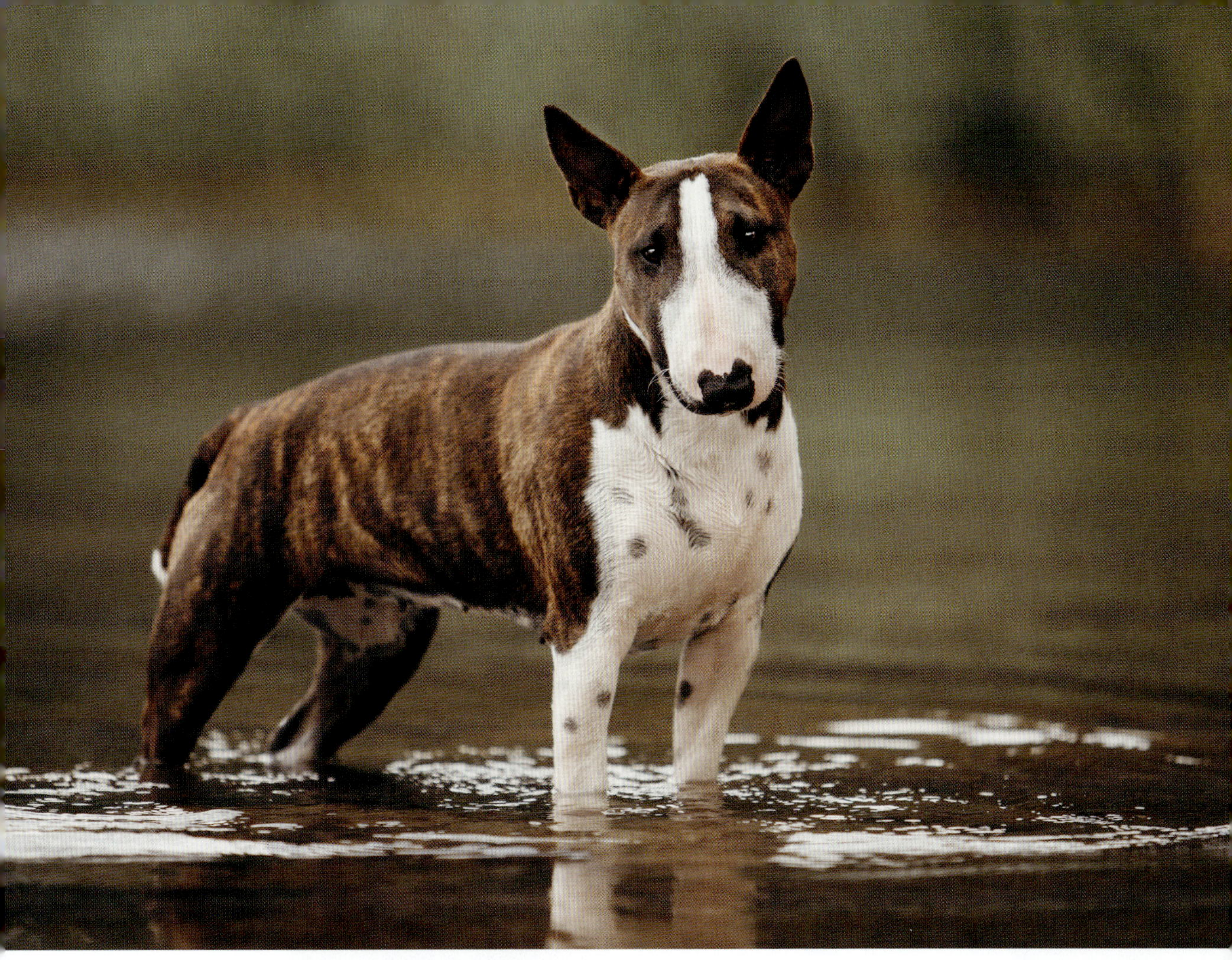

▲ *Durch den bulligen Körperbau und den kurzen Hals fällt es kompakten Hunden eher schwer, sich zu verbiegen. Spannung kommt dennoch ins Bild, da mein Model etwas schräg zu mir aufgestellt wurde und es seinen Kopf schief in meine Richtung legt. Die Beine stehen gleichmäßig und gerade zum Boden. Das ist wichtig, damit die Proportionen des Körpers ohne Verschiebung in Schulter, Rücken oder Hüfte deutlich werden.*

ISO 500 | 200 mm | f/2.8 | 1/1250 s

bleibt und wirklich nur hinschaut! Bei Joyce und mir reicht es, wenn ich sie an Ort und Stelle parke und ein Leckerli in die gewünschte Blickrichtung schmeiße. Sie guckt dann hin, und falls sie den Fokus verliert, werfe ich einfach noch etwas in die Richtung.

Ich rate dir davon ab, den Hund im Sitzen von der Seite zu fotografieren. Das sieht meist etwas unförmig und plump aus. Auch hier genügt der Blick über die Schulter für mehr Spannung.

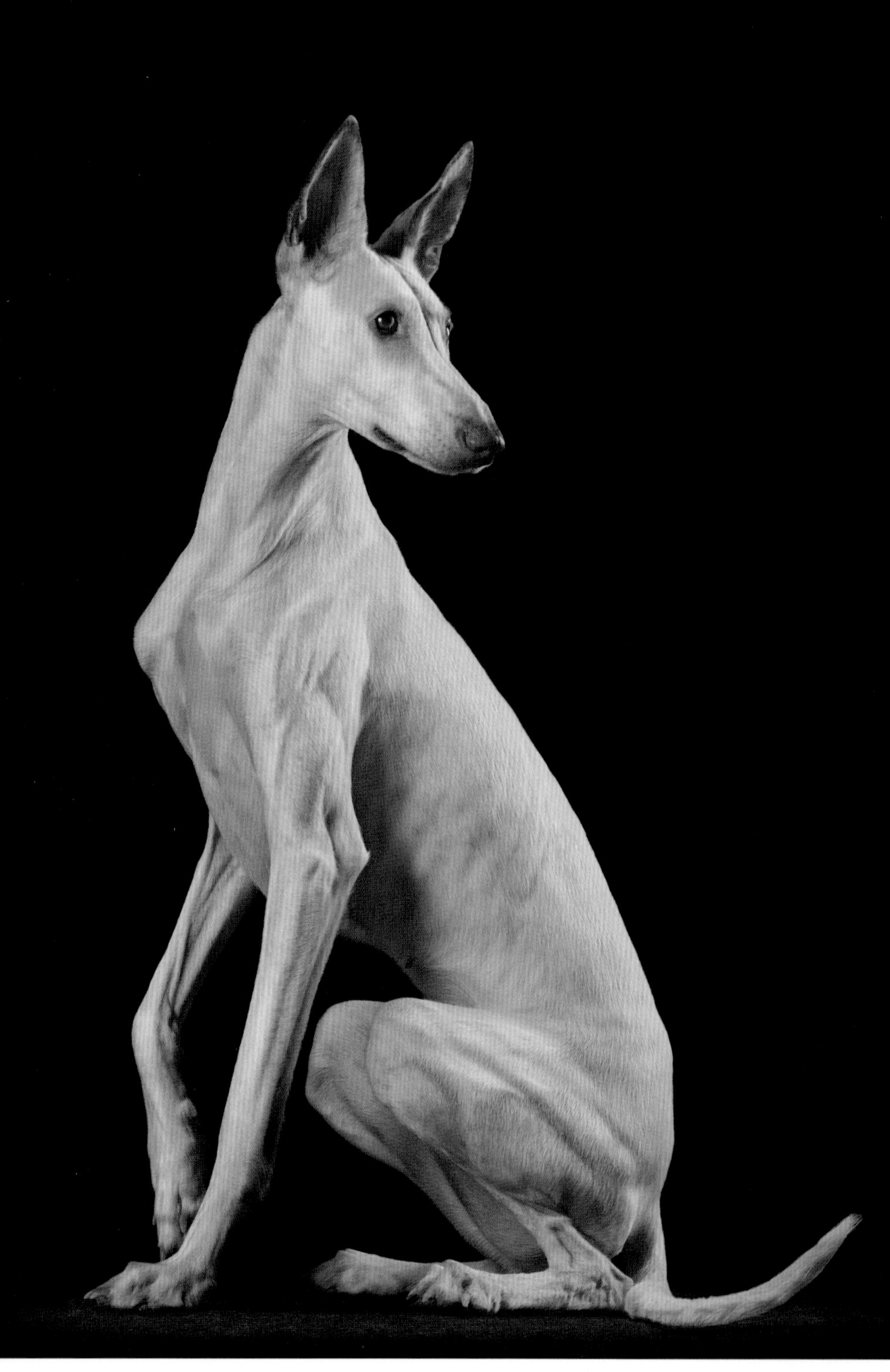

◀ *Ganz anders als beim vorherigen Standbild verhält es sich mit langbeinigen, athletischen Rassen. Hier sitzt mein Model fast vollständig seitlich zu mir und schafft es trotzdem, sich nahezu komplett mit dem Köpfchen umzudrehen. Das bringt Eleganz und Spannung in den Körper. Wann immer ein Tier dir solche Flexibilität anbietet, nutze sie. Die Bilder wirken ästhetisch und imposant. Natürlich lassen sich diese Merkmale auch mit frontalen Porträts und bei eher breiten und muskelbepackten Typen darstellen. Aber das funktioniert dann eher über statische Bildaufbauten – wie im vorherigen Bild – und nicht über geschwungene Linien.*

ISO 200 | 145 mm | f/10.0 | 1/250 s

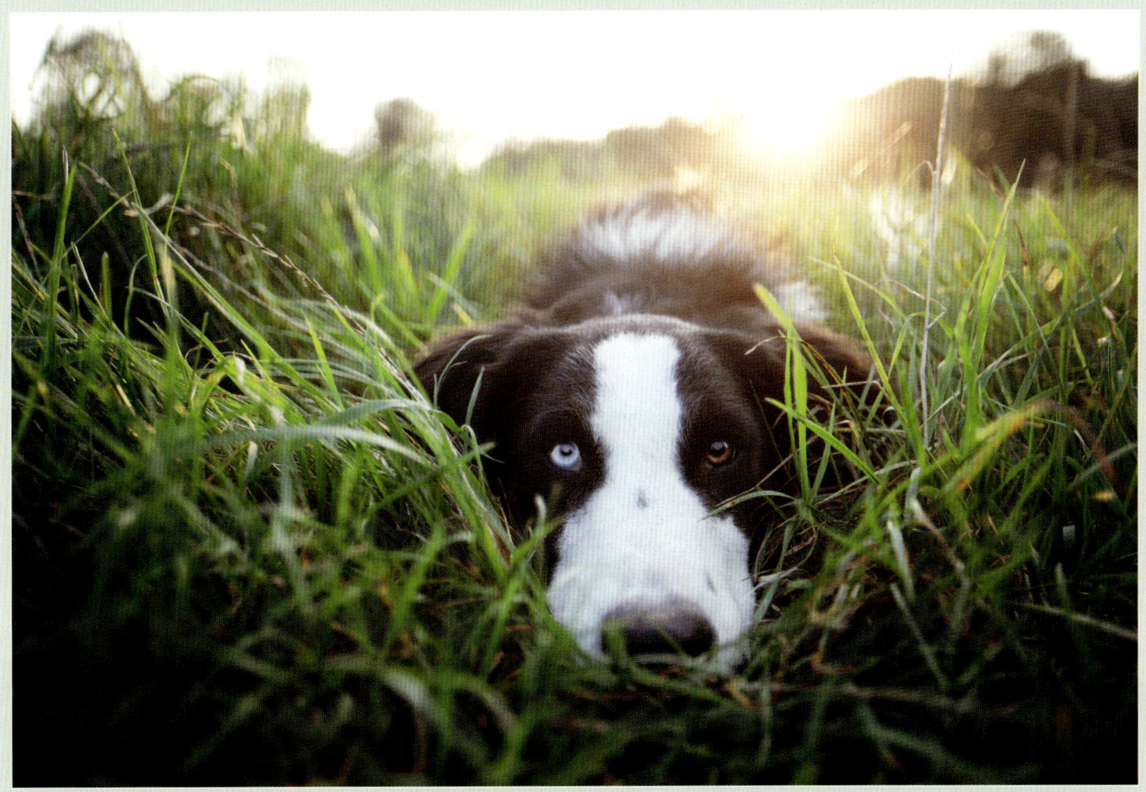

▲ *Das Weitwinkel lässt trotz des recht hohen Grases und der tiefen Position genügend Sicht auf die Umgebung zu und zeigt sogar die untergehende Sonne über dem Wald im Hintergrund. Aber nicht nur gestalterisch bevorzuge ich diese Linse für ein Porträt im Kommando „Down". Ich liege so dicht am Hund, dass ich die Übung entsprechend mit Futter bezahlen und störende Gräser rasch mit der Hand nach unten drücken kann.*

ISO 400 | 30 mm | f/2.8 | 1/500 s

Profitrick: Kommando „Down" für süße Porträts

Beim Kommando „Down" legt dein Hund aus dem „Platz" den Kopf auf bzw. zwischen die beiden Vorderbeine. Er drückt sich also mit dem gesamten Körper zu Boden. Ich habe das Joyce aus dem „Platz" heraus beigebracht. Dabei habe ich ihr ein Leckerchen unten vor die Nase gehalten und in kleinen Schritten ihre Bewegungen bestätigt: zuerst, wenn sie den Kopf etwas nach unten genommen hat, dann, wenn sie den Kopf nach unten und etwas nach vorne genommen hat, ohne dem Leckerli entgegenzurobben, und später für jeden Bodenkontakt des Kopfs mit dem Boden. Sie hat es schnell verstanden und kann das Kommando auch umsetzen, wenn ich vor ihr am Boden liege und durch die Kamera schaue. Allerdings will sie ewig zu verharren, und der Boden muss schön weich sein. Also muss ich vorher sicherstellen, dass die Umgebung für mein Bild passt, und sie dann ins Kommando holen. Beim Shooting gibt's natürlich entsprechende Bezahlung in Form von Futter und jede Menge gute Laune, sodass sie gern mitmacht!

Was tun gegen das Hecheln?

Auch wenn du die Reihenfolge deiner Motive geschickt geplant hast, kann es sein, dass dein Hund nicht aufhört zu hecheln. Meistens sind es eher fremde Hunde, die sensibel auf eine neue Situation oder die Umgebung reagieren und einfach etwas aufgeregt sind. Du kannst versuchen, solche Hunde mit lustigen Geräuschen zu überraschen. Ein unerwartetes Spielzeugquietschen kann ein paar Sekunden Verwunderung und damit ein leichtes Schließen des Mauls auslösen.

Auch der Geruch von Leckerlis (je stinkender, umso besser) kann dir dabei helfen. Du kannst dem Hund die Leckerlis zuwerfen, aber dabei wird er in Richtung des Leckerlis schielen und vermutlich etwas angespannter schauen. Versuche als Alternative, dem Hund leicht auf die Nase zu tippen, wenn er dies zulässt. Manchmal hat man damit Glück, und er schließt kurz seinen Fang.

Ansonsten heißt es: Mach das Beste aus der Situation! Du musst nicht zaubern können, wenn du Dinge nicht ändern kannst. Gleiches gilt übrigens auch für Hunde, die völlig unerzogen sind. In solchen Fällen kannst du dem Hund eigentlich nur folgen und dranbleiben. Vielleicht ist dann ein Foto dabei. Solche Shootings sind eher stressig, überlege dir also gut, ob du an solchen Hunden üben möchtest.

Action in der Hundefotografie

Für mich persönlich zählen Hunde zu den schwierigeren Models, wenn es um actiongeladene Laufbilder geht. Im Vergleich zu Pferden sind sie viel kleiner, wendiger und unsteter in ihrer Bewegung. Ich mache mir meine Hundefotoshootings daher leicht, indem ich die Hunde meist eher von der Seite fotografiere. So kann ich den Fokus auf die Oberlinie legen und habe trotzdem den ganzen Körper des Hundes scharf, weil er eben seitlich von mir positioniert ist und mit dem Körper auf einer Schärfeebene ist.

Aber Hunde frontal im Lauf zu fotografieren, hat auch seinen Reiz und kann witzig und richtig stark aussehen, weswegen sich die Fokusübung lohnt. Dazu solltest du dir eine leichte Location mit wenigen hohen Gräsern und Halmen suchen. Du kannst z. B. einen Feldweg nutzen.

▶ *Im ersten Bild diente mir wieder der Strandsand als tolle Umgebung, um mein kurzbeiniges Model laufen zu lassen und trotzdem freie Sicht auf den Körper zu bekommen. Auf dem zweiten Bild hingegen ist das Gras zu hoch gewachsen, sodass mein Model riwchtig hochspringen muss, um dem soeben geworfenen Ball nachzusetzen. Beide Motive sind schwierig zu fotografieren: kleine Hunde, weil ihre Bewegungen viel schneller und agiler sind, und Hunde in hohem Gras, weil hier der Fokus sehr präzise greifen muss. Ich habe mir beide Situationen dadurch vereinfacht, dass ich die Hunde leicht seitlich an mir vorbeilaufen ließ. Der Kopf bietet so etwas mehr Fokusfläche und lässt sich leichter anvisieren.*

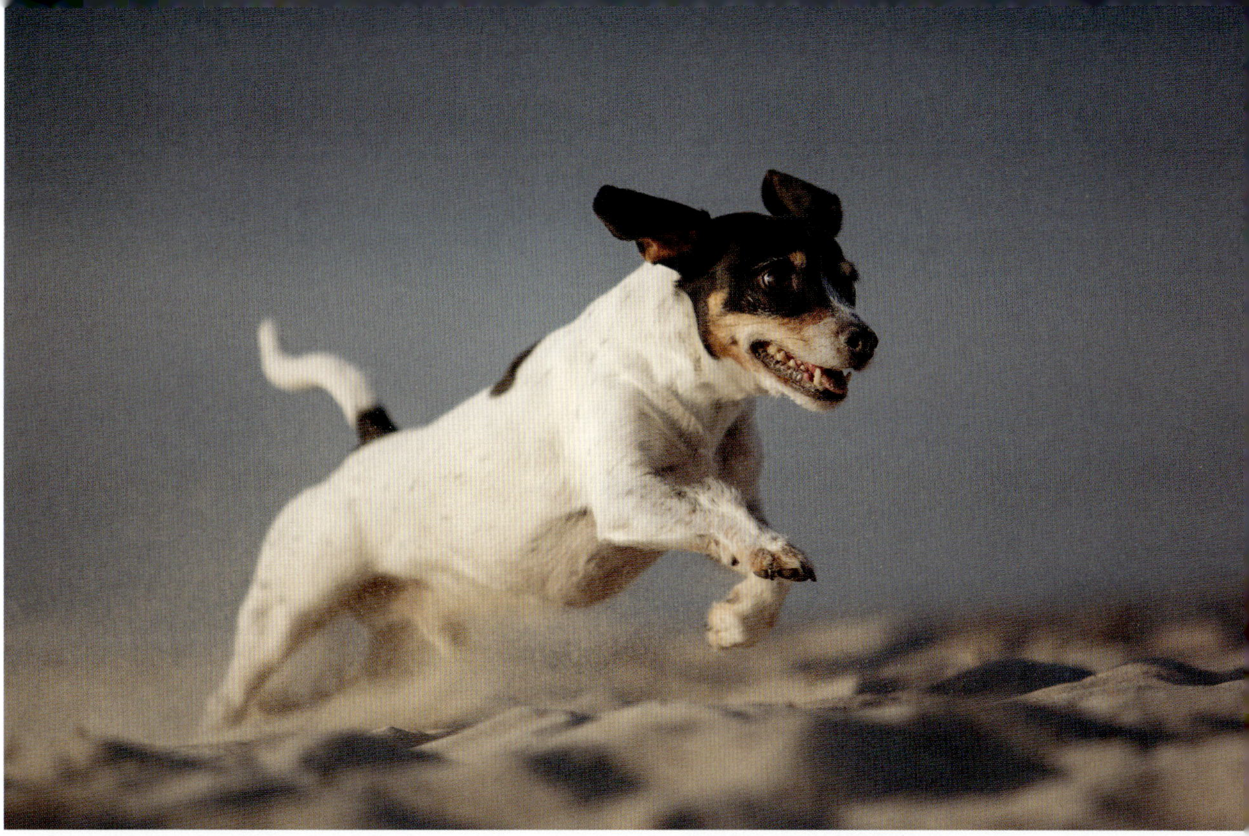

▲ ISO 200 | 200 mm | f/2.8 | 1/2000 s

▼ ISO 640 | 200 mm | f/2.8 | 1/1250 s

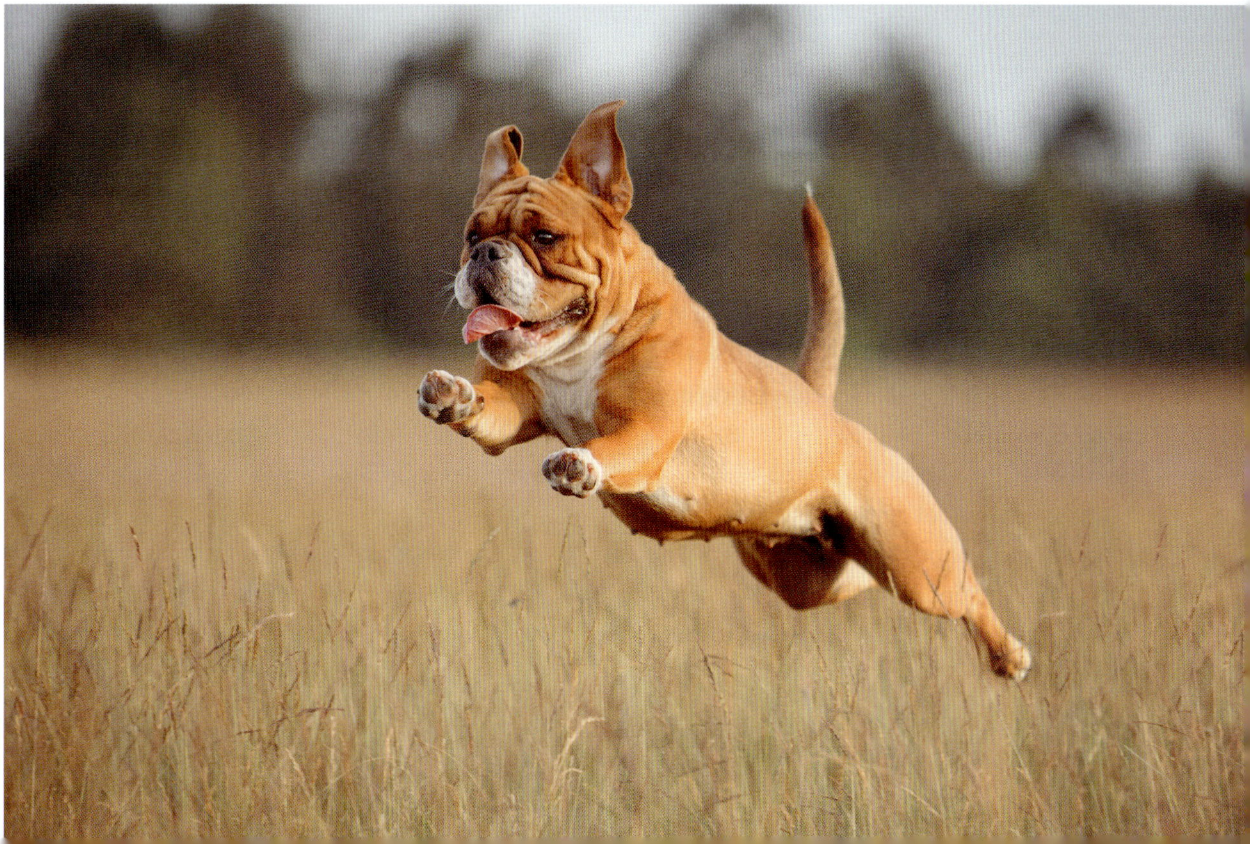

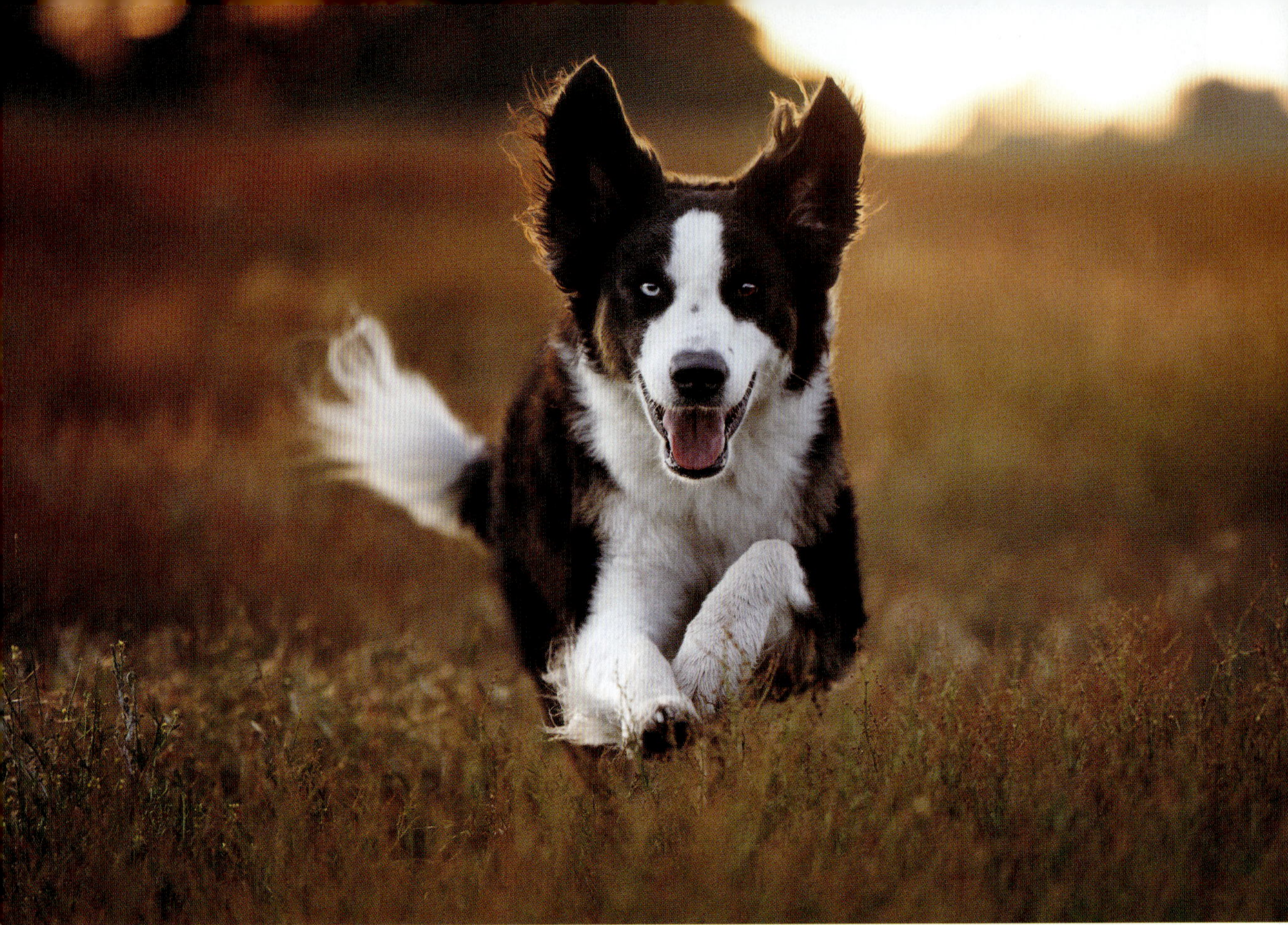

ISO 1250 | 200 mm | f/2.8 | 1/1250 s

Lege den Fokuspunkt im Hochformat auf den Kopf des wartenden Hundes. Sobald er losläuft, versuche, genau dann auszulösen, wenn der Kopf des Hundes wieder im Fokus ist. Während der Laufphase drückt sich dein Model mit den Hinterpfoten nach vorne oben und bringt die Vorhand damit in die Luft – das ist dein idealer Auslösemoment.

Kurz danach landet die Vorhand auf dem Boden, und die Hinterhand kommt nach oben. Dabei ist der Kopf sehr tief, und der Fokus rutscht leicht auf den höheren Hintern des Hundes. Je nach Körperbau und Schwung des Tieres passiert das sehr oder weniger stark ausgeprägt. Ein Tieraugen-AF schafft es im Idealfall, den Kopf von „oben nach unten" im Fokus zu behalten, während du mit einem Spot-AF selber etwas genauer hinschauen und treffen musst. Du kannst dir helfen, indem du etwas abblendest und/oder schon dann mit dem Fotografieren anfängst, wenn der Hund noch etwas weiter entfernt ist.

Wie du mittlerweile weißt, ist die Schärfentiefe größer, je weiter dein Motiv von dir entfernt ist. Übertreib es aber nicht, du kannst am Rechner

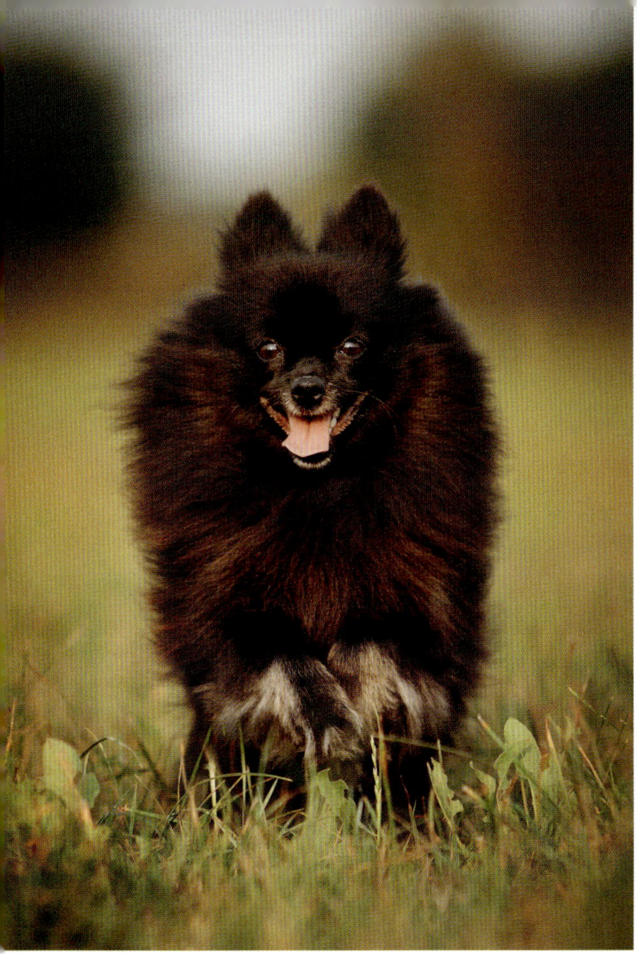

◀ *Die für mich schwierigsten Motive sind die, bei denen ein Hund in vollem Tempo auf mich zu läuft. Aber du siehst: Wenn ich es schaffe, das zu fotografieren, dann wirst du es auch hinbekommen. Beim ersten Bild hat mich ein Tieraugenfokus unterstützt. Auch wenn diese Technologie nicht zu 100 % zuverlässig greift (immerhin ist Gegenlicht und schwarzes Fell tückisch für Kameras), so ist es doch eine enorme Erleichterung. Den kleinen Spitz hingegen habe ich mit einer sehr langsamen Kamera (4 Bs/s) fotografiert. Du musst nicht darauf warten, dass der Hund wirklich formatfüllend im Bild ist. Fang schon früher mit der Aufnahme an und schneide das Bild später zu. Denn je weiter weg der Hund ist, desto größer ist deine Schärfentiefe. Und mit den zig Millionen Pixeln auf dem Sensor ist ein späteres Zuschneiden kein Problem mehr. Natürlich kannst du auch abblenden, aber das ist je nach Licht nicht immer möglich, und du erhöhst deine Schärfentiefe zusätzlich, d. h., auch der Hintergrund wird nicht mehr so hoch aufgelöst.*

ISO 400 | 200 mm | f/2.8 | 1/1250 s

nicht unendlich viel vom Bild wegschneiden, ohne dass das Foto an Qualität verliert.

Auch für seitliche Laufbilder gilt: Wenn sich der Hund von hinten nach vorne in die Luft schiebt oder wie ein gestreckter Pfeil in der Luft schwebt, ist das die schönste Phase zum Fotografieren.

Du kannst Actionbilder alleine machen, sofern dein Hund gut auf dich hört. So kannst du ihn einfach absetzen, weggehen und ihn zu dir rufen, sobald du die Fotoposition eingenommen hast. Du kannst auch ein Spielzeug oder Leckerli werfen und deinen Hund auf Kommando losschicken. Beide Varianten werden aber eher nicht so actionreich sein wie mit einer helfenden Person. Läuft der Hund auf dich zu, wird er deutlich vor dir abbremsen.

Sucht dein Hund nach etwas im Gras, wird er ziemlich schnell die Nase auf dem Boden haben. Besser ist es, wenn eine zweite Person den Hund an die gewünschte Stelle ruft oder einen Ball wirft. Dabei sollte der „Endpunkt“, also der Punkt, an dem z. B. der Ball landet, deutlich hinter deinem letzten Foto der Belichtungsreihe sein, damit der Hund nicht während deiner Bildreihe schon wieder langsamer wird.

Bedenke, dass dein Hund irgendwann die Lust verlieren kann, diese Spiele zu spielen. Sei dir also ganz klar darüber, wo die Laufbilder gemacht werden sollen, und halte die Wege für alle Beteiligten so kurz wie möglich und so lang wie nötig.

Alarm: Die Welpen kommen!

Ein Hundeshooting mit Welpen kann sich ganz schön von einer Session mit einem erwachsenen Hund unterscheiden. Klar, Welpen sind schließlich noch Babys bzw. Kinder. Sie gleichen eher flauschigen Klopsen auf kurzen Beinchen, die über die Wiese kullern, statt zu laufen, sie können noch keine Kommandos und sind einfach richtig süß. Ein sehr junger Welpenwurf, der gerade erst anfängt, tapsig die Umgebung zu erkunden, wird es dir nicht gerade leicht machen. Alle rennen in verschiedene Richtungen oder auf dich drauf.

Um dennoch ein Gruppenbild zu machen, nutze ich gern (gepolsterte) Körbchen, um zumindest für ein paar Minuten die Welpen an einem Ort zu halten, bevor die ersten schon wieder aussteigen. Ansonsten heißt es: beobachten und reagieren, sobald ein oder mehrere Welpen im günstigen Abstand zu dir sind.

Natürlich sind Helfer hier besonders gefragt, die die Rasselbande zumindest etwas in eine Richtung locken bzw. Ausbrecher immer wieder an Ort und Stelle platzieren können. Sobald die Babys zu Hundekindern im Grundschulalter herangewachsen sind, wird ihre Verwandlung vom flauschigen Knautschbällchen zum Hund sichtbar. Bei Musterschülern funktionieren sogar schon erste kleine Kommandos wie „Sitz“ und „Bleib“, sodass du im Grunde die gleichen Porträt-, Stand- und Actionposen abrufen kannst wie bei einem großen Hund. Allerdings ist die Aufmerksamkeitsspanne noch kürzer.

Ein erwachsenes Tier kann dir vielleicht eine Stunde konzentriert folgen, bei einem Welpen sind es nur ein paar Minuten. Und auch die Action sollte nicht überstrapaziert werden, denn die Knochen müssen erst noch wachsen und dürfen im ersten Lebensjahr nur so beansprucht werden, wie der Welpe es von sich aus vorgibt.

▶ *Sehr junge Welpen, die gerade mit dem Entdecken beginnen, sind noch ganz im Babymodus: Einige sind schon etwas mutiger und erkunden die Welt, andere sind eher zurückhaltend und etwas ängstlich. Kommandos kennen sie natürlich noch nicht, wohl aber ihre Bezugspersonen, und natürlich reagieren sie auch auf lustige Geräusche oder kommen, je nach Grad der Sozialisierung, gern auf Menschen zu, die sich hinhocken. Aber vor allem schlafen sie viel! Die beiden Geschwisterchen im Gras gönnen sich eine Auszeit nach gerade einmal 15 Minuten Erkundungstour auf der Wiese. Für Gruppenbilder eignen sich Körbchen, um die Rasselbande wenigstens für ein paar Minuten zusammenzuhalten. Du wirst schnell feststellen, dass gequengelt, gemotzt, geknabbert, geschaut und geschlafen wird – mach also möglichst viele Bilder, um nicht den Moment zu verpassen, an dem zufällig die meisten Babys gerade aufmerksam sind. Ansonsten bist du eher ein Beobachter und passt süße Momente ab. Helfer erleichtern dir das Shooting und können die Welpen zumindest etwas dirigieren … oder zumindest von dir heruntersammeln.*

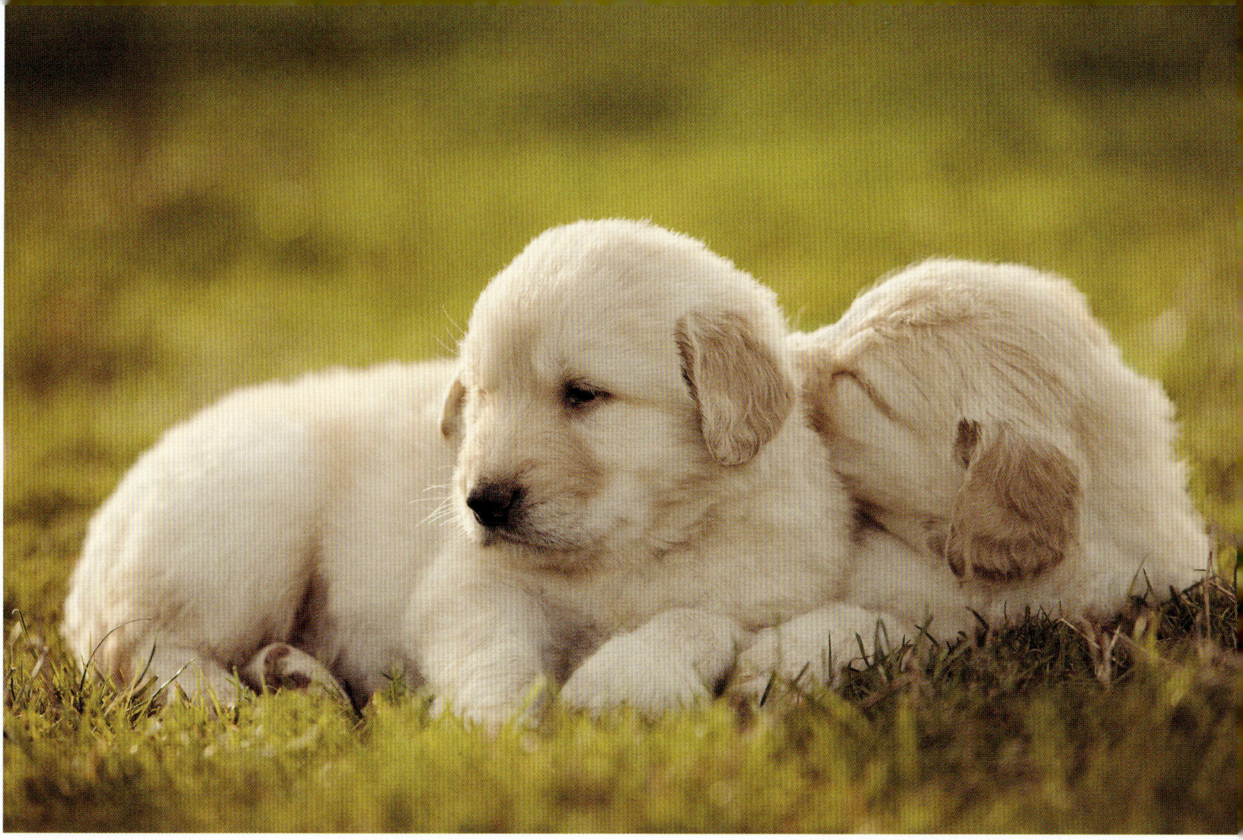

▲ ISO 400 | 165 mm | f/3.5 | 1/1250 s

▼ ISO 400 | 200 mm | f/4.0 | 1/800 s

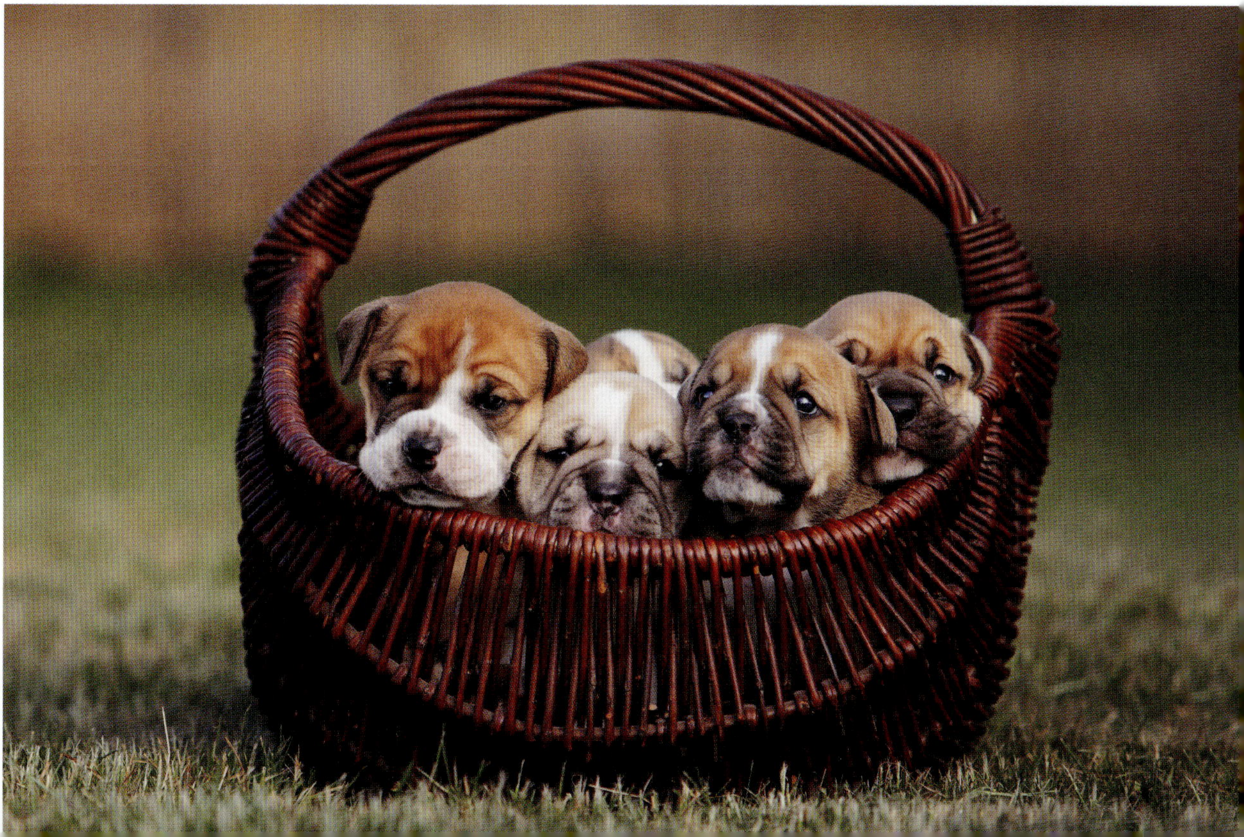

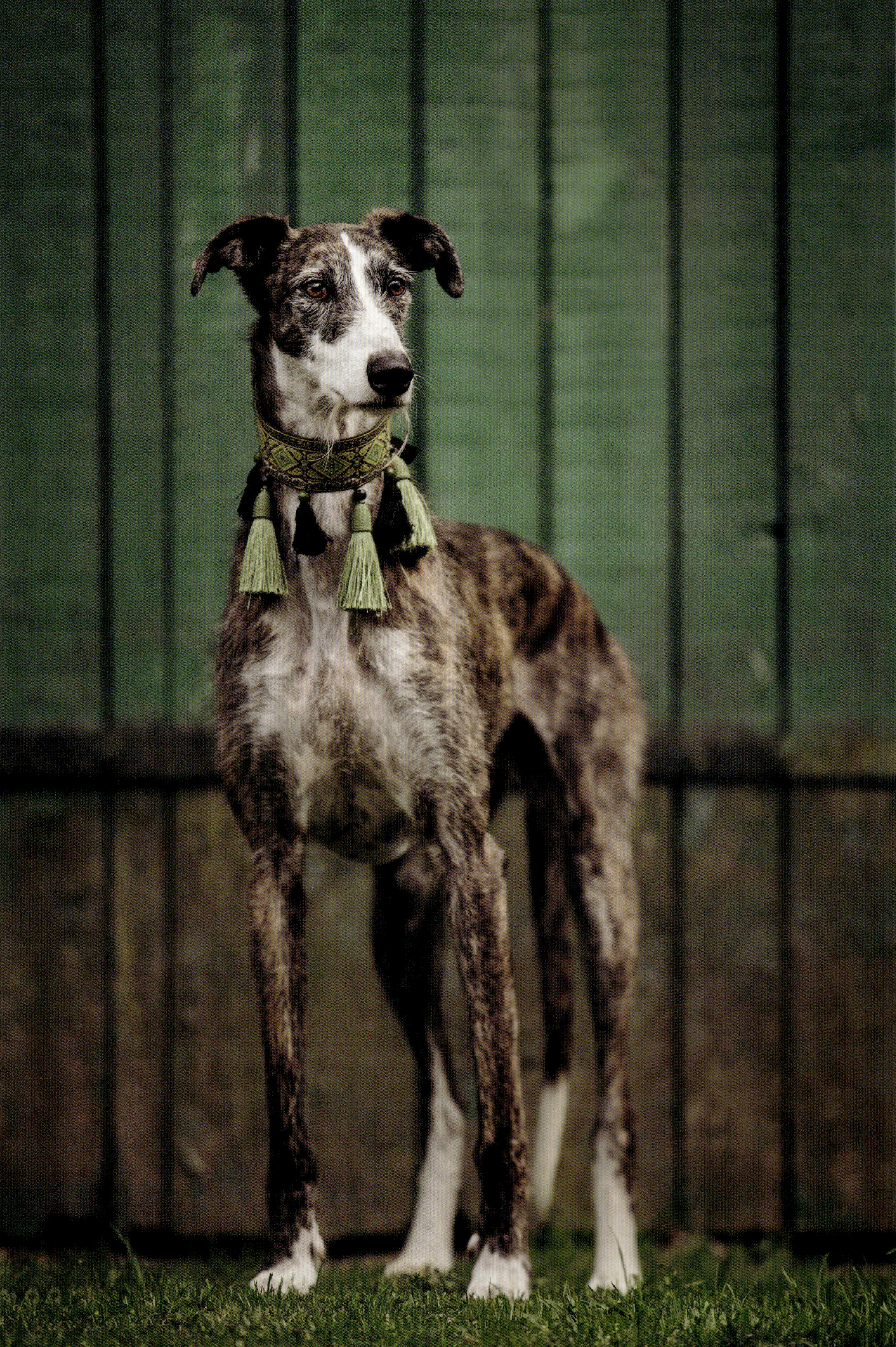

Mit oder ohne Halsband ...

... ist vor allem eine Frage des Geschmacks und der Bildgestaltung. Denn auch wenn der Hund zum Fotoshooting nicht abgeleint werden kann: Es gibt spezielle dünne Halsbänder und Leinen, die sich später leicht herausretuschieren lassen. Mittlerweile mag ich es lieber, wenn meine tierischen Models „nackt" zu sehen sind. Aber je nach Kundenwunsch oder Rasse können Halsbänder gewünscht sein oder besonders schick aussehen. Windhunde tragen z. B. häufig aufwendig verzierten Halsschmuck. Die Frage musst du dir also vor allem selbst im Zusammenhang mit dem Shooting beantworten: Ist es dein Wunsch oder der Wunsch des Halters, ein besonderes Halsband am Hund zu zeigen, oder kann ein einfaches Alltagshalsband für mehr Klarheit auch einfach abgemacht werden? Was gefällt dir persönlich besser?

Motivation und Stimmung

Deinen eigenen Hund wirst du richtig gut kennen. Im besten Fall habt ihr ein enges Vertrauensverhältnis, und du kannst mit ihm zusammen neue Dinge und Tricks ausprobieren. Joyce ist z. B. gern bei einem Fotoshooting dabei, weil sie es liebt, mit dem Menschen zu arbeiten und Tricks vorzuführen. Aber Motivation und Stimmung müssen passen. Baue ich zu viel Druck auf (ungewollt), sitzt sie nur noch da wie ein trauriger Kloß. Motiviere ich sie hingegen mit Stimme und Lob und gebe mich in Sachen Leckerli geheimnisvoll oder verknüpfe ich eine Suchübung mit einem Kommando, ist sie Feuer und Flamme für alles, was ich vorhabe.

◄ *Zu bestimmten Rassen gibt es traditionellen Halsschmuck, der das Tier zieren soll. Elegante Windhunde z. B. bekommen zu Showzwecken manchmal solche verzierten Halsbänder angelegt. In diesem Fall passt der grüne Halsschmuck zu dem grünen Scheunentor. Das ganze Bild ist so aufgebaut, dass das Halsband entsprechend zur Geltung kommt: Der Hund selbst scheint wie zur Salzsäule erstarrt, sorgt aber dennoch durch eine leichte Biegung im Hals für etwas Schwung im Bild, wogegen Untergrund und Hintergrund ganz statisch bleiben und das Grün erneut aufgreifen.*

ISO 400 | 200 mm | f/2.8 | 1/500 s

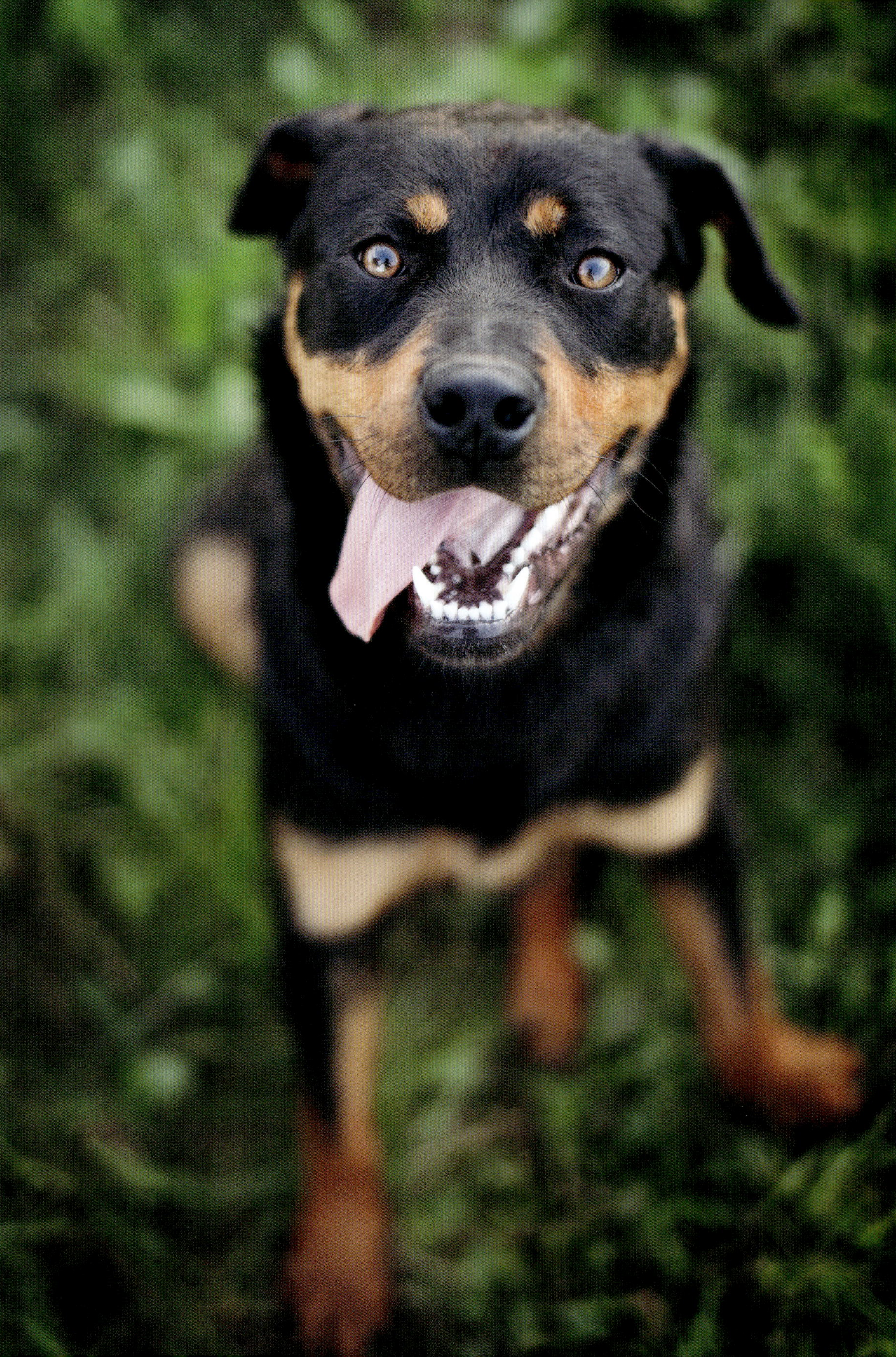

Bei fremden Hunden bin ich deutlich zurückhaltender und bespreche vor allem mit dem Hundehalter, was möglich ist. Einige Hunde können sich von dem Anstarren der Kamera und der steifen Körperhaltung des Fotografen bedroht oder verängstigt fühlen. Andere Hunde sind total unkonzentriert, weil der Besitzer aufgeregt ist. Hier gilt es vor allem, die Menschen einzubeziehen, zu beruhigen und klare Anweisungen und Vorschläge zu unterbreiten.

Ein Hund, der wenig bei seinem Herrchen oder Frauchen ist, sollte an der (Foto-)Leine bleiben, bevor er stiften geht. Der Blick eines Hundes, der mit den Augen eigentlich nur an seinen Menschen klebt, kann mit einem äußerst schmackhaften Leckerli zur Kamera gelenkt werden. Einige Hunde lieben Ballspiele, andere sind unbestechlich.

Besprich mit demjenigen am anderen Ende der Leine vor dem Shooting, was du genau vorhast, und finde heraus, in welchem Rahmen deine Ideen mit deinem tierischen Model realisierbar sind.

Tipp!

Möchtest du nicht nur deinen Hund fotografieren, dann suche dir Hunde, die vom Typ und der Erziehung zu dem Fotoprojekt passen. Du sparst so viel Zeit und Nerven!

◀ *In Sachen Hundeverstand geht es nicht nur darum, ob ein Hund sich vom Wesen für ein bestimmtes Fotoprojekt z. B. an einer besonderen Location eignet. Du musst einschätzen können, wie der Hund auch auf dich reagiert. Einige Hunde empfinden das starre Fixieren mit der Kamera als Bedrohung oder können es überhaupt nicht leiden, wenn sich jemand so dominant über sie beugt, wie es für dieses Bild nötig war. Sprich mit den Haltern darüber, wie der Hund tickt, und wenn du das Gefühl hast, dass die Menschen ihren Hund gar nicht richtig einschätzen können oder „unter Kontrolle haben“, wie man so sagt, bleib lieber auf Abstand und verhalte dich passiv. In solchen Fällen lasse ich die Besitzer alles mit dem Hund ausführen und verlange selbst nicht aktiv etwas ab.*

ISO 200 | 50 mm | f/1.4 | 1/1000 s

Elke Vogelsang: das Interview

Elke Vogelsang ist eine international renommierte Hunde- und Katzenfotografin aus Hildesheim. Ihr Weg in die Fotografie war vor einigen Jahren zunächst ein Prozess der Heilung und Stressbewältigung, als ihr Mann schwer erkrankte. Dabei haben ihre drei geretteten spanischen Mischlinge Noodles, Scout und Ioli eine entscheidende Rolle gespielt. Nur durch ihren Alarm konnte Elke noch rechtzeitig den Krankenwagen für ihren Ehemann rufen. Auch später standen ihr die drei Fellnasen treu zur Seite oder besser: vor der Kamera. Mit den kreativen, eleganten und auch witzigen Hundeporträts erlangte Elke weltweite Aufmerksamkeit, und aus einer Leidenschaft erwuchs eine starke Fotokarriere.

Elke folgen:

https://www.instagram.com/wieselblitz/
https://elkevogelsang.com

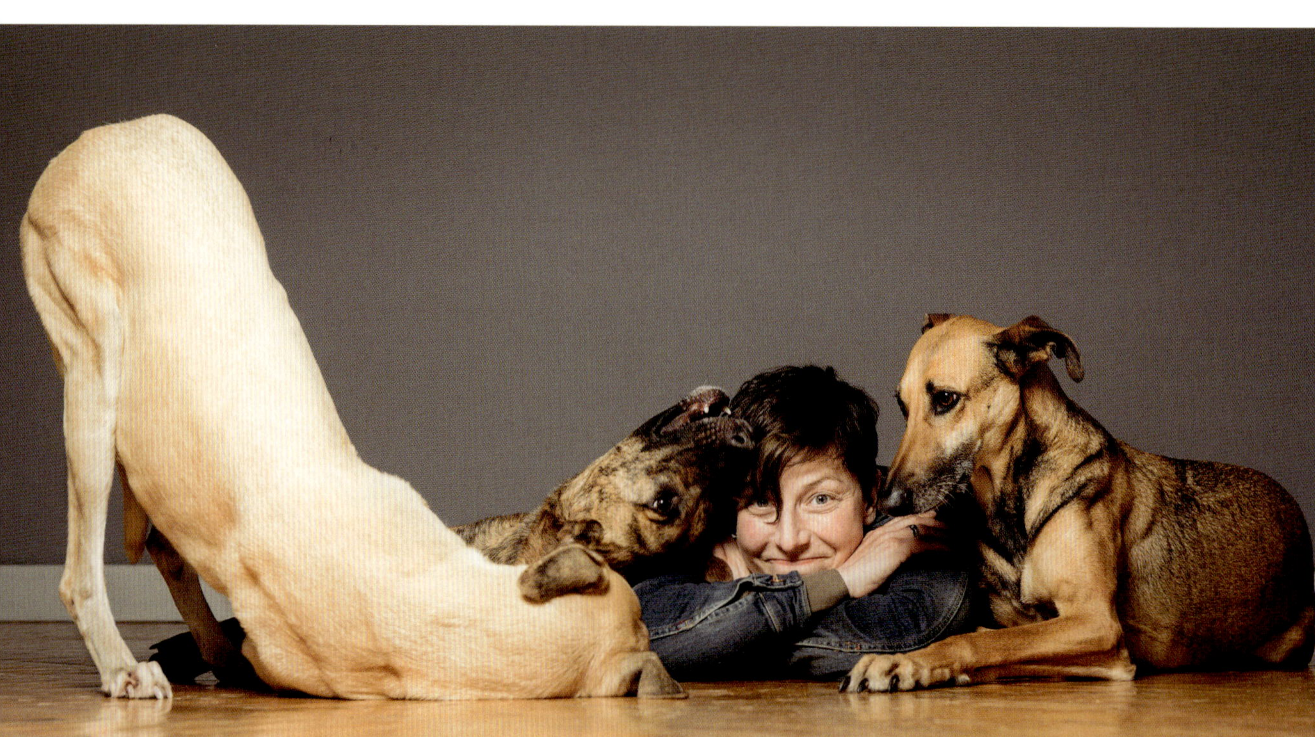

▲ *Elke Vogelsang mit ihren Hunden.*

■ Wiebke: Hallo Elke, vielen Dank, dass du dir die Zeit nimmst, um uns heute etwas über Hundefotografie zu erzählen. Dein Weg zur Fotografie wurde vom Schicksal gelenkt und war für dich zunächst eine Form der Heilung. Was genau bedeutet Fotografie also für dich?

Die Fotografie ist für mich zu einem Ausgleich zu zuweilen sehr stressigen Zeiten geworden. Sie lässt mich den Alltag vergessen. Die Beschäftigung mit etwas Kreativem ist für mich heilsam und entspannend. Mein vorheriger Beruf war recht unkreativ und monoton. Die Fotografie bietet so unglaublich viele Möglichkeiten, etwas zu schaffen, sich mit schönen Dingen zu beschäftigen, den Augenblick zu genießen, einfach ein wenig abzuschalten.

■ Wiebke: Wie hat sich dein Verhältnis zur Fotografie im Laufe der Zeit gewandelt?

Jetzt ist die Fotografie seit einiger Zeit auch mein Beruf. So muss man aufpassen, dass das ehemalige Hobby doch nicht wieder zum Stressfaktor wird. Ich richte mir daher meinen Beruf so gut es geht danach aus, was mir wirklich Spaß macht. So kann ich nach einigen Jahren sagen, dass ich ausschließlich meine Lieblingsmodels, Tiere, fotografiere. Das war ein langer Weg, der sich gelohnt hat, aber auch nicht einfach war. Von heute auf morgen geht da leider nichts, und man muss sehr viel Geduld aufbringen und auch einiges an Zeit hineinstecken. Ein wenig verrückt muss man vielleicht auch sein. Freundlich verrückt.

■ Wiebke: Welche Rolle spielen deine Hunde in deinem Leben und in deiner Fotografie?

Meine Hunde sorgen dafür, dass ich mir Zeit für sie nehmen muss. Und damit nehme ich mir auch Zeit für mich, denn mit ihnen bin ich draußen unterwegs, genieße das Wetter und die Natur und bewege mich. Sie lehren mich, nicht immer über Dinge nachzudenken, die ich eh nicht ändern kann. Klappt manchmal, manchmal auch nicht.

Unsere Hunde sind für uns ein wichtiger Teil der Familie. Einen ganz besonderen Status haben sie auch, weil sie meinem Mann vor Jahren das Leben gerettet haben, als sie Alarm schlugen. Ich fand ihn bewusstlos vor, nachdem die Hunde mich zu ihm geführt hatten. Er hatte eine Hirnblutung erlitten und hätte ohne schnelle Hilfe nicht überlebt.

Sie sind also nicht nur Haustiere und Fotomodelle, sondern Familienmitglieder, Freude, Inspiration, Entspannung.

■ Wiebke: Ist es für die Fotografie wichtiger, ein gutes Auge zu haben und die Kamera zu beherrschen oder eine starke Verbindung zum Motiv zu fühlen?

Die Kamera blind einstellen zu können, ist Grundvoraussetzung, damit man nicht mit allzu viel Tüddelei das Tier langweilt.

Im Umgang mit Tieren ist das Gespür für das Tier sicherlich das Wichtigste. So kann man auch dem schüchternen Hund vermitteln, dass die

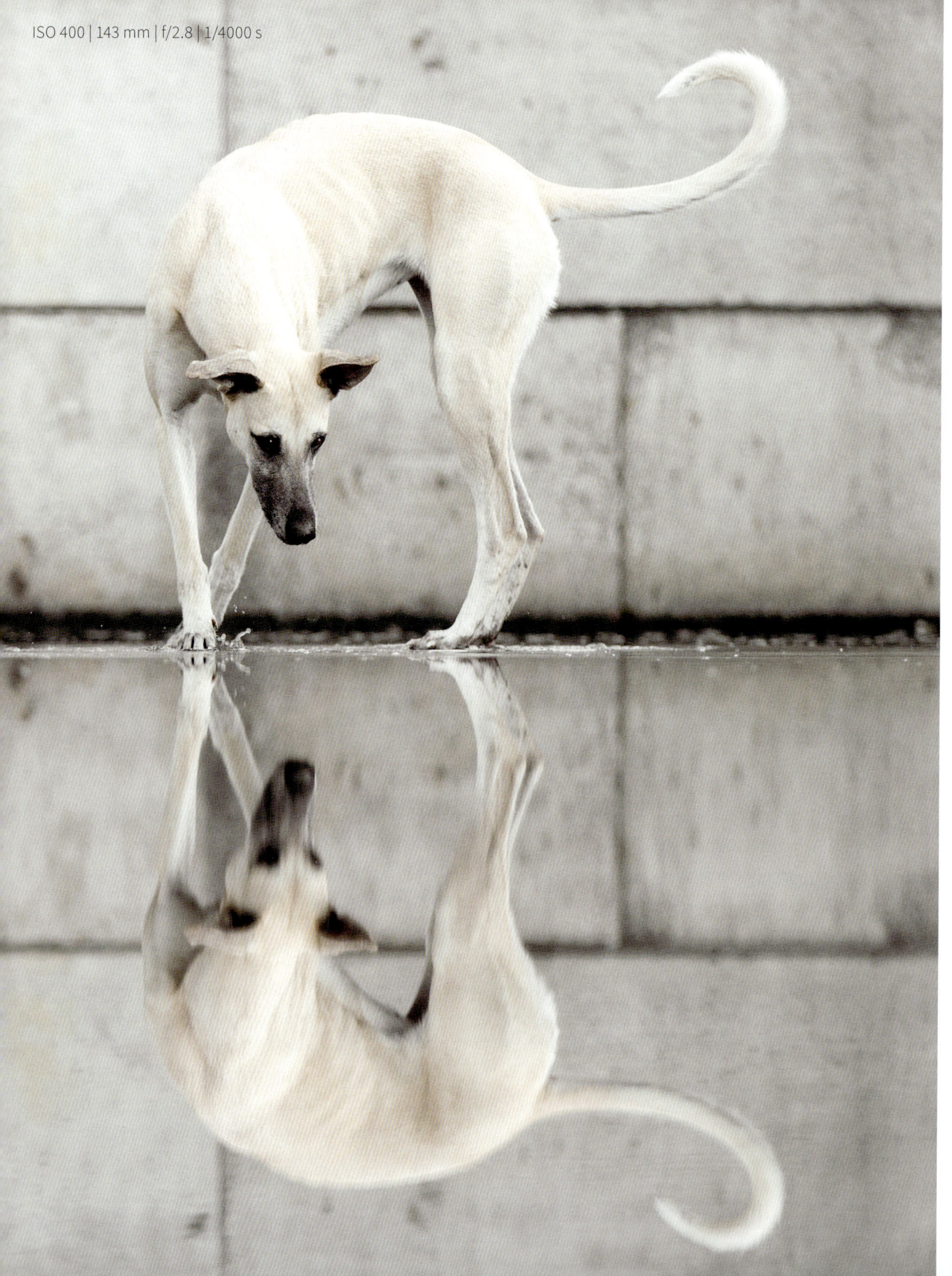
ISO 400 | 143 mm | f/2.8 | 1/4000 s

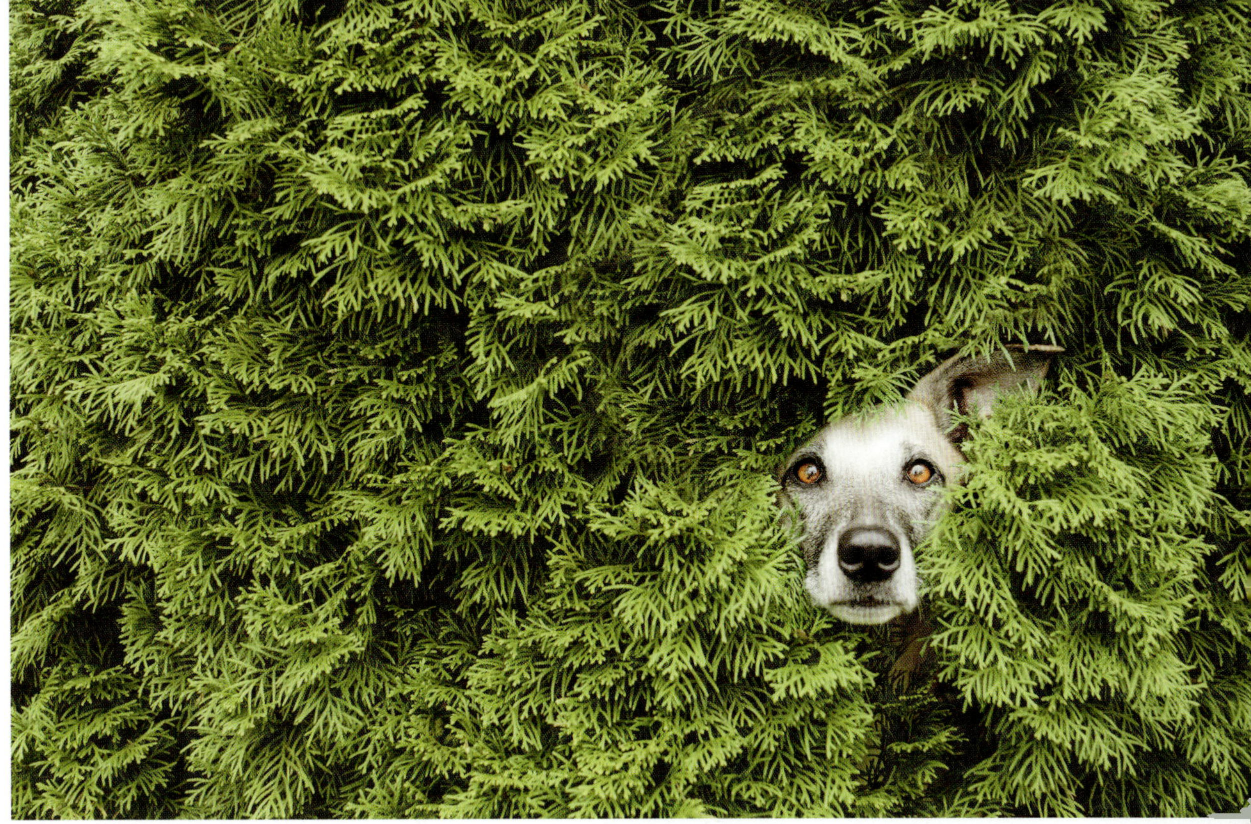

ISO 640 | 35 mm | f/2.5 | 1/150 s

Session Spaß macht und ihm nichts geschehen wird. Die Kooperation des Tieres ist Grundvoraussetzung. Da gibt es immer einiges zu lernen, und das kann man nur, wenn man so viele Tiere wie möglich trifft oder eben das eine Tier (den eigenen Hund) so gut kennenlernt, dass man das perfekte Model hat, weil man genau das einsetzt, was den Hund dazu bringt, mit größtmöglicher Freude und Bereitwilligkeit mitzumachen.

Hat man dann noch ein Auge für den richtigen Moment, die richtige Pose und das richtige Licht, ist das ebenfalls ein großer Vorteil. Es hilft nur, regelmäßig zu fotografieren – also zu üben, sowohl die Technik zu beherrschen als auch den Hund zu motivieren und das eigene Auge zu schulen.

■ **Wiebke: Welche fotografischen Herausforderungen hast du am Anfang deiner Hundefotografie als sehr schwierig wahrgenommen? Wie hast du eine Lösung dafür gefunden?**

Für mich war die Studiofotografie zunächst kein besonders ansprechendes Gebiet. Ich empfand die Technik als undurchsichtig und fühlte mich überfordert von all dem technischen Schnickschnack, der dafür notwendig zu sein schien. Erst als ich merkte, dass man einfach nur mal ausprobieren sollte und absolut nicht jede Einstellungsmöglichkeit seines Blitzes kennen muss, habe ich mit Freude auch Fotos im Studio gemacht. Manchmal muss man einfach machen und nicht viel überlegen.

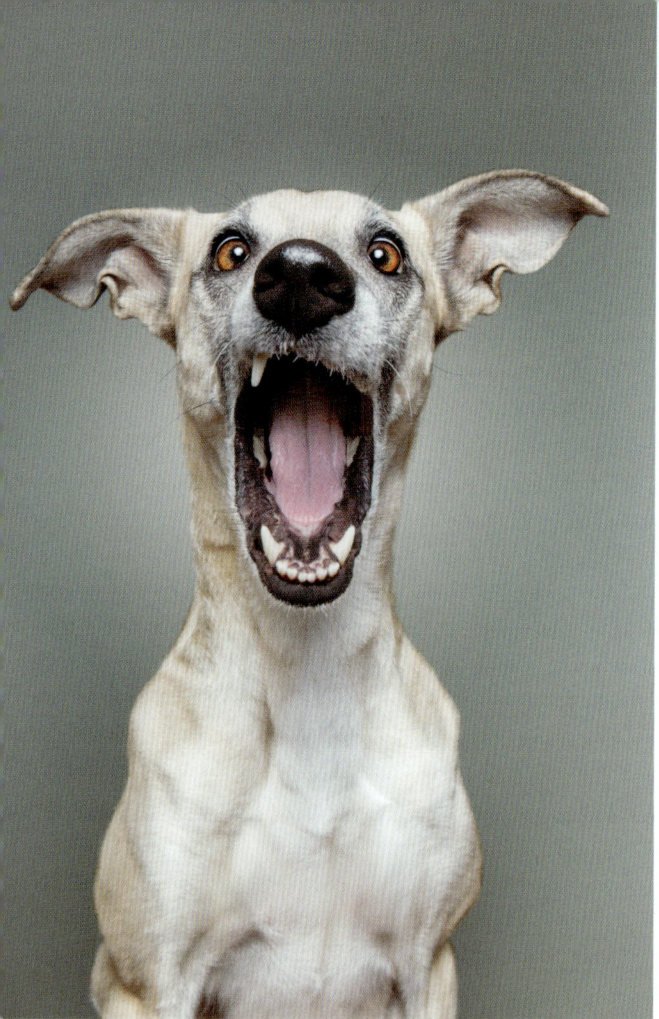

ISO 800 | 42 mm | f/11 | 1/1250 s

■ Wiebke: Was ist für dich heute noch eine fotografische Herausforderung? Wie gehst du damit um?

Kleine, dunkle, schnelle Hunde in Bewegung zu fotografieren, ist sicherlich das Anspruchsvollste, was es in der Haustierfotografie gibt. Da darf man sich nicht frustrieren lassen. Die Möglichkeiten der Kamera zu kennen und diese richtig einzustellen, ist sehr wichtig. Konzentration und Übung sind weitere Faktoren, die nicht außer Acht zu lassen sind. Und auch dann muss man einfach damit leben, dass nicht jeder Schuss ein Treffer sein kann.

Ich bin mittlerweile bei jeder fotografischen Aufgabe sehr kritisch und picke mir aus jedem Shooting nur sehr vereinzelt Bilder heraus, die ich für besser halte. Da müssen nicht 99 % der Schüsse scharf und perfekt sein. Das geht gar nicht. Aber wenn man vielleicht sogar nur das eine Foto hat, das dann aber wirklich klasse ist und den besonderen Wow-Faktor besitzt, ist das sehr viel mehr wert als 100 Fotos in fast nicht zu unterscheidender Phase und mittelmäßiger Qualität.

■ Wiebke: Du hast deine eigenen Hunde zu Shooting-Stars erzogen. Wie hast du sie dazu gebracht?

Ich habe drei vom Charakter her sehr unterschiedliche Hunde. Noodles war immer zu allem bereit. Bei ihr musste man eher aufpassen, dass sie nicht zu übermotiviert war. Sie sprang auf jeden Baum, wenn sie meinte, dass ich doch da ein Foto probieren könnte. Und ich musste schauen, wie ich sie da wieder herunterbekam. Sie war also ein Hund, der für Leckerlis zu allem bereit war. Das ist natürlich ein großer Vorteil.

Scout war zunächst einmal das Gegenteil. Als ich sie bekam, war sie in allem sehr, sehr vorsichtig. Ihr habe ich in kleinen, spaßigen Schritten gezeigt, dass sie keine Angst zu haben braucht. Sie ist ein Hund, der sich über Zuspruch freut. So gab es ruhig, aber freudig und ausgiebig Lob für sie. Man konnte sehen, wie sie wuchs und immer selbstbewusster wurde. Da sie introvertiert und ruhig ist, macht sie alles in einer wunderbar gelassenen und konzentrierten Weise. Sie ist schon lange ein perfektes Model, das durch Spaß und Lob gelernt hat, auch alberne Ideen mit Bravour umzusetzen. Hier gelten Ruhe, Geduld, Ausdauer, kleine Schritte, viel Belohnung.

Ioli ist ein Hund, der sehr geräuschempfindlich ist. Für ihn war das Studio lange Zeit gruselig. Er hat zugeschaut, wenn die anderen fotografiert wurden. Das hat Ewigkeiten gedauert. Klar hätte ich ihn auch dazu bekommen, mitzumachen, aber er schaut eh schon gerne mal wie sieben Tage Regenwetter. Eines Tages war es ihm dann allerdings genug, er wollte auch ins Rampenlicht. So stapfte er auf die Plattform und wollte auch seine Belohnung wie die anderen. Er ist für mich eher ein Hund für Fotos im Freien, wo er springen, laufen, hüpfen kann. Dann sieht er so fröhlich aus, wie ich ihn kenne.

■ Wiebke: Viele deiner Bilder fotografierst du alleine und unabhängig. Mit welchen Hilfsmitteln bist du beim Shooting gerüstet, um deine Models zu motivieren?

Ich habe einige kleine Tricks, wie zum Beispiel Geräuschmacher. Da wird alles, was piepst, quiekt, surrt und schnurrt, mal ausprobiert, um auch dem gelassensten Senior noch ein verwundertes Kopfschieflegen zu entlocken. Bei Geräuschen ist Vorsicht geboten, damit man den Hund nicht nervt oder gar erschreckt. Erst einmal mache ich nur leise, vorsichtige Geräusche selber, wie leises Fiepen oder Miepsen usw. Manche Hunde haben auch Lieblingswörter.

Die allermeisten Hunde machen sehr viel bis alles für Leckerlis. Hier fange ich, wenn ich das Tier noch nicht kenne, auch erst einmal mit etwas an, das den Hund nicht zu sehr in Aufregung versetzt. Holt man gleich die leckere Fleischwurst raus, kann das zur Folge haben, dass der Beagle, der bei Leckerlis jegliche gute Kinderstube vergisst, eher auf meinem Schoß hocken würde, statt für Fotos zu posieren. Für den anspruchsvolleren Charakter habe ich dann so was wie Würstchen oder Paste aus der Tube.

Spielzeug funktioniert zur Motivation auch oft gut. Aber auch hier muss man aufpassen. Einen Balljunkie wird man nicht mehr zur Ruhe oder in die Konzentration bekommen, wenn man ihm

ISO 500 | 38 mm | f/6.3 | 1/800 s

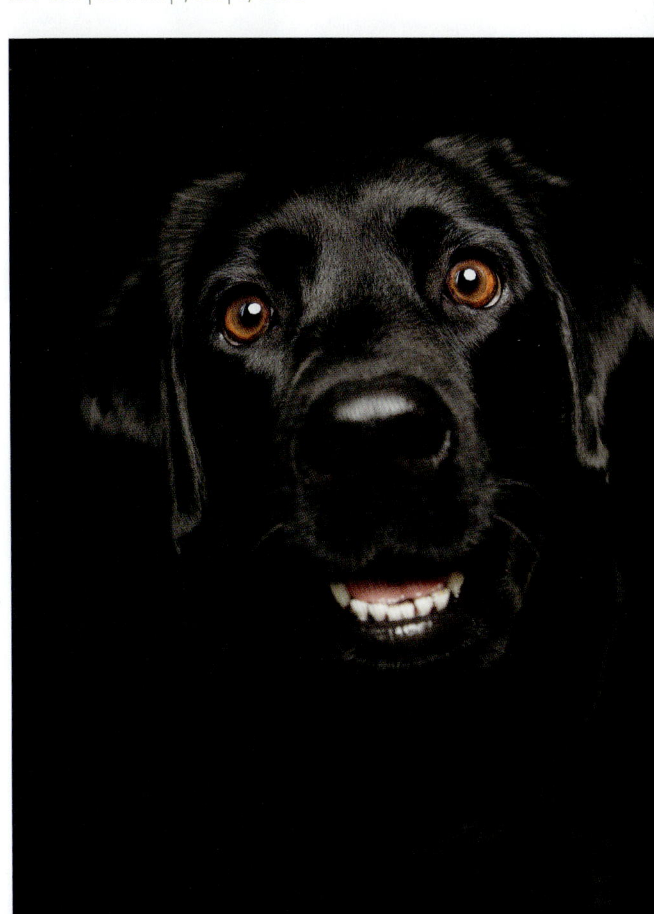

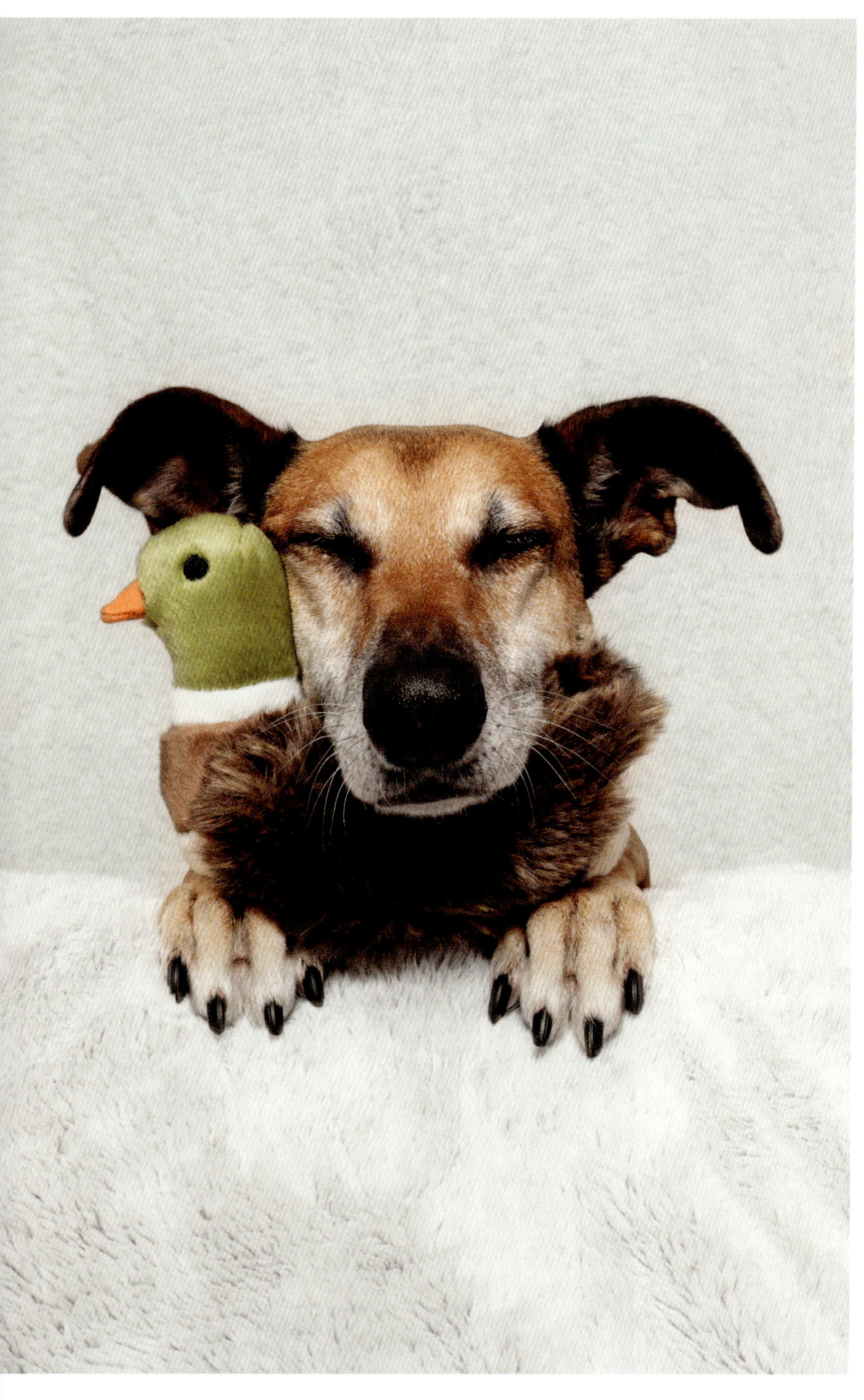

ISO 640 | 44 mm | f/13 | 1/500 s

mit dem Objekt seiner Begierde konfrontiert. Dann sollte man das Spielzeug eher weglassen, wenn man nicht durchgeknallte Blicke einfangen möchte.

Aber weniger reizgesteuerte Hunde schauen vielleicht genau dann fotogen und interessiert in Richtung Kamera.

■ **Wiebke: Fremde Hunde musst du so nehmen, wie sie von ihren Herrchen und Frauchen erzogen wurden. Welche Hundetypen sind „leicht" zu fotografieren, und welche kommen mit gewissen Starallüren? Wie gehst du damit um?**

Für mich sind es besonders die energiereichen, aufgeweckten und zuweilen auch mal unbändigen Hunde, die für besonders ausdrucksstarke Bilder sorgen. Dann können sie auch gern unerzogen sein. Im Studio ist dies einfacher, denn hier gibt es nicht so viel Ablenkung wie in der freien Natur. Einen solchen Hund sollte man bei Naturaufnahmen dann eher in gesicherten Gebieten oder an der Leine gesichert fotografieren, damit es möglichst entspannt zugehen kann und keiner zu Schaden kommt.

Schwieriger finde ich es manchmal, sehr ruhige Hunde zu fotografieren, die vielleicht schon etwas älter, gesetzter oder krank sind oder aufgrund der Rasse die Zusammenarbeit mit dem Menschen eher unspektakulär finden können. Da muss man schon tiefer in die Trickkiste greifen, um den Hund zu einem interessierten Gesichtsausdruck zu animieren. Zu Letzteren gehören zum Beispiel die großen Hüter, wie Kangal, Kuvasz oder Berner Sennenhund. Diese gehören für mich auch irgendwie eher in die freie Natur als ins Studio. Dort kann man das Licht, die Natur, die Szenerie, ihre Arbeit usw. für sich sprechen lassen.

■ Wiebke: Was ist für dich das Wichtigste bei der Arbeit mit Tieren?

Jedes Tier hat seine ganz eigene Persönlichkeit, und jedes braucht somit auch eine eigene Herangehensweise, was die Motivation angeht. Der energiegeladene Terrier ist durch Bewegung genau in seinem Element und vergisst vielleicht dadurch eine Unsicherheit, während der schüchterne Tierschutzwindhund sehr viel Ruhe und Unaufgeregtheit brauchen kann. Es ist wichtig, dies zu erkennen und das Tier so anzuleiten, dass es freudig und freiwillig mitmacht. Geduld spielt eine große Rolle und auch, dass man nicht gleich aufgibt, wenn es ein wenig anstrengender wird. So mancher hyperaktive Hund, der einem zunächst jeden Nerv raubt, kann einen aufgrund seiner Ausstrahlung vielleicht zu den wunderbarsten Bildern bringen. Aber man muss auch mal einsehen, dass vielleicht die eine oder andere Bildidee mit diesem einen Charakter nicht zu machen ist. Kurz gesagt: Es ist das A und O, auf den Charakter des Tieres einzugehen.

■ Wiebke: Wie strukturierst du ein klassisches Fotoshooting?

Meine Shootings sind zumeist nicht länger als 1,5 Stunden, oft eher 60 Minuten. Der Hund muss sich in jedem Fall konzentrieren, auch wenn vielleicht keine große Action im Spiel ist. Auch ist die neue Umgebung häufig schon aufregend genug. Das macht müde, und Müdigkeit sieht man dem Tier an, was nicht zu guten Bildern führt. Ich lege häufig Pausen ein, um ein wenig die Aufregung zu nehmen, aber auch ein wenig Zeit zum Auftanken zu geben. So ist der Hund nach jeder Pause wieder ein wenig ruhiger und hält seine Konzentration. Zumeist sind die besten Bilder erst zu machen, wenn sich eine allzu große Aufregung gelegt hat, aber der Hund noch mit Spannung bei der Sache ist.

Das Tier kann sich zunächst einmal in Ruhe mein Studio anschauen. In dieser Zeit spreche ich mit dem Besitzer und beachte das Tier selber eigentlich nicht. Irgendwann stelle ich die Lichter an und schaue, wie der Hund so reagiert. Dann folgen ein paar Auslöser ohne Hund in Position.

Der Hund inspiziert weiterhin mein Studio. Sollte der Hund irritiert durch den Blitz wirken, lasse ich ihm noch mehr Zeit und sorge für Spaß in Form von Leckerlis. Die allermeisten Hunde haben jedoch überhaupt kein Problem mit dem Licht. Sollte ein Hund einmal den Blitz gruselig finden, ist es zumeist das Geräusch. Um das zu verhindern, stelle ich alle Piepsignale aus und fotografiere mit geringer Leistung des Blitzes.

Die eleganteren Porträts, für die mehr Konzentration erforderlich ist, mache ich zu Beginn. Die Bewegungsaufnahmen und alles, wo auch mal gehechelt werden kann, kommen dann zum Schluss

■ Wiebke: Mit welchem Licht arbeitest du am liebsten?

Bei Outdoor-Aufnahmen bin ich persönlich ein großer Fan von hellen, bedeckten Tagen. Mag unspektakulär klingen, aber ich konzentriere mich lieber auf den Hund und seinen Ausdruck als auf das Licht. Soll Sonnenlicht eine Rolle spielen, dann ist der Zeitpunkt kurz nach Sonnenaufgang oder kurz vor Sonnenuntergang am schönsten, wenn man auch mal stimmungsvolle Gegenlichtaufnahmen in warmer Umgebung machen kann.

Im Studio bin ich recht einfach aufstellt. Ich mag es, wenn das Licht nicht vom Motiv ablenkt. So gefallen mir einheitlich ausgeleuchtete Bilder. Eine größere Softbox sorgt für weiches Licht, das ich hartem Licht vorziehe.

■ Wiebke: Kannst du einen Profi-Geheimtipp preisgeben?

Ich weiß nicht, ob man es als Geheimtipp bezeichnen kann, aber hab keine Angst vor der Technik, sondern probier aus. Man muss auch nicht gleich das Teuerste kaufen. Schon mit einem einfachen Aufsteckblitz für 60 Euro kann man sich in Innenräumen Welten erschließen, indem man den auf der Kamera befindlichen Blitz gegen eine große helle Fläche (die Wand) richtet. So wird das Licht weich und großflächig zurückgeworfen auf deine Szenerie. Es gibt viele Situationen, die man auch zu Hause im Alltag festhalten möchte, und manchmal ist das Licht in Innenräumen zu schummerig und unschön. Direktes Blitzen ist so gut wie nie schön, aber von einer großen hellen Fläche zurückgeworfen, ist es unaufdringlich und weich.

Und auch die Studiotechnik ist eigentlich nur halb so wild, wie von manchen befürchtet. Ich selbst nutze fast ausschließlich nur einen Studioblitz mit einer etwas größeren Softbox (ca. 60 cm), um für weiches Licht zu sorgen. Auf die Seiten des Hundes und unter das Kinn lenke ich das Blitzlicht dann durch Reflektoren. Natürlich kann man auch zwei oder drei Blitze nutzen und im Studio sehr kreativ sein, aber zum einen kann man mit nur einem Blitz Geld sparen, und zum anderen möchte ich auch immer, so gut es geht, sicherstellen, dass jedes Tier, das in mein Studio kommt, so entspannt sein kann wie möglich.

Da ist es von Vorteil, wenn nicht von allen Seiten mit Blitz gefeuert wird, obwohl auch das für die meisten Tiere, wenn man sie vorsichtig an die Sache heranführt, kein großes Problem darstellt. Man sollte schon bei der Aufnahme genau darauf achten, dass das von den Reflektoren auf den Hund geworfene Licht auch wirklich die Stellen erreicht, die man betonen möchte. Hierzu ist es sinnvoll, den Hund auf einer kleinen Plattform zu positionieren, sodass man den Platz einschränkt, den er sich wählen kann.

Wiebke: Zum Schluss verrate uns bitte noch, mit welchem Equipment du am liebsten arbeitest:

Ich fotografiere mit Fujifilm-Kameras. Meine derzeitige Kamera der Wahl ist die Fujifilm X-T4. Ich bevorzuge das spiegellose System, weil es ein wenig Größe und Gewicht einspart, was sehr vorteilhaft ist, wenn man in einer Hand immer irgendeinen „Motivator" (Quietschie, Leckerli oder Spielzeug) für das Tier hält. Mein Lieblingsobjektiv im Studio ist eigentlich fast ausschließlich das Fujinon 16-55 mm f/2.8, weil ich bei 16 mm verzerrte, lustige Aufnahmen und bei längerer Brennweite elegantere Porträts machen kann.

Im Freien schwöre ich persönlich sehr auf Festbrennweiten. Meine absolute Lieblingsbrennweite für elegante Porträts und auch Bewegungsaufnahmen ist das Fujinon 90 mm f/2. Umgebungsporträts mache ich dann gern etwas weitwinkliger mit dem Fujinon 16 mm f/1.4 zum Beispiel.

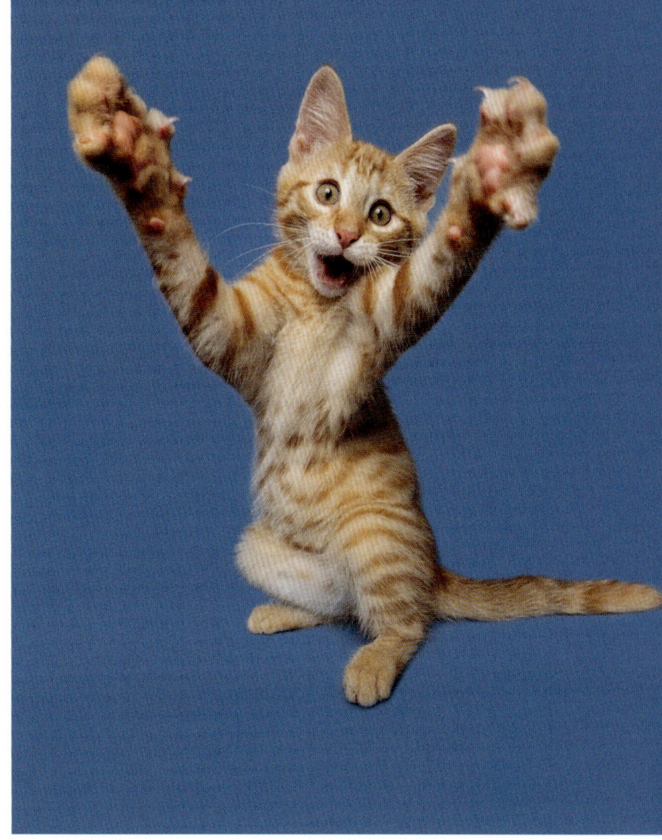

ISO 500 | 16 mm | f/10 | 1/1250 s

Mein Blitz im Studio ist ein günstiger Jinbei HD-600, der aber die sogenannte High-Speed-Synchronisation ermöglicht. Damit kann ich auch mit schnellen Verschlusszeiten fotografieren, was bei Tieren von Vorteil ist. Für den gelegentlichen Hobbyfotografen ist dies sicherlich eine günstige Alternative zu doch zuweilen sehr hochpreisigen, aber dafür qualitativ hochwertigen Blitzen. Eine Empfehlung möchte ich für den Blitz jedoch nicht abgeben, denn schlechte Erfahrungen zeigen, dass man vielleicht ein wenig investieren sollte, wenn man größere Ambitionen in der Studiofotografie hat.

Herausforderungen am Set

In diesem Abschnitt beschreibe ich dir drei Beispielshootings mit Hunden und erkläre dir, worin die Herausforderungen bestanden, welche Überlegungen und Vorbereitungen ich treffen musste und wie die Umsetzung funktioniert hat. So kannst du die vorangegangenen Gedankengänge am Beispiel nachvollziehen.

Shooting 1: Joyce im Winter

Kameratechnik	Canon R6 Canon RF 70-200 mm f/2.8
Schwierigkeit	leicht
Assistenten	keine
Hilfsmittel	Leckerlis
Licht	Abendsonne, klarer Himmel
Dauer	1 Stunde

■ **Das Shooting** – In Norddeutschland ist Schnee eine echte Besonderheit. Wir bekommen pro Winter etwa eine Handvoll Schneetage, von denen man zumindest behaupten kann, dass eine geschlossene Schneedecke erkennbar wird. Kein Wunder also, dass ich an diesem Schneetag mit klarem Himmel auch noch spontan ein paar Fotos machen wollte. Ich habe das Fotoshooting mit einem abendlichen Spaziergang verbunden und einfach mein eigenes Supermodel fotografiert.

Da ich unsere Spazierwege und die Möglichkeiten am Wegesrand gut kenne, musste ich die Location nicht vorher extra ablaufen. Unser Rundweg dauerte etwa eine Stunde, der mit flacher Wintersonne ab 15 Uhr im schönen Abendlicht für Fotos genutzt werden konnte. Ich habe mich auf mein fotografisches Auge verlassen und an den Stellen fotografiert, von denen ich wusste, sie würden einen schönen, vollen und interessanten Hintergrund geben. Bestimmte Motive hatte ich nicht im Kopf.

■ **Das fiel mir leicht** – Das sowieso schon weiche Licht des Winters gab sich an diesem Abend als wirklich einfache Lichtquelle. Ich konnte während der Fotostunde ab 15 Uhr bis zum Sonnenuntergang gegen 16 Uhr in jede Richtung fotografieren und sofort sowohl Gegenlicht und Streiflicht als auch direktes Licht und gar diffuses Licht im Schatten nutzen.

Die Schneedecke half als kleiner Aufheller von unten, was gerade für schwarzes Fell eine Erleichterung sein kann. Außerdem sind Joyce und ich ein eingespieltes Team, und mit Futter konnte ich sie leicht zum Modeln motivieren. Auf Actionbilder habe ich ohne Helfer verzichtet, sodass auch das Anfokussieren leicht war.

■ **Das waren die Herausforderungen** – Ohne Fotohelfer war ich bezüglich der Blickrichtung von Joyce etwas eingeschränkt. Ich habe zwar hin und wieder Futter in bestimmte Richtungen geworfen, aber präziser ist der Kopf mit einem

Helfer (in diesem Fall wäre das ihr Herrchen gewesen) zu lenken. Außerdem ist die Belichtung von sehr dunklem und sehr hellem Fell im gleichen Bild schwieriger. Kameras können nur Schwarz oder Weiß „sehen“, sodass die Bilder „out of cam“ im Schwarz alle etwas zu dunkel sind.

Ich belichte grundsätzlich lieber etwas zu dunkel und ziehe die Tiefen dann im RAW-Konverter heller, als dass ich schon beim Shooting die Bildqualität durch zu viel ISO mindere. Das ist bei heutigen Kameras sicher nicht mehr zu streng zu sehen. Du kannst austesten, ob dir in solchen Fällen das nachträgliche Aufhellen von Tiefen oder das nachträgliche Abdunkeln von Lichtern leichter fällt.

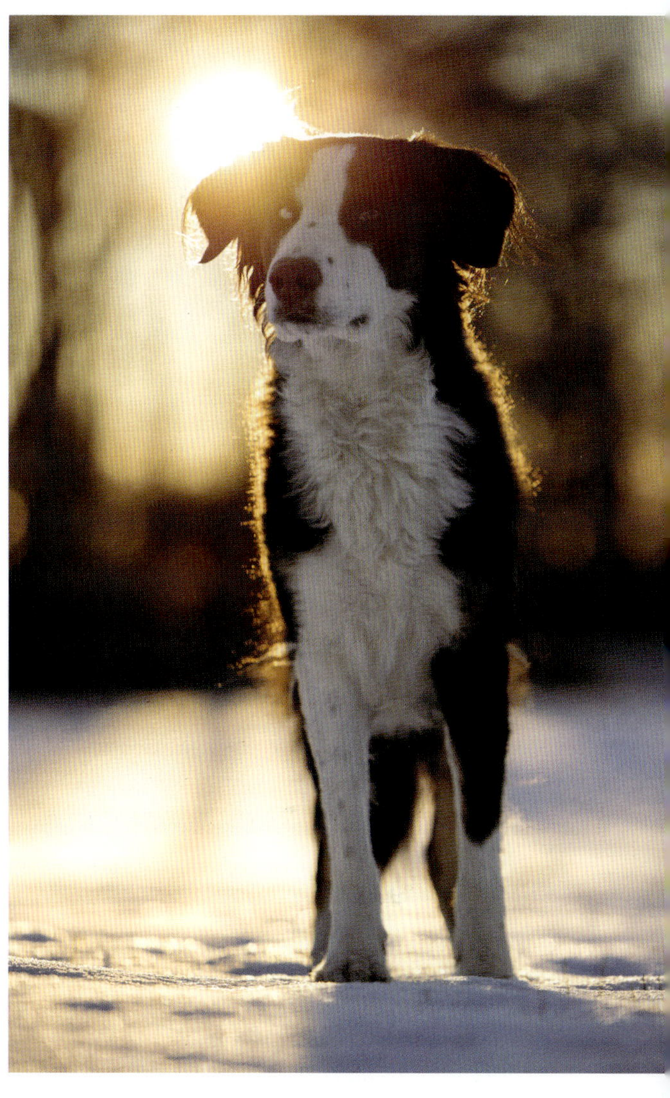

▶ *Das schneebedeckte Feld ist von einer lichten Baumreihe gesäumt, die genug Licht durchscheinen lässt. Der Hintergrund ist also ideal für eine Gegenlichtaufnahme. Durch die Bäume wird das Licht etwas gebrochen, und der Hintergrund erscheint nicht überbelichtet. Selbst die hellen Bereiche im Schnee zeigen noch etwas Struktur. Das liegt an der tief stehenden, winterlichen Abendsonne. Joyce wird durch die Schneedecke etwas von unten aufgehellt, da der Schnee selbst wie ein natürlicher Reflektor funktioniert. Ihr Stand ist nicht ganz ausbalanciert. Es wäre noch besser gewesen, hätte ich alle vier Beine einzeln ins Blickfeld bekommen. Zudem lehnt sie mit dem Gewicht auf ihrer rechten Vorderpfote (links im Bild). Allerdings überwog für mich in diesem Moment das Zusammenspiel zwischen Sonne und Kopfposition, sodass ich lieber auf den Auslöser drückte, statt mich oder den Hund noch mal komplett zu versetzen.*

ISO 125 | 153 mm | f/2.8 | 1/1250 s

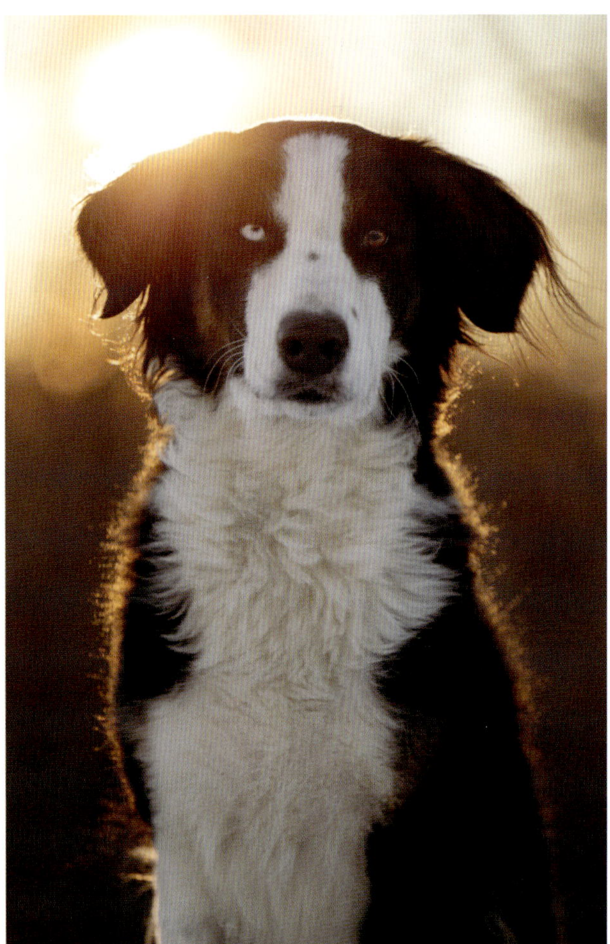

ISO 200 | 200 mm | f/2.8 | 1/1250 s

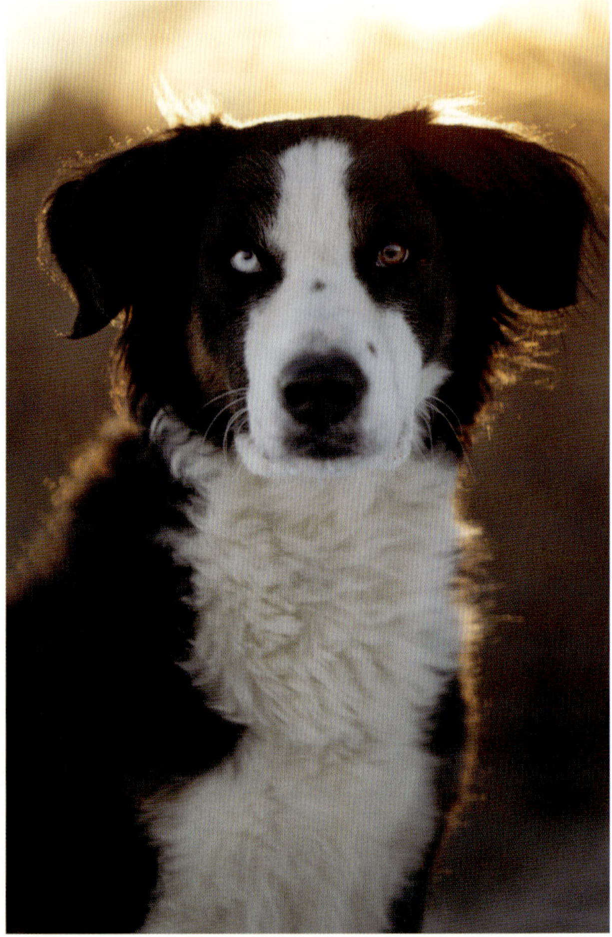

ISO 200 | 182 mm | f/2.8 | 1/1250 s

▲ *Nur wenige Meter von meiner ersten Location entfernt bin ich mit Joyce etwas dichter an ein Gebüsch herangetreten. Für ein Porträt wollte ich eine noch homogenere Fläche im Hintergrund haben und trotzdem das Gegenlicht einbeziehen. Normalerweise bevorzuge ich es, wenn in diesem Fall der Hintergrund tatsächlich ganz geschlossen ist, also wenn der Busch auch den oberen Teil des Bilds bedeckt hätte. Das war jedoch leider nicht möglich, da die Pflanzen schlicht zu niedrig waren. In einem zweiten Versuch habe ich sie von einer minimal höheren Perspektive fotografiert, aber auch keinen ganz geschlossenen Hintergrund zaubern können. Trotz allem gefallen mir die Fotos. Der Übergang vom Gehölz der Büsche zum freien, abendlichen Winterhimmel ist weich, und um ehrlich zu sein, liebe ich auch die goldenen Strahlen am Himmel. Sie bringen selbst das schwarze Fell meiner Hündin zum Leuchten und verleihen den Bildern eine warme Aura.*

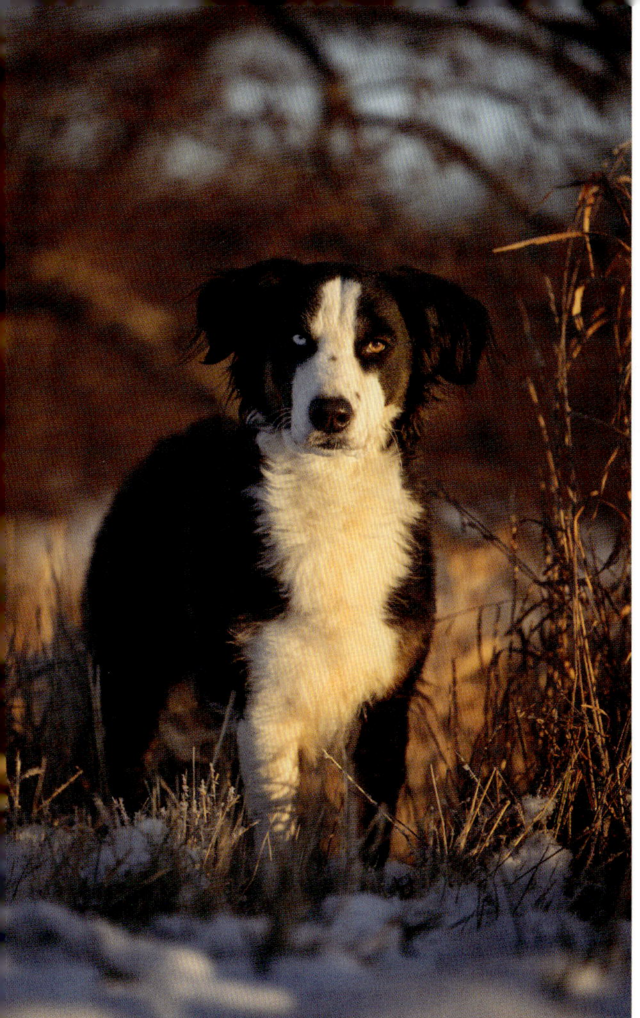

ISO 200 | 200 mm | f/2.8 | 1/1250 s

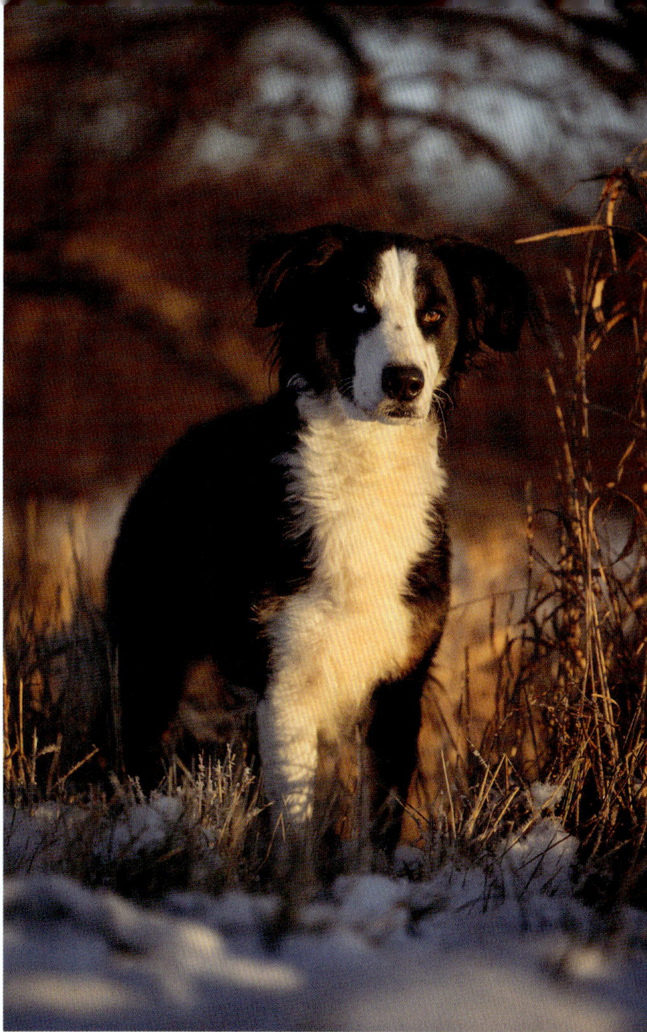

ISO 200 | 200 mm | f/2.8 | 1/1250 s

▲ *An einem Graben habe ich Joyce gebeten, zwischen den Schilfpflanzen zu posieren. Hier ging es mir vor allem darum, das Motiv zu rahmen. Im Hintergrund siehst du einen Baum, dessen Äste von links nach rechts in das Bild hineinragen und wie ein Bogen über Joyce gespannt sind. Wir „lesen“ auch Fotos, Gemälde und andere Arten von Bildwerken von links nach rechts, sodass die Äste einen tollen Einstieg in das Bild bieten. Aufgefangen wird der Blick auf der rechten Seite durch das hoch stehende Schilf. So wirken die Fotos „rund“ und „geschlossen“ und laden immer wieder zum erneuten Betrachten ein. Das Streiflicht der Abendsonne ist weich und sorgt somit auch für sanfte Licht-Schatten-Kontraste. Ich hatte Glück, dass Joyce‘ blaues, helleres Auge auf der schattigen Seite des Gesichts liegt. So kommt es trotzdem gut zur Geltung, obwohl es nicht direkt angestrahlt wird. Außerdem ist mir hier die Positionierung zu meinem Model besser gelungen. Die Hinterhand steht etwas schräger zu mir, sodass der Hundekörper eine bessere Form bekommt. Beim zweiten Foto streckt sich Joyce sogar noch etwas eleganter, da sie einem Leckerli hinterherschaut. Ich mag aber ebenso den direkten Blick in die Kamera.*

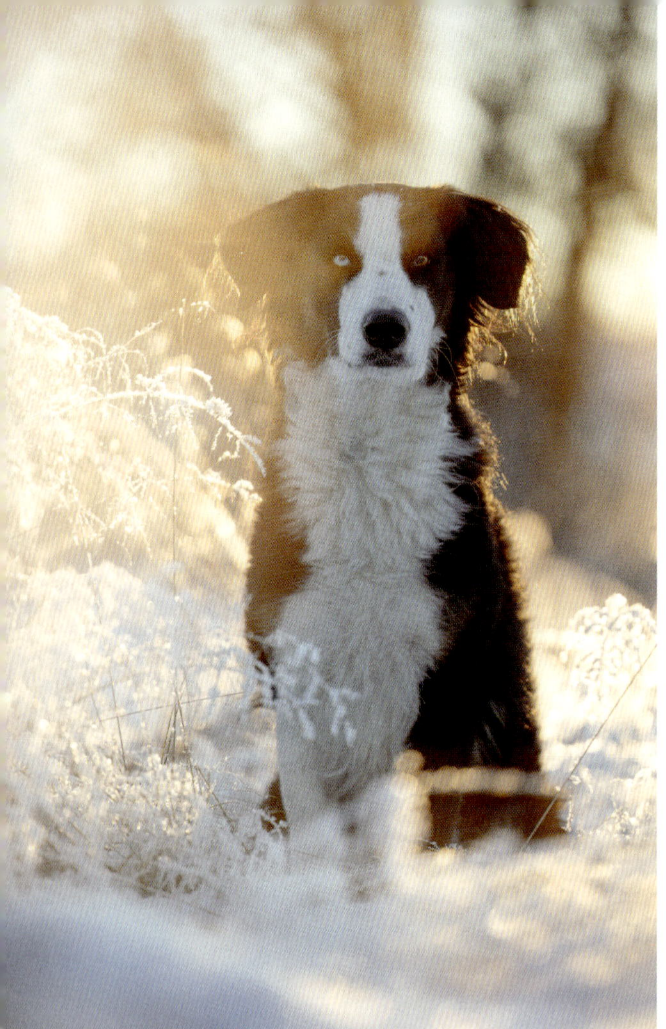

ISO 200 | 200 mm | f/2.8 | 1/1250 s

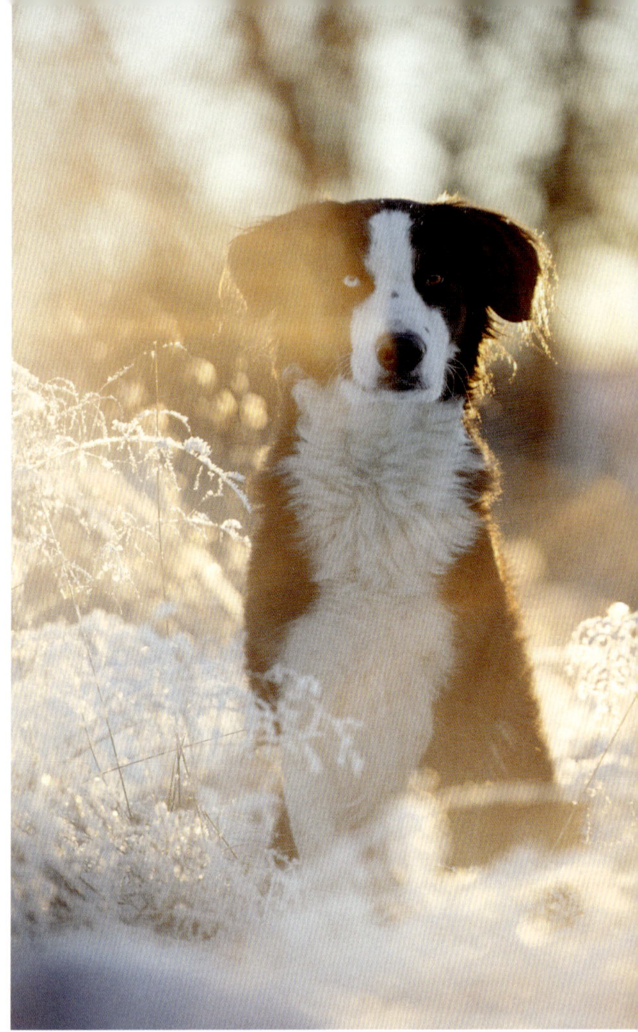

ISO 200 | 200 mm | f/2.8 | 1/1250 s

▲ *Diese beiden Bilder sind auf einem sonst sehr nassen Stück Wiese entstanden. Der Frost an den Gräsern hat sich den ganzen Tag gehalten. Es war Glück und Zufall, dass ich die Stelle gesehen habe, da ansonsten gar keine Frostkristalle zu sehen waren. Allerdings neigte sich die Sonne mit großen Schritten dem Horizont entgegen, sodass ich nur zehn Minuten Zeit für Aufnahmen im Gegenlicht auf der Frostwiese hatte. Schnell platzierte ich Joyce neben möglichst dichten Grasbüscheln. Die meisten Gräser standen viel zu einzeln und hätten total verloren im Bild gewirkt, sodass ich nur diese eine Stelle wirklich nutzen konnte. Um das Motiv weicher wirken zu lassen, habe ich einfach durch einzelne Gräser direkt vor meiner Linse hindurchfotografiert. Dadurch kam es zu den unscharfen Lichtflecken im Vordergrund. Außerdem betten die unscharfen Bereiche am Boden den Hund weich in die Szenerie ein. Normalerweise stehen Weiß (Schneeumgebung) und Schwarz (Hundefell) im harten Kontrast zueinander, den ich durch diesen einfachen fotografischen Trick etwas gebrochen habe. Als Hintergrund habe ich eine Weide gewählt, sodass dieser zumindest etwas Struktur bekommt und ich nicht gegen den blanken Himmel fotografieren musste. Es bleibt bei solchen Motiven nicht aus, dass du dich als Fotograf schnell entscheiden musst, wo du dich und dein Model positionierst. Ich habe mich innerhalb kürzester Zeit ein paar Mal an einer anderen Stelle in den Schnee gelegt (eher geschmissen – es musste schnell gehen), um zügig die beste Perspektive und die optimale Position zu finden. Das braucht etwas Übung, aber mit der Zeit wirst du ganz intuitiv sehen, wie du dein Motiv am besten in deine Location einbetten kannst.*

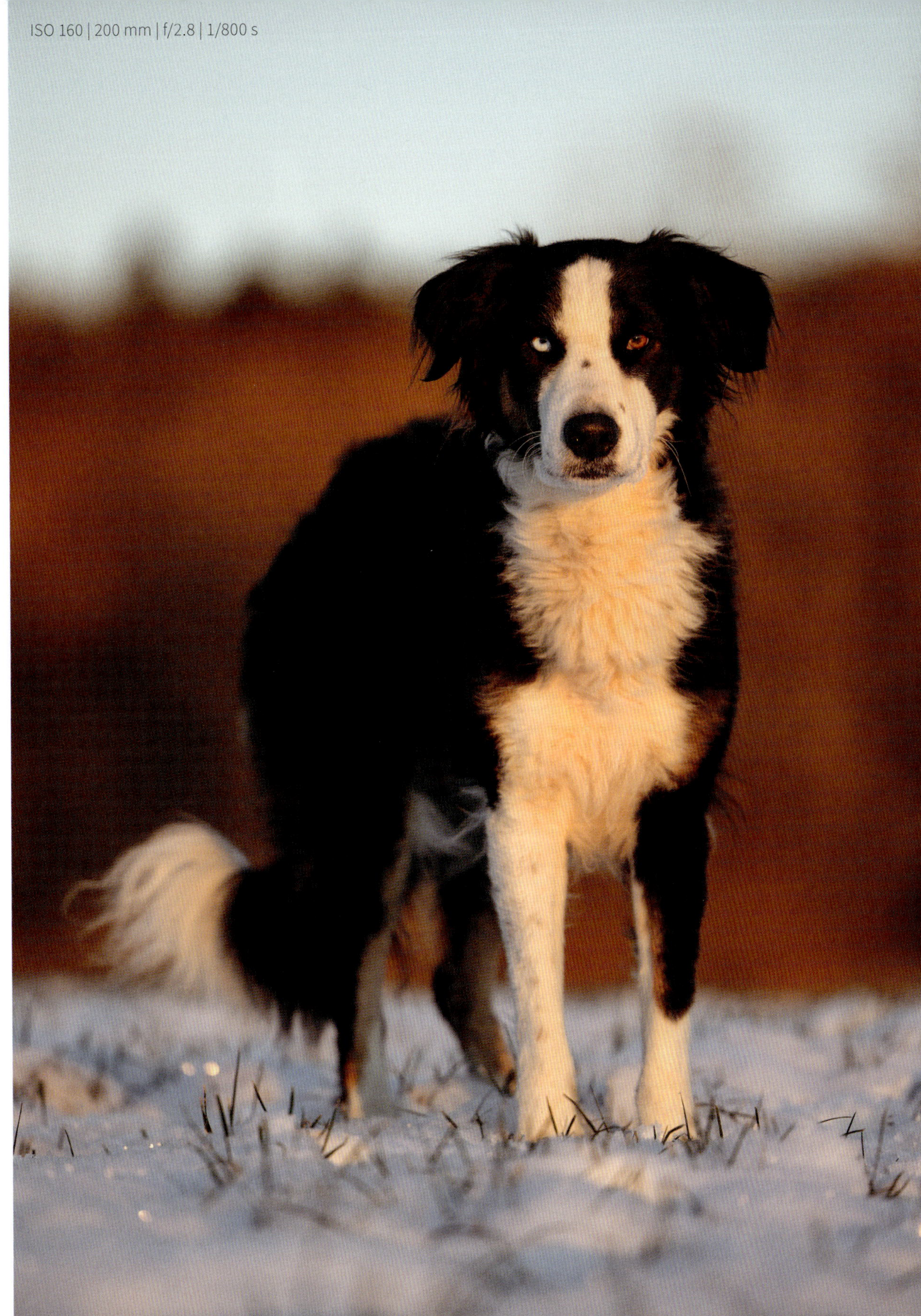

ISO 160 | 200 mm | f/2.8 | 1/800 s

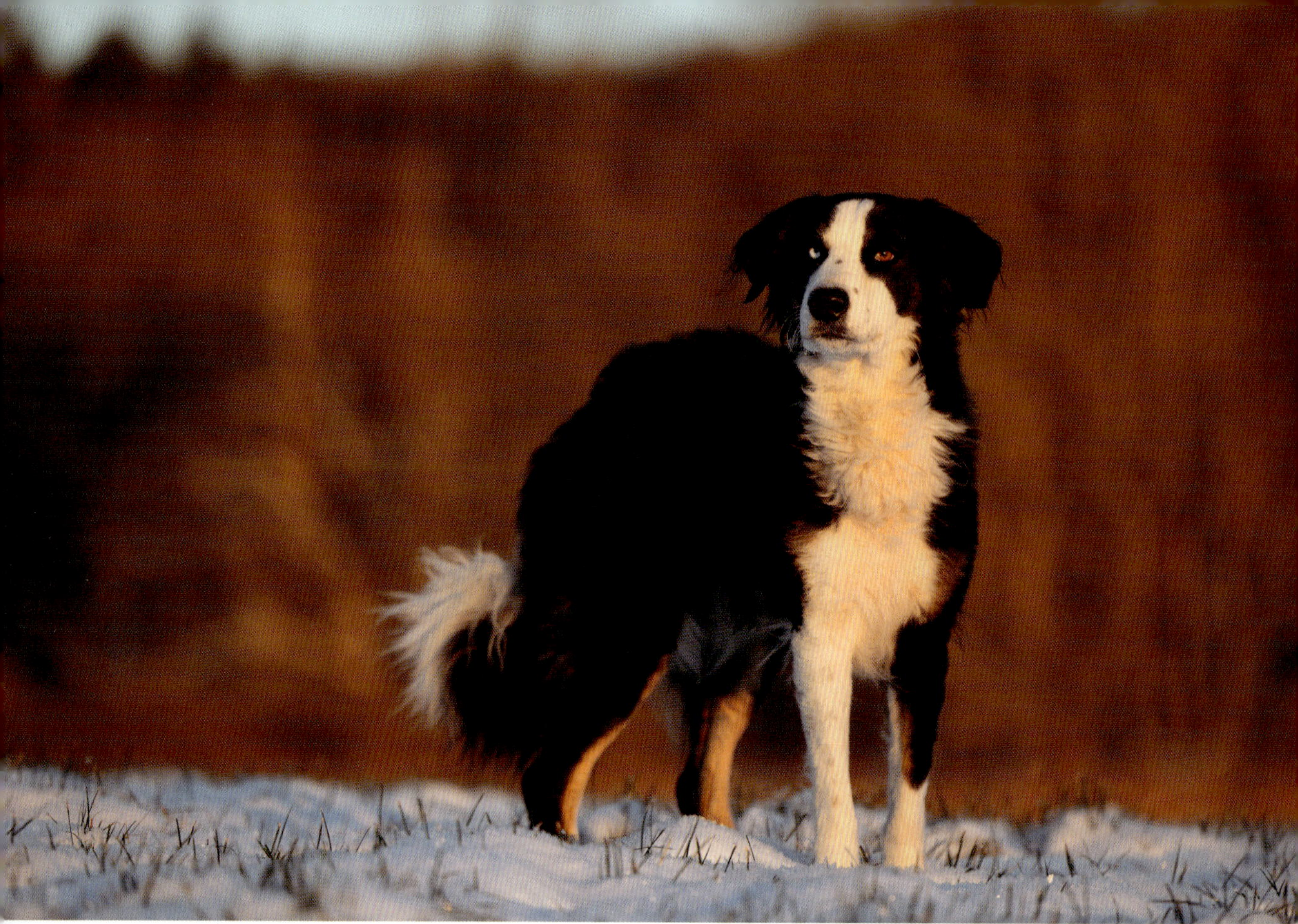

ISO 160 | 200 mm | f/2.8 | 1/800 s

▲ ***Seite 137-139:*** *Kurz vor dem Untertauchen hinter dem Horizont sendet die Sonne ihre herrlichsten Farben und küsst die Erde vor dem Schlafengehen mit warmen Pastellfarben. Trotz der fehlenden Blätter wirkte der Wald alles andere als kahl und schien in warmen Pastell- und Rottönen so intensiv, dass ich auf einer kleinen Anhöhe noch zügig einige Fotos mit direktem Licht fotografieren wollte. Die beiden Standbilder unterscheiden sich im Format. Im Querformat ist mehr von Joyce' Flanke und Hinterhand zu sehen, sodass die Form meiner Hündin eher in dieses Format gepasst hat. Auf dem anderen Bild hat sich unser Winkel noch etwas geändert, sodass ich mich für ein Hochformat entschieden habe. Hier bin ich einen Kompromiss eingegangen: Denn eigentlich möchte ich nicht, dass Baumkanten im Hintergrund direkt „durch" den Kopf meines Motivs laufen. Allerdings war unser Fotohügel viel zu weit weg vom Wald. Ich hätte zwar dichter herangehen können, aber hätte dann zwangsläufig abschüssig fotografieren müssen. Das heißt, meine Position wäre viel höher gewesen als die von Joyce. Durch die hohe Freistellung stört mich der Hintergrund aber weniger, als wenn ich eine ungünstige Perspektive hätte einnehmen müssen. Für das Porträt konnte ich dem an einer anderen Stelle besser entgegenwirken und dicht genug an den mittlerweile feuerroten Wald herantreten.* →

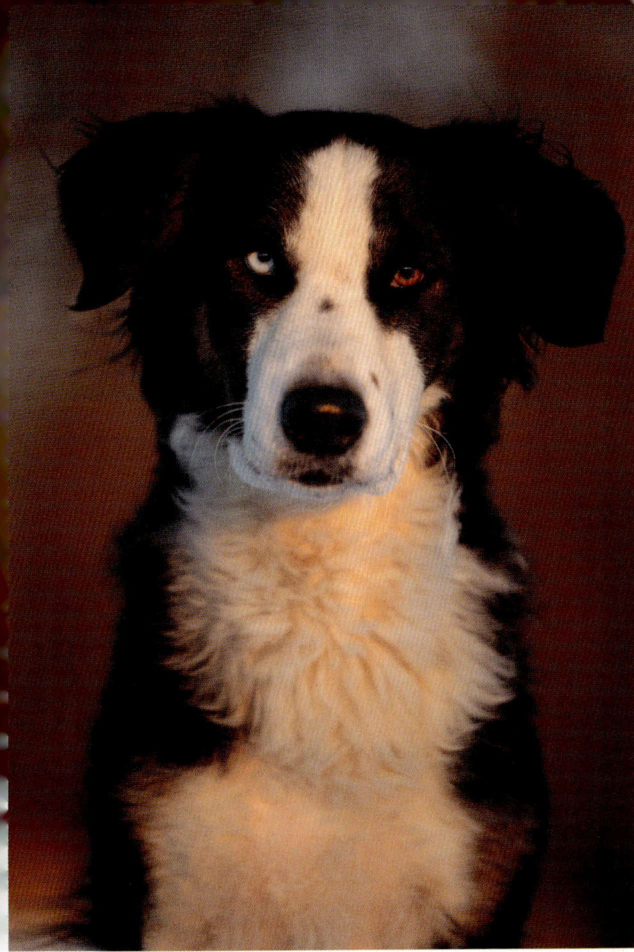

ISO 320 | 200 mm | f/2.8 | 1/1000 s

Auch wenn ich das digitale Bild bereits farblich an die Stimmung zum Zeitpunkt des Shootings angepasst habe – weder digital noch im Druck kommt die wahre Schönheit des Moments voll zur Geltung. Meine Fotos sind nur das etwas blassere Abbild meines persönlichen visuellen Eindrucks. Daher ist die Bildbearbeitung auch ein wichtiger Bestandteil meiner Arbeit. Sie bringt das Bild noch dichter an meine Sinneswahrnehmung und an das Gefühl heran, das ich beim Fotografieren gespürt habe.

▶ **Seite 140:** *Auf dem Rückweg haben wir den „Tunnel" passiert. Das ist ein kleiner Weg, der rechts und links mit einer relativ schmalen Reihe von Bäumen und Sträuchern bewachsen ist. Der Weg selbst liegt in einer Art Mulde, sodass zum Abend nur noch die Baumspitzen Licht abbekommen haben. Dank des hellen Untergrunds jedoch war ich überrascht, wie gut sich die Kulisse für ein letztes Foto angeboten hat. Mit einem gänzlich hellen Hund wäre dieses Foto sicher noch einfacher geworden. Denn hier wird sichtbar, wie stark schwarzes Fell das Licht schluckt, während die weißen Bereiche noch immer klar in ihrer Struktur sichtbar sind. Deswegen habe ich den Hintergrund direkt hinter Joyce' schwarzem Rücken etwas aufgehellt. Um solche Art von Bildern vernünftig zu drucken, solltest du auf jeden Fall Testdrucke anfertigen und überprüfen, wie viel des dunklen Bereichs im Druck noch sichtbar ist. Dieses Bild hier wird erstmalig in diesem Buch gedruckt erscheinen, sodass ich es von Anfang an etwas heller abgebe als meine erste Bearbeitung für den Monitor. Übrigens hätte ich die Verschlusszeit drastisch reduzieren und so ISO sparen können. In der Eile des Augenblicks habe ich schlichtweg nicht mehr daran gedacht … und die Rauschfreiheit meiner Kamera macht faul.*

ISO 2500 | 70 mm | f/2.8 | 1/1250 s

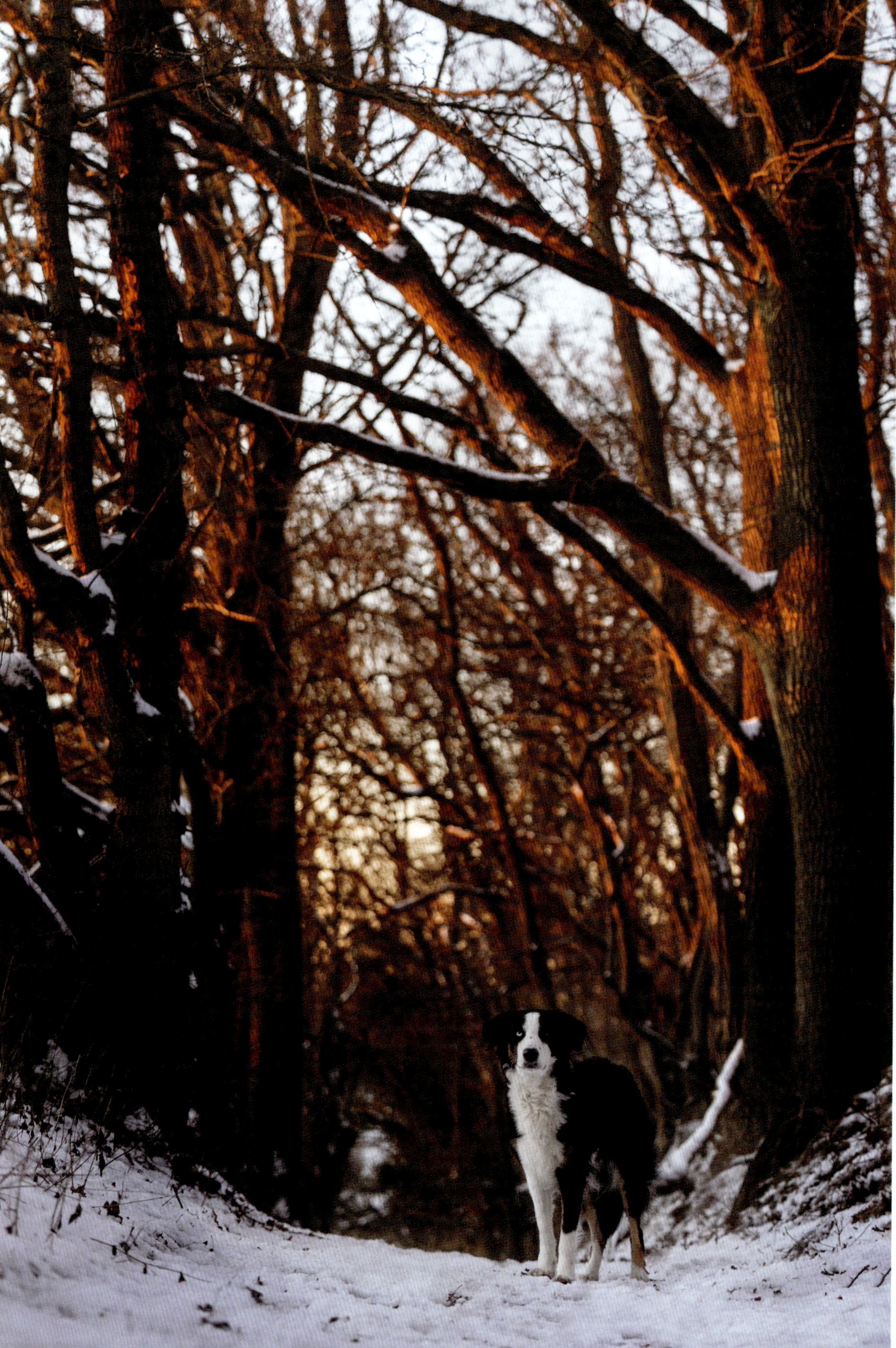

Shooting 2: Maja im Herbst

Kameratechnik	Canon 1Dx Canon RF 70-200 mm f/2.8 Sigma 50 mm f/1.4
Schwierigkeit	leicht bis mittel
Assistenten	2 Personen
Hilfsmittel	Leckerlis, Spielzeug, lustige Geräusche
Licht	Abendsonne, klarer Himmel
Dauer	1 Stunde

■ **Das Shooting** – Diese schöne Labradorhündin hat mich im Rahmen eines Fotoshootings besucht. Bei diesem Termin war ich also vor allem als Dienstleisterin im Einsatz und habe so eine Auswahl an verschiedenen Motiven angeboten. Da Maja und ihr Frauchen mobil sind, habe ich sie zu mir nach Hause eingeladen, und wir sind meine kleine Hunderunde entlangspaziert. Hier weiß ich, wo geeignete Plätze warten. Die Abendsonne konnte ich für verschiedene Lichtstimmungen nutzen.

■ **Das fiel mir leicht** – Helles Fell ist grundsätzlich leichter zu fotografieren als dunkles Fell. Die Kamera fokussiert aufgrund der höheren Kontraste im Gesicht zuverlässiger, da wichtige Elemente wie Augen einfach besser zu sehen sind. Außerdem sehen helle Tiere vor dunkleren Hintergründen schick aus – und gerade bei kleinen Tieren wie Hunden hat man es eher mit dunkleren Umgebungen zu tun.

Auf Höhe der Hunde lassen sich viel leichter formatfüllende Hintergründe wie Büsche und Gräser finden, die den Hund entsprechend einrahmen. Außerdem ist Maja gut erzogen, sodass wir sie an verschiedenen Orten sitzen lassen oder sie für Laufbilder abrufen konnten. Mit Helfern lässt sich außerdem auch der Blick des Hundes leichter steuern. In diesem Fall konnte Maja mit ihrem Lieblingsspielzeug bei Laune gehalten und so auch ihr Fokus gesteuert werden.

■ **Das waren die Herausforderungen** – Da Maja nicht mein eigener Hund ist, muss ich ihre Möglichkeiten über das Frauchen abfragen. Mit Menschen beim Shooting ist die Kommunikation eine ganz andere. Statt dass ich direkt mit dem Tier einfach meinen Eingebungen folge, erkläre ich bei Kundenshootings natürlich alle meine Ideen und Vorhaben zunächst den menschlichen Beteiligten. Außerdem ermögliche ich bei Kundenshootings eine breitere Motivauswahl. Das heißt, dass ich auch Actionfotos anbiete. Danach ist der Hund meistens k. o., sodass diese Bilder gut geplant werden müssen.

Bei Maja konnte ich aufgrund der guten Kondition die Laufbilder auch zwischen den Porträts fotografieren, jedoch ist sie sehr „bergab" gelaufen. Obwohl wir auf einem Hügel sogar leicht „bergauf" gearbeitet haben und das Gras sogar etwas höher stand, ging Maja lieber auf Tauchstation. Ich habe mich nach ein paar Runden dann zufriedengegeben. In solchen Fällen muss man die Situation akzeptieren, denn mit mehr Power wird der Hund nach etlichen Runden ohnehin nicht mehr rennen.

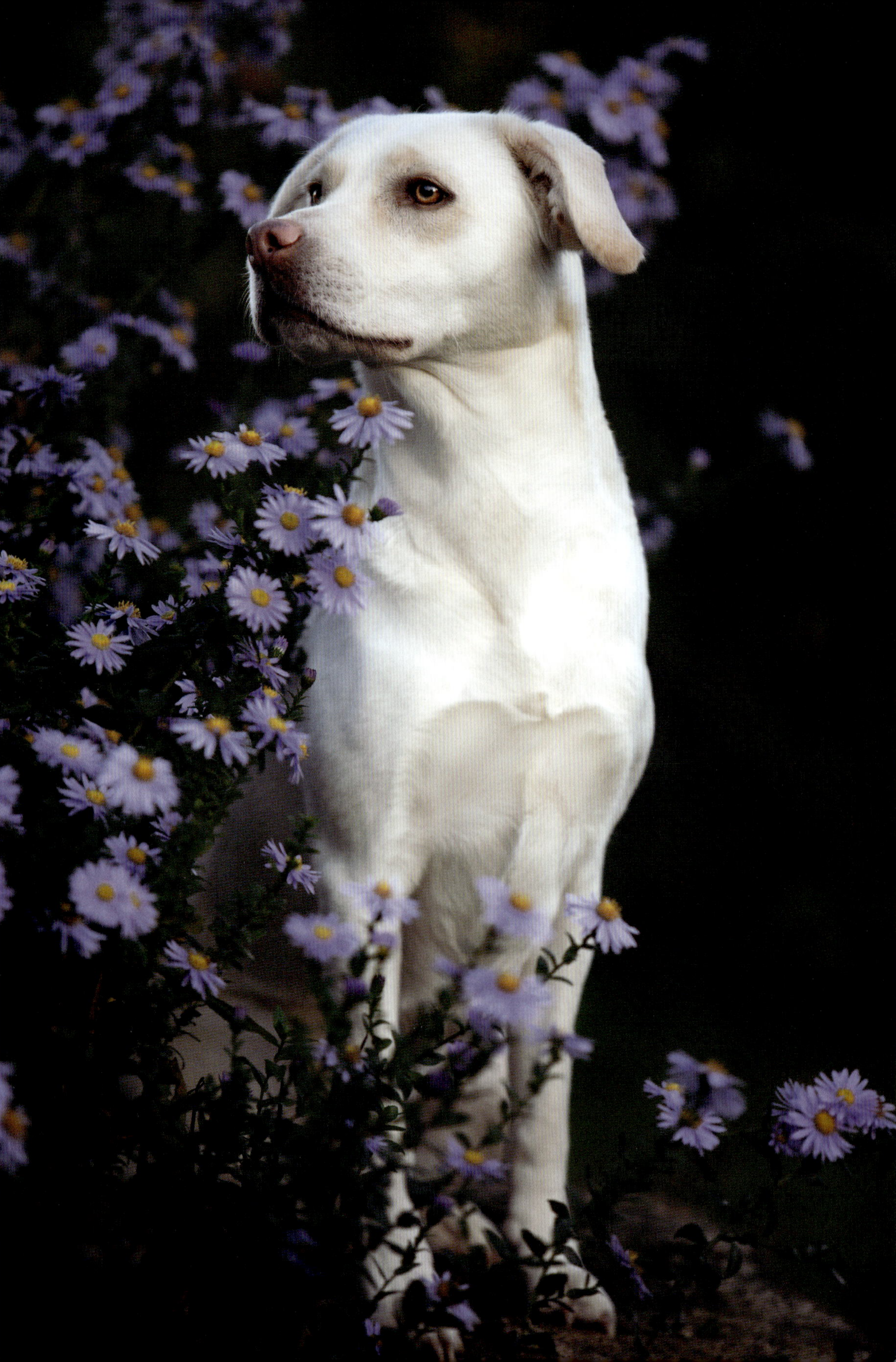

Außerdem hat Maja schon nach kurzer Zeit (vor den Laufbildern) mit dem Hecheln begonnen. Wir haben ihr dann lustige Geräusche vorgespielt bzw. sie mit ihrem Spielzeug aufmerksam gemacht. Wenn man schon Helfer dabeihat, können diese sich ruhig in Sachen Tier-Entertainment ausprobieren.

◀ *Diese hübschen Blüten sind wie geschaffen, um sie als Fotokulisse zu nutzen, sind sie doch genau auf richtiger Höhe für mittelgroße Hunde wie Maja. Wie der Zufall es will, diente ein Stein direkt neben der Blumenpracht als ideales Podest für mein Model. Die Besitzerin hat Maja auf den Stein gebeten und sie sitzen lassen. Ich habe darauf geachtet, dass Majas Körper etwas diagonal zu mir positioniert wurde. So bekam sie viel mehr Spannung in den Körper, und die Hinterhand wurde durch die Blumen eingerahmt. So entsteht ein weicher Übergang von den Blumen zum Hund. Anschließend wurde Majas Aufmerksamkeit nur noch mit ihrem Lieblingsball in die entsprechende Richtung gelockt. Das Foto entstand an einem wunderbar sonnigen Herbstnachmittag. Die Blumen lagen jedoch im Vollschatten eines Gebäudes. Das diffuse Licht jedoch passt super, gibt dem Bild ganz weiche Kontraste und lässt das helle Fell deutlich vor dem dunklen Hintergrund hervortreten. Ich hatte dieses Motiv zunächst mit 50 mm probiert. Diese Brennweite war jedoch zu kurz. Denn was hier, dank der langen Brennweite, nun als geschlossener und dichter Hintergrund erscheint, war in Wahrheit nur ein kleiner Busch.*

ISO 500 | 195 mm | f/2.8 | 1/800 s

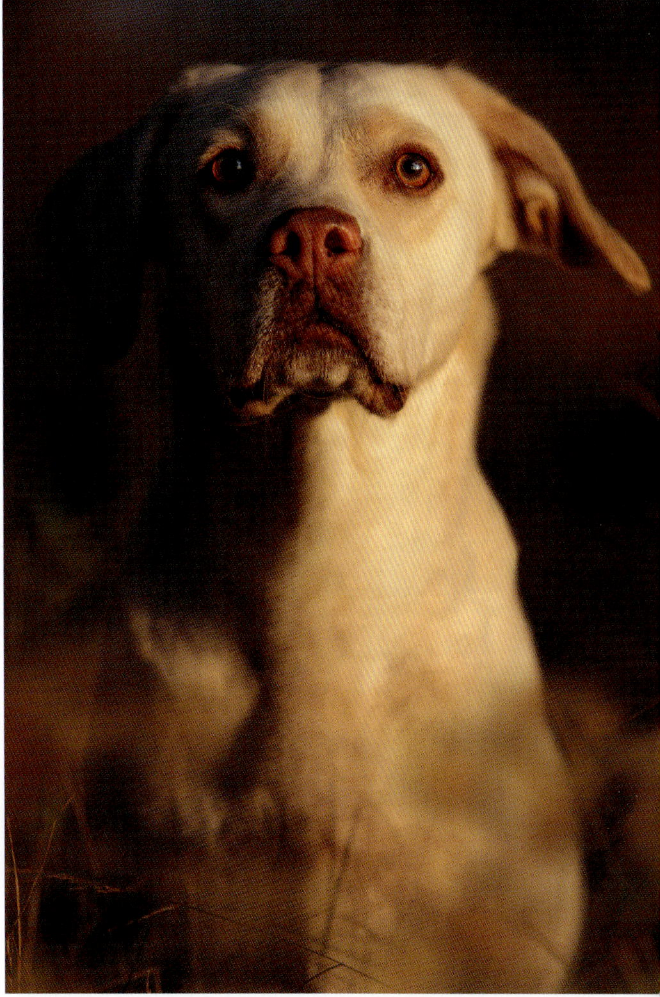

▲ *Am Waldrand entstand dieses Porträt mit dem weichen Streiflicht der Abendsonne. Ich habe den Waldrand als Location gewählt, da hier helle Gräser passend zu Majas Fell wachsen. Mein Favorit aus dieser Reihe war ursprünglich ein Foto, auf dem Maja sich mehr zur Seite gedreht hatte. Meine Kundin jedoch entschied sich für das frontale Porträt, das mir nach dem Bearbeiten dann auch so gut gefiel, dass es heute aus der Reihe zu meinen Lieblingsbildern gehört. Ich mag, wie das von uns aus rechte Ohr neckisch zur Seite weht.*

ISO 400 | 200 mm | f/2.8 | 1/800 s

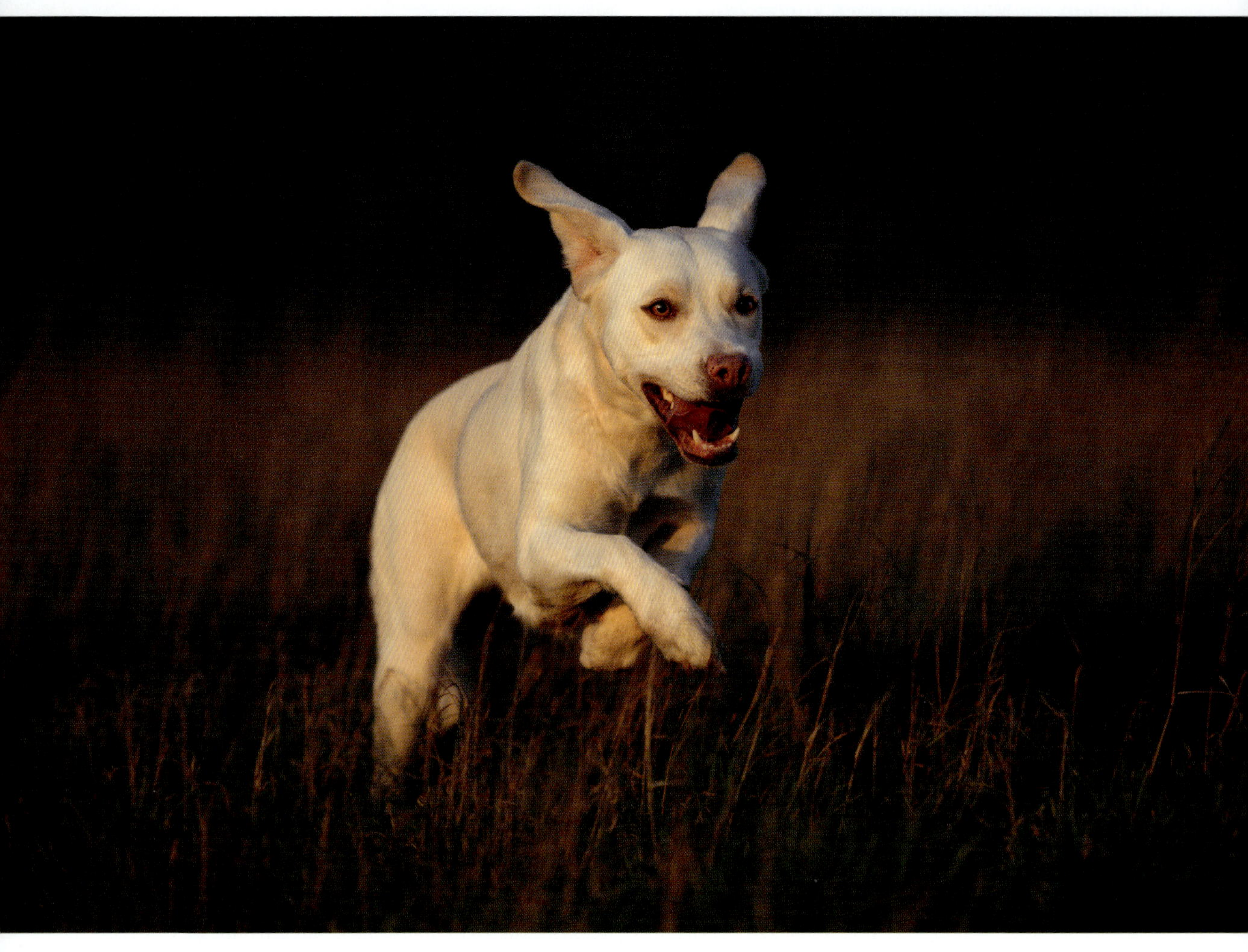

▲ *Maja rennt sehr tief und flach. Wenn sie sich vom Boden mit den Hinterläufen abdrückt, duckt sie sich meistens schon mit dem Kopf nach unten. Deswegen habe ich sie durch etwas höheres Gras laufen lassen, um sie so etwas mehr zu motivieren, den Kopf oben zu lassen. Hohes Gras ist jedoch eine echte Fokusherausforderung! Es hat also ein paar Versuche gebraucht, bis alles gepasst hat. Da die Laufbilder zum Shooting zwar dazugehörten, aber keine Priorität hatten, gab ich mich mit den wenigen ersten Ergebnissen zufrieden. Es war klar, dass Maja mit jedem neuen Anlauf eher dazu neigen würde, noch energiesparender und niedriger zu laufen als davor.*

ISO 400 | 200 mm | f/2.8 | 1/1250 s

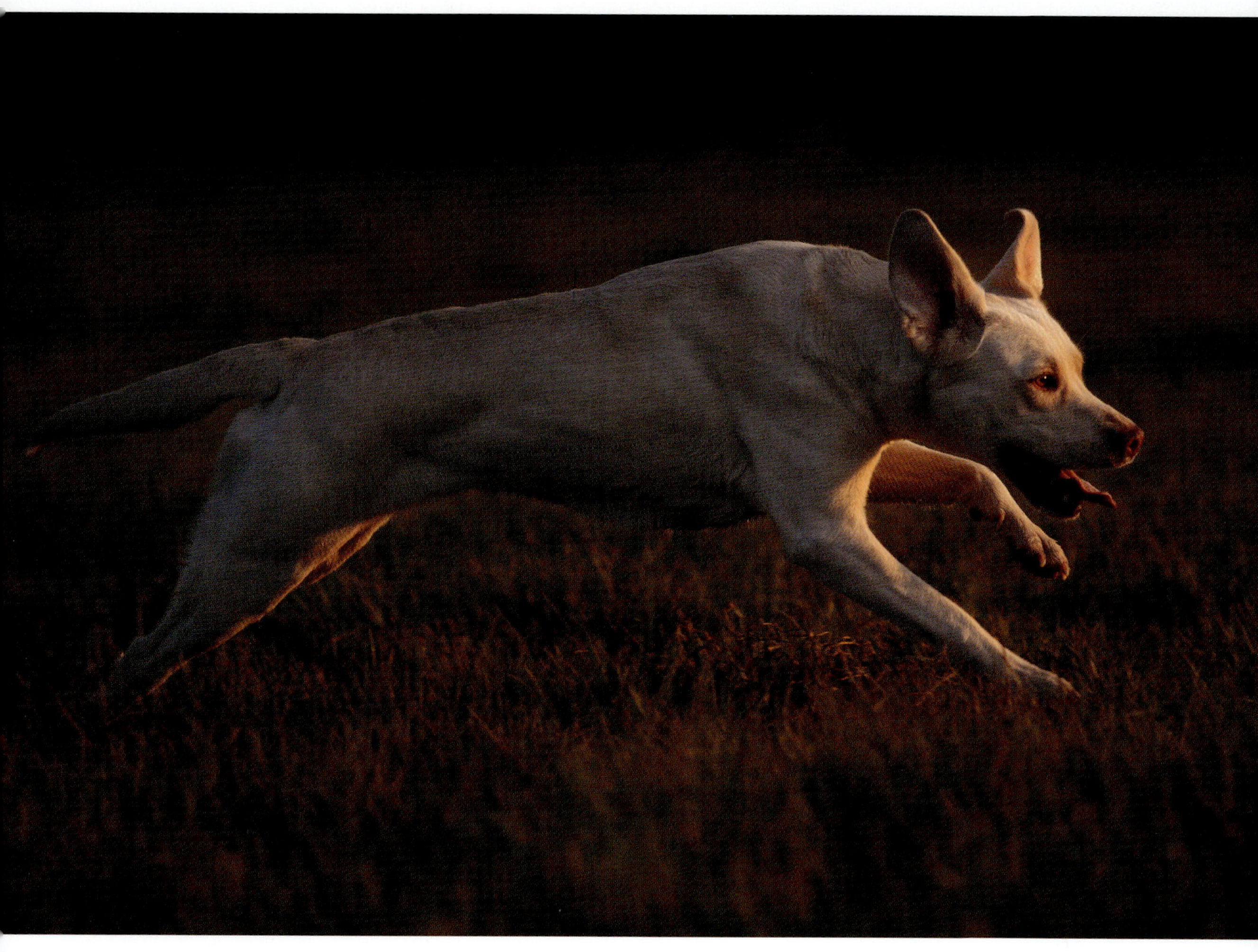

▲ *Auf dem zweiten Bild waren die Fokusbedingungen einfacher. Der Hund rennt direkt seitlich im flachen Gras an mir vorbei. Allerdings ist die Location etwas abschüssig, sodass der Rasen selbst den größten Teil des Hintergrunds einnimmt. Dafür finde ich Licht und Hund in dieser Position schön. Es wird aber doch deutlich, was ich weiter oben mit „tiefer Kopfhaltung" meinte – auch hier sind die Hinterläufe noch im Bodenkontakt, während Maja vorne schon wieder nach unten kippt.*

ISO 400 | 200 mm | f/2.8 | 1/1250 s

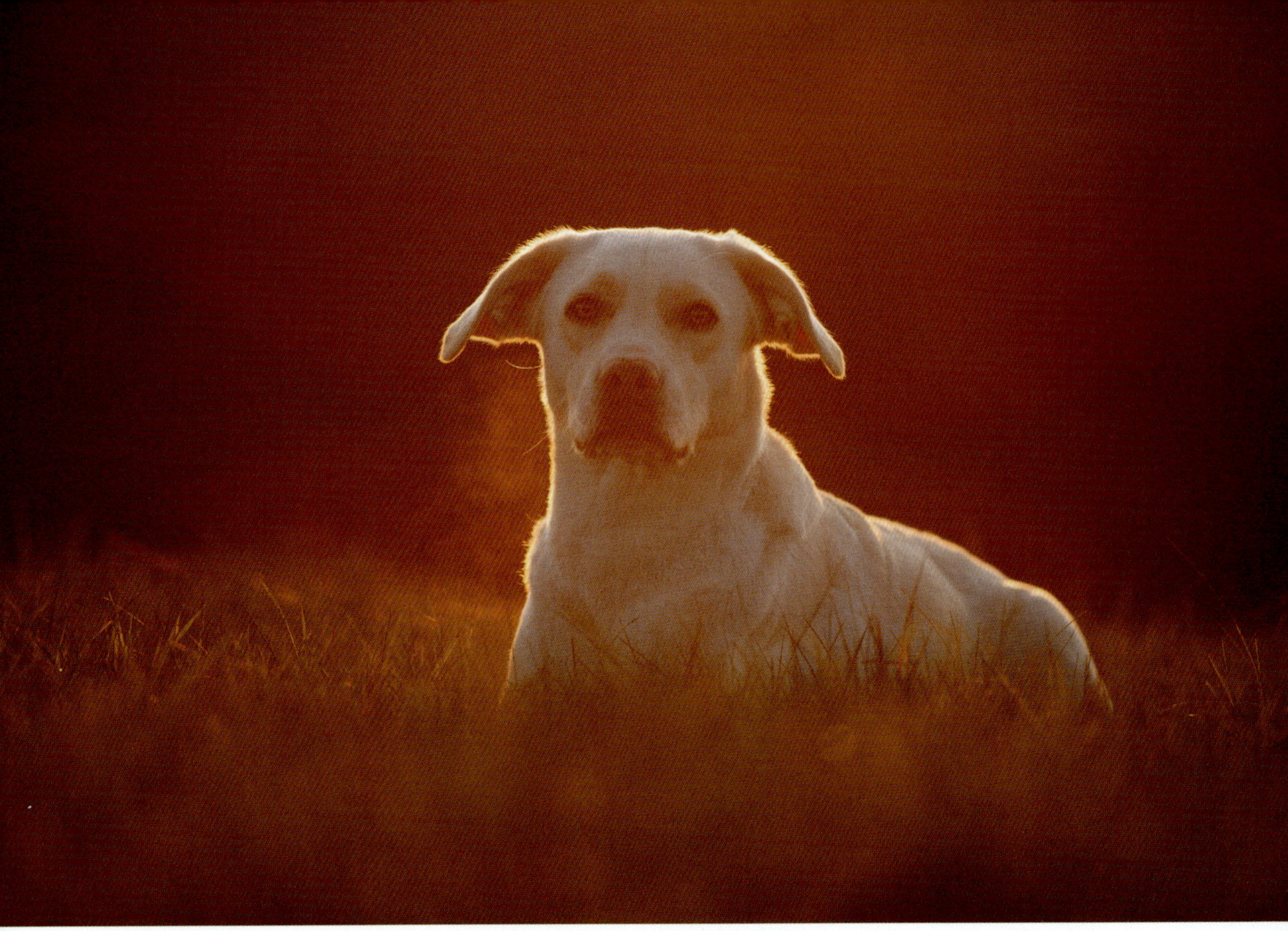

▲ *Das herbstliche Gegenlicht an diesem Abend hat mich richtig begeistert. Ich war sehr froh, dass sich Maja nach den Actionfotos bereitwillig ins Gras legte, um etwas zu entspannen. Auch die ruhigen, ungestellten Momente zählen für mich beim Fotografieren dazu – gerade wenn das Wetter für eine so bezaubernde Atmosphäre sorgt. Der Hintergrund ist gefüllt mit dunklen Büschen, die durch die hohe Freistellung komplett homogen aufgelöst sind. Ich habe mich für dieses Foto so flach ins Gras gelegt, dass dieses auch im Vordergrund für eine weiche Unschärfe sanft ins Bild führt.*

ISO 640 | 200 mm | f/2.8 | 1/1250 s

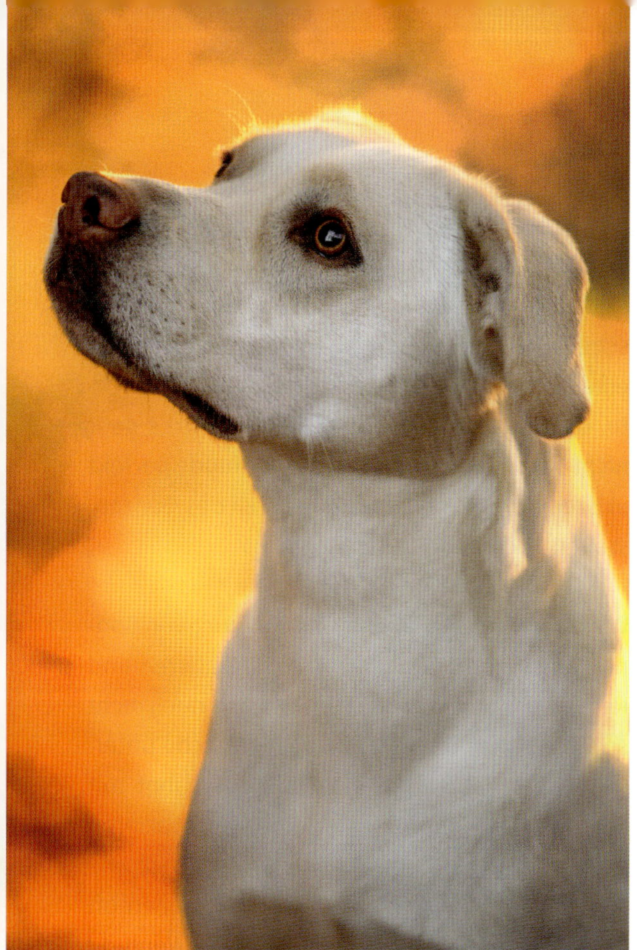

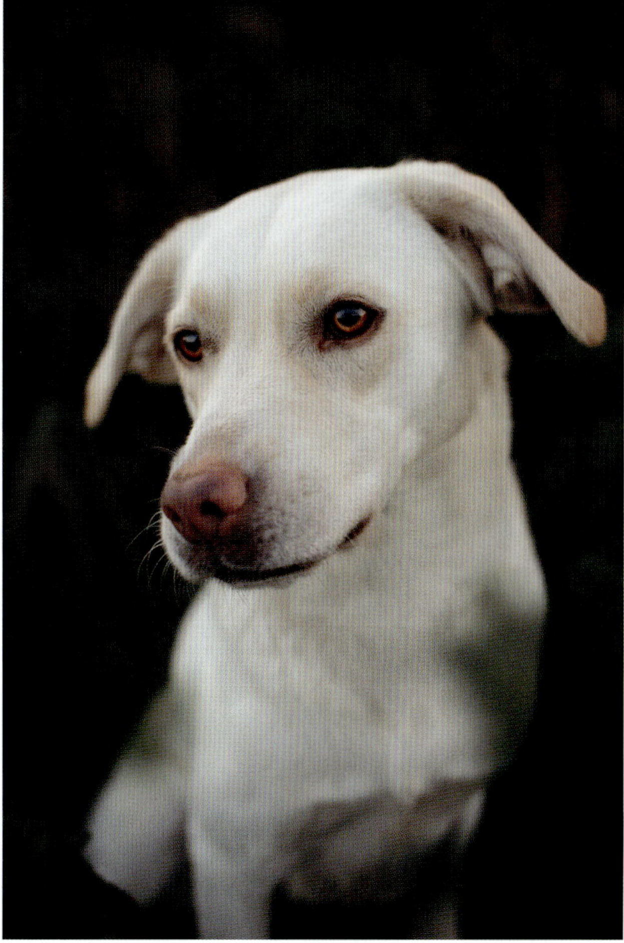

▲ *Die lichtdurchflutete, goldene Herbstwand wirkt etwas surreal. Aber genau diese Farben kann die Natur zaubern. Die flammenden Blätter stammen von dem gleichen bewachsenen Pfad wie beim Shooting mit Joyce. Allerdings wurde das Bild an einer anderen Stelle aufgenommen. Maja saß zwar auf dem Weg, jedoch habe ich mich nicht zum Gang, sondern eben gegen die bewachsene „Wand" gedreht. Die Sonne stand mir eindeutig gegenüber, aber es kam noch genug indirektes Licht durch eine Lücke in der Hecke direkt hinter mir. So hat Maja trotzdem noch genug Licht abbekommen, was bei ihrem hellen Fell deutlich leichter zu bewerkstelligen ist als bei dunklen Tieren. Ich selbst mag zwar Bilder lieber, auf denen die Hunde nicht so hoch zu Herrchen oder Frauchen schauen, sondern in die Kamera oder zumindest mit „normaler" Kopfhöhe, jedoch war Maja davon nicht mehr so richtig zu überzeugen, und die Besitzerin hat sich am Ende sogar für zwei von diesen Motiven entschieden. Es scheint also nur meine subjektive Empfindung zu sein. Davon sollst du dich an keiner Stelle im Buch beirren lassen – es gibt schließlich kein „richtig" oder „falsch". Nur ein „gefällt mir" und „gefällt mir nicht (ganz so gut)".*

ISO 1250 | 200 mm | f/2.8 | 1/500 s

▲ *Einen hellen Hund vor eine dunkelgrüne Kulisse zu setzen, und das auch noch bei diffusem Licht, ist gestalterisch immer eine gute Idee. Allein durch den Hell-Dunkel-Kontrast hebt sich der Hund von der Szenerie ab und wird durch sie gerahmt. Die vereinzelt getrockneten Pflanzen im Hintergrund bringen zusätzlich noch mal einen zarten, dunklen, rotbraunen Pastellton ins Bild, der auch bei Maja an den etwas dunkleren Stellen (Nase, Auge) zu finden ist. Die 50-mm-Festbrennweite hat eine tolle Freistellung. Vielleicht erkennst du auch den Unterschied in der Stauchung des Gesichts. Hier wirkt das Gesicht etwas länglicher und nicht mehr ganz so kompakt, was bei Hunden aber trotzdem toll aussieht.*

ISO 800 | 50 mm | f/2.8 | 1/640 s

Shooting 3: Fabiola aus Ecuador

Kameratechnik	Canon 1Dx Canon 70-200 mm f/2.8 Canon 16-35 mm f/2.8
Schwierigkeit	schwierig
Assistenten	1 Person
Hilfsmittel	keine
Licht	bedeckter Himmel, dunkles, diffuses Licht
Dauer	3 Stunden

Unter diesem Link findest du Fabiolas ganze Geschichte:

https://blog.wiebke-haas.de/nach-der-flut-rescate-animal-mompiche

■ **Das Shooting** – Fabiola habe ich während meiner Fotoreise nach Ecuador kennengelernt. Sie betreibt dort ein kleines „Tierheim" für Hunde, Katzen und sogar einige Pferde im Dschungel und am Strand von Mompiche. Das Gebäude hat sie zusammen mit Freiwilligen aus den überfluteten Trümmern eines ehemaligen Hotels errichtet, in dem sie zur damaligen Zeit selbst angestellt war. Doch immer wieder kommt es zu Erdbeben und Sturmfluten, die die Holzhütten wegreißen. Trotz allem ist Fabiola voller positiver Energie und in großer Verbundenheit zu ihren tierischen Schützlingen.

Du siehst schon selbst, dass sich dieses Shooting gänzlich von einem klassischen Porträtshooting – oder wie ich es nenne: Beautyshooting – unterscheidet. Denn wie begegnet man fotografisch einer wahnsinnig bemerkenswerten Geschichte, die es zu erzählen gilt? Fest steht: Es geht nicht darum, einen oder mehrere Hunde perfekt in Szene zu setzen. Sie sind ein Teil des Ganzen, stehen aber nicht für sich.

Wir haben uns an einem Morgen kurz vor Sonnenaufgang mit Fabiola zum Fotografieren und Reden verabredet. Zu dieser Zeit sind noch nicht so viele Surfer am Strand von Mompiche unterwegs, und Fabiola kann relativ entspannt mit allen Hunden ihres kleinen Shelters spazieren gehen. Die Hunde sind abgegeben, verwaist und aufgesammelt – also alle mit ihren eigenen oft unbekannten Geschichten im Gepäck. Wenn du einen Spaziergang mit über 20 Hunden aus einem Tierheim machst, musst du dich von klaren Plänen und Motivideen verabschieden. Folge dem Fluss der Dinge und sei ein Beobachter. Die wenigen Worte, mit denen ich im Rahmen dieses Buchs Fabiolas Geschichte nur umreißen kann, werden ihr längst nicht gerecht. Aber vielleicht kannst du schon in den Bildern erkennen, was Fabiola ausmacht.

Mit ihrer Liebe, Ruhe und Zufriedenheit (obwohl sie nicht viel mehr besitzt als die kleine Hütte am Strand) ist sie für ihre Schützlinge im Hier und Jetzt. Obwohl die Tiere ihre eigenen Charaktere und Vergangenheiten mit sich tragen, orientieren sie sich stark an Fabiola, sind in einem engen Rudelverbund mit ihr. Genau das wollte ich in meinen Bildern einfangen. Ich habe mich vor allem für ein Weitwinkelobjektiv entschieden. Es zwingt mich, mitten ins Geschehen zu gehen und so auch den Betrachter viel näher an die Motive zu bringen. Außerdem zeigt es viel mehr von der Umgebung selbst. Mein Telezoom kam nur für ein paar Porträts und einige Aufnahmen am Strand zum Einsatz, da am Strand schlichtweg genügend Platz vorhanden war und die Hunde diesen zum Laufen nutzten. Der Himmel trug die Farbe Grau, was mich zu mehr ISO zwang. Durch das diffuse Licht konnte ich jedoch in jede Richtung fotografieren.

■ **Das fiel mir leicht** – Fabiola kennt ihre Tiere selbstverständlich äußerst gut. Sie konnte mir zeigen, wer im Rudel die Führung innehatte, sodass ich die Dynamiken besser verfolgen konnte. Der Strand ist breit und eine natürliche Augenweide, sodass ich die Bilder leicht gestalten konnte.

■ **Das waren die Herausforderungen** – Wenn man eine Reportage fotografiert, weiß man nie, was geschieht. Es kann sein, dass du in kurzer Zeit mit deinen Bildern alles gesagt hast. Es kann aber auch sein, dass du viel mehr Stunden, Tage oder gar Wochen brauchst, um ein Thema begreifen und entsprechend dokumentieren zu können. Wir haben Fabiola zwar schon an den Tagen zuvor besucht, aber für Shooting und Interview waren die drei Stunden Fotozeit nur für die Hunde recht knapp. Schließlich muss Fabiola dem gewohnten Tagesablauf folgen.

Als Fotograf liegt es an dir, intuitiv Situationen zu erkennen und das Bild noch so zu gestalten, dass ein Außenstehender etwas damit anfangen kann. Es erfordert etwas mehr Übung, damit du über die grundlegenden Dinge wie Licht, Perspektive oder gar Kameraeinstellung gar nicht mehr nachdenken musst. Aber warum beschreibe ich eine solche Fotoreportage in einem Buch für Fotoeinsteiger? Nun, irgendwann wird der Tag kommen, an dem du mit deiner Kamera unterwegs bist. Vielleicht im Urlaub, vielleicht auf einem Ausflug. Und vielleicht begegnest du plötzlich jemandem wie Fabiola – selbst wenn die Bilder nur für dich als Erinnerung dienen, stehst du dennoch vor der Herausforderung, aus einer nicht inszenierbaren Situation fotografisch etwas zu erschaffen.

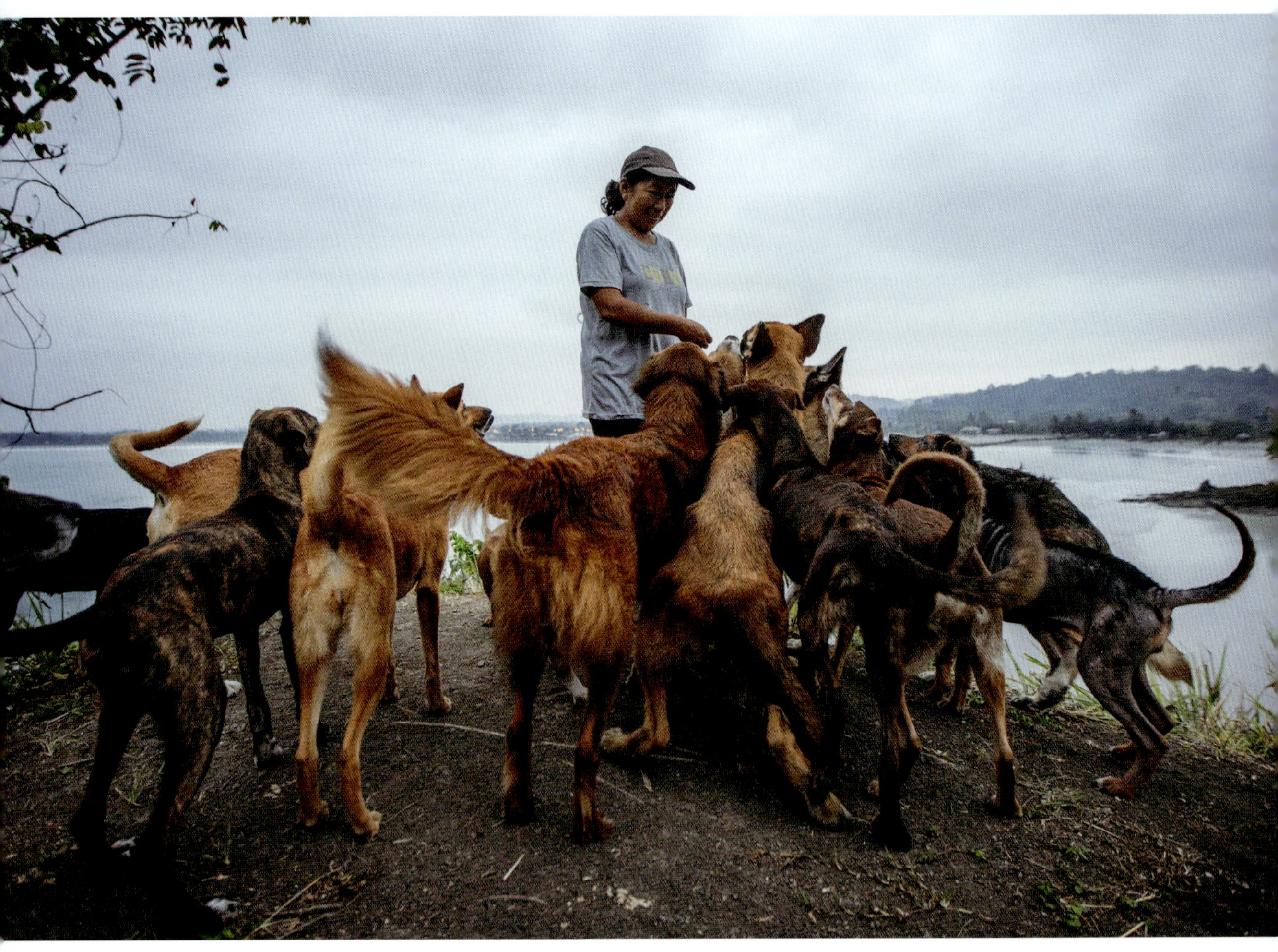

▲ *Inmitten ihrer Hunde, die alle zu Fabiola aufschauen, wird die Verbindung zwischen ihnen ganz deutlich. Die Hundegruppe wird unter anderem durch das Weitwinkel so verzerrt, dass Fabiola als Gipfel des Berges erscheint, während die Hunde selbst von den Bildrändern zur Bildmitte optisch „nach oben“ gestreckt werden. Fotografiert habe ich noch vor Sonnenaufgang, was mich in Sachen Belichtung an die Grenzen gebracht hat. Im Nachhinein habe ich die sehr dunklen Bereiche im Bild aufhellen müssen.*

ISO 1600 | 16 mm | f/2.8 | 1/320 s

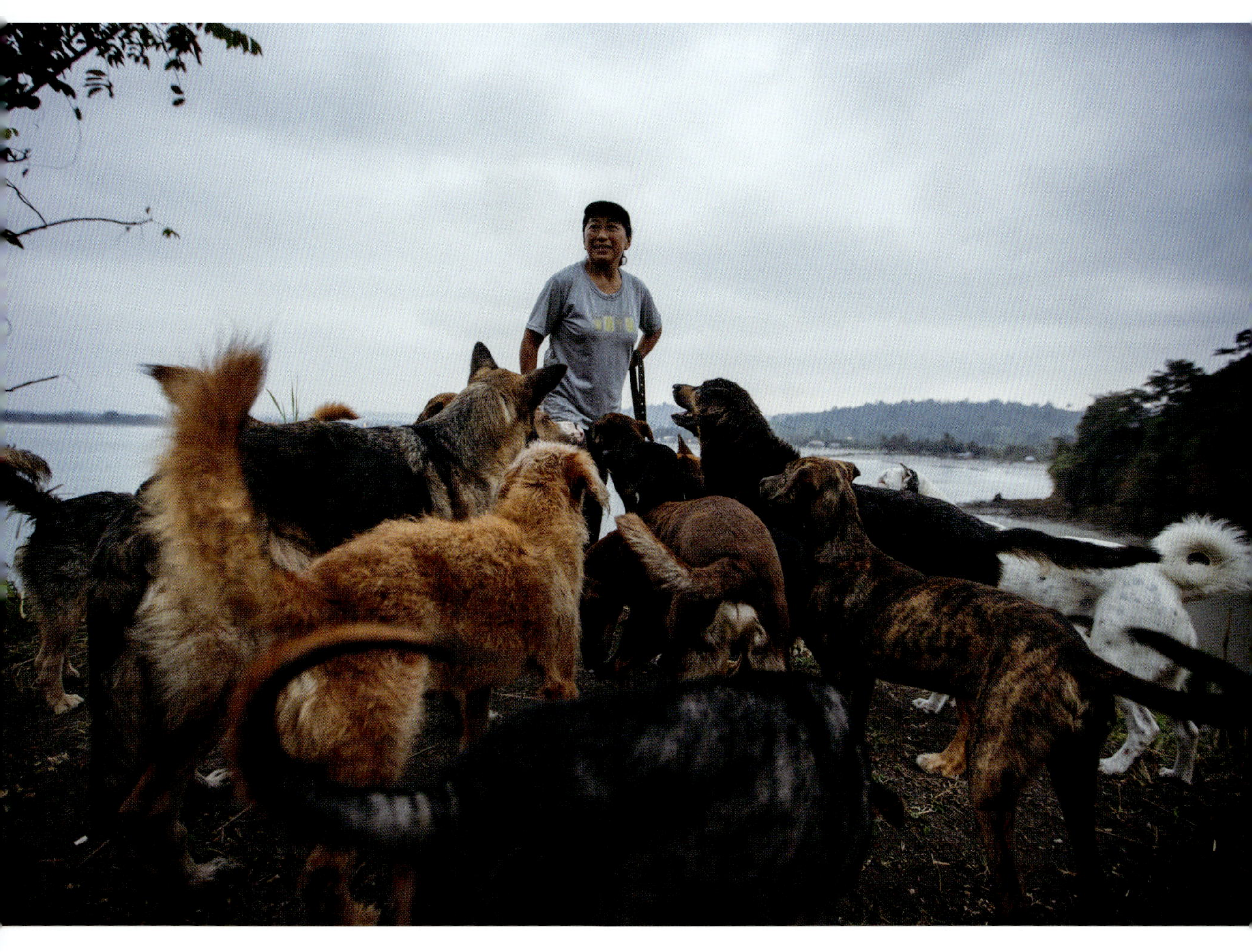

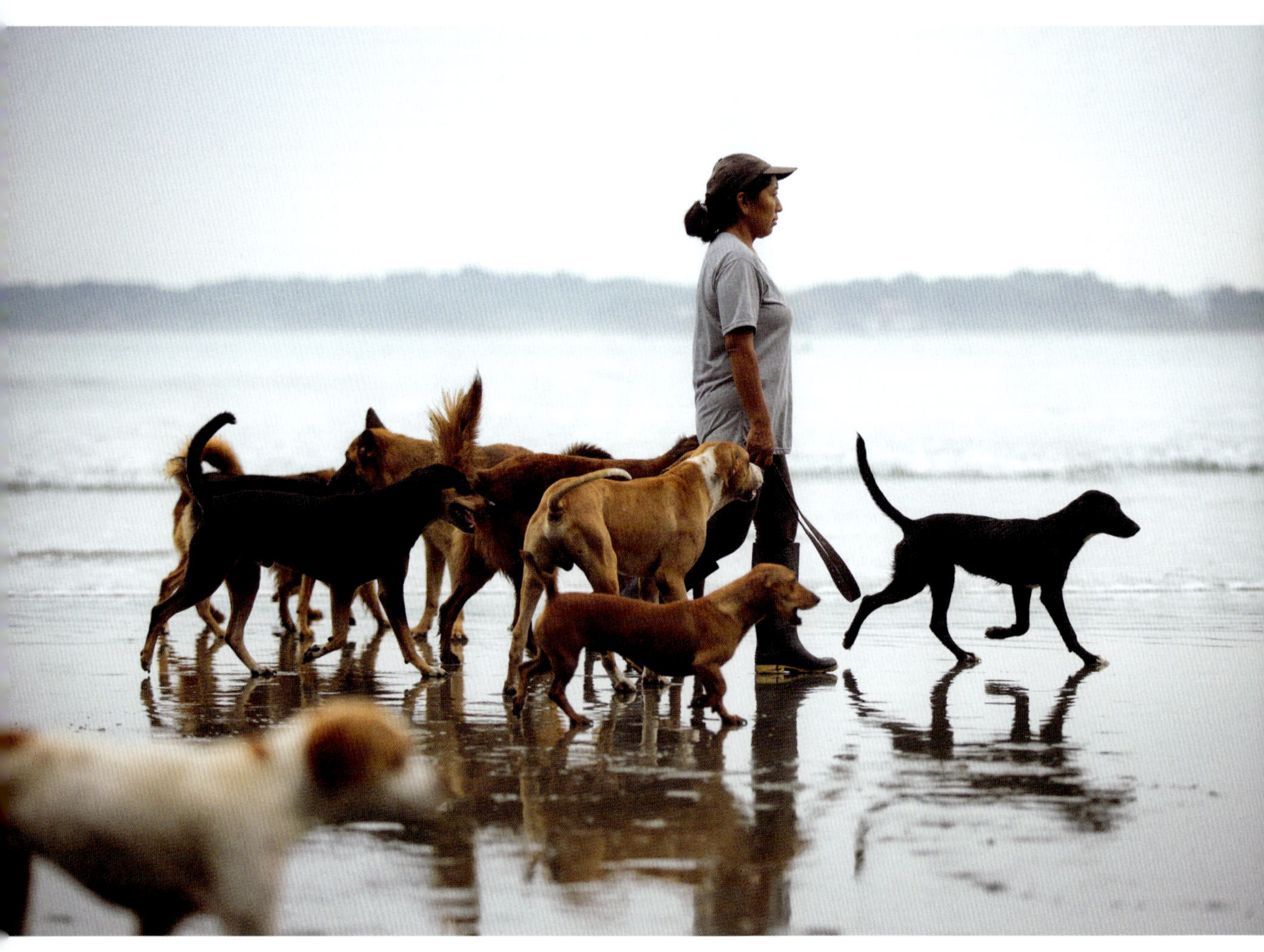

▲ *Noch immer finde ich es ganz besonders, wie innig so viele Hunde trotz der Freiheit am Strand lieber in ihrer Nähe bleiben. Diesen Eindruck vermittelt mir auch das erste dieser beiden Fotos. Es ist wieder eine ungestellte Momentaufnahme, bei der durch die Geschlossenheit der einzelnen Körper eine Einheit nach den Gestaltungsgesetzen gebildet wird. Ein Zusammengehörigkeitsgefühl kommt dadurch auf.*

ISO 1250 | 110 mm | f/2.8 | 1/1000 s

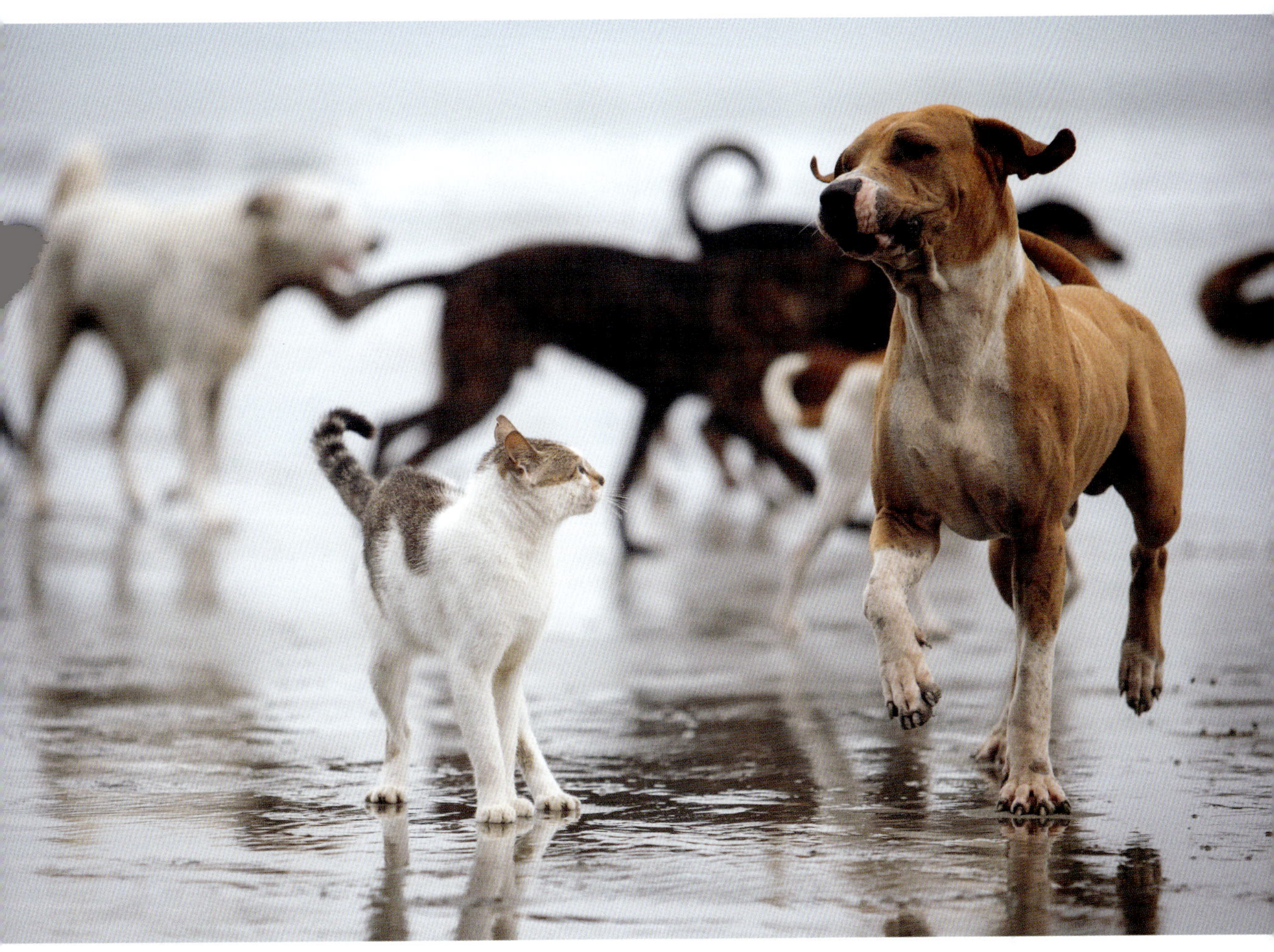

▲ *Im zweiten Bild wird jedoch deutlich, dass die Bewohner des Tierheims untereinander durchaus ihre Differenzen zu klären haben – selbstverständlich bilden dabei die Katzen die Oberhäupter der Gruppe. In großen Gruppen fällt es vielen Fotografen zunächst schwer, geeignete Motive zu finden. Oft liegt es daran, dass der Versuch, alle Individuen einer Gruppe auf dem Bild zu einen, scheitert. Laufen die Tiere also zu weit auseinander, entscheide dich lieber spontan für Einzelaufnahmen. Beobachte, welches Tier sich gerade günstig deiner Kamera nähert oder welche Gruppe von Tieren gerade optisch harmoniert.*

ISO 1250 | 200 mm | f/2.8 | 1/100 s

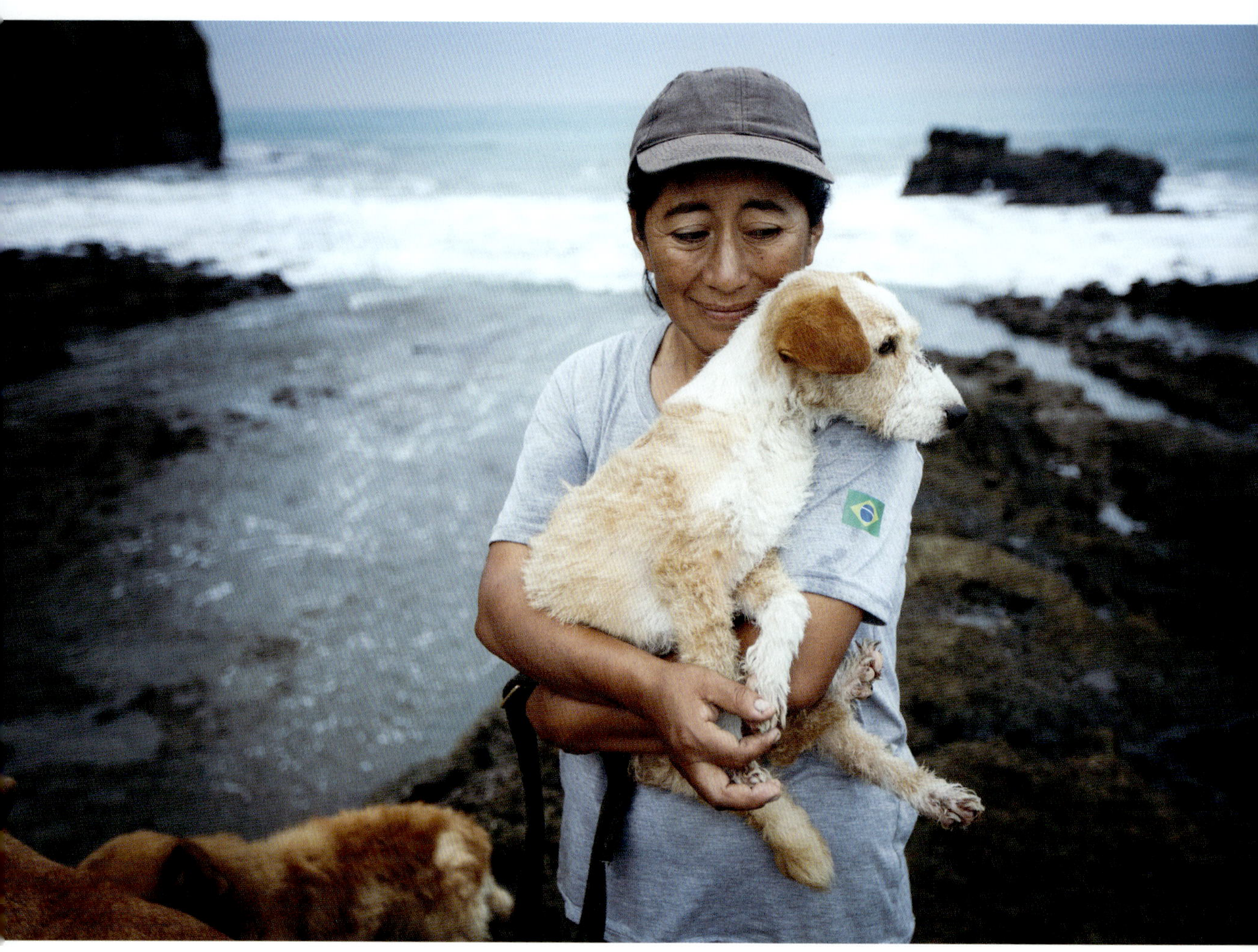

ISO 1250 | 32 mm | f/2.8 | 1/400 s

▲ *Die Porträts von Fabiola mit einem ihrer Schützlinge im Arm strahlen genau das aus, was Fabiolas Beziehung zu den Tieren kennzeichnet. Einen so liebevollen und ehrlichen Blick vermisse ich manchmal bei den gestellten Bildern zwischen Besitzer und Tier, auf denen statt authentischer Innigkeit eher der Fokus auf Kostüm und Spektakel gelegt wird. Versteh mich nicht falsch, auch ich habe solche „künstlichen" Szenen in meinem Archiv, und auch diese Shootings machen Spaß. Jedoch ist es nicht zu vergleichen mit Situationen aus dem realen Kontext. Die Porträts von Fabiola sind innerhalb weniger Minuten entstanden und brauchten nicht viel Anleitung. Manchmal gebe ich den Menschen jedoch den Tipp, dass sie sich daran erinnern sollen, wie sehr sie ihr Tier lieben. Meistens reicht das aus, um menschliche Models zu entspannen und die wahre Beziehung beider zu fotografieren.*

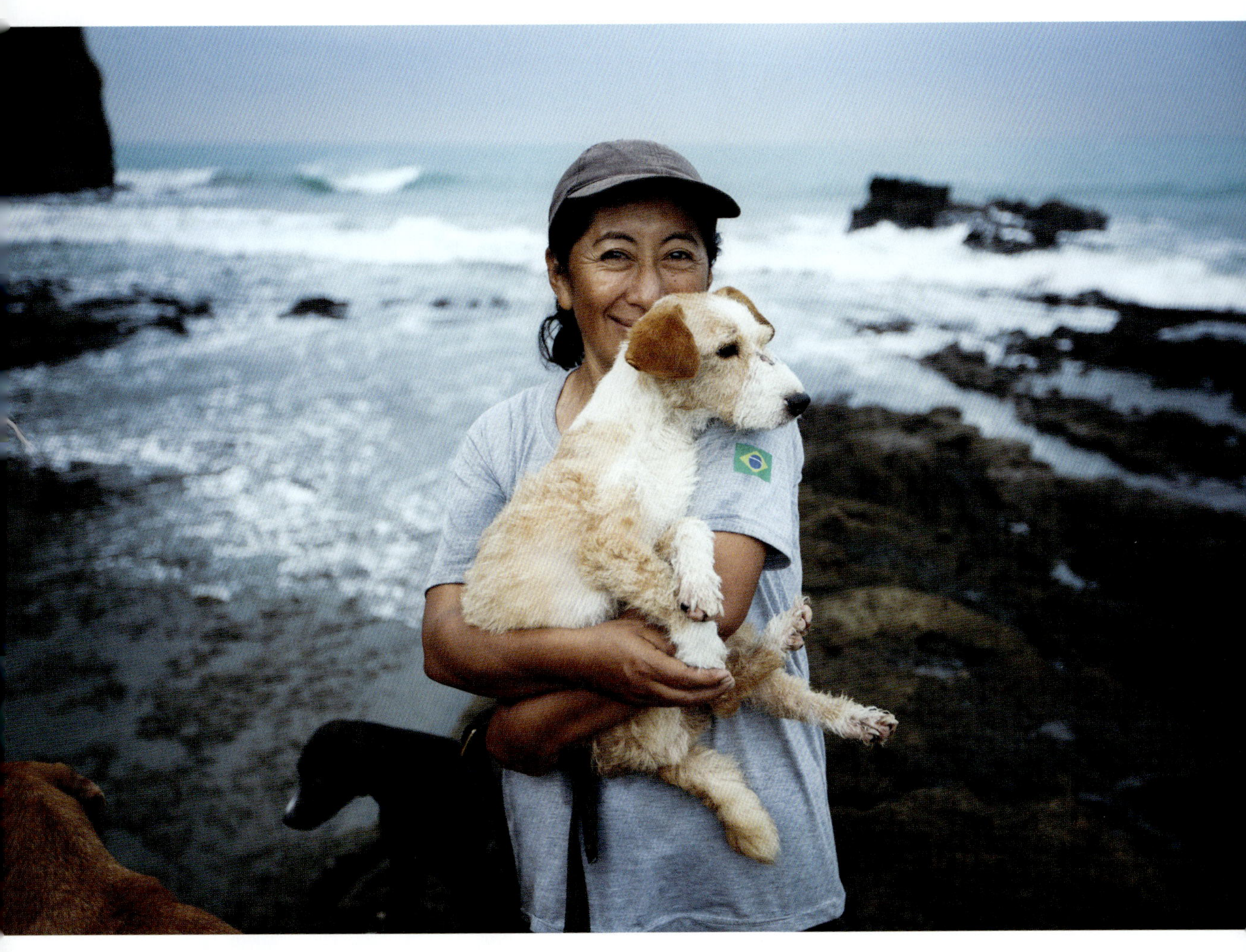

ISO 1250 | 35 mm | f/2.8 | 1/400 s

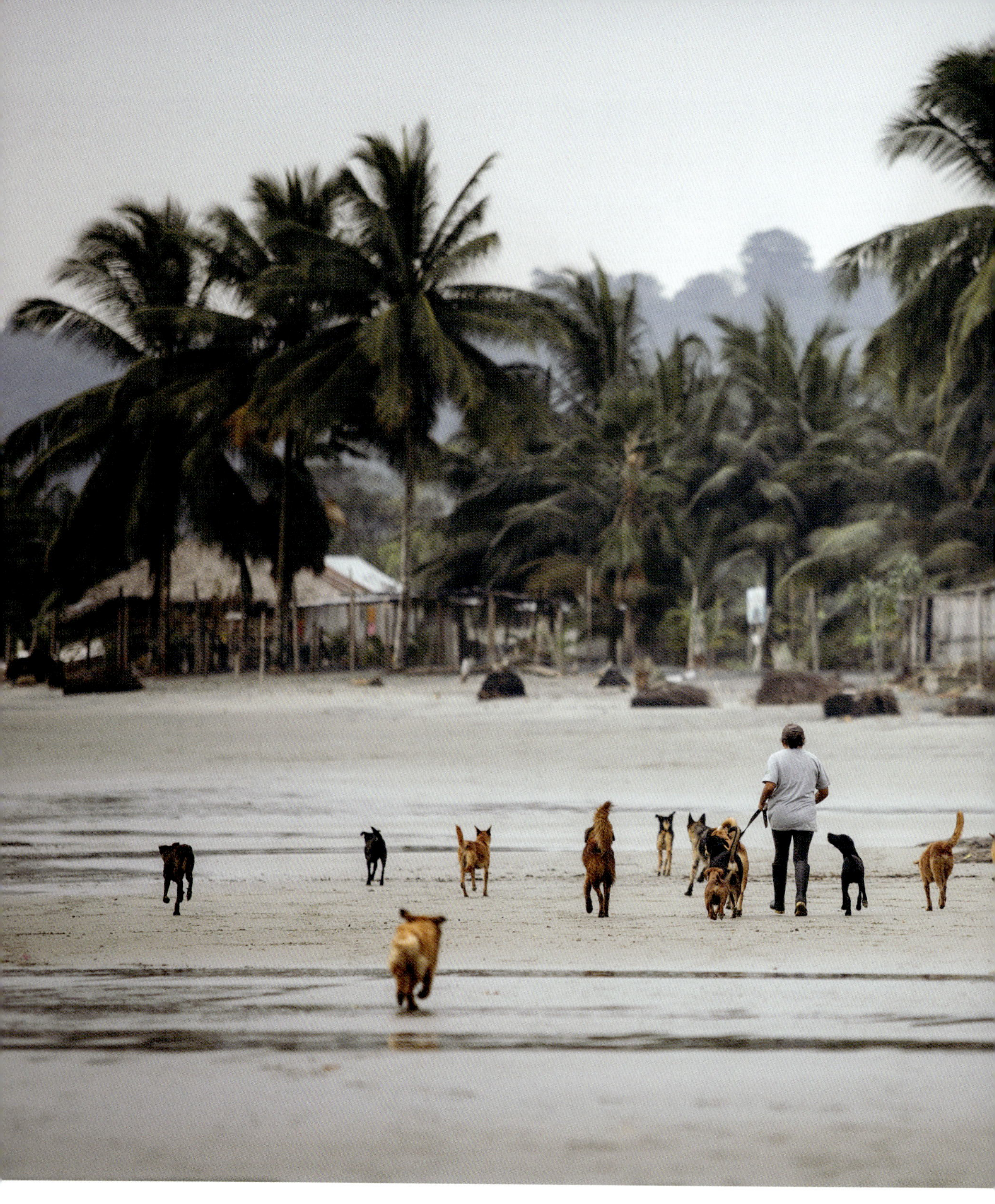

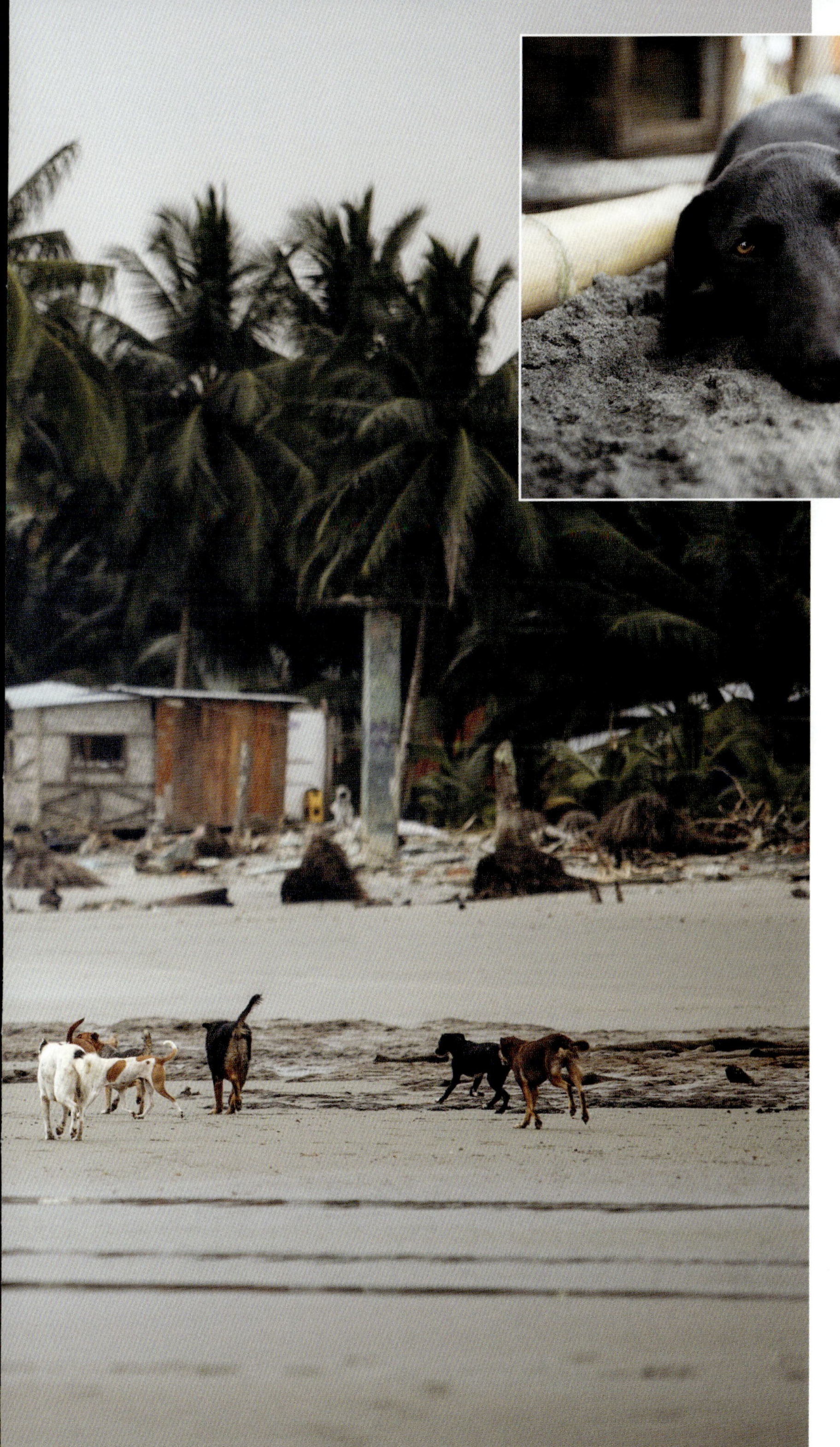

ISO 320 | 35 mm | f/2.8 | 1/640 s

◀ *Diese Aufnahme zeigt durch die Einstellungsgröße der (Super-) Totalen vor allem das Wo und Wie – gibt also Informationen zu den örtlichen Gegebenheiten (Hütte am Strand) und dem Geschehen (auf dem Weg zur Fütterung im Rudel). Dieses Bild habe ich aus der Vogelperspektive aufgenommen, sodass mehr vom Gehege sichtbar wird.*

ISO 200 | 200 mm | f/2.8 | 1/1000 s

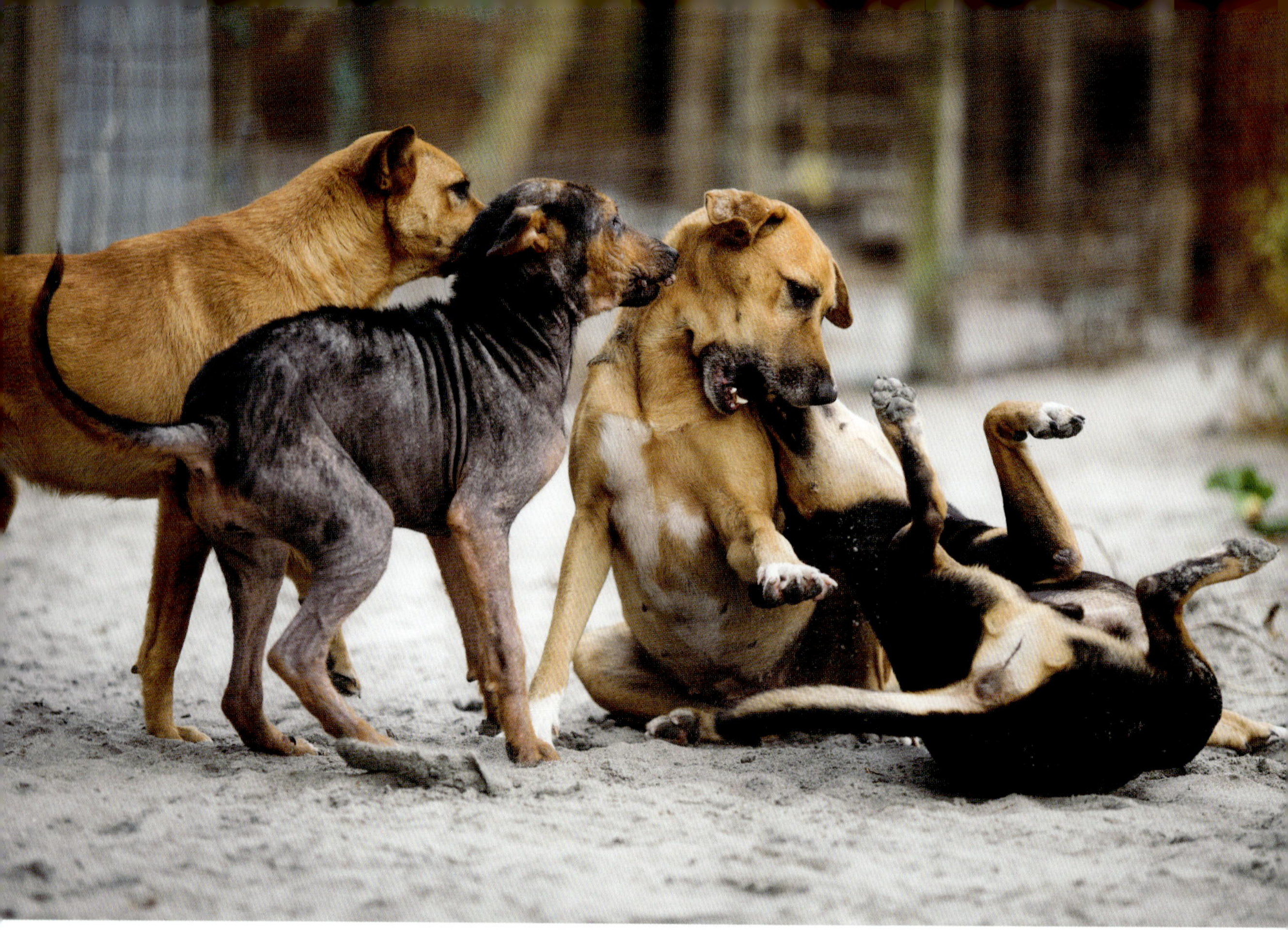

ISO 500 | 170 mm | f/2.8 | 1/1000 s

▲ *Bei diesen Impressionen habe ich mich einfach auf den Alltag der Hunde eingelassen und sie beobachtet. Du kannst die verschiedenen Perspektiven sehen, die ich zum jeweiligen Model passend zum Motiv eingenommen habe: auf Augenhöhe oder leicht erhöht, um die entsprechende Stimmung zu verstärken. Der weiße, einäugige Hund war etwas schüchtern und versteckte sich. Ich habe seinen Unterschlupf als Rahmung für das Bild verwendet, um nicht nur ihn zum Betrachter luschern zu lassen, sondern auch den Betrachter in eine eher versteckte Beobachterposition zu bringen. Die beiden Fotos der schwarzen Hunde werden zum einen durch den Holzbalken und zum anderen durch meine Hand optisch gestützt und führen zum Motiv selbst. Im letzten Bild sieht man eine Szene, in der die Leithündin mit den Junghunden spielt (oder sie viel eher erzieht?). Hier habe ich mich dazu entschieden, den hinteren linken Hund anzuschneiden, da sich der Fokus eher auf die Leithündin mit den beiden Jungspunden richtet und der vierte Hund optisch nicht mehr groß zum Tragen kommt. Er dient eher als optisches Gegengewicht zu der von links nach rechts abfallenden Linie (jeweils über die ersten drei Hundeköpfe hinweg bis hinunter über Hals und Beine des umgeworfenen Hundes ganz rechts).*

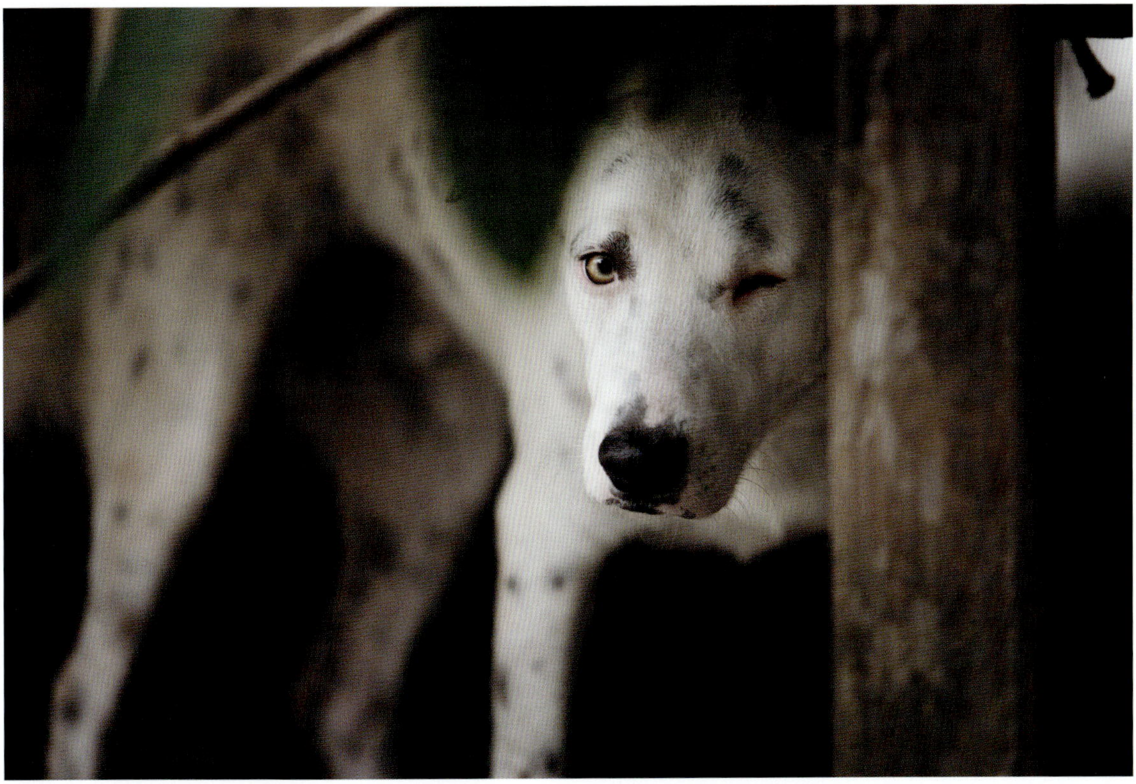

▲ ISO 320 | 27 mm | f/2.8 | 1/640 s

▼ ISO 500 | 190 mm | f/2.8 | 1/500 s

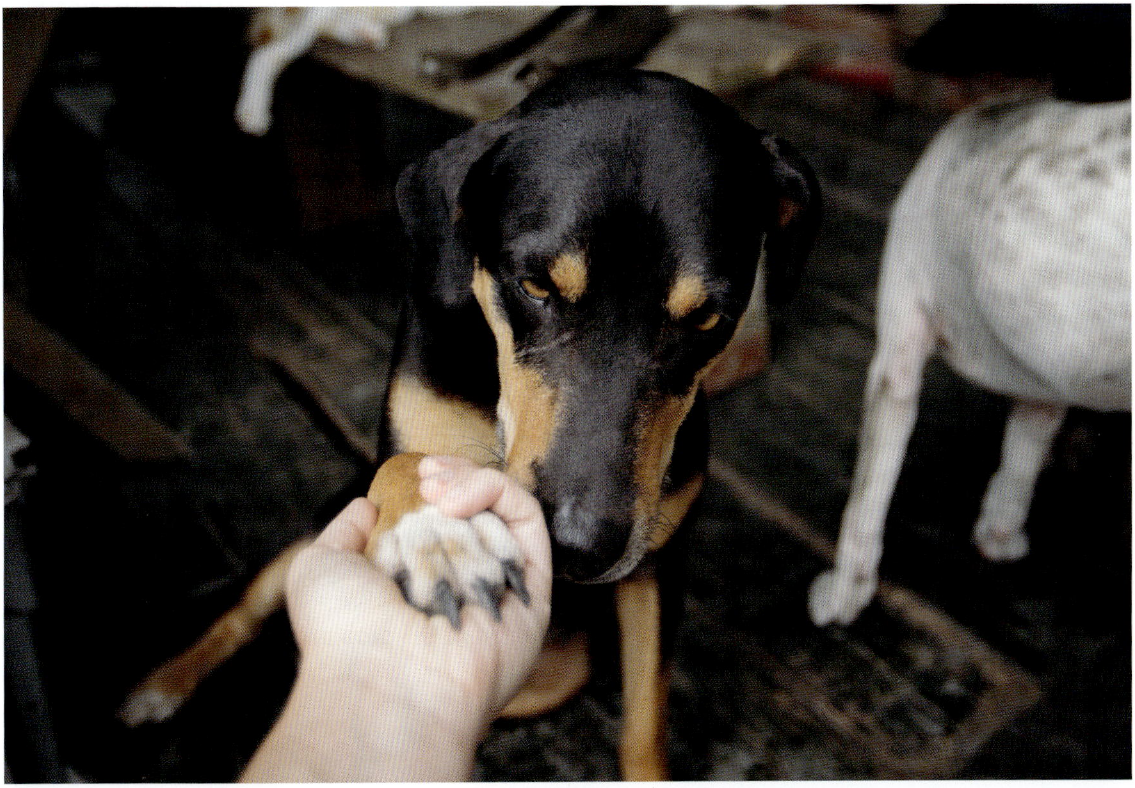

Profitipp: Ein roter Faden für Fotoserien

Fotoserien sind eine fantastische Möglichkeit, eine Geschichte zu erzählen. Dabei spielt es keine Rolle, ob du etwas dokumentierst oder kreativ inszenierst. Fotoserien wirken ab fünf Bildern richtig gut und vermitteln einen vielfältigeren Eindruck des Fotografierten als ein Einzelbild. Versuche jedoch nach Möglichkeit, einen roten Faden für deine Serie zu finden. Für Reportagen ist es daher äußerst praktisch, verschiedene Brennweiten und Einstellungsgrößen zu fotografieren. Lass deine Bilder die fünf „W-Fragen" beantworten: Was, Wie, Wer, Wann, Warum? Zeige also nicht nur individuelle Tiere (bei einer Tierserie), sondern auch, wer oder was dahintersteht, in welcher Umgebung du bist, um was es eigentlich geht und wie die Situation gelöst und gelebt wird. Für kreative Serien hingegen reicht es auch, wenn du einen gestalterischen roten Faden wählst (siehe Katzenfotografie). Beispielsweise können Licht und die Porträtpose gleich sein, oder eine Serie kann durch eine spezielle Farbe zu einer Einheit werden.

Quick-Tipps fürs Fotografieren

■ **Auf Augenhöhe?** – Je nach Körpergröße der Hunde musst du dich sehr klein machen oder gar ganz auf den Boden legen, um auf Augenhöhe mit deinem Hund zu sein. Aber besonders süße Hunde (also alle) können auch für ein niedliches Bild aus der Vogelperspektive Model sitzen.

■ **Große Location-Auswahl** – Mit Hunden bist du so flexibel wie mit keinem anderen (Haus-) Tier. Also halte deine Augen offen nach tollen Fotospots in deiner Gegend, schnapp dir deinen Hund und mach einen Fotoausflug. Du musst dann weder Zäune im Hintergrund retuschieren noch dich auf dein Wohnzimmer beschränken wie bei manchen Hunde- oder Katzenshootings. Für Hunde mit einem besonders ausgeprägten Jagdtrieb können eine zweite Person und eine dünne Leine das Shooting sehr vereinfachen.

■ **Nicht verzweifeln** … bei sehr schnellen und/ oder super kleinen und schwarzen Hunden, die du im vollen Lauf fotografieren möchtest. Wenn du Fokusschwierigkeiten hast, suche dir eine Location mit niedrigem (frisch gemähtem) Rasen oder Strandsand. So versperren dir keine Büsche und Halme die Sicht auf deinen Hund. Gerade das Fotografieren des Hundes auf dich zu kann zu einer echten Herausforderung werden! In solchen Fällen lass den Hund als Alternative seitlich zu dir laufen. Das geht zwar nur mithilfe einer zweiten Person wirklich gut, aber es wird dir leichter fallen, den Hund zu fokussieren.

■ **Planung und gute Laune** – Damit du beim Fotografieren nicht ins Grübeln oder gar in Stress gerätst, weil etwas nicht klappt, plane dein Shooting vorher. Welche Motive möchtest du an welchem Ort probieren? Wo ist das Sonnenlicht zur geplanten Fotozeit an deiner Location? Beschränke dich auf zwei oder drei Motive, damit du dich und deinen Hund nicht überforderst! Hunde spüren deine Laune und sind total empfänglich für positive Stimmung. Nutze das!

Editieren: Partielle Korrekturen

Wenn du noch nie mit dem RAW-Format gearbeitet hast, wirst du spätestens im RAW-Konverter die Vorzüge zu schätzen wissen. Unpassende Belichtungen, schwierige Licht-Schatten-Ver-

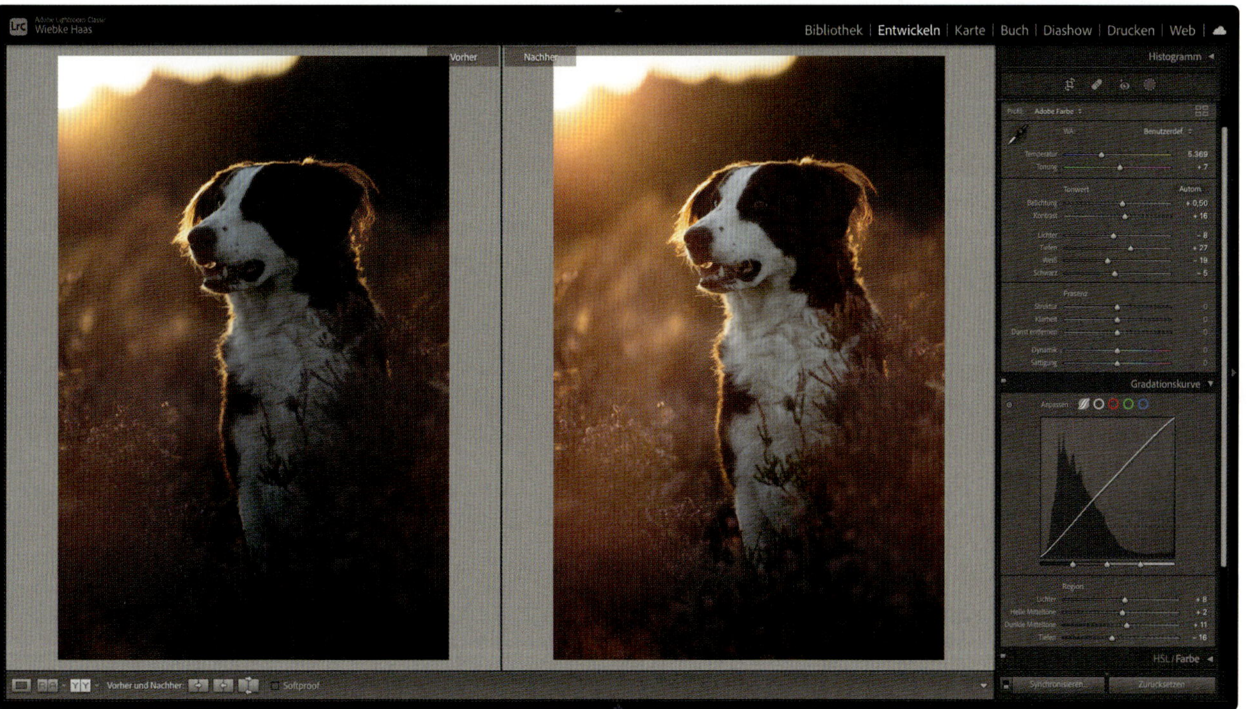

▲ *Anhand dieser Gegenlichtaufnahme erkennst du gut, warum ich für einen möglichst „geschlossenen" Hintergrund plädiere. Damit im dunklen Fell von Joyce überhaupt noch etwas Information enthalten ist, muss ich die Kamera so belichten, dass der Himmel selbst gnadenlos überbelichtet wäre. Hier ist es nur eine kleine Ecke im Hintergrund, von der weiche Sonnenstrahlen ins Bild fallen. Je nach Belieben kann ich diese Ecke so belassen oder später wegretuschieren und den Hintergrund mit den Bäumen schließen. In der RAW-Bearbeitung gleiche ich vor allem Lichter und Tiefen aus. Die Tiefen ziehe ich hoch, sodass die dunklen Bereiche heller werden, und die Lichter reguliere ich etwas nach unten, sodass diese nicht überstrahlen. In Lightroom benutze ich dabei die Grundeinstellungen (oberes Feld ab Temperatur bis Sättigung) wie auch die Gradationskurve weiter unten, mit der ich noch gezielter zwischen Lichtern, Mitten und Tiefen regeln kann. Dank der RAW-Datei sind so viele Informationen im Bild enthalten, dass ich für meine Korrekturen genug Spielraum ohne Qualitätsverlust habe.*

Lightroom-Tipp!

Wenn du mit deiner Bearbeitung fertig bist, kannst du dein Bild per Rechtsklick und *Exportieren/Exportieren in* in ein anderes Format umwandeln. RAW-Dateien können nämlich nur von RAW-Konvertern gelesen werden. Bist du fertig mit deinem Foto, exportiere es als JPEG-Datei. Möchtest du eine TIFF-Datei für die Retusche exportieren, kannst du im Menü entsprechende Einstellungen treffen.

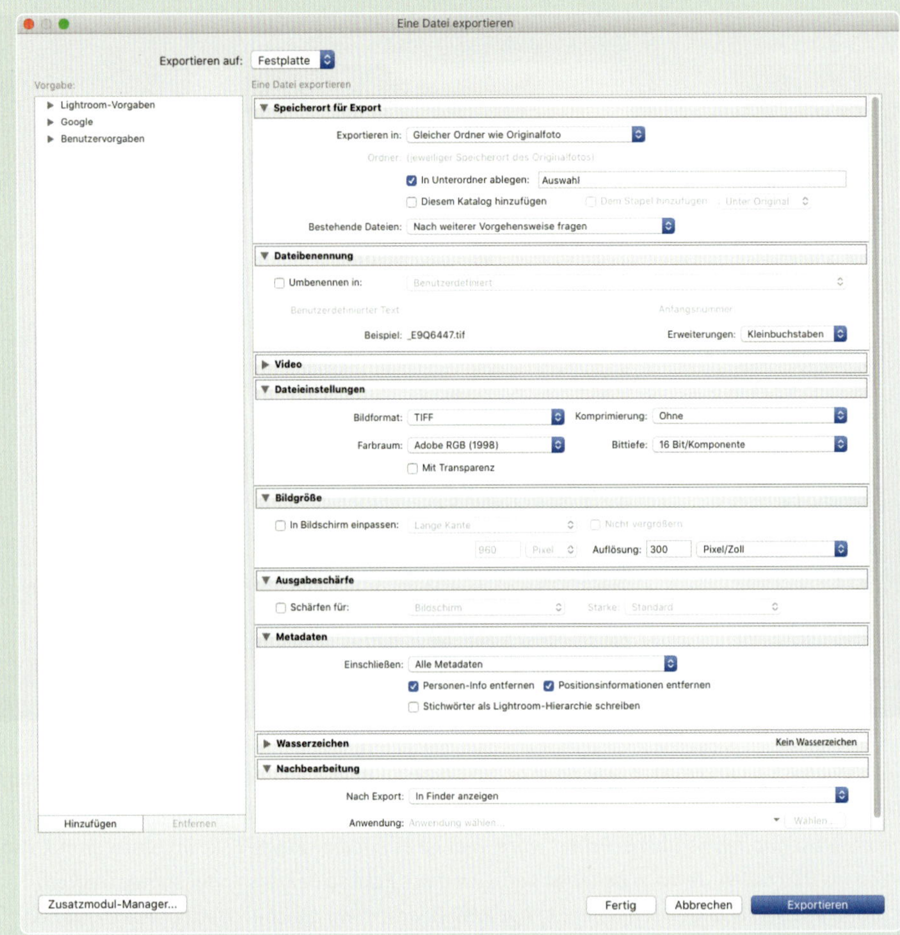

▲ *Hier siehst du meine Einstellungen für eine TIFF-Datei. Möchtest du dich nicht weiter mit Farbmanagement beschäftigen, wähle statt Adobe-RGB den sRGB-Farbraum im entsprechenden Menü unter Dateieinstellungen. Hier kannst du statt TIFF auch ein anderes Format auswählen. Möchtest du dein Bild nicht weiterbearbeiten, kannst du z. B. eine JPEG-Datei erzeugen. Auch hier empfehle ich dir den Farbraum sRGB.*

hältnisse, Farben und die Schärfe lassen sich im Ganzen oder partiell sehr leicht bearbeiten. Natürlich ist auch die RAW-Datei kein Freifahrtschein, um Bilder gnadenlos über- oder unterzubelichten. Um die Grenzen deiner Kamera kennenzulernen, empfehle ich dir aber, genau das einmal auszuprobieren und zu testen, wie weit du die Belichtung hinterher „retten" kannst.

Ich arbeite mit Adobe Lightroom, aber die RAW-Konverter anderer Hersteller sind ähnlich aufgebaut. Du wirst Regler finden, mit denen du Werte wie Belichtung, Kontrast, Temperatur usw. einstellen kannst. Besonders die Regler zu den Lichtern und Tiefen sowie zu Schwarz und Weiß sind spannend, da du hier das Verhältnis von Licht und Schatten ausgleichen kannst. Lightroom bietet zudem noch eine Bereichskorrektur an, mit der du punktuell Stellen im Bild bearbeiten kannst.

Du kannst im RAW-Konverter nichts falsch machen, und am besten lernst du damit umzugehen, indem du die Regler alle selbst ausprobierst und siehst, was geschieht. Ich bearbeite meine RAW-Dateien in Lightroom so, dass das Bild grundoptimiert ist. Nichts ist über- oder unterbelichtet.

KAPITEL 4

KATZEN: DIVEN IM RAMPENLICHT

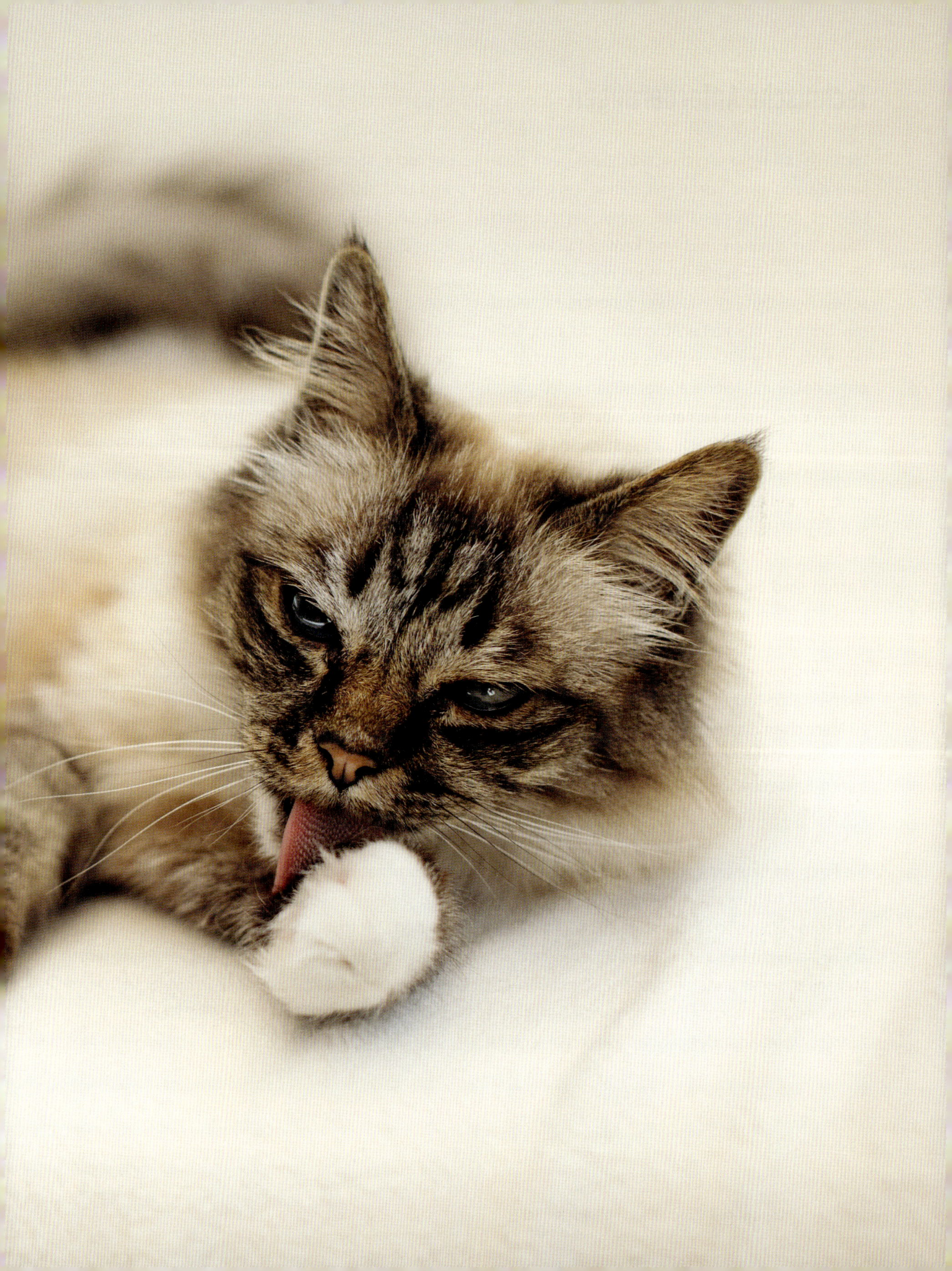

Technische Anforderungen

Wenn es um Weltherrschaftsklischees geht, dann sind Katzen ganz vorne mit dabei – erscheinen sie uns doch so unnahbar, wenn sie auf ihren Podesten thronen und uns keines Blickes würdigen, wenn sie durch das Haus oder den Garten schleichen, geführt von ihrer inneren, rätselhaften Stimme, die keine Ablenkung zulässt, oder uns einfach für eine gefühlte Ewigkeit anstarren, ohne dabei die Miene zu verziehen oder gar zu blinzeln. Katzen ticken anders. Aber ganz gewiss nicht, weil sie die Macht an sich reißen wollen, sondern weil sie in all den Jahren der Domestizierung nie auf Kooperation mit anderen Lebewesen angewiesen waren.

Katzen sind Solitärjäger. Das heißt aber nicht, dass sie Einzelgänger oder gar egoistisch sind. Dir ist sicher schon aufgefallen, wie anhänglich und verschmust manche Katzen sein können. Meine Katze Nora braucht ganz engen Kontakt zu Menschen. Sie leidet richtig, wenn sie mal ein oder zwei Wochen „alleine" (mit ihren zwei anderen Katzenkollegen) und „nur" mit Urlaubspersonal (zweimal am Tag) auskommen muss.

Sie liegt am liebsten möglichst dicht am Gesicht des Menschen, berührt es sanft mit ihrer Pfote und starrt einem tief in die Augen. Dabei fängt sie an zu sabbern. Katzen kommunizieren mit uns Menschen sogar lautstark, indem sie miauen. Mit manchen Katzen kann man so ganze Gespräche führen. Untereinander miauen Katzen eigentlich gar nicht, sobald sie dem Kittenalter entwachsen sind und sich von ihrer Mutter getrennt haben. Das Gejodele von konkurrierenden Katern natürlich ausgenommen.

Aus diesem Grundgedanken heraus gestaltet sich ein harmonisches Zusammenleben und Arbeiten mit Katzen. Sie kennen keinen „Kadavergehorsam" und auch keine festen Rudel- oder Herdenstrukturen und haben erst recht keinen „Will to Please", wie z. B. Border Collies. Es liegt nicht in ihren Genen, etwas für dich zu erledigen, um dann deine Gunst zu erhalten. Lieber bezirzen sie dich und schnurren um deine Beine, schneiden dir den Weg ab, um dich zum Futterregal zu lenken, oder mauzen dir notfalls einfach die Ohren voll. Aber natürlich kannst du auch eine Katze entsprechend ihren Vorlieben locken und einladen. Zunächst gibt's jedoch in diesem Kapitel wieder eine Übersicht über die technischen Empfehlungen zur Katzenfotografie:

Objektivempfehlungen

- **Telezoom 70-200 mm f/2.8** – Für Aufnahmen im Garten oder auf einem Spaziergang ist ein Telezoom natürlich auch für die Katzenfotografie sehr geeignet. Je nach Platz im Garten kannst du den Zoom ausnutzen oder eben etwas zurückschrauben, was dir gegenüber Festbrennweiten viel mehr Flexibilität ermöglicht. Denn bedenke: Katzen sind sehr kleine Tiere.

Um auf Augenhöhe zu fotografieren, musst du dich auf den Bauch ins Gras legen – es sei denn, dein Model absolviert gerade einen Kletterparcours. Mit Festbrennweiten musst du also häufiger aufstehen, den Abstand zum Model zu Fuß korrigieren und dich wieder flach auf den Untergrund begeben. Das kann anstrengend sein und dir wertvolle Momente rauben.

- **Festbrennweite 50 mm** – Zwar kannst du auch mit längeren Festbrennweiten arbeiten, wenn du sie einem Zoom vorziehst, ich selbst liebe jedoch das Fotografieren mit 50 mm. Die Brennweite ist kurz genug, um auch auf engem Raum zu fotografieren, bringt aber noch keine tonnenförmige Verzeichnung wie bei einem Weitwinkel ins Bild. Hohe Lichtstärken sind super praktisch für die Indoor-Fotografie mit Tageslicht.

- **Weitwinkel zwischen 15 und 35 mm** – Wie Hunde ähneln auch Katzen in ihrer Gesichtsanatomie unserer eigenen. Sie sind Jäger mit zwei frontalen Augen. Darüber hinaus sind ihre Schnauzen kurz und die Gesichter eher rund. Auch Katzengesichter vertragen den Weitwinkelbereich, ohne dabei zu sehr verzerrt zu wirken, zumindest bei 35 mm. Darunter kannst du auch die kurzen Schnauzen ulkig strecken. Das ist praktisch, wenn du alleine fotografierst und dicht an deinem Motiv sein musst, um es mit einem Leckerchen an Ort und Stelle zu halten. Die wenigsten Katzen bleiben schließlich in ihrer Position, wenn man sie darum bittet, und laufen lieber deiner Hand mit dem Goodie hinterher.

Kameraeinstellungen

Katzen sind sehr kleine Tiere. Du bist also rein physisch viel näher bei ihnen, um sie formatfüllend zu fotografieren. Du weißt bereits, dass sich die Schärfentiefe verringert, je dichter du am Motiv bzw. an deinem gewählten Fokuspunkt, meist den Augen, bist. Mir ist es schon manches Mal passiert, dass mein Fokus auf den Wimpern der Katze oder auf dem Nasenrücken direkt zwischen den Augen saß, und durch die geringe Schärfentiefe bei Blende f/1.4, f/2.0 oder gar f/2.8 war die Pupille selbst schon leicht unscharf.

Probier dich aus und wäge ab, ob du die Lichtstärke der Offenblende sowie die Freistellung zwingend brauchst oder ob du lieber für mehr Schärfentiefe auf dem Gesicht sorgen willst. Entsprechend kannst du den ISO-Wert und die Verschlusszeit anpassen. Auch bei Katzen gelten die schon besprochenen Regeln zur Verschlusszeit: Ist dein Model flott unterwegs, wähle eine Zeit um die 1/1250 Sekunde.

Zum Glück sind die meisten Katzen aber auch sorgfältige Beobachter und verharren still an Ort und Stelle, wenn sie etwas Interessantes beobachten. Dann kannst du die Verschlusszeit natürlich wieder reduzieren. Die automatische Nachverfolgung auf deinem Single-Spot oder ein Tieraugen-AF hilft dir, die Bewegungen konstant im Fokus zu halten.

Helfer beim Shooting

Bisher habe ich fast immer einen Helfer zur Seite gehabt, der bei meinen Katzenfotos die Models zumindest ein Stückchen beeinflussen konnte. Meine Katze Nora reagiert zwar auf meine Stimme, aber das ist nicht selbstverständlich, wie mir meine anderen beiden Katzen zeigen. Die sind nämlich eher an Leckereien interessiert, und gerade mein Kater Anton wälzt dafür auch gerne mal alle anderen über den Haufen. Um ihn zu motivieren, braucht es also „nur" jemanden, der ihn mit einem Futterbeutel in die entsprechende Richtung lotst. Katzen sind meistens auch geräuschempfänglich. Wenn dein Helfer interessante Kratz- oder Raschelgeräusche macht, kann das manchmal den Blick deines Models in die Richtung lenken. Außerdem sind Katzenangeln als Spielzeug meist sehr beliebt und prima geeignet, um den Blick der Katze kurz zu fixieren.

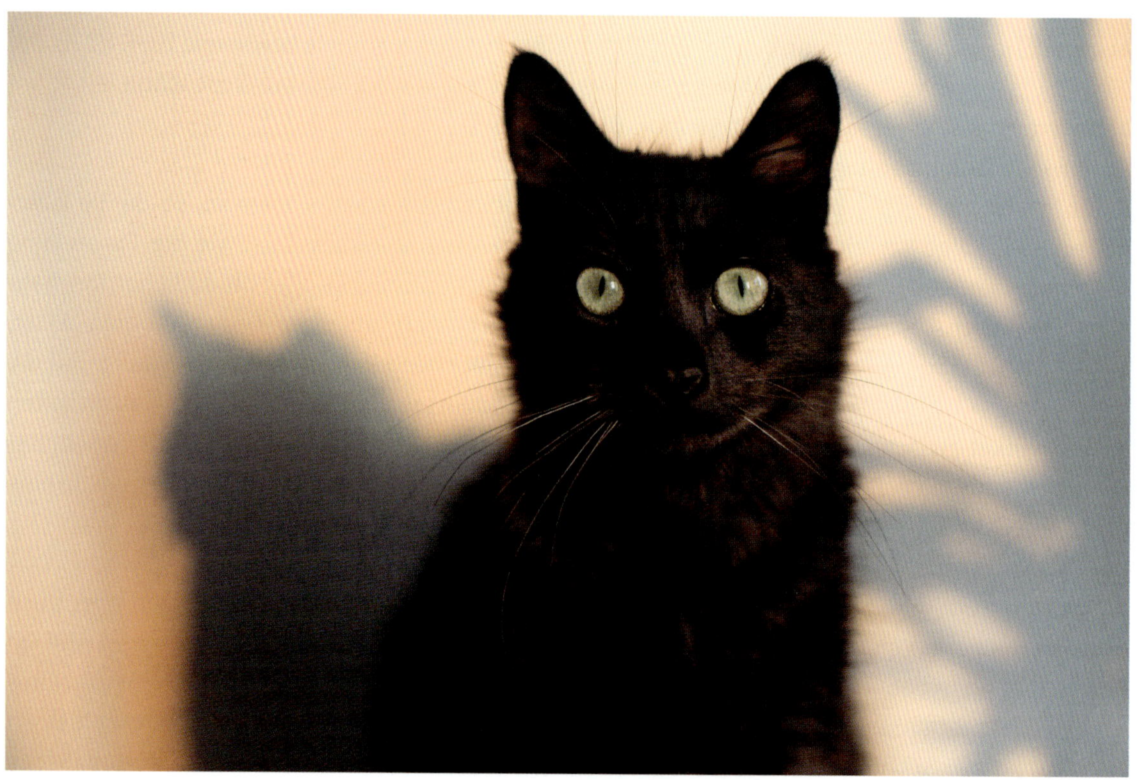

▲ *Mein Kater Mango war ein richtig treuherziger, aufgeschlossener Kerl. Es brauchte nur ein paar Worte, um seine Aufmerksamkeit zu bekommen. Hier sitzt er auf der Rücklehne der Couch und wird vom warmen Abendlicht durch das Fenster angeleuchtet. Ich mag den kühlen Farbkontrast mit den bläulichen Schatten an der Wand. Leider ist dies das einzige „richtige" Bild, das ich von Mango machen konnte. Er erkrankte kurz darauf an einer unheilbaren Mittelmeerkrankheit, die er aus Spanien mitgebracht hatte, und durfte nicht mal ein Jahr auf der Erde bleiben. Nun ruht er unter großen Bäumen im Park hinter unserem Haus.*

ISO 640 | 50 mm | f/2.8 | 1/640 s

Eine große Herausforderung

Jedes Fotoshooting mit Tieren ist nur bis zu einem gewissen Grad planbar. Eine besonders große Herausforderung dabei sind Katzen vor der Kamera. Sofern du nicht gerade ein professionell trainiertes TV-Tier vor der Linse hast (für etwa 1.000 Euro Tagesgage), musst du dich auf alles gefasst machen und sehr spontan mit den Ideen der Katze gehen. Wie eingangs beschrieben, haben Katzen keinen Grund, Kooperationen einzugehen.

Aber natürlich gibt es Dinge, die auch Katzen besonders toll finden. Meistens sind das Leckerchen, spannende Katzenspiele, Streicheleinheiten und selten auch Lob. Wobei eine Katze für Lob und Streicheleinheiten eher keine Aufgaben erledigen wird, denn schließlich ist diese Ressource ständig verfügbar, sobald sie sich auf den Menschen setzt.

Locations für Katzenfotos

Die Location-Auswahl ist in der Katzenfotografie begrenzt. Denn nur die allerwenigsten Katzen lassen sich gern an fremde Orte kutschieren und sind dort munter, aufgeschlossen und immer nahe beim Menschen. In der Regel bleiben Katzen in ihren eigenen vier Wänden oder im heimischen Garten bzw. im Umkreis ihres Hauses. Da sie jedoch kleine Tiere sind, reichen auch entsprechend kleine Fotospots, die sich in einen formatfüllenden Hintergrund verwandeln können.

Man kann nicht pauschal sagen, ob das Fotografieren von Katzen im Freien oder in der Wohnung leichter oder schicker ist. Das richtet sich selbstverständlich nach den tatsächlichen Gegebenheiten vor Ort:

- **Wiese und Garten** – Die Outdoor-Location für Katzen hat gar nicht so wahnsinnig hohe Ansprüche, da schon kleine Stauden und Blumen ausreichen, um für eine schöne Umgebung zu sorgen. Neben den üblichen Tipps zum Thema Licht achte darauf, dass dein Model sich nicht zu sehr unter dunklen Blättern versteckt. Katzen mögen sehr gern auf Aussichtspunkten sitzen. Das kann eine schöne Gartenbank sein oder ein frei liegender Ast eines recht niedrigen Apfelbaums, der deinem Model eine Bühne bietet.

Meine Katzen folgen mir draußen total gern und gehen mit mir spazieren. So kann ich sie schon ganz von allein zu interessanten Fotospots führen und muss eigentlich „nur“ darauf warten, dass sie sich auf ein solches Podest setzen. Manchmal kann man diesbezüglich auch nachhelfen, aber die meisten Miezen möchten die Wahl ihres Standorts selbst bestimmen (auch wenn deine Idee eigentlich gut war und sie diese dann ein paar Minuten später „ganz von allein“ wahrnehmen).

Achte darauf, dass dein Model von Gräsern, Blumen und anderen Objekten eingerahmt und nicht verdeckt wird. Eine Outdoor-Location empfiehlt sich generell natürlich nur dann,

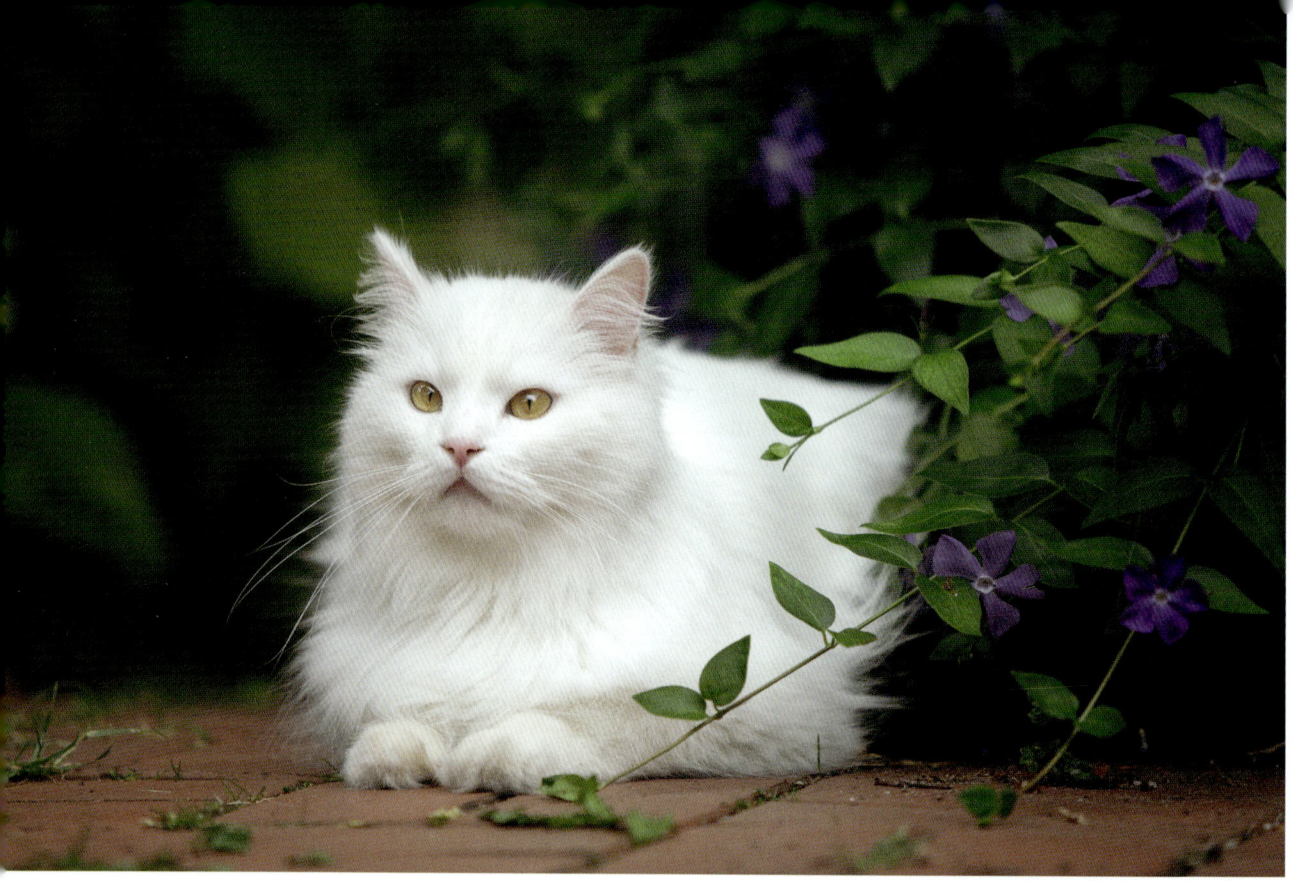

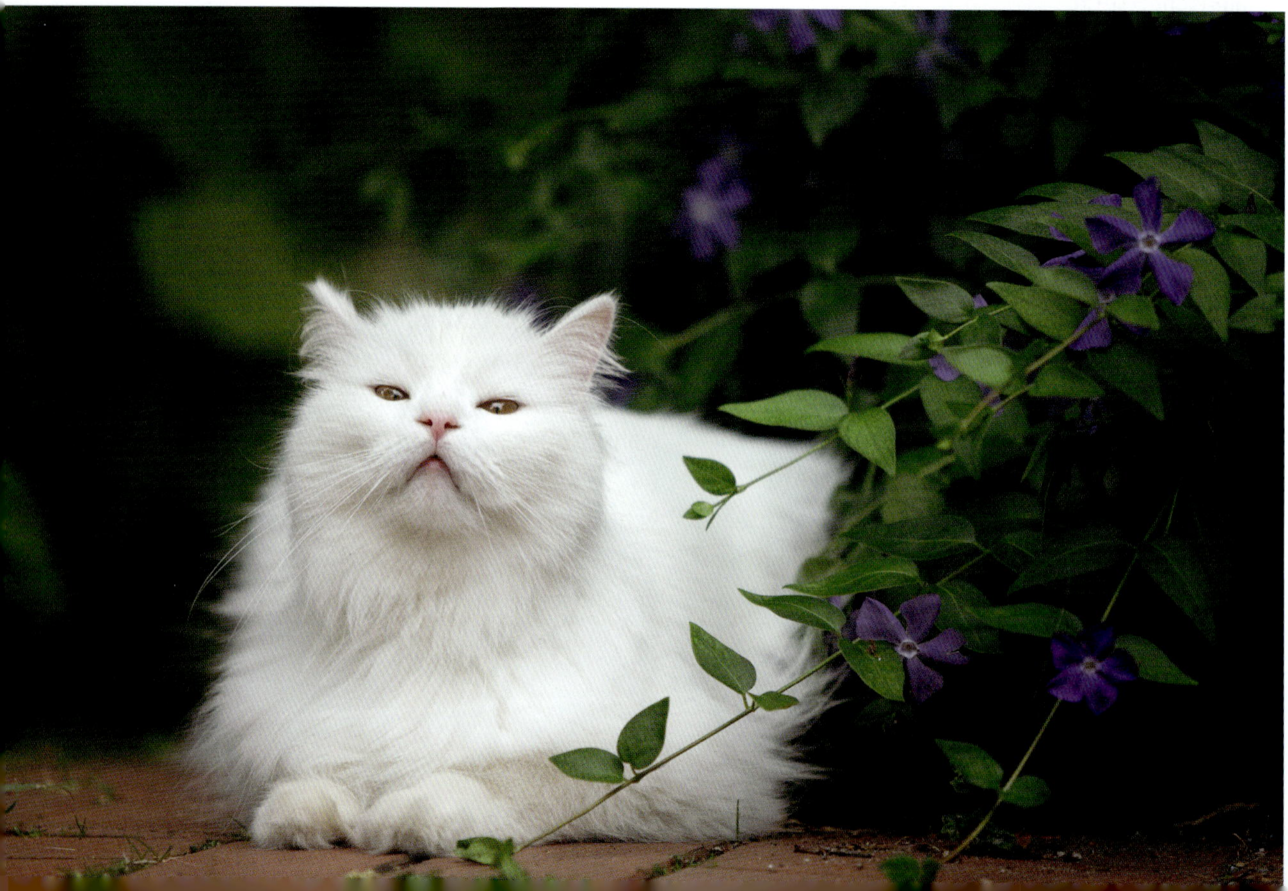

wenn die Katze die Umgebung kennt und entspannt ist und dem Menschen so zugewandt, dass sie zumindest für eine Weile in Gesellschaft bleibt. Meine Katze Nora lässt sich draußen so rufen wie ein Hund. Sie kommt zwar nicht immer sofort, aber irgendwann dann doch. Wenn sie in Spiellaune ist, sogar im schnellen Galopp!

Meine beiden anderen Katzen sind freigeistiger. Sie begleiten mich zwar auch sehr gern, aber wenn eben ein Impuls plötzlich interessanter ist, kann es sein, dass sie im Unterholz verschwinden.

- **Indoor** – Dürfen oder können Katzen nicht nach draußen oder passt das Wetter einfach nicht, kannst du auch im Haus bleiben, um zu fotografieren. Jedoch gilt es einige Dinge zu beachten: Für Kameras sind Innenräume ohne zusätzliche Beleuchtung meistens einfach nur dunkel. Klar ist: Je größer die Fenster und je heller die Inneneinrichtung, desto mehr Licht steht zur Verfügung.

◀ *Bei einem Spaziergang im Park ist Anton gern dabei. Katzentypisch geht er lieber die geschützten Pfade entlang an Sträuchern, zwischen denen er sich im Notfall verstecken kann. Außerdem nutzt er diese Plätze auch gern für kurze Pausen, die er alle paar Meter einhält. Dann checkt er die Umgebung mit Augen und Nase. Ich hatte Glück, dass er sich die blühenden Pflanzen ausgesucht hat, die ihm einen tollen optischen Rahmen schenken.*

ISO 1250 | 200 mm | f/2.8 | 1/800 s

Du kannst den Test selbst machen: Fotografiere ein Objekt sehr nahe am Fenster. Nutze das Fensterlicht dabei als direktes Licht oder Streiflicht. Fotografiere dein Objekt dann einige Meter vom Fenster entfernt. In meiner Wohnung sind es gleich mehrere ISO-Stufen, die ich erhöhen muss. Und das, obwohl ich eine riesige Fensterfront Richtung Süden habe und meine Wohnung sehr hell eingerichtet ist.

Auf keinen Fall solltest du normales Deckenlicht als Lichtquelle dazuschalten. Zum einen sieht Mischlicht, also Licht aus gänzlich verschiedenen Quellen mit unterschiedlichen Farbtemperaturen, nicht schön aus, und zum anderen ist Deckenlicht in den meisten Fällen auch einfach unästhetisch. Stattdessen kannst du dir einen Fotospot nahe am Fenster einrichten. Als Hintergrund dient dazu im besten Fall eine schlichte Wand. Je nach Raumtiefe kannst du aber auch durch Offenblende für eine hohe Unschärfe sorgen und somit die Inneneinrichtung verschwimmen lassen.

Um deine Katze am Fenster zu positionieren, kannst du z. B. einen Katzenbaum dort aufstellen. Sobald ich einen Katzenbaum verschiebe, werden die Katzen davon fast magnetisch angezogen. Sie lieben Veränderungen und neue Reize und kosten solche Momente aus. Es dauert nicht lange, bis sich eine meiner drei Katzen auf dem Katzenbaum niederlässt, um die neue Aussicht zu beobachten.

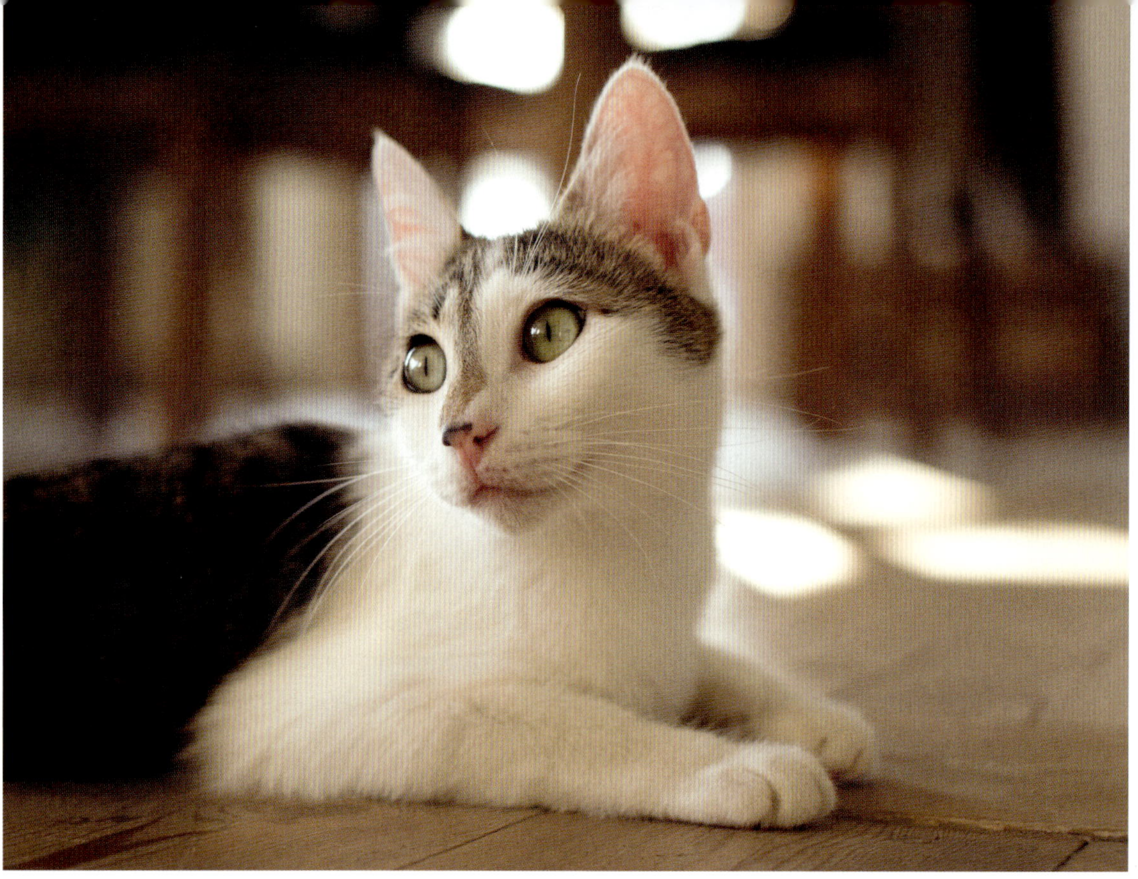

▲ *Nora kurz nach der Adoption mit zarten sechs Monaten sieht noch richtig aus wie ein halbes Hemd. Zusammen mit ihrem Kumpel Mango hat sie in den ersten Wochen die Wohnung erkundet, bevor es raus in den Garten ging. Helles Abendlicht erleuchtet das Wohnzimmer, und trotzdem ist eine Offenblende ohne weitere Lichtquelle einfach notwendig, um für ausreichend Belichtung zu sorgen. So verschwimmen auch die Stühle am Esstisch im Hintergrund.*
ISO 1000 | 50 mm | f/2.8 | 1/640 s

Mit Leckerlis kannst du natürlich auch nachhelfen oder einfach jemanden bitten, dein Model auf den eingerichteten Fotospot zu setzen. Ebenso eignen sich schlichte Decken auf der Couchgarnitur als Foto-Set-up. Nimmst du eine helle Decke, sorgst du für einen klaren Bildaufbau, hast einen leichten Reflektor und verdeckst eventuell ungeeignete Farben oder Muster der Couch. Das ist natürlich nicht nötig, wenn die Farbe des Sofas passt.

■ **Homestudio** – Ist mit natürlichem Licht in der Wohnung oder dem Haus nicht gut zu arbeiten, kannst du dir auch ein kleines Homestudio einrichten. Dazu brauchst du keine teure Studiotechnik. Ein kleines Hintergrundsystem reicht aus, um darauf Stoffe oder, wie ich es bevorzuge, Papierrollen aus dem Fotofachgeschäft anzubringen. Die Papierhintergründe gibt es standardmäßig in etwa einer Größe von 2,50 Metern, aber bei manchen Anbietern sind auch viel kürzer und handlicher zu haben. Notfalls kannst du dir so eine Rolle zurechtsägen.

Für einfache Studiofotos reicht außerdem zu Beginn eine Lampe aus, die die Lichtquelle des Fensters imitiert. Mit nur einer Lampe kannst du dich entspannter an das Thema Lichtsetzung herantasten und dann nach und nach aufstocken, falls Bedarf besteht. Du kannst schauen, ob dir Tageslichtlampen bzw. Dauerlichtlampen reichen. Falls diese zu lichtschwach sind, gibt es auch Blitze zum Einsteigerpreis.

Für Katzen braucht es keine Hochleistungsanlage, denn du arbeitest auf engem Raum und kannst die Lampen viel dichter an dein Model bringen als z. B. bei Pferden. Im Grunde spielt der Lampenhersteller auch erst mal keine große Rolle. Viel wichtiger ist der Lichtformer. Ich empfehle dir für den Anfang eine Softbox, die das Licht weich macht.

Du kannst aber natürlich auch kreativ sein und mit anderen Lichtformern arbeiten. Diese sollten nur nicht zu groß und sperrig sein, sodass du ein Homestudio auch tatsächlich aufstellen kannst. Beispielbilder findest du mit einer Erläuterung zum Shooting weiter unten in diesem Kapitel.

- **Andere Locations** – Solltest du eine Katze haben, die an Reisen und Ausflüge gewöhnt ist, stehen dir natürlich alle Türen und Tore für Locations offen, die ich im Kapitel über Hunde und Pferde auch erwähnt habe.

Lerne dein Model kennen

Katzen sind Charakterköpfe, die du beobachten und einschätzen kannst. So findest du den besten Zugang zu deinem Model und kannst es zum Mitmachen motivieren. Die allermeisten Katzen verfügen über einen sehr ausgeprägten Jagdinstinkt. Alles, was sich zuckend bewegt und/oder interessante Geräusche von sich gibt (knistern, rascheln, tippeln), ist schnell ein Objekt der Begierde. Auch Katzenangeln sind ein sehr beliebtes Spielzeug. Die Katzen können nach dem Stoffköder haschen, meine drei Models mögen aber auch den Stab selbst und jagen gern nach der Stabspitze statt nach dem Köder an der Angel.

Dabei sind Katzen jedoch keine ausdauernden Hetzjäger. Sie sind eher Energiesparer, beobachten eine ganze Weile, um im richtigen Moment effektiv zuzuschlagen. Hin und wieder bekommen Katzen zwar auch ihre Anfälle, in denen sie wie ein geölter Blitz durch Wohnung und Garten poltern, aber sie rasten zwischen diesen Spieleinheiten viel intensiver und sind dabei nicht so konstant in Action wie z. B. Hunde.

Um die Aufmerksamkeit zu bekommen, um eine Katze in eine bestimmte Richtung zu lenken bzw. ihren Blick zu steuern, sind Spielzeuge auf jeden Fall eine sehr geeignete Wahl. Finde heraus, auf welches Spielzeug die Katze am meisten reagiert: Geht es ihr eher um Geräusche oder mehr um Bewegungsmuster?

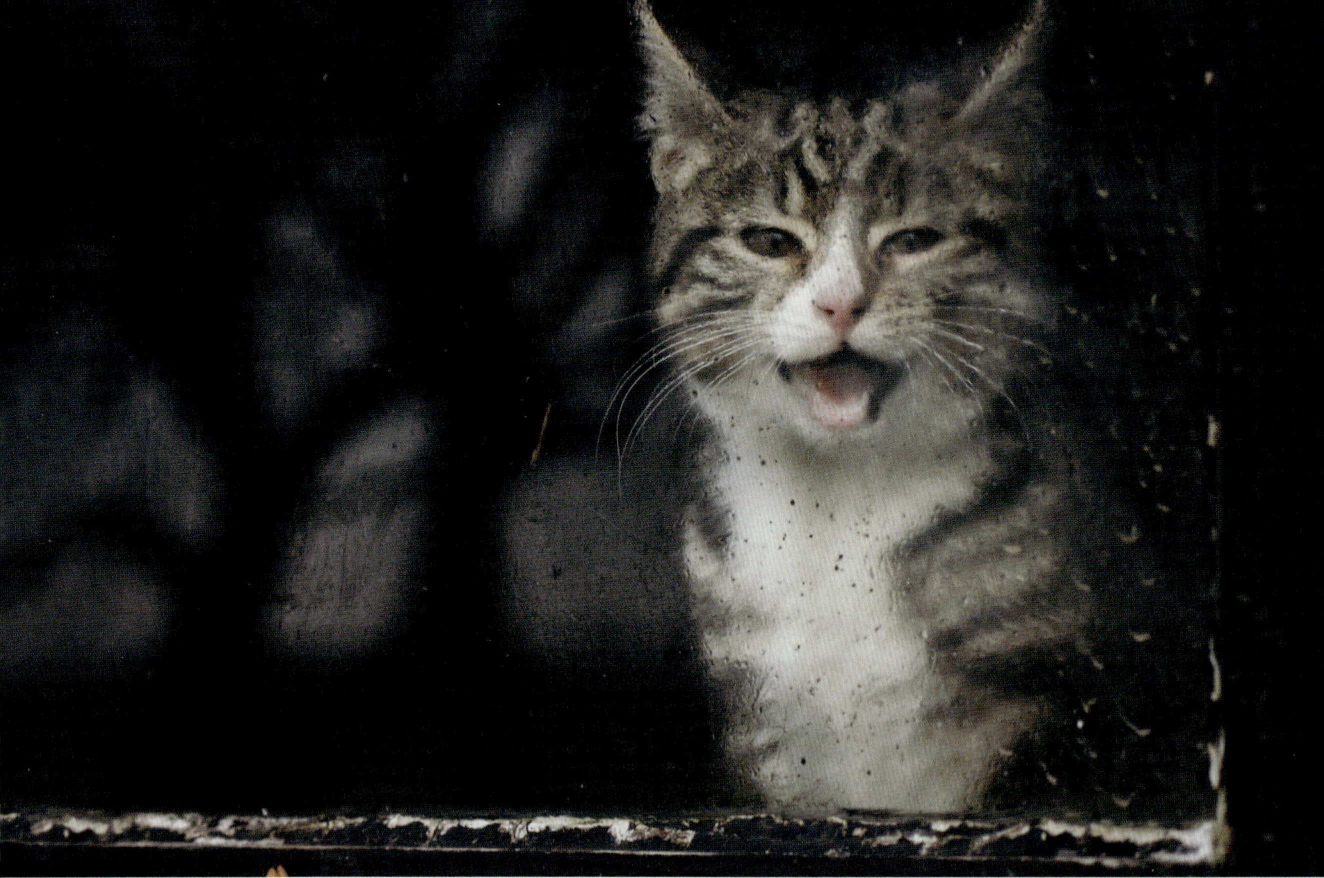

▲ *Eines meiner ersten Fotografien mit DSLR-Kamera überhaupt zeigt Kater Momo hinter der Scheibe einer Werkstatt. Ganz offensichtlich beschwert er sich gerade bei mir, dass er im Haus sitzt und ich im Freien bin – dabei gibt es natürlich einen Weg für die Katzen. Vielleicht lag es aber auch am schlechten Wetter und am Regen, der die Scheibe so richtig schön bespritzt hat.*

ISO 320 | 55 mm | f/4.0 | 1/200 s

Leckereien sind auch bei Katzen ein begehrtes Mittel. Aber nicht alle sind bestechlich! Nora z. B. mag überhaupt keine Leckerlis (außer Leberwurst, aber sie ist ja selbst auch eine schnell beleidigte Leberwurst) und fährt total auf Spielzeugmäuse ab, die durch die Gegend geschmissen werden. Blanca hingegen angelt gern nach Spielzeug, aber ist genauso für Leckerlis zu begeistern, während Anton alles aus dem Weg räumt, um als Erster an der begehrten Futterdose zu sein. Er spielt nur manchmal mit – und dann auch lieber aus dem Liegen heraus, um lediglich einen Arm nach dem Spielzeug recken zu müssen.

In eher seltenen Fällen oder in speziellen Situationen (wie z. B. im Freien, wenn sich eine Katze freiwillig einer kleinen Wanderung anschließt) lassen sich einige Models auch durch die Stimme motivieren. Nora z. B. hört für eine untrainierte Katze im Freien ziemlich gut und folgt auch hin und wieder in der Wohnung dem Rufen. Darüber hinaus gibt es aber richtig ausgebildete Filmkatzen. Mit ihnen ist ein Shooting sicher um einiges einfacher. Jedoch sprengen die Kosten für die Tagesgage sicherlich viele Budgets von Hobbyfotografen.

Dagegen bleiben andere Katzen wild, ängstlich oder misstrauen fremden Personen. Sie flüchten lieber, vor allem wenn sie etwas so Bedrohliches wie eine riesige Kamera anstarrt. Eine lange Brennweite hilft, einen für solche Katzen angenehmeren Abstand zu wahren.

Katzenporträts

Im Grunde gelten für Katzenporträts fast die gleichen Gestaltungsregeln wie bei Hunden. Auch ihre Gesichter sehen natürlich am imposantesten aus, wenn sie direkt in die Kamera schauen. Dabei besteht die größte Herausforderung meiner Meinung nach darin, sie auch tatsächlich in die Kamera schauen zu lassen. Da Katzen nicht immer zuverlässig auf Geräusche reagieren, die du als Fotograf zur Belustigung machen kannst, starren sie oft einfach in die Gegend oder auf das Lockmittel. Falls du mit einem Helfer arbeitest, sollte dieser das Objekt der Begierde auf keinen Fall zu hoch halten. Je dichter der fixierte Punkt deines Models in Richtung deiner Kamera gehalten wird, desto mehr senkt sich natürlich auch der Blick.

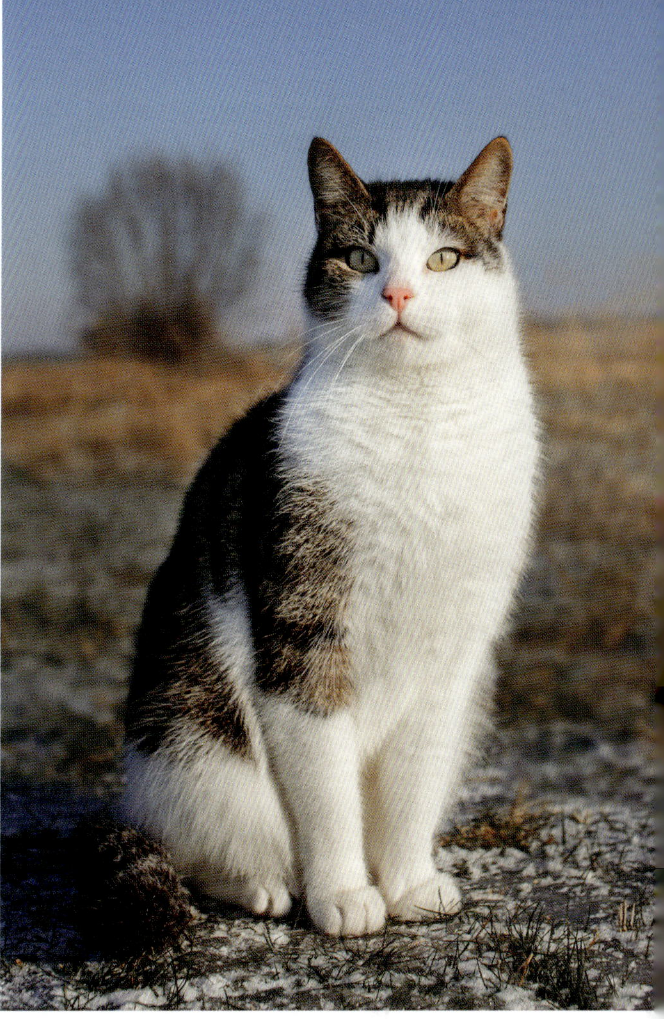

▲ *Ein weiteres Bild aus meinen fotografischen Anfängen zeigt Kater Joshi auf einer gefrorenen Weide. Eigentlich ist es zum Fotografieren noch ein wenig früh gewesen, aber die Wintersonne ist auch zur Mittagszeit noch relativ gnädig. Zudem wirkt Joshis weißes Fell wie ein natürlicher Aufheller und mildert so die Schatten etwas ab. Katzen wirken richtig schick, wenn sie aufgerichtet frontal in die Kamera schauen. In Wahrheit beobachtet Joshi aber etwas anderes in der Ferne. Ich habe mich einfach nur in sein Sichtfeld gelegt, um dieses Bild zu fotografieren.*

ISO 200 | 50 mm | f/5.0 | 1/1250 s

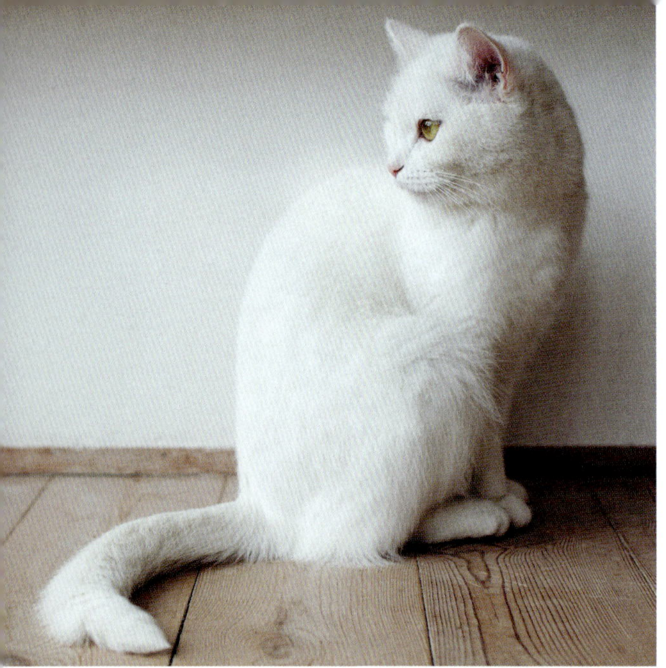

▲ *Wer, wenn nicht Katzen, ist der Inbegriff für Beweglichkeit? Klar, dass sie auch in Biegung immer eine gute Figur machen. Hier dreht sich Blanca scheinbar mühelos um die eigene Achse, um zu prüfen, was am Fenster los ist. So schaut sie direkt zur Lichtquelle und wird vom weichen Streiflicht gut ausgeleuchtet.*

ISO 500 | 50 mm | f/3.5 | 1/1000 s

Katzen sind super flexibel und sportlich. Ihr Körperbau lädt gerade dazu ein, Schwung und Biegungen zu fotografieren. Es wird sich ganz von selbst ergeben, dass sich dein Model über die eigene Schulter schaut oder eine akrobatische Pose anbietet. Ansonsten kannst du natürlich auch hier wieder mit Reizen arbeiten, die die Aufmerksamkeit und damit auch die Kopfposition lenken. Versuche dir dabei immer wieder die Grundregeln der Bildgestaltung klarzumachen: Bewegung braucht Raum. Wo genau in deinem Bild fließen die Linien und brauchen Platz? Wirkt dein Model im Gesamten noch harmonisch?

Actionbilder mit Katzen?

Googelt man nach dem Schlagwort „Katzenfotografie“, erscheinen auf den ersten Seiten der Bildersuche ausschließlich Porträts und Ganzkörperbilder von Katzen im Liegen, im Sitzen oder im Stehen. Es gibt kein einziges Bild einer laufenden Katze – ganz im Gegensatz zu der Suche nach den Schlagwörtern „Hundefotografie“ oder „Pferdefotografie“. Auch in meinem Archiv gibt es nur wenige wirklich actiongeladene Katzenfotos. Klar, innerhalb der Wohnung beschränkt sich die Bewegung der Katzen höchstens auf das Angeln nach einem Spielzeug.

„Zoomies“ durch die Wohnung lassen sich eigentlich kaum wirklich fotografisch gelungen festhalten, es sei denn, die Wohnung ist zufällig äußerst fotografenfreundlich geschnitten. Im Freien hingegen sind die Chancen größer, solange Katzen gern hinter Spielzeug herflitzen oder auf ihre Menschen zulaufen. Ob, wann und in welchem Tempo, das steht jedoch in den Sternen. Du kannst einfach ausprobieren, deine Katze mithilfe einer zweiten Person zum Spielen zu motivieren. Neben dem Locken mit Spielzeug oder Leckerlis kannst du sie z. B. auch mit Herbstlaub bespaßen. Bei meinen Freilaufversuchen im Garten hatte ich schnell das Problem, dass die Beine trotz kurz gemähtem Rasen abgeschnitten wirkten, sobald das Model hinter einer kaum wahrnehmbaren Erhebung des Bodens, also quasi knapp hinter einer „Hügelkuppe“ lief. Dabei ist unser Garten fast ganz eben.

Einen Hund oder ein Pferd kann man in solchen Fällen noch etwas geschickter lenken, bei einer Katze hingegen musst du viel schneller deine Position an die des Models anpassen. Um mich dem Thema Katzen und Action noch mal ganz neu anzunähern, habe ich ein Studioshooting umgesetzt. Dieses beschreibe ich dir später in diesem Kapitel genauer.

▼ *Kaum zu glauben, dass diese drei Bilder auf der gleichen Rasenfläche entstanden sind. Anton „versinkt" scheinbar im hohen Gras. Dabei liege ich mit der Kamera ganz flach auf der Wiese, während er hinter einer sehr leichten Hügelkuppe verschwindet. Aber nicht nur die Größe von Katzen ist eine echte Herausforderung in Sachen Actionfotografie. Sie bewegen sich schnell und ruckartig, sodass du mit deiner Kamera richtig flink sein musst. Außerdem lassen sich Laufphasen nicht so gezielt bzw. „zuverlässig" wiederholen wie mit Hunden. Nora ist von meinen drei Katzen am aufgeschlossensten und lässt sich relativ leicht per Zuruf anlocken. Aber Katzen sind nicht so ausdauernd wie Hunde, sodass sie viel mehr rasten. Bring also Geduld mit und verteile dein Shooting auf mehrere Tagen.*

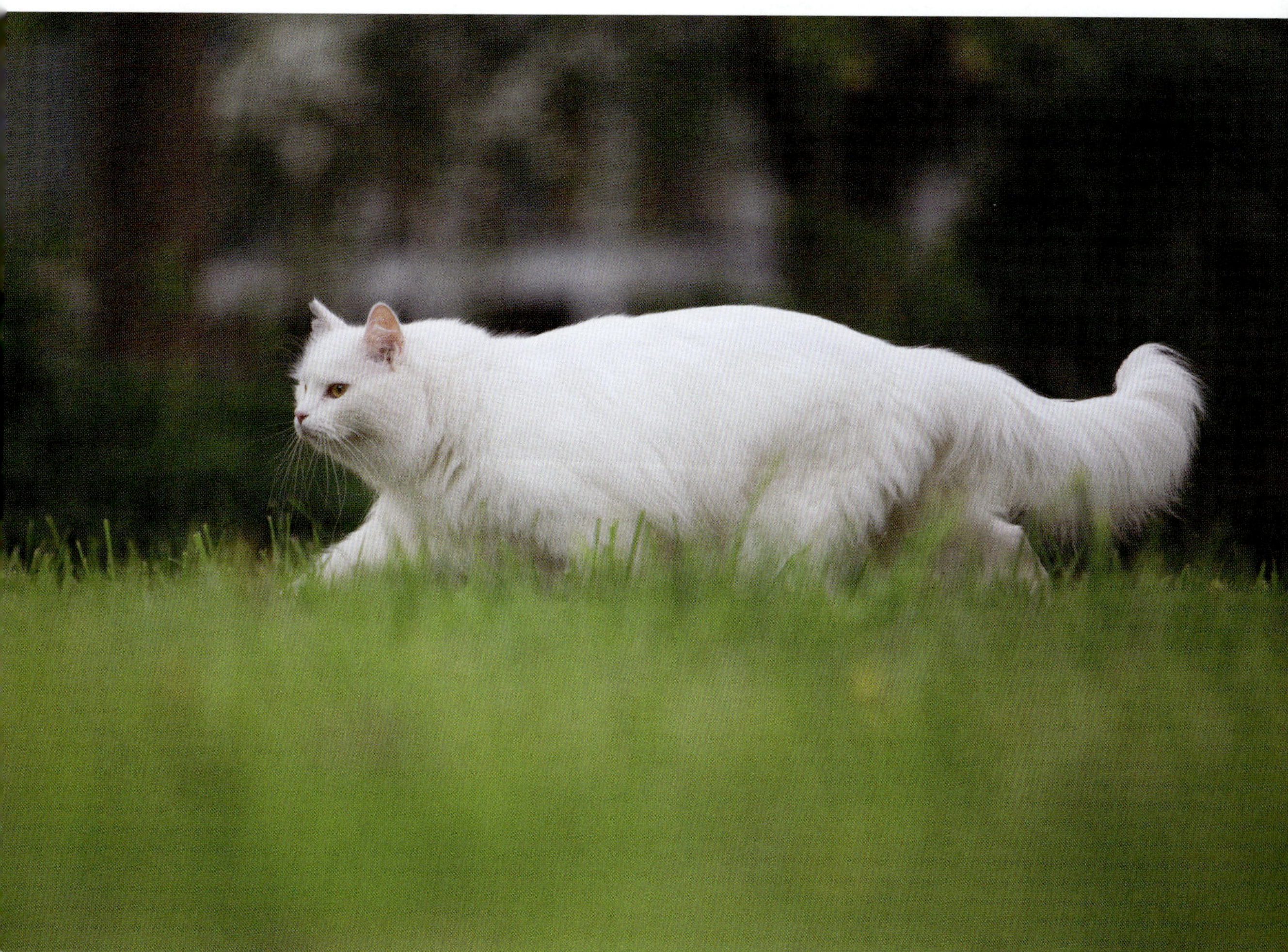

ISO 1000 | 200 mm | f/2.8 | 1/1000 s

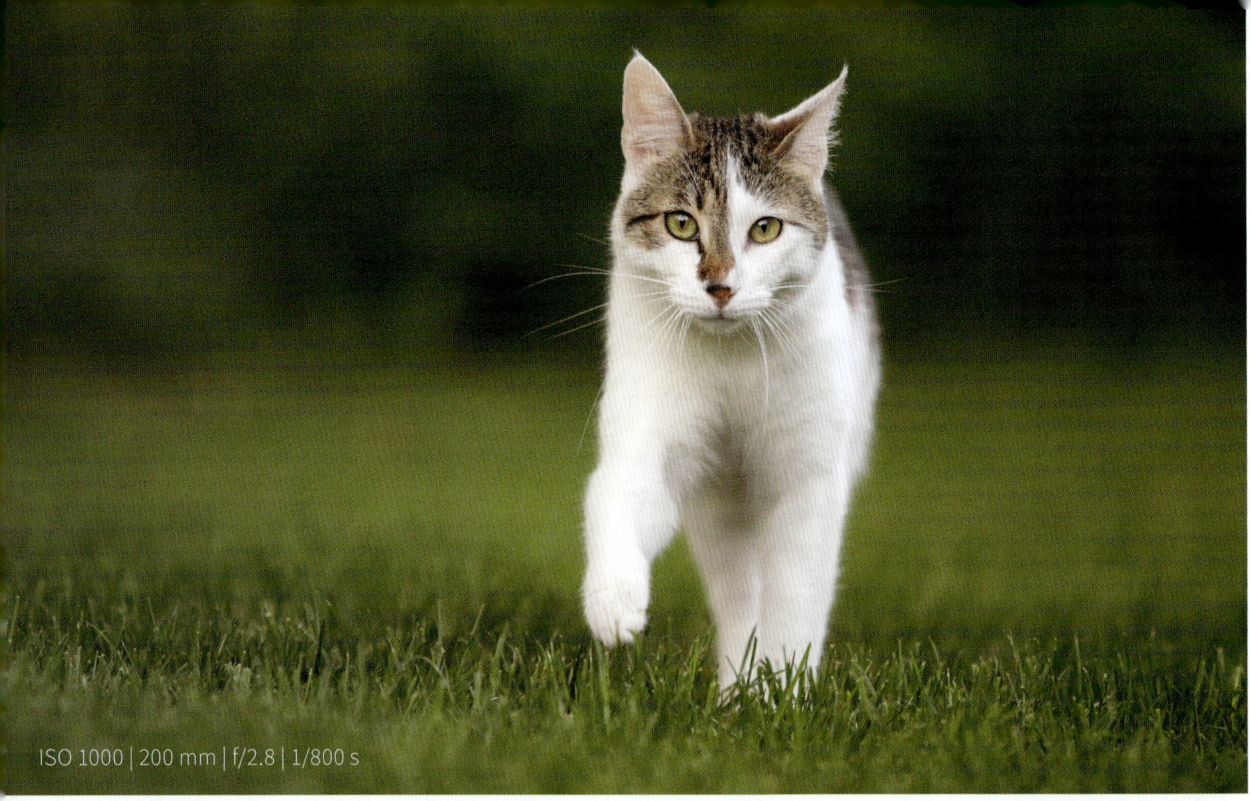

ISO 1000 | 200 mm | f/2.8 | 1/800 s

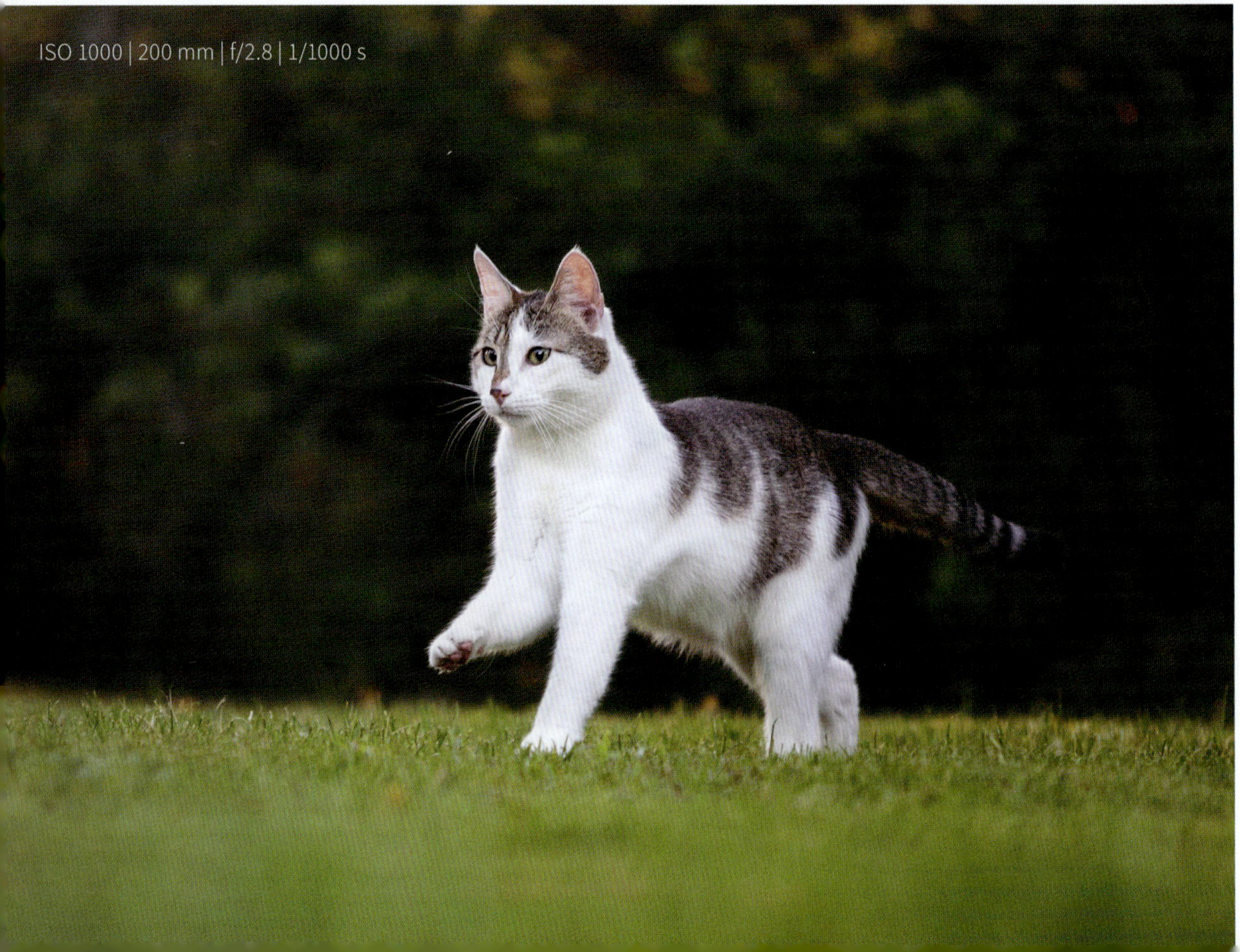

ISO 1000 | 200 mm | f/2.8 | 1/1000 s

Katzenverstand ist gefragt

Gerade bei Katzen ist Wissen über ihr Verhalten gefragt, um sie so weit wie möglich zum Kooperieren zu bewegen. Gleichzeitig zeigt eine Katze wohl mit am deutlichsten, wenn sie auf deine Fotosession gar keine Lust hat. Bleib fair zu den Tieren und zwinge sie nicht, wenn sie deutliches Abwehrverhalten zeigt. Das geht nicht erst beim Fauchen oder Hauen los, sondern schon, wenn sich die Katze verkriecht oder mit der Schwanzspitze peitscht.

▼ *Die kleine Kitty ist Joshis (damals neue) Mitbewohnerin. Im Garten hat sie sich einmal zu viel herausgenommen und ist beeindruckt von der imposanten Zurechtweisung des Katers. Katzenfotografie erinnert mich vor allem in solchen Augenblicken an die Wildlife-Fotografie: Du kannst zwar ein paar Reaktionen durch Lockmittel provozieren, aber am Ende musst du doch viel Geduld mitbringen, warten und beobachten, um dann im richtigen Moment abzudrücken. Im Übrigen sind Kitten ab dem Alter, in dem sie anfangen, herumzulaufen, schon proportional ziemlich gut gebaute Tiere. Anders als Welpen oder Fohlen wirken sie viel früher „fertig“, nur eben in Miniform. Das heißt natürlich nicht, dass sie deswegen nicht genauso niedlich sind. Fotografisch musst du dich bei (sozialisierten) Kitten vor allem auf jede Menge Neugierde, Übermut, Kletterattacken und Agilität einstellen.*

ISO 1600 | 190 mm | f/2.8 | 1/500 s

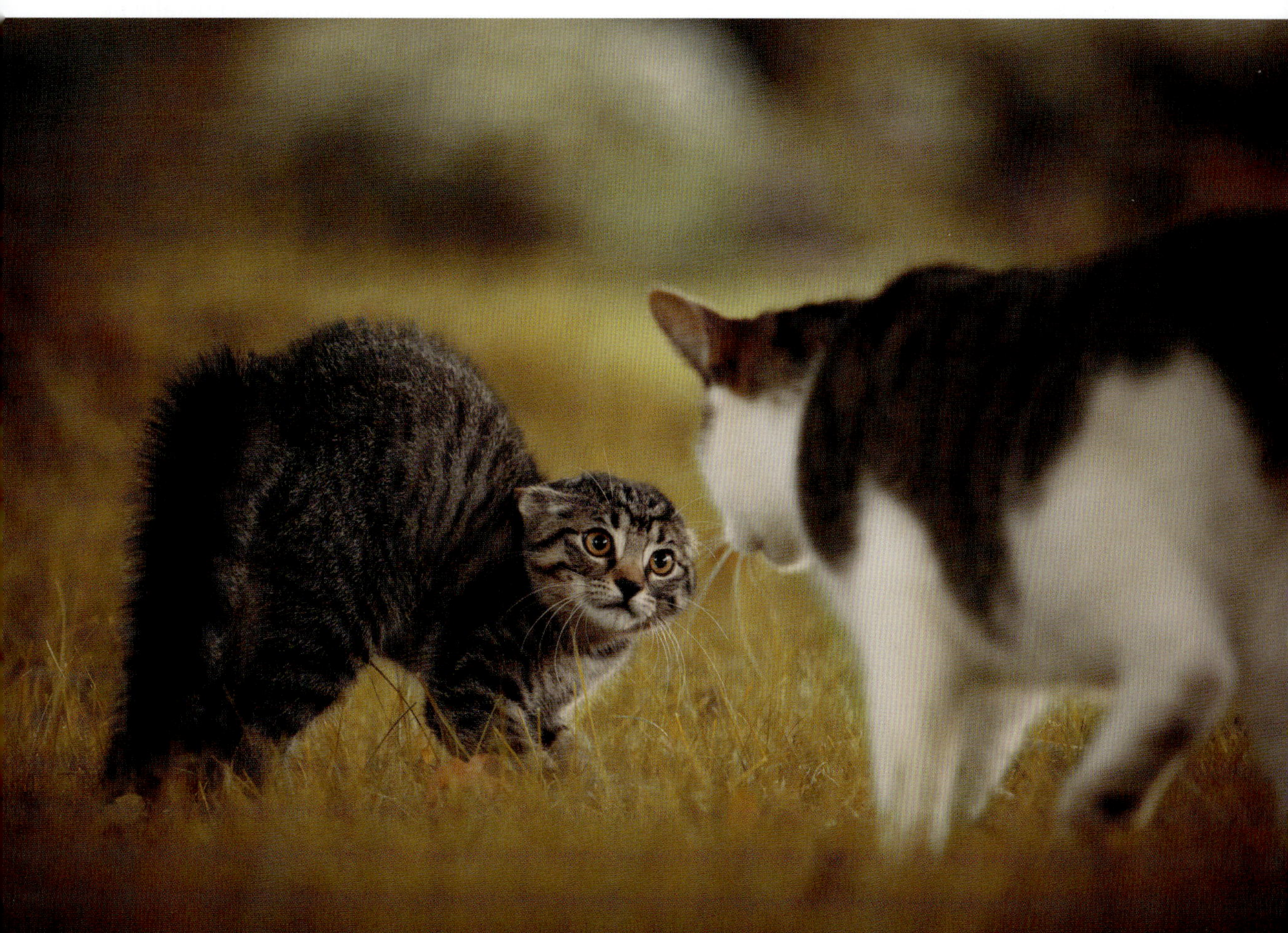

Bei deiner eigenen Katze zu Hause kannst du einfach spontan zur Kamera greifen, wenn sich ein geeigneter Moment ergibt. So mache ich es bei meinen Katzen auch: Werden sie aktiv oder möchten rausgehen, schnappe ich mir meine Kamera und begleite sie einfach.

Herausforderungen am Set

Die drei nachfolgend beschriebenen Motiv- bzw. Shooting-Umsetzungen sollen dir helfen, deine eigenen Katzenshootings zu planen und zu realisieren.

Shooting 1: Im Katzenversteck

Kameratechnik	Canon 1Dx Canon 70-200 mm f/2.8 Sigma 50 mm f/1.4
Schwierigkeit	leicht
Assistenten	1 Person
Hilfsmittel	die eigene Stimme
Licht	diffuses Licht
Dauer	mehrere kurze Sessions von je 10 bis 20 Minuten

■ **Das Shooting** – Katzen in einem Versteck zu fotografieren oder durch Integration eines geeigneten Vordergrunds sie zumindest so aussehen zu lassen, als würden sie im Verborgenen beobachten, warten und lauern, konnte ich bisher in alle meine Katzenshootings integrieren. Katzen meiden von Natur aus eher die offenen Flächen und bewegen sich lieber zwischen bzw. hinter Schutzpositionen.

Vielleicht ist dir das auch schon mal an deiner Katze aufgefallen: Statt quer durch den Raum zu laufen, bevorzugen die meisten Katzen verwinkelte Wege – zumindest wenn sie nicht gerade in Tobelaune sind. Meine Katzen laufen häufig einen enormen Umweg zur Couch, statt direkt hinaufzuspringen. Dabei checken sie zunächst die Lage und prüfen, ob ein streitlustiger Kollege irgendwo auflauert.

Hier beschreibe ich eine Sammlung an ähnlichen Motiven aus verschiedenen Shootings. Die Umsetzung ist relativ einfach, sodass du dich mit solchen Bildern an die Katzenfotografie herantasten kannst. Außerdem ist es möglich, bis zu einem gewissen Grad diese Bilder zu inszenieren. Wie du weißt, werden Katzen z. B. magisch von Kartons und anderen geeigneten „Höhlen“ angezogen.

Gerade wenn der Reiz neu ist, ist er besonders spannend und wird bespielt und ausprobiert. Dann ergibt sich ganz von selbst eine geeignete Fotomöglichkeit, bei der du Ort, Zeit und Licht weitgehend selbst inszenieren kannst. Aber auch durch das schlichte Beobachten beim Stromern durchs hohe Gras und ins Blumenbeet oder beim Klettern auf einem Baum ergeben sich die hier gezeigten Momente.

■ **Das fiel mir leicht** – Da Katzen wirklich häufig verharren und beobachten, hatte ich in allen Situationen genügend Zeit, um meine Perspektive und meine Position so zu verändern, dass ich einen passenden Vordergrund integrieren bzw. das Versteck gut in Szene setzen konnte. Auch technisch sind die Bilder recht simpel umzusetzen. Lediglich der Fokus sollte nicht an einem Grashalm vor dem Gesicht hängen bleiben, und auch das Versteck selbst darf nicht zu schattig bzw. zu dunkel sein. Generell sind die meisten Bilder im diffusen Licht bzw. Schatten entstanden. Ich konnte mich also völlig auf das Motiv und die Umgebung konzentrieren, ohne groß Rücksicht auf einfallende Lichtstrahlen zu nehmen.

■ **Das waren die Herausforderungen** – Gerade im Freien muss ich mich nach den Katzen richten, vor allem ohne Helfer. Das erfordert Spontanität und ein schnelles Auge für den passenden Bildaufbau. Je mehr du dranbleibst und dich ausprobierst, desto besser und sicherer wirst du ganz instinktiv harmonische Bildausschnitte wählen.

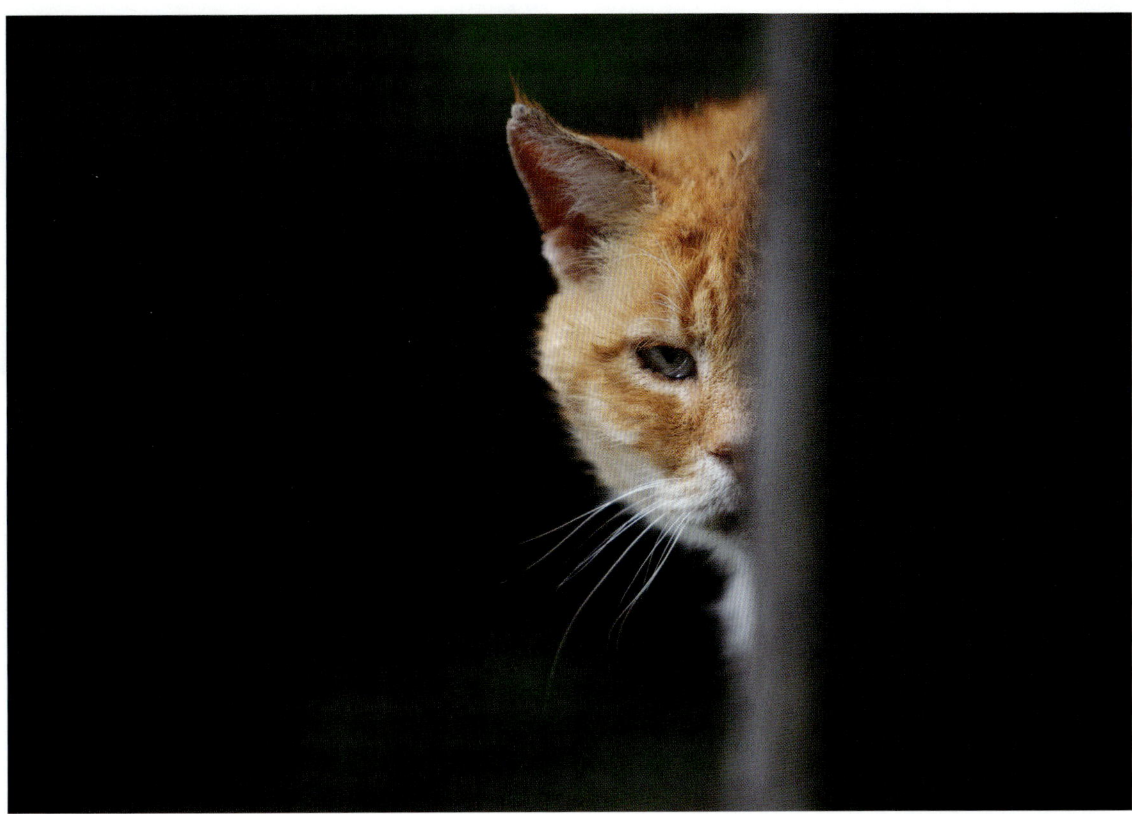

ISO 1600 | 200 mm | f/2.8 | 1/320 s

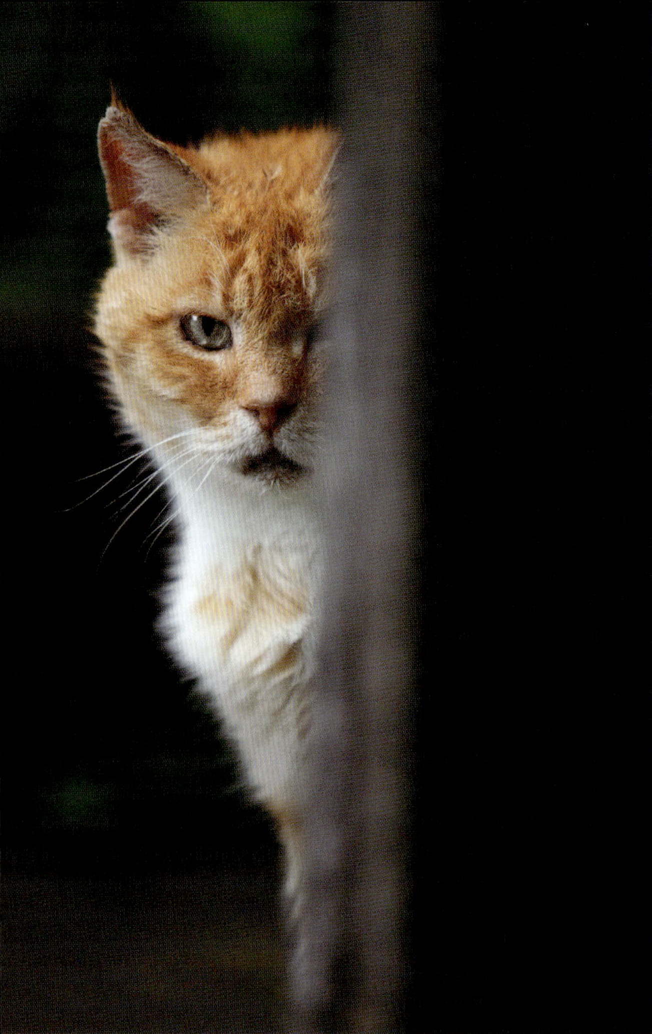

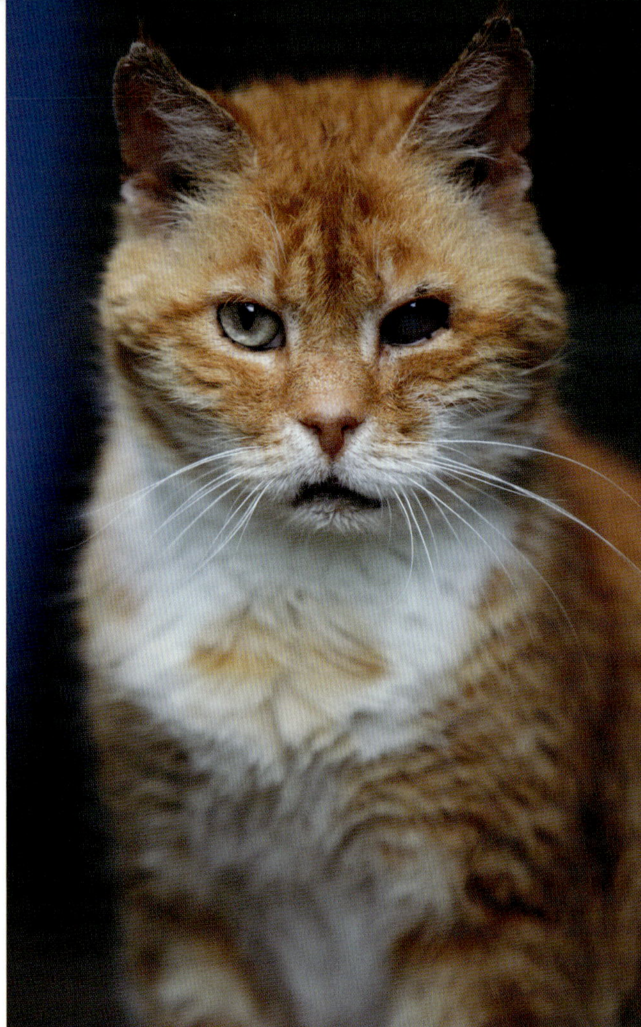

▲ *Ich habe den alten, kampferprobten Kater aus der Nachbarschaft auf seiner verlassenen Terrasse besucht. Er war mir gegenüber recht skeptisch, hat mich aber nach und nach dichter herangelassen. Seine Skepsis konnte ich dank des Holzbalkens visuell darstellen bzw. verstärken. Ich habe mich so positioniert, dass Yellow am Balken vorbeischauen musste, um mich im Blick zu haben. Wenig später konnte ich aber auch ein Frontalporträt machen und sein gezeichnetes Gesicht fotografieren. Dabei behielt er jedoch vornehmlich meinen eigenen Kater Anton im Blick, der mich zum Shooting begleitet hat (und mir damit auch als kleiner Assistent diente). Die Terrasse war dunkel und verlassen, sodass das helle, kräftig rote Fell im diffusen Licht im schönen Kontrast hervorsticht.*

ISO 1600 | 200 mm | f/2.8 | 1/320 s

▶ *Der Apfelbaum im Frühling, den sie auf meinem Bild erklommen hat, bot eine perfekte Sicht auf Blanca. Die jungen Blätter waren noch nicht zu groß, um zu viel vom Model zu verdecken, und der ausgewählte Ast gerade noch niedrig genug, um mich nicht zu stark in die Froschperspektive zu zwingen. Ich habe mit der Kamera durch die Lücken der Äste nach einem Ausschnitt gesucht, der die Sicht auf Blanca freigab. Hier rahmt der Ast im Hintergrund auf der linken Seite das Motiv ein. Der starke Ast, auf dem Blanca steht, gibt dem Motiv nicht nur tatsächlich Halt, sondern begrenzt auch hier den Blick des Betrachters. Auf der rechten Seite dienen ein paar Blätter als spielerischer Vordergrund und gleichzeitig als Rahmung für die Katze. Das weiche Streiflicht des Abends bringt ein Auge zum Leuchten, sorgt durch den starken Kontrast für mehr Plastizität und bildet einen Ausgleich zum dunklen, starken Ast weiter unten im Bild.*

ISO 800 | 200 mm | f/2.8 | 1/800 s

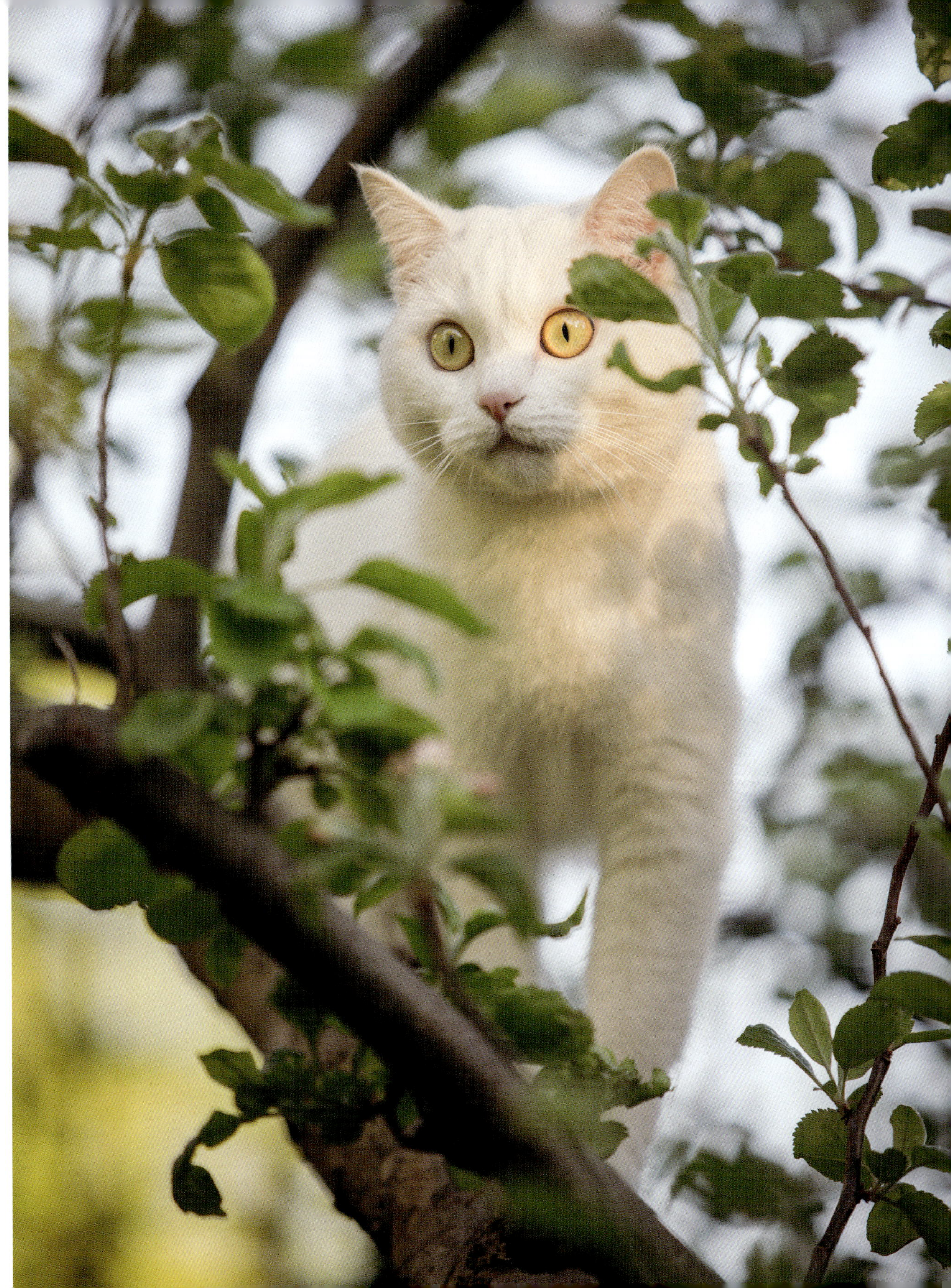

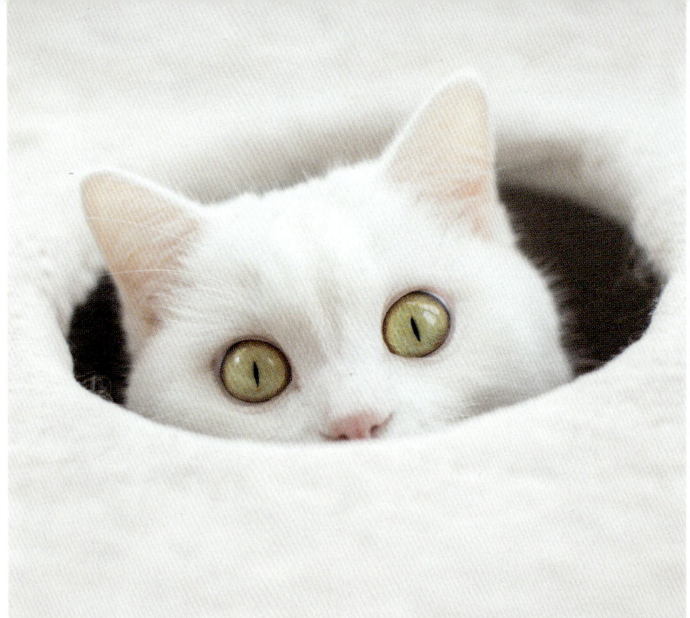

◂ *Den kleinen Katzenbaum, aus dem Blanca in diesem Bild luschert, habe ich einfach ganz dicht ans Fenster geschoben. Dadurch stand mehr als genug Licht zur Verfügung, um Blanca beim Spielen zu fotografieren. Da ich in diesem Fall keinen geeigneten Hintergrund zur Verfügung hatte, habe ich meine Perspektive und den Bildausschnitt so weit angepasst, dass wirklich nur der Katzenbaum als Umgebung zu sehen bleibt. Außerdem habe ich so auch etwas mehr vom Köpfchen ins Bild bekommen.*

ISO 500 | 50 mm | f/2.8 | 1/320 s

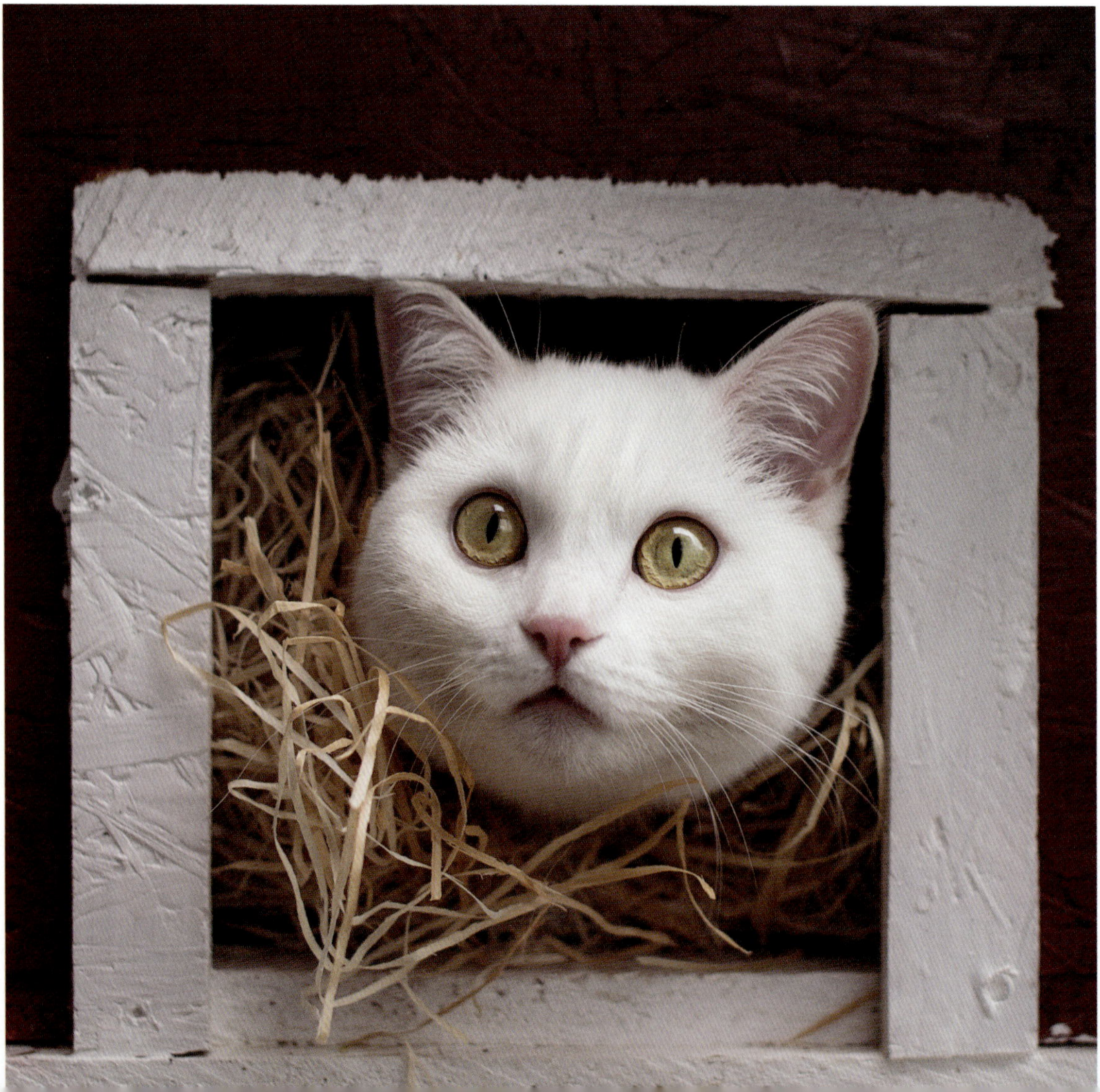

▶ *Erdbeerpflanzen vor einem Busch bieten eine tolle Versteckmöglichkeit. Auch wenn Blanca gern beim Menschen bleibt, wählt sie lieber die verborgenen Pfade. Zum Glück ist das Beet recht schmal, sodass ich mein Model mit der Kamera gut verfolgen konnte.*

ISO 400 | 200 mm | f/2.8 | 1/800 s

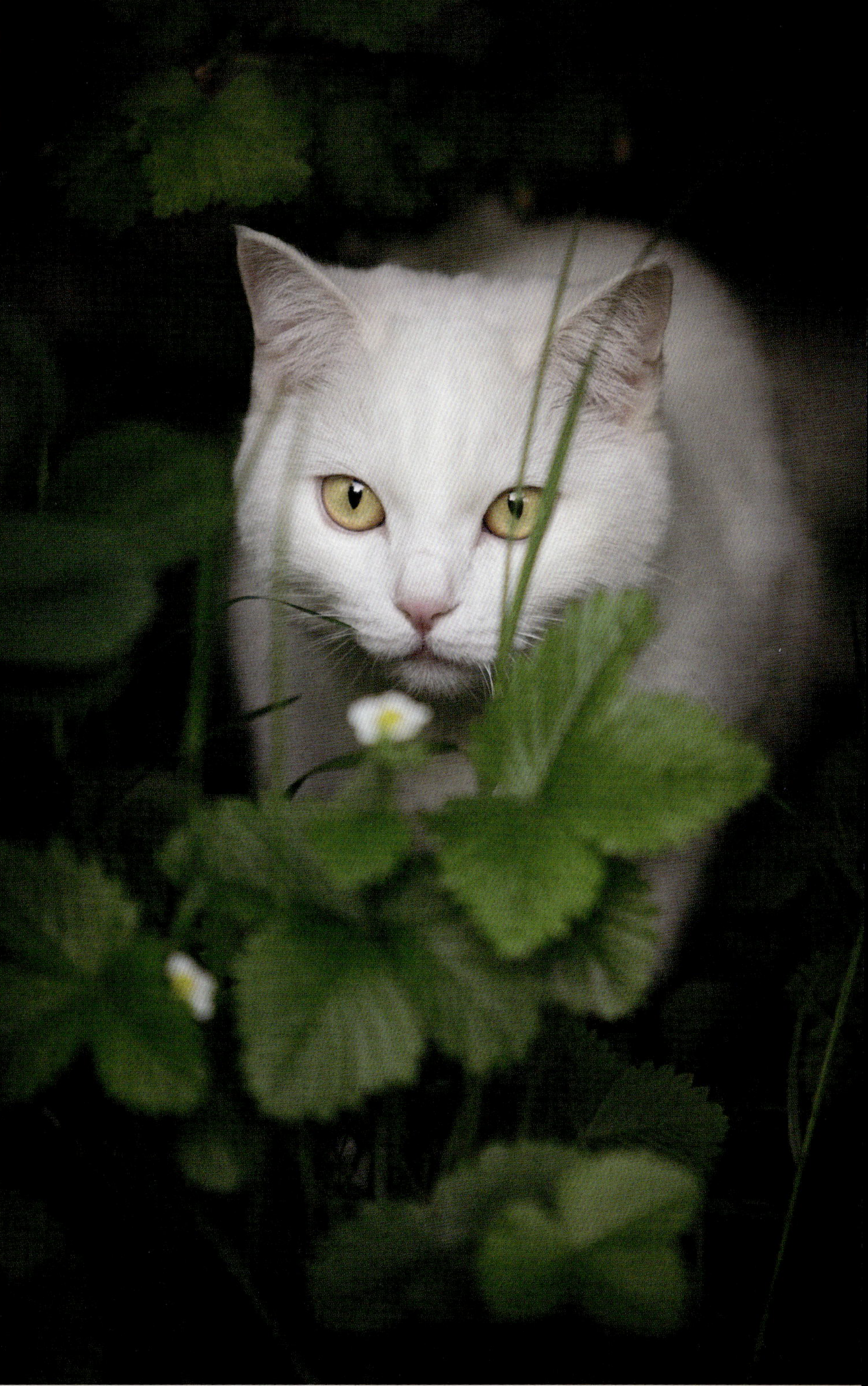

◀ *Von meinen drei Katzen liebt es vor allem Blanca, sich zu verstecken. Sie sucht liebend gern Unterschlupf im Katzenhäuschen, stromert geschützt durchs hohe Gras oder klettert auf Bäume. Draußen steht den Katzen ein kleines, selbst gebautes Häuschen zur Verfügung. Bei schlechtem Wetter nutzen die Katzen den Unterschlupf gern, um von dort aus geschützt vor Regen und Wind Vögel zu beobachten und trotzdem im Freien zu sein. Das ist ein wirklich einfaches Motiv, das du mit jeder Katze fotografieren kannst, die gern in ihrem Häuschen hockt. Es gibt genug Reize, die sie früher oder später zum Rausschauen animieren werden. Dabei kannst du natürlich auch mit Spielzeug, Geräuschen oder Futter nachhelfen.*

ISO 200 | 50 mm | f/2.5 | 1/320 s

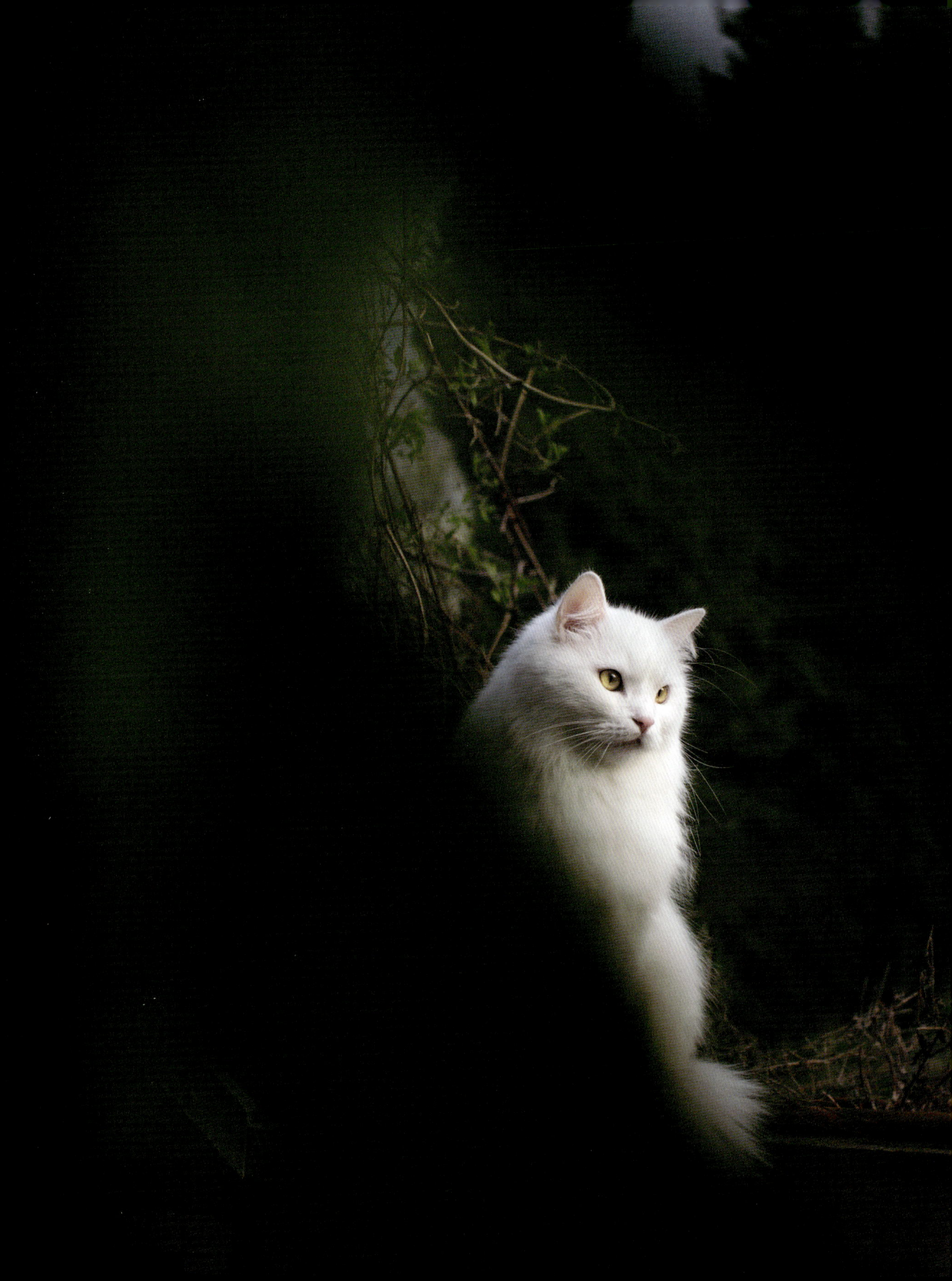

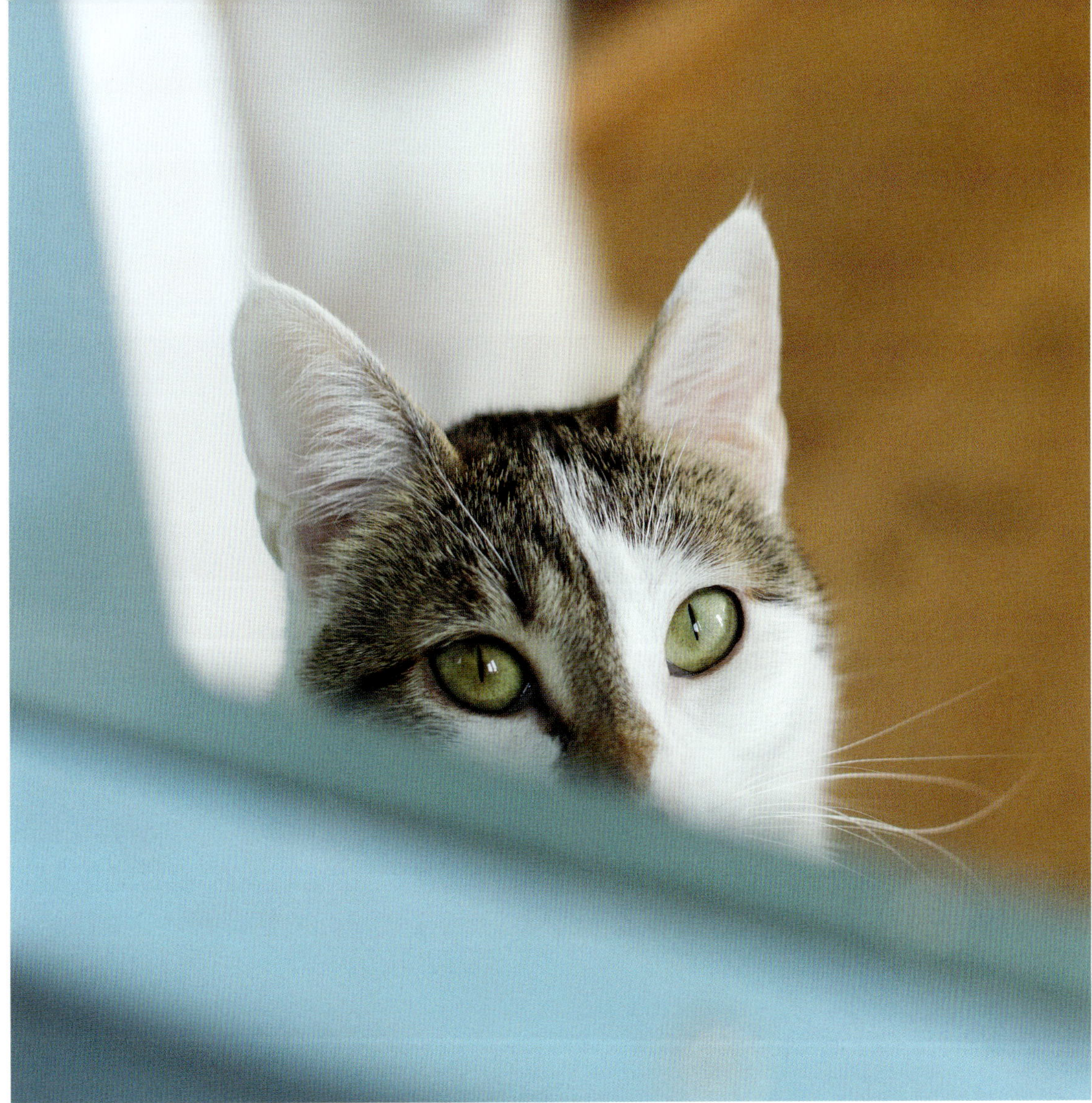

◀ *Hier sitzt Anton eigentlich gerade auf dem Dach des kleinen Katzenhäuschens. Ich habe ihn von der Küche aus beobachtet und durch die Scheibe fotografiert. Meine Avocadopflanze hat sich als Vordergrund angeboten, sie kaschiert so das rote Häuschen und verschleiert den Kater geheimnisvoll.*

ISO 1250 | 50 mm | f/3.2 | 1/800 s

▲ *Die Küche ist ein magischer Ort für alle Tiere (und Menschen). Kein Wunder, dass man beim Kochen von mindestens einem Zuschauer beobachtet wird. Noras aufmerksamen Blick habe ich durch die Glastür fotografiert.*

ISO 1600 | 50 mm | f/2.8 | 1/500 s

ISO 800 | 200 mm | f/2.8 | 1/1250 s

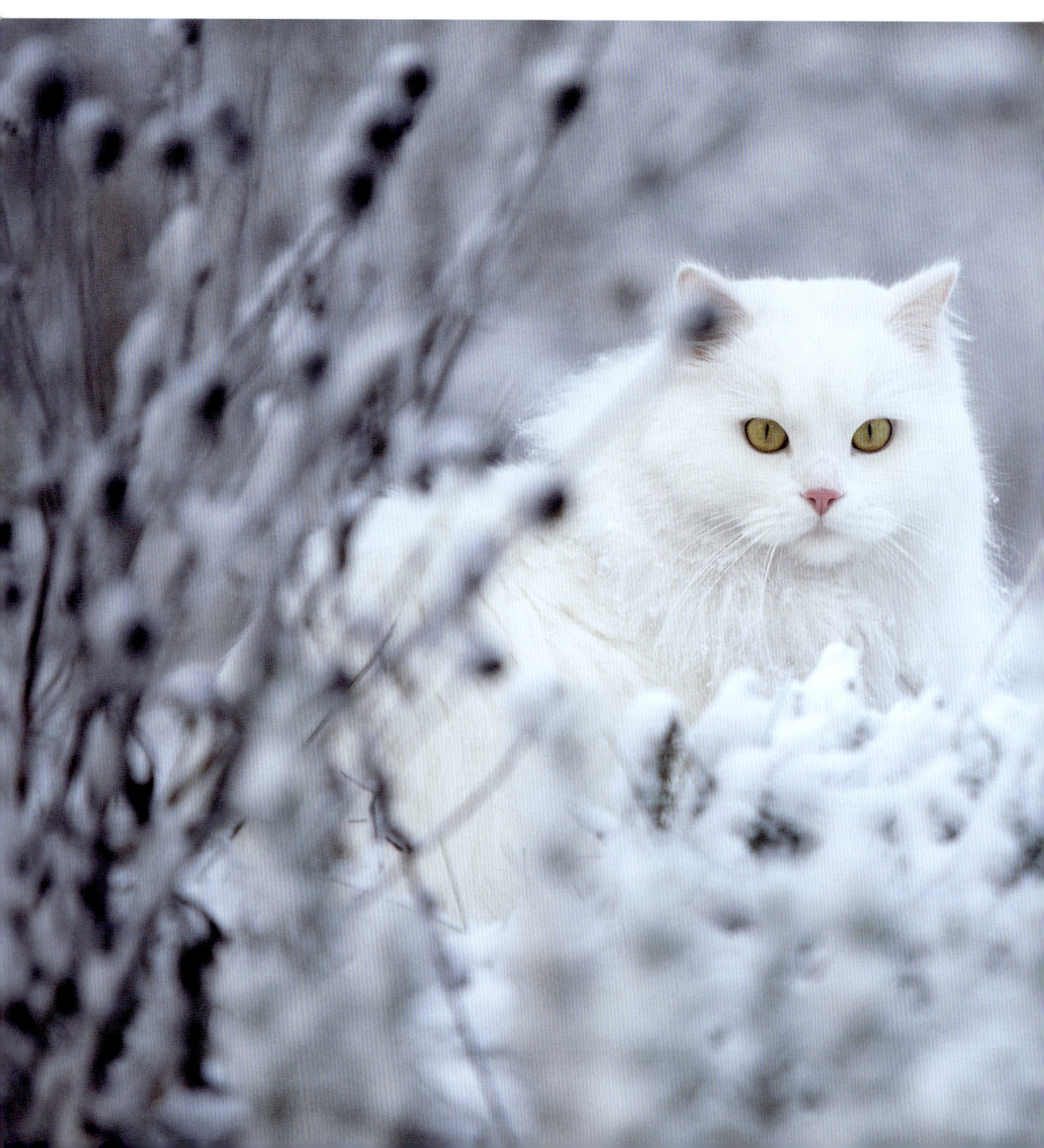

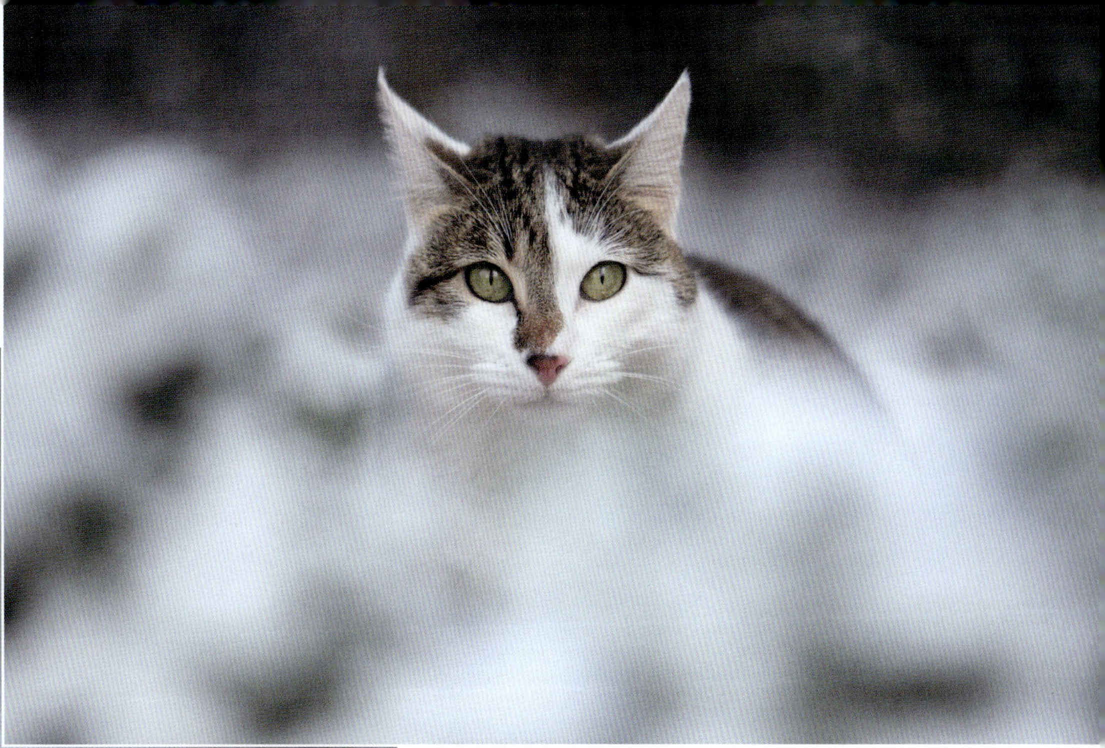

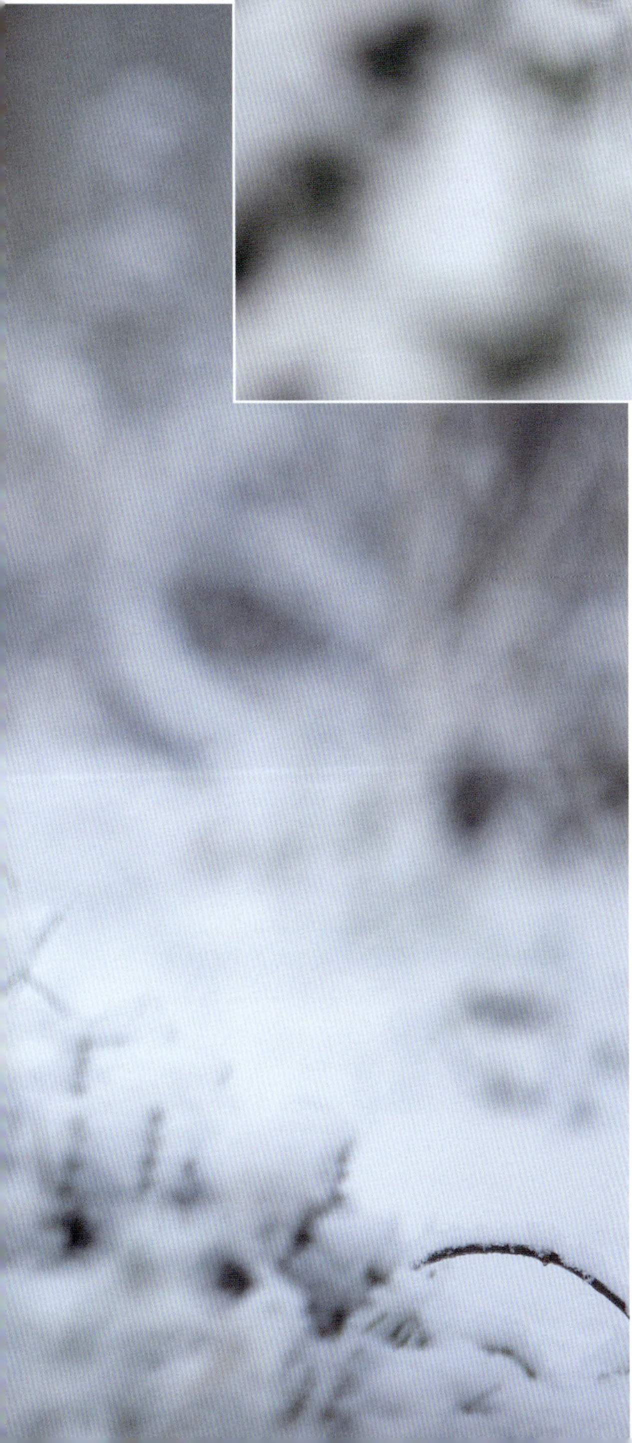

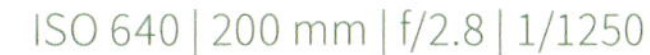

ISO 640 | 200 mm | f/2.8 | 1/1250 s

◀ *Eigentlich lag an diesem Tag gar nicht so viel Schnee, wie es auf den Bildern wirkt. Lediglich die kleinen Sträucher waren gerade so von etwas Schnee bedeckt. Durch die starke Unschärfe wirken jedoch sowohl Vorder- als auch Hintergrund viel „voller". Anton mag den Schnee, während Nora als echte Spanierin die warme Wohnung bevorzugt und gleich nach dem Spaziergang im Freien mit ins Haus stürmte.*

Shooting 2: Rembrandt-Porträts

Kameratechnik	Canon 1Dx Sigma 50 mm f/1.4 Blitzlicht große Softbox
Schwierigkeit	mittel
Assistenten	1 Person
Hilfsmittel	Futter (Leberwurst), Spielzeug (Katzenangel)
Licht	weiches Streiflicht (Softbox)
Dauer	kurze Sessions von je 10 bis 15 Minuten pro Porträt

■ **Das Shooting** – Rembrandt von Rijn ist durch seine eindrucksvollen Porträtgemälde ein bekannter Name in der Kunstszene. Besonders auffällig ist das häufig eingesetzte weiche Streiflicht, mit dem er seine Figuren ausleuchtete. Diese simple, aber, wie ich finde, dennoch schön anmutende Lichtstimmung habe ich als Vorlage für die „Rembrandt-Porträts" genommen. Wenn du dich auf dem Gebiet der Studiofotografie einmal ausprobieren möchtest, eignet sich das Licht-Set-up sehr gut zum Ausprobieren. Teure Blitze sind dafür nicht nötig.

Du kannst die Bilder auch mit Dauerlicht (und hohem ISO-Wert) oder Einsteigerblitzen z. B. von Walimex ausprobieren. Wichtig ist, dass du das Licht richtig absoften kannst. Eine große Softbox (daher der Name) wird das am besten für dich übernehmen. Als Hintergrund habe ich eine klassische Studiopapierrolle in Dunkelgrau gewählt.

Profitipp:
Von alten Meistern lernen

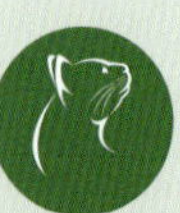

Um ein Gespür für Blickführung, Licht und gar Fine Art zu bekommen, empfehle ich dir, Rembrandt-Gemälde etwas genauer zu studieren. Fällt dir etwas auf? Wie wird der Blick des Betrachters im Bild gehalten? Von wo kommt meistens das Licht? Rembrandt sorgt durch gezielte Kontrastsetzung für einen „runden" Bildaufbau und übernimmt so ganz klar die Führung im Bild. Meistens nutzt er Streiflicht von links kommend. Auf der linken Seite der Porträts findest du häufig einen sehr dominanten Kontrastpunkt. Hier ist das Verhältnis von Licht und Schatten am größten. Das kann z. B. die angeleuchtete Gesichtshälfte sein, die von dunklen Haaren oder Kleidern gerahmt wird, oder ein heller Bereich der Kleidung, der sich von einer sehr dunklen Stelle abhebt. So lassen sich die Bilder sehr leicht von links nach rechts „lesen". Auf der rechten Seite wird der Blick des Betrachters aber nicht aus den Bildern herausgeschickt, sondern aufgefangen. Hier findest du auch noch mal ausgleichende Kontrastpunkte, meist etwas schwächer, aber in einem guten Verhältnis zum eingehenden Kontrast links. Diese Art der Blickführung wird auch auf anderen Gemälden deutlich, z. B. bei Van Gogh. Hier sind es ebenfalls Kontraste (Licht- sowie Farbkontraste), die für ein ausbalanciertes Bild sorgen und deinen Blick leiten. Auch meine Bilder versuche ich von links nach rechts aufzubauen.

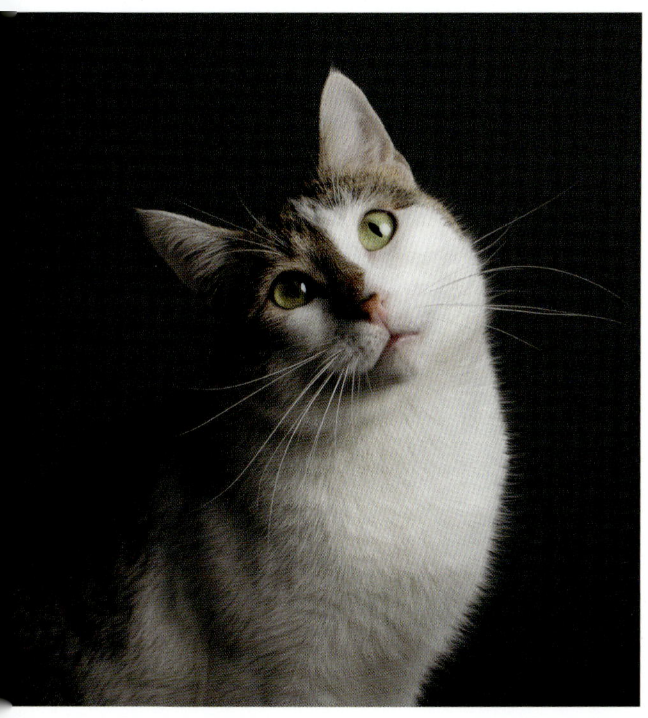

ISO 100 | 50 mm | f/11.0 | 1/250 s

ISO 100 | 50 mm | f/11.0 | 1/250 s

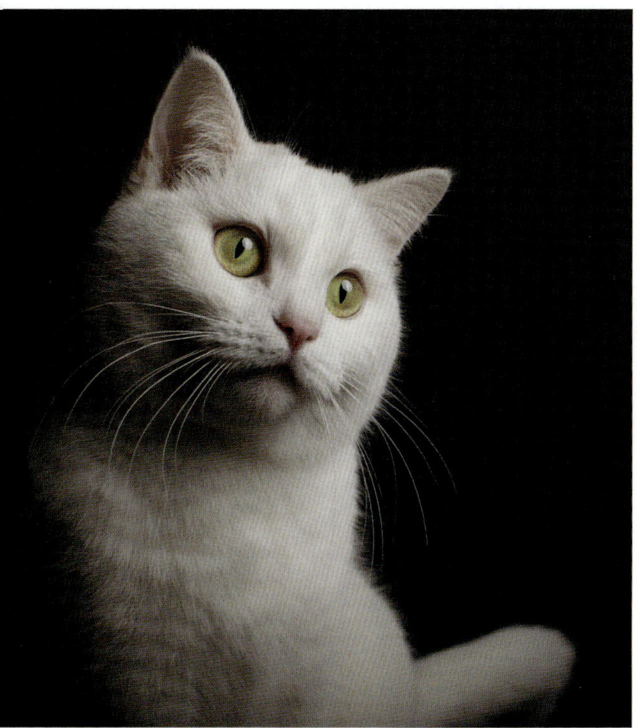

ISO 100 | 50 mm | f/8.0 | 1/250 s

◀ *Abzulesen, woher das (Studio-)Licht in einem Bild kommt, ist wirklich nicht schwer. Orientiere dich an den Schattenverläufen und an den Glanzpunkten im Auge. Hier siehst du sogar, welche Art von Lichtformer für die Aufnahmen verwendet wurde: eine Softbox in Octaform. Die Katzen sitzen auf einer Erhöhung und werden mit Futter bzw. einem interessanten Geräusch zum Schauen in eine bestimmte Richtung gelenkt. Es ist gar nicht so leicht, sie dabei nicht zu hoch schauen zu lassen. Außerdem wollte ich, dass die Katzen etwas schräg zu mir sitzen oder gar etwas in Biegung gehen, um dem Körper mehr Spannung zu verleihen und noch mehr mit dem Streiflicht zu arbeiten. Es hat einige Versuche gedauert, bis überhaupt ein paar Motive im Kasten waren.*

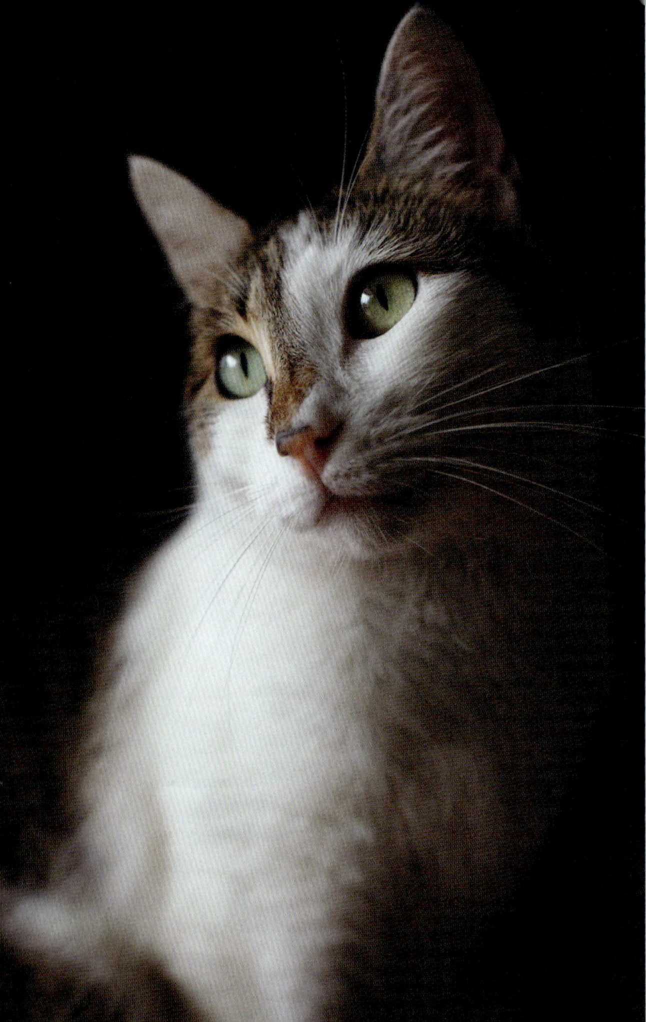

▲ *Ist kein Studioequipment vorhanden, kannst du Rembrandt-Bilder auch mit Fensterlicht nachstellen. Hier ist das Fenster genau links von Nora und dient als Streiflicht. Der Tag war bedeckt, sodass das diffuse Licht genauso weich war wie aus einer Softbox im Studio. Erkennst du, was mir als schwarzer Hintergrund gedient hat? Nora saß auf dem Sideboard genau vor dem Fernseher! Aufgrund der Offenblende ist von diesem aber nicht mehr viel zu erkennen.*

ISO 800 | 50 mm | f/2.8 | 1/400 s

Das Katzenpodest besteht aus den gestapelten Koffern meiner Blitzanlage. Ein Katzenbaum auf Hüfthöhe oder Ähnliches reicht dazu völlig aus.

■ **Das fiel mir leicht** – Ein Studioshooting mit nur einer Lichtquelle ist recht einfach vorzubereiten. Der Hintergrund wird aufgebaut, eine passende Sitzmöglichkeit für die Katzen davorgestellt und die Lampe ausgerichtet. Wenn das dein erstes Shooting im Studio wird, übe die Lichtsetzung zunächst mit einem Stofftier. Das ist wesentlich geduldiger. Wichtig ist nur, dass der Abstand zum Hintergrund ausreichend groß ist und deine Models keine ungewollten Schatten auf den Hintergrund werfen.

Das Licht selbst ist ein Streiflicht – in meinem Fall von rechts. Mir war es wichtig, dass das Licht für Zeichnung auf den Gesichtern sorgt, also wirklich von der Seite ins Bild fällt. Nur so entstehen die interessanten Licht-Schatten-Kontraste eines Rembrandt-Gemäldes. Du kannst die Lampe testweise einfach mal um 360 Grad um dein (Stoff-)Tier herum bewegen und selbst beobachten, wie sich das Licht verändert. Variiere dabei auch die Höhe der Lampe und erkenne die Veränderungen.

■ **Das war die Herausforderung** – Alle Katzen ließen sich mit der Katzenangel im Blick fixieren. Herausfordernd war es dann, dass der Kopf der Katze nicht zu hoch „gezogen" wird. Hier ist Kommunikation mit dem Helfer am Spielzeug oder dem Futter gefragt. Auch konnte ich mich nicht zwischen Hoch- und Querformat entscheiden. Antons breite Brust sprengt schnell den Rahmen für Hochformate, und auch Nora und Blanca haben sich durch die Biegungen im Körper eher zur Seite gedehnt. Das 2:3-Hochformat bietet jedoch trotzdem noch ziemlich viel Raum um sie herum. Im Quadrat funktionieren die Bilder daher für mich am besten.

Shooting 3: Caturday

Kameratechnik	Canon 1Dx Sigma 50 mm f/1.4 2 Highspeed-Blitze Reflektoren und Farbfolien
Schwierigkeit	hoch
Assistenten	1 Person
Hilfsmittel	Futter (zum Werfen geeignet), Spielzeug (Mäuse, Laserpointer, Katzenangel)
Licht	hartes Licht
Dauer	2 Stunden

■ **Das Shooting** – Actionbilder von Katzen zu fotografieren, gehört definitiv zu den größten fotografischen Herausforderungen in Sachen Haustierfotografie. Wie bereits beschrieben, lassen sich Katzen nur bedingt steuern, begrenzen oder gezielt zur Bewegung motivieren. Im Freien ist der Radius unter Umständen zu groß und zu unhandlich, und in der Wohnung sind die geeigneten Plätze doch recht begrenzt durch verfügbares Licht bzw. platzraubende Möbel. Nach diesen Vorüberlegungen habe ich einen größeren und durchaus komplizierten Studioaufbau unternommen. Im Studio habe ich die Kontrolle über das Licht, und die Katzen agieren auf einem begrenzten Raum.

Weil ich das Set zu Hause aufgebaut habe, waren meine Models auch entsprechend entspannt und total neugierig auf die neue Kulisse im Wohnzimmer. Die Herausforderung war noch nicht groß genug, ich experimentierte also zudem mit Farbfolien vor den Lampen. So bekommen die Bilder noch mehr Pepp und haben einen höheren Wiedererkennungswert, sobald die Serie reif für die „offizielle" Veröffentlichung ist. Als Hintergrund und Untergrund diente mir erneut die dunkelgraue Papierrolle auf meinem Hintergrundsystem.

Die zwei Lampen standen sich diagonal gegenüber und waren sehr niedrig eingestellt. Denn bei diesen Bildern agierten die Katzen am Boden und nicht auf einer „Bühne". Die rechte Lampe bildete das Streif- und das Hauptlicht von rechts, und die linke Lampe akzentuierte (je nach Position des Models) die Tiere von schräg hinten. Vor allem mit geworfenen Mäusen bzw. Futter und dem Laserpointer haben wir die Katzen zum Zocken animiert. Genaueres kannst du den Bildunterschriften entnehmen.

Aber warum zeige ich dir die Bilder in diesem Buch? Ich weiß sehr wohl, dass solche Motive nicht leicht nachzustellen sind und wie teuer Highspeed-Blitzanlagen sind. Dennoch kannst du Teile aus diesem Shooting auch auf deine Versuche übertragen – sei es z. B. das Experimentieren mit Farbfolien oder der Versuch, diese Art der Bilder im Garten umzusetzen. Mit spielwütigen Katzen kannst du vielleicht ähnliche Motive im Freien nachvollziehen. Ist der Garten für die Katze alltäglich und bekannt, ist die Ablenkung recht gering. So hat dein Model auch Zeit, um auf dein Spielangebot einzugehen.

■ **Das fiel mir leicht** – Zugegeben, dieses Shooting hatte es technisch in sich. Da ich jedoch schon mehrere Jahre mit Studiolampen gearbeitet hatte, war das Thema Licht bzw. Lichtsetzung für mich am leichtesten zu managen. Mit einem Streif- und einem sogenannten Haarlicht von schräg hinten mussten die Lampen nicht stark korrigiert werden. Lediglich den Ausrichtungswinkel oder die Höhe habe ich minimal angepasst.

■ **Das waren die Herausforderungen** – Im Grunde war das ganze Fotoshooting eine Herausforderung. Vor allem in Sachen Fokus musste ich viel Geduld und Konzentration mitbringen. Denn auch wenn die Katzen räumlich begrenzt waren, sind ihre Bewegungen blitzschnell und „huschend" oder im Sprung so unvorhersehbar, dass es einiges an Anläufen gebraucht hat. Meine drei Models reagieren außerdem sehr unter-

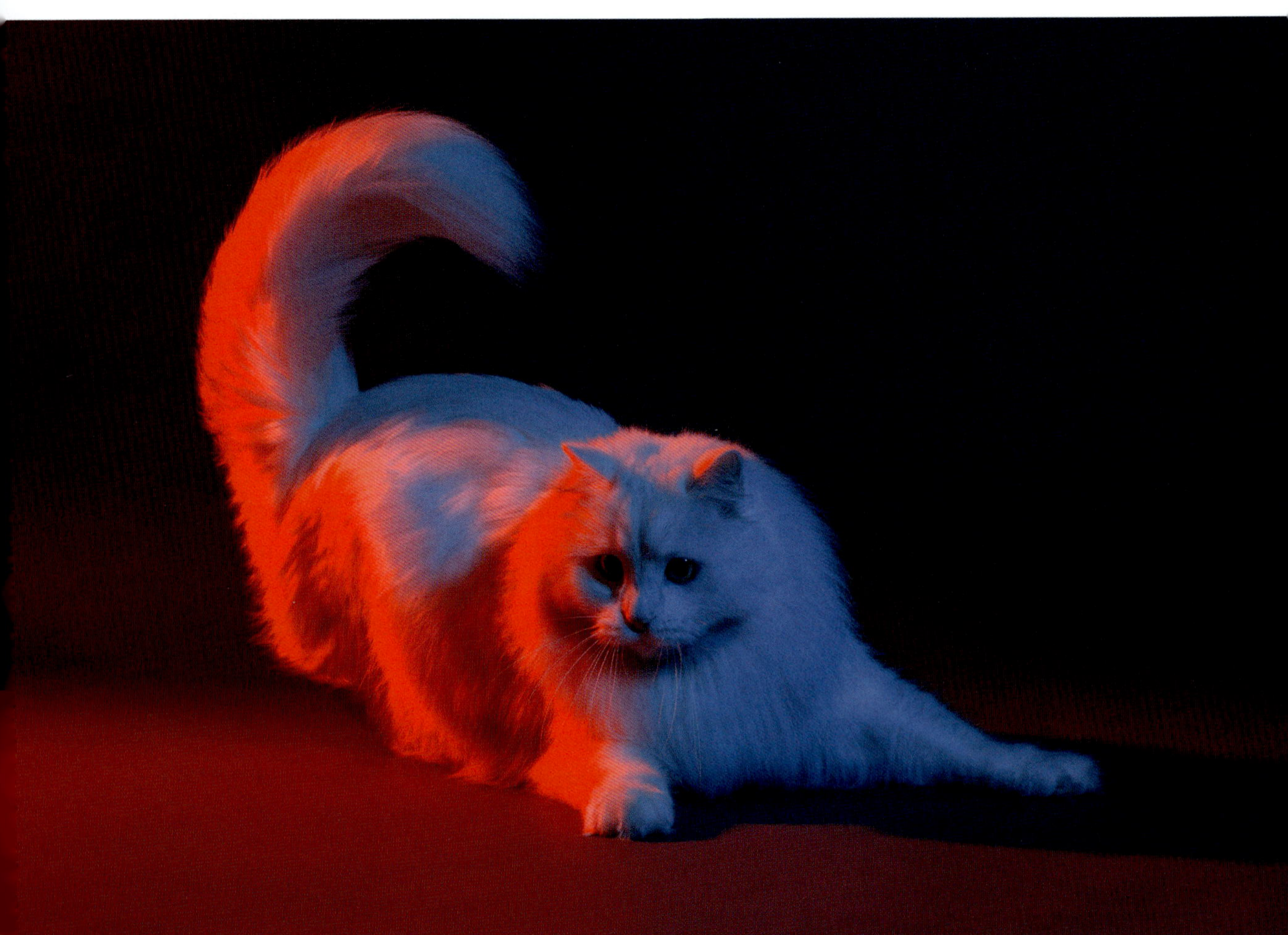

ISO 400 | 50 mm | f/8.0 | 1/250 s

schiedlich auf Spielzeug. Nora konnten wir gut ins Set setzen und einfach eine Maus über sie werfen. Sie hat sich dann jedes Mal recht zuverlässig im Sprung nach der Maus um die eigene Achse gedreht.

Blanca hingegen spielt lieber tief und jagt am Boden dem Laserpointer nach oder „angelt“ nach einem Spielzeug in der Luft. Anton wiederum rennt nur bei ganz viel Motivation und nur für sehr kurze Zeit. Hier musste ich einfach auf seinen Einsatz warten. Mit der Mischung aus technischem Anspruch in Sachen Licht (hartes Licht verzeiht wenig) sowie Farbfolien, dem Anvisieren der springenden Katzen und dem Fingerspitzengefühl für die Motivation der Models gehört dieses Shooting wohl zu den schwierigsten, die ich bis dato umgesetzt habe.

Übrigens gibt es eine ähnliche Bildserie, in der Katzen durch die Luft geworfen wurden. Die Umsetzung war sicher nicht so hart, wie es hier klingt. Ich persönlich bevorzuge aber Motive, bei denen die Tiere intrinsisch handeln, also aus ihrem inneren Antrieb heraus. Das wirkt auf mich einfach ästhetischer und authentischer.

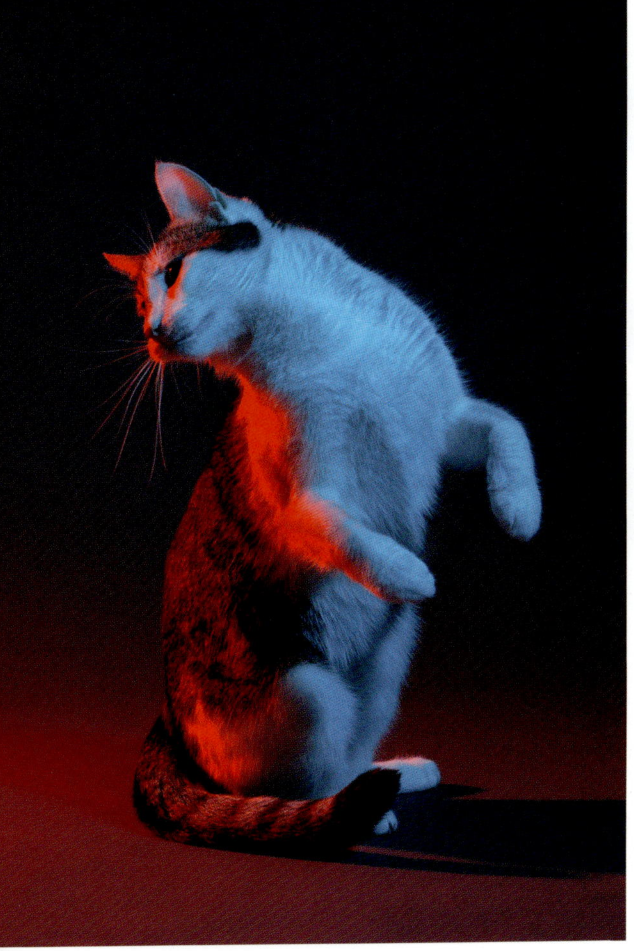

ISO 400 | 50 mm | f/8.0 | 1/250 s

◀ *Während sich Anton nur für kurze Zeit auf ein Spiel einlässt (hier jagt er dem Laserpointer nach), kann man Nora viel schneller für ein Actionspiel begeistern. Über ihren Kopf hinweg fliegt gerade eine Spielzeugmaus, nach der sie sich elegant umdreht. Beide Katzen zeigen viel Spannung im Körper. Anton liegt zwar flach auf dem Boden, aber sein Puschelschwänzchen gibt dem Körper eine C-Form und unterstreicht die zum Spielen aufgestellten Barthaare und den Ausdruck seines Gesichts. Nora dreht sich wie eine Balletttänzerin um die eigene Achse und wirkt so besonders grazil.*

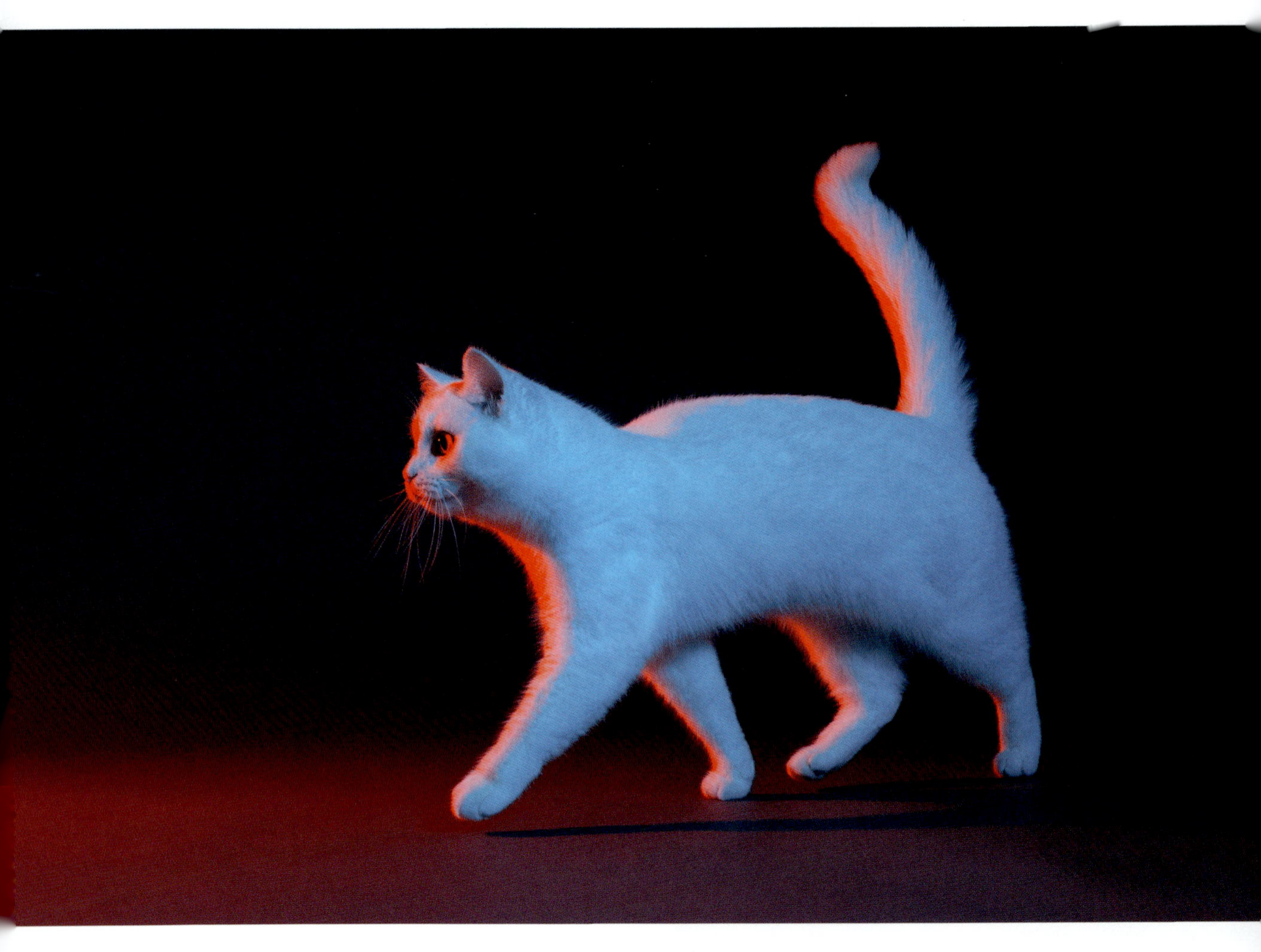

ISO 400 | 50 mm | f/8.0 | 1/250 s

▲ *Blanca und vor allem Anton spielen, wenn überhaupt, lieber flach an den Boden gedrückt. Für meine Actionserie wollte ich aber auch aufgerichtete Posen fotografieren. An Noras Flugeinlagen kommen die beiden zwar nicht heran, aber immerhin trabten sie für ein paar Leckerlis durchs Bild. Blanca ist dabei sehr elegant und wirkt in ihrer Bewegung so weich wie ihr Fell. Anton hingegen läuft trotz des flotten Trabs mit einem nach unten gerichteten Kopf. Dabei wirkt sein Körper nach oben gebogen wie eine Brücke. Für seine Verhältnisse ist das schon viel Action.*

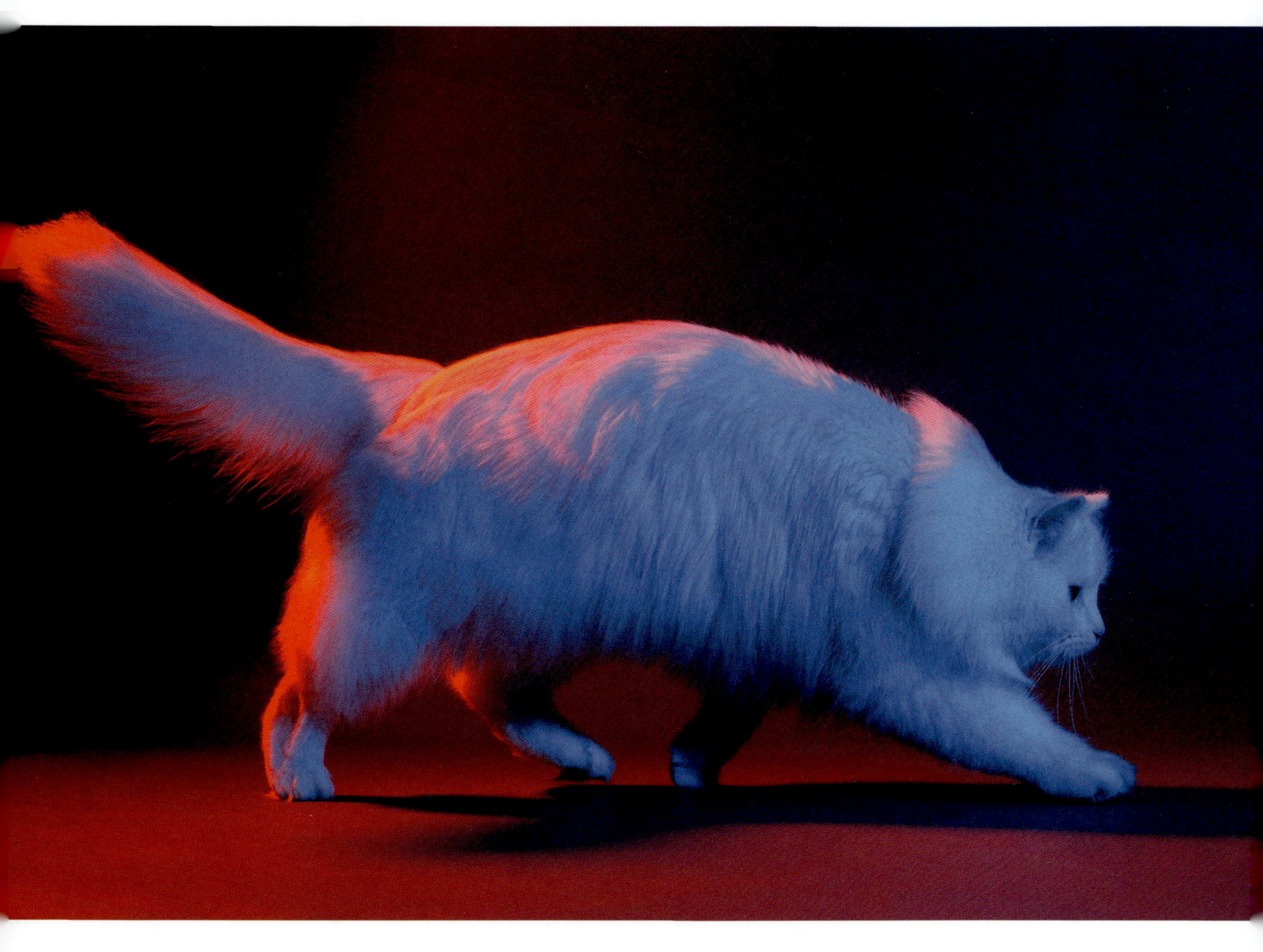

ISO 400 | 50 mm | f/8.0 | 1/250 s

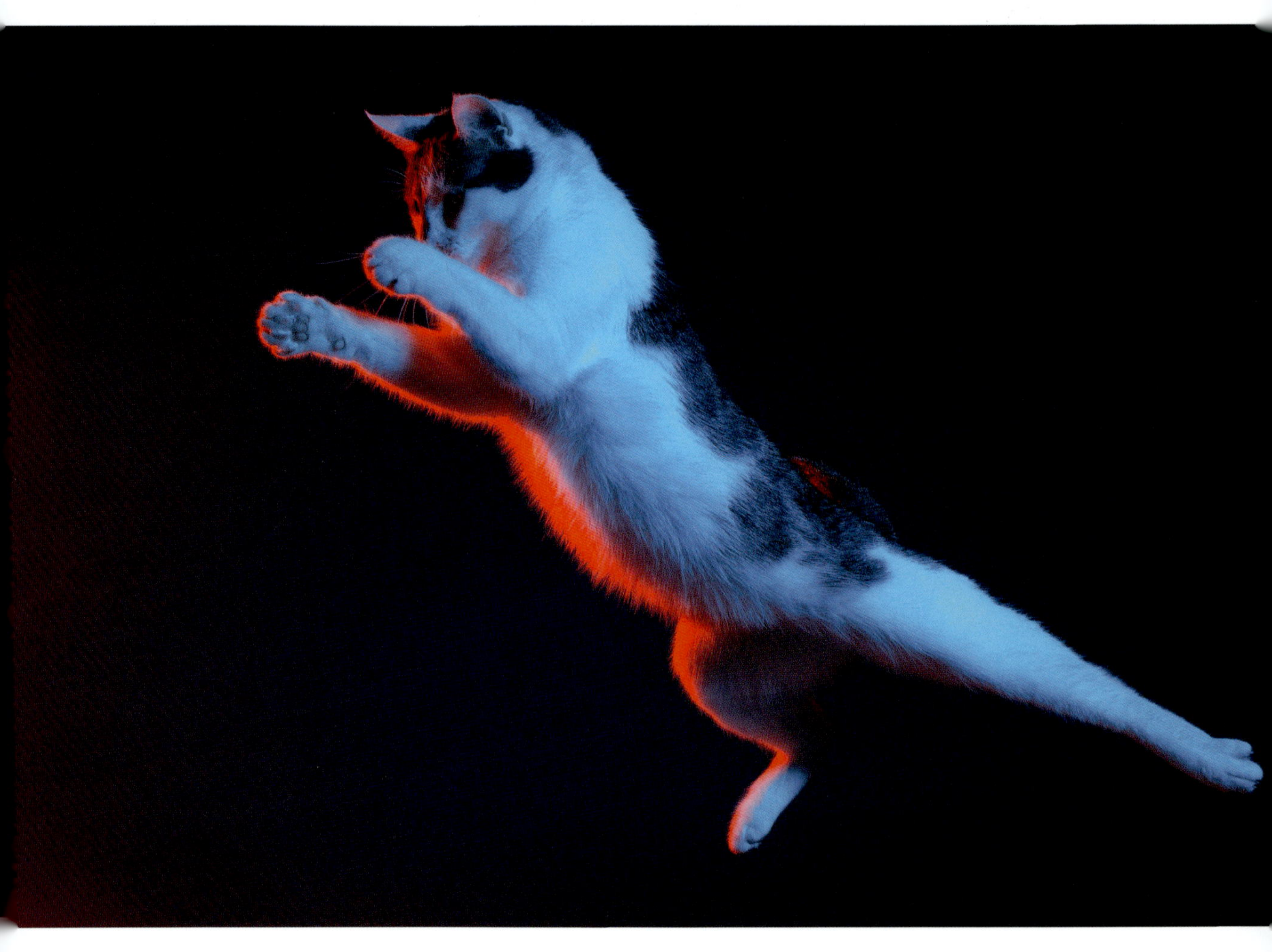

ISO 400 | 50 mm | f/8.0 | 1/250 s

▲ *Nora im Flug ist an Action natürlich kaum zu überbieten. Sie liebt es, auf diese Weise den Spielzeugmäusen nachzusetzen. Ich konnte mich also jedes Mal in etwa darauf einrichten, wo ihr Absprungpunkt sein wird. Trotzdem sind solche Motive in Sachen Fokus schwierig umzusetzen, da die Kamera blitzschnell der Bewegung folgen muss. Es gibt mehr als genug Fehlschüsse, auf denen nur die halbe Katze zu sehen ist, weil ich schlichtweg zu langsam war.*

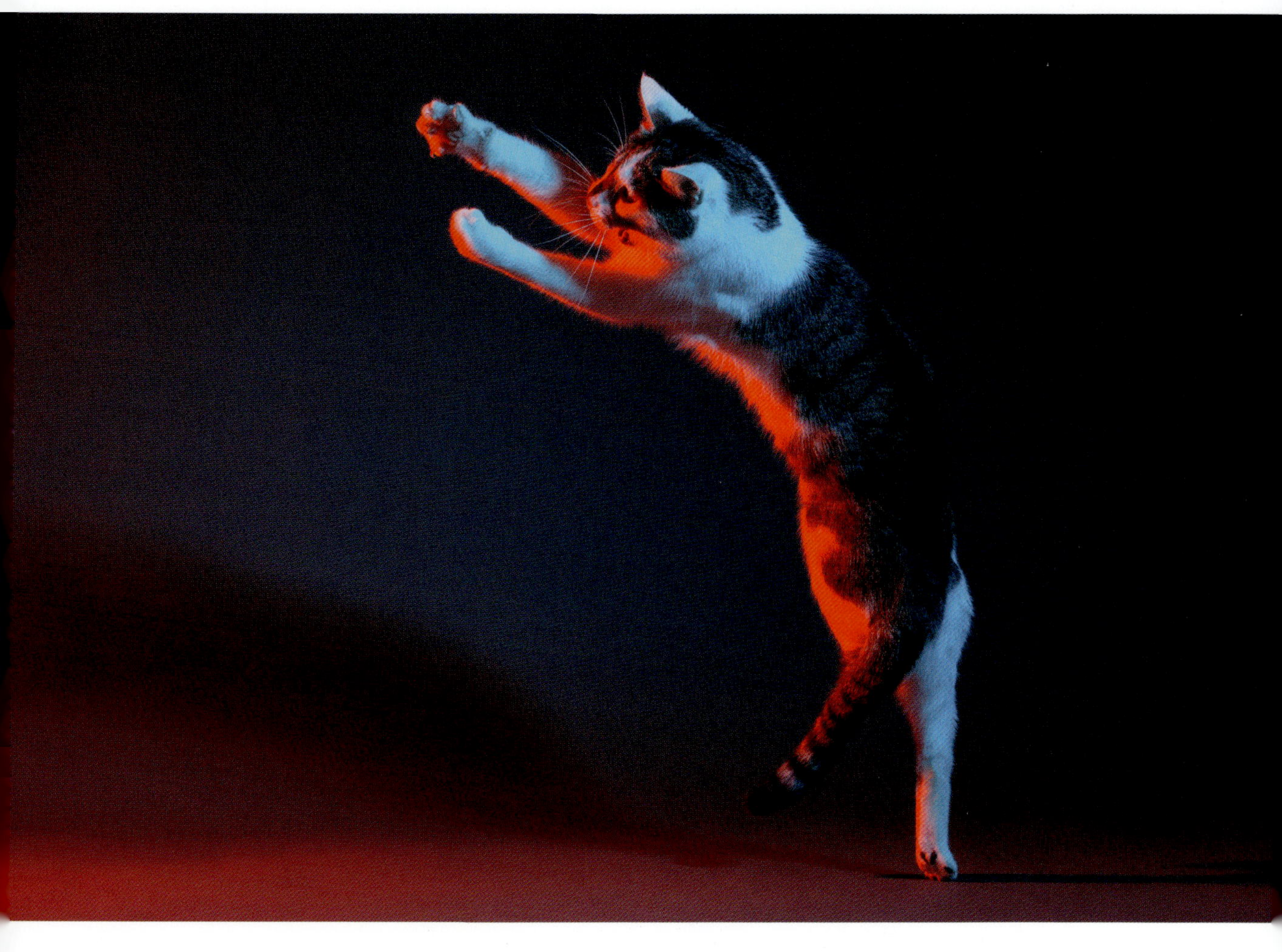

ISO 400 | 50 mm | f/8.0 | 1/250 s

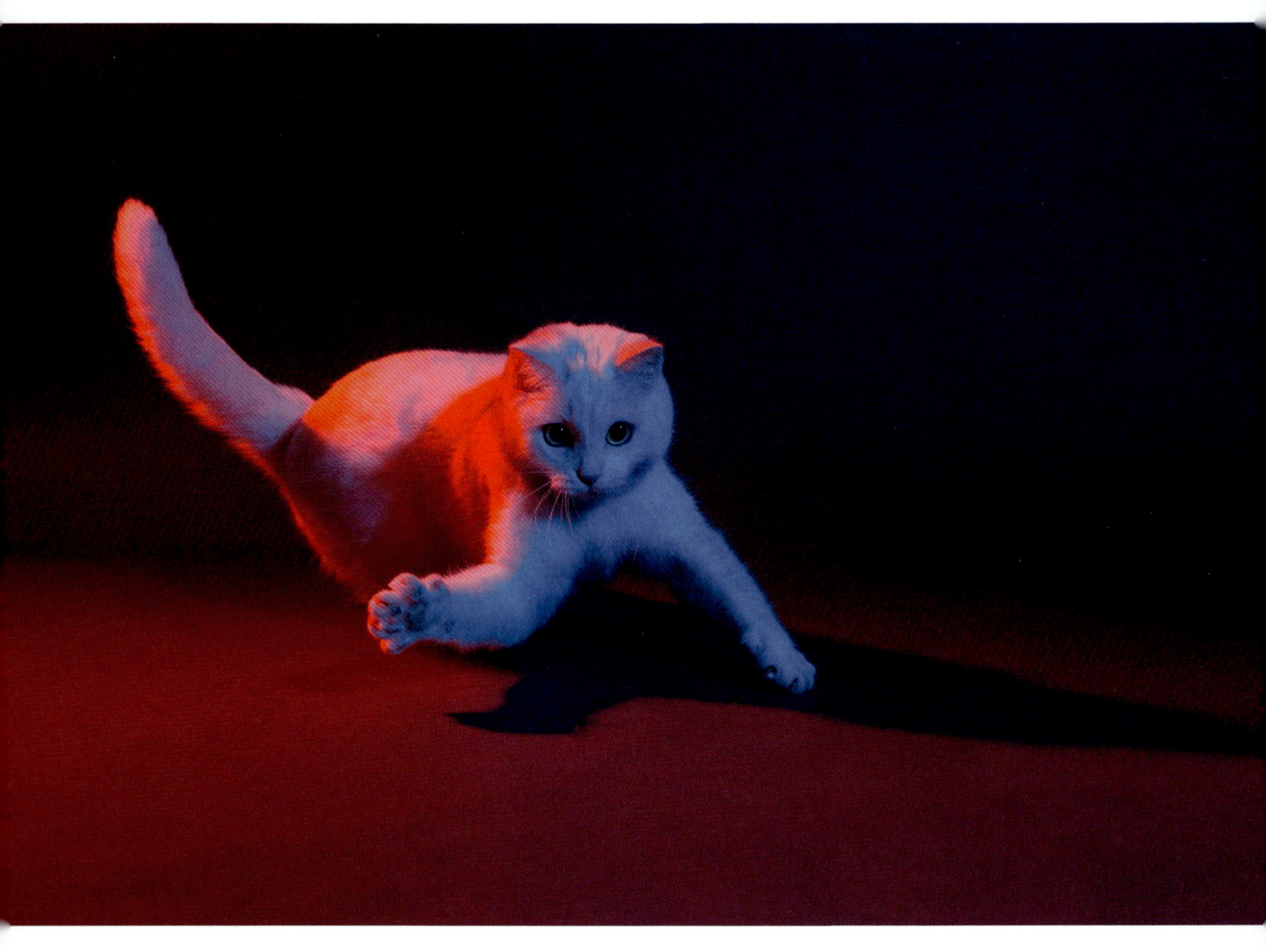

ISO 400 | 50 mm | f/8.0 | 1/250 s

▲ *Der Laserpointer hat Blanca noch einmal in Rausch versetzt. Er wurde für das erste Bild in Richtung meiner Kamera geführt, sodass ich zumindest die Chance hatte, mein Model frontal zu fotografieren. Glücklicherweise hat sich Blanca in der Bewegung Richtung Kamera (du siehst, dass ihr Körper gerade in die Kurve zur Kamera springt) noch mal leicht aufgerichtet und die Pfoten gehoben. Dadurch wirkt sie trotz tiefer Körperhaltung dynamisch. Auf dem zweiten Bild kommt der Pointer sehr nahe an sie heran, woraufhin Blanca mit einem entsprechenden Buckel reagiert. Solche losgelassenen Szenen sind natürlich nur möglich, wenn sich deine Models total wohl und entspannt fühlen.*

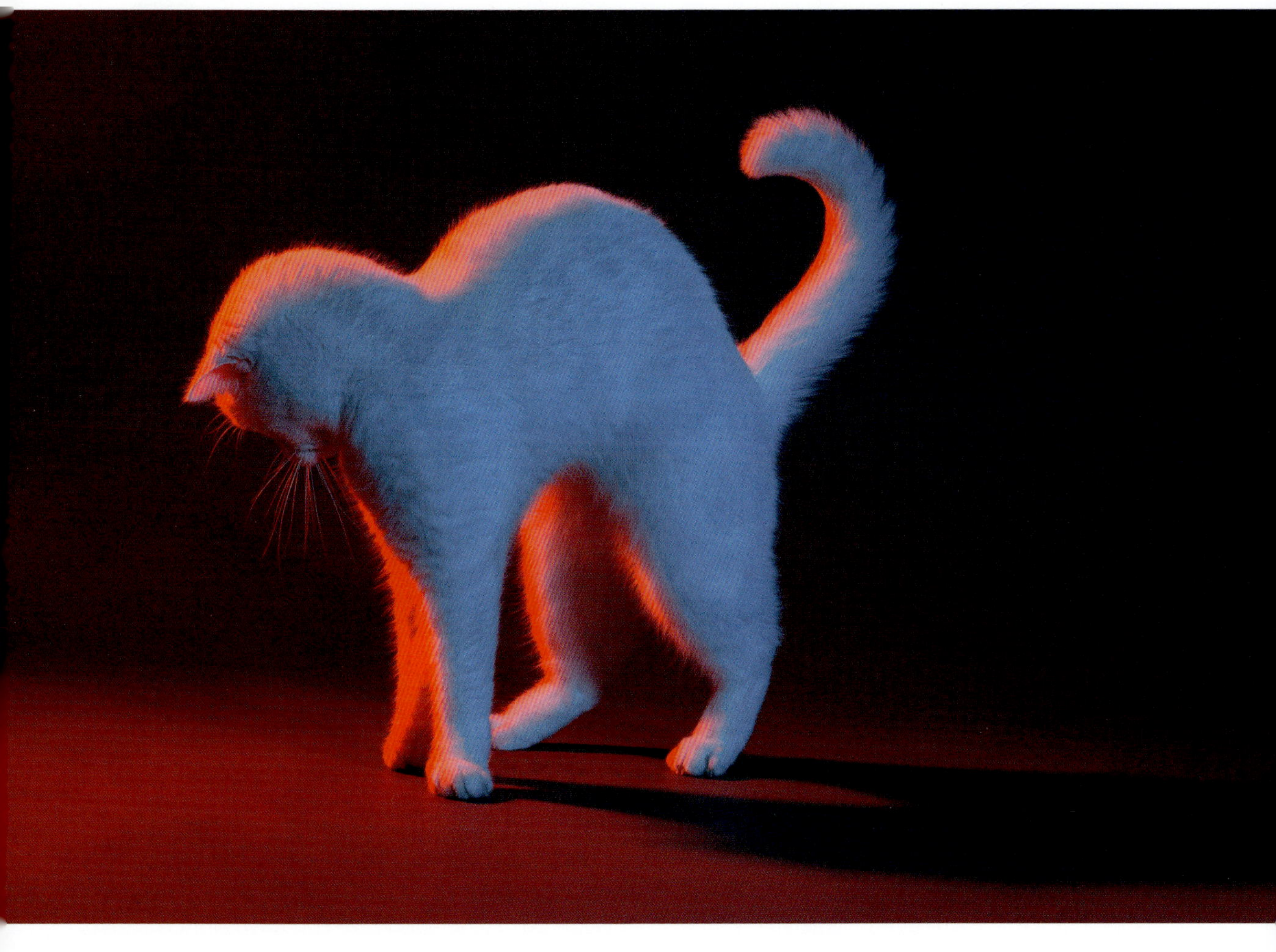

ISO 400 | 50 mm | f/8.0 | 1/250 s

Nachgedacht: Tiere und Blitzlicht?

Oft erreicht mich die Frage, ob Tiere nicht verschreckt auf das Blitzlicht eines Studioaufbaus reagieren würden. Aus meiner Erfahrung nach etlichen Studioshootings mit Hunden, Katzen, Pferden, Rindern, Ziegen, Schafen und Vögeln bin ich mir sehr sicher, dass das tatsächliche Blitzen keines der Tiere stört. Es ist so schnell, dass es auch für den Menschen kaum wahrnehmbar ist. Selbst die Pupillen der Katzen verengen sich nicht, obwohl Blitzlicht für eine sehr kurze Zeit wahnsinnig hell ist. Was die Tiere viel eher beeindruckt, ist der Aufbau des Sets in der heimischen Umgebung. Plötzlich stehen im Stall oder im Wohnzimmer eine für die Tiere gigantische neue Wand (der gespannte Hintergrund, egal ob aus Stoff oder Papier) sowie mehrere Geräte auf Stativen mit großen Lichtformern daran. Sehr ängstliche Tiere können sich dadurch beengt und unwohl fühlen. Das stelle ich jedoch eher bei Hunden als bei allen anderen Tieren fest, wobei Hunde wohl die engste Beziehung mit ihren Menschen eingehen und vermutlich eher auf die Stimmung der Zweibeiner reagieren. Diese vermitteln beim Shooting nämlich häufig eine gewisse Anspannung, weil der Hund jetzt funktionieren muss. Deswegen ist es besonders wichtig, dass du als Fotograf vor allem die Menschen am Set beruhigst und ihnen vermittelst, dass die Tiere nichts falsch machen können.

Meine Katzen hingegen finden Veränderungen im heimischen Wohnzimmer große klasse. Sie wären vermutlich eher etwas eingeschüchtert, wenn wir an einen ganz fremden Ort ins Studio fahren würden. Aber auch das kann man mit Katzen üben und sie mit viel Lob und Leckerlis schnell zum Auftauen bringen – vorausgesetzt, es sind keine reinen Freigänger, die einen sowieso schon entsprechend großen Abstand zu ihren Menschen pflegen und gar nicht in eine so tiefe Bindung gehen. Pferde als Fluchttiere hingegen reagieren viel stärker auf die optischen Reize durch das Set-up und in manchen Fällen ebenso auf das Geräusch der Blitze beim Auslösen. Für Pferde baue ich immer deutliche Fluchtlücken ins Set und lasse sie an allen Geräten schnuppern. Anschließend gibt es jede Menge Leckerlis, während ich einige Testschüsse mache. Alle Pferde haben sich bisher in den ersten 10 bis 15 Minuten total entspannt und das Rampenlicht sogar etwas genossen, denn sie mussten nicht viel tun, außer den Entertainment-Einlagen meiner Helfer zuzusehen und Leckerlis abzusahnen. Auch hier gilt wie immer: Beobachte dein Tier, lass ihm Raum und Zeit und nutze positive Verstärkung, um es bei Laune zu halten.

Quick-Tipps fürs Fotografieren

■ **In der Ruhe liegt die Kraft** – Lerne dein Model zunächst kennen und finde heraus, womit du es aus der Reserve locken kannst. Mach weder dir noch deiner Katze zeitlichen Stress, denn bei einem Katzenshooting bestimmt zum großen Teil dein Model das Tempo und die Motive. Wappne dich gegen Enttäuschungen, wenn du z. B. einen tollen Moment nicht akkurat fotografiert bekommen hast. Das kann passieren, wenn Katzen plötzlich aktiv werden und dabei so schnell sind, dass man selbst gar nicht richtig hinterherkommt.

Das mag im ersten Moment ärgerlich erscheinen, weil man die wenigsten spannenden Motive wirklich gezielt nachstellen kann. Aber Ärger bringt dir nichts, gehe einfach mit der Energie der Katze. Beobachte, passe dich an, versuche, das Timing zu üben und dich blitzschnell sowohl körperlich (Perspektive, Standort) als auch technisch (Kameraeinstellung) an die Katze anzupassen. Du wirst früher oder später einen Zugang zum Tier finden, sei es über Spiel, Futter oder Aufmerksamkeit.

■ **Viel mehr Fotomöglichkeiten auf engem Raum** – Was für Hunde oder gar Pferde nie im Leben als Fotohintergrund ausreichen würde, kann für eine Katze bereits als formatfüllender Hintergrund dienen. Je kleiner der Garten ist, desto schneller kannst du deine Position an dein Model anpassen, und desto begrenzter ist auch der Radius, in dem sich die Katze bewegt. Das kann gerade für diese Tiere ein enormer Vorteil sein, den du ausnutzen kannst. Aussichtspunkte ziehen Katzen an.

Ebenso sind Körbe, Kisten und Kissen total beliebte Untergründe, auf bzw. in die sich Katzen gern hocken. Sei kreativ und bastle dir ein passendes Podest für deinen Shooting-Star. So kannst du auch z. B. im Innenbereich das Fensterlicht besser nutzen oder einen geeigneten Hintergrund bestimmen, wenn du deine „Fotobühne“ entsprechend positionierst.

■ **Ein Ministudio kann helfen** – Falls deine Möglichkeiten indoor und outdoor ungeeignet sind, kannst du dir ein kleines Homestudio einrichten. Neben den beschriebenen Lampen funktioniert das übrigens auch direkt am Fenster, sodass du das Tageslicht als Lichtquelle nutzt. Mit dem Studio kannst du deine Katze ganz zielgerichtet auf dein Podest locken und dich an diversen Porträts versuchen.

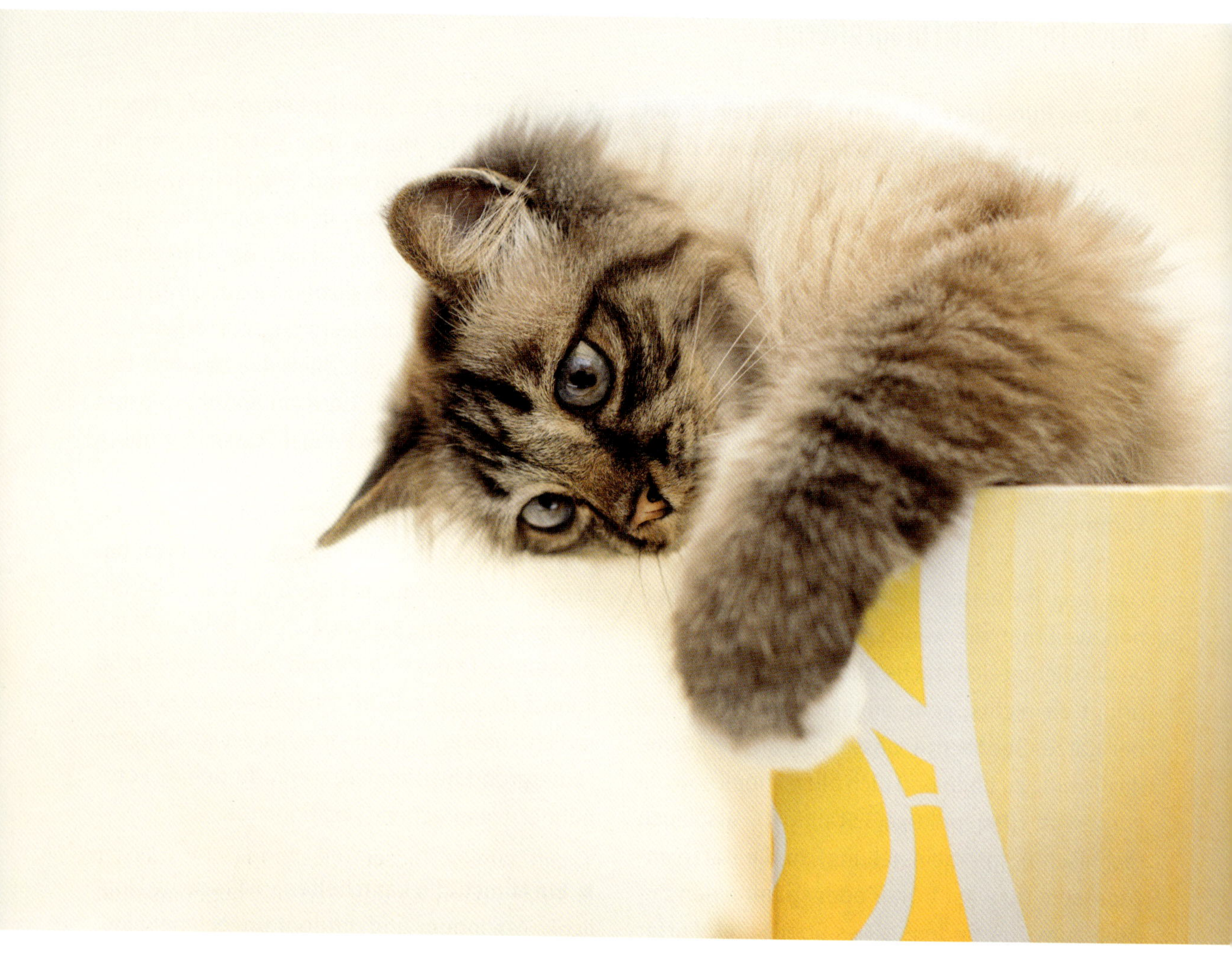

▲ *Denk daran, dass Katzen nicht so herrisch und abweisend sind, wie gern klischeehaft dargestellt wird. Die meisten werden gern beschäftigt, sind verspielt und lieben Naschereien. Nutze Hilfsmittel, zu denen fast keine Katze Nein sagen kann: Kartons und Verstecke, Laserpointer, Katzenangeln oder einfach die Lieblingsleckerlis bringen dir fast immer die Aufmerksamkeit des Vierbeiners. Und ja, ich habe diesen Tipp schon etliche Male im Buch erwähnt. Aber genau zu wissen, auf was dein tierisches Model eingeht, ist eben die absolute Kür in der Tierfotografie und viel wichtiger als z. B. die Technik. Du kannst technisch gesehen ein noch so guter Fotograf sein – wenn du dein Model nicht lenken kannst, weil du es nicht verstehst, nützt dir die beste Ausrüstung nichts. Daher kann ich es gar nicht oft genug wiederholen.*

ISO 640 | 50 mm | f/2.8 | 1/800 s

Editieren: Kontraste gezielt setzen

Wie Rembrandt kannst auch du den Blick des Betrachters durch deine Fotografien führen und sogar in deinen Bildern malen. Denn nicht immer sind Lichtkontraste „out of cam“ harmonisch und passend. Mit nachträglichem Aufhellen bzw. Abdunkeln kannst du bildwichtige Bereiche hervorheben und bildunwichtige Sektionen optisch zurücknehmen.

Als Ausgangsmaterial sollte dir eine im RAW-Konverter optimierte TIFF-Datei in deinem Bildbearbeitungsprogramm vorliegen. Mit optimiert meine ich, dass in deinem Bild Bereiche weder zu hell noch zu dunkel sind. Die Lichter und Tiefen sollten ausgeglichen sein. Ich mag fast behaupten, meine Bilder kommen aus dem RAW-Konverter sogar etwas kontrastarm. So bieten mir meine Bilddateien eine größere Leinwand für eigene Kontrastsetzungen.

In Photoshop bearbeite ich dann die gewünschten Stellen partiell und mache Bereiche heller bzw. dunkler, um Kontraste zu erhöhen oder zu verringern. Wie genau du das in deinem Bildbearbeitungsprogramm umsetzt, spielt für den Anfang eine untergeordnete Rolle. Die meisten Programme verfügen über Werkzeuge wie *Abwedler* und *Nachbelichter* oder Ähnliche, mit denen du selektiv in deinem Bild „malen“ kannst.

Falls du auch mit Photoshop arbeitest, empfehle ich dir das Arbeiten mit Einstellungsebenen. Diese wirken sich nicht direkt auf deine Pixelebene aus, denn du pinselst eben nicht direkt auf dem Bild herum, weil die Einstellungsebenen, wie der Name vermuten lässt, eigene Ebenen sind und mit einer Maske kommen. Alle Einstellungen, die du mit den Einstellungsebenen triffst, werden in ihrer Intensität über die Maske gesteuert. Eine rein weiße Maske dabei heißt: Die Einstellungen werden zu 100 % auf das ganze Bild übertragen. Eine rein schwarze Maske bedeutet, dass keine der Einstellungen sichtbar ist. Mit einem weißen oder schwarzen Pinsel und der Deckkraftsteuerung kannst du entsprechend deiner Maske arbeiten. In der Praxis sieht das beim Kontrastzeichnen dann bei mir so aus:

1. Ich wähle *Gradationskurven* als Einstellungsebene. Ich ziehe die Mitten, also den tatsächlich mittleren Bereich der Kurve nach oben, um das gesamte Bild aufzuhellen.

2. Nun drehe ich die Maske um, sodass sie schwarz wird und die Gradationskurve nicht mehr auf dem Bild sichtbar ist.

3. Ein weißer Pinsel mit geringer Deckkraft bringt dann an den von mir angepinselten Stellen je nach Deckkrafteinstellung die via Gradationskurve eingestellte Helligkeit partiell zurück. Achte darauf, dass du wirklich auf der Maske arbeitest.

4. Das gleiche Prinzip wende ich für Bereiche an, die dunkler werden sollen. Lediglich die Gradationskurve wird in diesem Fall in den Mitten nach unten gezogen, sodass das gesamte Bild zunächst dunkler erscheint. Dann wird auch hier die Maske umgedreht, und mit einem weißen Pinsel werden die gewünschten Bereiche nachgedunkelt.

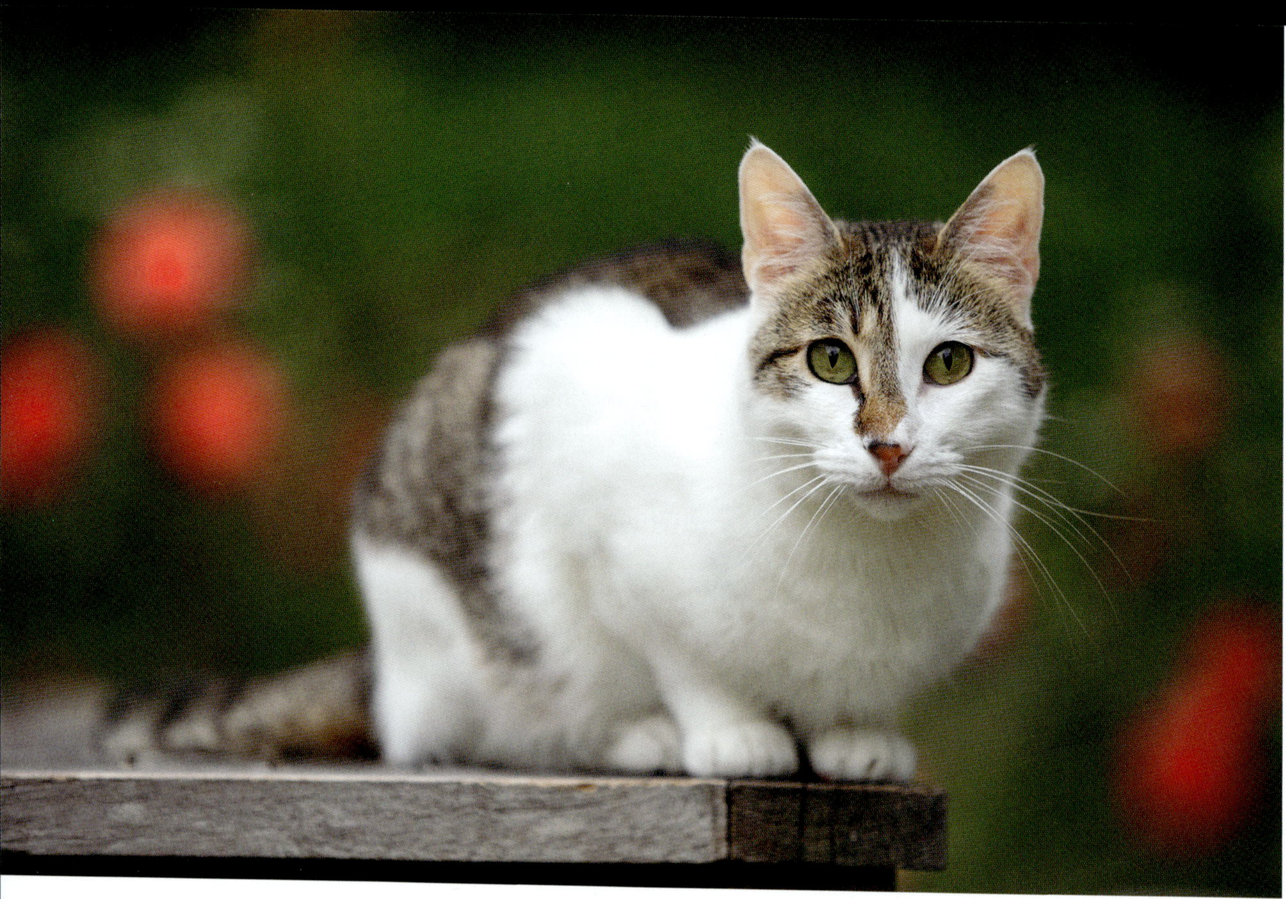

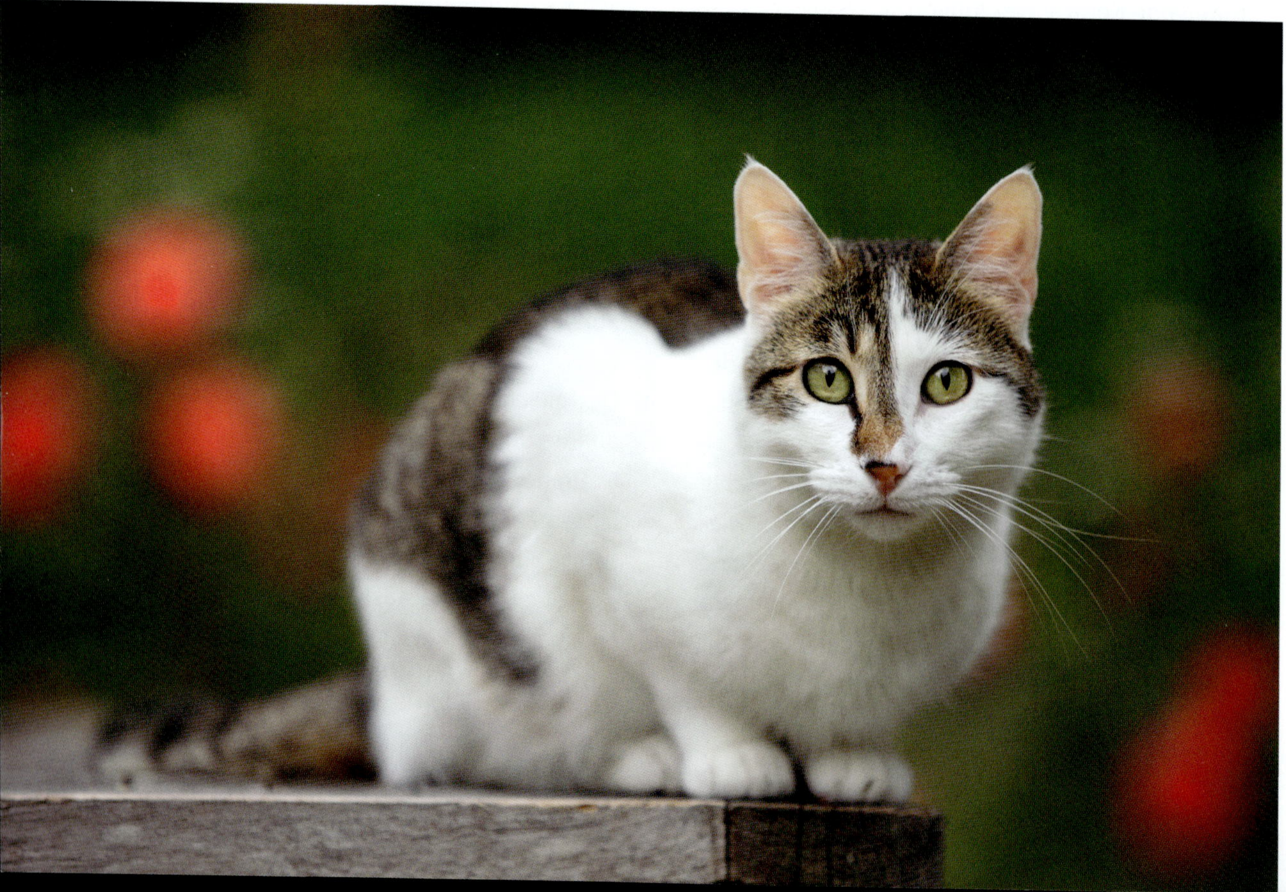

◀ *An diesem Beispiel erkennst du, welchen Unterschied eine gezielte Kontrastsetzung im Bild ausmachen kann. Auf dem Original wirkt Noras Gesicht noch etwas flach und unplastisch. Nach dem „Dodge & Burn", wie das Aufhellen und Abdunkeln auch genannt wird, kommt das Gesicht viel klarer zur Geltung. Anhand der Ebenenmasken siehst du, dass ich in diesem Fall viel mehr mit den Tiefen gearbeitet habe, um Noras schwarze Streifen im Gesicht noch mehr zu akzentuieren. Nur die Augen habe ich mithilfe der Lichter aufgehellt (das sind die beiden weißen Punkte auf der Maske). Normalerweise nutze ich Lichter und Tiefen gleichermaßen. Jedoch hat Nora so viel Weißanteil im Fell, dass diese Bereiche einfach schon hell genug waren. Unter dem Ebenenfenster erkennst du auch, wie weit ich die Gradationskurve für die Tiefen nach unten gezogen habe. Tatsächliche habe ich gar nicht die Tiefen selbst angefasst, sondern einfach die Mitten etwas nach unten gezogen. Genau anders herum sieht die Gradationskurve der Ebene der Lichter aus. Auch dort wurden eigentlich einfach nur die Mitten etwas nach oben gezogen. Für eine bessere Verständlichkeit nenne ich meine Ebenen aber einfach Lichter und Tiefen. Lass dich davon nicht verwirren. Auf der Einstellungsebene Hintergrund direkt unter der Ebene Lichter habe ich lediglich den Hintergrund selbst mit einer Gradationskurve noch etwas abgedunkelt. Auch hier zeigt die Maske, dass ich den Bereich des Tischs und des Models abgedeckt habe (schwarz auf der Maske). Die Tonwertkorrektur darunter ist eine allgemeine Helligkeitsanpassung. Hier habe ich das ganze Bild ein wenig kontrastreicher gestaltet und lediglich die sehr hellen weißen Stellen am Rücken via Maske ausgeblendet, da diese sonst zu hell geworden wären.*

Das Bild selbst wurde natürlich auch schon retuschiert und farblich angepasst. Dazu findest du im Pferdekapitel weiteren Input.

ISO 1250 | 180 mm | f/2.8 | 1/800 s

Dieses Prinzip kannst du z. B. auch für das Aufhellen von Augen nutzen. Achte darauf, dass du die Iris selbst nicht unnatürlich hell erscheinen lässt, denn Augen haben keine eigene Leuchtkraft. Vor allem die Glanzlichter kannst du aufhellen und als Kontrast dann die Pupille und die dunklen Ränder des Auges nachdunkeln. Ist dir dein Ergebnis an einigen Stellen zu übertrieben, geh zurück auf deine Masken und nutze einen schwarzen Pinsel mit angepasster (vermutlich eher geringer Deckkraft), um den von dir gezeichneten Bereich wieder via Maske abzudecken.

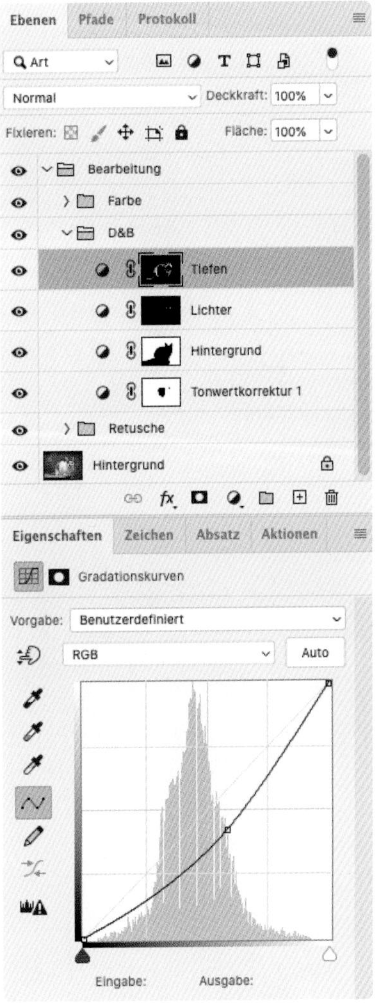

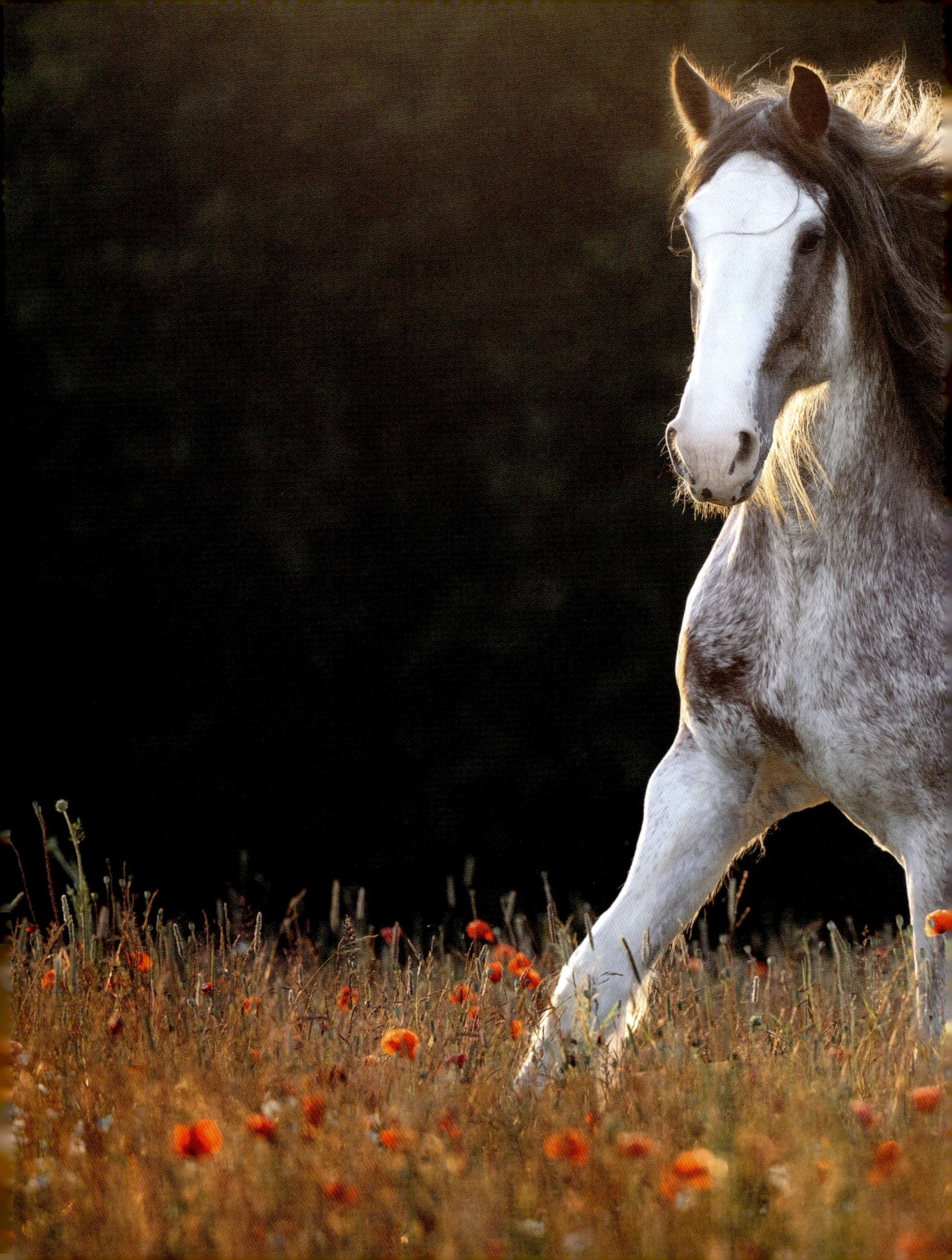

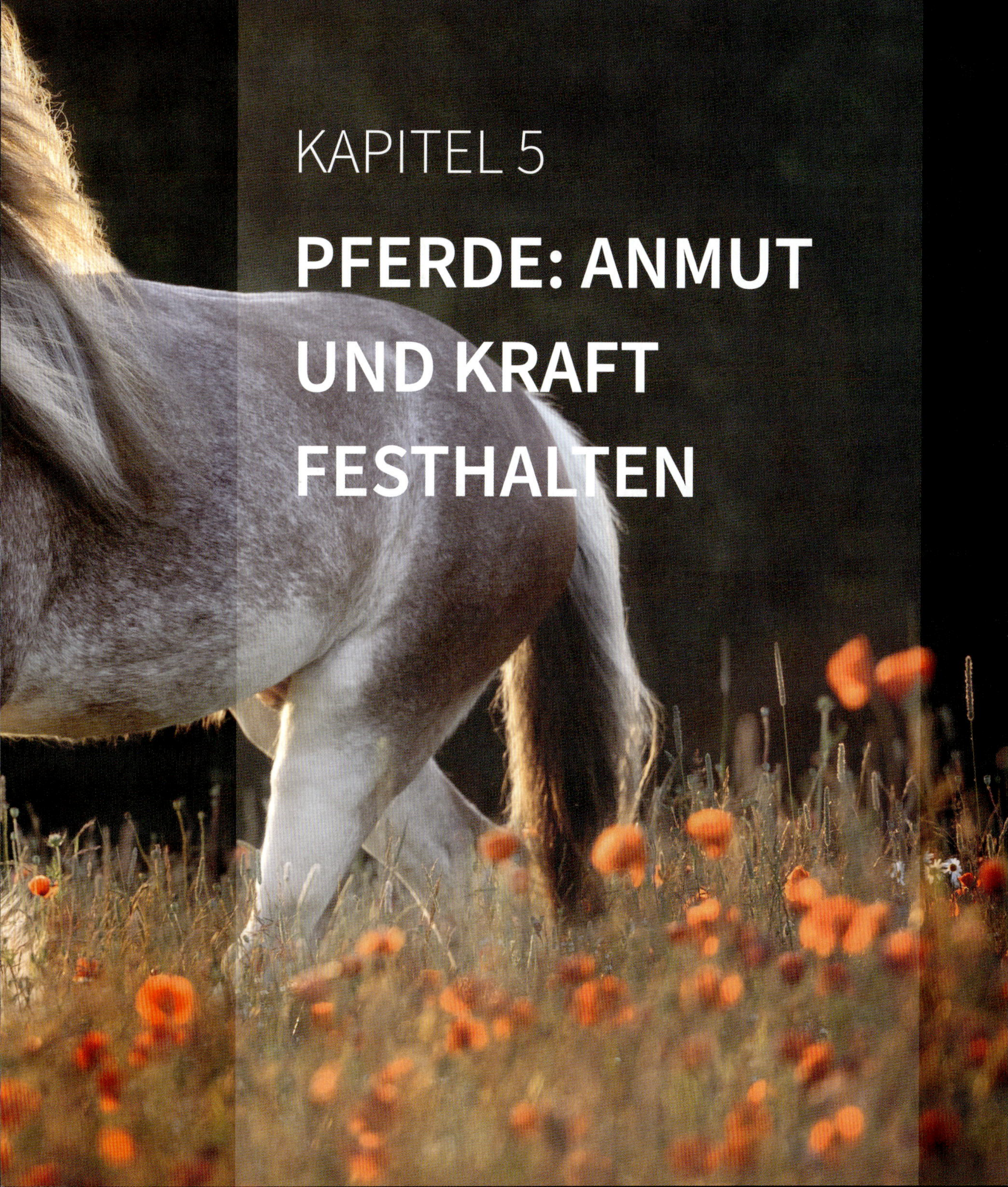

KAPITEL 5

PFERDE: ANMUT UND KRAFT FESTHALTEN

Technische Anforderungen

Pferde sind für mich die schönsten Tiere der Welt, vereinen sie doch gleichermaßen Ästhetik, Kraft, Eleganz, Adel und Sanftmut. Sobald man jedoch unbedacht eine Kamera auf sie richtet, können sich die schönsten Rösser plötzlich zu langhalsigen Giraffen mit Tonnenkörpern auf schmalen Stelzbeinchen entwickeln. Denn Pferde sind, anders als Hunde und Katzen, Fluchttiere und keine Jäger. Sie fressen Gras und müssen ihre Umgebung im Blick behalten – ihr Körper ist also völlig anders gebaut als der eines Raubtiers.

Das allein ist aber noch nicht genug fotografische Herausforderung. Auch ihr Verhalten ist gänzlich anders, und ein Shooting mit ihnen braucht neben Pferdeverstand auch meist ganz andere Dimensionen und Anforderungen an Location, Hilfe und Absicherung. Aber keine Sorge, Planung ist hier noch mehr als bei Katzen und Hunden die halbe Miete.

Objektivempfehlungen

- **Telezoom 70-200 mm f/2.8** – 200 mm ist die ultimative Brennweite für Pferdefotografen. In meinen Kursen und Workshops übe ich mit meinen Teilnehmern, diese Brennweite möglichst immer auszureizen. Pferde haben sehr lange Körper: angefangen beim Kopf über Hals und Rücken bis zur Kruppe. Die herbeigeführte Stauchung von 200 mm macht aus den sehr langen Körpern fast von selbst kompakte Kraftpakete. Pferde sehen durch 200 mm einfach am besten aus.

Aber warum rate ich nicht zu einer Festbrennweite? Ganz einfach: Du bist bei einem Pferdeshooting nicht so flexibel wie mit Hunden. Es kann also sein, dass du unter schwierigen Umständen fotografieren musst, z. B. wenn die Location einfach zu eng ist. Andere Pferdeshootings sind schwierig, weil die Tiere selbst nicht mitmachen oder dir vielleicht nur einmal eine tolle Laufsequenz bieten und dir dabei zu nahe kommen. Statt dann gar kein Foto machen zu können, ist es immer noch besser, ein Bild mit z. B. 150 mm aufzunehmen. Aber dort, wo es geht, solltest du die 200 mm ausreizen.

Auch mit Hunden und Katzen lautet die Devise: formatfüllend fotografieren. Spätestens bei Pferden siehst du sehr deutlich, was für einen Unterschied allein die Brennweite macht. Du kannst natürlich auch mit noch längeren Brennweiten arbeiten, aber viele „zu große“ Koppeln lassen sich für ein Fotoshooting entsprechend teilen und vorbereiten. In den meisten Fällen sind 200 mm optimal für gängige Ställe in Deutschland.

Bedenke: Bei noch mehr Brennweite brauchst du viel mehr Abstand zum Motiv. Bei meinen Workshops haben manchmal Fotografen mit Cropkameras schon Schwierigkeiten, 200 mm zu nutzen. Aufgrund des Cropfaktors brauchen sie bei 200 mm am Objektiv einfach noch mehr Platz zum Model als Fotografen mit Vollformatkamera. Porträts entstehen aber häufig im Hof oder an verwinkelten Stellen, sodass ich festgestellt habe, dass 200 mm am Vollformat auch meistens der Abstand ist, den man maximal einnehmen kann.

Auch Anweisungen an die Helfer oder Korrekturen musst du über diese Distanz per Zuruf managen können bzw. immer wieder die Strecke zum Motiv ablaufen und zurück zur Fotoposition gehen. Das kostet Zeit! Außerdem musst du tief in die Tasche greifen, um eine sehr lange Brennweite in hoher Lichtstärke zu kaufen. Gerade die letzten beiden Argumente treffen natürlich auch auf die Outdoor-Fotografie mit Hunden oder gar Katzen zu.

- **Festbrennweite 135 mm f/2.0** – Diese Linse nutze ich gern, wenn ein Mensch mit Pferd im Bild modelt. In solchen Fällen wird das Pferd eher zum „Beiwerk". Trotzdem achte ich darauf, dass beide möglichst im Ganzkörper in großzügiger Totale fotografiert werden. So kann dieses Objektiv für eine weiche Einbettung in die Umgebung sorgen, denn die Freistellung ist einfach traumhaft schön. Für reine Pferdeporträts ist mir diese Brennweite schon viel zu kurz.

- **Weitwinkel zwischen 15 und 35 mm** – Weitwinkel kommen in meiner Pferdefotografie meistens nur auf Reportagen zum Einsatz. Dann geht es nicht um die ideale Darstellung meines Models, sondern um die gesamte Situation. Ich habe mich aber auch schon an ungewöhnliche Vogelperspektiven mit Weitwinkel gewagt. Solche Bilder sind aber eher eine kreative Ausnahme, daher ist alles jenseits von 135 mm für die Pferdefotografie meiner Meinung nach vorerst zu vernachlässigen.

Kameraeinstellungen

In Sachen Verschlusszeit gelten die gleichen Regeln wie generell bei der Actionfotografie mit Tieren. Meine Standardeinstellung ist 1/1250 Sekunde. Pferde bewegen sich meistens etwas langsamer als Katzen und Hunde (obwohl sie durch die großen Sprünge genauso schnell sind), was bei schlechtem Licht sogar Verschlusszeiten von 1/800 Sekunde zulässt. Allerdings können dann die Beine schon eine leichte Bewegungsunschärfe zeigen, und da die meisten Kameras sowieso über einen guten ISO-Bereich verfügen, musst du dich hier nur im äußersten Härtefall einschränken. Ich benutze eigentlich immer eine Blende von f/2.8.

Der große Abstand zu den Tieren ermöglicht bei Offenblende eine ausreichend große Schärfentiefe. Trotzdem muss der Fokus treffen. Da Pferde frontal fotografiert aber nicht sehr harmonisch aussehen, ist das Scharfstellen nach meinem Empfinden um einiges einfacher. Der Fokuspunkt kann schlichtweg auf der Oberlinie (also z. B. am Genick) platziert werden, wenn das Pferd seitlich zu dir läuft.

Bei leichter Diagonale auf dich zu bietet der große Kopf, der sich im Vergleich zu Katzen und Hunden im geraden Lauf kaum bewegt, genug Fokusmöglichkeit. Die Serienbildfunktion und die Fokusnachverfolgung helfen dir, die richtige Phase zu treffen oder im Zweifel einfach genügend Bilder pro Sekunde zu machen, um anschließend das beste Bild auszuwählen.

Helfer beim Shooting

Ohne menschliche Assistenten und Shooting-Helfer ist ein Pferdefotoshooting sehr schwierig, und manche Motive sind schlichtweg nicht alleine umzusetzen. Natürlich kannst du dich einfach auf die Wiese hocken und Pferde beim Grasen fotografieren. Wenn du Glück hast, gibt es auch mal eine kurze Spielsequenz, aber meistens passiert nicht sehr viel. Auch Wildpferde habe ich über mehrere Tage für jeweils etliche Stunden begleitet, um am Ende eine kleine Auswahl an Actionbildern zu haben. Und das, obwohl die Herden riesig waren und die Hengste gerade aktiv um Stuten warben.

Du kannst dir sicher vorstellen, dass die Dinge in einem Stall mit domestizierten Pferden entschleunigter sind – denn Futter steht bei gutem Stallmanagement ausreichend zur Verfügung, alle Rangkämpfe sind ausgetragen, und es gibt selten Hengste in gemischten Herden.

Außerdem kannst du die Pferde schlecht alleine mit einem Futtersuchspiel oder einer Katzenangel bespaßen. Die Tiere können zwar durchaus anhänglich und mindestens genauso neugierig sein, aber es bringt dir fotografisch wenig, wenn die Pferde dir folgen und dicht bei dir stehen – meistens mit gestreckten Hälsen, um deine Taschen zu untersuchen.

Damit also etwas passiert, musst du dein Shooting planen und Helfer einbinden. Für Porträts brauchst du z. B. einen Assistenten, der das Pferd positioniert, und idealerweise einen weiteren, der die Aufmerksamkeit in die gewünschte Richtung lenkt. Auch für Actionbilder sind mindestens zwei Helfer zusätzlich eine große Erleichterung. Außerdem braucht der „Motivator“ noch etwas, mit dem er das Interesse des Models auf sich ziehen oder seine Laufrichtung steuern kann:

Rascheltüten, Reflektoren, Flaschen, Handy-Wiehern – das sind alles tolle Muntermacher. Mit Gerten (und logischer Planung) können hingegen Laufwege gesteuert werden. Futter ist weniger zum Steuern von Blicken geeignet, da die Pferde dabei meistens eher tief bleiben und nach dem Futter gieren, statt sich in Spannung aufzurichten. Als Belohnung z. B. nach einer tollen Laufphase bzw. für das Einfangen auf der Koppel ist es hingegen sehr geeignet.

Ein dünnes Halfter erleichtert deine Retuschearbeit und ist definitiv eine sehr nützliche Anschaffung. Wenn du vorhast, viele Pferdeshootings umzusetzen, kannst du dir außerdem noch Plastikpfähle sowie eine Litze zulegen, um vorübergehend Koppeln nach deinen Wünschen (und nach Absprache) abzuzäunen.

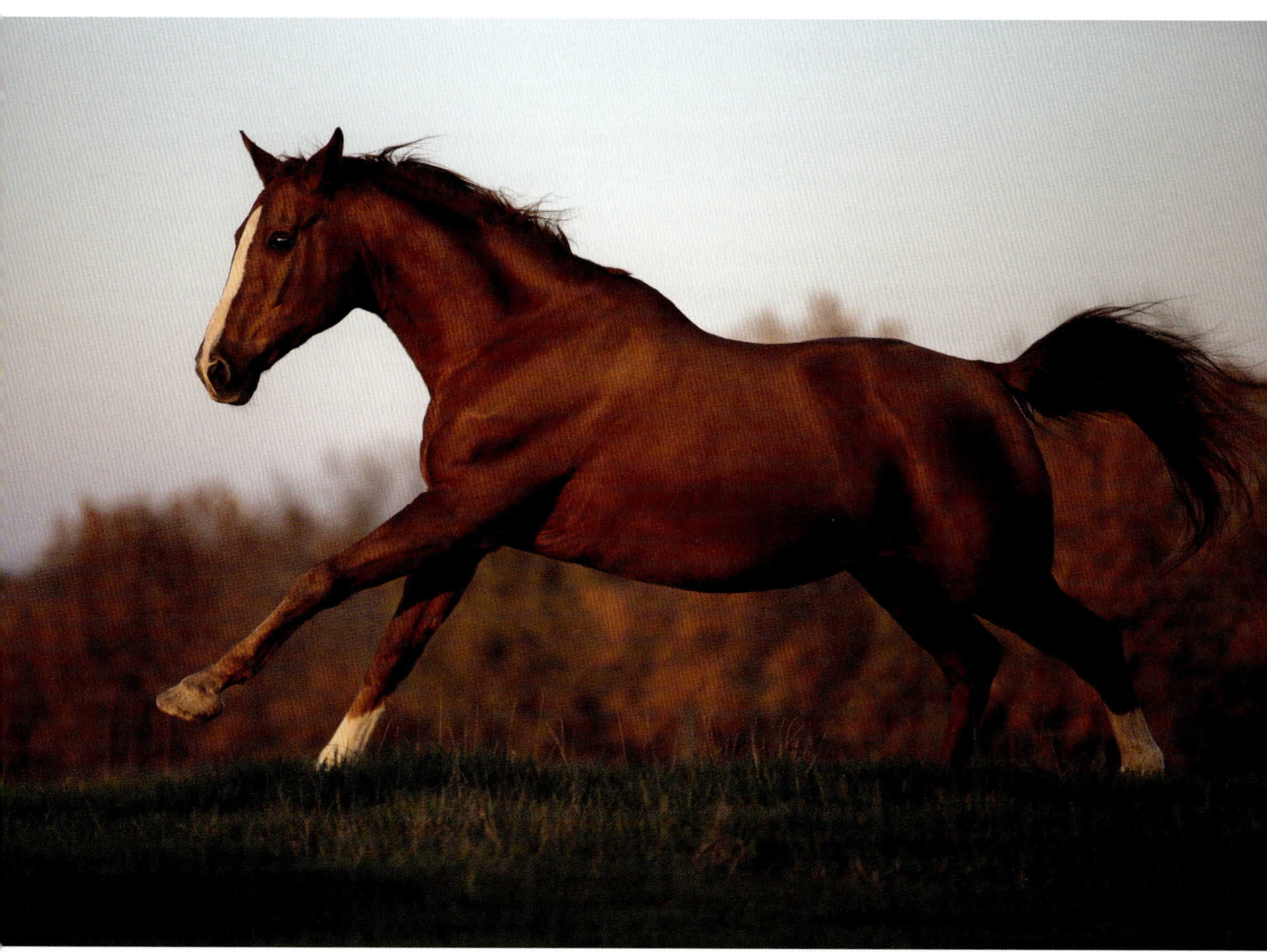

▲ *Auch bei Senioren musst du nicht unbedingt auf Actionbilder verzichten – zumindest nicht, wenn sie noch so top fit sind wie diese 30-jährige Warmblutstute. Allerdings waren für dieses Shooting tatsächlich nur Porträts geplant und das Fotografieren auf der Koppel lediglich eine Option. Mein Model hat aus eigenem Antrieb aber noch mal eine tolle Showeinlage geliefert. Sprich mit den Besitzern des Vierbeiners ab, wie viel ein altes Tier noch leisten kann und möchte, und richte dich hier nach den Launen deines Models. Sicher kannst du einen Jungspund noch ein oder zwei Mal mehr um eine Actionrunde bitten, wogegen du bei alten Tieren genau dann aufhören solltest, wenn die Tiere von sich aus nicht mehr weiterlaufen.*

ISO 500 | 200 mm | f/2.8 | 1/1250 s

Locations für Pferdefotos

Aus meiner Sicht ist ein Pferdeshooting technisch am leichtesten umzusetzen: Blende f/2.8 bringt genügend Schärfentiefe und sorgt für viel Licht, während sich die großen Tiere verhältnismäßig leicht im Fokus halten lassen. Dafür sind Organisation und Umsetzung aufwendiger, und das Model muss viel genauer in Pose gebracht werden, da es sonst wirklich seltsam und unharmonisch aussehen kann. Bevor du dir jedoch Gedanken ums Posing machst, stehen erst mal die Wahl und die Vorbereitung der Location an.

- **Auf der Koppel** – Die heimische Koppel des Pferdes ist wohl die gängigste Location, um vor allem Action- und Lauffotos umzusetzen. Je nach Hintergrund und Bepflanzung sowie Beschaffenheit des Bodens können hier auch Stand- und Porträtbilder entstehen. Die ideale Koppel verfügt über eine gepflegte Grasnarbe, die weder zu hoch gewachsen (über den Pferdebauch hinaus) noch zu abgefressen ist. Sie bietet genug Platz, sodass du mit 200 mm arbeiten kannst. Für eine optimale Freistellung sollten Pflanzen und Bäume, die in deinem Hintergrund zu sehen sind, genügend Abstand zu deinem Model haben. Pferde laufen erfahrungsgemäß gern direkt am Koppelzaun entlang. Wächst direkt dahinter eine Buschreihe, wird diese verhältnismäßig scharf auf deinem Bild zu sehen sein. Deswegen bevorzuge ich etwas zu große Koppeln gegenüber kleinen Weiden.

Klar, große Koppeln sind unhandlich, weil deine Helfer viel laufen müssen und sich das Pferd eventuell an anderen Stellen austobt als an deiner Fotoposition. Aber die großen Flächen lassen sich recht einfach mit mobilen Zaunpfählen teilen. So kannst du eine große Wiese auf Idealmaße bringen, indem du genau die Seite mit dem schönsten Hintergrund abzäunst. Damit ist der Abstand zum Hintergrund durch deinen neu gesetzten Zaun noch größer und verschwimmt entsprechend eleganter im Bild. Außerdem lassen sich die dünnen Litzen von mobilen Zäunen meist besser retuschieren als schwere, eingewachsene Holzpfähle mit Balken oder Litzenwirrwarr.

Neben einem schicken Hintergrund, der sich möglichst in einem idealen Abstand befinden und frei von Gebäuden oder Störelementen sein sollte, musst du auch die Lichtrichtung bedenken. Wo steht das Licht zum Zeitpunkt des Shootings? Wirst du z. B. am Abend im direkten oder im Gegenlicht arbeiten? Ist die Koppel so schick, dass du sogar mehrere Lichtrichtungen nutzen kannst, oder sieht nur eine Seite fotogen aus? Mit 200 mm und der hohen Stauchung schrumpft auch der benötigte Bildausschnitt im Hintergrund. Das heißt, dass du gar keine kilometerlange Panoramakulisse brauchst. Manchmal reichen schon ein paar Meter! Schau dir deine Kulisse also unbedingt auch durch die Kamera an, um ein Gefühl dafür zu bekommen.

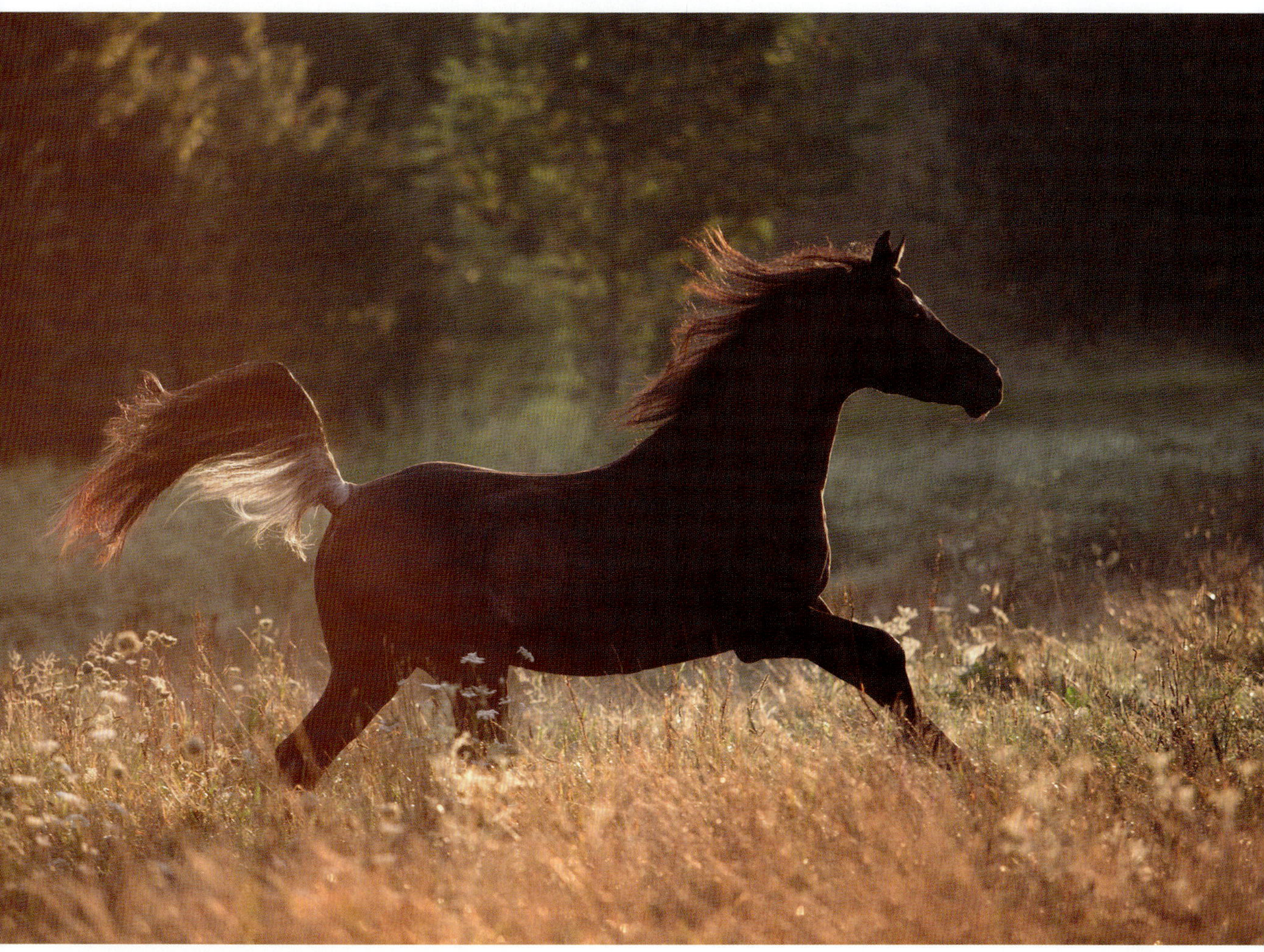

▲ *Die heimische Weide ist die Standard-Location für Freilaufbilder von Pferden. Allerdings birgt jede Koppel eigene fotografische Herausforderungen. Schau dir die Fläche auf jeden Fall rechtzeitig vor dem Shooting an und überlege, in welche Richtung du arbeiten möchtest. Im Beispielbild arbeite ich auf einer kleinen Koppel mit hohem Gras und Gestrüpp und einem steilen Hang. Der Hengst läuft am Fuße des Hangs, während ich mich etwas erhöht in der Hocke befinde. In diesem Fall gibt die leicht erhöhte Position sogar noch etwas mehr Sicht auf die Beine frei. Ich befinde mich quasi in Normalperspektive zum Kopf statt, wie sonst üblich, zur Brust oder gar noch tiefer. Hockte ich niedriger, hätte das hohe Gras das Pferd bis zum Bauch verdeckt. Du siehst: Nicht alle Regeln aus diesem Buch lassen sich in Stein meißeln. Manchmal gibt es auch Raum für Abweichung der Norm.*

ISO 400 | 200 mm | f/2.8 | 1/1000 s

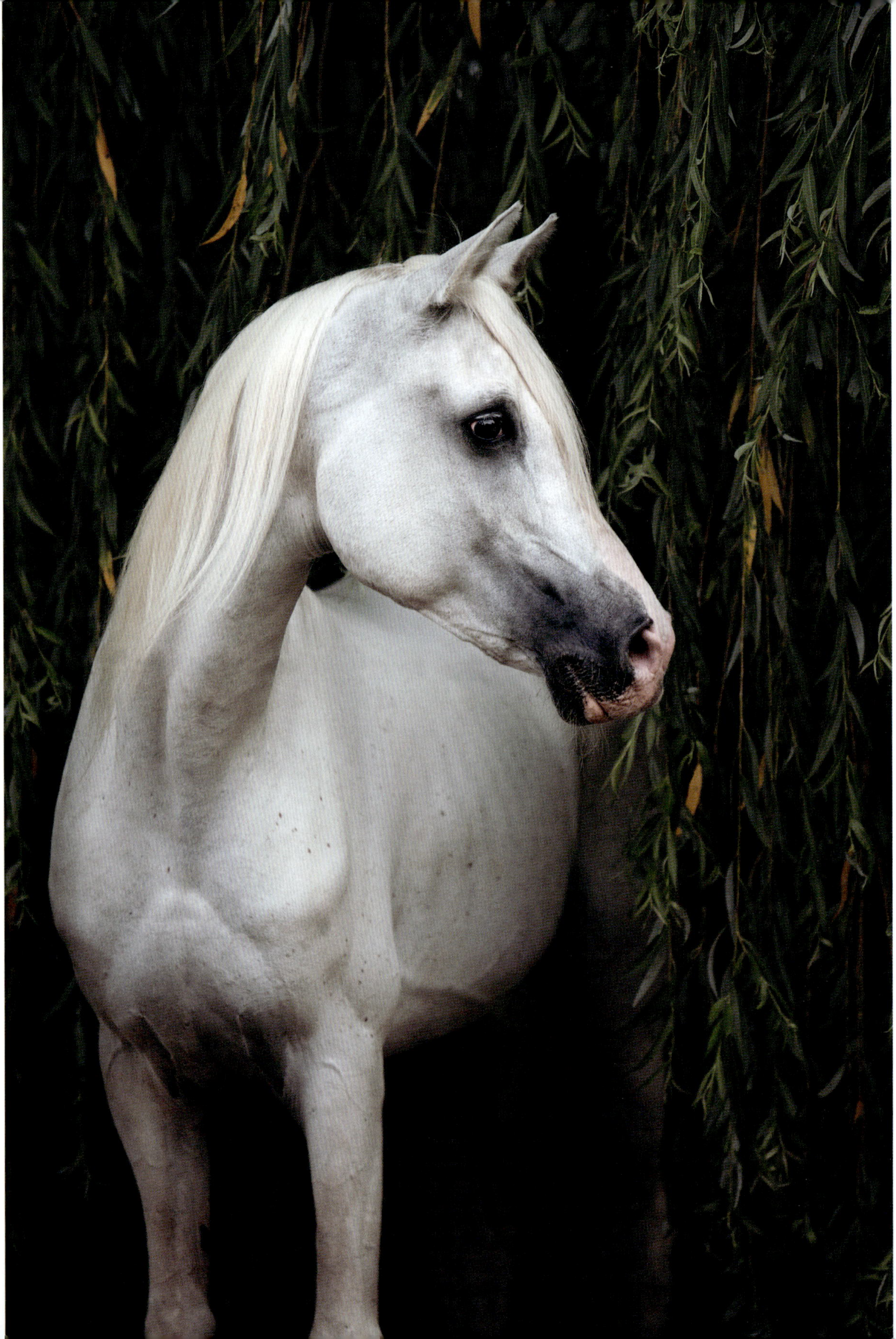

■ **Auf dem Stallgelände** – Für Porträts und Standbilder brauchst du nicht so viel Platz wie für ein Galoppbild. Du kannst dich also auch am Stall direkt umsehen und Locations nutzen. Ein fotogener Busch, ein ansehnliches Holztor oder eine Allee als Hofeinfahrt sind weitere Möglichkeiten. Ebenso kann ein Blumenkübel als Vordergrundbokeh dienen oder der Eingang vor einer dunklen Stallgasse einen fast schwarzen Hintergrund für ein Porträt liefern. Achte bei Standbildern auf einen geraden Untergrund, damit weder Vor- noch Hinterhand höher oder tiefer steht. Nutze deine Kamera und schau, wie sich die Umgebung mit 200 mm optisch verändert.

■ **Auf dem Reitplatz** – Der Reitplatz ist eine weniger genutzte Foto-Location. Meistens ist die Umzäunung nicht besonders schön, und durch zu enge Bepflanzungen oder Bebauungen entsteht keine Freistellung. Dennoch kann dir der Reitplatz nützlich sein, etwa wenn es gar keine Koppelmöglichkeiten gibt. Hier kannst du auf einem sehr begrenzten Raum an deinen Actionfotos arbeiten, ohne dass die Helfer zu große Strecken zurücklegen müssen. Auf durchschnittlich großen Plätzen sollte der Abstand mit 200 mm gerade ausreichen, zumindest wenn das Pferd wirklich am Zaun entlangläuft. Von Bildern in der Reithalle rate ich grundsätzlich ab, sofern du kein Studioset aufbaust. Reithallen sind dunkel und auf Fotos oft unästhetisch. Sie werden dich und deine Kamera an technische Grenzen bringen für Bilder, die weder durch Licht und Farben noch durch die Kulisse besonders ansprechend wirken werden.

Klar, es gibt Ausnahmen, wenn statt der üblichen Bande die Wand der Reithalle sauber und hell verputzt ist (häufiger in Spanien zu finden) und du mit dem weichen Streiflicht des großen Hallentors arbeiten kannst. Aber der Regelfall sieht hier in Deutschland anders aus – auch wenn die Anlage hochmodern ist und toll gebaut wurde. Fotografisch gesehen, gibt es eben doch noch andere Ansprüche. Für Reitbilder nutze lieber den Reitplatz oder eine ebene, gepflegte Wiese.

◀ *Den arabischen Hengst wollte ich in ein Hochformat setzen, weswegen ich ihn aus den tief hängenden Ästen des Baums hervorschauen ließ. Dazu wird das Pferd von einem Helfer einfach unter den Blättern hindurchgeführt, bis die Vorhand ausreichend weit im Freien steht. Die langen Zweige strecken das Bild vertikal und rahmen das Porträt passend ein.*

ISO 1250 | 200 mm | f/2.8 | 1/640 s

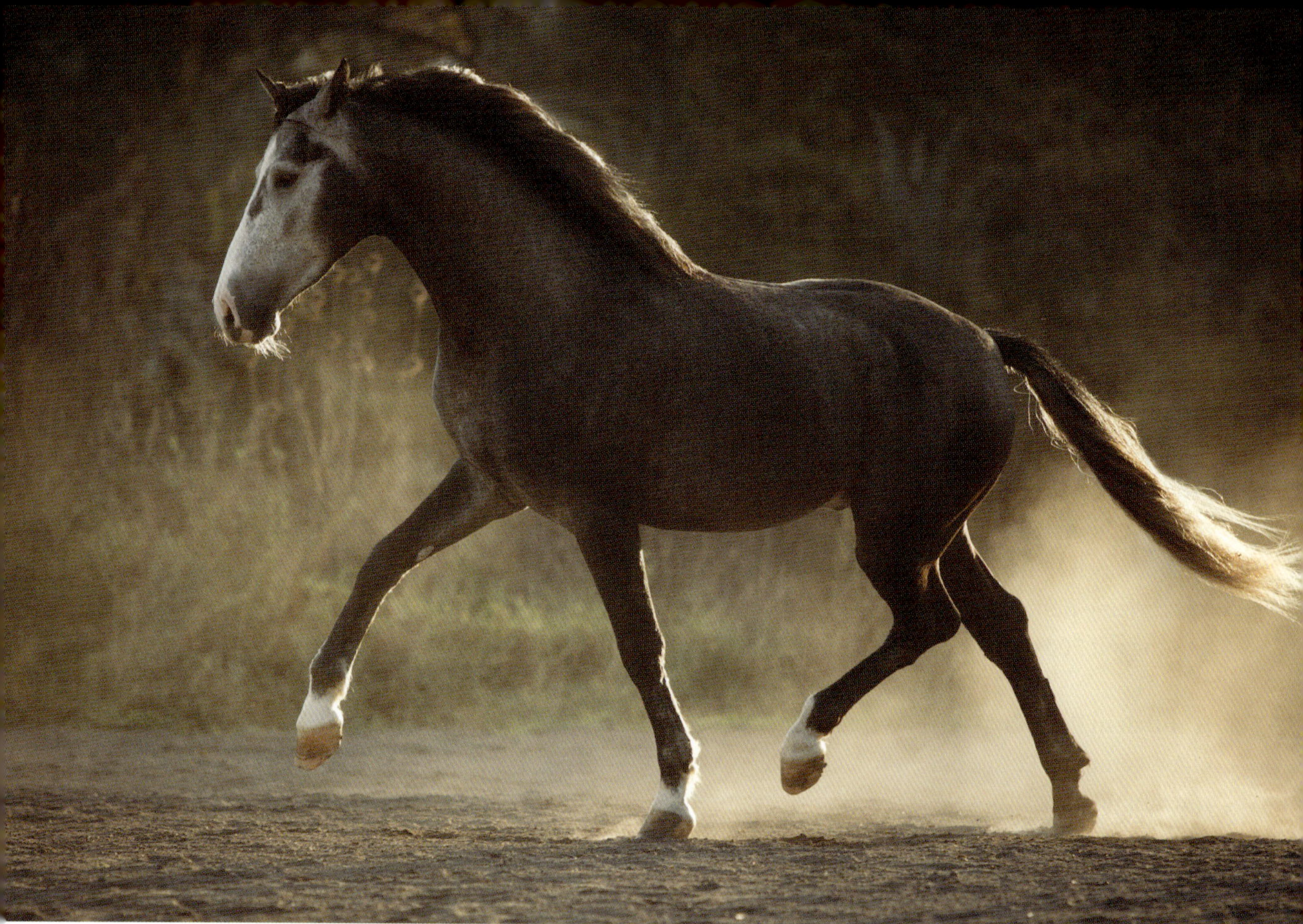

▲ *Obwohl ich kaum auf Reitplätzen fotografiere, habe ich hier gleich zwei Beispielbilder für dich. Beim Fotoshooting mit dem grauen Spanier stand einfach keine geeignete Koppel zur Verfügung. Der Reitplatz hingegen war zu einer Seite dicht bewachsen und mein Model lauffreudig, sodass der Platz in diesem Fall eine gute Alternative darstellte.*

ISO 320 | 200 mm | f/2.8 | 1/1250 s

▶ *Auch auf dem zweiten Bild ist der Reitplatz zu dieser Seite äußerst ansehnlich. Hier habe ich die Location für klassische Standbilder der Paint-Horse-Stute genutzt. Der gerade, ebene Boden eignete sich hervorragend dafür. Außerdem lag die Koppel für spätere Actionaufnahmen ein gutes Stück weit weg, sodass ich am Stall selbst zunächst alle Pferde an geeigneten Porträt-Locations fotografiert habe. Ich habe mich gegen die Retusche des Zauns im Hintergrund entschieden. Zum einen sieht es immer äußerst komisch aus, wenn Sandboden (bzw. helle, dominante Flächen) plötzlich aufhören und in gerader Linie in den grünen Hintergrund übergehen, und zum anderen passt der Zaun sowohl inhaltlich als auch optisch gut ins Bild. Er wirkt gepflegt und ist leicht rötlich, so wie das Fell des Pferdes.*

ISO 800 | 200 mm | f/2.8 | 1/640 s

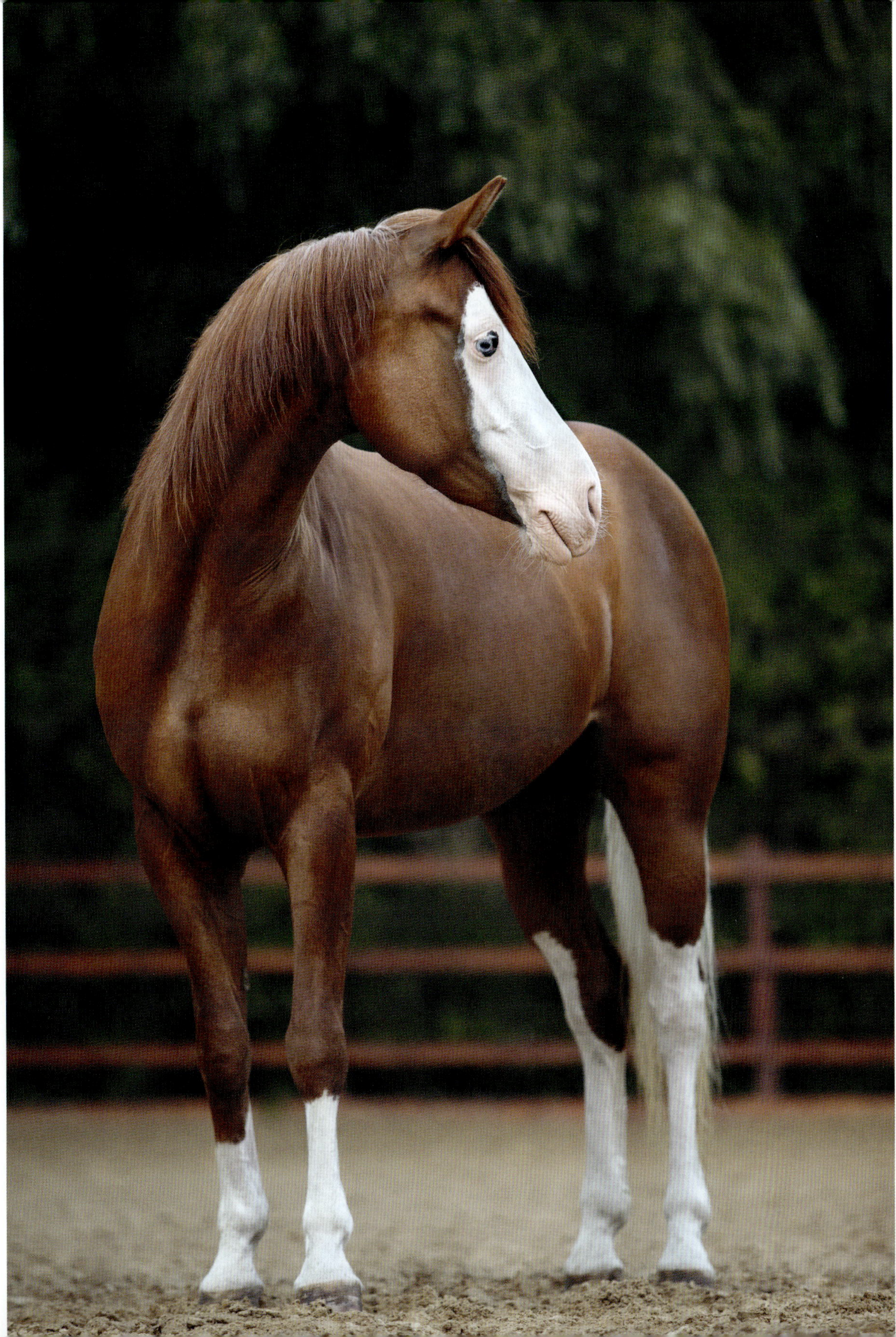

■ **Im Wald** – So wie Hunde kannst du auch Pferde an besonderen Locations abseits des heimischen Stalls fotografieren, vorausgesetzt natürlich, dein Pferd kann zur Location gebracht werden. Dabei sollte es sich unbedingt stressfrei verladen lassen und cool an neuen Orten sein. Es ist einfach kein schönes Unterfangen, wenn ein Pferd keine Lust auf den Hänger hat, und auch nicht hilfreich, wenn es an fremden Orten überhaupt nicht zur Ruhe kommt oder gar panisch wird. Wäge also vorher genau ab, mit welchem Pferd du so ein Projekt planen und umsetzen möchtest. Ist eine Location zu Fuß zu erreichen, sollte das Pferd geführt werden, um Druckstellen vom Zaumzeug auf dem Fell zu vermeiden. Außerdem musst du dafür Sorge tragen, dass sich Pferd und Mensch sicher positionieren können, ohne Schaden an der Natur zu hinterlassen. Im Wald kannst du dafür ganz einfach Waldwege nutzen. Ich bevorzuge auch hier lichte, unterholzfreie Stellen direkt am Waldrand. Das Pferd kann so leicht in die Location geführt werden, und genug Licht steht zur Verfügung. Anders als bei Hunden brauchst du wieder viel mehr Platz zum Motiv und erhältst so einen anderen Bildausschnitt. Beim Location-Scouting musst du das berücksichtigen.

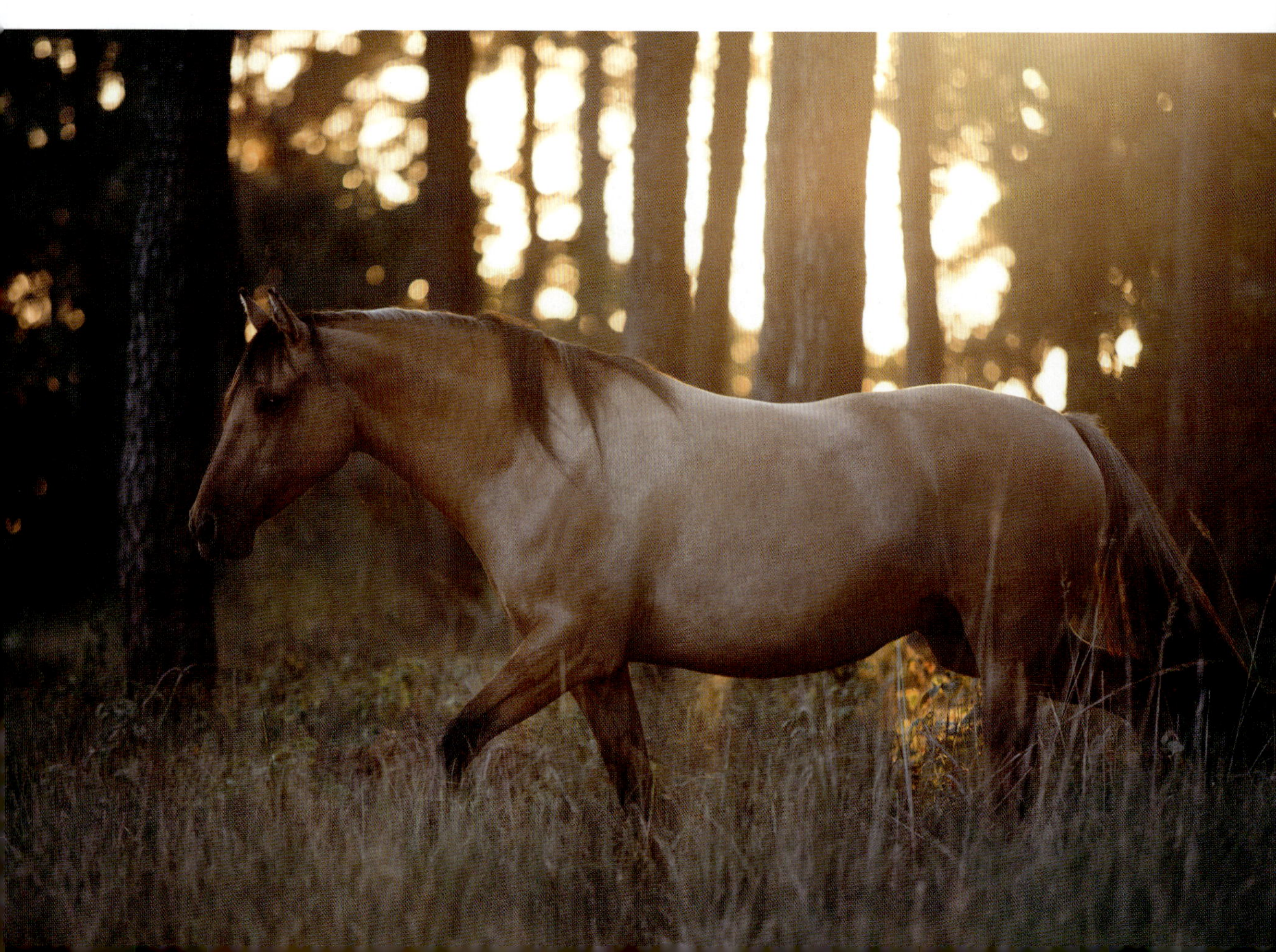

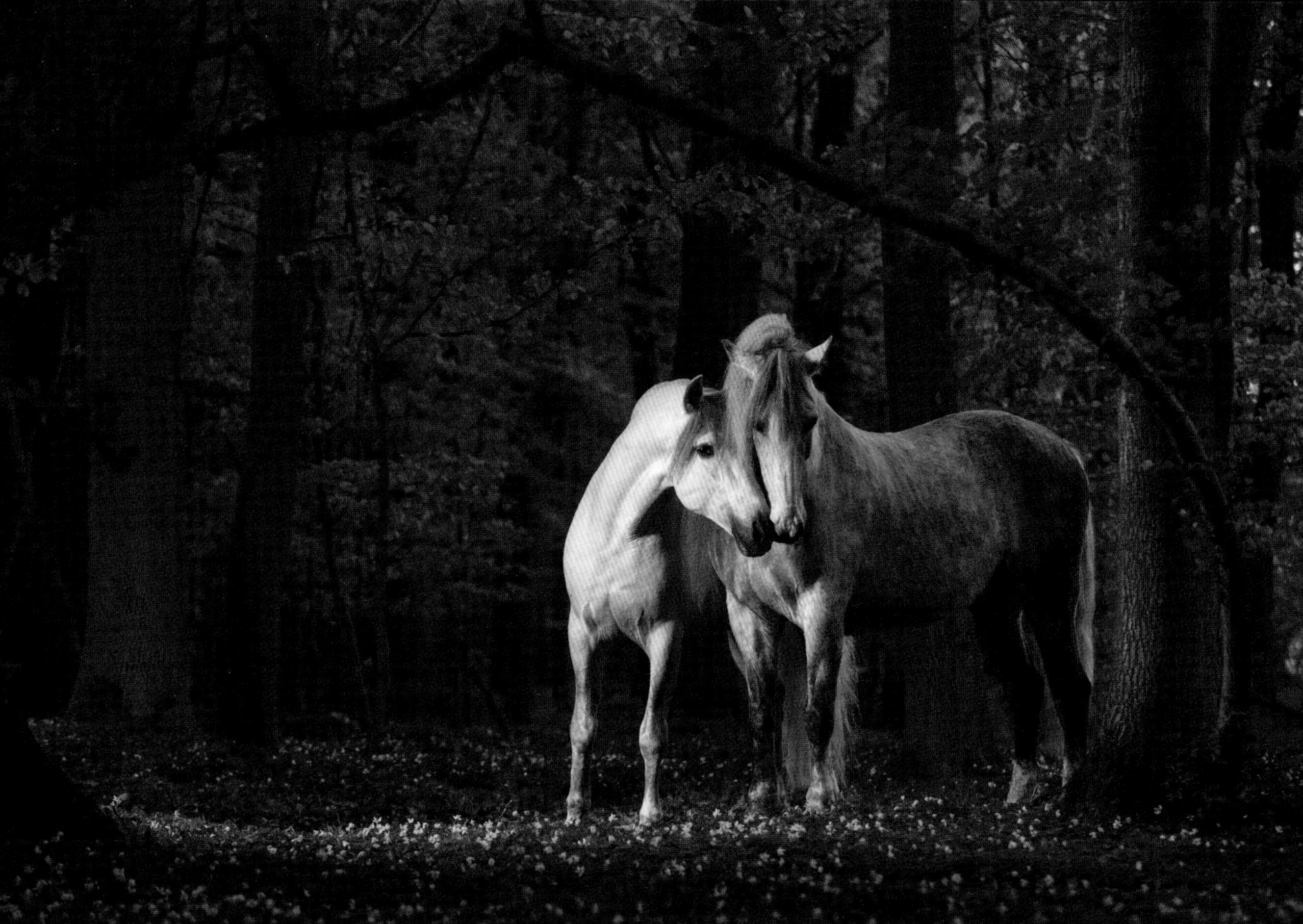

◀ *Die falbfarbene Mustangstute auf dem ersten Beispielbild habe ich an einem Morgen fotografiert. Das Waldstück war ganz klein und licht. Der Bereich direkt am Waldrand war relativ gleichmäßig mit Gras bewachsen. Im Hintergrund siehst du jedoch auch schon dichteres Unterholz und vor allem dorniges Gestrüpp. Die Stute wurde am dünnen Halfter auf einem Trampelpfad entlanggeführt, sodass wir sie direkt „in der richtigen Spur“ halten konnten.*

ISO 1000 | 200 mm | f/2.8 | 1/500 s

▲ *Das Waldstück im zweiten Bild ist schon sehr viel dichter und weiter weg vom Waldrand. Ein Jahr zuvor waren mir die schönen weißen Frühblüher aufgefallen, die ich als Location nutzen wollte. Der gebogene Baum im Vordergrund bat sich förmlich als Kulisse an. Im darauffolgenden Jahr habe ich das Shooting umgesetzt. Der Weg zur Location war trotz allem nicht weit, sodass ich auf Kunstlicht zurückgreifen konnte, um den dunklen Wald aufzuhellen. Das schafft einen surrealen Look.*

ISO 1000 | 120 mm | f/4.0 | 1/250 s

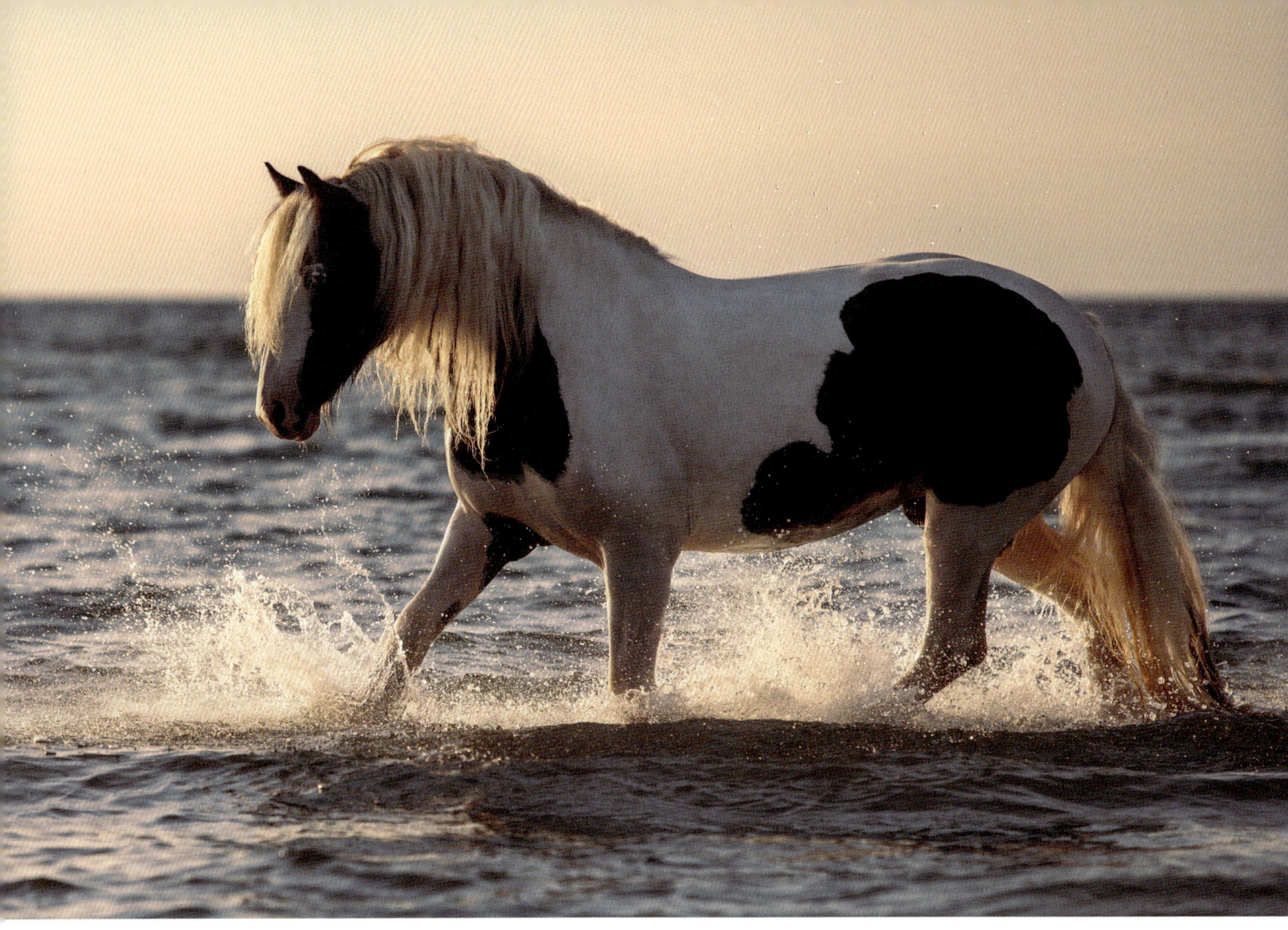

▲ *Bei diesem Shooting habe ich auf den Zaunbau verzichtet und das Pferd an der Longe fotografiert. Oder besser gesagt: Mein Fotohalfter hat eine lange Schnur, die sich eben auch zum Longieren eignet. Dabei achte ich darauf, das Pferd nur in der Innenbiegung zu fotografieren. Zur Verdeutlichung: Beim Longieren kreist das Pferd um den Menschen, der das andere Ende des Seils in der Hand hält. Als Fotograf stehst du aufgrund des zu geringen Abstands nicht innerhalb des Zirkels beim Longenführer, sondern außerhalb. Befindet sich dann das Pferd zwischen dir und deinem Assistenten mit der Longe, biegt es sich von dir aus gesehen weg, da es sich auf der Kreisbahn um den Longenführer bewegt. Läuft das Pferd von dir gesehen hinter deinem Assistenten, siehst du, wie es sich optisch zu dir nach innen biegt. Ich bitte meinen Helfer, genau auf dieser Bahn aus einem Kreis eher ein Oval zu machen, sodass das Pferd ein paar Schritte länger auf dieser von mir aus gesehen inneren Bahn bleibt. Das mag jetzt etwas abstrakt wirken, aber spätestens wenn du es selbst einmal probierst, wirst du verstehen, was ich meine. Auf meinem Bild biegt der Vierbeiner gerade wieder auf der Kurve in meine Richtung ab, um die Besitzerin ein weiteres Mal zu umrunden.*

ISO 200 | 200 mm | f/4.0 | 1/1250 s

■ **Am Strand** – Auch der Strand ist für Pferde eine tolle Location! Am besten eignen sich Strände mit weichem Sandboden und flachem Wasser. Hier können die Pferde am besten toben. Denn anders als z. B. im Wald kannst du hier mit Longe oder mobilem Paddock arbeiten, um auch Actionfotos zu fotografieren. Der Paddock sollte so groß sein, dass sich die Pferde darin gut für ein paar Galoppsprünge bewegen können, ohne dass andere Besucher beeinträchtigt werden. Achte auf die örtlichen Regelungen und hole dir im Zweifel eine Genehmigung der Behörde ein.

Am besten ist es, wenn du hier mit mindestens zwei Pferden arbeitest. Pferde sind Herdentiere und werden sich immer am Koppelkumpel orientieren, der im Paddock am Halfter bei einem Helfer warten kann. Das Model wird mit großer Wahrscheinlichkeit in Richtung des anderen Pferdes laufen. Natürlich ist das kein Garant dafür, dass das Pferd hinter dem Zaun bleibt. Das Shooting eignet sich also wirklich nur für gut erzogene, zaunsichere Pferde! Einen mobilen Paddock kannst du auch an anderen geeigneten Locations aufbauen, zum Beispiel wenn du eine bisher nicht eingezäunte Wiese zum Shooting nutzen darfst.

■ **Andere Fotoideen** – Aus dem oben beschriebenen Paddockaufbau oder dem Fotografieren an einer dünnen Longe ergibt sich natürlich auch die Möglichkeit, noch ganz andere Locations für Pferde zu nutzen. Sandgruben etwa (natürlich nach Absprache), urbane Gegenden oder eine schicke Almwiese mit Gebirgskulisse sind nur einige Vorschläge. Bitte beachte dabei, dass die Anfahrt für Mensch und Tier im Rahmen bleiben sollte. Auch andere Sicherheitsaspekte wie dicht befahrene Straßen nahe der Location musst du prüfen. Ist das Zuhause der Pferde nämlich auf der anderen Straßenseite, kann ein losgerissenes Tier genau dahin stürmen und stellt damit eine Gefahr für sich und andere dar.

Sprich mit den Pferdehaltern und plane gewissenhaft. Außerdem kannst du dich an der Studiofotografie versuchen, wenn eine Scheune oder Reithalle zur Verfügung steht. Allerdings empfehle ich dir, nicht sofort zu Beginn deiner Fotografierversuche mit Pferden ins Studio zu gehen. Pferde sind in der Positionierung deutlich anspruchsvoller als Katzen und Hunde. Sie müssen viel exakter gestellt werden, um gut auszusehen, und brauchen mehr Platz und stärkeres Licht. Auch das Handling eines Pferdes ist ganz anders als das von Hunden und Katzen. So ein Shooting kann sehr schnell stressig werden, und am Ende kommt gar kein Bild zustande.

Mein Vorschlag ist es daher, zunächst mit Pferden im Freien zu arbeiten und ein Gefühl für die harmonische Darstellung und das Handling zu bekommen. Die Lichtsetzung lernst du auch im Freien, wenn du mit der Sonne arbeitest, und du findest einen etwas einfacheren Einstieg in die Studiofotografie mit Hunden und Katzen. Wenn du dir dann sicher bist im Umgang mit Pferden vor der Kamera und vielleicht schon ein paar Blitzshootings mit anderen Models gemacht hast, kannst du beides kombinieren. Es wird dir dann viel leichter fallen.

▶ *Für dieses Bild habe ich drei verschiedene Lichtquellen mit unterschiedlichen Lichtformern eingesetzt. Die Studiofotografie mit Pferden kann besonders anspruchsvoll werden, selbst wenn du mit weniger Blitzen startest. Die Anforderungen an die Technik und dein Geschick sind groß: Du brauchst genug Licht, um überhaupt einen Effekt zu erzielen, und solltest in deinem Verständnis zur Lichtsetzung so weit sein, dass du erkennst, wie du für eine interessante Ausleuchtung sorgst. Außerdem musst du dem Pferd in deinem Aufbau genug Raum zur Bewegung und zur Flucht geben, die Lampen immer wieder an dein Model anpassen und gleichzeitig mit Ruhe klare Anweisungen für deine Helfer geben. Probier dich erst im Freien an Porträtposen aus, bevor du dich überforderst und gleich im Studio beginnst – du bekommst dann eine Sicherheit im Umgang mit Pferden. Du kannst die Studiofotografie auch erst mit kleineren Models üben.*

ISO 200 | 200 mm | f/9.0 | 1/250 s

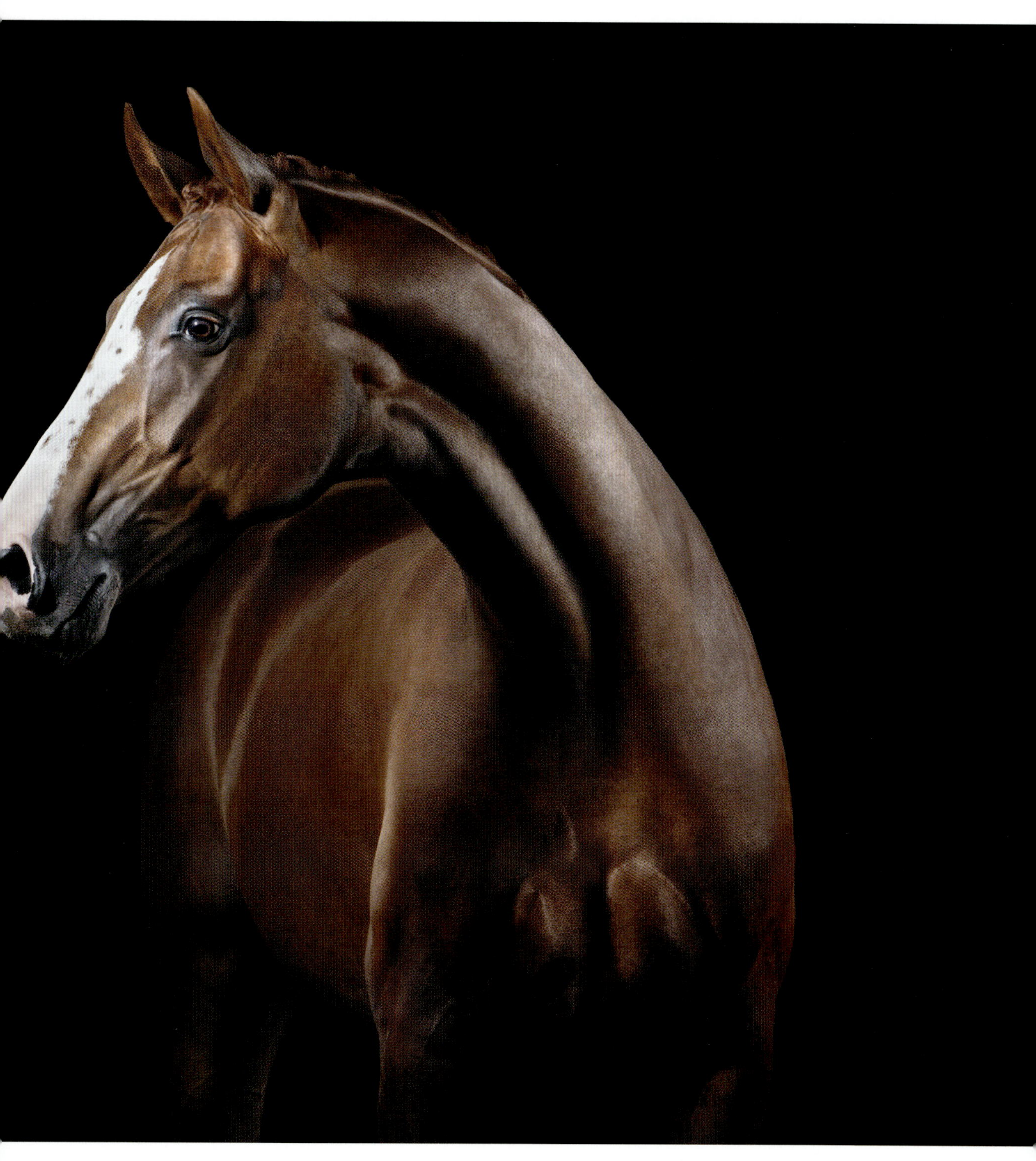

Mit Spannung im Körper

Spätestens beim Porträtieren von Pferden ist der Unterschied zu Hunden und Katzen in ihrer Anatomie deutlich zu spüren. Es sieht in den meisten Fällen wirklich ulkig aus, wenn Pferde direkt in die Kamera schauen – zumal sie sich durch einen Quietschball oder Leckerlis auch nicht so ohne Weiteres dazu motivieren lassen würden bzw. ihre Reaktion als Fluchttier in einem Spektrum zwischen Flucht, Panik, Desinteresse, Neugierde und grenzüberschreitender Aufdringlichkeit liegen kann. Hier braucht es also ein paar helfende Hände mehr sowie einen klar kommunizierten Plan deinerseits.

Pferde sehen mit Spannung im Körper am elegantesten aus – zumindest wenn sie sich dabei auch rund machen und nicht nur den Hals starr in die Höhe recken. Diese Rundung kannst du aber mit Leichtigkeit erzeugen, wenn du dein Model gezielt aufstellen lässt. Der Körper sollte dazu leicht schräg zu dir stehen, sodass du die Flanke sehen kannst. Dann lässt du das Pferd in Richtung der Hinterhand schauen und sorgst so fast automatisch dafür, dass die äußere Seite einen schönen Spannungsbogen erhält. Achte dabei auch auf genügend Raum unterhalb des Kopfs. Wie bei Hunden und Katzen soll sich die Form nach unten strecken können, damit die Tiere nicht zu „rund" aussehen. Bei Pferden lasse ich sogar bis zum Vorderfußwurzelgelenk Platz – das sichtbare Gelenk auf der Mitte der Beine.

Fotografierst du hingegen ein Ganzkörperbild im Stand, achte unbedingt darauf, wie die Beine stehen. Ist das Pferd im Hochformat platziert, arbeite mit der gleichen Schräge wie für das Porträt. Dabei sollten alle Beine ganz gerade zum Boden stehen, da sich sonst Hüfte und Schulter ungünstig verschieben. Standbilder können deswegen am längsten dauern und sind für ungeübte Pferde schwierig umzusetzen. Geduld ist hier gefragt! Alternativ kannst du später in Photoshop auch nachhelfen.

Auf diese Weise kürze ich effektiv Shooting-Zeiten ab, wenn ich merke, dass das Pferd z. B. nur drei Beine gerade abstellt und ein viertes immer leicht schief oder angewinkelt ist. Ich achte dann auf den Moment, an dem es das betroffene Bein doch einmal absetzt, und füge dieses später im das Hauptbild ein. Das ist meiner Meinung nach tierfreundlicher, als das Pferd stundenlang beim Shooting zu strapazieren, bis alles sitzt. Denn meistens wird es mit nachlassender Konzentration nicht besser – im Gegenteil.

▶ *In diesem Bild siehst du deutlich die Spannung auf der äußeren Halsseite (links), weil mein Model entsprechend positioniert wurde. Es steht leicht diagonal zu mir, sodass rechts die Hinterhand sichtbar wird, und schaut in die gleiche Richtung. Allein durch diese Diagonale erzeugst du immer eine harmonische Grundhaltung bei so ziemlich allen Pferdetypen und -rassen. Übrigens: Auch hier stand mir lediglich die Stallgassenöffnung als Location zur Verfügung. Das Pferd stand mit der Vorhand im Freien. Durch das Tageslicht ergibt sich der Kontrast, der den Hintergrund schwarz erscheinen lässt.*

ISO 640 | 200 mm | f/2.8 | 1/800 s

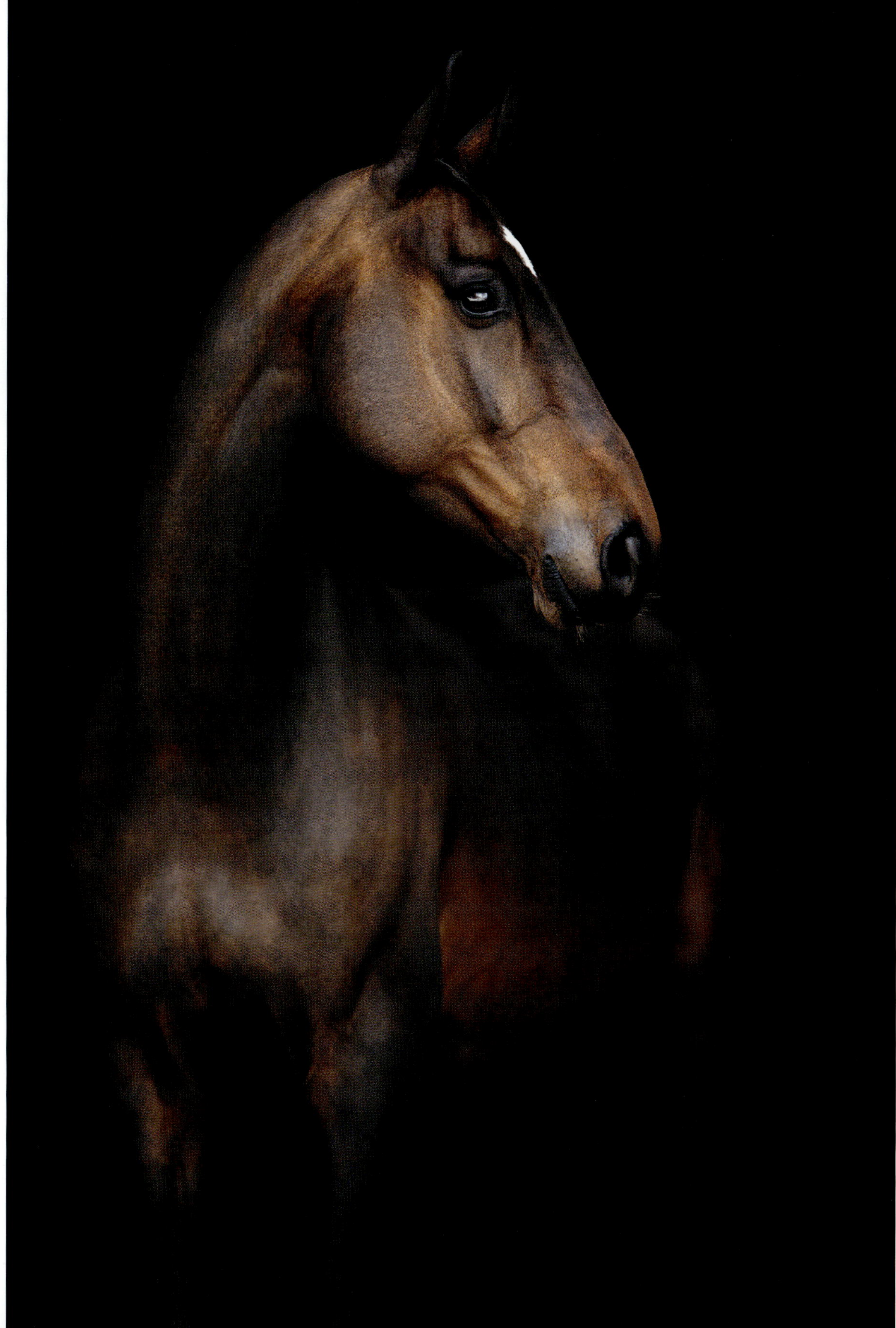

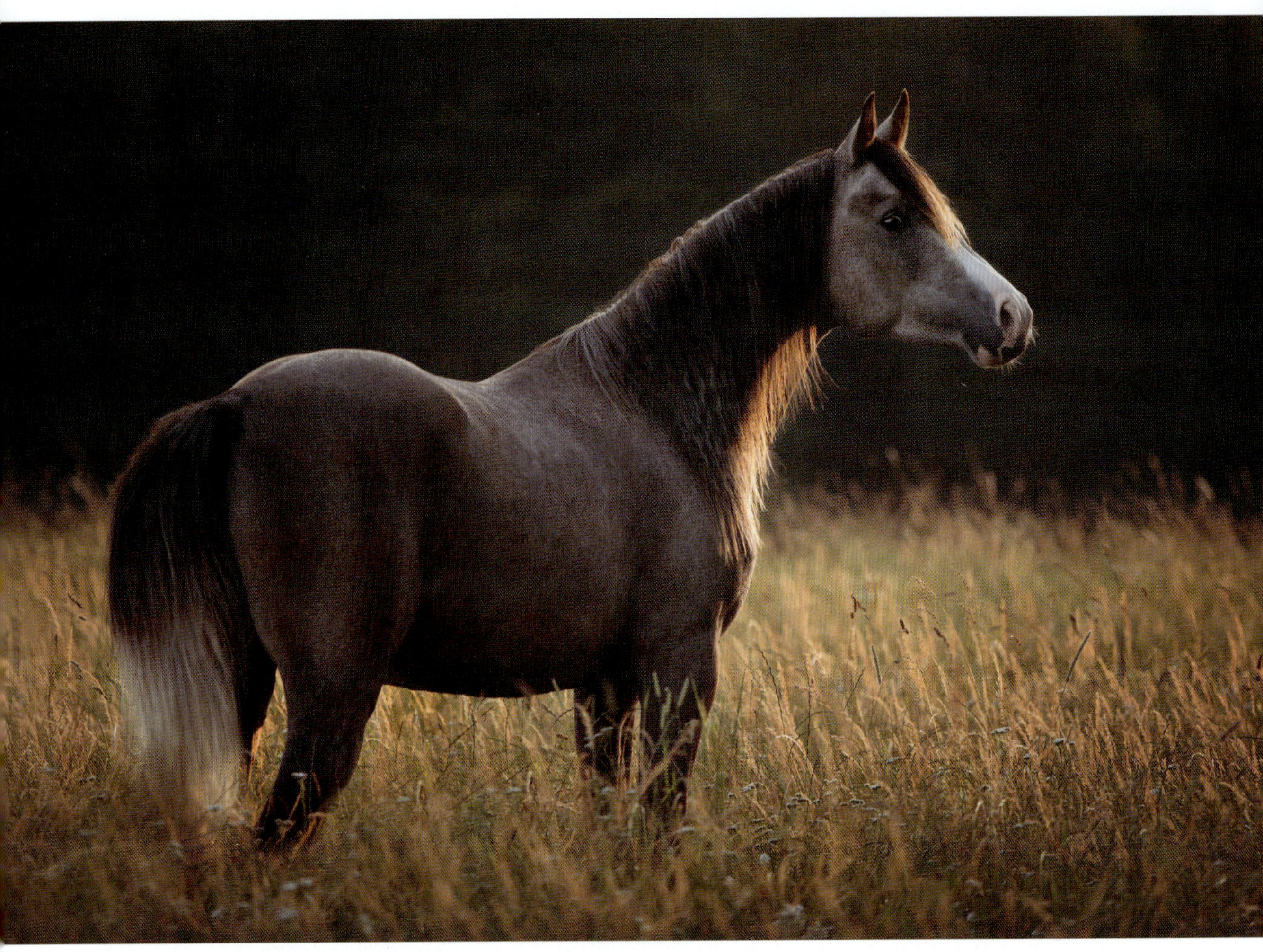

▲ *Auch bei querformatigen Porträts versuche ich mit Diagonalen, Spannung in den Körper zu bekommen. Du siehst auch hier, dass das Pferd leicht schräg von mir weggestellt wurde und dass mithilfe von Handy-Wiehern der Blick in meine Richtung gelenkt wurde. Zwar habe ich mich hier für eine Totale entschieden, aber auch ein naher Porträtanschnitt von Hals und Kopf hätte gut funktioniert. Lange Rücken kannst du übrigens bei Standbildaufnahmen auf die gleiche Weise kaschieren. Wie bei dem Bild der Paint-Horse-Stute auf dem Reitplatz habe ich darauf geachtet, dass alle Beine gerade zum Boden stehen. Darauf solltest du beim Fotografieren möglichst bestehen, damit die Pferdekörper harmonisch wirken.*

ISO 500 | 190 mm | f/2.8 | 1/1000 s

Über die Körperachse arbeiten

Um die Spannung in den Körper eines Pferdes zu bekommen, ist es wie oben beschrieben äußerst hilfreich, über die Körperachse des Tieres zu arbeiten. Spätestens jetzt ist ein zweiter Helfer wirklich Gold wert, sodass der Pferdehalter sich „einfach" nur um das Hinstellen des Models zu kümmern braucht. Dein zweiter Assistent darf nun in die Trickkiste der Pferdefotografie greifen, um das Interesse des Pferdes zu wecken. Dabei ist Fingerspitzengefühl gefragt, denn man möchte das Pferd schließlich nicht verschrecken. Bei Stress wird es unruhig oder verspannt sich – keine gute Grundlage für Porträtbilder. Es gilt, die richtige Dosierung zu finden. Dafür musst du einschätzen können, welche Art von Temperament dein Model hat.

Einigen Pferden reicht das leichte Knistern einer Taschentuchverpackung. Bei anderen kann gefühlt eine Bombe hochgehen, ohne dass sie mit der Wimper zucken. Bevor du also den Regen-

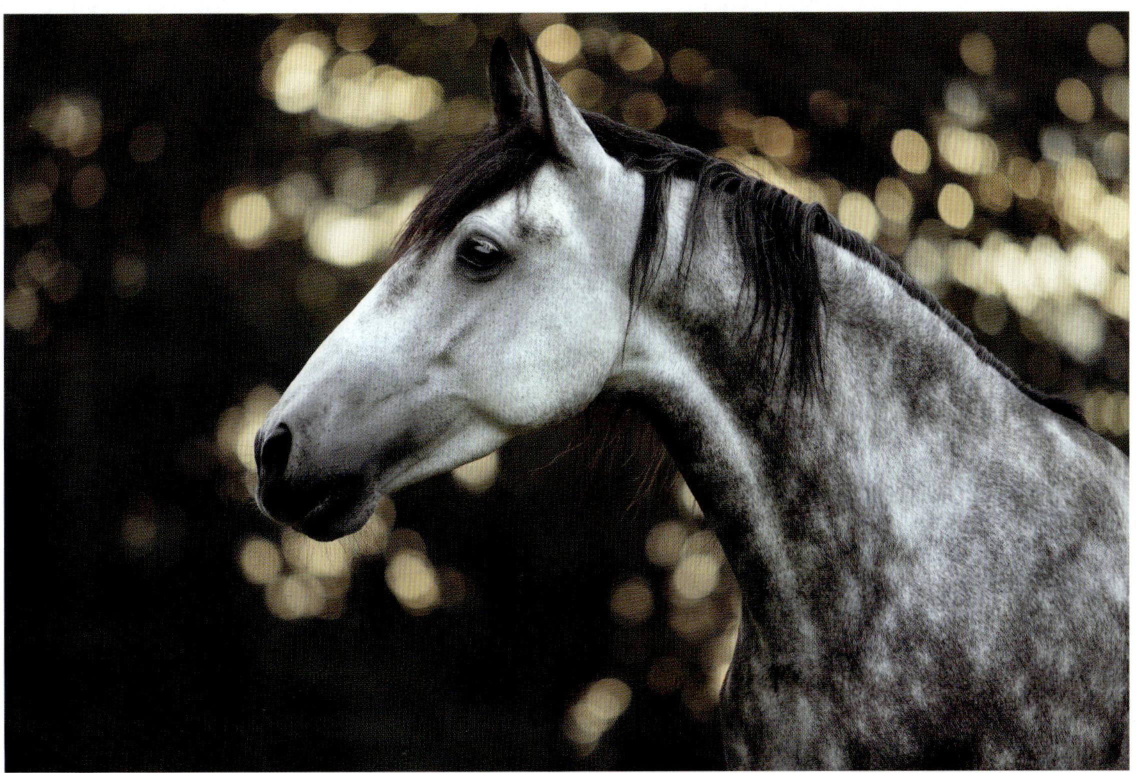

▲ *Hier ist der Winkel des Pferdekörpers zu mir zwar nicht ganz so ausgerichtet wie beim Bild mit dem Araber zuvor, aber durch ein interessantes Geräusch kommt die Stute trotzdem in eine tolle Aufrichtung. Natürlich ermöglicht ihr der hohe Halsansatz und die harmonische Oberlinie eine allgemein leichtere Aufrichtung, als es z. B. bei kurzen, tiefen Hälsen der Fall ist. Trotzdem habe ich beim Fotografieren die Kamera noch etwas nach links geneigt, um die Aufrichtung optisch zu verstärken.*

ISO 1000 | 200 mm | f/2.8 | 1/800 s

schirm oder den Reflektor aufspringen lässt, versuche es erst mit leichteren Lockmitteln. Raschel- oder Klappergeräusche können für den Einstieg ganz nützlich sein. Dabei sollte der Helfer erst dann mit dem Locken beginnen, wenn alle in Fotoposition sind. Andernfalls kann der Effekt zu früh verpuffen, und das Pferd reagiert kein zweites Mal auf das Geräusch.

Außerdem versuche ich lieber, die Neugierde des Pferdes zu wecken. Statt also aggressiv loszurascheln, kann dein Helfer geheimnisvoll tun und sich dem Pferd langsam nähern. Führt das zu keiner Reaktion, kannst du größere optische Reize einsetzen wie z. B. deinen Reflektor. Zunächst zugeklappt, lasse ich ihn Schritt um Schritt größer werden, bis er ausgefaltet ist. Dein Helfer sollte dann nicht mit dem Reflektor auf das Pferd zustürmen, sondern ihn zunächst flacher halten und abwarten. Das führt meistens schon zu einer Reaktion. Später kann der Reflektor dann auch dichter an das Pferd geschoben werden.

Achte auf die Aufhellung des Reflektors, denn neben dem Aufmerksammachen hat er immerhin auch noch eine Belichtungsfunktion. Bewährt hat sich bis dato vor allem Pferdewiehern auf dem Handy. Aber auch dieses Geräusch reizt nicht ewig oder kann sogar zu verspannten Positionen führen. Nutze es also erst dann, wenn kleinere Impulse nichts bringen. Mein Ass im Ärmel bleibt jedoch ein Weidekumpel. Pferde sind Fluchttiere. Sie orientieren sich an der Herde. Wenn der Kumpel also plötzlich außer Sicht gerät oder auch im Sichtfeld erscheint, führt das meistens zu einem interessierten Blick in die Richtung.

Bewegungsbilder machen

Bewegungsbilder von Pferden sehen oft spektakulär aus, und sicherlich kommt schnell die Frage auf, wie man ein Tier mit 700 kg Körpermasse im vollen Galopp mitteilt, in welche Richtung es laufen soll. Das ist jedoch gar nicht so schwierig, wie es im ersten Moment wirken mag. Du musst nur denken wie ein Pferd! Als Herdentier wird sich dein Model zunächst immer an seinen Pferdefreunden orientieren. Die Sicherheit einer Herde ist für diese Tiere ein Grundbedürfnis und hat oberste Priorität – sogar noch vor dem Futter –, solange das Pferd mit intakten Sozialkontakten aufwachsen durfte und nicht verhaltensgestört ist. Wenn du es also alleine auf einer Koppel loslässt, in welche Richtung wird es sehr wahrscheinlich laufen?

Zur Zaunseite mit den anderen Pferden oder zum Koppelausgang, wo es zum Stall zu den Kumpels geht. Den Zielpunkt kannst du mit einem zweiten Pferd am Halfter (und einem weiteren Helfer) etwas variieren und das Duo dort abstellen, wo dein Modelpferd am liebsten hinlaufen soll. Aber es kann sein, dass der Drang zur größeren Herde (bzw. zum Ausgang in Richtung der größeren Herde) stärker ist. Das wird dir dein Modelpferd schnell deutlich machen. Je besser du jedoch abschätzen kannst, wohin dein Pferd jeweils laufen wird, desto leichter kannst du dich dem Licht und dem gewünschten Hintergrund entsprechend positionieren.

Das Pferd wird dann von einem Helfer an eine Startposition gebracht, von der aus es deine ausgewählte Bahn in Richtung Ziel laufen wird. Klar kann es zu Abweichungen kommen, und das Pferd biegt zu früh oder zu spät ab oder kommt dir zu nahe. In den meisten Fällen braucht es mehrere Versuche, und du musst sehr flexibel reagieren und zu Fuß Abstände korrigieren. Deine Helfer können zudem mit Gerten die Laufrichtung des Pferdes steuern. Alles, was das Pferd auf Höhe der Schulter und des Kopfs „blockiert", wird dazu führen, dass es abdreht. Impulse auf Höhe der Hinterhand veranlassen das Pferd zum Weiterlaufen bzw. „Davonlaufen", da es sich immer dem Druck entziehen wird.

Biegt dein Pferd also zu früh ab, steht ein Helfer vermutlich einfach auf Höhe der Schulter. Das heißt nicht, dass dein Helfer wirklich nahe an der Schulter stehen muss, denn Pferde denken in größeren Abständen. Er kann zehn Meter weit vom Pferd weg sein und blockiert trotzdem schon die Laufrichtung. Daher lasse ich die Helfer meistens am Startpunkt stehen, sodass das Pferd wirklich deutlich freie Bahn zum Zielpunkt hat. Gegebenenfalls schirmt mich ein Helfer ab, falls das Model zu nahe kommt.

Am Zielort wird das Pferd nach Lob und Leckerlis eingesammelt und wieder zum Startpunkt gebracht, und spätestens jetzt weiß dein Model auch, was du von ihm möchtest. Ob es diesem Wunsch dann auch zielgerichtet nachkommt, ist eine Frage der Motivation. Die Helfer können aber mit Stimme und Körpereinsatz dem Pferd zu mehr Schwung verhelfen. Je mehr Stimmung gemacht wird, desto mehr Power entwickeln die Tiere. Zumindest in den meisten Fällen.

Auf kleineren Flächen oder wenn das Pferd sich nicht mehr einfangen lässt, kannst du die Helfer darum bitten, das Model vom Zielpunkt wieder wegzutreiben. Es gibt sehr feurige Pferde, die ohne Probleme etliche Male die Koppel umrunden. Aber auch bei ihnen ist irgendwann die Energie verbraucht. In solchen Fällen musst du also sehr flexibel auf der Koppel sein und dich schnell in Fotopositionen begeben können. Wenn sich bei meinen Shootings die Pferde nicht einfangen lassen wollen (das ist z. B. bei spanischen Pferden der Fall, die frisch nach Deutschland gekommen sind und sich erst mal mit allem arrangieren müssen), dann jagen wir sie nicht pausenlos über die Koppel. Sie werden deutlich vom Zielort weggeschickt und dürfen dann möglichst weit weg zur Ruhe kommen und etwas grasen. Die Zeit kann ich nutzen, um mich an dem neuen, vom Pferd selbst gewählten Startpunkt zu orientieren und die Helfer zu koordinieren. Erst wenn ich wieder in Position bin, treiben meine Helfer die Pferde erneut an. Dann sollte der Weg zum Zielpunkt wieder frei sein, damit die Models nicht abbiegen.

Viele Tiere bleiben aber lieber nahe am Zielpunkt und fangen an, kleine Zirkel und Volten zu laufen. Du kannst deine Fotoposition dann zwar entsprechend verändern, aber nur, wenn der Hintergrund und das Licht das auch zulassen. Es ist daher besser, die Pferde mit Futter am Zielort zu beruhigen, zu loben und in Ruhe einzufangen. Das mag zwar im ersten Moment etwas länger dauern, aber es bringt dir nichts, wenn das Pferd eine halbe Stunde im Kreis rennt, Energie verliert und du kein Foto machen kannst. In der Ruhe liegt die Kraft.

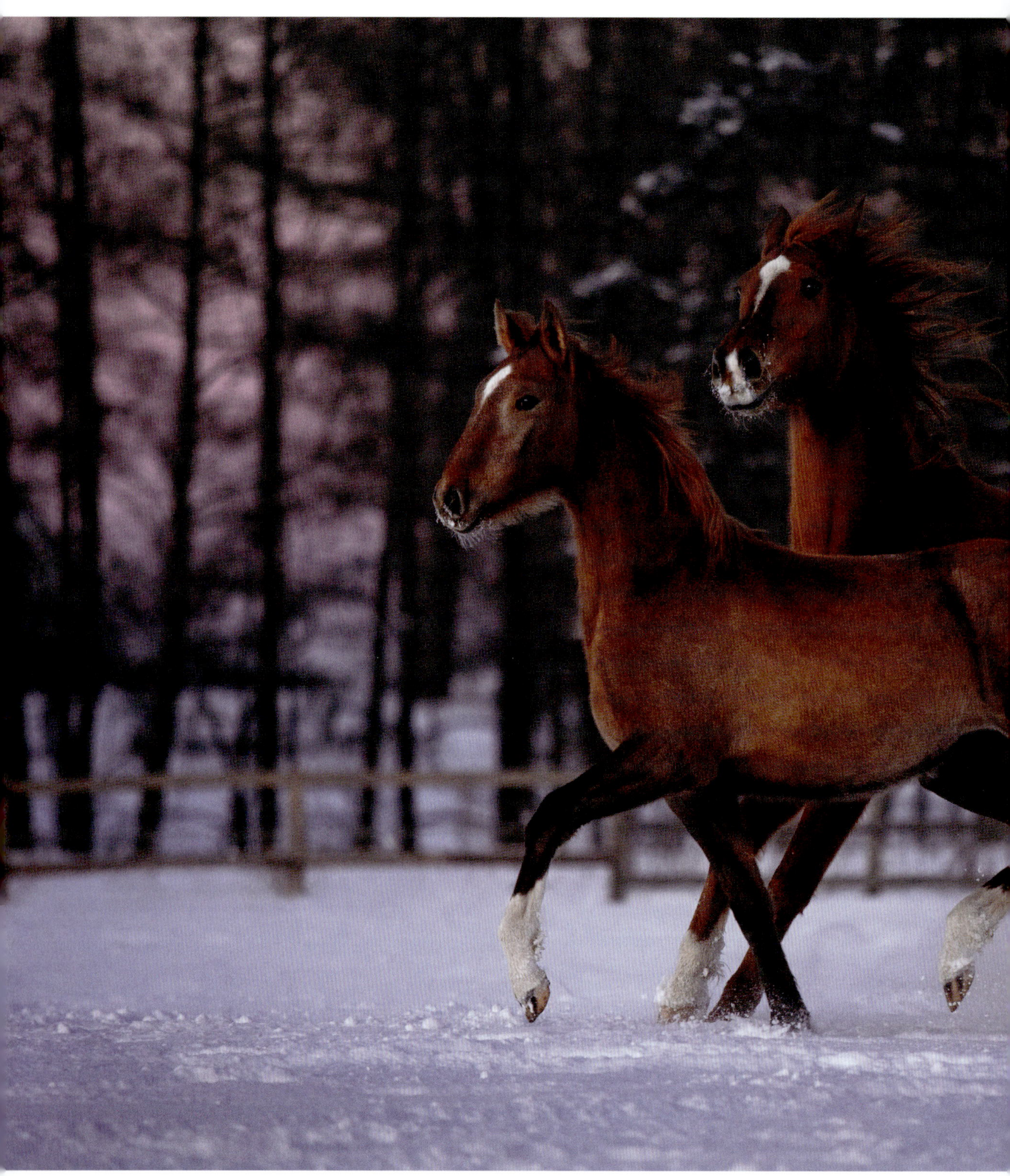

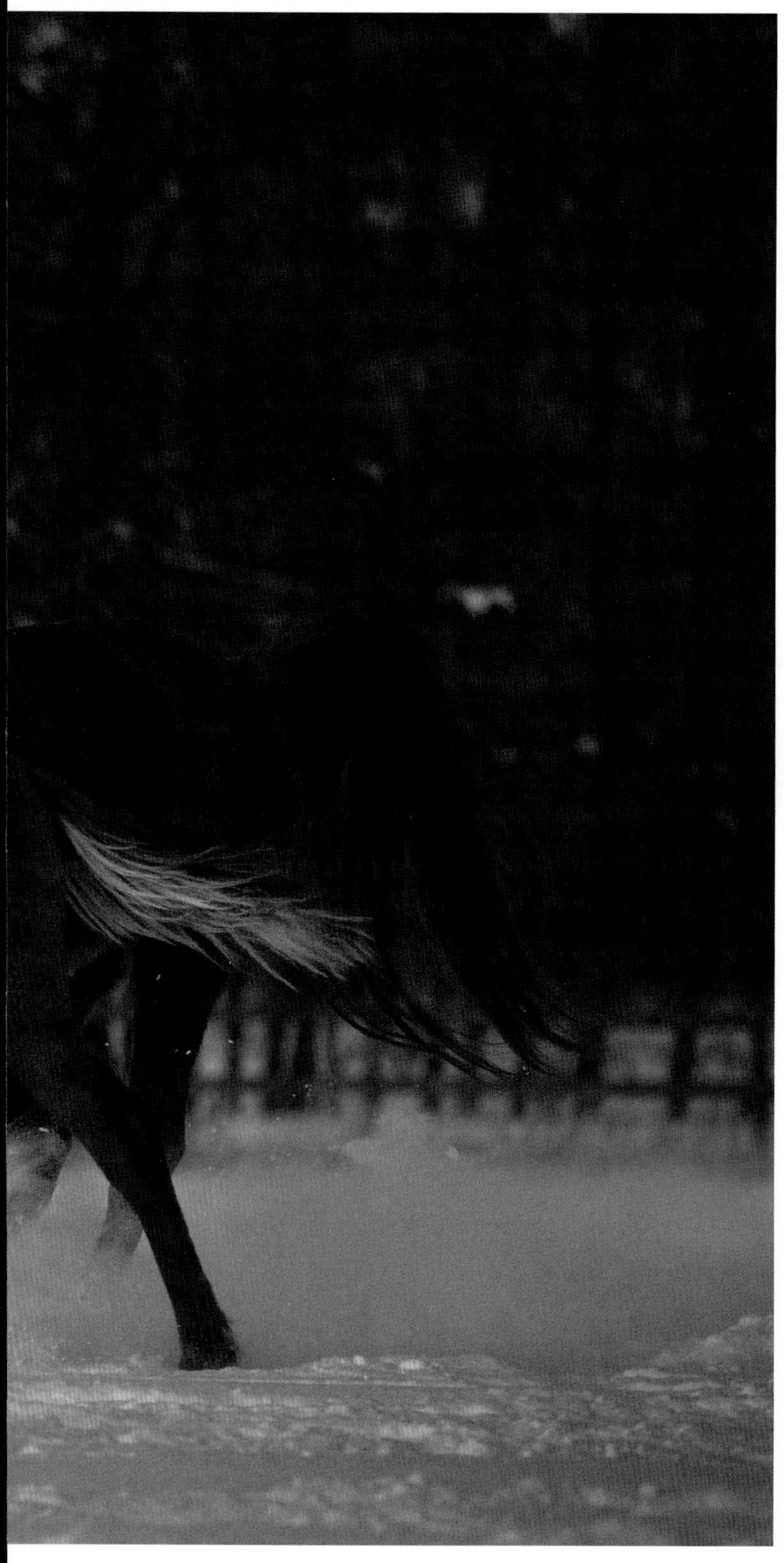

◀ *Bei Gruppenaufnahmen laufender Pferde wirst du es nur selten schaffen, wirklich alle Tiere so auf ein Bild zu bekommen, dass es auch harmonisch aussiehst. Mit dem Gesetz der Nähe bist du ja inzwischen vertraut und weißt, dass es sich nicht lohnt, z. B. die Brennweite zu verkürzen, um alle Tiere zu erfassen, zwischen denen eine riesige Lücke klafft. Konzentriere dich stattdessen eher auf Paare oder auch mal drei Pferde, die gerade sehr dicht beieinanderlaufen, und behalte jeweils das vordere im Fokus.*
ISO 1000 | 200 mm | f/2.8 | 1/1250 s

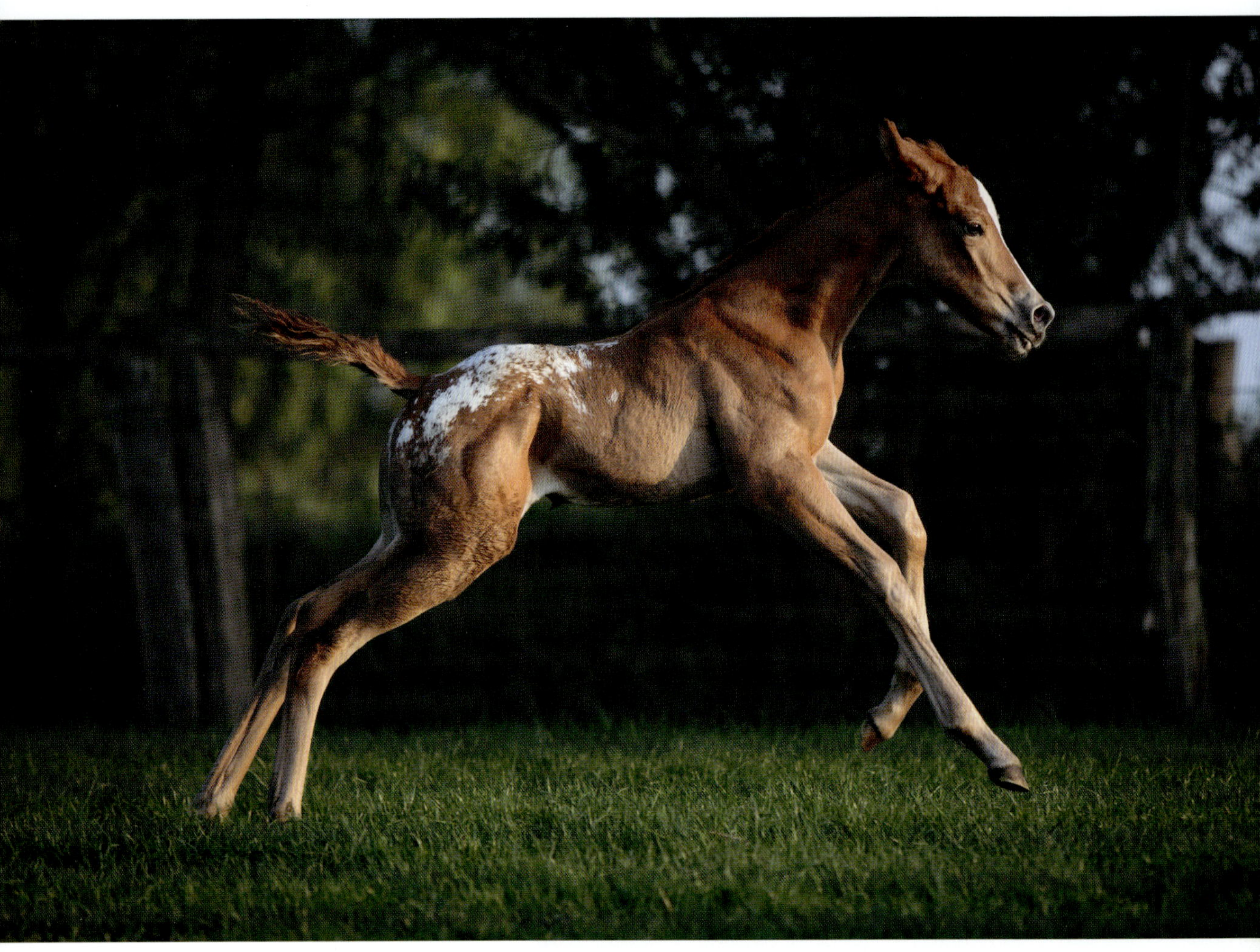

ISO 400 | 200 mm | f/2.8 | 1/1250 s

▲ *Das erste Bild zeigt ein etwa eine Woche altes Fohlen. Es gleicht aufgrund der zarten Statur eher einem Reh als einem Pferd. Natürlich sehen Fohlen in diesem Alter total niedlich aus. Wenn du jedoch für einen Züchter Bilder machst, auf denen es vor allem um die Exterieur-Beurteilung gehen soll, kannst du ruhig bis zum dritten Monat warten. Mit etwas mehr Muskeln sehen die Babys schon „voller" aus, so wie im zweiten Beispiel.*

Fohlen im Lauf fotografieren

Wo Hundewelpen eher kurzbeinig und kugelrund wirken, sind Fohlen das komplette Gegenteil: Schlank und mit unglaublich langen Beinen wirken sie eher staksig. Sie brauchen im Vergleich zu Kitten und Welpen auch am längsten, um sich zu entwickeln. Erst zwischen drei und fünf Jahren reifen sie zu erwachsenen Pferden heran. Dazwischen können sie Formen des Entwicklungsstadiums erreichen, in denen sie alles

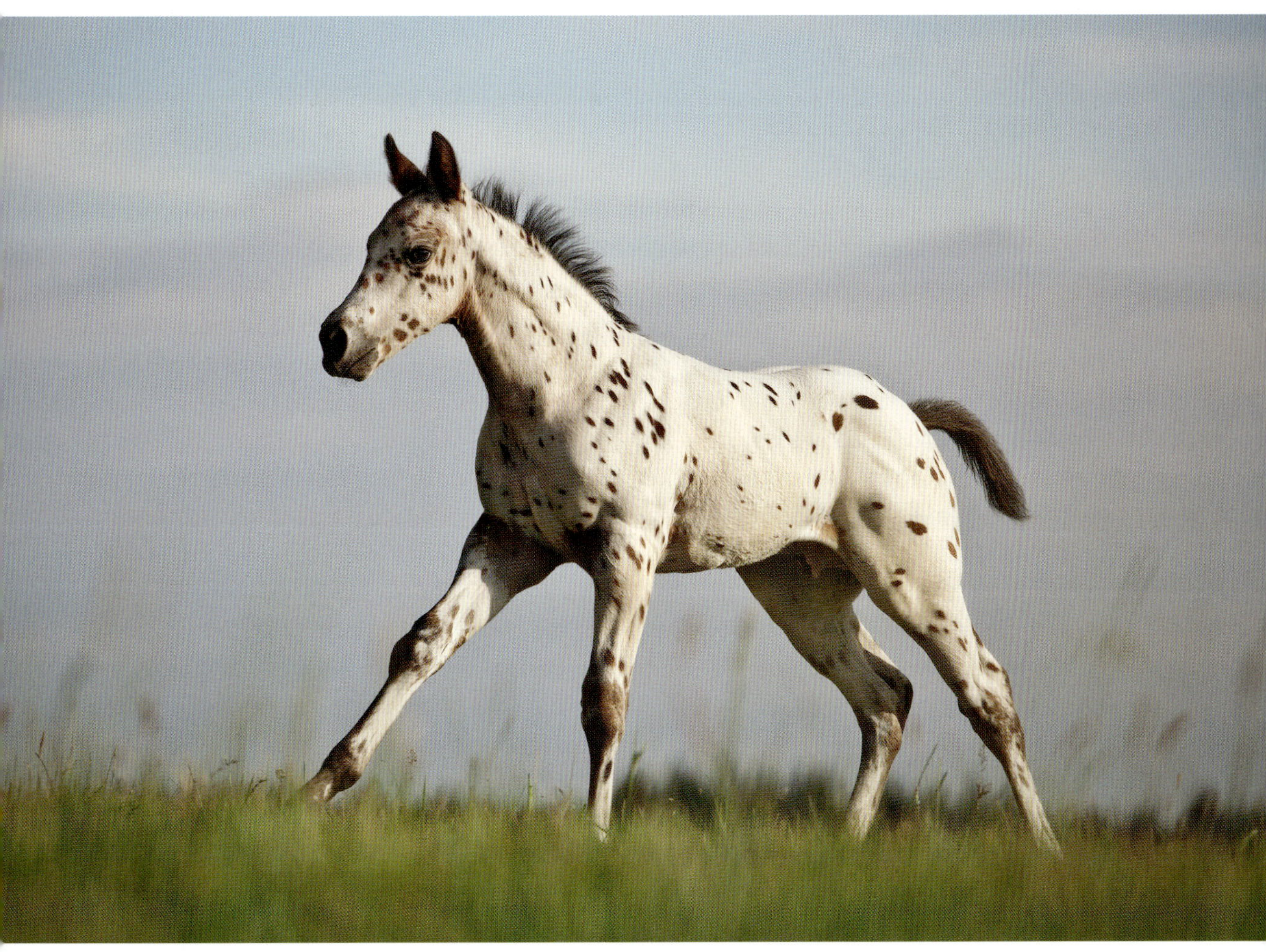

ISO 100 | 200 mm | f/3.5 | 1/2000 s

andere als „schön“ aussehen. Eben wie Teenies wachsen auch sie ungleichmäßig heran und sind mal vorne höher oder mal hinten.

Eine Faustregel sagt: Pferde soll man mit drei Wochen, drei Monaten und dann erst wieder mit drei Jahren ansehen. Das gilt natürlich nicht für alle Fohlen, aber du siehst, dass das Thema Wachstum und harmonisches Exterieur hier anders zu beurteilen ist als bei Hunden und Katzen. Achte darauf, dass du junge Pferde also möglichst dann fotografierst, wenn sie gerade in einer vorteilhaften Wachstumsphase sind. Der Züchter kann dir beim Einschätzen sicher helfen! Ansonsten gelten für Fohlen die gleichen Regeln wie für Großpferde. Auch bei ihnen solltest du die geeigneten Phasen im Lauf treffen bzw. für Spannung bei Porträtbildern sorgen.

Grundgangarten der Pferde

Auch Pferde haben wie Hunde (und Katzen) spezielle Laufmechaniken. Wie bei Hunden sieht es am besten aus, wenn sie sich von der Hinterhand aus nach vorne und oben schieben bzw. sich lang machen. Es braucht am Anfang etwas Zeit, um die richtige Phase zu treffen. Du kannst dir die Serienbildgeschwindigkeit deiner Kamera zunutze machen oder deine Auslösereaktion mit YouTube-Videos von laufenden Pferden trainieren, indem du das Video dann stoppst, wenn du ausgelöst hättest. Ich nutze eine gedrosselte Serienbildfunktion mit etwa 8 B/s. Bei Pferden soll das Genick der höchste Punkt sein, und im Idealfall trägt es sich über den Rücken. Das bedeutet, dass die gesamte Oberlinie des Pferdes elegant nach oben gewölbt wirkt und das Pferd in der Bewegung scheinbar fließt.

Die drei Grundgangarten Schritt, Trab und Galopp ähneln denen von Katzen und Hunden. Durch den langen Hals und Rücken ist es bei Pferden aber umso wichtiger, dass du den „richtigen" Moment erwischt. Hunde und Katzen sind kompakter und teilweise auch viel biegsamer. Sie verzeihen daher andere Phasen eher. Dennoch kannst du dich im Grunde bei jedem Vierbeiner im Lauf an den Idealen der Pferdefotografie orientieren.

- **Schritt** – Der Schritt ist die langsamste und unspektakulärste der drei Grundgangarten. Es kann jedoch sein, dass ein Pferd gesundheitsbedingt nur im Schritt fotografiert werden kann. Auch ruhige Momentaufnahmen auf der Koppel liefern schöne Motive. Damit Pferde aber in diesem Tempo eine gewisse Spannung ausstrahlen, kann man den Schritt mit einfachen Mitteln etwas dynamischer aussehen lassen.

  Tiefer Sandboden, versteckte Stangen im Gras, Unterholz im Wald oder seichtes Wasser sind z. B. Untergründe, die das Pferd motivieren, dynamischer und kraftvoller zu schreiten. Auch eine leichte Biegung nach innen führt zu mehr Körperspannung, zum Beispiel wenn das Pferd um die Kurve läuft. Achte darauf, dass eines der Vorderbeine gerade nach vorne tritt, um eine möglichst ansprechende Phase zu fotografieren.

- **Trab** – Der Trab ist für die züchterische Beurteilung eines Pferdes wichtig. Er zeigt, sofern die richtige Phase getroffen ist, wie raumgreifend Vor- und Hinterhand sind. Zudem ist der Trab auch optisch bei gut getragener Oberlinie elegant und wirkt tänzelnd. Idealerweise greift beim Trab ein Vorderbein weit nach vorne. Zur gleichen Zeit wird auch das diagonale Hinterbein unter den Pferdekörper geschoben, und zwei umgedrehte „Vs" entstehen optisch zwischen den Beinen.

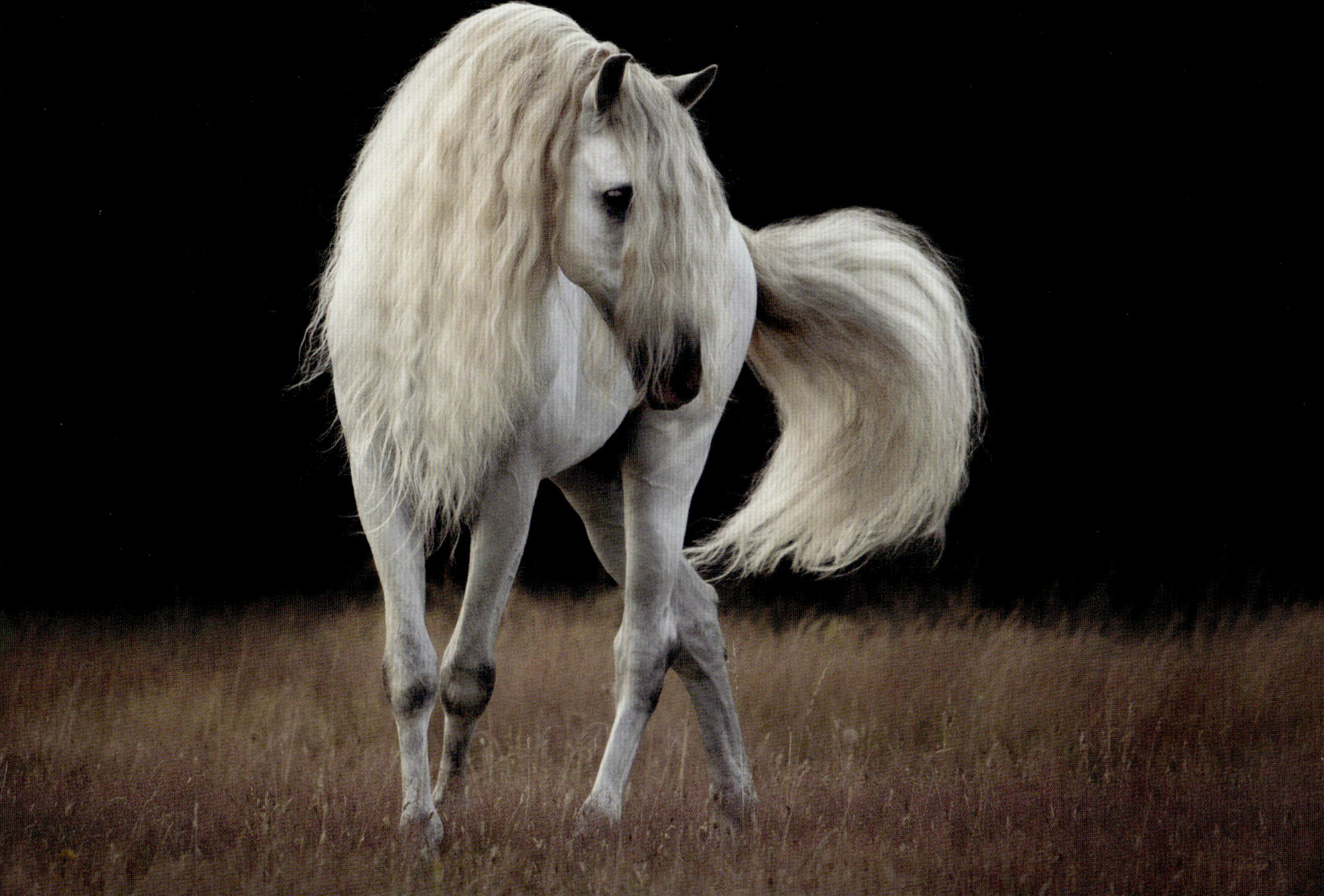

▲ *Um im Schritt für etwas mehr Spannung zu sorgen, kannst du Pferde um Kurven gehen lassen. In diesem Fall ruft eine Freundin nach dem Hengst, der, statt zu mir zu gehen, lieber zu ihr abbiegt. Genau während des Kreuzens der Beine habe ich die Aufnahme gemacht.*

ISO 1000 | 200 mm | f/2.8 | 1/1250 s

In dieser Phase hebt das Pferd den Rücken und wölbt sich meistens auch im Hals und im Genick auf. Ich favorisiere den Moment, in dem die jeweils nach hinten gerichteten Beinen noch Kontakt zum Boden haben. Aber auch die Flugphase kurz danach, in der alle Beine in der Luft schweben, kann bei einigen Pferden schön aussehen.

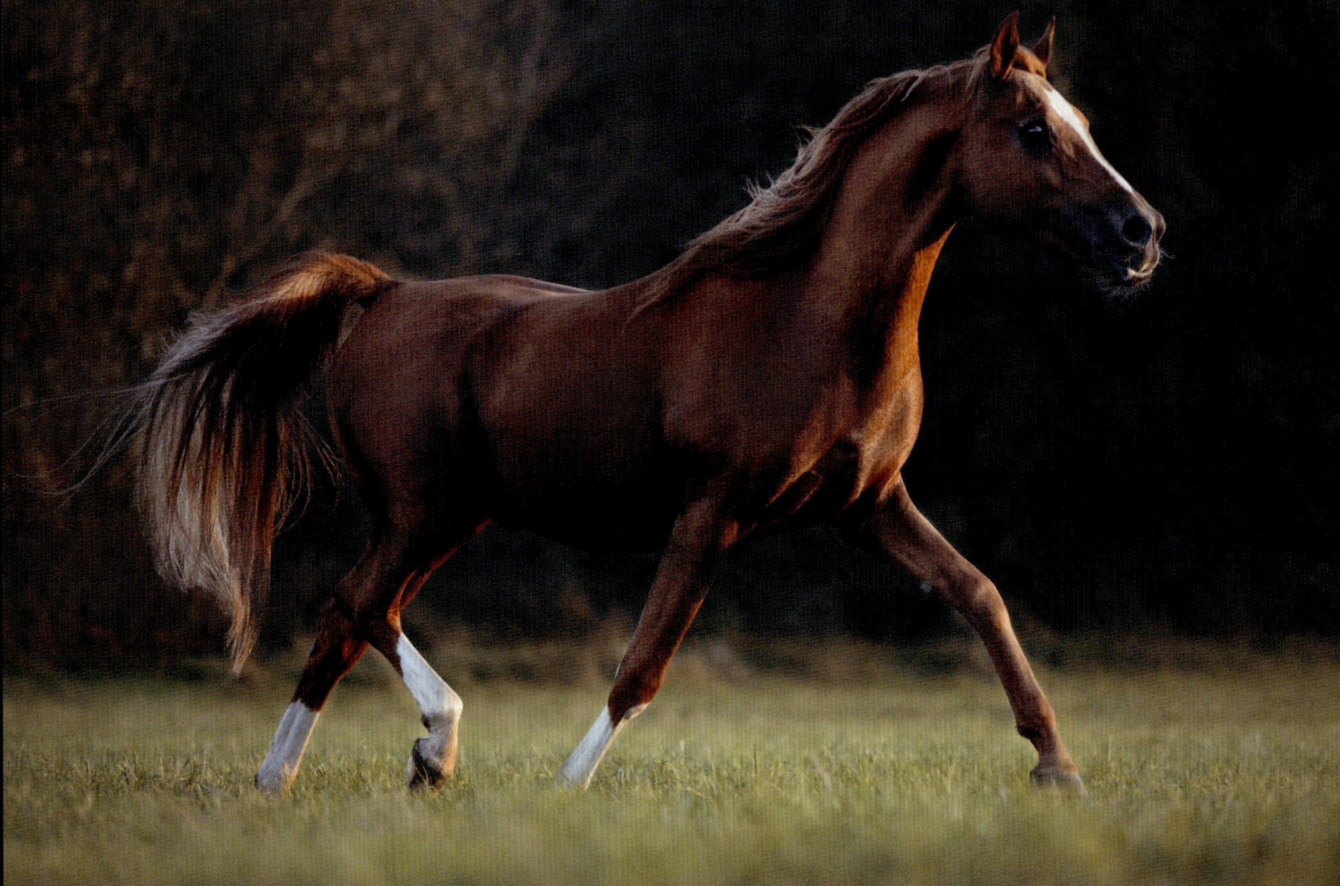

ISO 640 | 170 mm | f/2.8 | 1/1250 s

▲ *Auf diesen beiden Bildern siehst du eine fast gleiche Trabphase. Lediglich das vorgreifende Vorderbein ist unterschiedlich. Beim fuchsfarbenen Araber wird das von mir aus gesehen hintere Vorderbein nach vorne gesetzt, während der Palomino-Quarter-Hengst das zu mir gewandte Vorderbein streckt. Letztere Variante bevorzuge ich, da sie einen besseren Blick auf die Winkelung der Schulter zulässt. Aber natürlich geht es auch andersherum. Um einen guten Trab aus deinem Model herauszulocken, sollten deine Helfer nicht zu viel Druck aufbauen. Ein gut getragener, flotter Trab ist anstrengend, und bei zu viel Antrieb durch die Assistenten fallen manche Pferde lieber in den Galopp.*

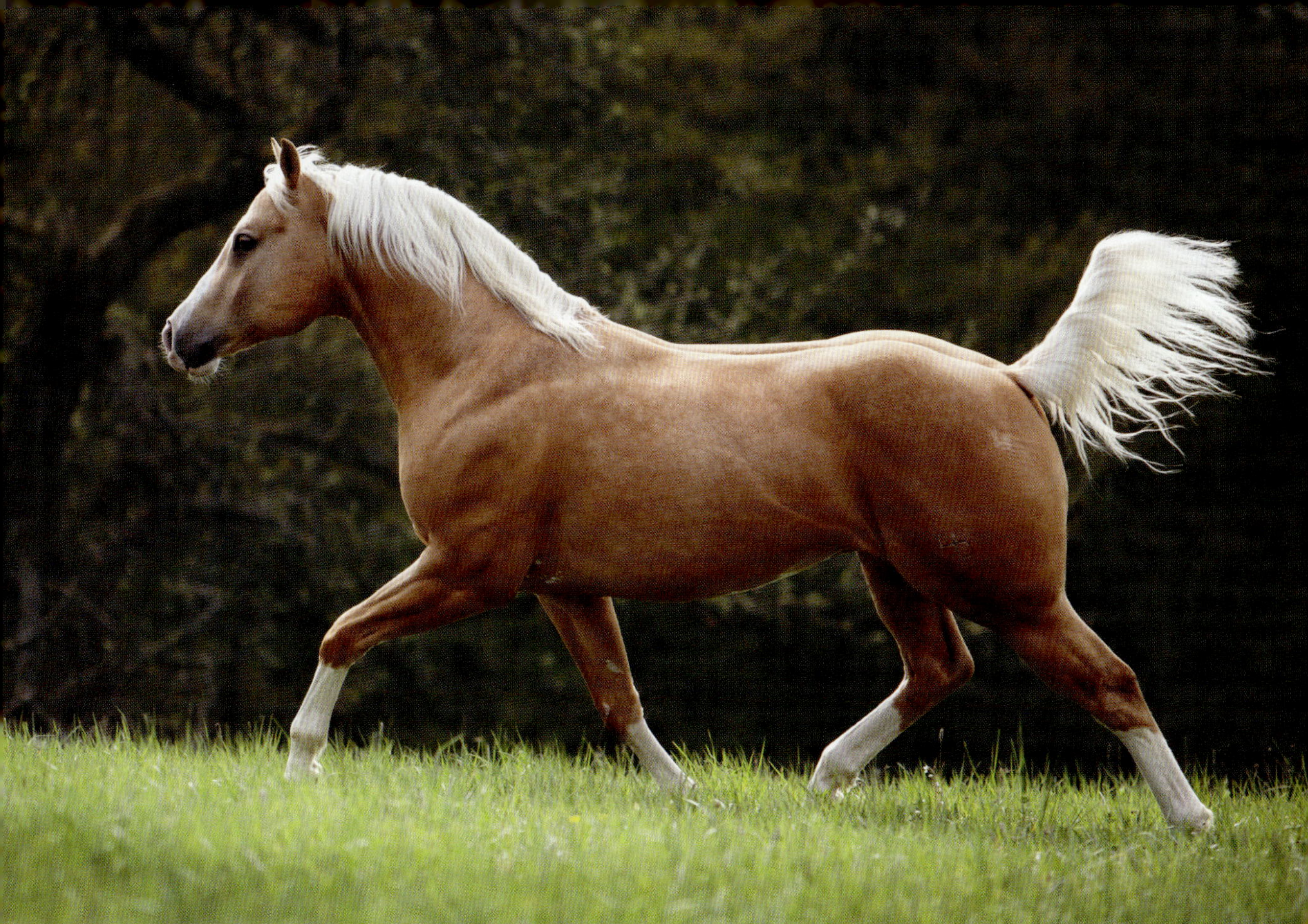

ISO 125 | 200 mm | f/2.8 | 1/1600 s

Wenn du eine Trabphase durchfotografiert hast, wirst du sicher auch die anderen Phasen des Trabs getroffen haben. Schau dir die Bilder an, in denen das Pferd stattdessen die Standbeine (also die Beine, die Kontakt zum Boden haben) im 90-Grad-Winkel in den Boden rammt. Siehst du, wie sich der ganze Körper verändert? Die Bewegung wirkt nicht mehr fließend, und oft ist der Rücken weggedrückt. Viele Pferde neigen dazu, den Hals in der Phase hochzureißen und den Unterhals herauszudrücken.

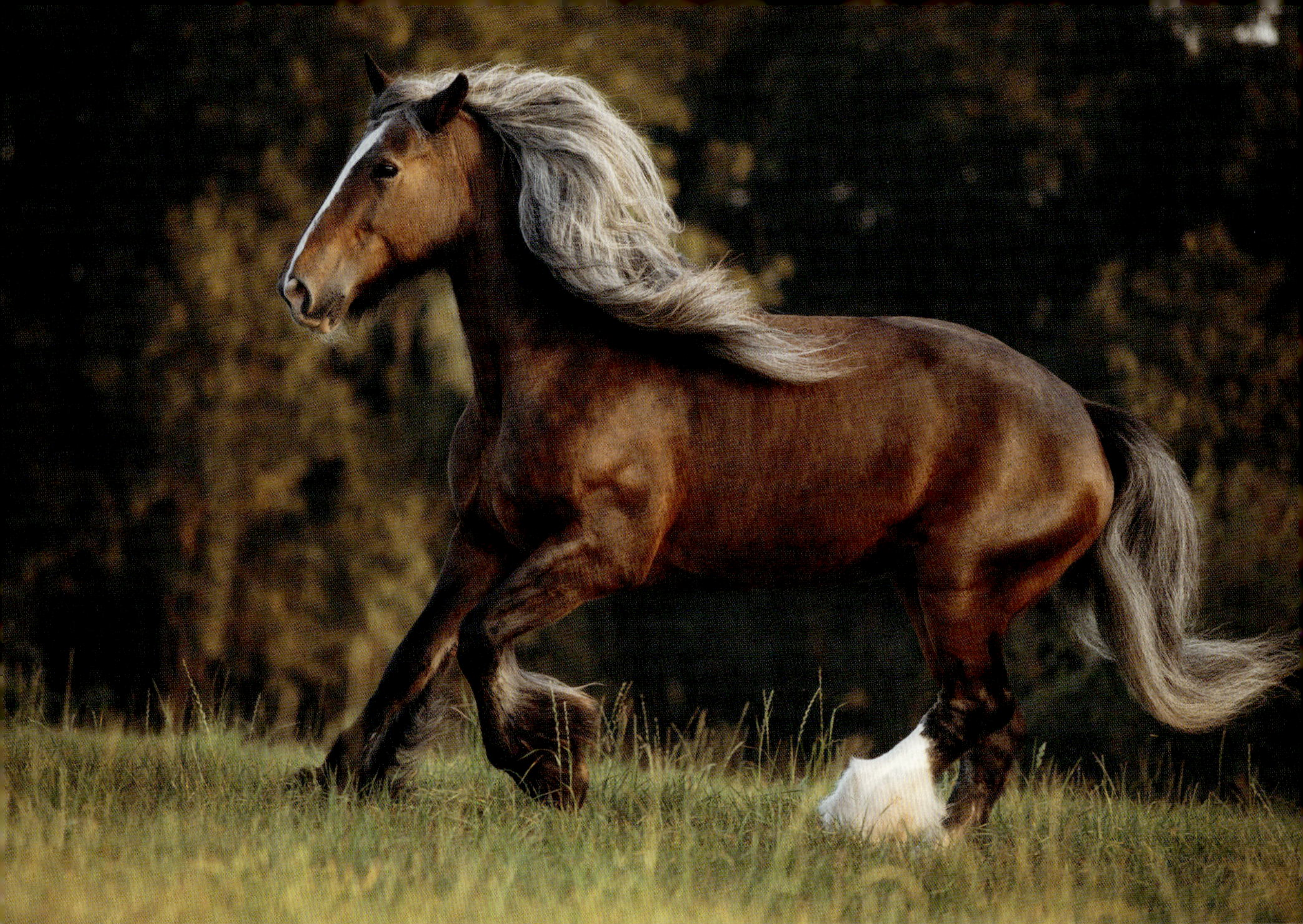

ISO 800 | 190 mm | f/2.8 | 1/1250 s

■ **Galopp** – Der Galopp ist die schnellste Gangart und sieht natürlich auch entsprechend imposant aus, allerdings nur, wenn sich das Pferd auch hier vernünftig selbst trägt. Eine Rennsemmel, die in einem Affenzahn über die Weide pest, sieht alles andere als elegant aus. Die Pferde strecken sich beim Renngalopp nämlich weit nach vorne, und die Last liegt auf der Vorhand. Eine Aufrichtung kommt nicht zustande. Schöner sind im Galopp auch nach vorne oben gerichtete kraftvolle Sprünge.

Der Schub kommt dabei wie immer aus der Hinterhand und hebt, je nach Rasse und Trainingszustand des Pferdes, Schulter und Vorhand nach oben an. Das gibt bereits einen Hinweis auf die schönste Phase im Galopp. Dabei sollte die Hinterhand Kontakt zum Boden haben, während entweder eines oder beide Vorderbeine angehoben über dem Boden schweben. Bei einigen Pferden sieht auch die gestrecktere Phase etwas später gut aus. Beurteile das Pferd immer im Gesamten und individuell. Zwar beschreibe ich hier Ideale, aber natürlich gibt es Abweichungen und Ausnahmen.

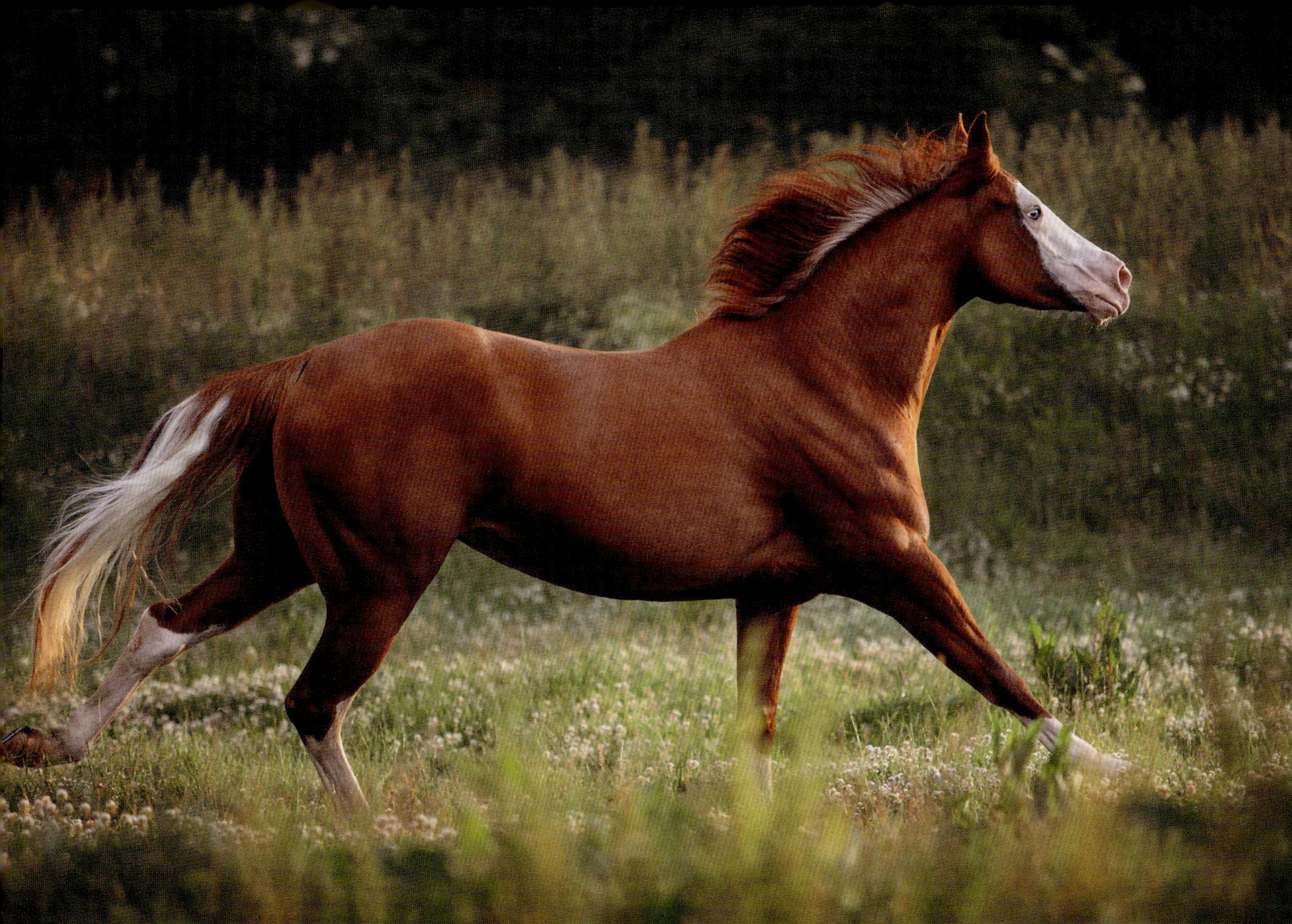

ISO 640 | 200 mm | f/2.8 | 1/1600 s

▲ *Das Shire Horse zeigt die klassische Galoppphase, die bei allen Pferdetypen gut aussieht. Die Hinterbeine sind am Boden, während die (in diesem Fall behäbige) Vorhand nach oben gedrückt wird. Die Phase auf dem zweiten Bild findet zeitlich etwas später statt. Das gezeigte Pferd wirkt harmonisch, da es als Quarter Horse einen sowieso eher kompakten Körperbau besitzt und die Streckung des Körpers nicht seltsam aussieht. Andere Pferdetypen vertragen diese Pose vielleicht schon nicht mehr, weil sie zu schlaksig wirken oder gar Rücken und Hals wegdrücken. Betrachte beim Beurteilen guter Phasen also nicht nur die Standards der korrekten Beinfolge, sondern schau auch auf den restlichen Körper. Wirkt das Pferd rund? Ist die Oberlinie gut getragen und aufgerichtet? Sobald die Vorhand zu tief kommt oder ein Unterhals herausgedrückt wird, ist die Phase in der Regel nicht mehr fotogen.*

Mit Pferdeverstand agieren

Nicht nur der generelle Aufwand und Umfang eines Pferdeshootings ist anders als bei Hunden und Katzen. Auch das Verhalten der Tiere unterscheidet sich grundsätzlich von dem eines Raubtiers. Klar, es gibt auch unerzogene oder hochsensible Hunde bzw. Katzen, die gar nicht kooperieren wollen, sei es nun aus Desinteresse, Angst oder aus anderen Gründen. Doch allein die Körpergröße und die Ansprechbarkeit mit Spielzeug oder Futter lässt das Handling mit Kleintieren in einem übersichtlicheren Rahmen stattfinden. Ein gut erzogenes, liebes Pferd kann trotz allem plötzlich zu einem Pulverfass werden, wenn es zu viel Druck und Stress ausgesetzt wird und das Shooting eben nicht pferdgerecht geplant wurde.

Es ist ein Unterschied, ob sich ein Tier mit 600 kg in Bewegung setzt oder wie ein Hund mit 25 kg. (Natürlich ist ein Shooting mit einem verängstigten Hund auch meist aussichtslos, aber er lässt sich mit Körperkraft und Sicherheitsgeschirr einfacher absichern als ein Pferd.) Deswegen solltest du deine Pferdeshootings im Vorfeld gründlich durchplanen. Überlege dir genau, mit welchen Tieren und Menschen du arbeiten möchtest und welche Vorbereitungen getroffen werden müssen.

Reichen Strick und Halfter, musst du einen Zaun bauen, brauchst du einen Weidekumpel als Unterstützung? Findet das Shooting zu Hause oder in der Fremde statt, und wie oft war das Pferd schon unterwegs? Ist es eher cool oder feurig? Dosiere auch unbedingt die Impulse deiner Helfer. Nie geht es darum, das Pferd zu scheuchen oder in Panik zu versetzen. Stattdessen geht es um Motivation und Spaß, den viele Pferde im Freilauf auch haben, wenn sie merken, dass sie sich präsentieren dürfen.

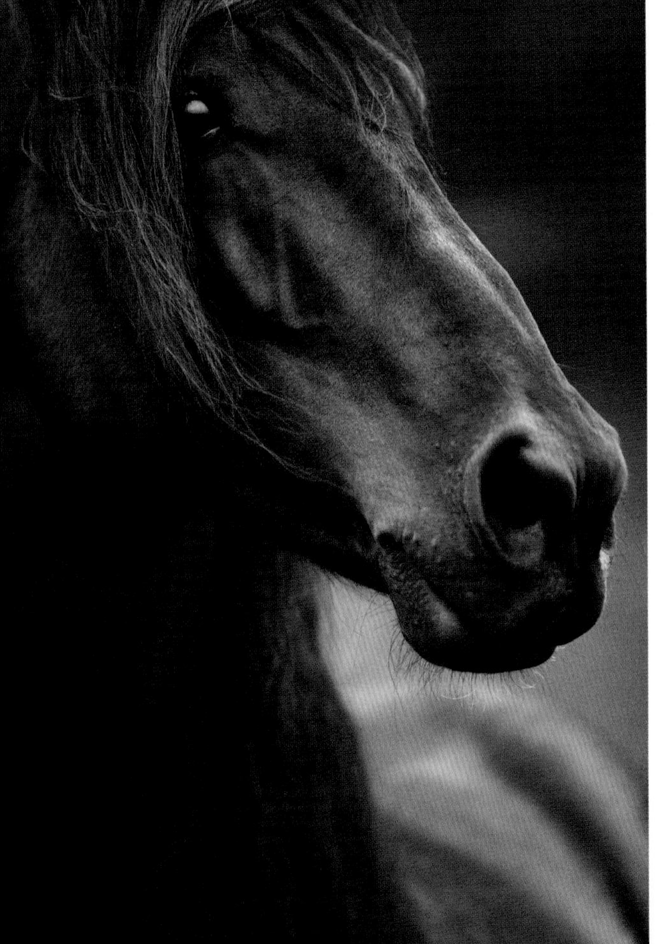

◄ *Weil der Hengst in diesem Bild mit sehr starrem, durchgedrücktem Unterhals verharrte, habe ich kurzerhand den Bildausschnitt so eng gewählt, dass davon nichts zu sehen ist und stattdessen das Gesicht sowie der Schopf den Hauptteil des Fotos ausmachen. Durch das diffuse Licht bietet sich eine Schwarz-Weiß-Umsetzung zur Intensivierung des Porträts und der weichen Kontraste an.*

ISO 1250 | 200 mm | f/2.8 | 1/500 s

Auf der anderen Seite kannst du einem Pferd Vertrauen entgegenbringen und ihm bestimmte Dinge einfach zutrauen. Es ist für ein Pferd sehr gut möglich, z. B. sehr dicht an einem Busch zu posieren oder über schwierigen Untergrund geführt zu werden. Bist du entspannt, überträgt sich das immer auf deine Models! Zu Strandshootings verabrede ich mich deswegen auch nur mit Pferdehaltern, die ein gutes Vertrauensverhältnis zu ihren Tieren haben und entspannt sind.

Herausforderungen am Set

Für diesen Abschnitt habe ich drei sehr unterschiedliche Shootings herausgesucht, sodass du einen möglichst breiten Einblick in meine Planung und meine Vorgehensweise für Pferdeshootings bekommst.

Shooting 1: Appaloosas am Waldrand

Kameratechnik	Canon R6 Canon RF 70-200 mm f/2.8
Schwierigkeit	mittel
Assistenten	2 Personen
Hilfsmittel	Tiergeräusche-App auf dem Smartphone, Fotohalfter, Leckerlis
Licht	weiches Abendlicht, teils diffus
Dauer	1 Stunde

■ **Das Shooting** – Zum Herbst hin stehen auf einigen Wiesen trockene, gelbliche Halme, die einen tollen „Indian Summer Vibe“ vermitteln. Nahe an der Koppel meiner Stute Feliz wächst so eine Fläche, die direkt an einen Kiefernwald grenzt, dessen Randgebiet von genau diesen Gräsern bewachsen ist. Dadurch wirkt der Waldboden klar, und auch die Bäume selbst stehen in diesem Abschnitt noch recht licht, aber in genau dem richtigen Abstand für größere Models wie Pferde. Zusammen mit Feliz‘ Nichte Chepi und zwei Helfern sind wir an einem Herbstabend zum Waldrand gelaufen. Das Ziel waren ruhige Standbilder mit beiden Pferden, die in den „mystischen“ Wald eingebettet wirken.

Die beiden Stuten sind sehr hell und bilden einen tollen Kontrast zu dem dunklen Wald. Denn auch wenn der Wald eigentlich an dieser Stelle noch sehr licht ist, wirkt er durch die Kamera um einiges dunkler, da der Kontrast zum hellen Fell einfach recht hoch ist. Immerhin habe ich die Belichtung auf die Pferde eingestellt. Zudem hat sich eine relativ leichte Wolkendecke während der ersten Motive vor die Sonne geschoben, sodass diese Bilder im diffusen Licht entstanden sind. Später kam die Sonne noch einmal zum Vorschein. Um schönes Gegenlicht bzw. Streiflicht zu nutzen, haben wir die Pferde dann aber um 90 Grad gedreht und vor einen dichten Busch gestellt.

Der Wald liegt auf diesen Bildern zur Linken, und ich habe quasi „nur“ noch das helle Gras meiner Location genutzt und mich für ein schöneres Gegenlicht entschieden. Wären wir im Wald geblieben, hätte ich mit direktem Licht gearbeitet. Da ich die Waldmotive jedoch schon vorher im Kasten hatte, wollte ich nicht noch einmal die „gleichen“ Bilder mit anderem Licht fotografieren und habe mich spontan umentschieden. Ich erkläre dieses Vorgehen, damit du siehst, dass beim Fotoshooting trotz fester Planung und erfolgreicher Umsetzung immer auch Raum zur Spontanität bestehen muss, eben wenn zum Beispiel wie in diesem Fall das Licht doch noch mal hervorkommt.

▼ *Für die ersten Aufnahmen mit den beiden Stuten direkt am Waldrand habe ich mich auf die angrenzende Wiese begeben. Die hohen Sträucher vor mir bilden einen tollen, weichen Vordergrund. Außerdem habe ich darauf geachtet, dass Bäume das Bild zu den Seiten begrenzen und hinter den Pferden möglichst eine Baumlücke zu sehen ist, in der die Fichten im wahrsten Sinne des Wortes in den Hintergrund treten. Zwar lassen sich beide Pferde sehr leicht mit Handy-Wiehern in eine Blickrichtung lenken, aber wenn du genau hinschaust, siehst du, dass Feliz (links) mich trotzdem im Auge behält. Sie wartet auf mein Lob und beobachtet gern, was ich in der Ferne mache (auch bei täglichen Stallarbeiten. Für etwas mehr Variation habe ich den Ausschnitt im dritten Bild noch ein wenig enger gewählt. Hier erkennst du auch, dass beide Pferde nicht ganz „perfekt“ auf den Hinterbeinen stehen. Chepi hat ein Bein sogar angewinkelt. Durch die Belichtung und die Kaschierung des hohen Grases fällt das aber nicht negativ ins Auge.*

ISO 800 | 200 mm | f/2.8 | 1/800 s

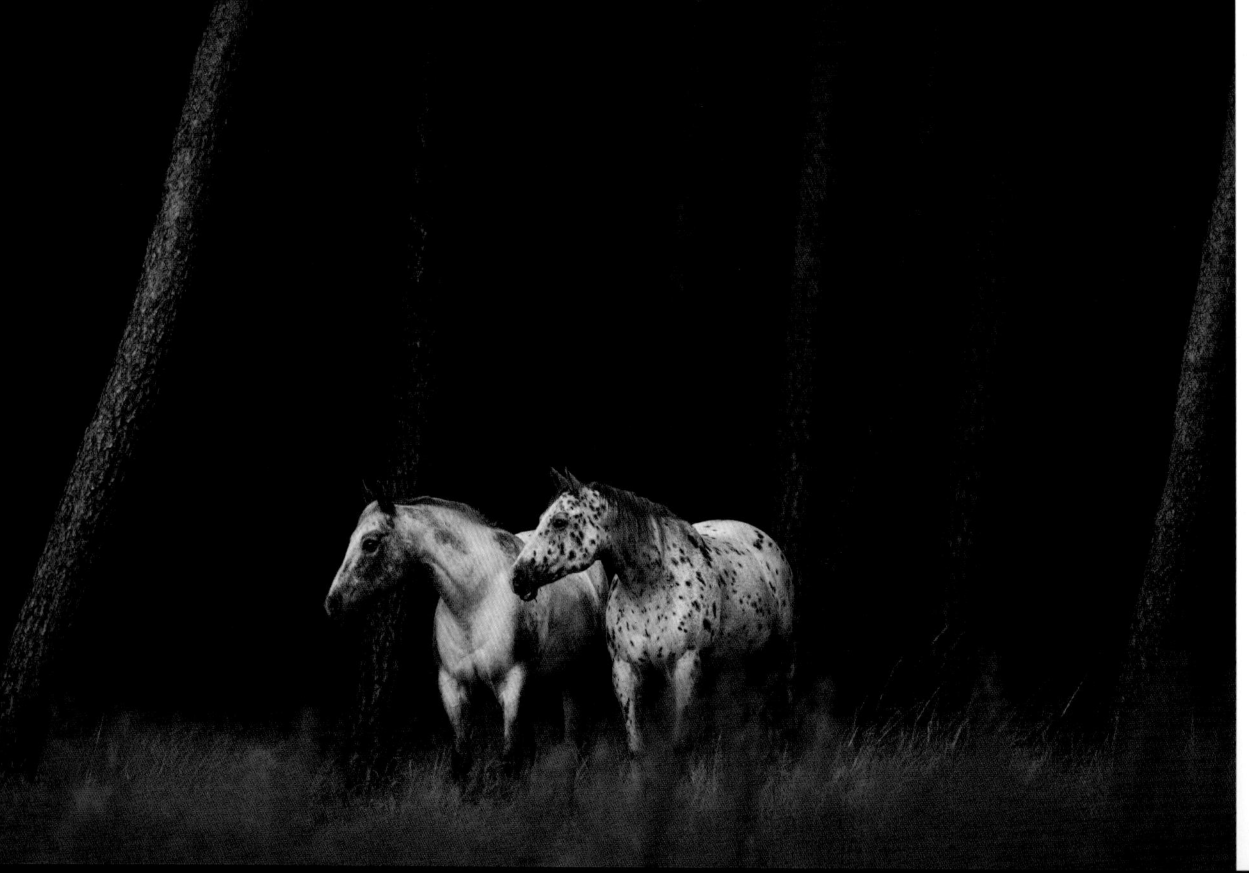

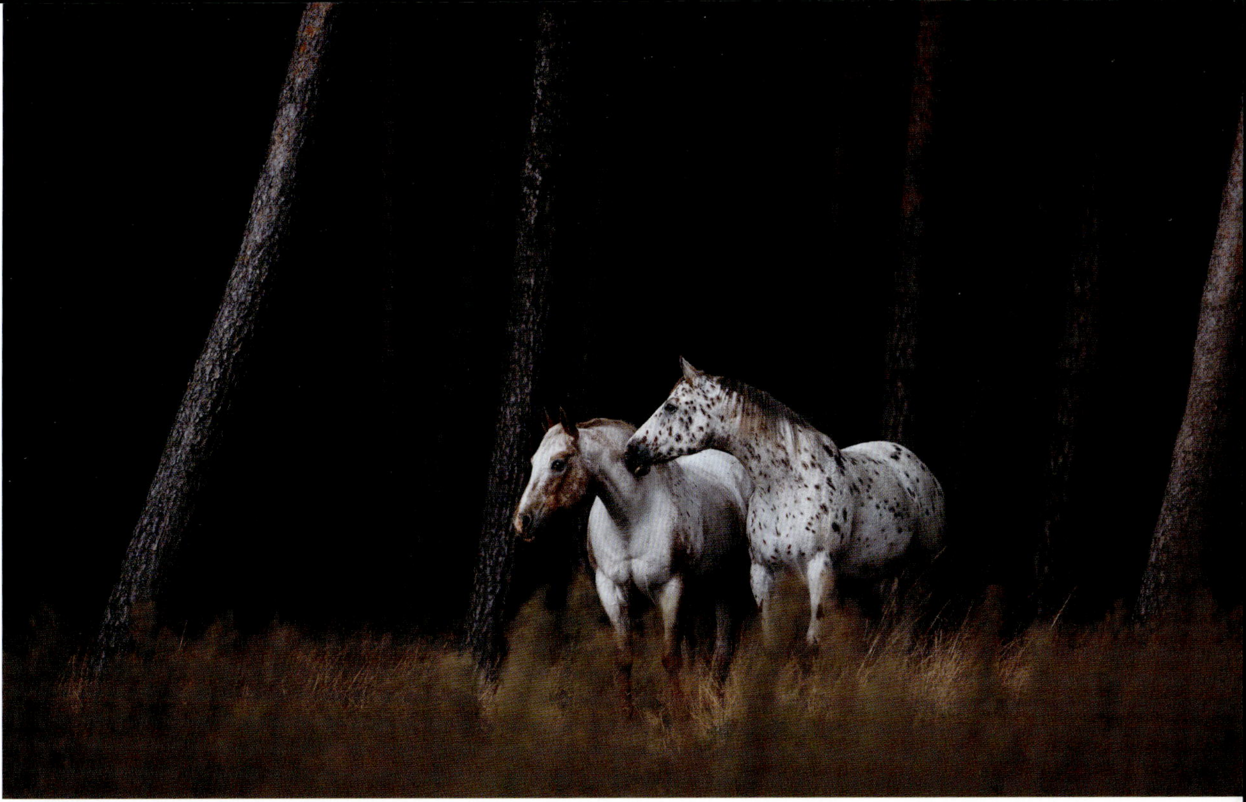

▲ ISO 640 | 200 mm | f/2.8 | 1/800 s

▼ ISO 640 | 200 mm | f/2.8 | 1/800 s

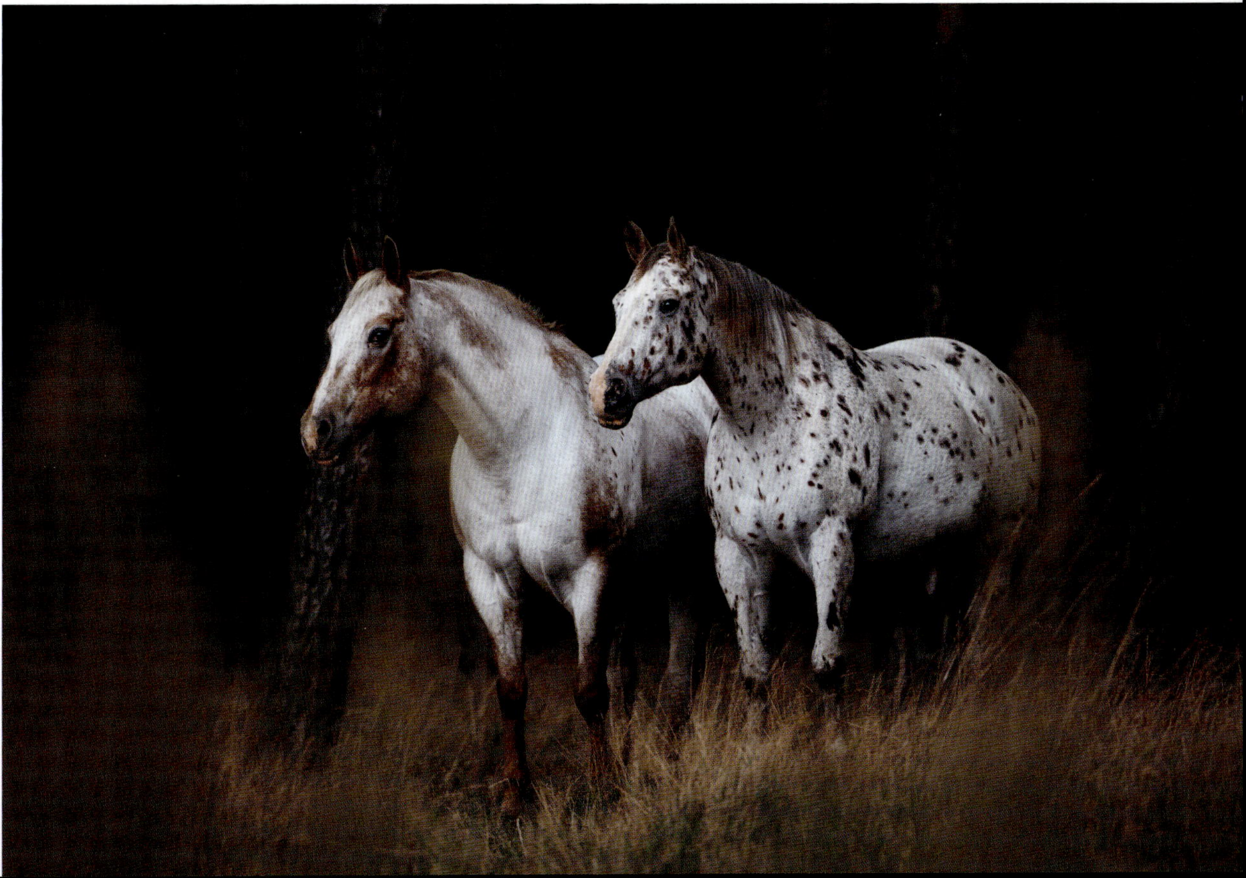

Die Pferde selbst hatten jeweils ein Fotohalfter und wurden von einem Helfer in Position gebracht. Ein zweiter Helfer hat sie mit Pferdewiehern aus dem Handy in die gewünschte Richtung schauen lassen. Beide Pferde kennen das Konzept von Fotoshootings schon seit etlichen Jahren. Ich finde es total erstaunlich, wie besonders Feliz mich häufig anschaut, um Bestätigung zu erhalten, und das Geräusch des Handys einfach nur als Hilfe nimmt, um zu wissen, in welche Richtung sie schauen soll. Die Ohren sind bei beiden Stuten eigentlich immer gespitzt, und einmal positioniert, bewegen sie sich auch nicht mehr so schnell.

■ **Das fiel mir leicht** – Standbilder in heimischer Umgebung von zwei ausgebildeten Shooting-Pferden zu machen, ist grundsätzlich erst mal eine einfache Ausgangslage. Ich kenne die Pferde seit über 15 Jahren, sodass das Shooting wirklich schnell und stressfrei umsetzbar war. Außerdem ist Feliz keine sonderlich ranghohe Führungskraft, sodass Chepi und Feliz es auch gut aushalten, dicht beieinanderzustehen. Zwar hatte sich der Himmel spontan etwas zugezogen, aber helle Pferde im Stand zu fotografieren, ist auch technisch sehr leicht. Die Kamera findet aufgrund des großen Kontrasts immer schnell einen Fokuspunkt, und es gibt genug Zeit, den Bildausschnitt zu wählen, weil sich niemand bewegt.

■ **Das waren die Herausforderungen** – Auch wenn der Waldboden an dieser Stelle recht „ordentlich" ist, gibt es dennoch kleine Hügel und Mulden. Für Standbilder sollten Pferde jedoch möglichst eben stehen. Das heißt, du musst bei solchen Shootings nicht nur einen geeigneten Bildausschnitt finden, der die Bäume in harmonische Abstände setzt und die Pferde rahmt, sondern gleichzeitig auch darauf achten, dass die Pferde in deinem gewählten Bildausschnitt gut stehen können. In meinem Fall können beide Pferde wirklich in kleinen Schritten ausgerichtet werden. Das ist bei nervösen oder unsensibleren Pferden nicht immer der Fall. In solchen Situationen würde ich immer nur ein Pferd fotografieren. Das ist bedeutend einfacher. Bei meinem Shooting haben wir zunächst Chepi positioniert und dann Feliz herangestellt.

Viele Tiere mögen es nicht, so dicht zu stehen, und weichen dem ranghöheren Tier aus. Du hast dann manchmal nur einen oder zwei Versuche, um dein Foto zu machen. Du siehst auf meinen Bildern auch, dass Feliz (links) im Wald mit der Vorhand etwas weiter vorne steht. Sie wird von Chepi verdeckt, und würde ihre Schulter auf der Höhe von Chepis Schulter stehen, wäre Feliz Hals verdeckt. Auf dem Foto im Abendlicht verdeckt

▶ *Als später dann die Sonne durch die Wolken brach, wollte ich die Lichtstimmung noch für weitere Porträtaufnahmen nutzen. Im Hochformat gesellt sich Dalmatiner Thiago hinzu. Da er im Vergleich zu Chepi nur ein Strich in der Landschaft ist, muss er zwangsläufig „vor" Chepi stehen. Zwar befinden sich beide Tiere auf gleicher Schulterhöhe, aber Thiago verdeckt mit seinem Körper etwas von Chepi durch die Diagonale. Solche Momente dauern nicht lange an, denn sobald sich das Pferd etwas bewegt, neigt ein Hund in der Regel zum Ausweichen. Zum Glück ist Chepi sehr ruhig, und wir konnten beide einen Moment lang in dieser Szene halten. Dabei wurde Thiago mit dem Leckerlibeutel zum Ohrenspitzen motiviert, während Chepi Feliz beobachtete, die über die Wiese geführt wird.*

ISO 1000 | 200 mm | f/2.8 | 1/500 s

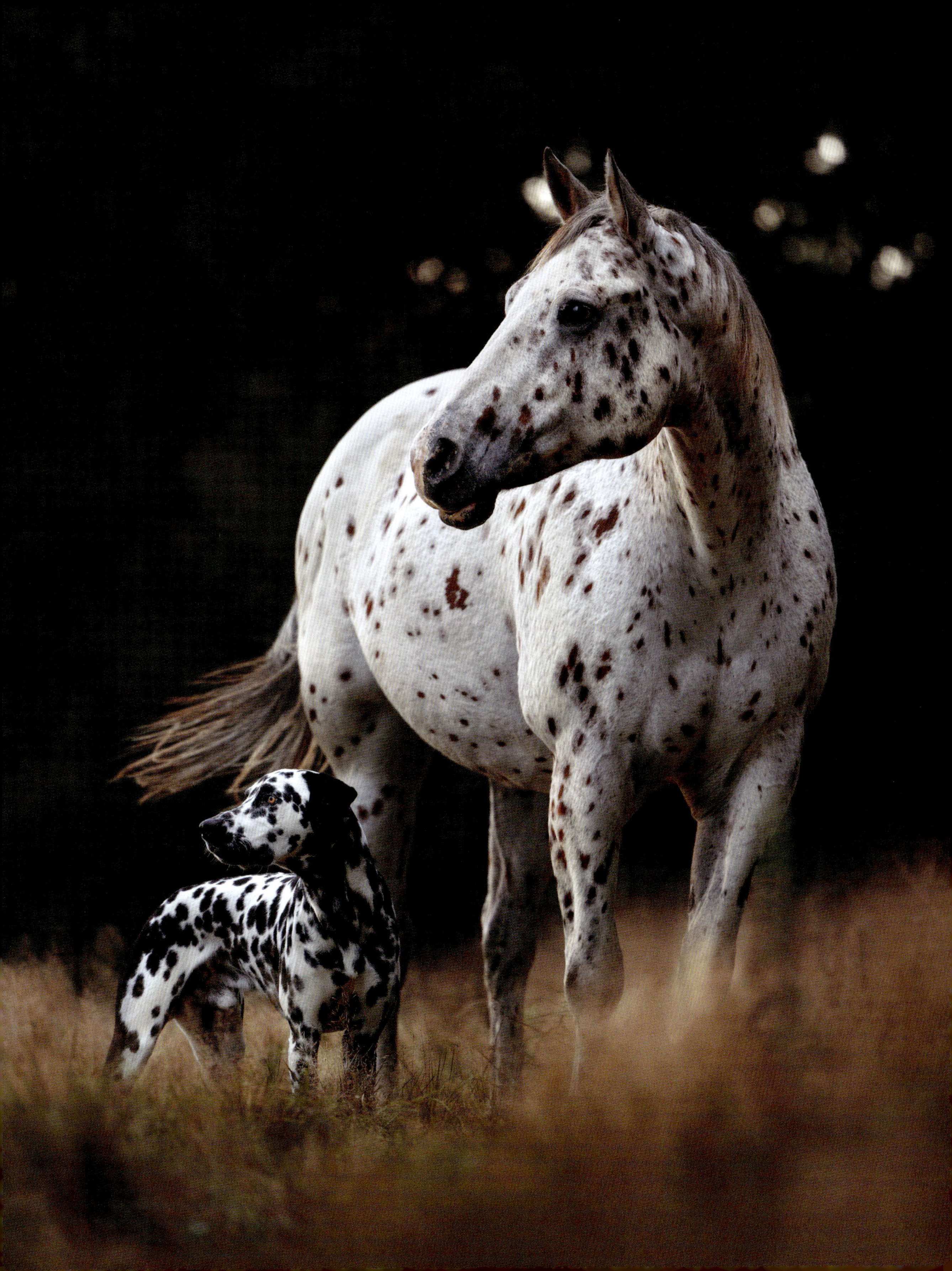

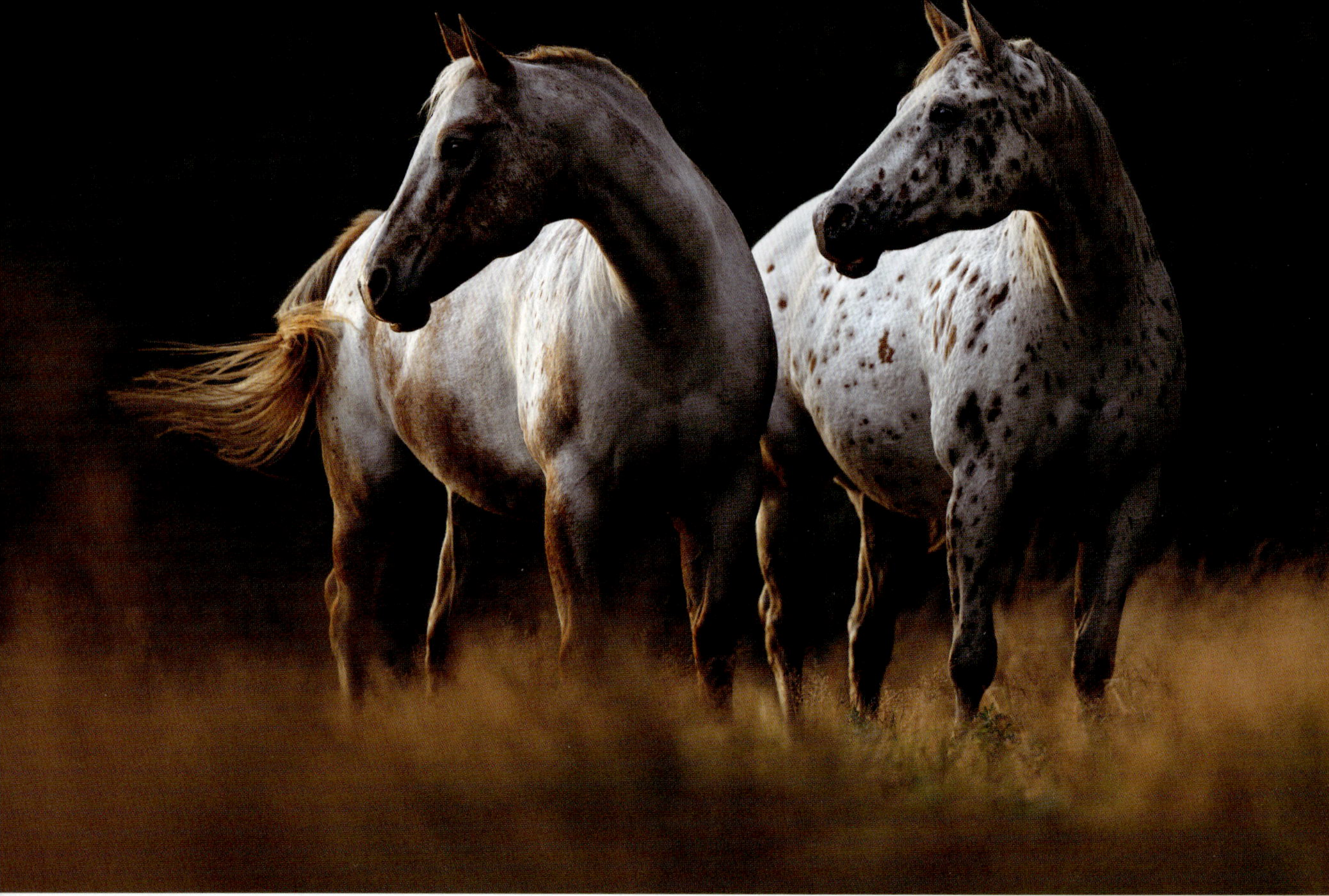

▲ *Auf dem zweiten Bild nimmt Feliz die Position von Thiago ein. Da sie viel größer ist, passt das Motiv besser ins Querformat. Die beiden Pferde ließen sich zum Glück noch einmal durch Pferdewiehern motivieren, aber es wurde schon deutlich, dass sie langsam müde wurden.*

ISO 250 | 200 mm | f/2.8 | 1/500 s

Feliz (wieder links) Chepi, weswegen in dieser Komposition Chepi etwas weiter vorne steht. Diese Feinheiten sind es, die Standbilder, gerade von mehreren Tieren, herausfordernd machen.

Taste dich langsam heran und probier dich erst mit einem Pferd am Waldrand aus. Wenn du ein sicheres Gespür für das Anordnen der Bäume und einen Blick für das Posing des Models entwickelt hast, kannst du es mit zwei Tieren probieren oder herausfordernde Locations wählen.

▶ *Auch die Hängelippe spricht dafür, dass Feliz langsam in den Schlafmodus wechselt und sie so schnell nichts mehr locken kann. Daher habe ich sie nicht noch einmal aufwendig umstellen lassen, sondern habe die Kamera ins Hochformat gedreht und einen passenden, wenn auch untypischen Anschnitt gesucht. Mit ihrem kurzen Hals fällt es ihr besonders schwer, in Aufrichtung zu posieren. Daher habe ich auf den klassischen Porträtanschnitt verzichtet, auf dem du noch die äußere Halslinie gesehen hättest. Sie wäre im Gesamten schon zu tief dafür gewesen. Mit diesem Anschnitt hingegen hebt sich die schattige Kopfform schön vom hell angeleuchteten Körper ab und durchbricht die dominante Bauchform gleichzeitig.*

ISO 320 | 200 mm | f/2.8 | 1/500 s

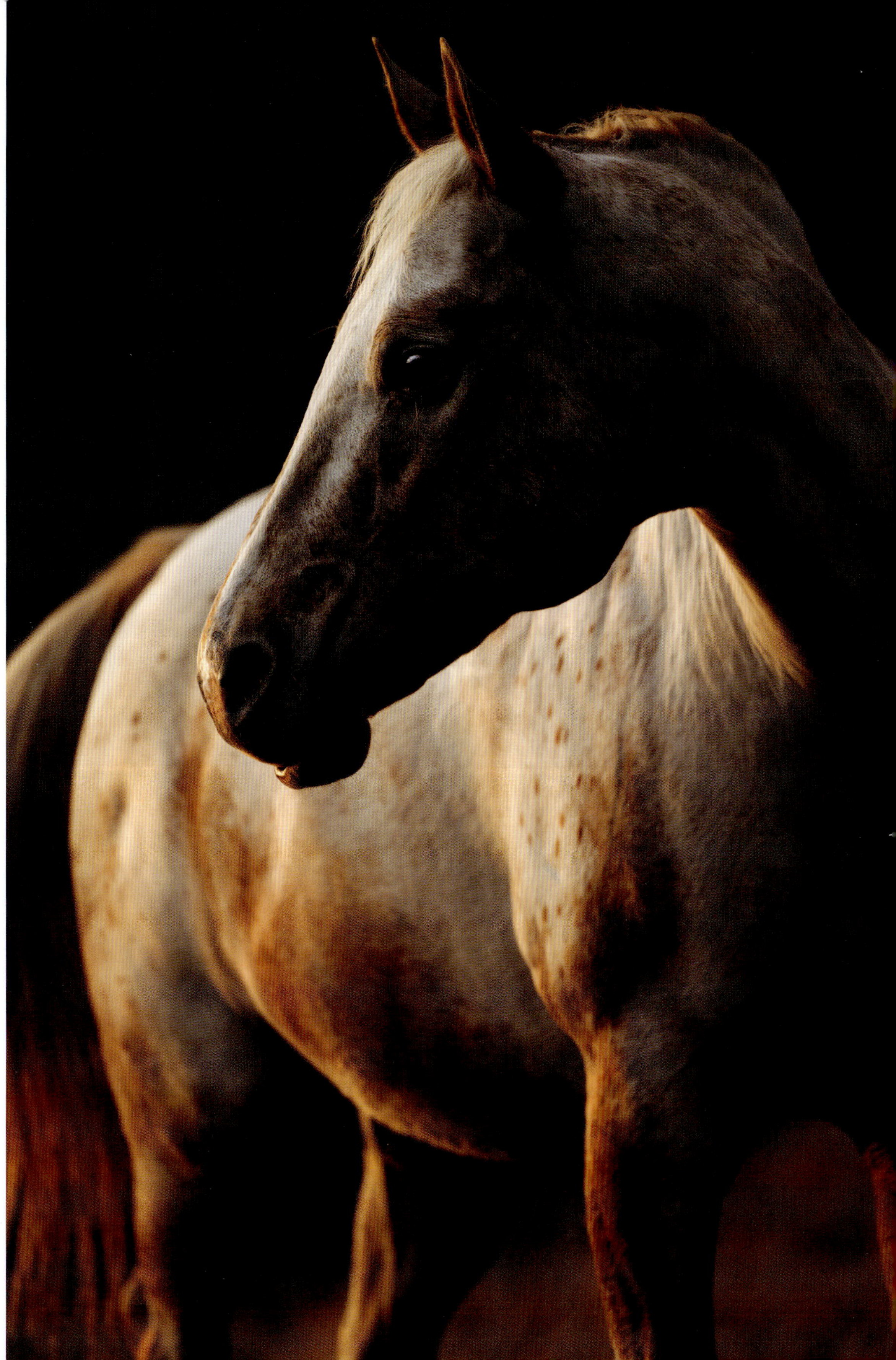

Shooting 2: Meeresrauschen

Kameratechnik	Canon R6 Canon RF 70-200 mm f/2.8
Schwierigkeit	mittel bis schwierig
Assistenten	3 Personen
Hilfsmittel	mobiler Weidezaun, Anglerhose, Gerten, Tiergeräusche-App auf dem Smartphone, Fotohalfter, Leckerlis
Licht	weiches Abendlicht, größtenteils diffus
Dauer	2 Stunden

■ **Das Shooting** – Friesen am Strand im Freilauf zu fotografieren, ist so ziemlich das Schönste und Kitschigste, was man als Pferdefotograf machen kann. Für eine Videokursproduktion habe ich genau dieses Shooting erneut organisiert und durchgeführt. Nahe meiner Heimat gibt es einen Hundestrand, der auch als Reitstrand genutzt wird. Der Sand ist weich und das Wasser für etliche Meter flach und meistens ohne Steine. Ideal, um Pferde laufen zu lassen. Mit den Helfern habe ich im Vorfeld ausgemacht, wer ins Wasser gehen wird, um zum einen die Pfähle des mobilen Zauns zu setzen und zum anderen die Pferde hineinzuführen und laufen zu lassen. Eine Anglerhose empfiehlt sich dafür oder jemanden, der trotz herbstlichen Temperaturen hart im Nehmen ist.

Der Paddock (eingezäunter Auslauf für Pferde) wird hier also nicht nur am Strand errichtet, sondern reicht auch einige Meter tief ins Wasser. Wie weit du mit den Pfählen ins Wasser gehen kannst, entscheidet sich immer erst vor Ort: Bei auflandigem Wind ist der Wasserpegel höher, und man kann nicht zu weit hineingehen. Ideal wäre es, wenn die Pferde aus dem Wasser heraus etwa vier bis sechs Galoppsprünge bräuchten. Bei meinem Shooting ging es hauptsächlich um Actionbilder aus dem Wasser heraus, weswegen der eingezäunte Strandbereich nur zum Ankommen und Festhalten des Pferdekumpels dienen musste.

Für Laufbilder auch im Strandsand muss der Paddock entsprechend größer geplant werden. Ich habe genug Platz gelassen, um andere Strandbesucher nicht zu stören und ihnen die Möglichkeit gegeben, auch einfach zuzuschauen. Mein Tipp: Sei immer freundlich und offen zu den Leuten, damit kein Missmut entsteht, und verlasse den Strand spurenlos! Nachdem der Paddock stand, wurden die Pferde im Wechsel ins Wasser geführt und zum Kumpel laufen gelassen. Das Wasser sorgt dafür, dass die Tiere schwungvoll treten und sich automatisch in tolle Körperspannung bringen. Aber es ist deswegen auch anstrengend. Pausen und ein Wechsel der Models ist daher ratsam. Der Himmel war relativ bedeckt, sodass ich vom Strand aus in „beide“ Richtungen fotografieren konnte. Natürlich ist es wieder das Ziel, die Pferde möglichst von der Seite zu erwischen, sodass du dich im entsprechenden Winkel seitlich positionierst – die Pferde laufen auch hier eher an der Zaunseite entlang. Je nach Hintergrund und Licht hast du zwei lange Zaunseiten zur Auswahl.

■ **Das fiel mir leicht** – Zu allen Seiten hält mein Fotostrand einen schicken Hintergrund ohne störende Elemente bereit. Dank des diffusen Lichts konnte ich so wirklich in jede beliebige Richtung fotografieren. Bei diesem Shooting habe ich mich zwar auf die Meerseiten konzentriert, aber der genannte Umstand erleichtert auch andere Shootings an diesem Strand. Da die Pferde durch das Wasser schwungvoller, aber gleichzeitig langsamer laufen, ist das Fokussieren recht einfach. Im Galopp wird sehr deutlich, dass die Tiere ihre Vorhand kräftig nach oben heben.

■ **Das waren die Herausforderungen** – Leider war sehr viel Seetang an den Strand gespült worden, sodass ich mich wirklich darauf beschränkte, möglichst nur Wasser zu zeigen. Durch den vielen Tang kommt es aber im Vordergrund manchmal zu unschönen, unscharfen „Hügeln", die bei Wasseraufnahmen eher störend wirken. Außerdem liegt der Strand immer etwas höher, sodass ich mich wirklich flach hinlegen musste, um perspektivisch nicht zu hoch zu fotografieren. Das in Kombination mit den Bergen an Seetang am Ufer war etwas herausfordernd. Außerdem sind schwarze Tiere bei schlechten Lichtverhältnissen manchmal schwieriger zu fokussieren. Ich hatte mit meiner neuen Canon R6 zum Glück keine Probleme. Die Stute Tetsje wollte leider nicht galoppieren, sodass ich mich hier an das Pferd angepasst und schicke Trabphasen fotografiert habe. Dabei kam der leichte Senkrücken gut nach oben, und das ganze Pferd sieht viel besser aus als im Stand ohne Körperspannung.

Als plötzlich etwas Sonnenlicht durch die Wolken brach, probierten wir spontan ein paar Silhouettenbilder mit beiden Pferden. Tamme und Tetsje standen jedoch ungern so nahe beieinander, und mindestens einer von beiden fing an, im Wasser zu plantschen. Meine Helfer waren im Wasser in ihrer Bewegung eingeschränkt.

Am Ende habe ich in Photoshop eine Collage aus den besten Pferdeumrissen erstellt. Leider hielten die Strahlen nur für ein paar Minuten, und statt ewig an den Tieren herumzufummeln, lasse ich mich lieber auf das Geschehen ein und fotografiere nicht ganz optimale Kompositionen in der Hoffnung, am Rechner etwas daraus zu basteln.

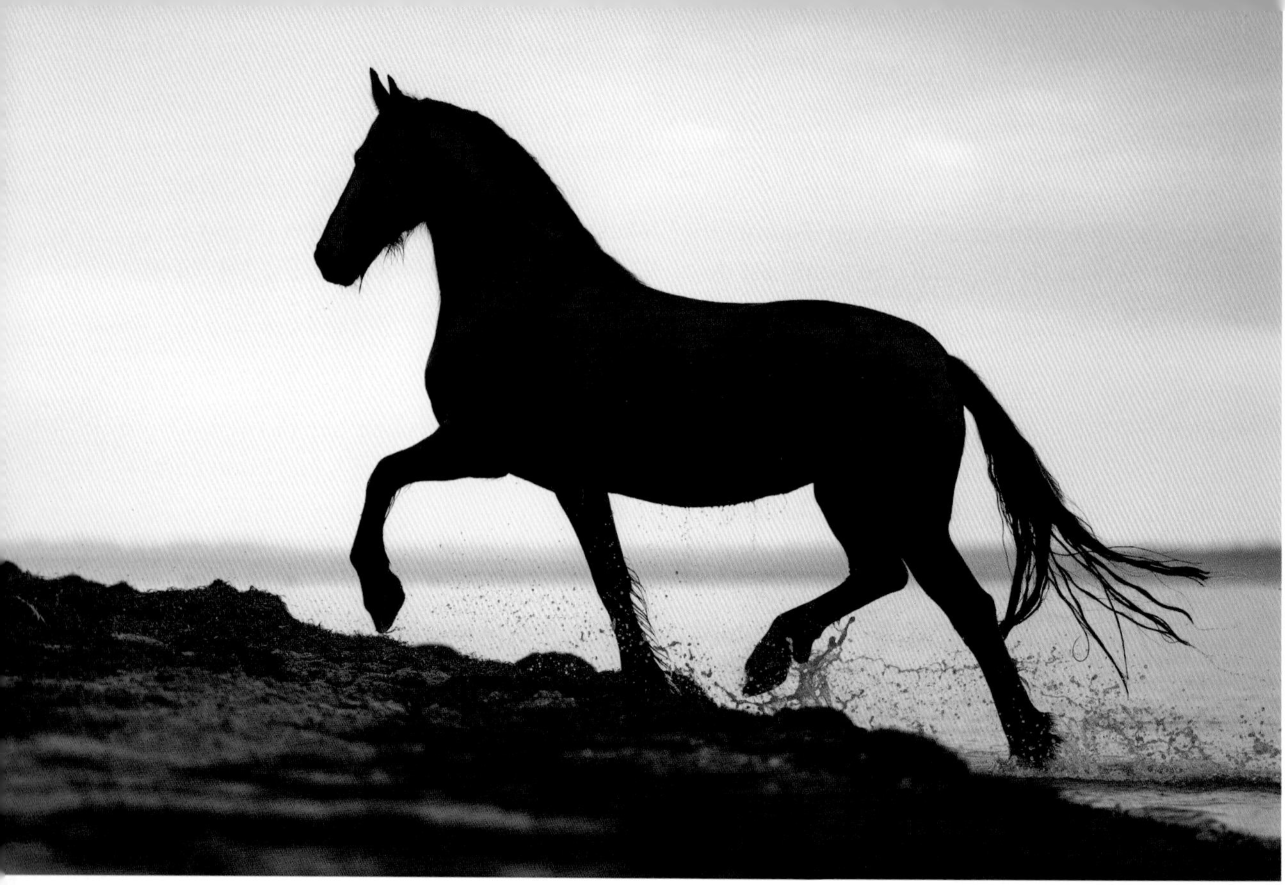

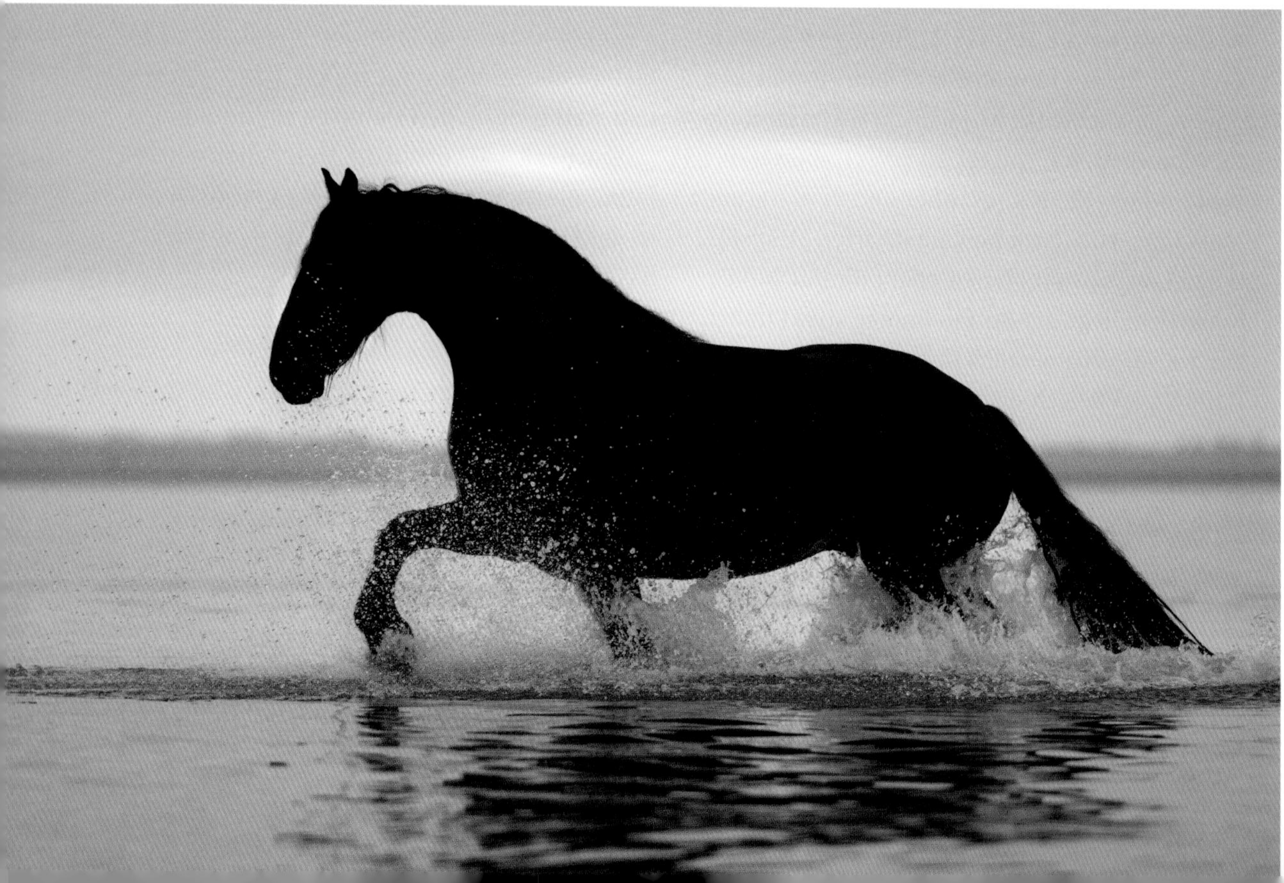

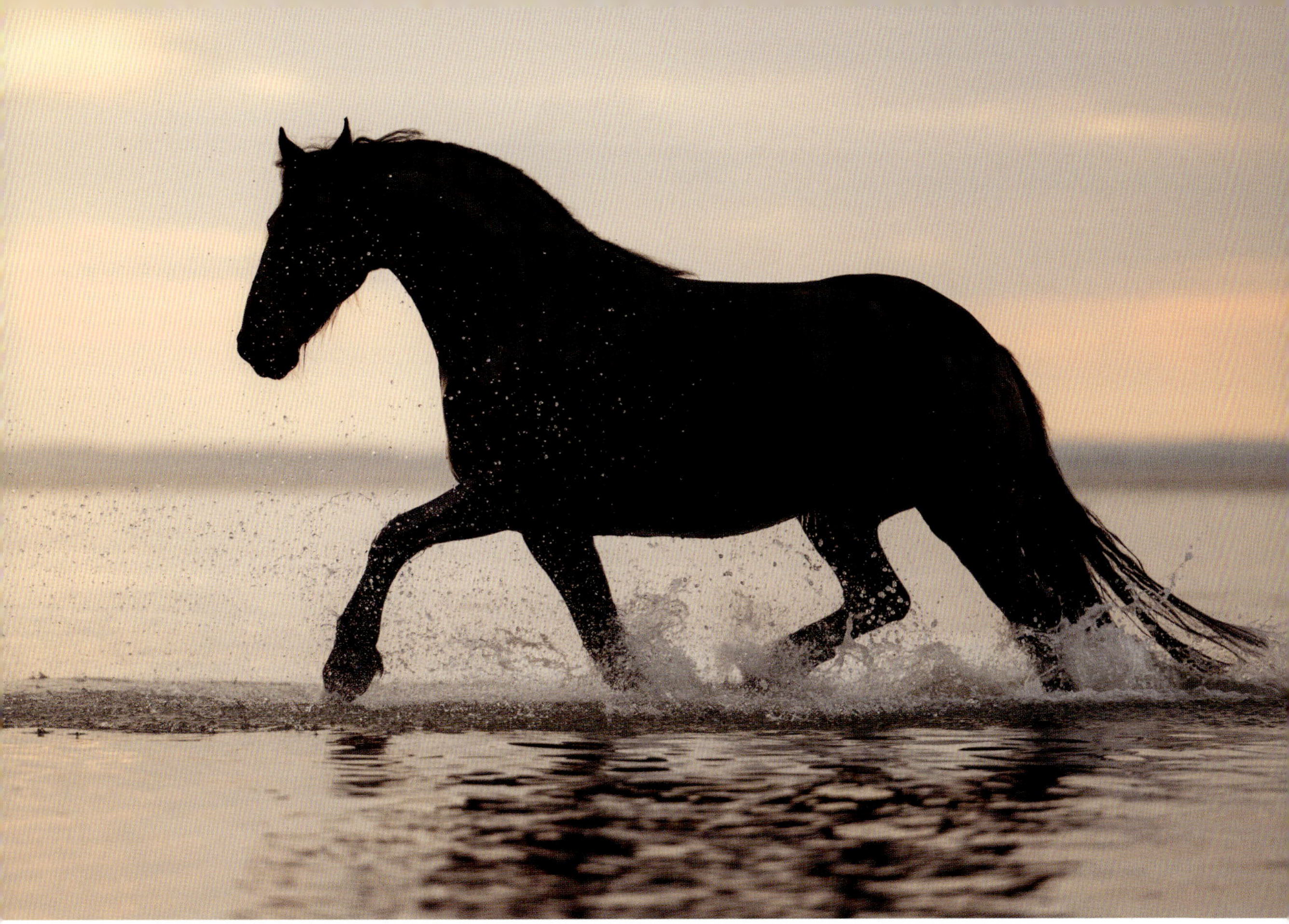

▲ *Das Wasser verleitet die Pferde dazu, kraftvoll zu traben. Dadurch kommen sie ganz von selbst in eine tolle Aufrichtung. Allerdings ist das Wassertreten auch anstrengend, weswegen du deinen Models auch Pausen gönnen solltest. Anhand der drei Trabbilder siehst du die unterschiedliche Wirkung je nach Tiefe des Wassers. Am besten wirkt es, wenn das Pferd nicht bis über den Bauch bedeckt ist, sondern die Beine ein Stück weit erkennbar bleiben. Auch der Moment, an dem die Pferde das Ufer erreichen, bringt noch einmal Schwung in den Körper. Meine Location war an diesem Tag leider sehr mit Seetang überzogen, sodass ich keine weiteren Bilder auf dem sichtbaren Strandsand gemacht habe.*

ISO 1000 | 200 mm | f/2.8 | 1/1250 s

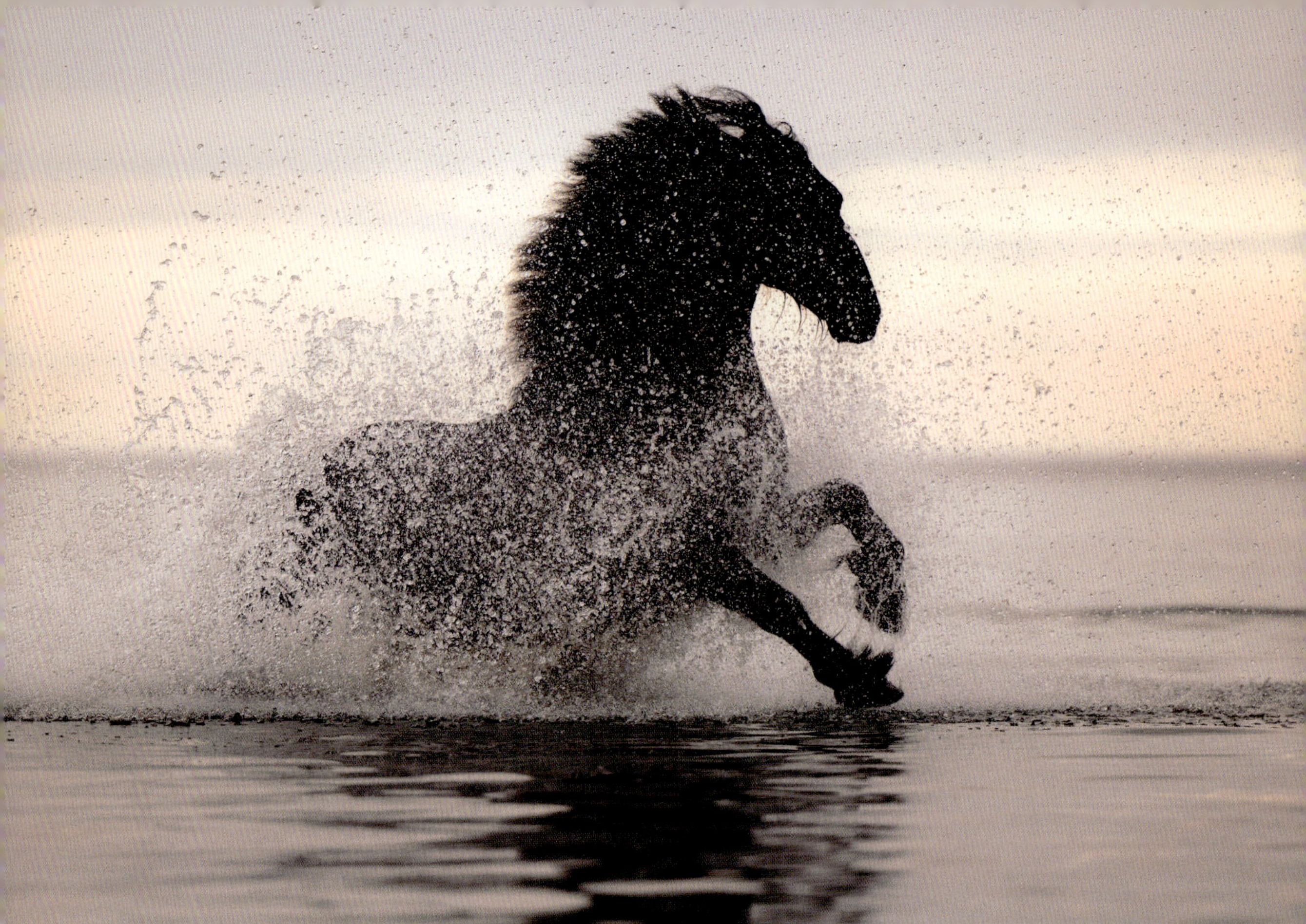

ISO 1250 | 200 mm | f/2.8 | 1/1250 s

▶ ISO 500 | 182 mm | f/2.8 | 1/1250 s

▲ *Zu Beginn des Shootings habe ich auch das Fotografieren in die andere Richtung ausprobiert, wie im ersten Galoppbild zu sehen. Da Tamme sehr energisch losstürmte und bis über den Kopf von Wassertropfen verdeckt wird, habe ich mich für einen starken Kontrast entschieden. Hier ist also nur noch seine Silhouette sichtbar.*
Auf den anderen beiden Galoppbildern spritzt das Wasser nicht mehr ganz so hoch, und es ist (zumindest am Monitor) noch etwas Zeichnung im Fell zu erkennen. Mir gefällt die Gegenlichtstimmung der letzten beiden Bilder besser. Das Wasser leuchtet golden und gibt den Fotos einen warmen Ton.

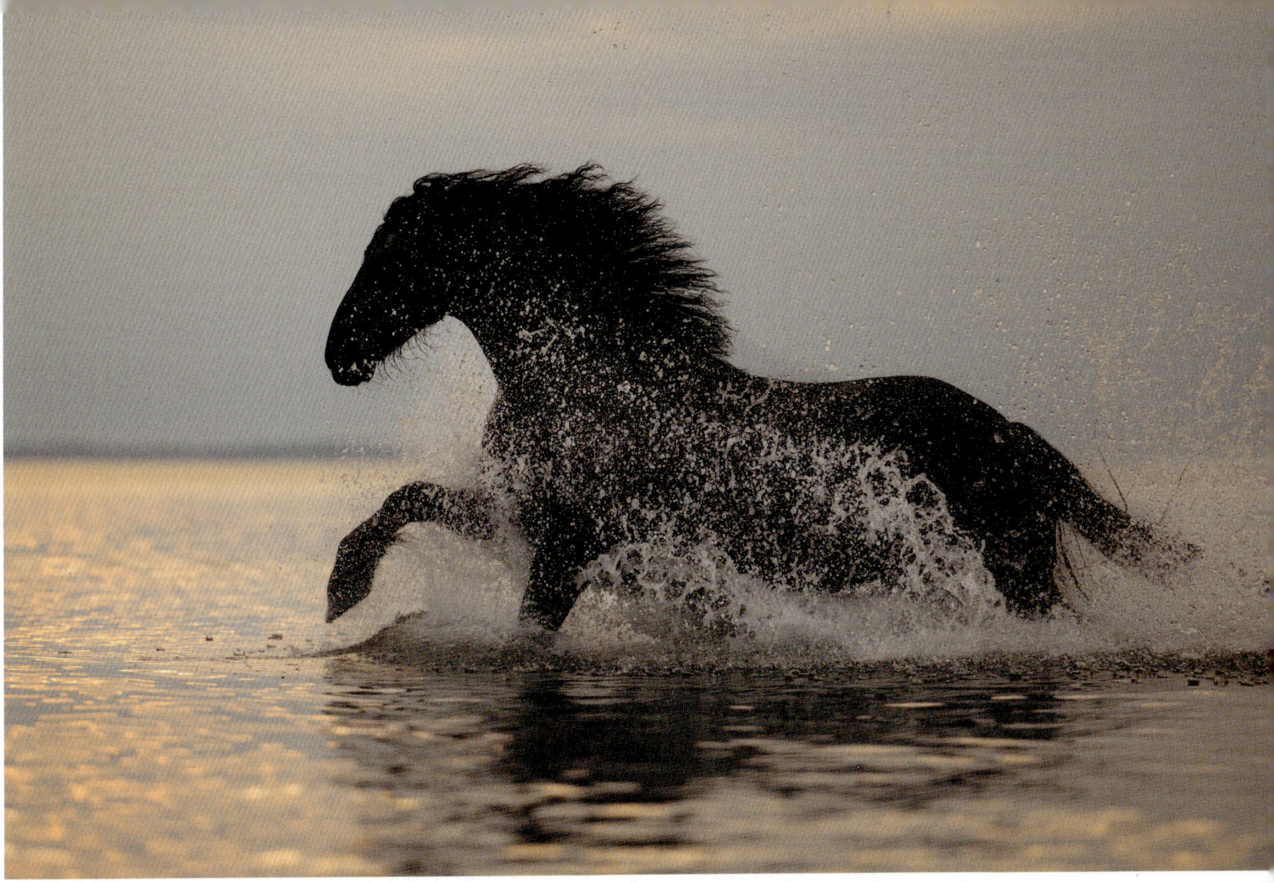

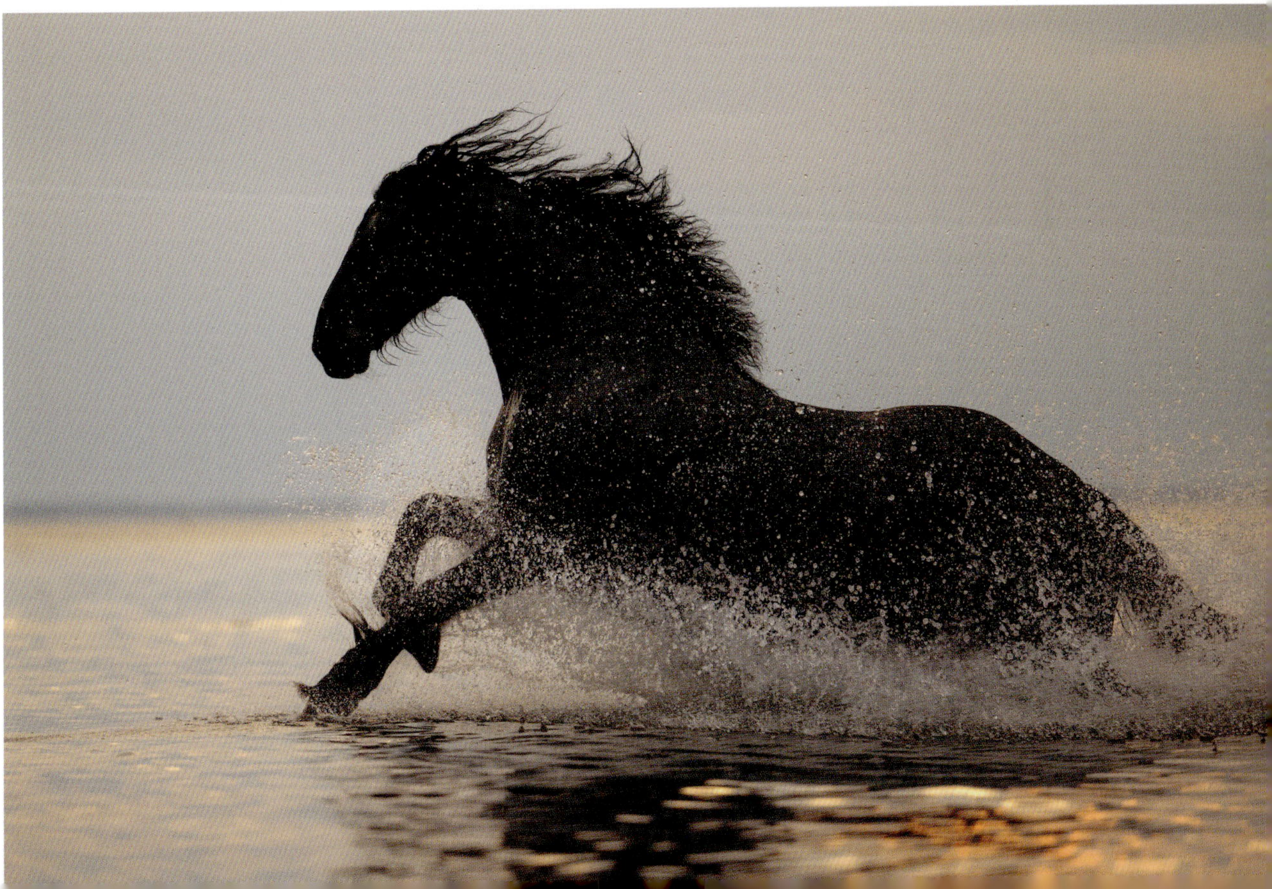

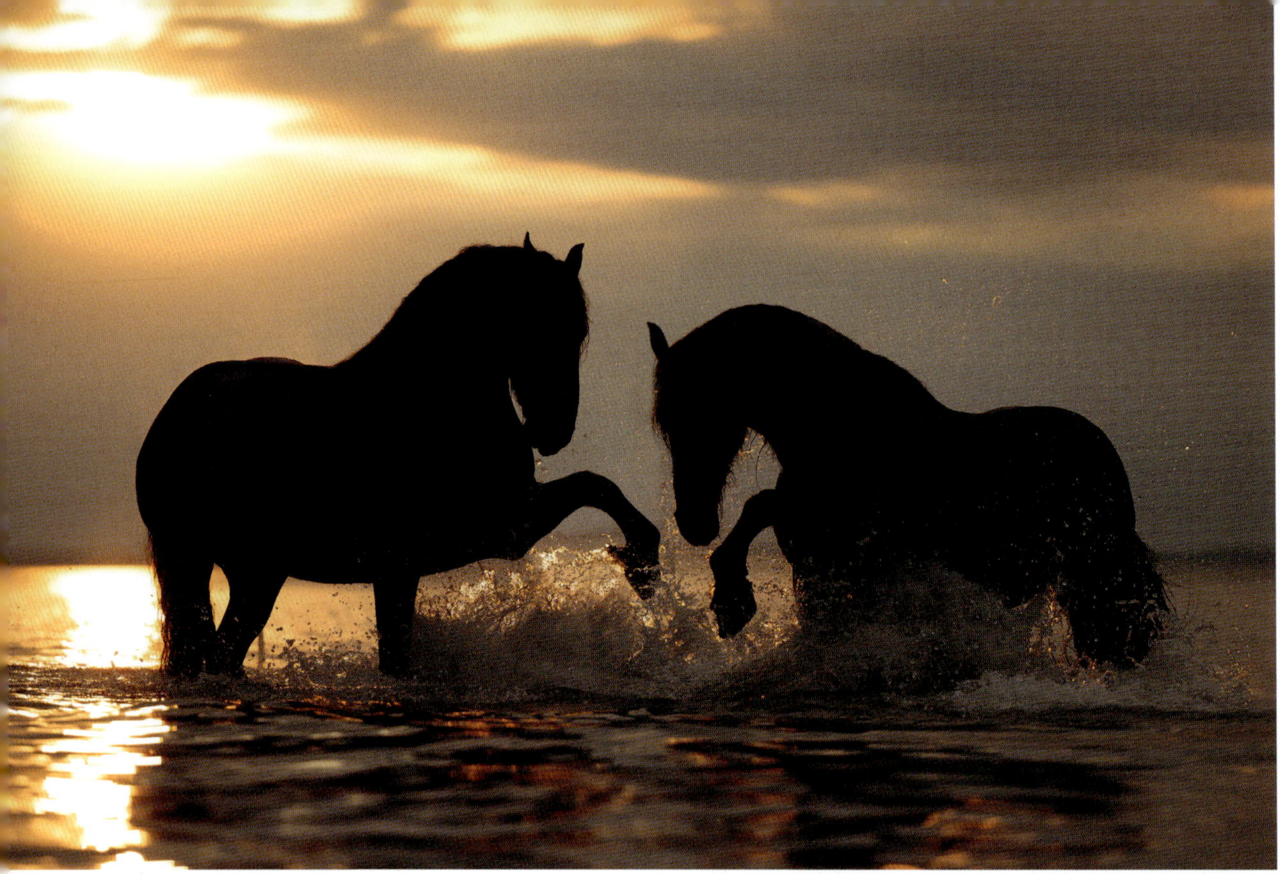

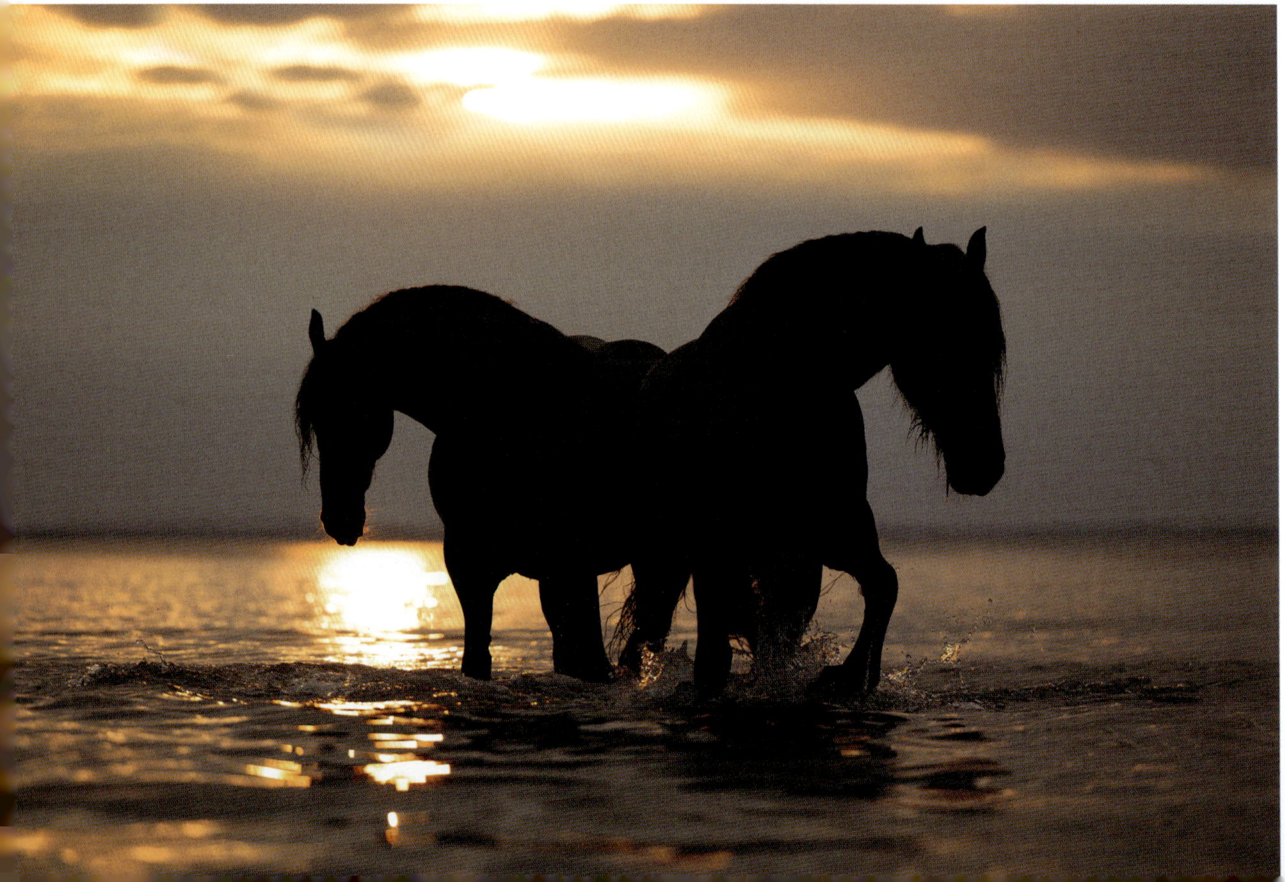

◀ *Als sich kurz die Sonne zeigte, haben wir versucht, beide Pferde für Silhouetten-Gegenlichtbilder zum Posieren zu bringen. In der Kürze der Zeit war das gar nicht so einfach, da die Pferde lieber plantschten, statt beieinanderzubleiben. Beide Bilder sind also Composings, in denen ich je zwei gute Posen beider Pferde aus unterschiedlichen Aufnahmen zusammengefügt habe. Diese Art der Fotomanipulation ist hilfreich, wenn du nur ein paar Augenblicke Zeit für ein Motiv hast. Allerdings erfordert sie natürlich auch ein hohes Maß an Photoshop-Fähigkeiten. Sobald du die Basics in Sachen Retusche verinnerlicht hast, kannst du dich auch an solche Arbeiten wagen. Es würde deutlich den Rahmen dieses Buchs sprengen, dazu konkrete Anleitungen zu schreiben. Photoshop lässt sich besser über Coachings und Videokurse erlernen, da du direkt siehst, was im Programm tatsächlich gemacht wird. Weitere Anreize dazu erhältst du im letzten Kapitel des Buchs.*

ISO 160 | 163 mm | f/2.8 | 1/1000 s

▶ *Am Ende der Session wollte ich Tammes imposanten Kopf porträtieren. Um Spannung in den Körper und vor allem den Hals zu bekommen, habe ich ihn leicht diagonal von mir wegstehen lassen. Wie beim „Blick über die Schulter" schaut er leicht nach hinten zum Handy-Wiehern. Allerdings stehe ich im Winkel nicht direkt hinter seiner Schweifrübe, um ihm das Umdrehen nicht allzu umständlich zu machen. Wenn bei deinen Shootings der Winkel des Kopfs noch nicht ganz passt, dann achte vor allem darauf, wo dein Helfer steht. Die Pferde gucken oft ziemlich exakt direkt zum Handy, sodass du darüber den Blick wirklich dirigieren kannst. Klappt es nicht, musst du dich selbst etwas weiterbewegen.*

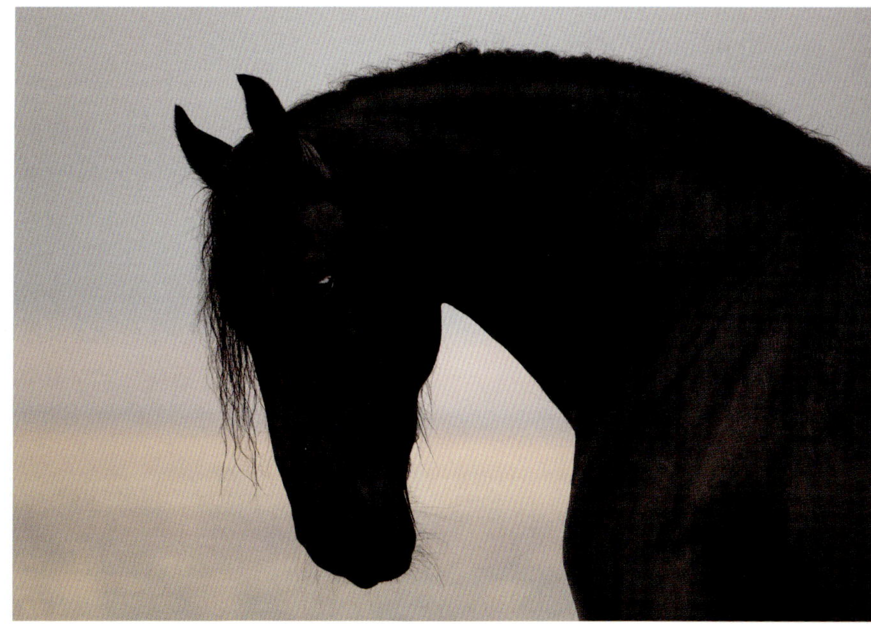

ISO 1000 | 200 mm | f/2.8 | 1/400 s

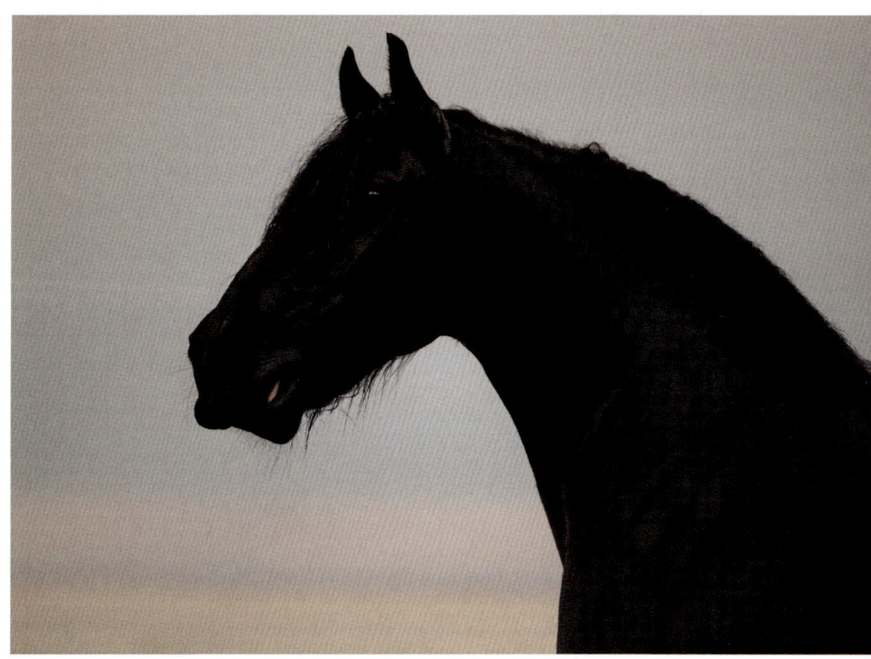

ISO 1000 | 200 mm | f/2.8 | 1/500 s

Shooting 3: Wild Things

Kameratechnik	Canon 1Dx Canon 70-200 mm f/2.8 Sigma 50 mm f/1.4
Schwierigkeit	mittel bis schwierig
Assistenten	keine, nur Mitreisende und Guides
Hilfsmittel	keine
Licht	bedeckter Himmel
Dauer	mehrere Tage für jeweils mehrere Stunden

■ **Das Shooting** – Wildpferde sind der Inbegriff der grenzenlosen Freiheit. Ich bin mir sicher, dass die Erfahrung, eine Wildpferdefamilie zu begleiten, für alle Menschen eine emotionale Bereicherung ist. Wenn du wilden Pferden begegnest, erlebst du Unvoreingenommenheit, klare Körpersprache und echtes, natürliches Verhalten, das nie durch Menschen konditioniert oder gar gestört wurde. Und natürlich liefern dir diese Pferde jede Menge fantastische Bildmotive, wenn du die Geduld hast zu warten.

Anders als bei inszenierten Bildern von Haustieren kann dir in der Wildnis niemand assistierend zur Seite stehen. Nun gut, du könntest sicher jemanden zum Tragen deiner Tasche anheuern. Aber die Pferde gezielt bewegen, positionieren oder gar scheuchen solltest du tunlichst unterlassen. Hier lernst du Pferde ganz unverfälscht kennen und trainierst gleichzeitig dein Auge für passende Momente. Das hilft dir natürlich auch für gestellte Shootings mit Haustieren, denn auch hier sind nicht alle Situationen planbar.

Auf meiner ersten Reise zu den Wildpferden in Bosnien wartete bedeckter Himmel auf uns. Das klingt zunächst, als sollte man sich darüber ärgern, aber tatsächlich war es ein großer Vorteil. Denn im Mai sind die Tage schon sehr lang und das Tageslicht richtig hart. Auf den weiten Ebenen Bosniens gibt es aber so gut wie gar keine schattigen Plätze, und man steht in voller Sonne mit harten, ungnädigen Schatten, so wie es auf meiner zweiten Reise der Fall war. Man kann an sonnigen Tagen nämlich ganz und gar nicht damit rechnen, pünktlich zum Sonnenauf- und -untergang auch tatsächlich Pferde zu finden! Die Wolkendecke hat das Fotografieren also in alle Richtungen ermöglicht.

Die klassischen Gestaltungsregeln haben mir bei meinem Wildpferdeabenteuer geholfen, gute Ausschnitte zu finden. Daher kennst du einige Bilder auch schon aus dem zweiten Kapitel. Je nach Herdenstruktur waren die Tage bei den Wildpferden nämlich eher ruhig. Die Tiere waren mir Grasen beschäftigt und bewegten sich langsam und gemächlich über die Ebene. Nur hin und wieder kam es zu kleinen Spielereien oder Showeinlagen. Ich habe also Bildausschnitte gewählt, die in ihrer Form interessant waren, also z. B. über Rückenlinien fotografiert. Auf meiner zweiten Reise waren die Herden viel zerstreuter und aktiver. Zwar gab es mehr actionreiche Schaubilder, aber die Tiere waren teilweise wirklich weit weg bzw. sind rasch weitergezogen.

Übrigens: Auch wenn du keine Wildpferde fotografierst, kannst du dieses Shooting auch zur Inspiration nutzen, um einmal alleine in einer Herde domestizierter Pferde zu fotografieren. Größere Herden auf großen Weiden, z. B. einer Alm, folgen ebenfalls ihren natürlichen Instinkten. Wallache z. B. spielen in harmonischen Gruppen genau so wie die Junghengste in wilden Herden. Schau dir an, welche Momente ich beobachtet habe, und versuche, ähnliche Augenblicke einmal selbst in einer Herde zu erwischen.

■ **Das fiel mir leicht** – Die Heimat der Wildpferde ist baumlos und in jede Richtung frei von störenden Elementen. Für eine klare Bildsprache und Gestaltung ist eine solche Location wirklich vorteilhaft. In großen Gruppen gab es eigentlich immer ein Tier, das gerade mit einem Kumpel interagierte oder gespannt in die Ferne schaute. So konnte ich viele Fotos ausprobieren und ähnliche Motive mit mehreren Pferden aus unterschiedlichen Winkeln wiederholen.

■ **Das waren die Herausforderungen** – Mal abgesehen von den offensichtlichen Herausforderungen, die Herden mit den Guides und Rangern überhaupt zu finden und keine besondere Möglichkeit der Beeinflussung der Tiere zu haben, ist es am schwierigsten, genau dort präsent zu sein, wo gleich „etwas passieren" wird. Um abzuschätzen, welche Pferde in Interaktion treten, braucht es Gespür und Empathie. Ein Fohlen, das im Gras schläft und nicht mitbekommt, dass die Herde schon ein wenig weitergezogen ist, wird nach dem Aufwachen für etwas Tumult sorgen. Wir konnten eine Szenerie beobachten, in der ein Fohlen nach dem Mittagsschlaf durch mehrere Familien gelaufen ist und seine Mutter gerufen hat. Ein fremder Hengst trabte dann auf den kleinen Eindringling zu, woraufhin der eigentliche Vater und die Mutter des Fohlens zur Rettung eilten. Hengste in Bachelorgruppen, also ohne Stuten, sind meistens Jungtiere und spielen viel miteinander. Treffen hingegen zwei Leithengste auseinander, wird sich meist respektvoll begrüßt, oder es kommt zu kleinen Showeinlagen. Ernsthafte Kämpfe gab es während meiner Reisen eher selten.

In den Ruhezeiten, also wenn die Herden grasen, dösen, entspannen oder durch die Gegend schauen, gilt es, einen trotzdem interessanten Bildausschnitt zu finden. Du musst dich also schnell entscheiden, wo du dich positionierst, ohne die Tiere zu stören. Auch technisch war es nicht immer so leicht: Während meiner ersten Reise waren die Herden groß und ruhig, und ich kam prima mit 200 mm zurecht. Auf meiner zweiten Reise waren die Familien aufgeteilt, unruhig durch Wolfsangriffe, und 200 mm waren zu kurz. Ein Extender oder eine längere Brennweite sind dann definitiv von Vorteil.

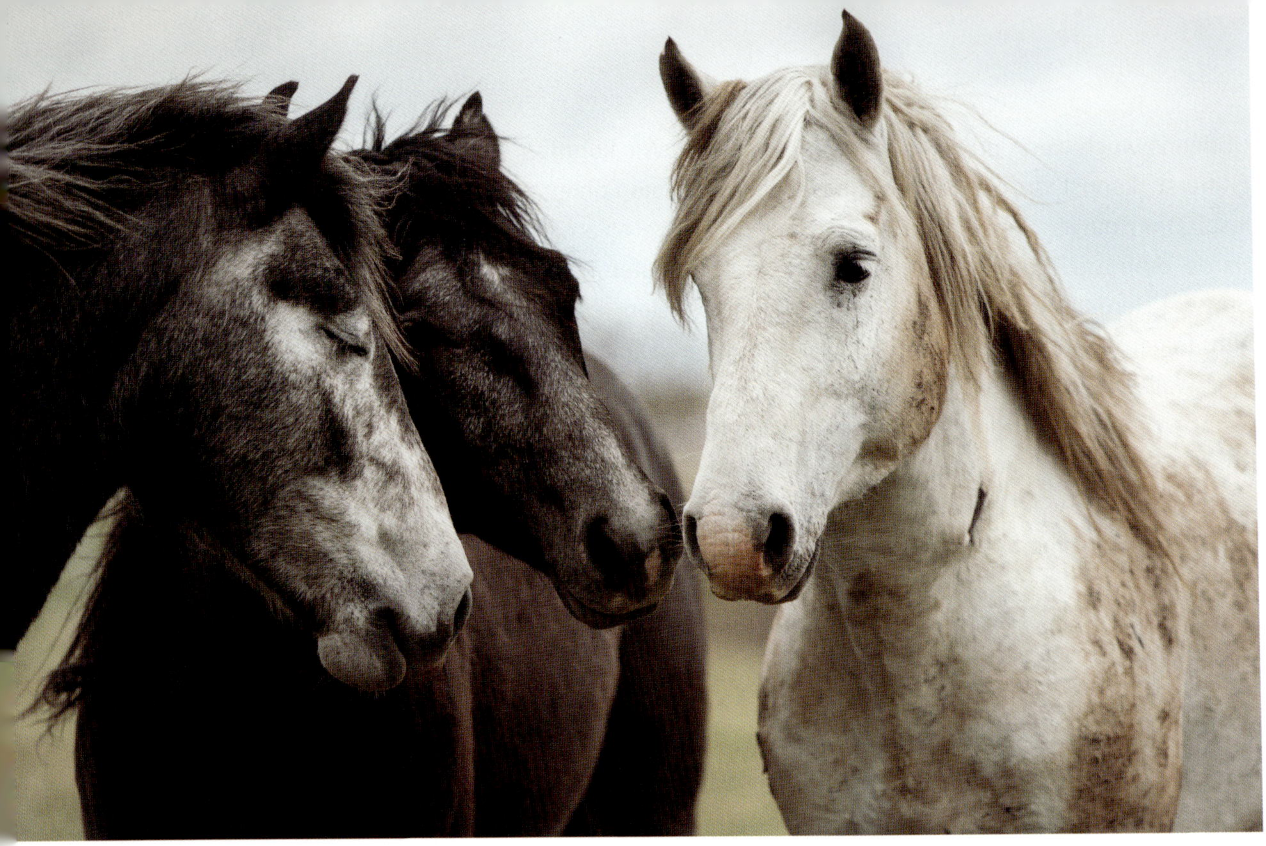

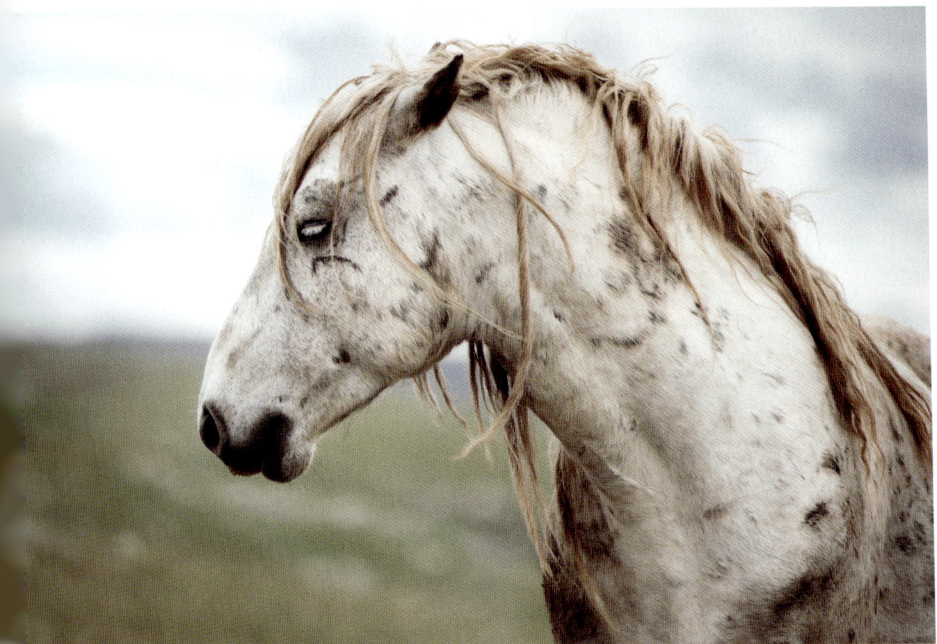

▲ *Junghengste ohne Stuten leben in „Bachelorgruppen" und haben, wie im ersten Foto gezeigt, ein inniges Verhältnis zueinander. Die drei Burschen kamen sehr dicht an uns Menschen heran, um ein bisschen zu posieren und zu spielen.*

ISO 200 | 175 mm | f/2.8 | 1/2000 s

◀ *Das zweite Bild zeigt einen erfahrenen und kampferprobten Leithengst. In die geschlossenen Augen interpretieren wir Menschen Emotionen. Was fühlst du, wenn du das Porträt anschaust? In Wahrheit hat der Hengst nur geblinzelt. Aber seine weißen Wimpern und der gesamte Ausdruck haben etwas Magisches an sich.*

ISO 200 | 190 mm | f/2.8 | 1/1250 s

▶ *Ob im statischen Gleichschritt oder in enger Biegung: Beobachtest du das Geschehen in einer Pferdeherde, wirst du immer sowohl Emotionen als auch gestalterische Elemente wie Linien und harmonische Flächen finden.*

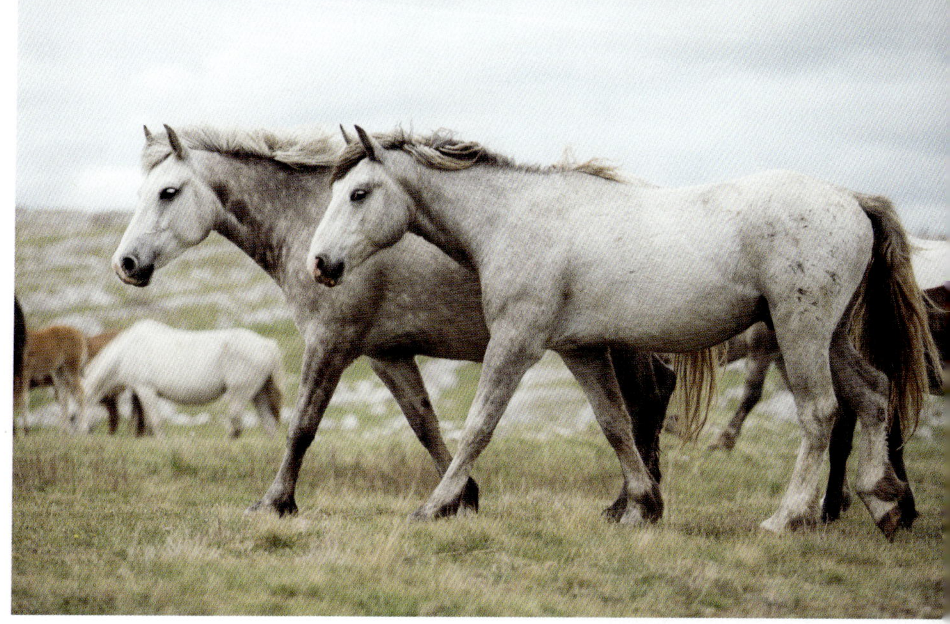

ISO 200 | 145 mm | f/2.8 | 1/1250 s

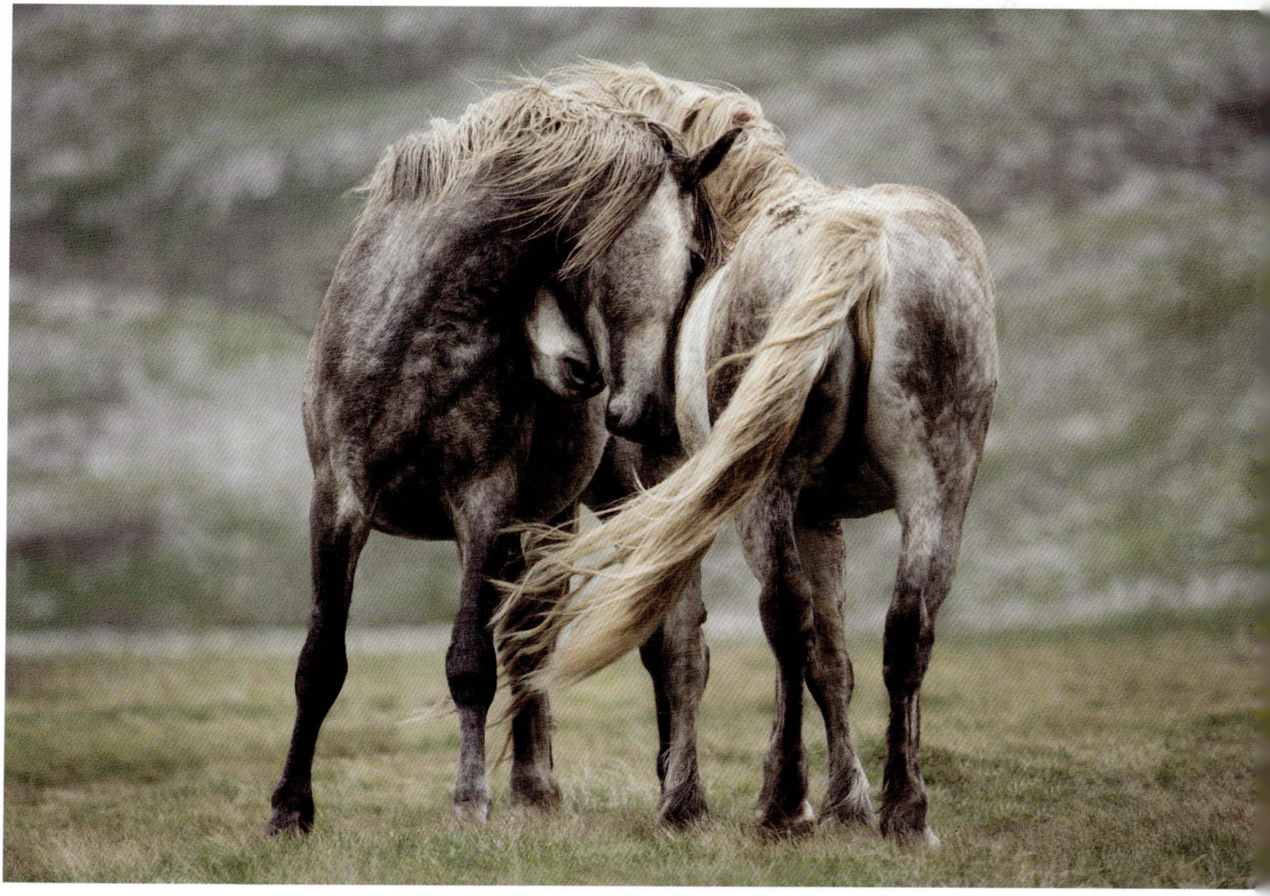

ISO 200 | 200 mm | f/2.8 | 1/1250 s

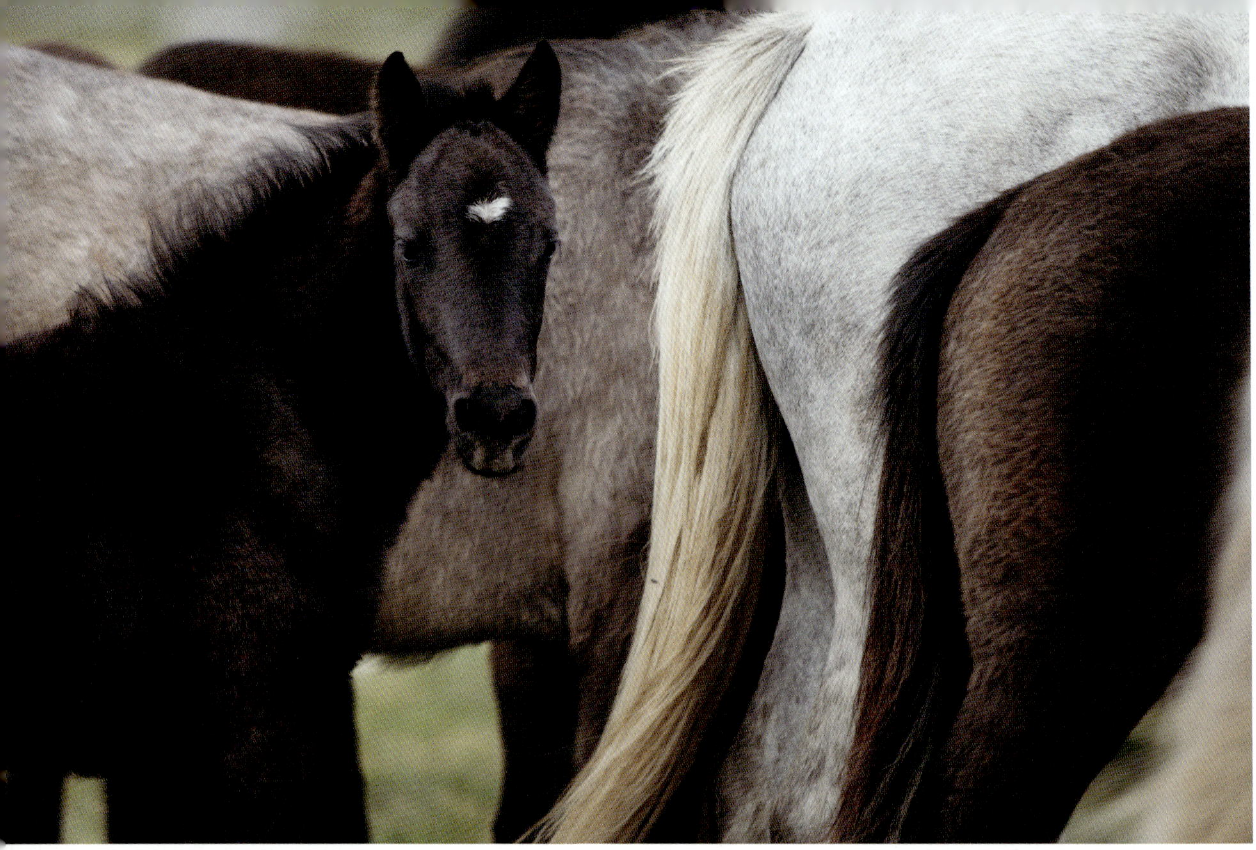

▲ ISO 200 | 200 mm | f/2.8 | 1/1250 s

▼ ISO 200 | 130 mm | f/2.8 | 1/1250 s

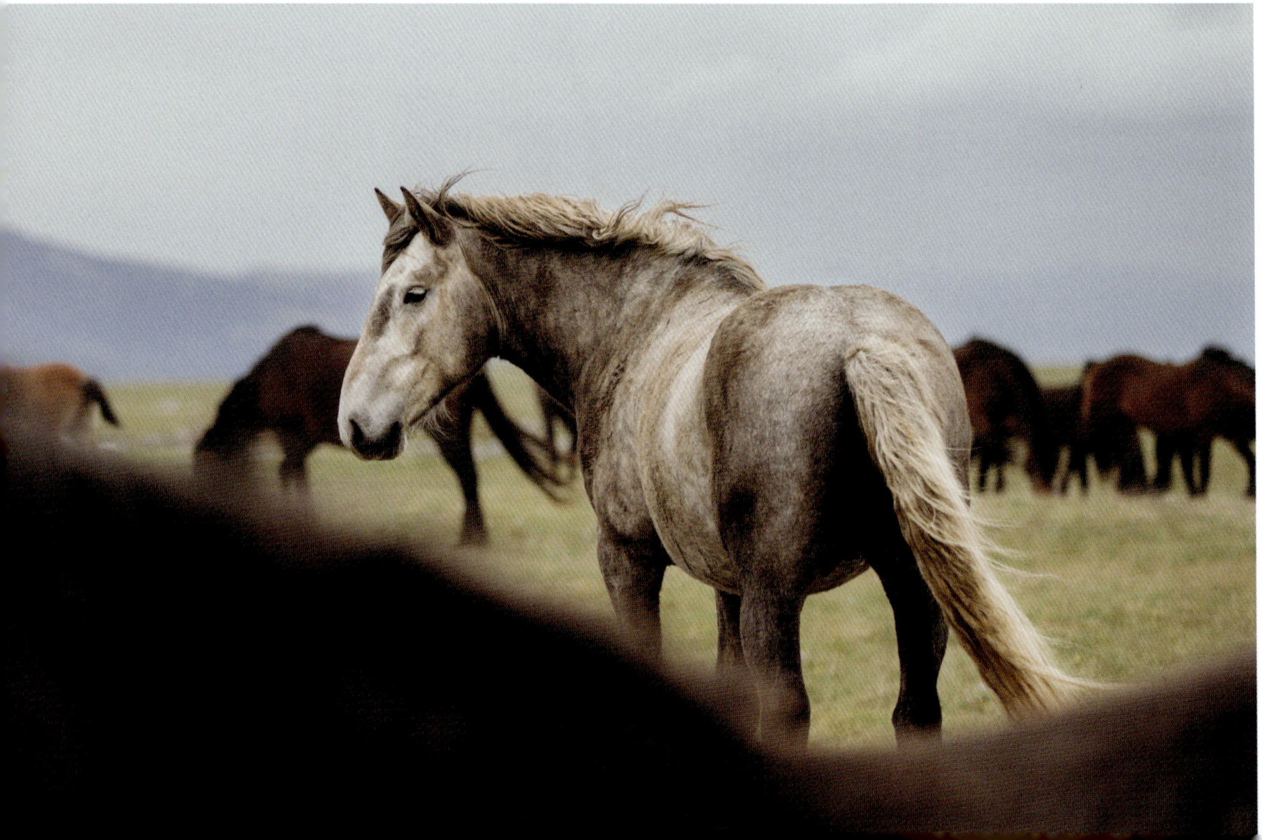

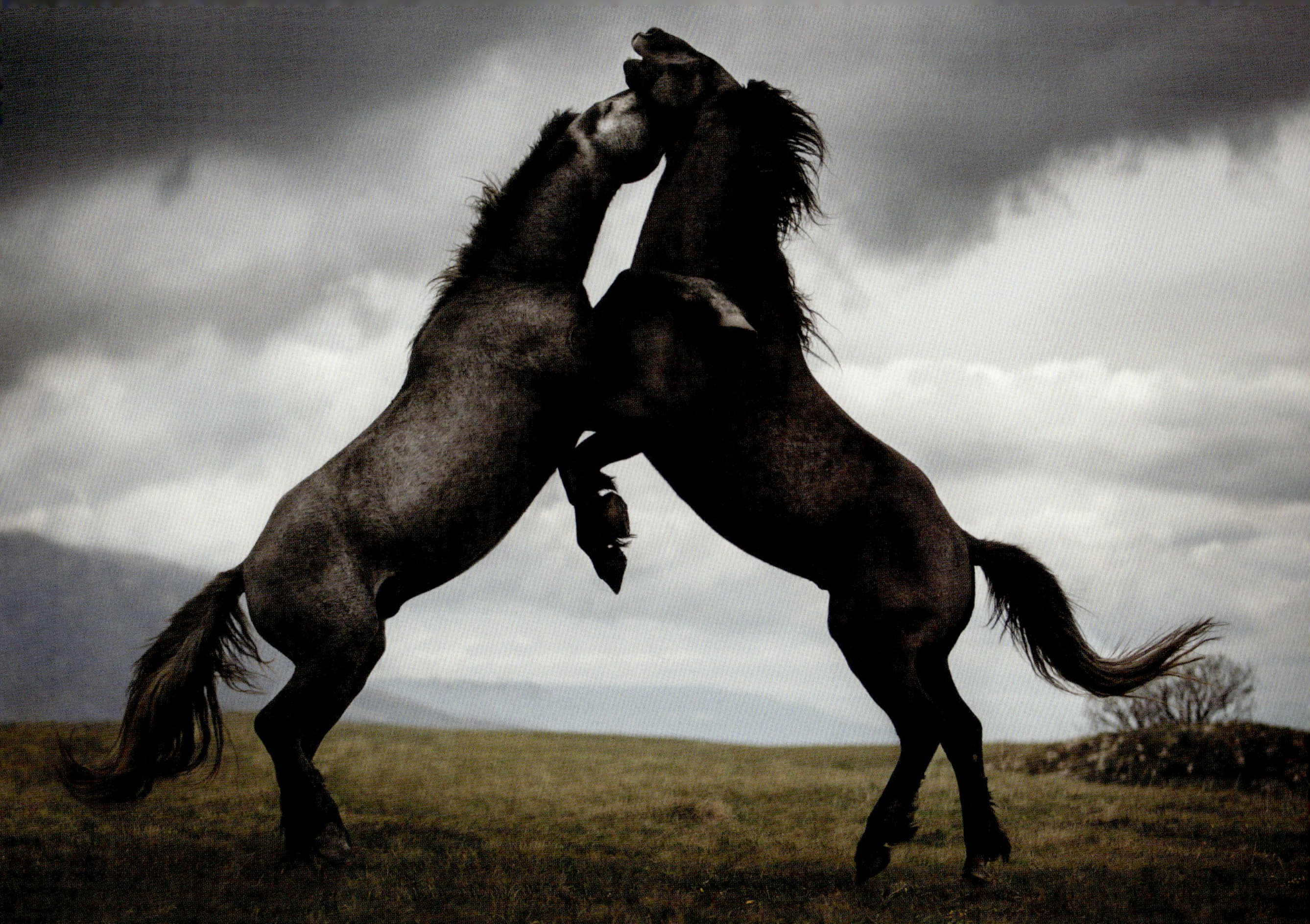

◀ *Jeweils eingerahmt von anderen Pferden, beobachten mich diese beiden Models so, wie ich sie beobachte: interessiert, aber mit einem gewissen Abstand. Tatsächlich schützen sich Pferde im Herdenverbund gegenseitig, weswegen ich das gestalterische Einrahmen mit anderen Pferden sehr gern für solche Aufnahmen nutze.*

▲ *Die Jungspunde aus dem ersten Bild liefern sich hier einen beeindruckenden Schaukampf. Alles nur im Spiel, denn um Stuten müssen sich diese beiden nicht duellieren. Auch bei domestizierten Pferden sind Hengste und Wallache eher spiel- und tobebereit als Stuten. Ausnahmen bestätigen natürlich die Regel.*

ISO 200 | 98 mm | f/2.8 | 1/2000 s

ISO 200 | 200 mm | f/2.8 | 1/1250 s

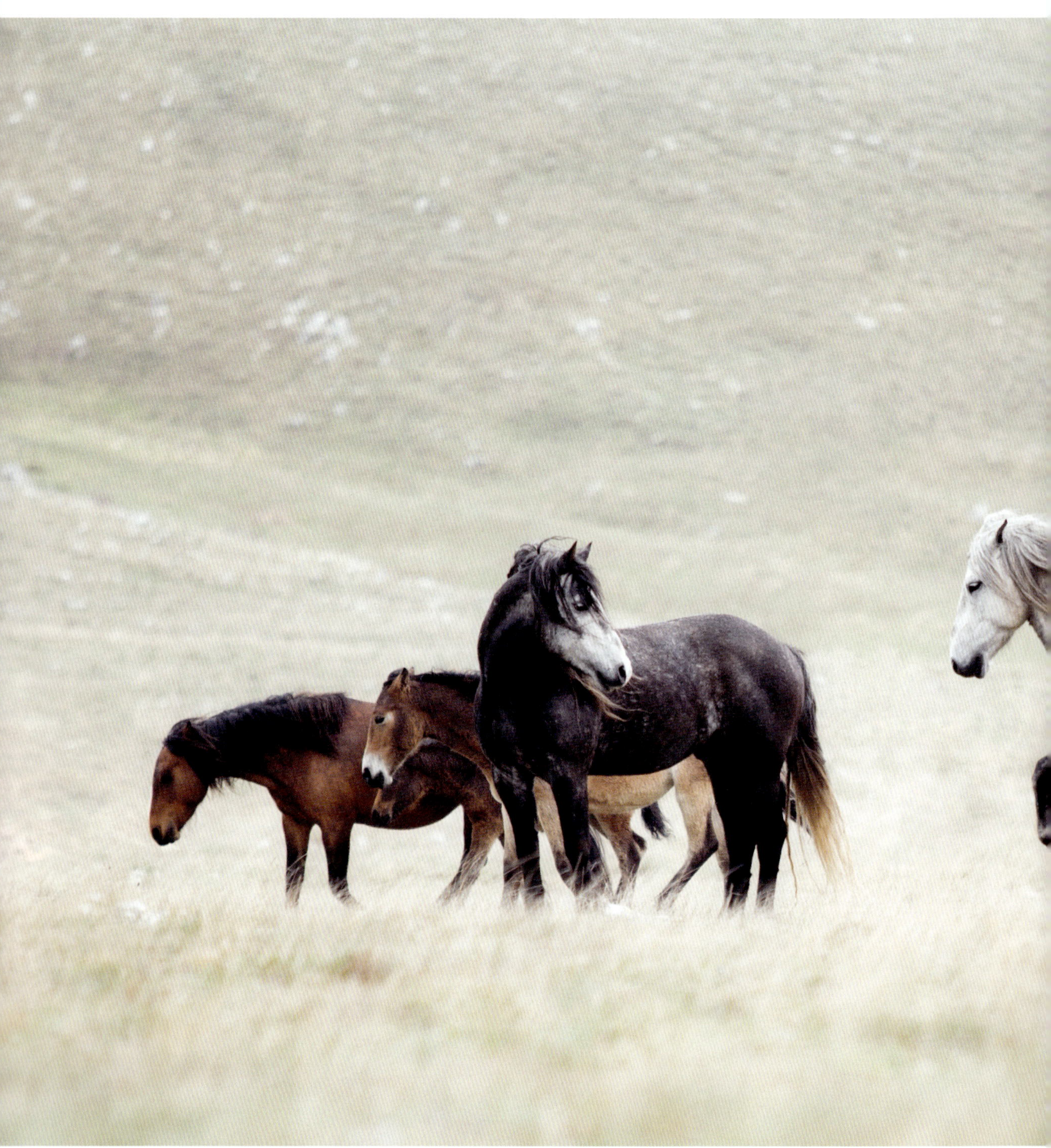

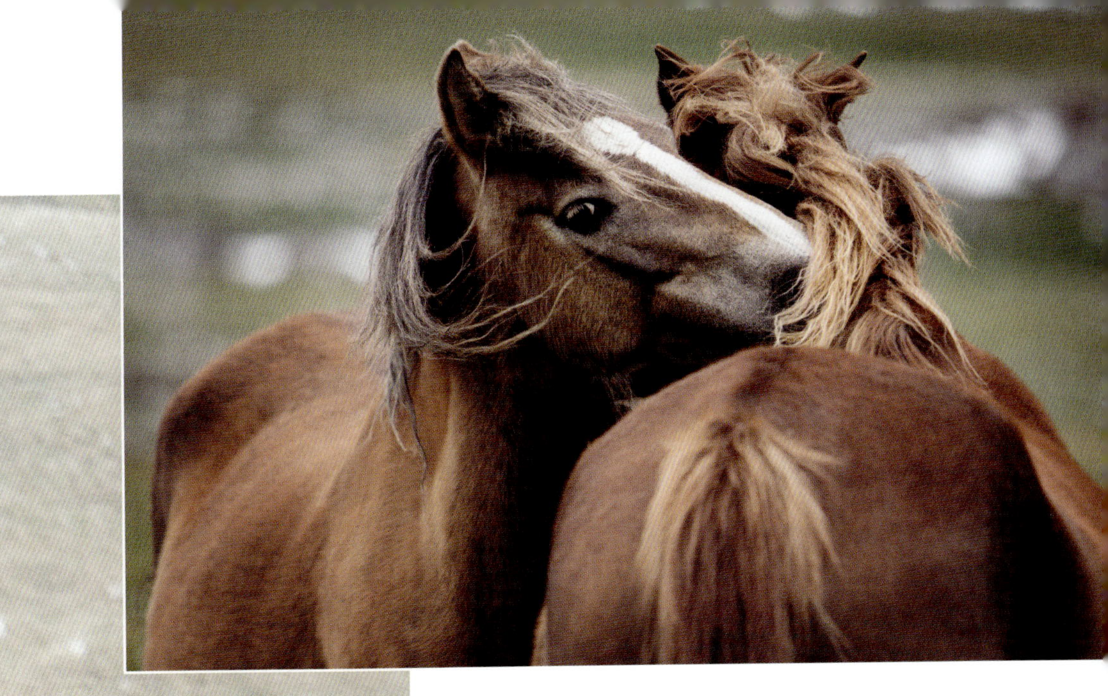

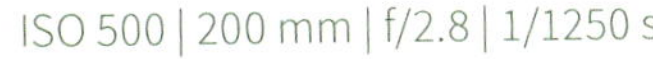

ISO 500 | 200 mm | f/2.8 | 1/1250 s

◄ *Das gegenseitige Fellchenkraulen gehört zum intakten Sozialverhalten genauso dazu wie die respektvolle Begrüßung zweiter Leithengste. Pferde kommunizieren ständig, meist für uns kaum sichtbar. Es lohnt sich wirklich, einmal eine Pferdeherde zu beobachten und herauszufinden, wer das Sagen hat und womit der Chef seine Meinung durchsetzt. Damit trainierst du dein Gespür für Pferdesprache.*

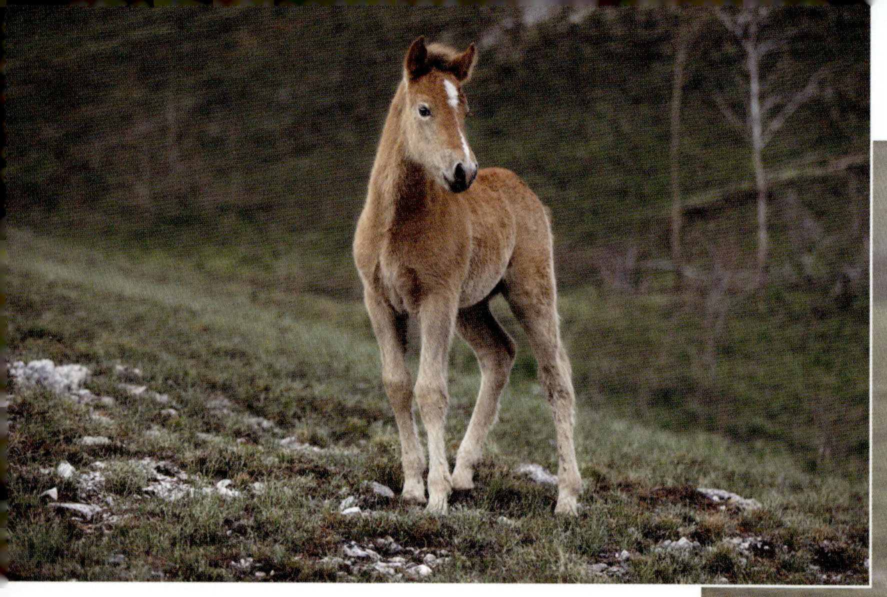

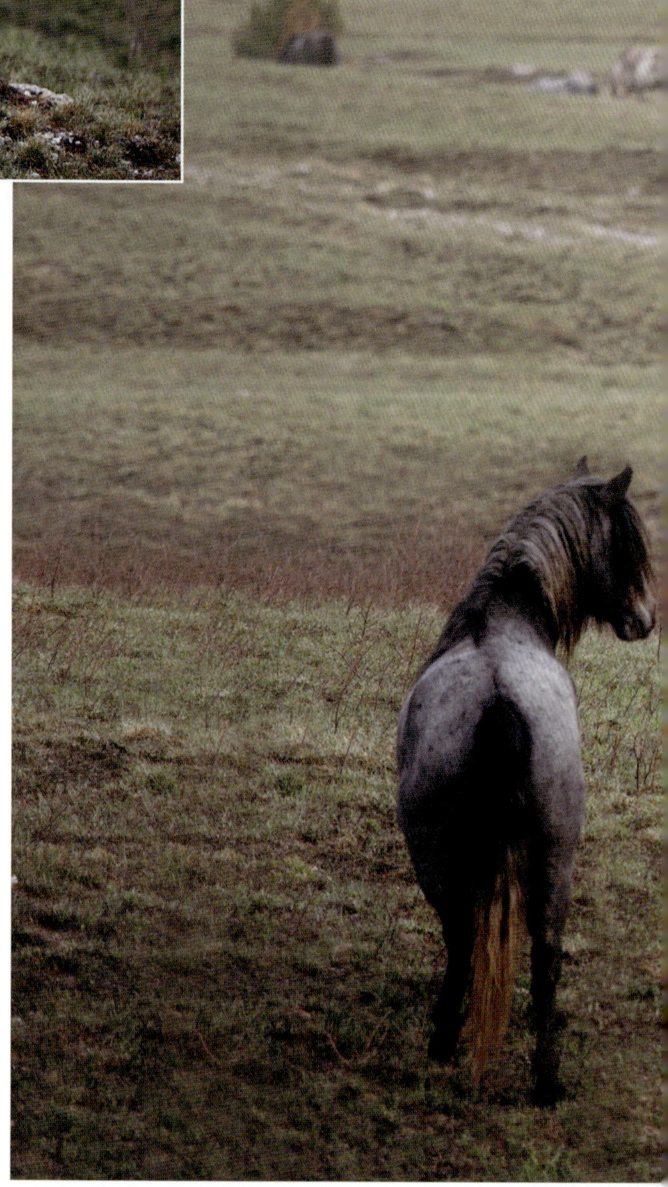

ISO 160 | 110 mm | f/2.8 | 1/1250 s

▶ *Was für ein Drama, wenn man einmal verschläft und den Anschluss verpasst. Dieser kleine Knilch musste nach dem Mittagsschlaf erst mal seine richtige Familie finden. Viele kleinere Gruppen hatten sich zu einer großen, lose stehenden Pferdeherde gemischt. Klar kam jede Menge Unruhe auf, als der Kleine wild wiehernd zwischen den Pferden herumlief. Seine Eltern konnten ihn jedoch im rechten Moment sichern. Während der Vater einen etwas zu neugierigen Konkurrenten fernhält, holt Mutti das Kleine ab.*

ISO 160 | 200 mm | f/2.8 | 1/1250 s

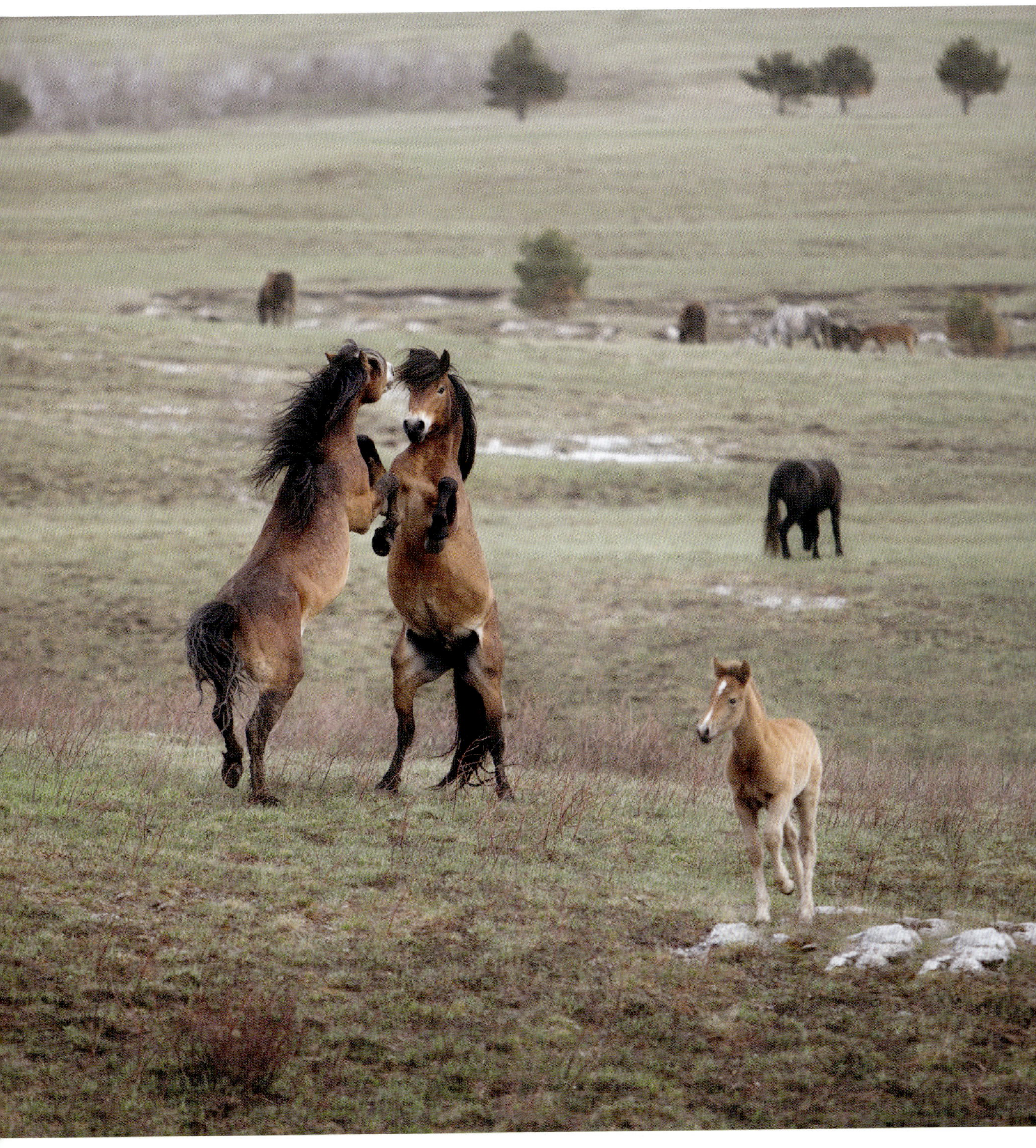

Quick-Tipps fürs Fotografieren

■ **Planung erleichtert dir dein Shooting** – Bevor du dein Pferd zur Location bestellst, solltest du dir klargemacht haben, was du wann und wie fotografieren möchtest. Schau dir die Umgebung durch deine Kamera an und bestimme im Vorfeld Bildausschnitte sowie Vorder- und Hintergrund; beachte auch das Licht zum Shooting-Zeitpunkt. Weihe die Helfer vorher in deine Pläne ein und setze auch beim Fotografieren im übertragenen Sinn immer einen Schritt nach dem anderen. Zunächst wird der Körper des Pferdes ausgerichtet, dann wird mit leichten Lockmitteln die Aufmerksamkeit gesteuert. Bei Bedarf wird die Intensität des Impulses durch stärkere Signale (z. B. Wieher-App) erhöht.

Auf der Koppel überlegst du dir genau, wohin dein Pferd sehr wahrscheinlich laufen wird, und ermittelst so den Startpunkt. Helfer können das Pferd etwas lenken, anfeuern und nach einer Ruhepause belohnen und wieder einsammeln. Shootings an fremden Orten musst du ebenfalls genau planen: Von einer Genehmigung über eine Stellplatzsuche für den Pkw mit Pferdeanhänger bis zur Begehbarkeit mit Pferd und dem späteren tatsächlichen Bildausschnitt muss alles im Vorfeld geplant sein.

■ **200 mm ist die ideale Brennweite** – Pferde profitieren optisch sehr von langen Brennweiten. 200 mm haben sich als ideal herausgestellt. Wann immer du die Möglichkeit hast, nutze deine Brennweite aus. Bevor du ein Foto schießt, überprüfe die Brennweite und geh bei Bedarf lieber noch ein paar Schritte zurück, um die volle Stauchung auszunutzen. Auch kleine Hintergründe werden dadurch besser nutzbar, da sie durch die kissenförmige Verzeichnung optisch größer erscheinen.

■ **Locken und motivieren statt verängstigen und stressen** – Im Umgang mit Pferden geht es immer um Impulse. Zunächst erfolgen diese sanft und erst bei Nichtbeachtung mit mehr Nachdruck. Im Rahmen eines Shootings heißt das aber nicht, dass es für das Pferd unangenehm werden soll, sondern einfach, dass mehr Energie deiner Helfer übertragen wird. Ein Model, das z. B. lieber frisst als läuft, wird wohl schwungvoller auf einen energischen Helfer reagieren, der mit viel Körperspannung, positiven Zurufen und Stimmenkommandos auf das Pferd zukommt, als auf jemanden, der halbherzig mit der Gerte im Wind wedelt. Gleichzeitig gilt es, das Tier nicht zu erschrecken oder zu stressen. Reicht also das Knistern einer Tüte schon aus, dass das Pferd die Nüstern bläst, solltest du lieber keinen Reflektor direkt daneben aufspringen lassen.

■ **Nutze den Herdentrieb** – Es erleichtert sämtliches Arbeiten mit Pferden, wenn man als Herdentier denkt. Ein Fotoshooting ist jedoch keine Bodenarbeitslehrstunde (manchmal unfreiwillig jedoch schon), sodass du nicht zu erwarten brauchst, dass der Pferdebesitzer oder der Helfer perfekte Freiarbeit mit dem Pferd beherrscht. Nimm einfach einen Herdenkumpel,

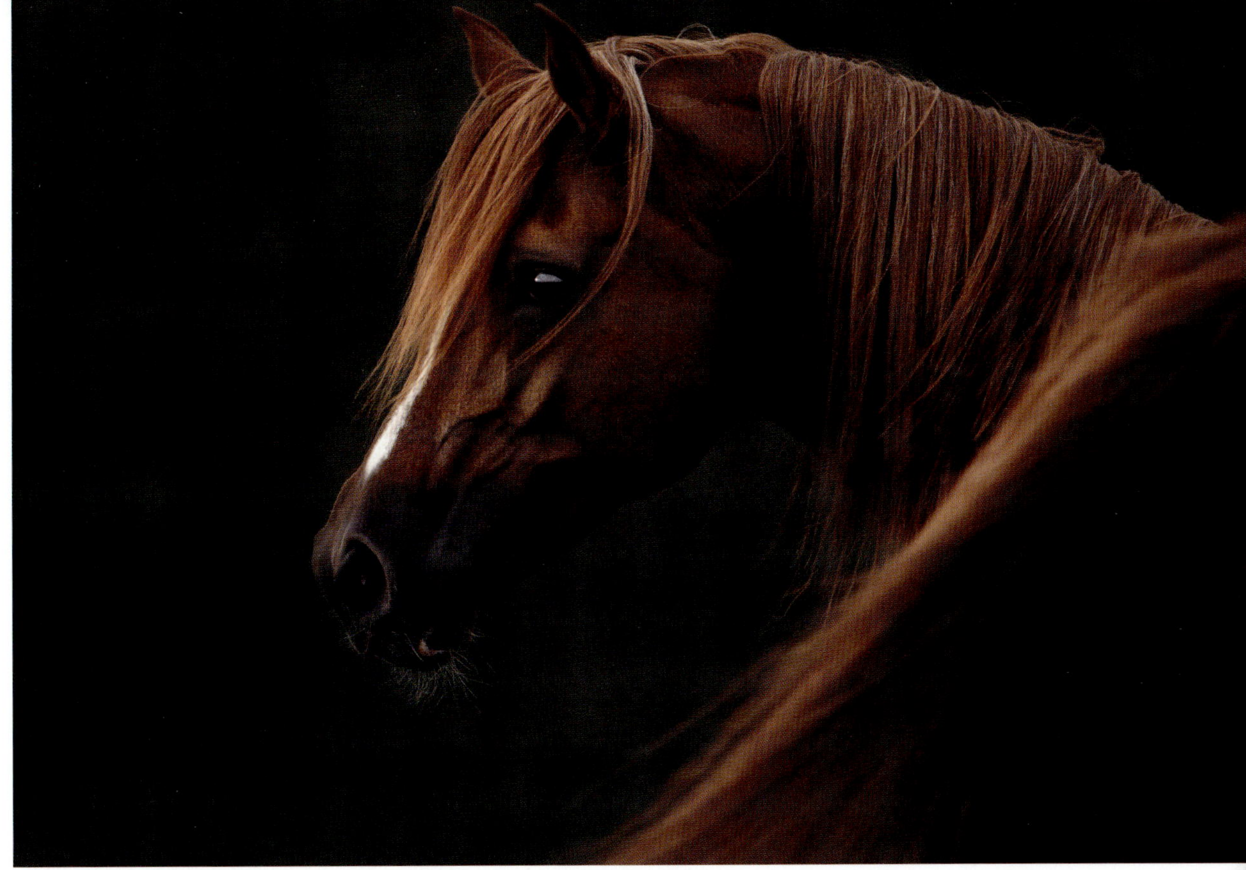

▲ *Der Winkel bei diesem „Blick über die Schulter" ist sehr steil. Ich stehe fast direkt hinter der Schweifrübe. Normalerweise mag ich diese Position nicht so gern, da der Bauch bzw. die Kruppe oft den Hals der Pferde anschneidet und ihn kurz aussehen lässt. Hier kaschiert die unscharfe Linie der Schweifhaare jedoch den unsanften Übergang von Kruppe zu Hals. Außerdem hat der Araber von Natur aus einen so langen Hals, dass dieser trotzdem noch genug Raum im Bild bekommt.*

ISO 640 | 200 mm | f/2.8 | 1/1250 s

um dein Model zu unterstützen. Er kann Ruhe vermitteln, z. B. als Zielort und Pause bei Freilaufbildern, aber auch für Spannung sorgen, wenn er aus der Sicht geführt wird.

Editieren: Retuschieren

Das Thema Retusche wird vor allem in der Pferdefotografie relevant. Denn hier stören oft Zäune im Hintergrund, und Halfter sollen aus dem Bild gezaubert werden. Aber natürlich kannst du mit den gleichen Arbeitsschritten auch andere Bilder von Störpunkten (z. B. Maulwurfshügel, störende Elemente im Hintergrund oder Lücken im Fell) befreien und so für einen klaren Bildfluss sorgen.

Meine Lieblingstools zur Retusche sind das *Ausbessern-Werkzeug* und der *Kopierstempel* im Wechsel. Am wichtigsten beim Retuschieren ist es, die Mechaniken der Werkzeuge zu kennen und sie je nach Bild sinnvoll miteinander zu kombinieren. Das erfordert Übung – aber ein

Picasso muss man dafür nicht sein. Mit der Zeit hast du selber den Dreh raus, wählst Werkzeuge automatisch und setzt intuitiv die richtige Pinselhärte und die optimale Deckkraft ein.

1. In Photoshop lege ich mir zunächst eine Kopie der Hintergrundebene an. Mache ich beim Retuschieren auf der Ebene Fehler, kann ich jederzeit den Ursprungszustand des Bilds im Ganzen oder partiell wiederherstellen.

2. Für das Retuschieren nutze ich vor allem das *Ausbessern-Werkzeug*. Damit markierst du, ähnlich wie beim *Lasso-Werkzeug*, einen Bereich im Bild. In der Grundeinstellung des *Ausbessern-Werkzeugs* kannst du nun den markierten Bereich anfassen und über eine Struktur im Bild ziehen, die den markierten Bereich ersetzen soll. Damit der Algorithmus gut arbeiten kann, sollte der neue Bereich in Sachen Schärfe und möglichst auch in Farbe und Struktur zum markierten Bereich passen. Das ist der Punkt, an dem du dich mit dem *Ausbessern-Werkzeug* vertraut machen solltest. Du wirst schnell feststellen, wie Photoshop reagiert und Strukturen gut berechnet – oder eben nicht. Oftmals wiederhole ich den Vorgang für eine Stelle auch mehrfach, um irgendwann das gewünschte Ergebnis erreicht zu haben.

3. Den Feinschliff erledigt der *Kopierstempel*. Mit weichem *Pinsel* und angepasster *Deckkraft* (mal schwach, mal stärker) gleiche ich per Hand die Fragmente aus, die Photoshop mit dem *Ausbessern-Werkzeug* nicht gut berechnen konnte. Außerdem ist der *Kopierstempel* auch für gemischte Schärfebereiche geeignet, zum Beispiel für den Strick am Halfter: In manchen Fällen verläuft der Strick nämlich vor dem unscharfen, freigestellten Hintergrund. Wenn der Strick selbst jedoch scharf gestellt ist, weil er sich auf gleicher Schärfeebene wie der Kopf des Pferdes befindet, kommt das *Ausbessern-Werkzeug* in manchen Fällen wieder an seine Grenzen. Schließlich ist die Struktur zwischen scharfem Strick und unscharfem Hintergrund sehr unterschiedlich. Deswegen machen sich Fotohalfter bezahlt:

4. Je feiner und dünner Halfter und Strick sind, desto leichter wird die Retusche fallen. Ich variiere beim Stempeln mit Deckkraft und Kantenstärke. Ist der Strick vor einem Bereich des unscharfen Hintergrunds, entferne ich ihn mit *weichem Pinsel* im Wechsel mit dem *Ausbessern-Werkzeug*. Komme ich zu den Umrissen meines Models bzw. zu den Bereichen des Stricks, die über dem Körper des Pferdes liegen, nutze ich eine etwas *härtere Pinselspitze*. Das Pferd ist in der Regel der scharf gestellte Bereich im Bild. Es passt also nicht in die Struktur, wenn ich mit einem ganz *weichen Pinsel* arbeite. Ich achte genau darauf, dass die kopierten Fellteile auch zur Struktur des auszubessernden Bereichs passen. Im Gesicht hat das Pferd um die Nüstern herum beispielsweise viel feinere und kürzere Haare als auf Nasenrücken oder Stirn. Ebenso muss die Fellrichtung beachtet werden.

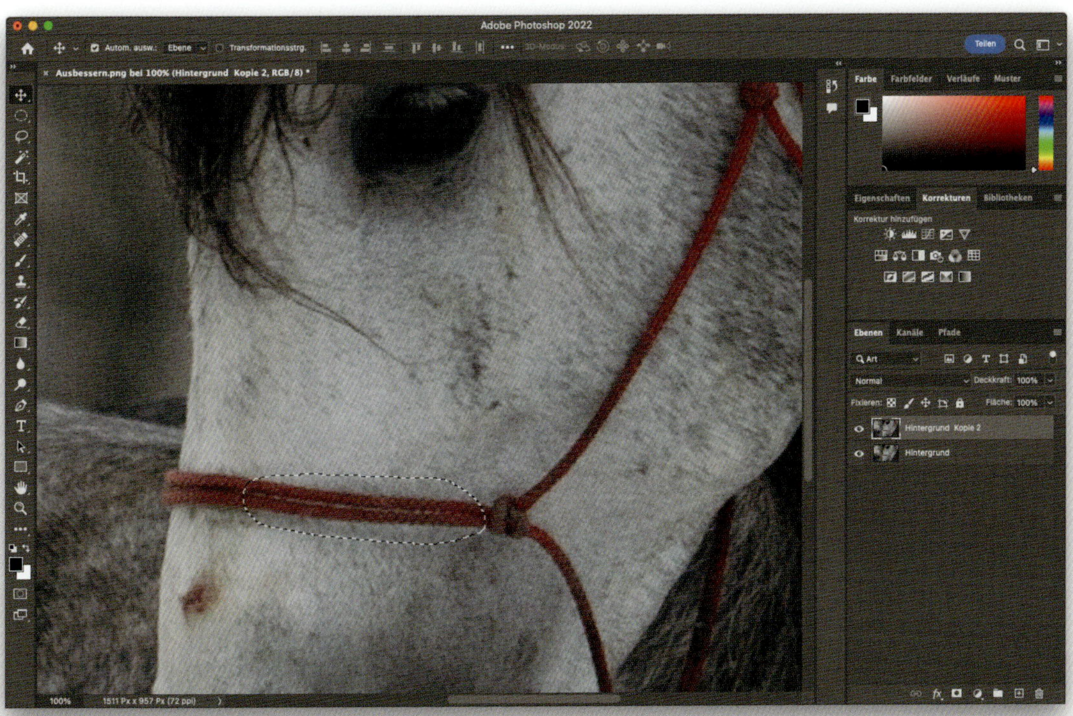
Adobe Photoshop 2022
Autom. ausw.:
Ebene
Transformationsstrg.
Teilen
Ausbessern.png bei 100% (Hintergrund Kopie 2, RGB/8) *
Farbe
Farbfelder
Verläufe
Muster
Eigenschaften
Korrekturen
Bibliotheken
Korrektur hinzufügen
Ebenen
Kanäle
Pfade
Art
Normal
Deckkraft: 100%
Fixieren:
Fläche: 100%
Hintergrund Kopie 2
Hintergrund
100%
1511 Px x 957 Px (72 ppi)

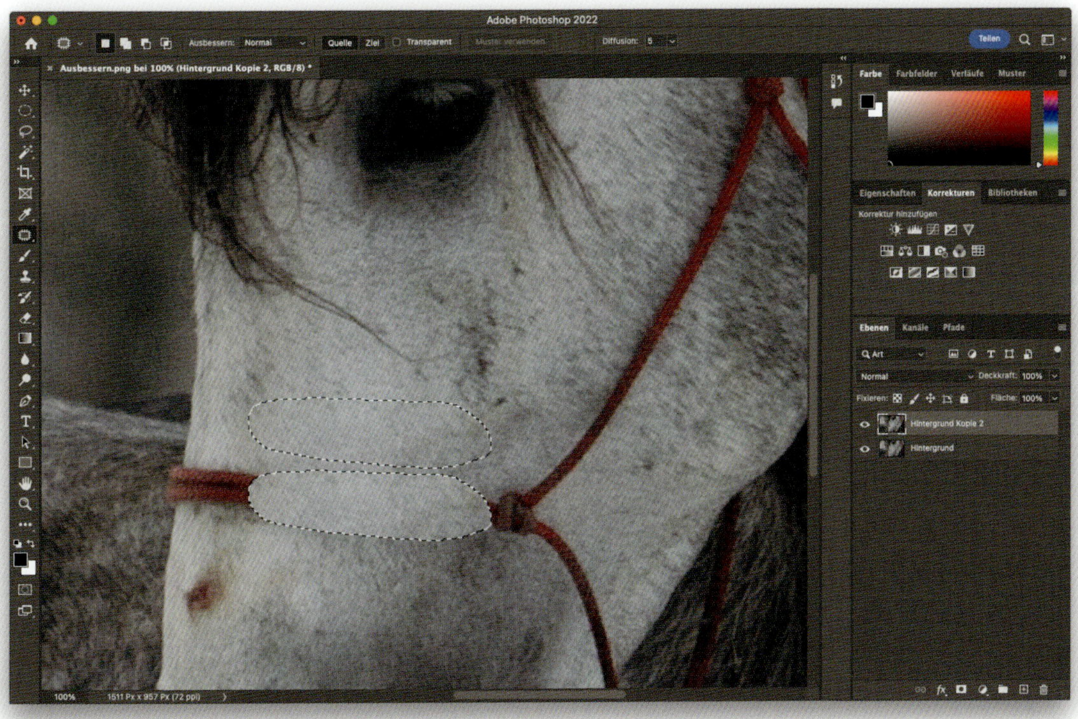
Adobe Photoshop 2022
Ausbessern:
Normal
Quelle
Ziel
Transparent
Muster verwenden
Diffusion:
5
Teilen
Ausbessern.png bei 100% (Hintergrund Kopie 2, RGB/8) *
Farbe
Farbfelder
Verläufe
Muster
Eigenschaften
Korrekturen
Bibliotheken
Korrektur hinzufügen
Ebenen
Kanäle
Pfade
Art
Normal
Deckkraft: 100%
Fixieren:
Fläche: 100%
Hintergrund Kopie 2
Hintergrund
100%
1511 Px x 957 Px (72 ppi)

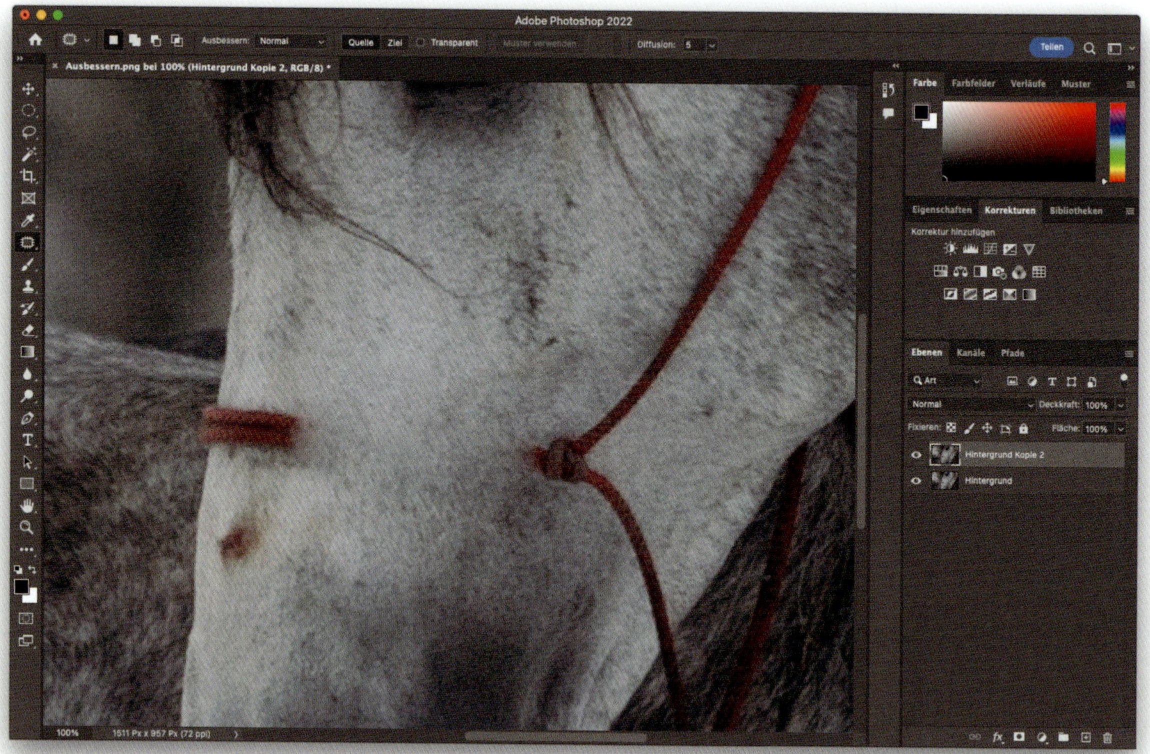

▲ *Spätestens hier wird deutlich, warum schmale Halfter in der Retusche leichter zu entfernen sind. Es ist einfach nicht so viel Struktur zu ersetzen. Gerade am Kopf haben Pferde unterschiedlich lange Haare. Ich achte beim Auswählen der Ausbessern-Quelle darauf, dass die Haare wirklich noch zum auszutauschenden Bereich passen.*

Es ist etwas abstrakt, das Stempeln in einem Text zu beschreiben. Am allerbesten ist natürlich das eigene Ausprobieren und Lernen. So kommst du meistens viel besser voran.

In meiner Bildnachbearbeitung ist das Retuschieren der erste Schritt nach dem Export in Adobe Lightroom. Erst danach kümmere ich mich um die Kontrastsetzung, wie im zweiten Bildbearbeitungsteil beschrieben. Da bei Katzenbildern die Retusche aber lange nicht so aufwendig ausfällt, habe ich die Reihenfolge der Inhalte für dieses Buch verändert.

Profitipp: Grafiktablett

Ich nutze ein Intuos-Tablet von Wacom. Die Einsteigertablets von Wacom sind in der Regel erschwinglich und völlig ausreichend. Ich rate zu einem eher kleinem Tablet (ca. A5), da sonst die Wege mit dem Stift auf einer großen Fläche zu lang werden, und das ist nach einiger Zeit deutlich im Handgelenk zu merken. Mit dem Tablet kann ich tatsächlich in meinen Bildern malen und arbeite viel feiner in den Korrekturen. Außerdem lässt sich Photoshop schneller bedienen. Eine Maus nutze ich gar nicht mehr.

Abschließend verleihe ich meinen Fotos noch einen eigenen Farblook. Bilder bei diffusem Licht lassen sich viel besser farblich anpassen. Ich nutze dazu die Einstellungsebene *Selektive Farbkorrektur* und schau mir jeden *RGB-Kanal* einzeln an. Mit dem Ziehen der Regler sehe ich, wie sich die Farbkorrektur auswirkt. Keine Scheu, du kannst nichts falsch machen und die Einstellungsebene jederzeit ändern. Probier das einfach mal selbst aus. Du kannst Farben aber auch schon im RAW-Konverter anpassen. Dort gibt es in der Regel ebenfalls Korrekturkanäle für jeden Farbkanal.

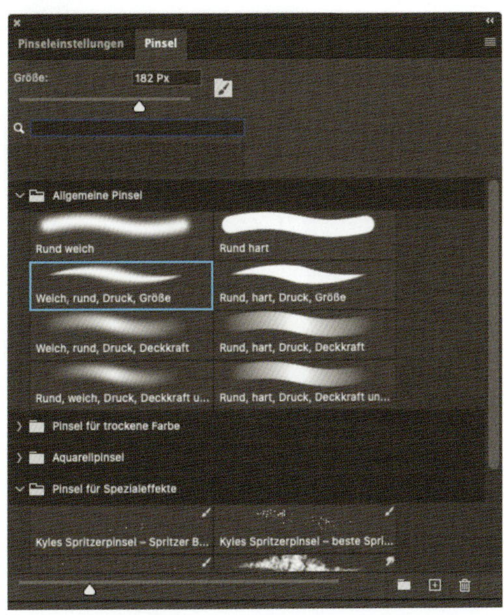

▲ *Leider lässt sich der Kopierstempel selbst nicht per Screenshot festhalten. Hier sind zumindest meine Einstellungen: Der Pinsel ist meist etwas größer und hat eine weiche Kante. Außerdem ist die Druckempfindlichkeit aktiviert. Die findest du oben in der Menüleiste von Photoshop ganz rechts.*

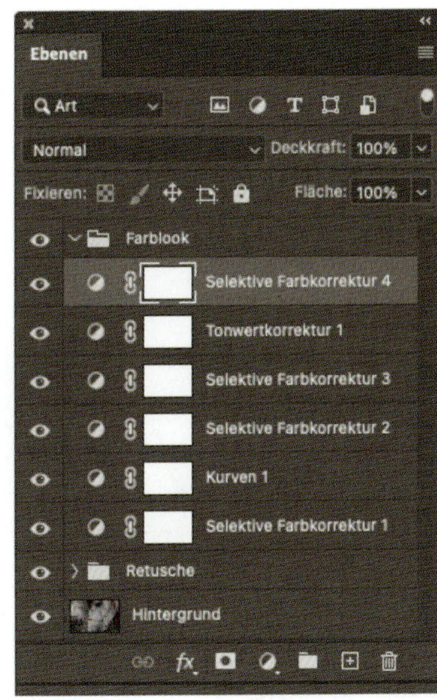

▲ *Mit Farbgestaltung kannst du selbst aus einem trüben Wintertag noch jede Menge herausholen. Ich nutze dazu am liebsten die selektive Farbkorrektur, die du bei den Einstellungsebenen (schwarz-weißer Kreis unten im Ebenenmenü) findest. Für manche Bilder lege ich dazu mehrere dieser Ebenen an, bis ich mit dem entstandenen Farblook zufrieden bin. Die Masken helfen dabei, partiell zu arbeiten, falls es nötig ist. Mit der Ebene Kurven und der Ebene Tonwertkorrektur habe ich dazwischen noch leichte Aufhellungen vorgenommen, da das Bild durch meine Farbkorrekturen zwischenzeitlich zu dunkel wurde.*

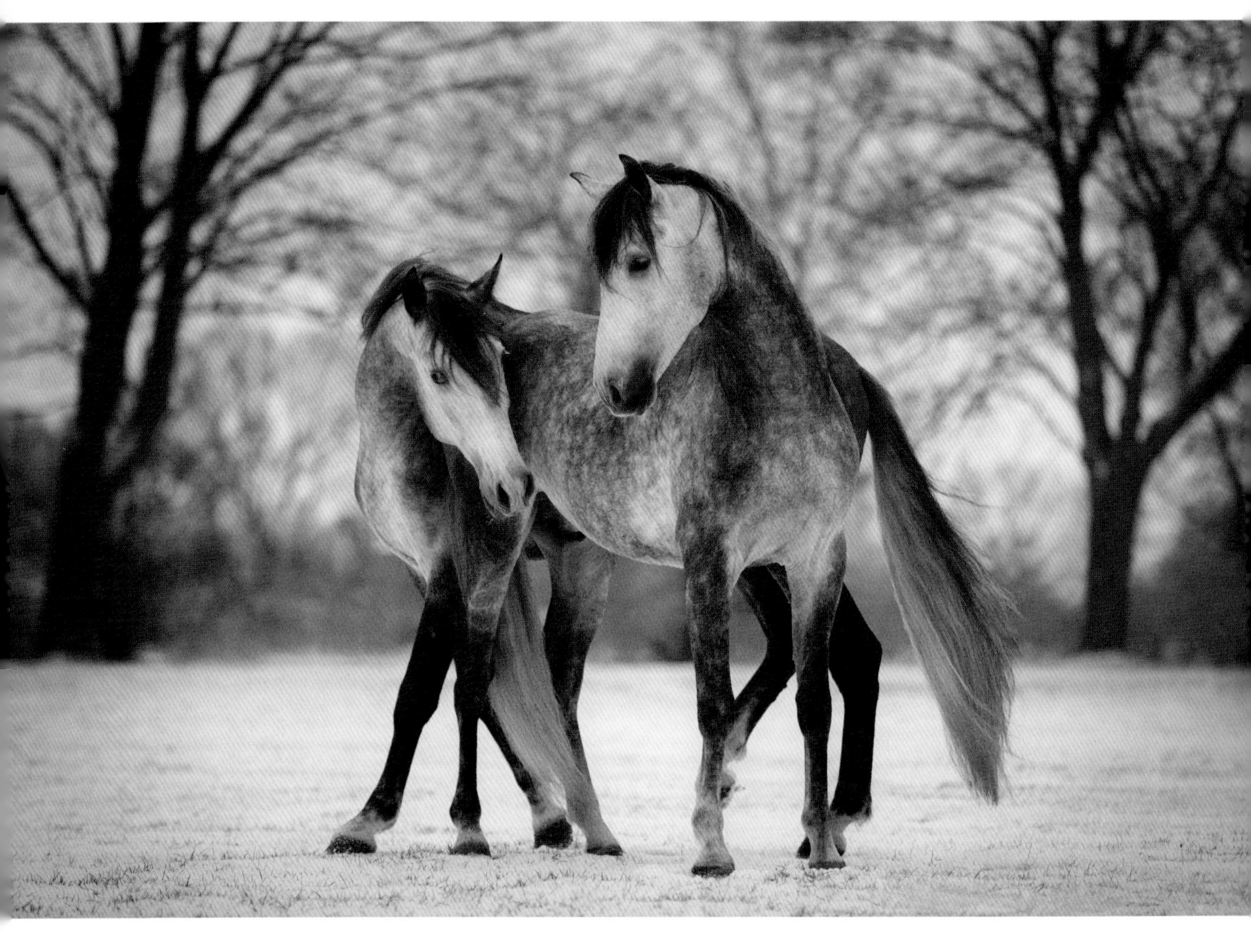

ISO 1000 | 195 mm | f/2.8 | 1/1250 s

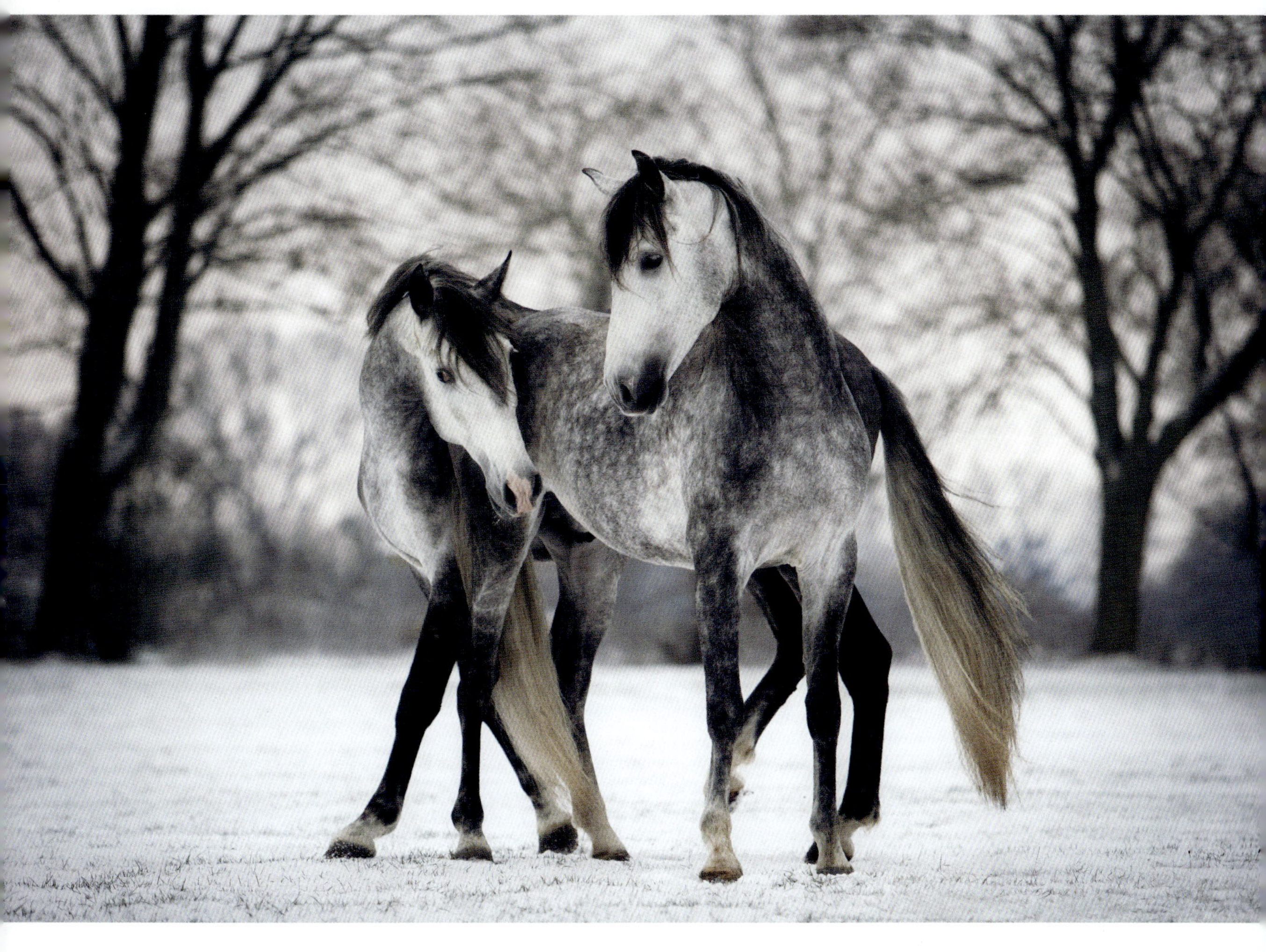

ISO 1000 | 195 mm | f/2.8 | 1/1250 s

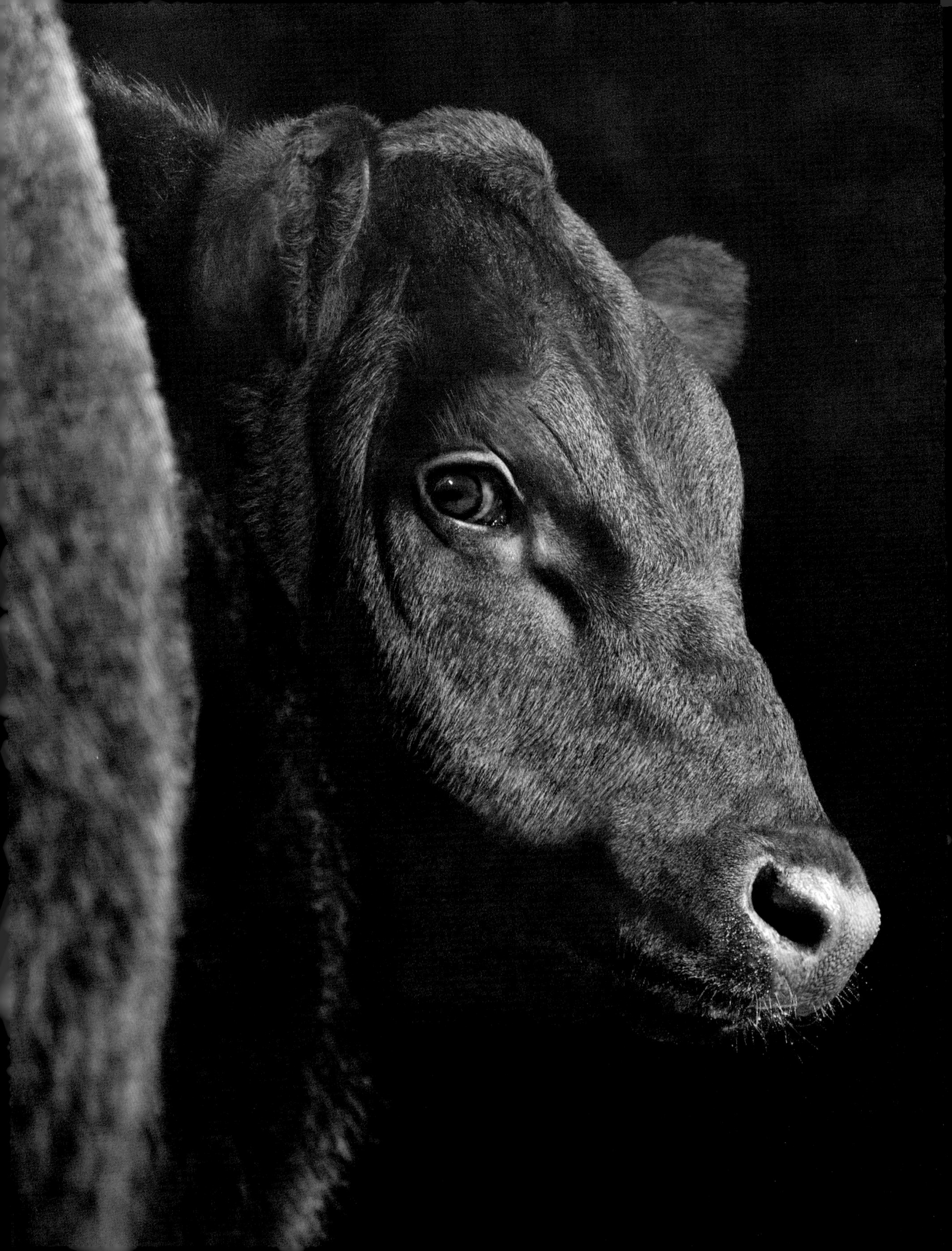

KAPITEL 6

EXTRA: FARMTIERE

◀ *Rind.*

ISO 200 | 200 mm | f/6.3 | 1/250 s

Hunde, Katzen und Pferde sind in der Haustierfotografie die beliebtesten Models. Doch darüber hinaus gibt es natürlich auch noch andere Tiere, die in der Obhut von Menschen leben. In diesem Abschnitt möchte ich dir meine Fotoreihe mit Farmtieren vorstellen, an der ich seit einigen Jahren arbeite. Sie soll dir in erster Linie als Inspiration dienen, denn alle Bilder sind in meinem Studio entstanden und vielleicht nicht im Rahmen deiner technischen Möglichkeiten. Trotzdem gilt es auch bei diesen Tieren vor allem, herauszufinden, wie du einen Zugang zu ihnen bekommst und wie du sie gestalterisch inszenieren kannst.

Ob du das im Studio oder unter freiem Himmel machst, spielt nur eine untergeordnete Rolle. Die Tipps zum Location-Scouting und zum Verhalten der Tiere kannst du aus den Hunde-, Katzen- und Pferdekapiteln ziehen. Denn unsere drei populärsten Haustiere unterscheiden sich in ihrem Verhalten und den Shooting-Anforderungen aufgrund ihrer Typen so sehr von einander, dass du von ihnen auch auf andere Tierarten schließen kannst. So sind beispielsweise bestimmte Tiere genauso eigenwillig wie Katzen oder verhalten sich als Fluchttiere eher wie Pferde.

Beim Porträtieren im Studio bin ich sehr grafisch vorgegangen. Das heißt, dass ich nach Formen und Linien gesucht habe, um die Tiere ästhetisch in Form zu bringen und ihre Urigkeit bzw. ihre Eigenarten zu betonen. Schließlich sind Farmtiere oder, wie sie in der Gesellschaft genannt werden, Nutztiere dem Menschen längst nicht so präsent wie Hunde oder Katzen. Diese Tiere stehen meist abgeschirmt hinter hohen Mauern, unsichtbar, während die meisten Menschen auch um ihr Herz eine Mauer errichtet haben, um ja nicht zu viel Sympathie und Empathie zu dieser Art von Tieren aufzubauen. Würde das nämlich geschehen, gäbe es mit Sicherheit keine Massentierhaltung und keine derart große Industrie dahinter.

Du siehst: Fotografie ist so viel mehr als technische Daten, Licht oder Bildgestaltung. Du kannst mit deinen Fotos auch denen eine Stimme und ein Gesicht geben, denen sonst keine Plattform geboten wird.

Kompakte Rinder

Rinder haben einen kompakteren, bulligeren Körperbau und einen viel kürzeren Hals als Pferde. Je nach Rasse und „Verschleiß“ sind sie eher muskelbepackt oder knochig. Ein Rind schafft aufgrund seiner Anatomie nicht die gleichen eleganten Biegungen wie ein Pferd. Du kannst stattdessen darauf achten, dass es mit den Beinen möglichst gerade steht, und fotografierst eher statische Bilder.

Außerdem ist der kürze Kopf dazu geeignet, auch frontal in die Kamera zu schauen. Auf dem Querformatbild wird deutlich, wie kurz der Hals des Rindes im Vergleich zu Pferden ist, wenn du beide Arten beim „Blick über die Schulter“ vergleichst. Hier habe ich darauf geachtet, dass der Kopf genügend sichtbar bleibt und nicht von Bauch und Körper weggedrückt wird.

▶ *Rind.*
ISO 200 | 105 mm | f/6.3 | 1/250 s

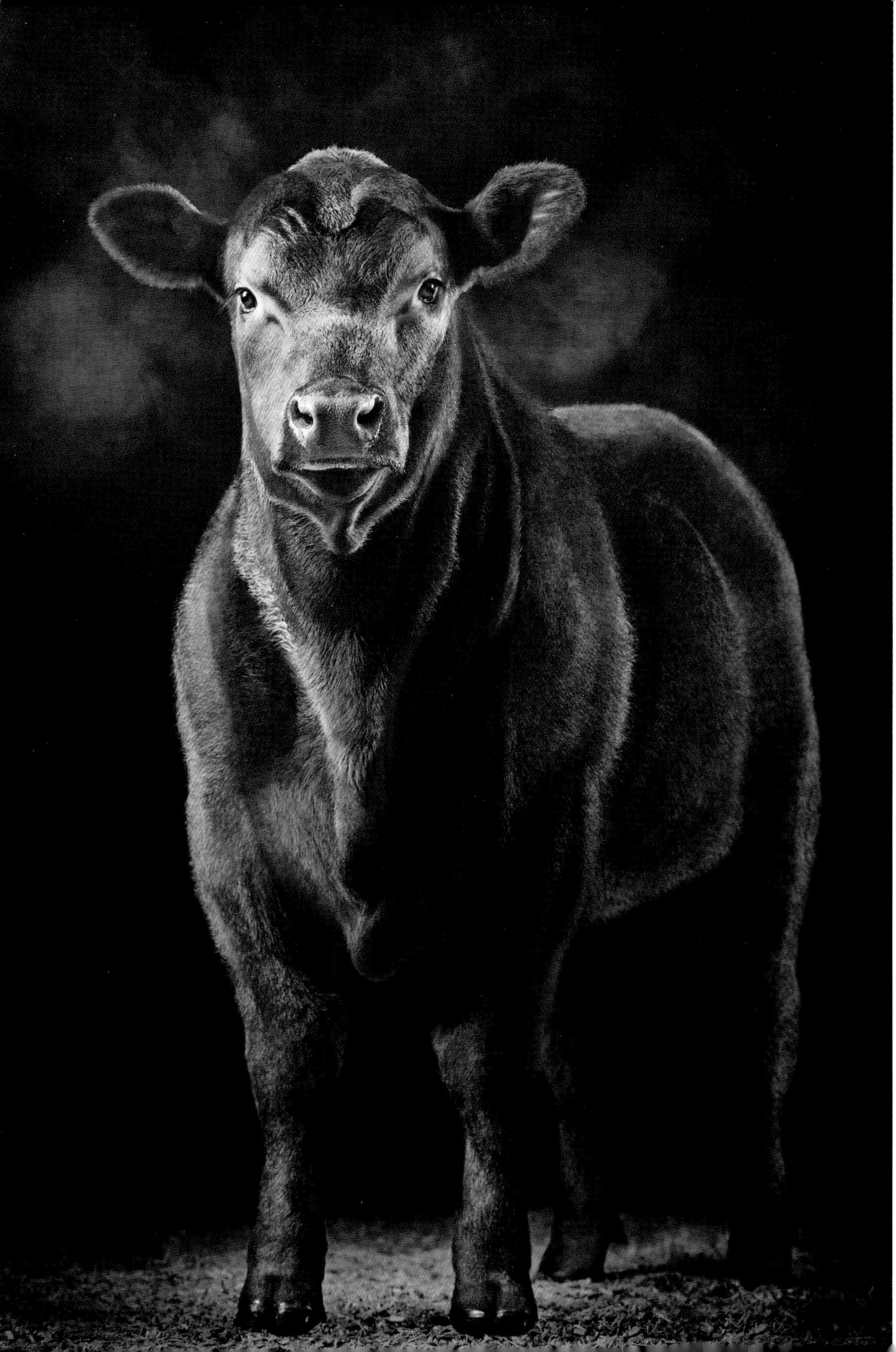

Langohrige Esel

Esel sind Pferden noch ähnlicher, schließlich teilen sie sich die Familie der Equidae. Statt eines lang gezüchteten Halses verfügen Esel aber über ein ganz anderes prägendes Merkmal: ihre langen Ohren. Obwohl sie einen den Pferden sehr ähnlichen Schädel besitzen, habe ich mich bei diesen beiden Bildern für eine Frontalaufnahme entschieden, um die Urigkeit und die Form der Ohren darzustellen. Durch die langen Ohren verschiebt sich der gesamte Bildaufbau deutlich. Im Vergleich zu klassischen Pferdebildern sind die Augen bei langohrigen Eseln etwas weiter unten im Foto, da der Raum nach oben mehr Platz für die Ohren benötigt.

ISO 250 | 165 mm | f/8.0 | 1/200 s

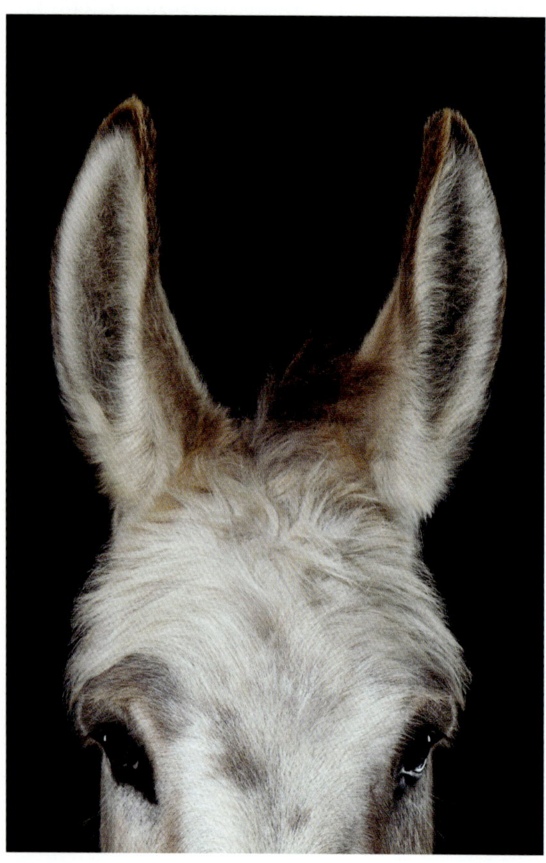

▲ *Esel.*

ISO 250 | 130 mm | f/8.0 | 1/250 s

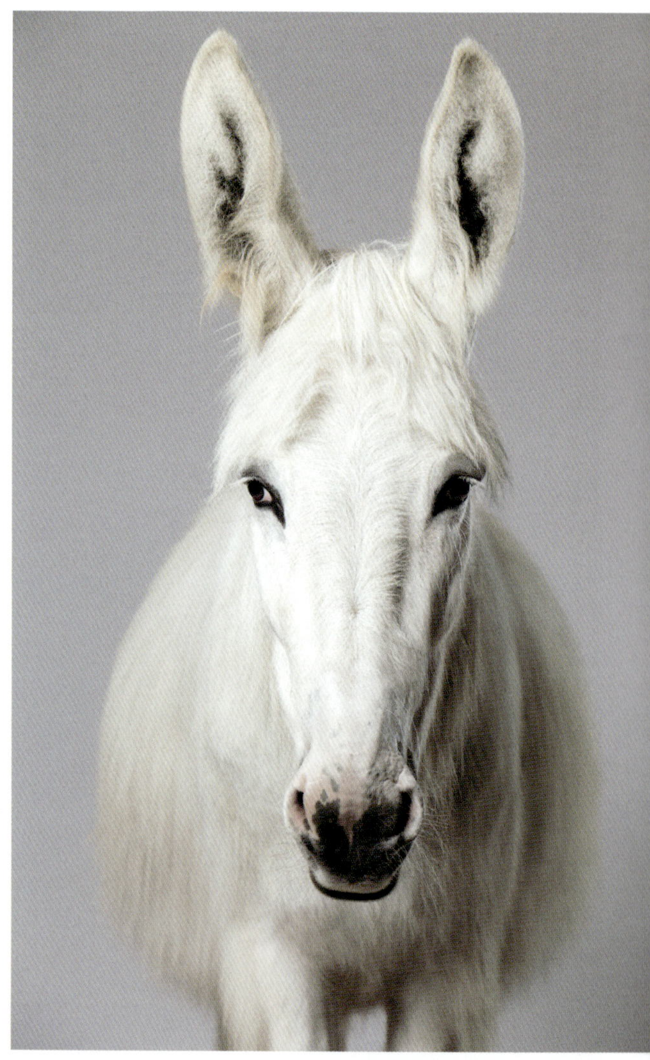

Gehörnte Ziegen

Gehörnte Tiere wirken auf mich immer, als trügen sie ihre eigenen Kronen. Bei diesen beiden Ziegen sind die Hörner geschwungen und bringen Bewegung ins Bild. Die Ziege auf dem Querformatbild habe ich zwar statisch von der Seite fotografiert, doch durch das Streiflicht und die Oberlinie entlang des Nackens, durch den Bart, das geschwungene Ohr, die Nüstern und das Auge bekommt das ganze Bild passend zu den Hörnern dynamische Linien. Das zweite Model hat einen langen Hals, ähnlich dem eines Pferdes. Hier hat sich die Biegung im Hals selbst bezahlt gemacht, um dem Model so Eleganz und Spannung zu verleihen, die sich ebenfalls in den Hörnchen widerspiegeln.

ISO 250 | 125 mm | f/7.1 | 1/250 s

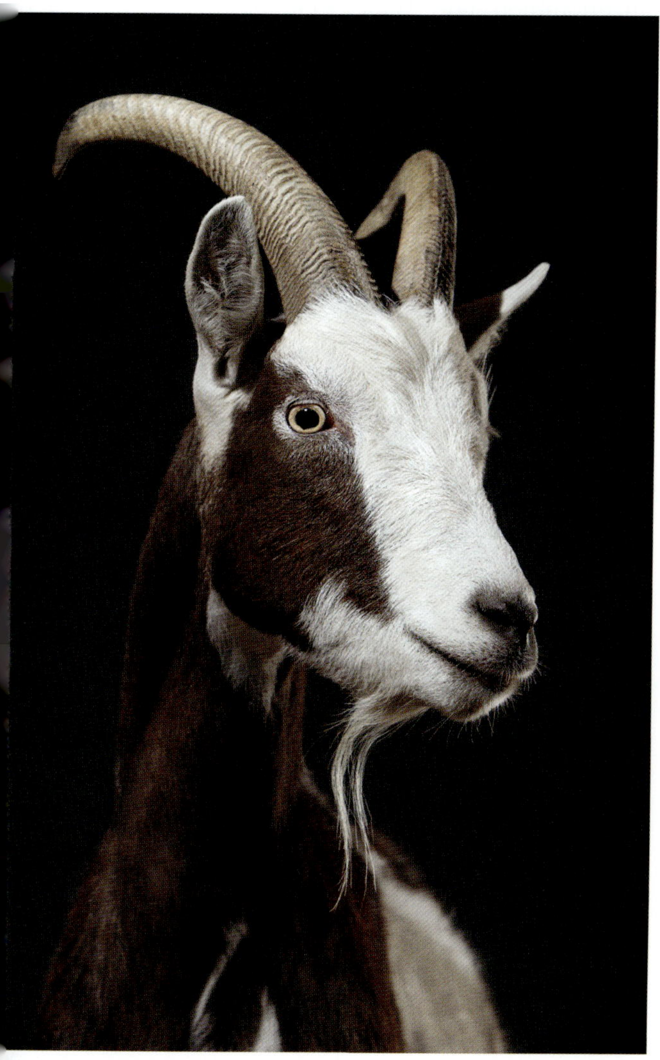

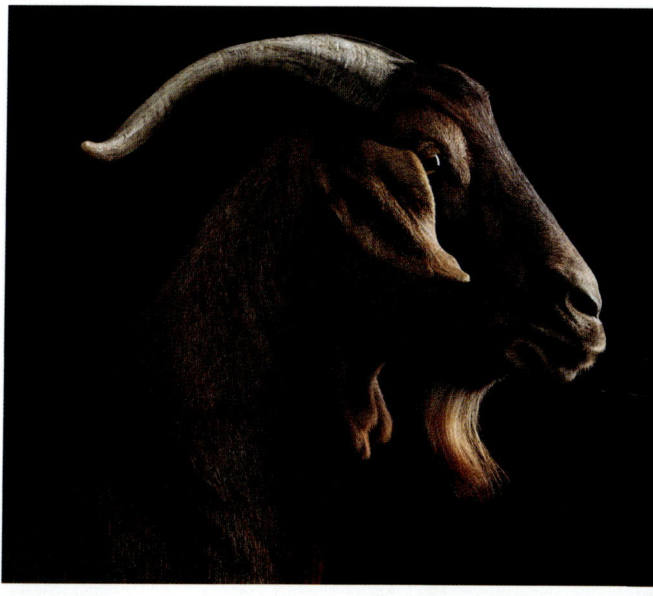

▲ *Ziegen.*
ISO 250 | 125 mm | f/7.1 | 1/250 s

Pokerface Ganter

Vögel haben eine völlig andere Körpersprache als Säugetiere. Im ersten Moment lassen die starren Pokerfaces kaum Rückschlüsse darauf zu, was in ihnen gerade vorgeht. Dass es ihnen aber nicht an Persönlichkeiten mangelt, zeigen meine beiden gefiederten Models deutlich. Nur wenn ein Tier entspannt ist – oder zumindest nicht panisch –, macht es sich groß und stolz. Der Ganter hat das Studio sehr schnell für sich eingenommen und seine Meinung mit dem Schlagen der Flügel kundgetan.

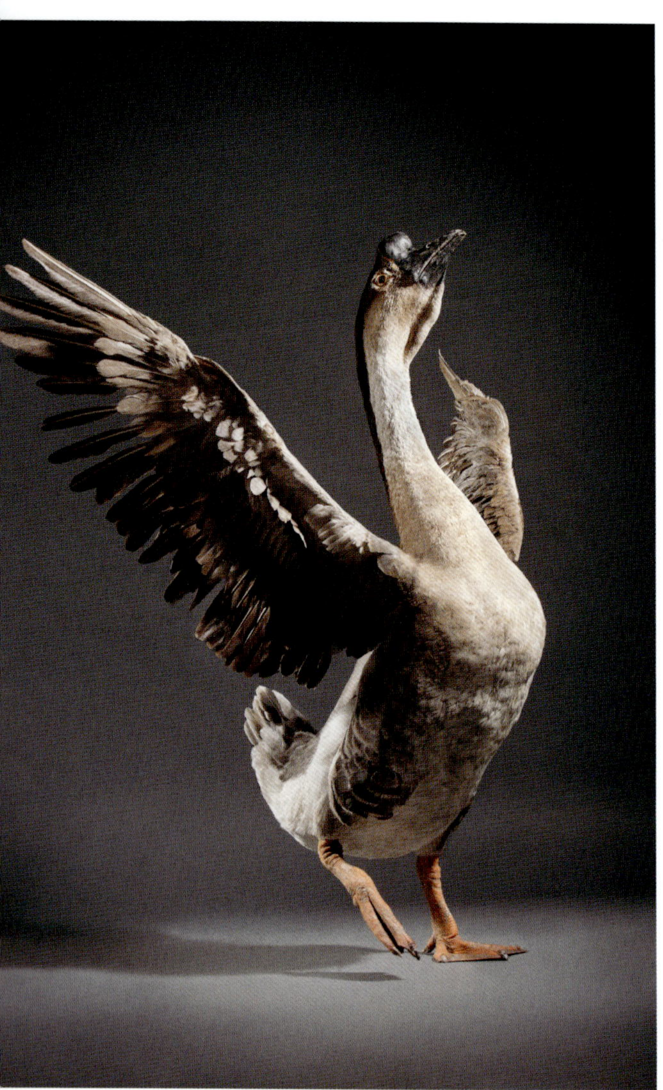

▲ *Ganter.*

ISO 100 | 70 mm | f/9.0 | 1/250 s

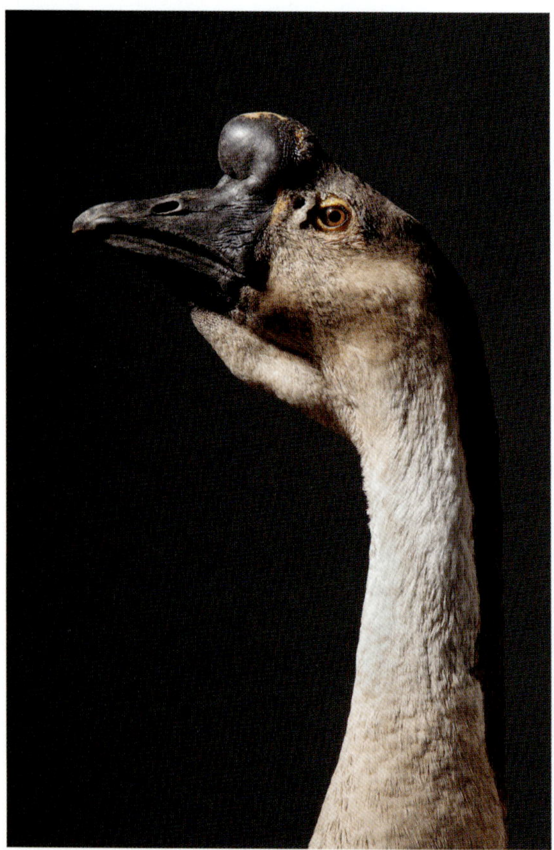

ISO 100 | 200 mm | f/9.0 | 1/250 s

Stolzer Hahn

Auch der Hahn ließ sich nicht durch die Fotosession beirren. Jedoch solltest du genau hinschauen: Je „undeutlicher" ein Tier mir dir spricht, desto schneller sollte das Shooting dauern. Flüchtet dein Model permanent oder ist es in sich zusammengesackt und erstarrt, sind dies in jedem Fall klare Zeichen, das Shooting abzubrechen. Mit untrainierten Farmtieren arbeite ich meist nie länger als ein paar Minuten, falls das Tier sich überhaupt überzeugen lässt, mitzumachen.

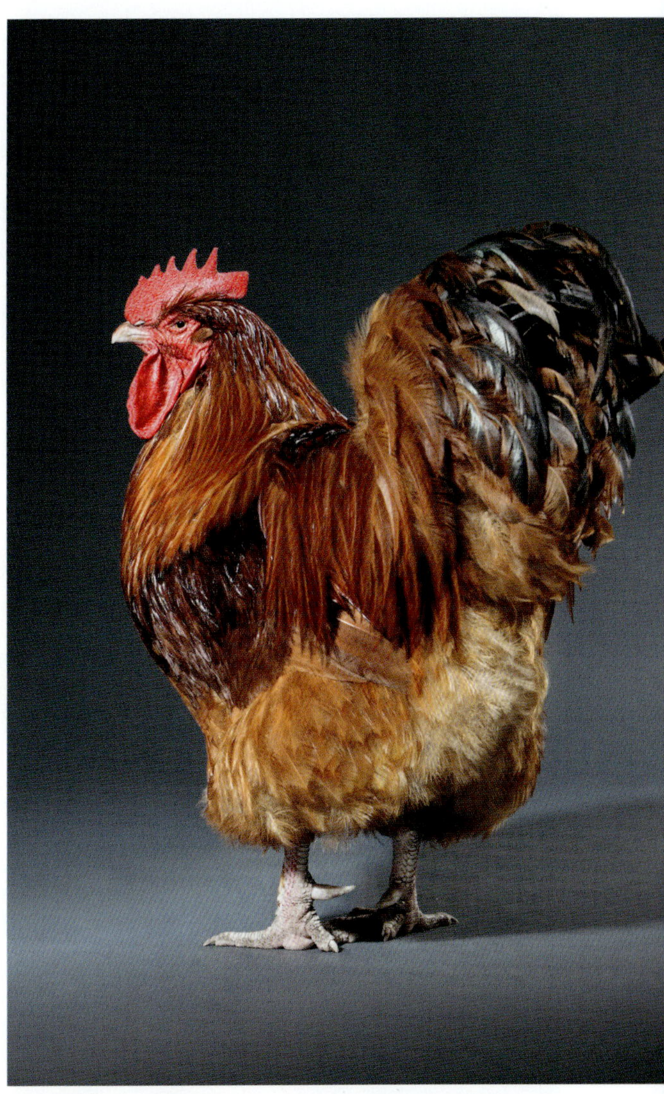

▲ *Hahn.*

ISO 250 | 93 mm | f/7.1 | 1/250 s

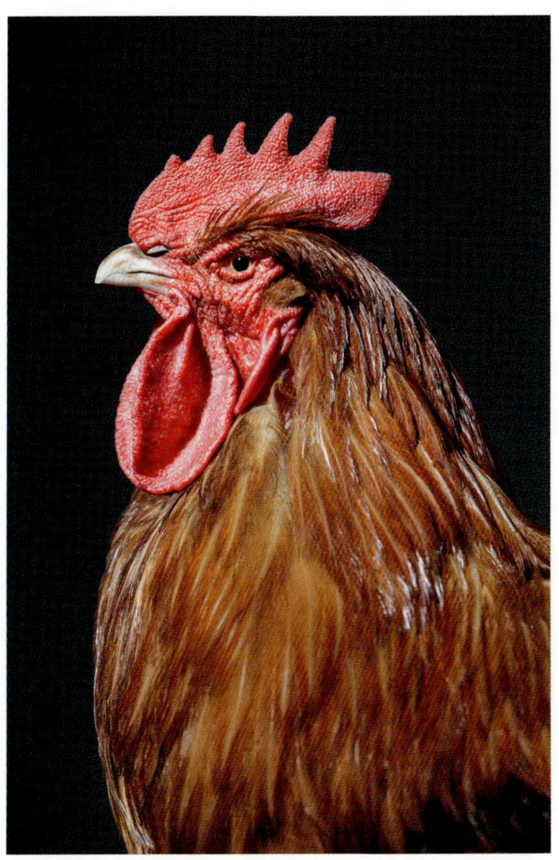

ISO 250 | 200 mm | f/7.1 | 1/250 s

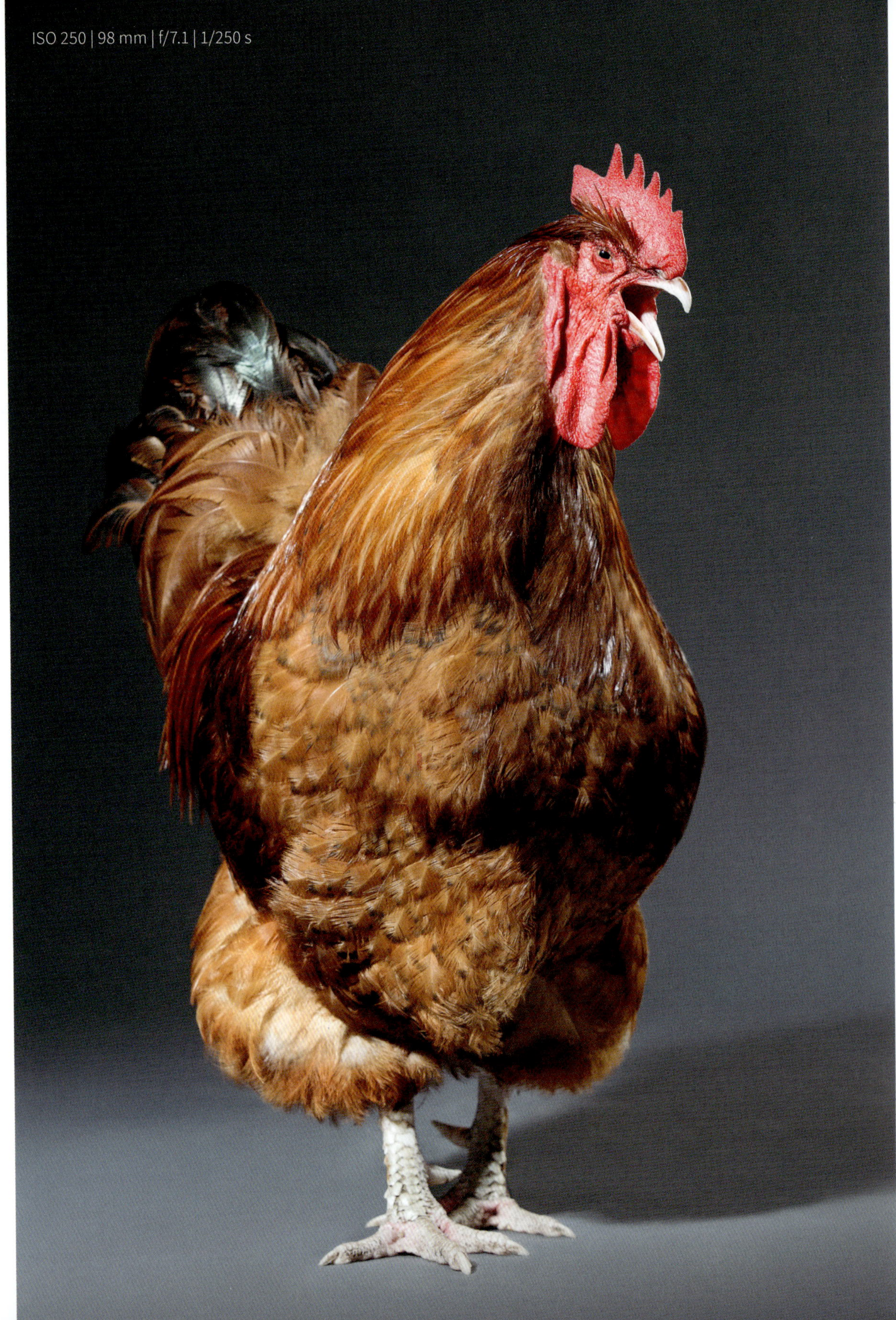
ISO 250 | 98 mm | f/7.1 | 1/250 s

Schwarzes Schaf

Das Schaf hat einen drolligen Körperbau: dünne Beinchen, einen runden Rumpf und dazu ein Köpfchen mit großen, unschuldigen Augen. Ich war froh, dass sich mein Model von selbst so positioniert und durch die Biegung im Hals dem Körper etwas Spannung und Form verliehen hat. Hier musste alles schnell gehen, denn die Schafdame war nicht sonderlich geduldig und wurde schnell wieder entlassen. Ich habe von manchen Models nur eine Handvoll Bilder und lebe gern mit dem Risiko, dass manchmal einfach nichts dabei ist, statt das Tier unnötig lang zu stressen. Im Freien wirst du weniger damit zu tun haben, denn dann sind die Tiere in ihrem natürlichen Umfeld, und du kannst mit langer Brennweite einen größeren Abstand einbauen.

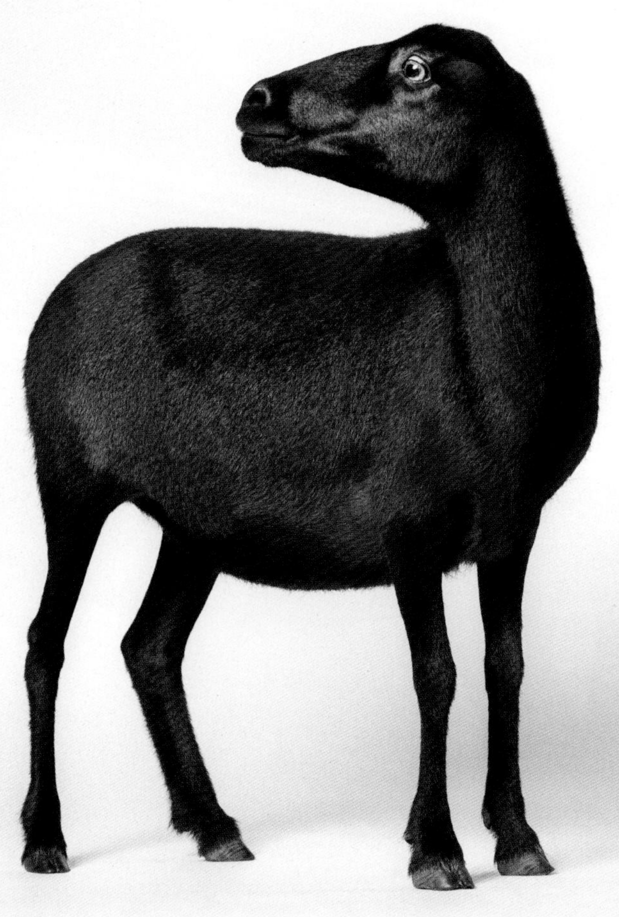

▲ *Schaf.*

ISO 250 | 90 mm | f/8.0 | 1/250 s

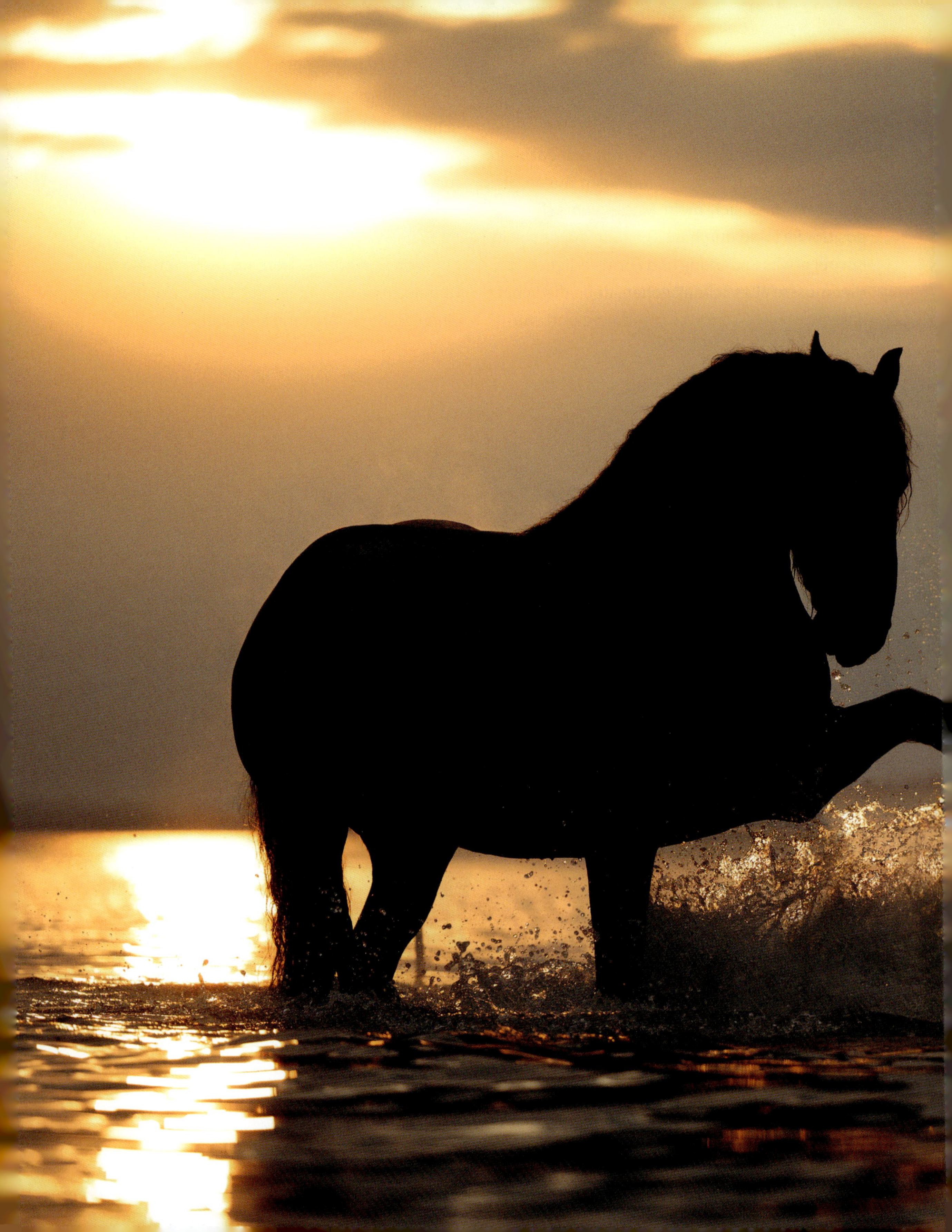

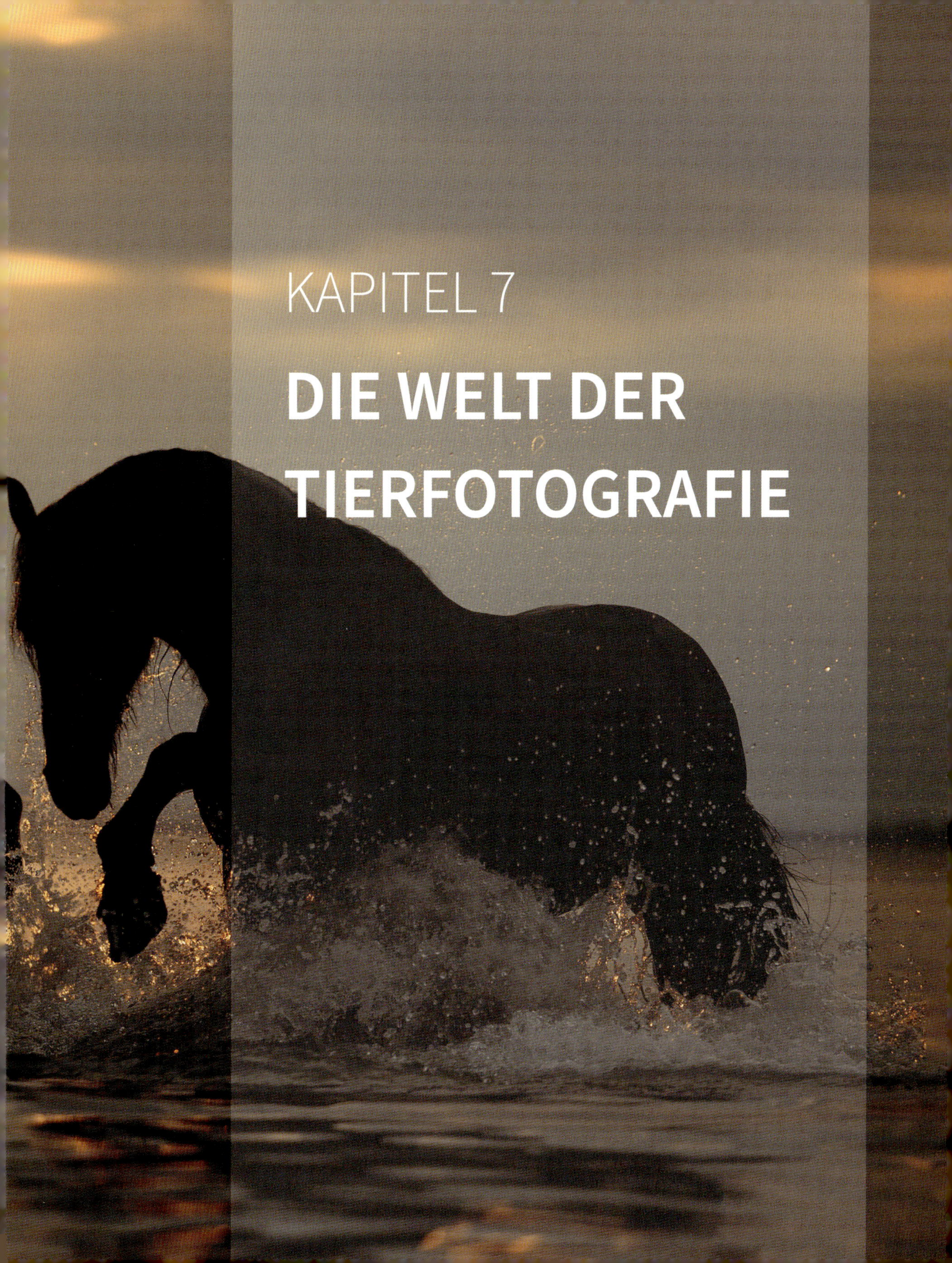

KAPITEL 7

DIE WELT DER TIERFOTOGRAFIE

Wie jede Sparte der Fotografie hält auch das Ablichten von Tieren seine ganz eigenen Kniffe, Tricks und Herausforderungen bereit. Und wie bei allen anderen Richtungen der Fotografie ist es vor allem wichtig, sich mit seinem Thema genau auseinanderzusetzen. Natürlich spielen technische und gestalterische Faktoren eine Rolle – und gerade wenn du in Richtung Fine Art unterwegs bist, sogar eine sehr große.

Doch das technisch schönste Bild kann kühl und herzlos wirken, wenn das Motiv darauf nicht lebt. Für die Tierfotografie bedeutet das, ein großes Verständnis und Wissen für die vierbeinigen Models vor der Kamera zu haben. Ich würde sogar so weit gehen, zu behaupten, dass das Gefühl für die Tiere wichtiger ist, als die Fotografie als Handwerk zu beherrschen. Wenn du nun also mit der Tierfotografie beginnst, nutze jede Gelegenheit zu lernen. Unterhalte dich mit Tierbesitzern, Züchtern und mach deine eigenen Beobachtungen. Studiere Verhaltensweisen, aber betrachte die Tiere auch gestalterisch: Wann legen sie sich so richtig ins Zeug und sehen stolz, kraftvoll oder ulkig aus?

Mach dir keinen Stress, wenn du am Anfang noch nicht alles auf einmal beherrschst. Die Tiere wissen nicht, was ein Fotoshooting ist, und geben dir weder Extrazeit, noch sind sie besonders geduldig. Tierfotografie ist also ein Sprung ins kalte Wasser. Erarbeite dir Stück für Stück das technische Handling, betrachte deine Bilder gestalterisch stets kritisch und ärgere dich nicht über „Fehler" oder „schlechtere" Aufnahmen. Nur anhand solcher Aufnahmen kannst du in Ruhe analysieren, worauf du beim nächsten Mal stärker achten solltest.

Natürlich habe ich mich am Anfang vor allem über technische Fehler geärgert, z. B. wenn etwas unscharf war oder ich mein Motiv ungünstig abgeschnitten habe. Später ist mir aufgefallen, in welchem ungünstigen Licht ich gearbeitet habe. Heute sind es viel mehr die Situationen, die mir entgangen sind, weil ich die Reaktion des Tieres nicht habe kommen sehen. Denn: Technik und auch das Gefühl für Licht und Bildkomposition geht dir früher oder später unweigerlich in Fleisch und Blut über. Die Arbeit mit Tieren jedoch ist jedes Mal etwas anders, weil natürlich alle Individuen einen eigenen Charakter und eigene Launen mitbringen.

Dennoch wirst du auch immer wieder gewisse Parallelen erkennen und nutzen können, wenn du dich mit den Tieren nicht nur individuell auseinandersetzt, sondern ihrer Art entsprechend. Deswegen sind Hunde, Katzen und Pferde auch die idealen Beispiele, um über Tierfotografie zu sprechen. Sie repräsentieren als Raub- bzw. Fluchttiere ganz unterschiedliche Verhaltensweisen, die du natürlich auch auf andere Raub- und Fluchttiere in einem gewissen Maße übertragen kannst.

Wie geht es weiter?

Am besten ist es, wenn du versuchst, die Informationen aus diesem Buch erst mal in Ruhe sacken zu lassen. Nimm dir nicht alles auf einmal vor und lies einfach hin und wieder in die Kapitel hinein. Sobald du eine gewisse Grundsicherheit erarbeitet hast – sprich, die Kamera mühelos manuell auch in schwierigen Lichtsituationen bedienen kannst –, und wenn du beim allgemeinen Bildaufbau (Wahl der Perspektive, gute Ausschnitte nach der Drittelregel oder des Goldenen Schnitts) recht sicher geworden bist und deine tierischen Models je nach Exterieur zu guten Posen animieren kannst, empfehle ich dir, bei Bedarf nach weiteren Lehrmaterialien zu suchen.

Du kannst dir von vielen Fotografen Input holen, zum Beispiel mit weiteren Büchern und Onlinekursen sowie in Gruppen- und Einzelworkshops.

Arbeite mit dem Tier und nicht dagegen

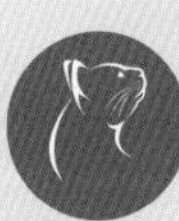

In diesem Zusammenhang ist es mir wichtig, noch einmal zu betonen, dass du als Tierfotograf die Verantwortung für das Wohl deines vierbeinigen Models trägst. Bring es bitte nicht für spektakuläre Fotos in Gefahr und halte die Anzeichen für Stress im Blick. Wenn dein Model keine Lust (mehr) hat, dann lass es in Ruhe.

Nötig ist das natürlich nicht, sondern stellt immer nur eine Hilfe dar, falls du mit der Tierfotografie z. B. gewerblich durchstarten möchtest und Starthilfe brauchst oder einfach einen kreativen Schub suchst.

Auch von mir findest du weitere Angebote:

- **Bei YouTube:** *https://www.youtube.com/WiebkeHaas*. Kostenlose Tipps zum Thema Tierfotografie und Selbstständigkeit.
- **Buch:** „Pferde stilvoll fotografieren" aus dem BILDNER Verlag – ein weiterführendes Buch für fortgeschrittene Pferdefotografen.
- **Videokurse:** *https://lernen.wiebke-haas.de/videokurse*. Onlinekurse zur Tier- und Pferdefotografie sowie umfangreiche Kurse zur Bildbearbeitung von A bis Z.
- **Skype- und Einzelcoachings:** *https://lernen.wiebke-haas.de/coachings-tier-und-pferdefotografie*.

Auf die Onlinekurse gebe ich dir als Leser dieses Buchs übrigens einen Rabatt von 15 % mit diesem Code: **Bildner2022.**

Ich helfe dir gern persönlich bei einem Coaching weiter! Schreib mir einfach eine Nachricht an *info@wiebke-haas.de*.

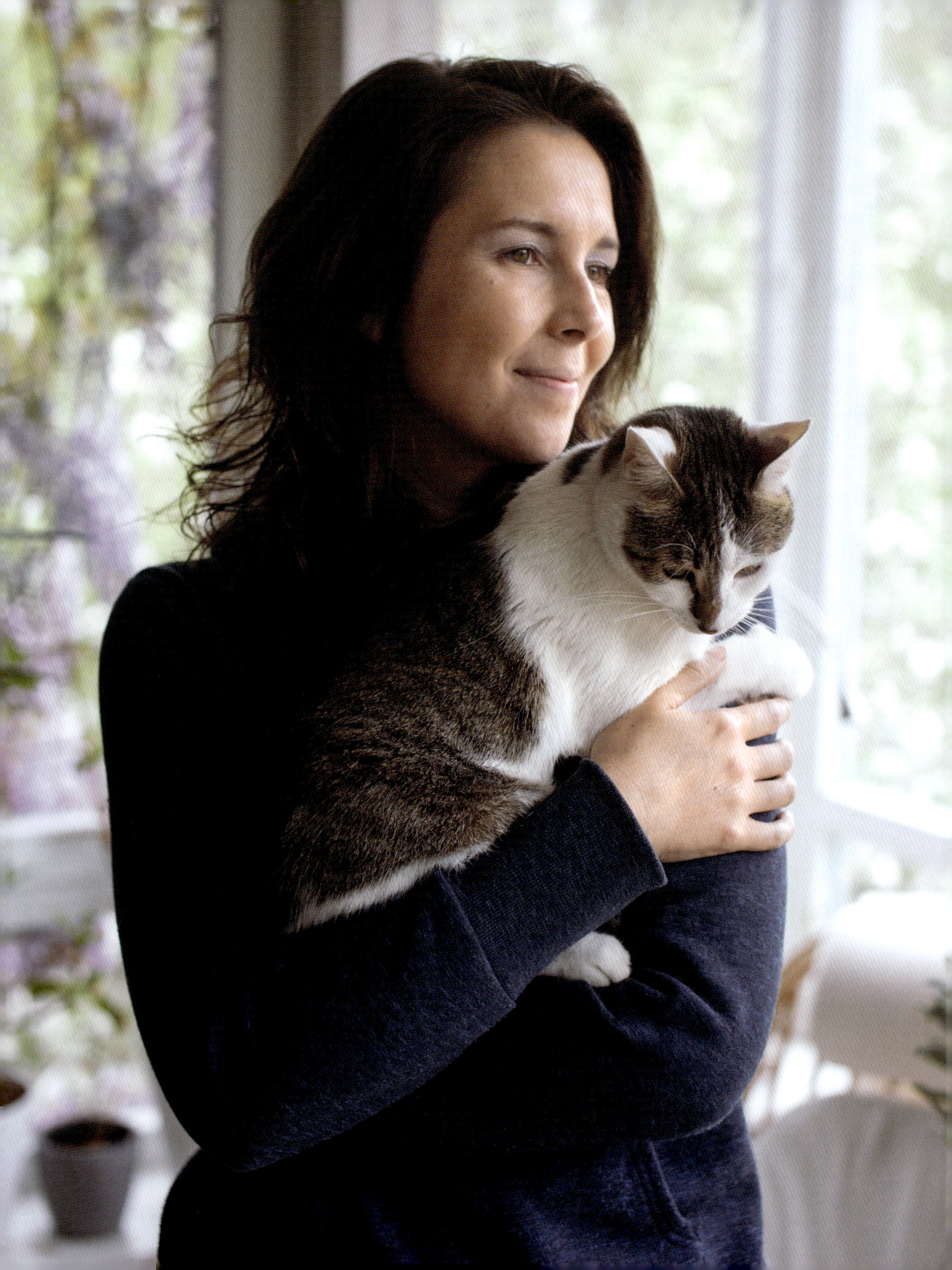

Das Schlusswort

Die Fotografie ist eine fantastische Möglichkeit, nur durch Beobachtung faszinierende Momente zu erleben, die einem flüchtigen Blick entgangen wären. Sie hilft, die Empathie für die Dinge vor deiner Kamera zu erhöhen, und lässt dich im Hier und Jetzt leben. Aber sie bereichert nicht nur dich selbst, denn die Fotografie gibt dir Raum, auch anderen Menschen zu zeigen, was du mit deinem Herzen siehst. Du kannst mit deinen Bildern auf gewisse Themen lenken und Fremde, vor allem online, dazu einladen, in deine Welt einzutauchen.

Dabei ist Fotografie bei Weitem nicht objektiv: Sie spiegelt den Fokus wider, den du für deine Motive gewählt hast. Du hast die Chance, denen, die keine Stimme haben, durch deine Bilder eine zu verleihen. Nutze das, denn wir tragen mit unserem kreativen Schaffen alle etwas Positives für diese Welt bei.

Fotografie sollte nicht beliebig oder unbewusst nebenher geschehen, wie etwa der Schnappschuss mit dem Smartphone. Sie hat nach wie vor viel Kraft, und ich hoffe, dass du dich mit deiner Tierfotografie noch mehr mit der Erde, der Natur und natürlich den Tieren verbinden kannst und dein Herz noch weiter öffnest.

Ich bin auf deine Bilder gespannt.

Gutes Licht!

Wiebke!

Index

G

H

I

J

K

L

M

N

O

P

Q

R

Bildnachweis

Alle Bilder in diesem Buch wurden von **Wiebke Haas** erstellt.

Ausgenommen dieser Bilder: **S. 6** und **S. 290** Stephan Rüdinger

Jens Rupp

Meine besten Fingerübungen!

27 klassisch-moderne, schön klingende Spiel- und Übungsstücke

für Klavier, Keyboard & Orgel, für Kinder ab 8 Jahren & Erwachsene

artist ahead

Download der Hörbeispiele

Rufen Sie die Seite **www.artist-ahead-download.de** in ihrem Browser auf.
Klicken Sie auf den entsprechenden Downloadbutton **„Meine besten Fingerübungen"** und geben Sie dort die folgenden Zugangsdaten ein.

Benutzer: beste
Passwort: meine

Hier haben Sie jetzt verschiedene Optionen sich die Hörbeispiele herunterzuladen, zu speichern oder auf CD zu brennen. Mit Hilfe der entsprechenden **QR-Codes** gelangen Sie einfach und unkompliziert direkt zu den jeweiligen Hörbeispielen. Geben Sie auch hier zunächst **Benutzer** und **Passwort** ein.
Eine **Audio-CD** mit allen Titeln zu diesem Buch gibt es ausschließlich und nur in unserem Onlineshop auf **www.artist-ahead.de**

4. Auflage 2/2025

ISBN 978 3 86642 138 7

Umschlagentwurf: Ron Marsman
Notensatz: Hans-Jörg Fischer
Layout: Regina Fischer-Kleist

Hergestellt in der EU

artist ahead GmbH · Wiesenstraße 2-6 · 69190 Walldorf · Germany
info@artist-ahead.de · www.artist-ahead.de

Inhaltsverzeichnis

Die Songs

Erklärungen zu den musikalischen Zeichen:

con ped.	spiele mit Pedal
8va	spiele eine Oktave höher als notiert
rit.	werde langsamer

Vorwort

Meine besten Fingerübungen wurde sorgfältig an das Konzept von *„Meine erste Klavierschule"* und ihre Fortsetzungen angepasst. Die 27 enthaltenen Übungen und motivierenden Spielstücke sind eine praktische Unterstützung auf dem Weg zum fortgeschrittenen Klavierspiel und ab dem zweiten Unterrichtsjahr geeignet. Ein Ziel ist die gleichmäßige Ausbildung der Finger, da die Finger der linken Hand im Verhältnis zu den Fingern der rechten meistens langsamer und unbeweglicher sind. Weitere Ziele sind unter anderem das Fördern der Geläufigkeit, Kraft, Unabhängigkeit und Schnelligkeit der Finger.
Meine besten Fingerübungen ist zudem eine sinnvolle Ergänzung für die weitere Ausbildung am Klavier und eine hervorragende Vorbereitung für anspruchsvolle Klavierstücke verschiedener Musikrichtungen.

Wir wünschen viel Freude beim Üben und Spielen!
Jens Rupp und der Artist Ahead Musikverlag

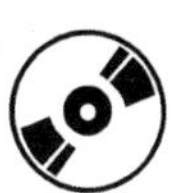

1. Achtelnoten in C-Dur

♩= 80-100

Dabei wird die C-Dur-Grundposition nach dem ersten Takt verlassen und die rechte Hand in den folgenden Takten jeweils um einen Ton nach rechts verschoben. Aufwärts erfolgt eine leichte Spreizung zwischen dem 1. und dem 2. Finger. Abwärts wird die rechte Hand dann jeweils um einen Ton nach links verschoben, bis die C-Dur-Grundposition wieder erreicht ist. Abwärts gibt es zur Stärkung des 4. Fingers eine kleine Spreizung zwischen dem 5. Finger und dem 4. Finger. Die linke Hand spielt dazu die Töne der C-Dur-Tonleiter.

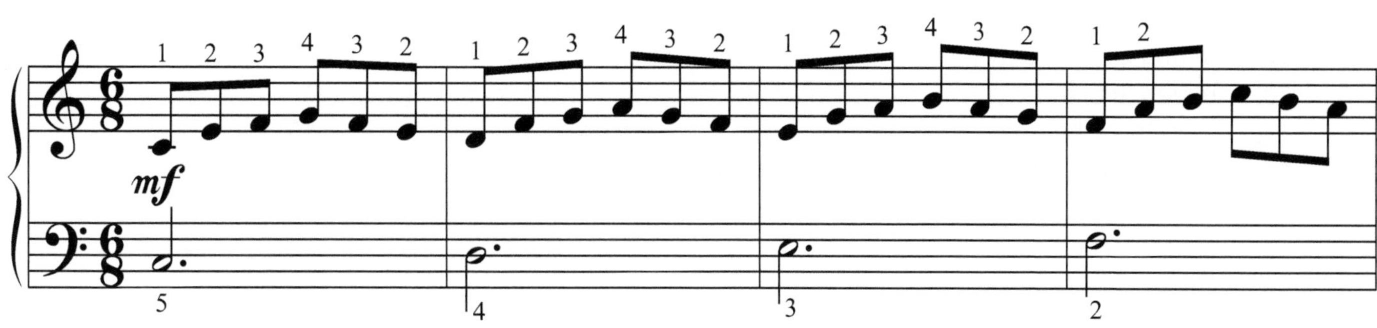

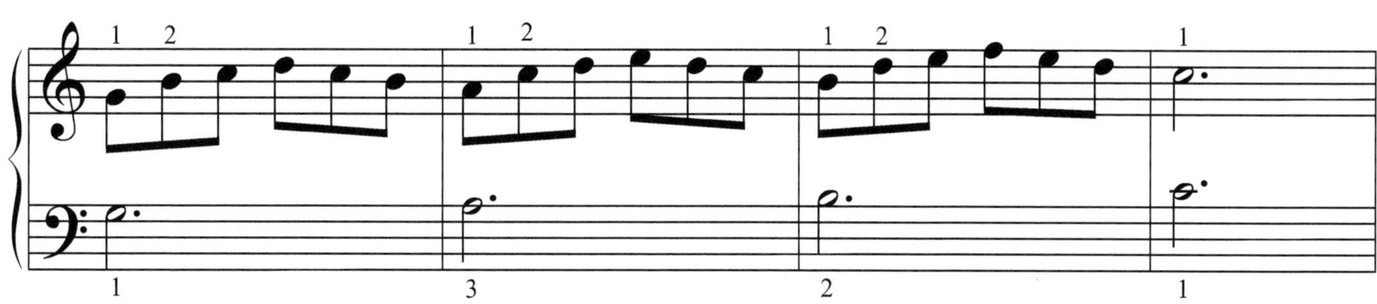

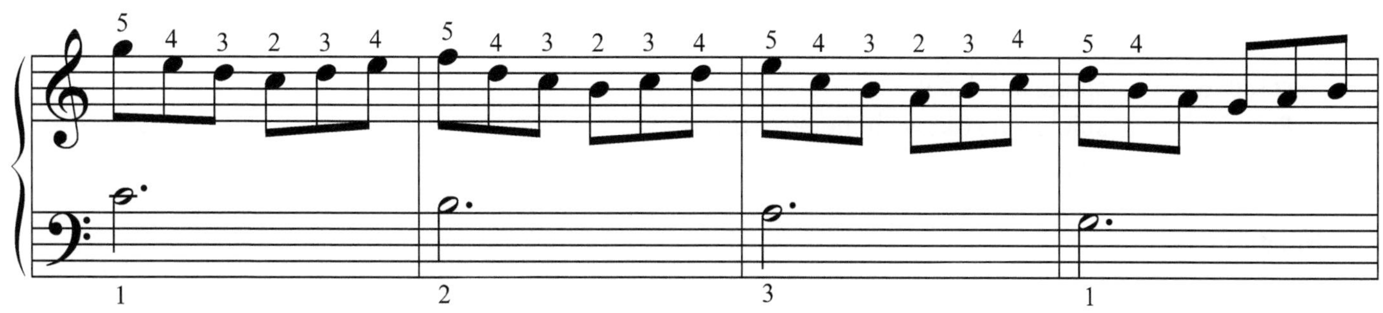

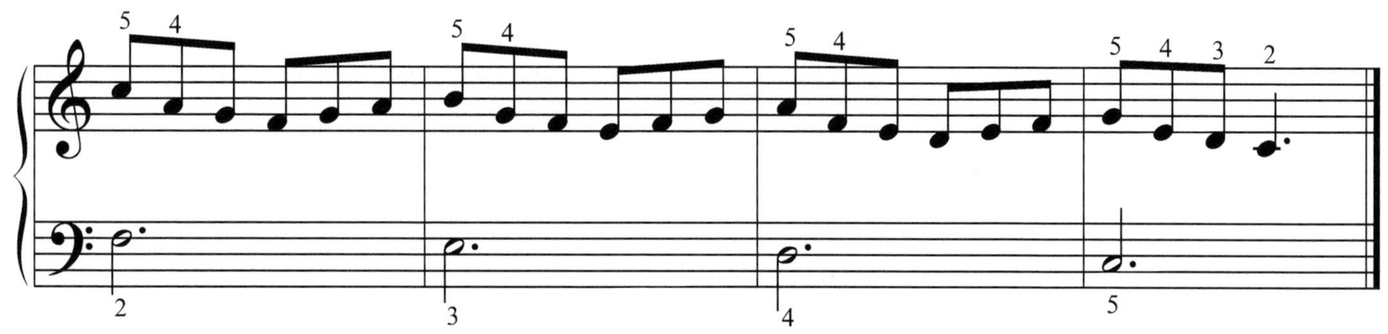

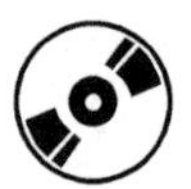

2. Leichte Spreizung

♩= 90-120

In der folgenden Übung spielen beide Hände die gleichen Töne im Abstand einer Oktave. Die zwei Achtel am Anfang der Takte werden von beiden Händen jeweils im Abstand einer Sexte gespielt. Nach Takt 1 verlassen wir die C-Dur-Grundposition und verschieben die Hände jeweils um einen Ton nach oben, bis die die C-Dur-Grundposition (eine Oktave höher) wieder erreicht ist. Danach geht es wieder abwärts bis zur ursprünglichen Grundposition. Übe zunächst die rechte und die linke Hand einzeln, danach mit beiden Händen gleichzeitig.

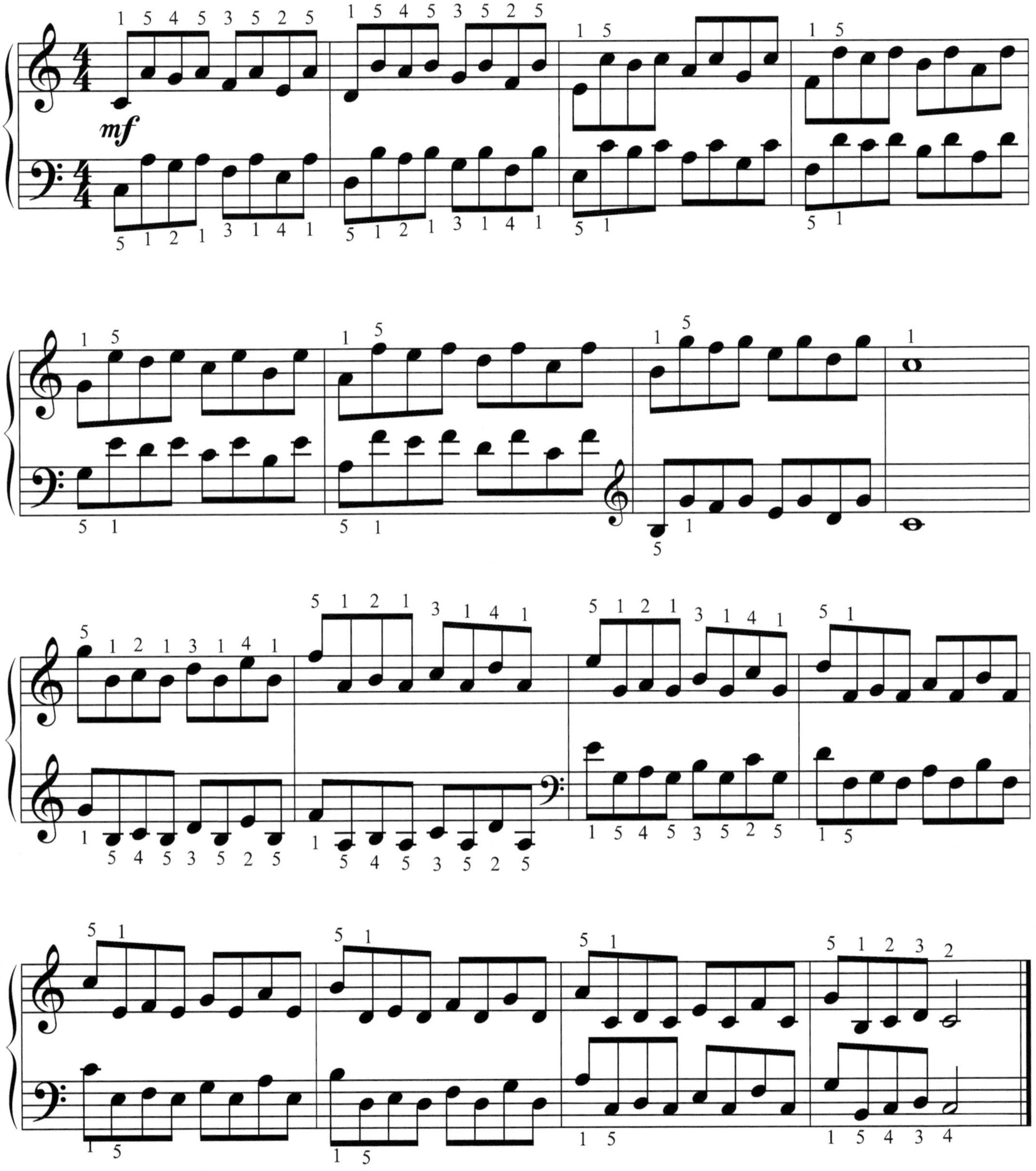

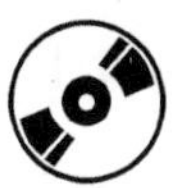

3. Übung in der C-Dur-Grundposition

♩= 90-100

Diese relativ einfache Übung wird nur innerhalb der C-Dur-Grundposition gespielt.

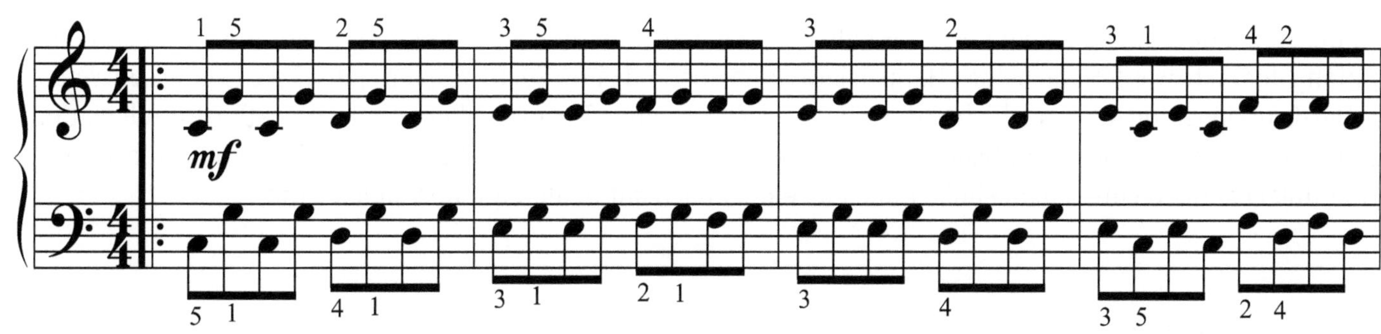

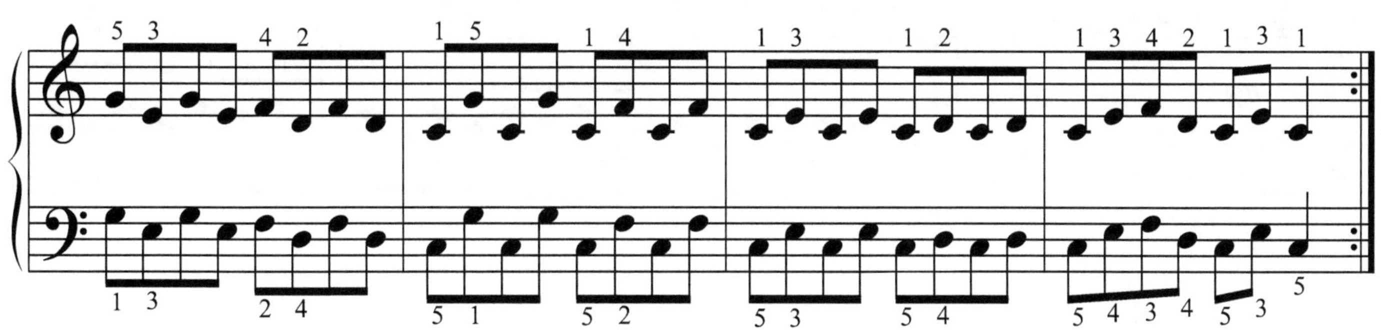

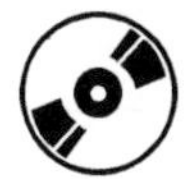

4. Spiel mit Sexten

♩= 100-120

Jetzt wird das Intervall „Sexte" geübt.

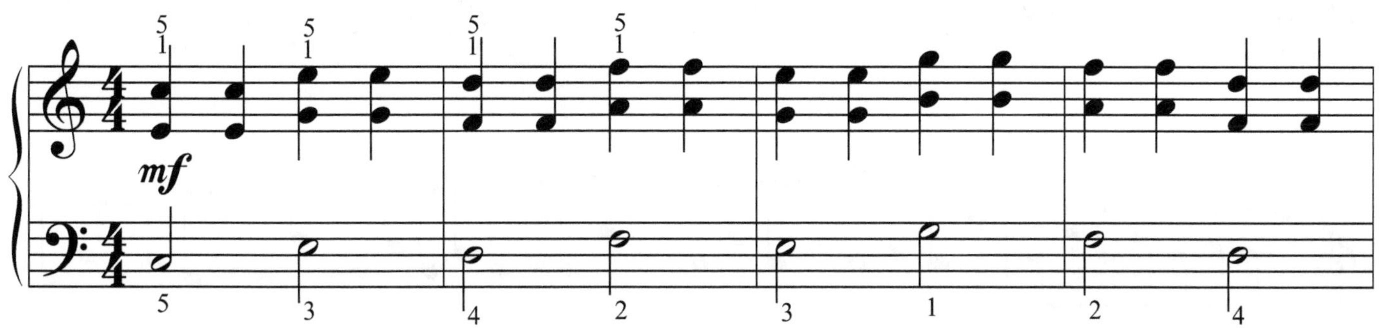

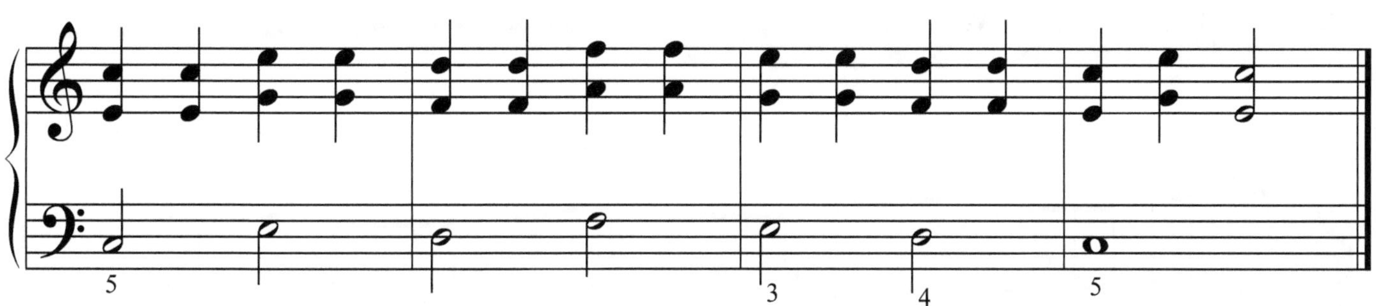

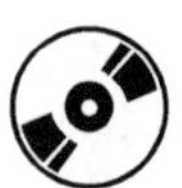

5. Staccato

♩= 120-160

Die Übung *Staccato* ist in der Tonart D-Moll geschrieben.
Hier spielt die rechte Hand alleine alle Noten der Übung Nr. 40 aus „Meine ersten Fingerübungen". Die linke Hand spielt Oktaven. Beachte wieder, dass in der Tonart D-Moll das **h** zu einem **b** wird.

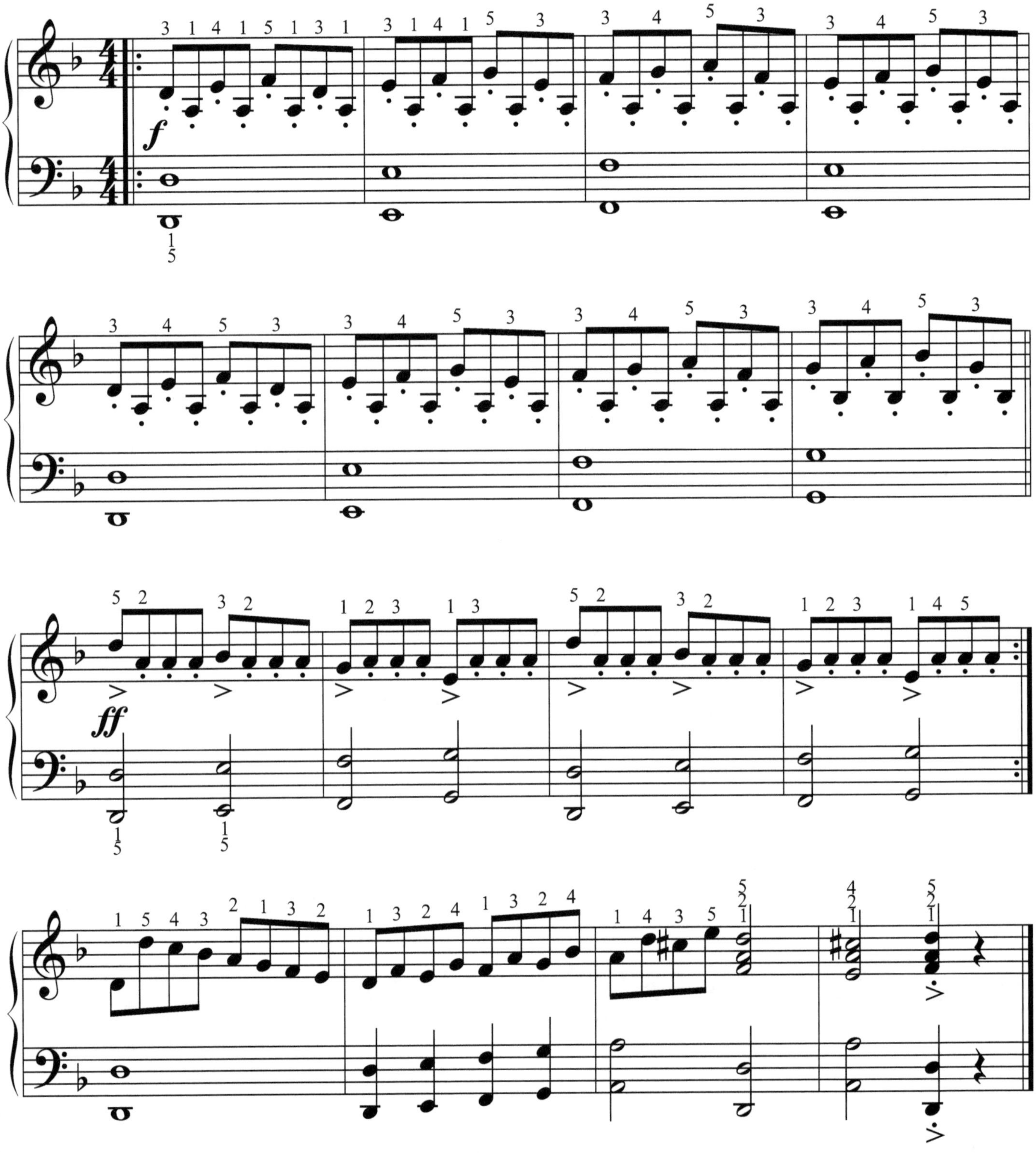

6. Staccato – Legato

♩= 120-160

Im nächsten Stück sind die Noten für die linke Hand gebunden zu spielen.
Die Noten im Violinschlüssel werden in der ersten und dritten Notenzeile kurz gespielt, während in Zeile 2 gebunden gespielt wird. In den letzten beiden Zeilen wird innerhalb der Takte das erste und dritte Viertel kurz angeschlagen.

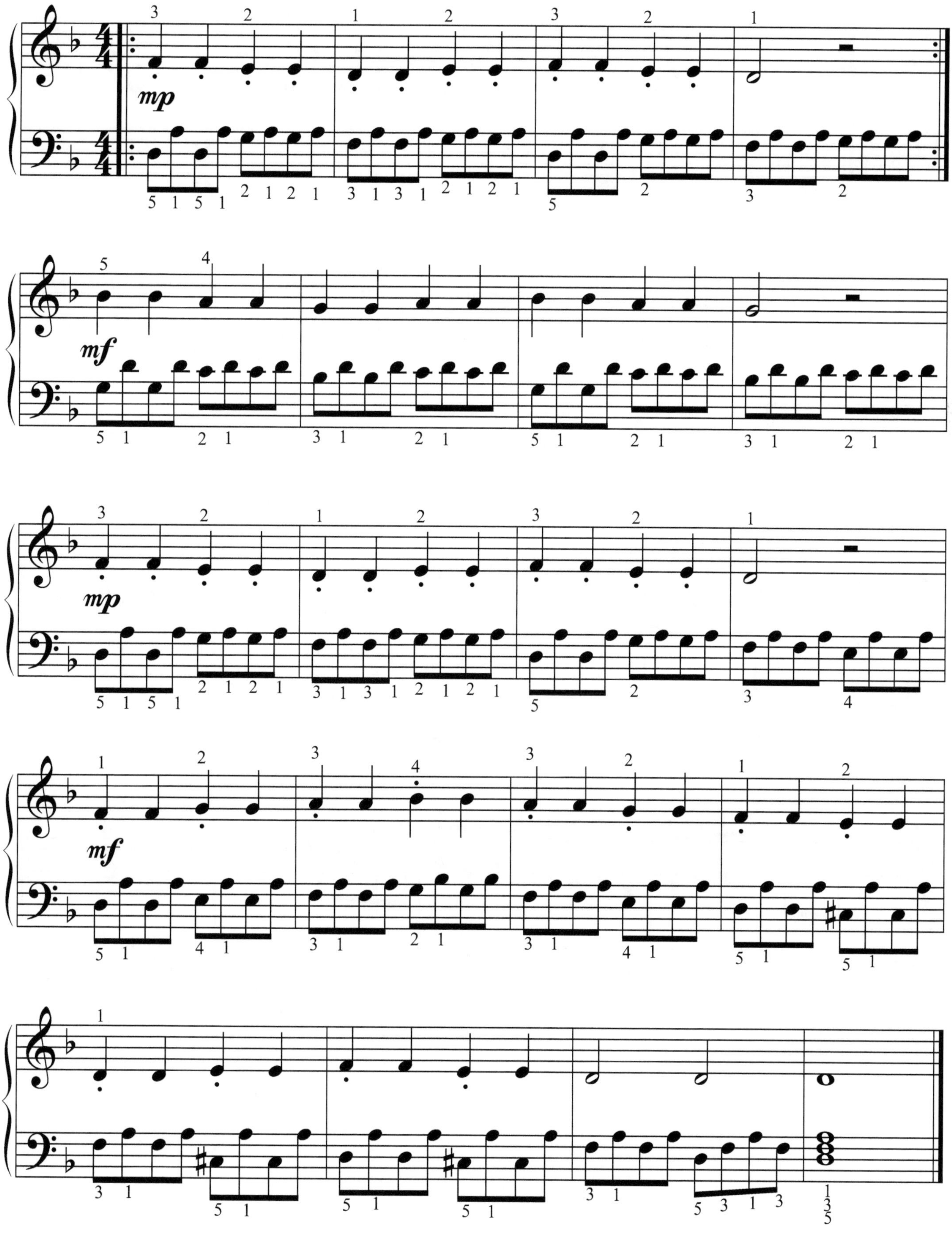

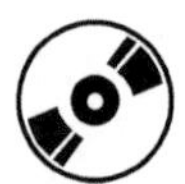

7. Übung mit ausgehaltenen Noten

♩= 100-130

Die Ganze Note soll in dieser Übung den ganzen Takt lang ausgehalten werden, während Viertelnoten gespielt werden. Achte dabei auf ein sauberes Spielen der Viertelnoten.

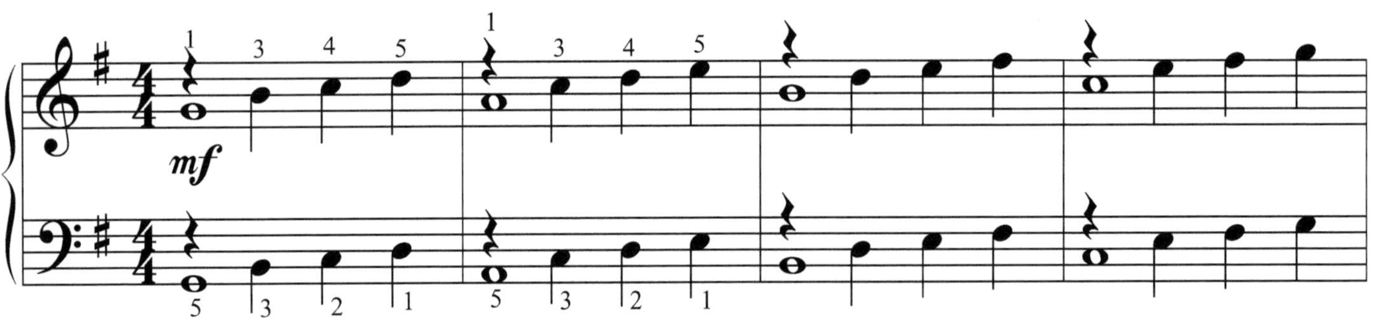

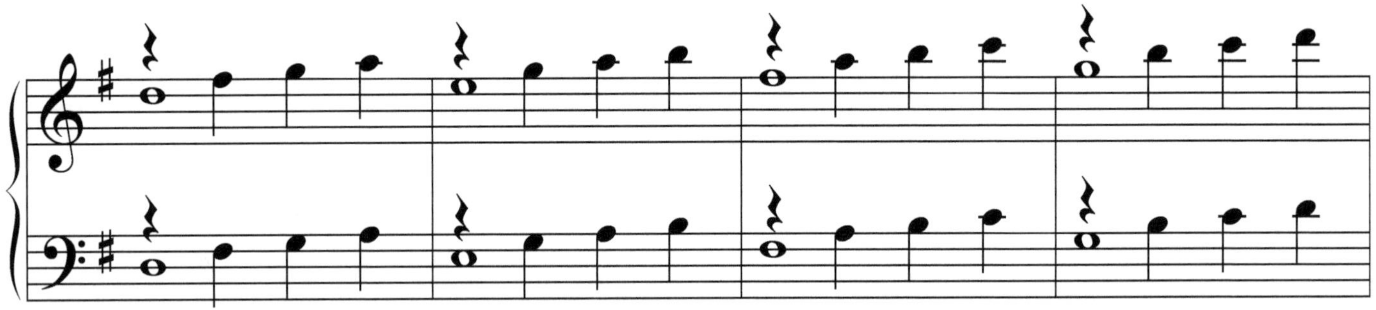

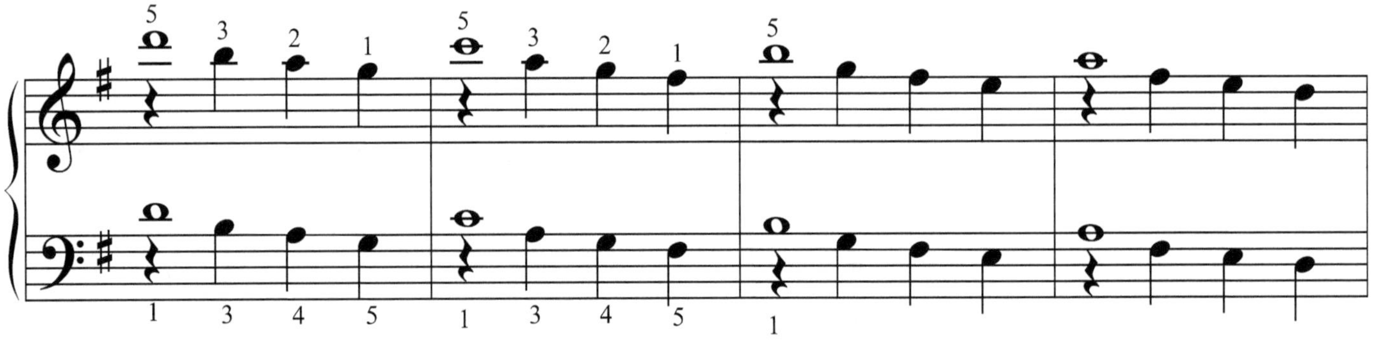

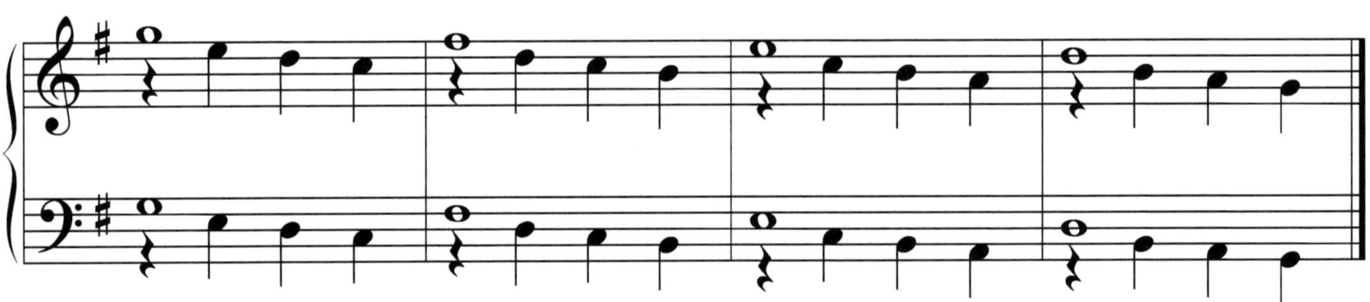

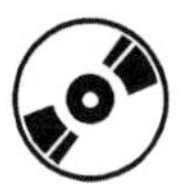

8. Präludium in D-Moll

♩= 140-180

Das Präludium beginnt in der D-Moll-Grundposition.
Dann werden beide Hände um vier Töne nach rechts in die G-Moll-Grundposition verschoben und damit kommt der Ton **b** ins Spiel. Darauf geht es wieder zurück in die D-Moll-Grundposition. Dem folgen zwei Takte in der A-Moll-Grundposition und das **b** wird aufgelöst. Schließlich geht es über die G-Moll-Grundposition wieder zur Ausgangsposition D-Moll.

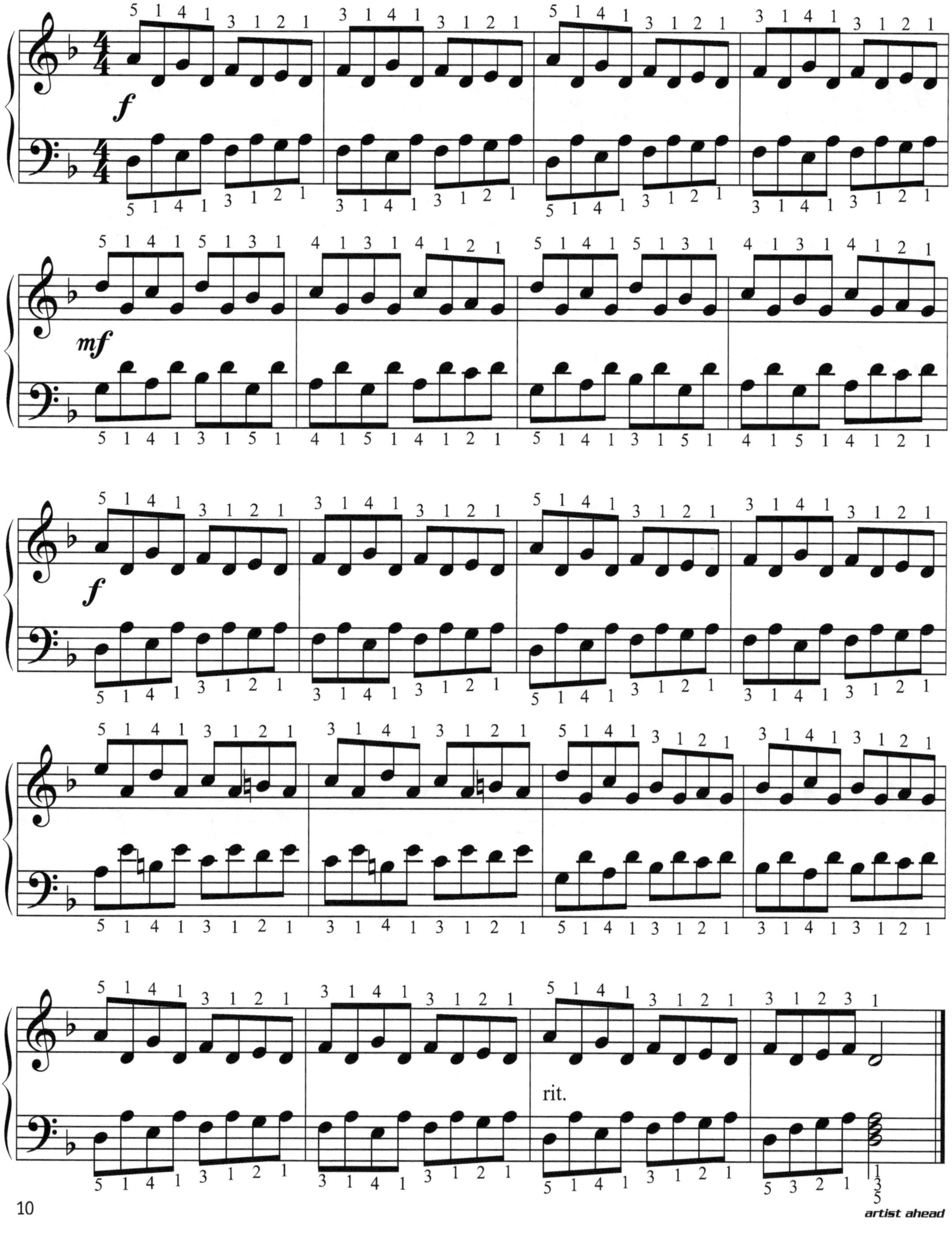

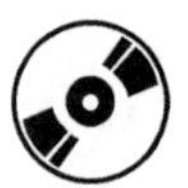

9. Übung mit Achteltriolen

♩= 90-120

Jetzt werden mit der rechten Hand alle Grundakkorde, welche man mit den Tönen der C-Dur Tonleiter aufbauen kann, als Arpeggio gespielt und jeweils die Oktave hinzugefügt. Die Achteltriolen sind dafür gut geeignet. Die linke Hand spielt dazu einfachere Akkordzerlegungen. Die Namen der zugrunde liegenden Akkorde stehen über den Takten.

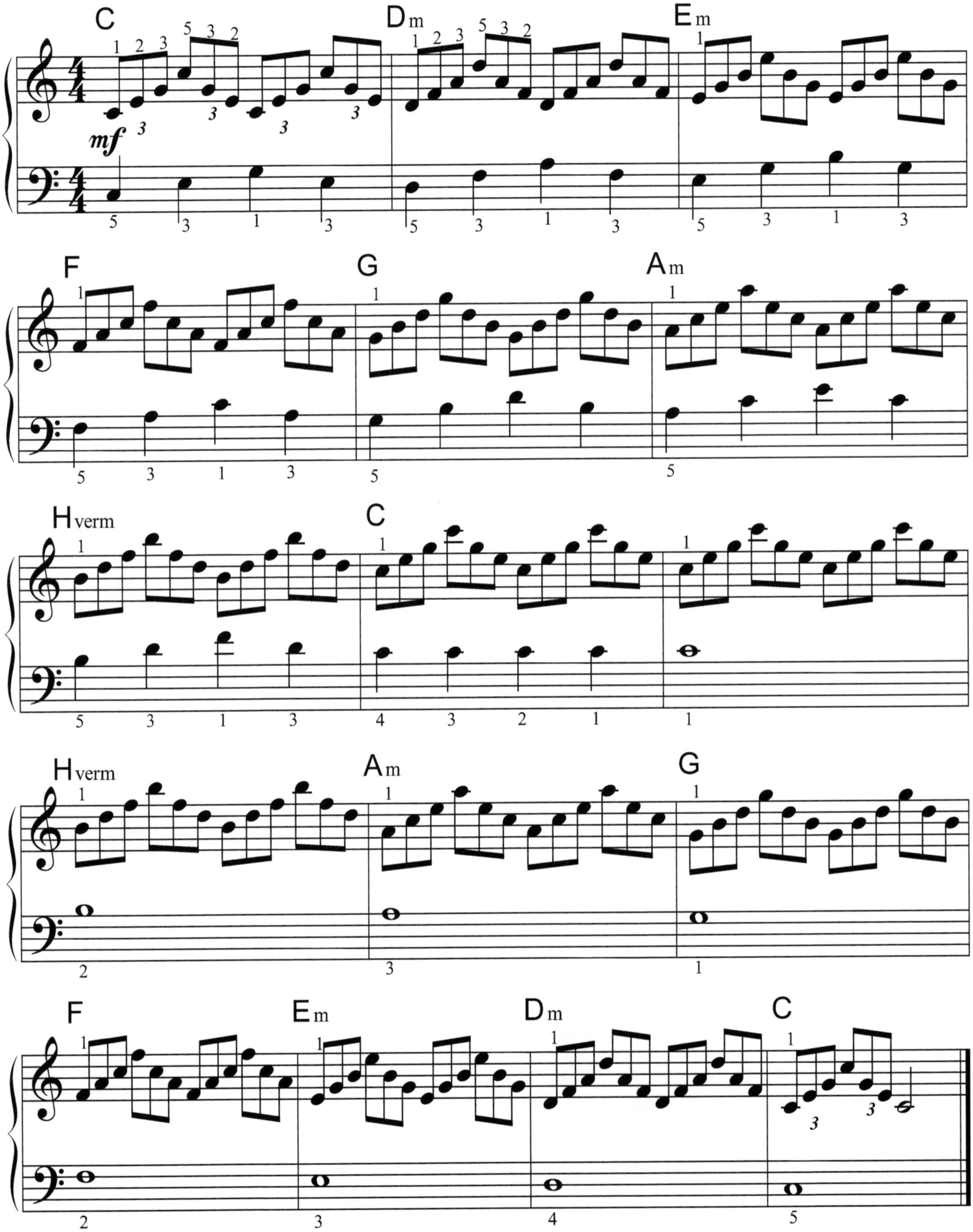

C Dm Em

mf

F G Am

Hverm C

Hverm Am G

F Em Dm C

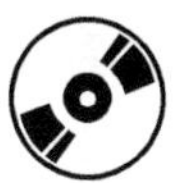

10. Terzen in G-Dur

♩= 100-130

Nun wird in der Tonart G-Dur und im Dreivierteltakt geübt. Dabei spielen die Hände unisono und beginnen in der G-Dur-Grundposition. Dann werden die Hände auf Grundlage der G-Dur-Tonleiter zunächst nach rechts verschoben bis die Grundposition eine Oktave höher erreicht ist. Beachte dabei das fis. In Takt 3 taucht es am Ende das erste Mal auf. Danach werden beide Hände Takt für Takt nach links verschoben bis die G-Dur-Grundposition wieder erreicht ist.

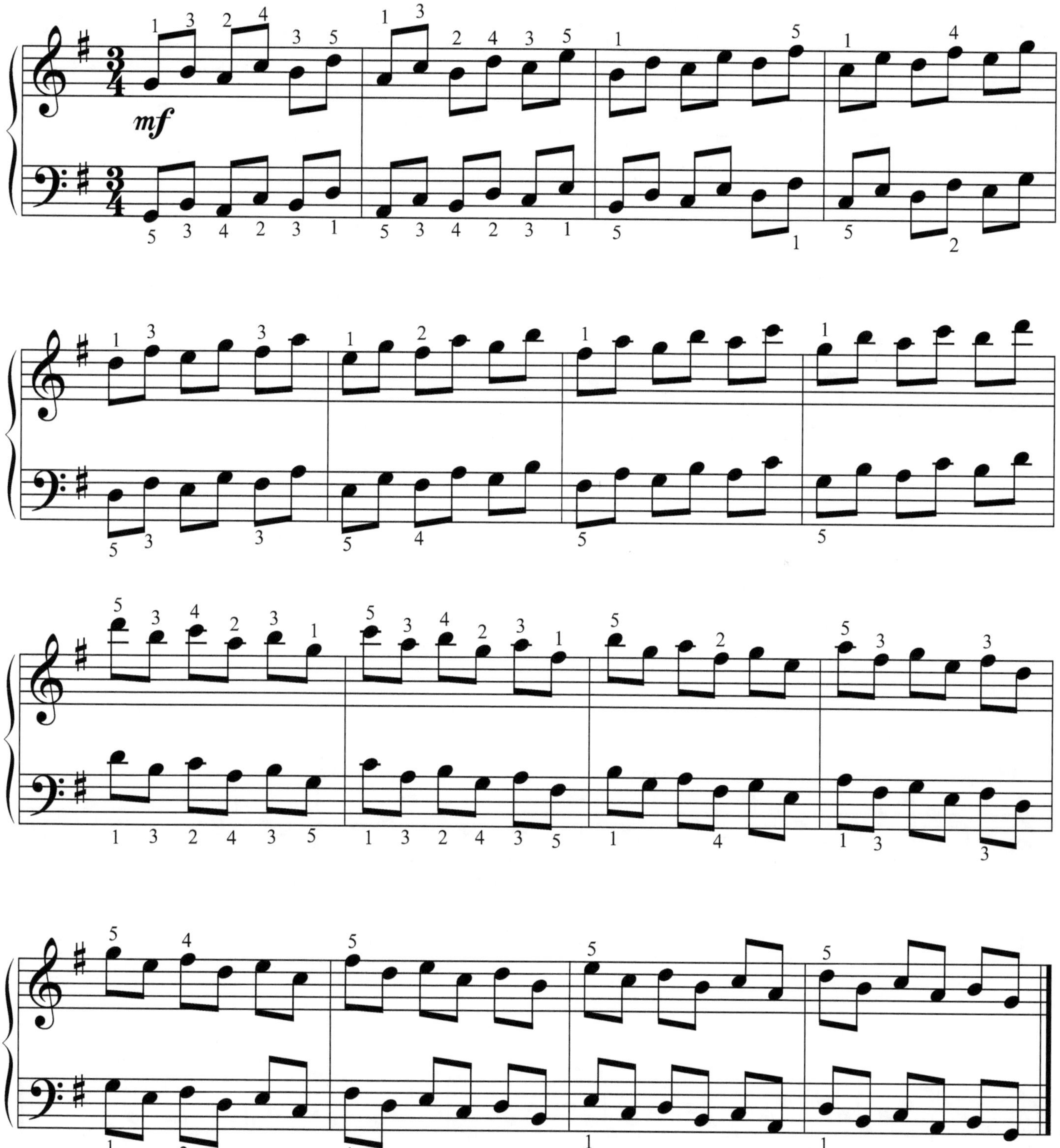

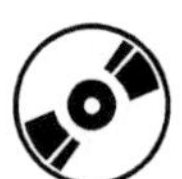

11. Tonleiter-Übung

♩= 80-120

Die linke Hand beginnt mit dem kleinen c und die rechte eine große Terz versetzt mit dem e'. Das klingt spannender als das Unisono spielen der Tonleitern. Versetzt man die C-Dur-Tonleiter jeweils um einen Ton nach rechts erhält man die Kirchentonarten auf Grundlage der Töne in C-Dur.

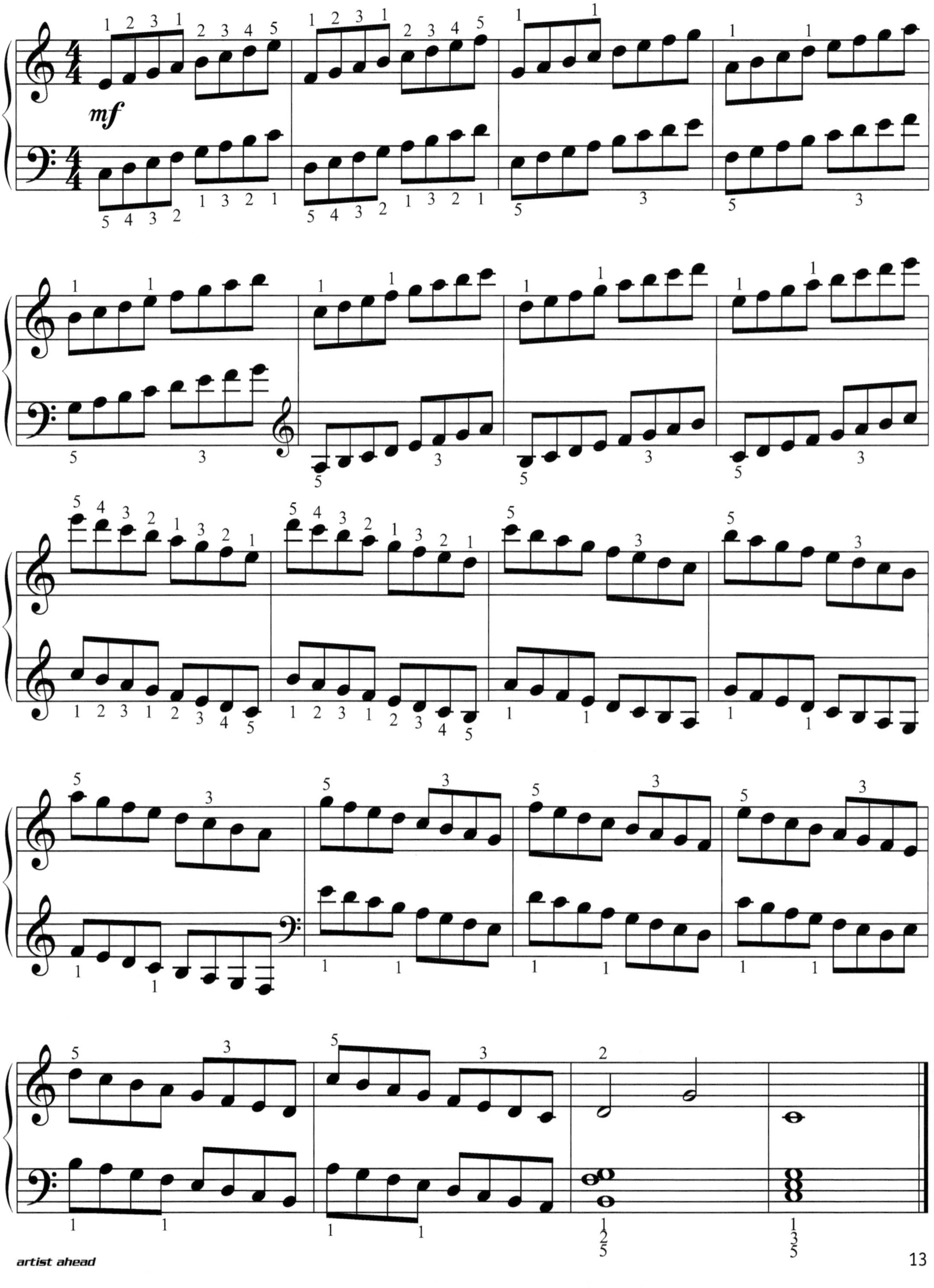

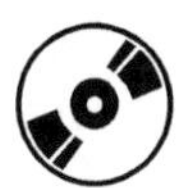

12. Arpeggien mit Grundakkorden und Umkehrungen

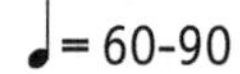

In der folgenden Übung spielt die linke Hand die Grundakkorde C-Dur, D-Moll, E-Moll, F-Dur, G-Dur, A-Moll und H vermindert. Die rechte Hand spielt die Töne der Grundakkorde sowie Umkehrungen nacheinander und nicht gleichzeitig. Dann spricht man von Arpeggien. In den einzelnen Takten wird mit der ersten Achteltriole der Grundakkord gebrochen gespielt, mit der zweiten Achteltriole die 1. Umkehrung, mit der dritten Achteltriole die 2. Umkehrung und mit der vierten Achteltriole wieder der Grundakkord, aber eine Oktave höher wie zu Beginn.

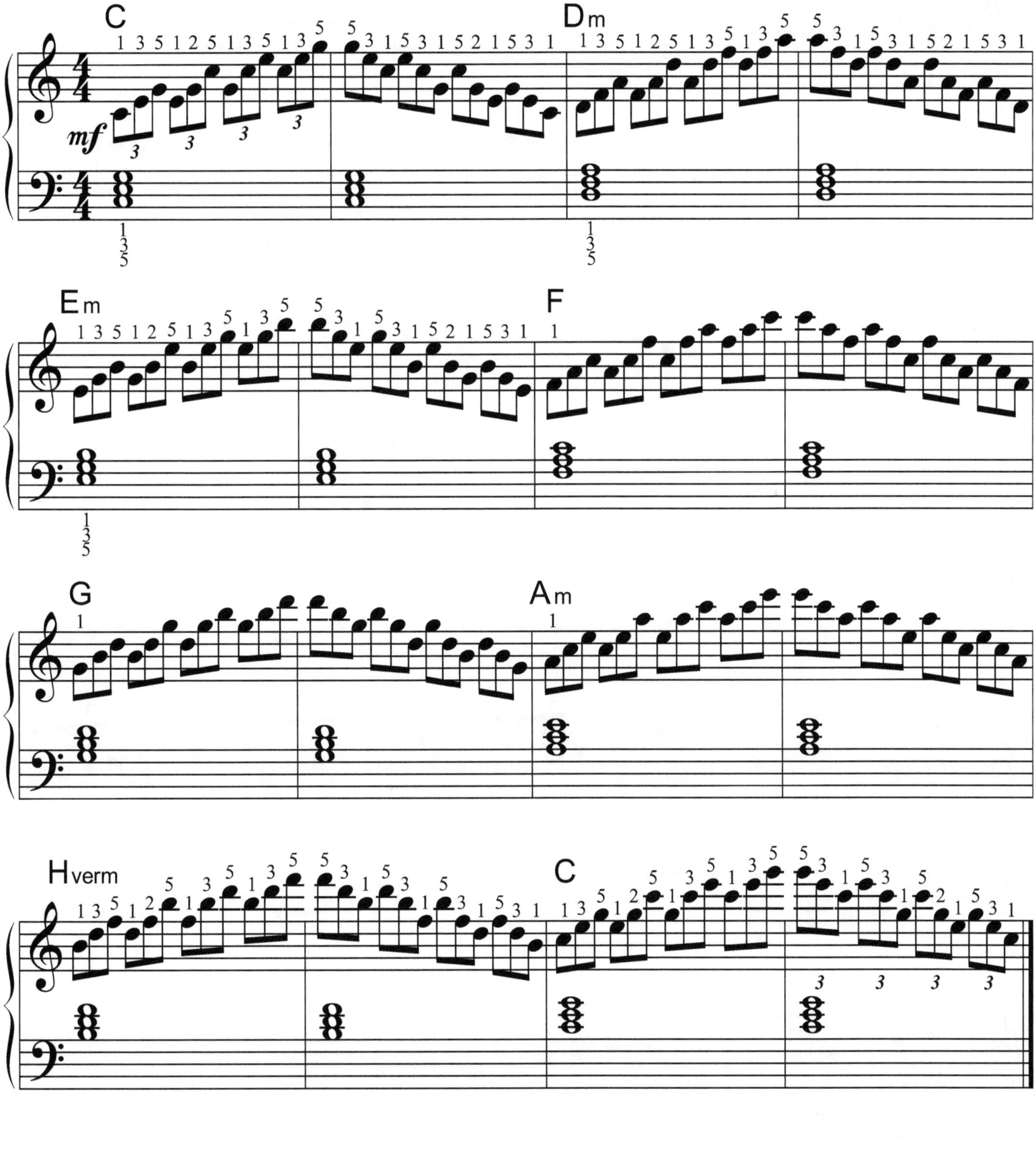

C | Dm | Em | F | G | Am | Hverm | C

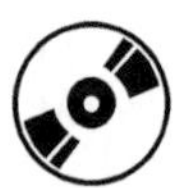

13. Akkorde und Achtelnoten

♩= 100-120

Zur leichteren Orientierung stehen bei dieser Übung wieder die Namen der Akkorde über den Noten, welche die linke Hand zu spielen hat.

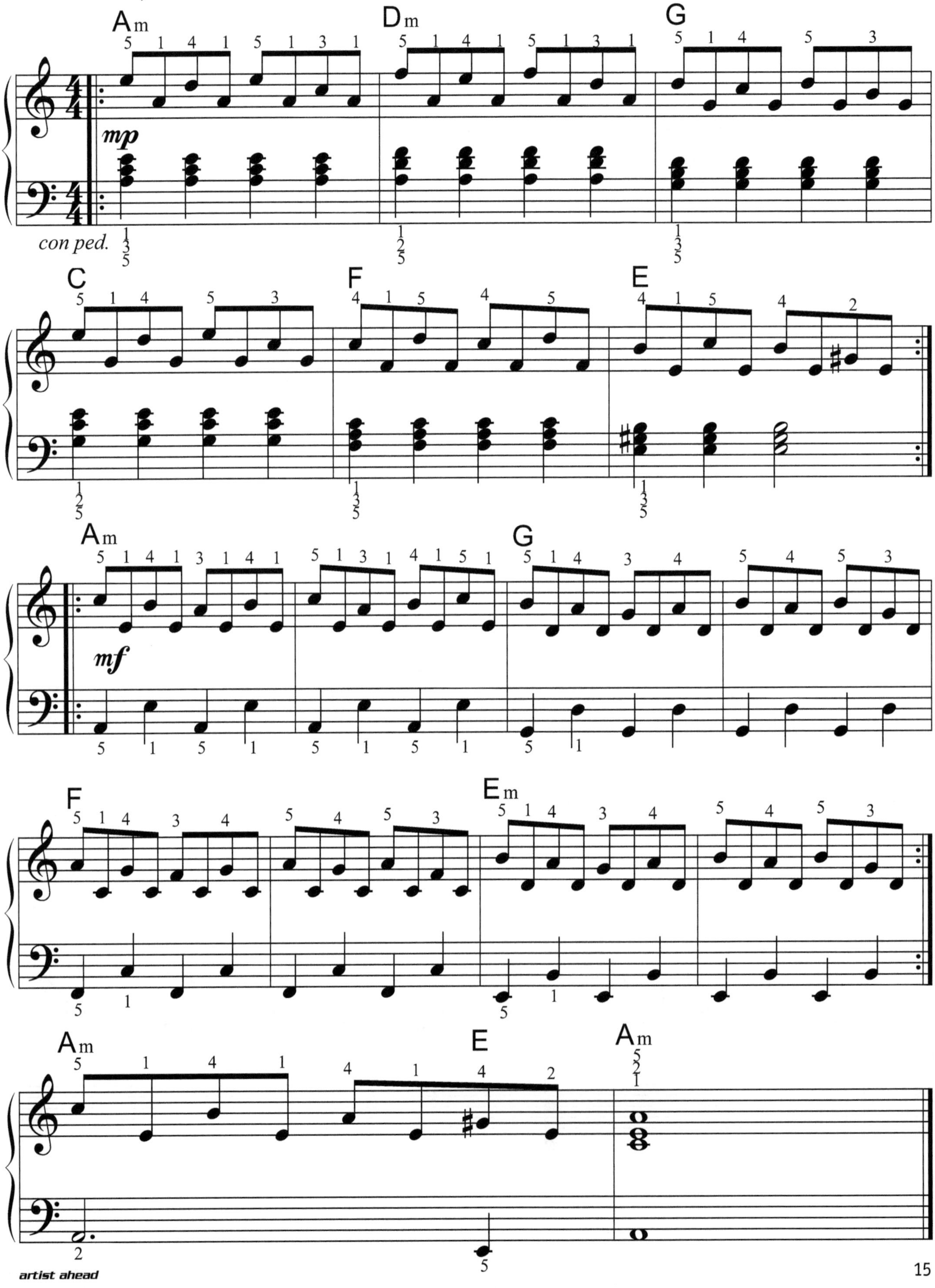

Am Dm G

mp

con ped.

C F E

Am G

mf

F Em

Am E Am

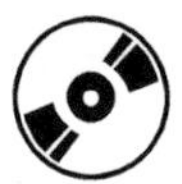

14. Achteltriolen

♩= 100-150

Jetzt werden mit der rechten Hand Achteltriolen und Akkordzerlegungen gespielt. Die Namen der zugrunde liegenden Akkorde stehen jeweils über den Takten.

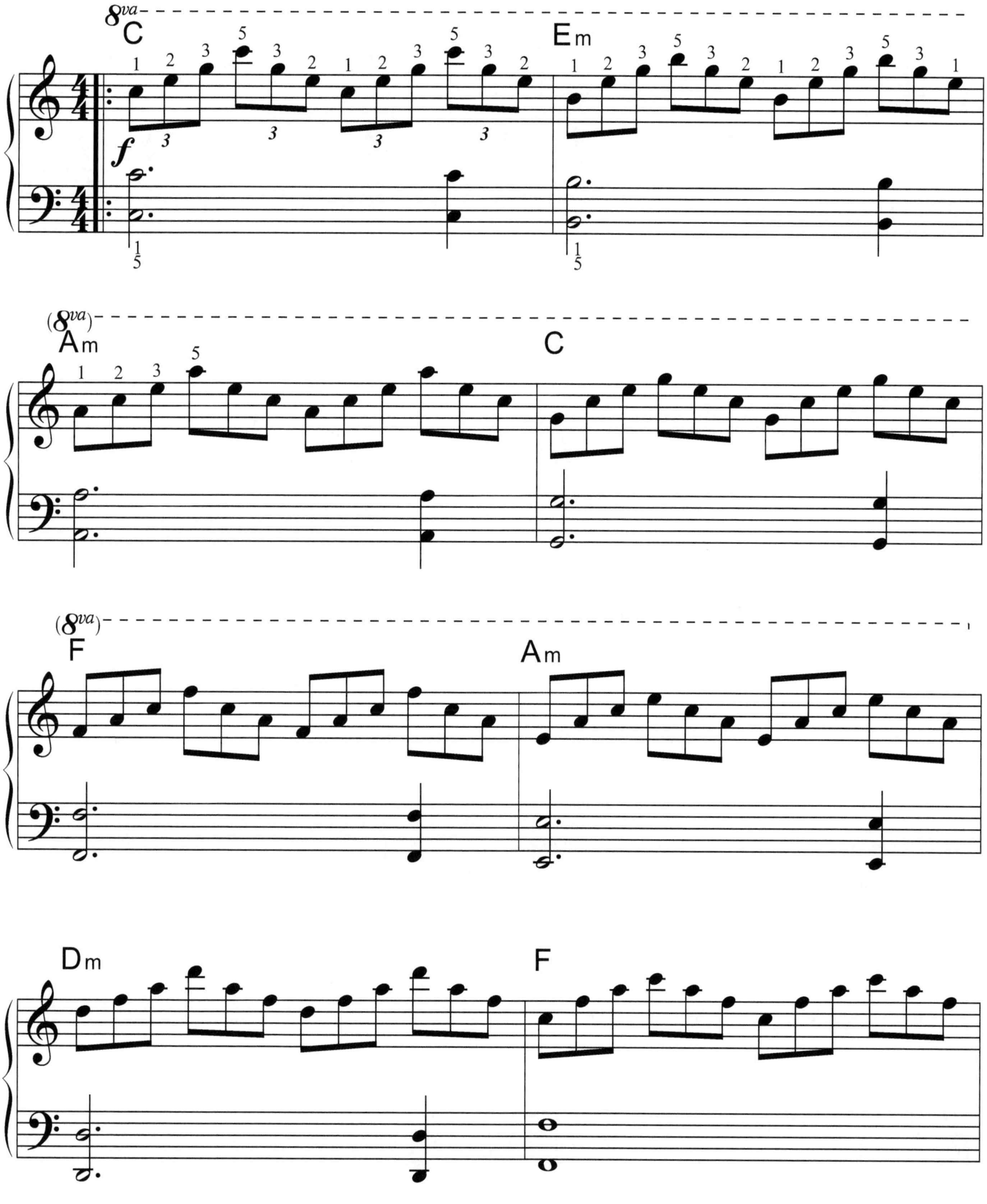

8va C Em (8va) Am C (8va) F Am Dm F

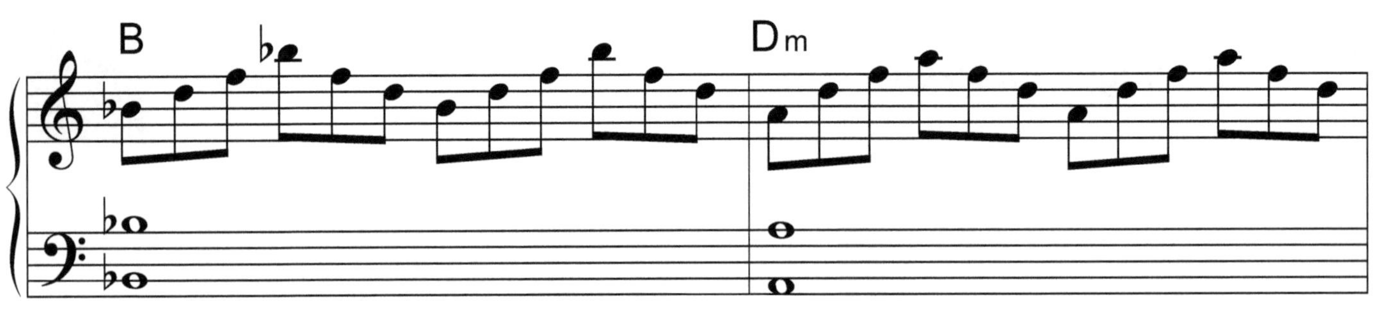
B
Dm

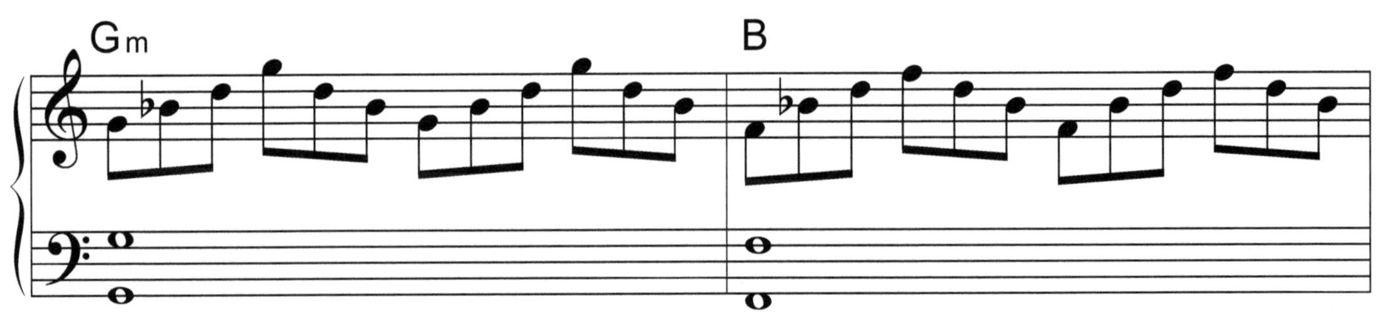
Gm
B

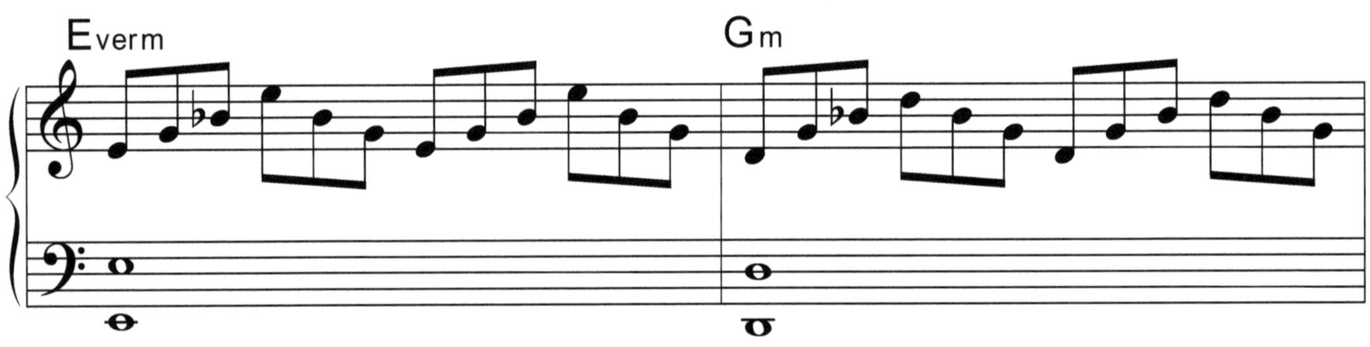
Everm
Gm

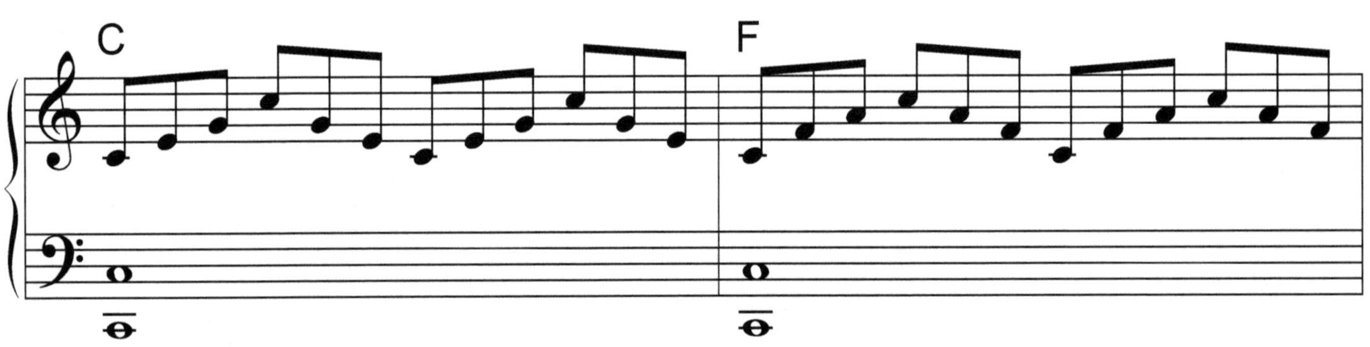
C
F

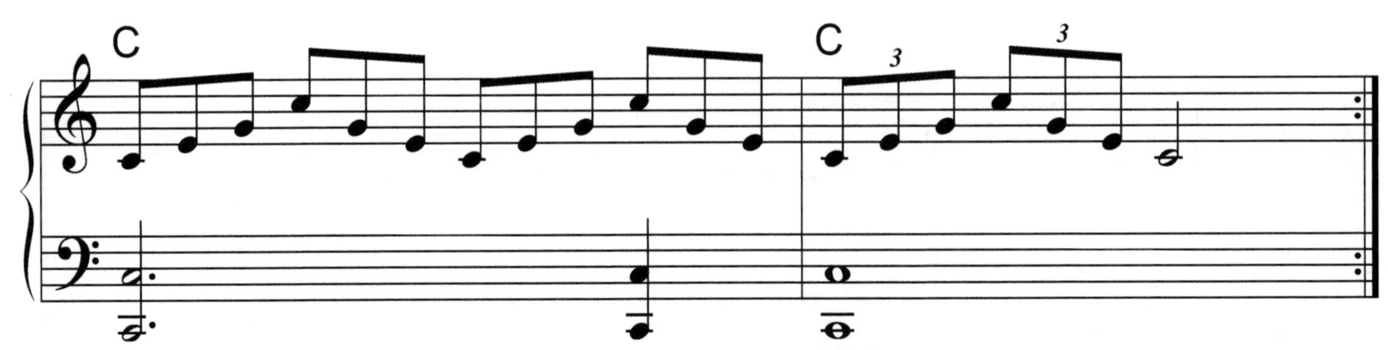
C
C
3
3

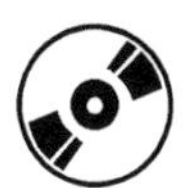

15. Finger spreizen

♩= 100-140

Jetzt wird noch einmal das Spreizen des 1. und 2. Fingers sowie des 4. und 5. Fingers geübt.

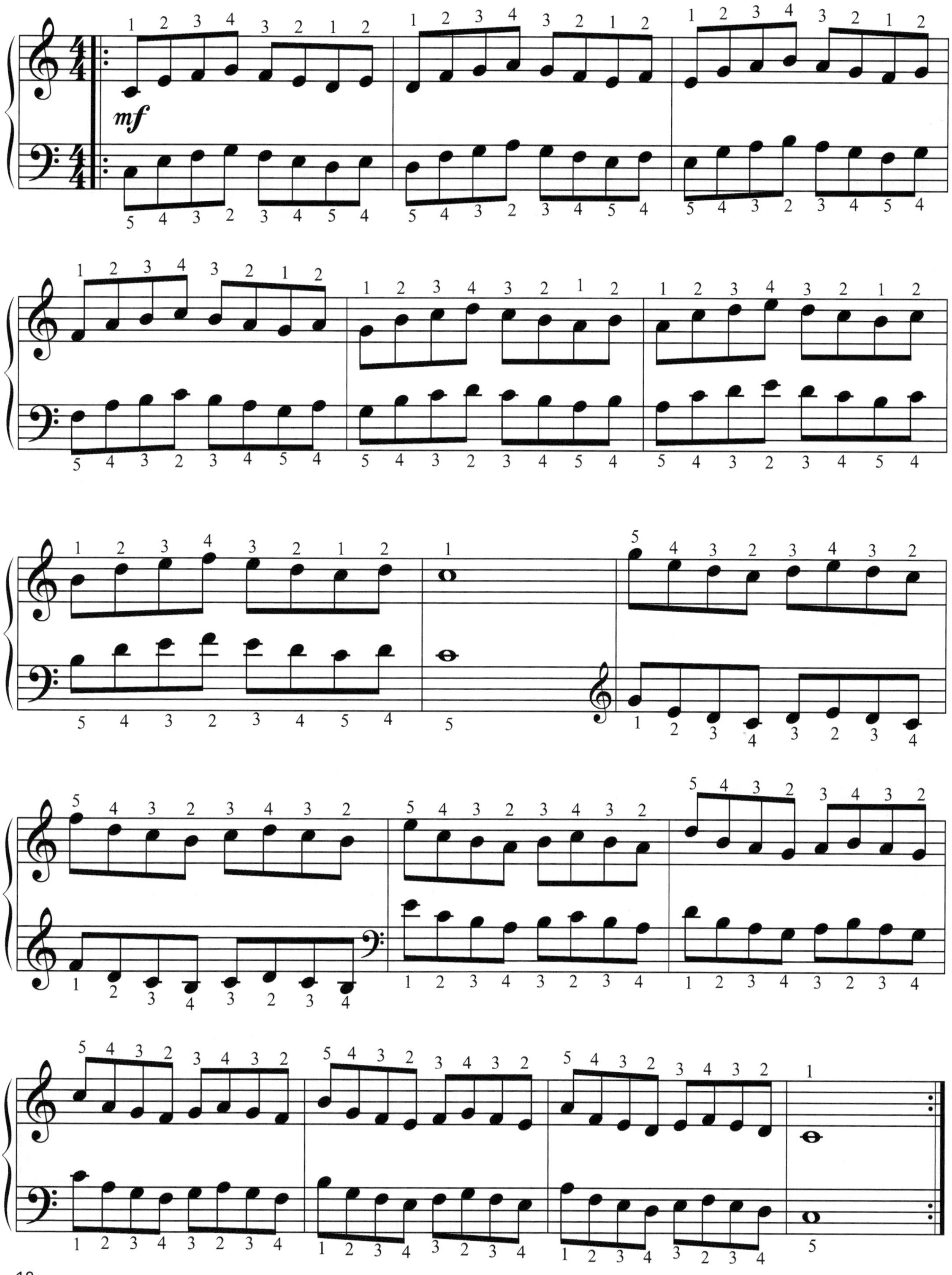

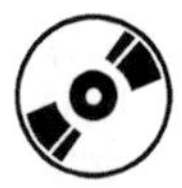

16. Übung mit Achteltriolen und Oktaven

♩= 76-96

Die rechte Hand spielt nun viele Oktaven,
während die linke Hand nur die Grundakkorde A-Moll, G-Dur, F-Dur und E-Dur zu spielen hat.

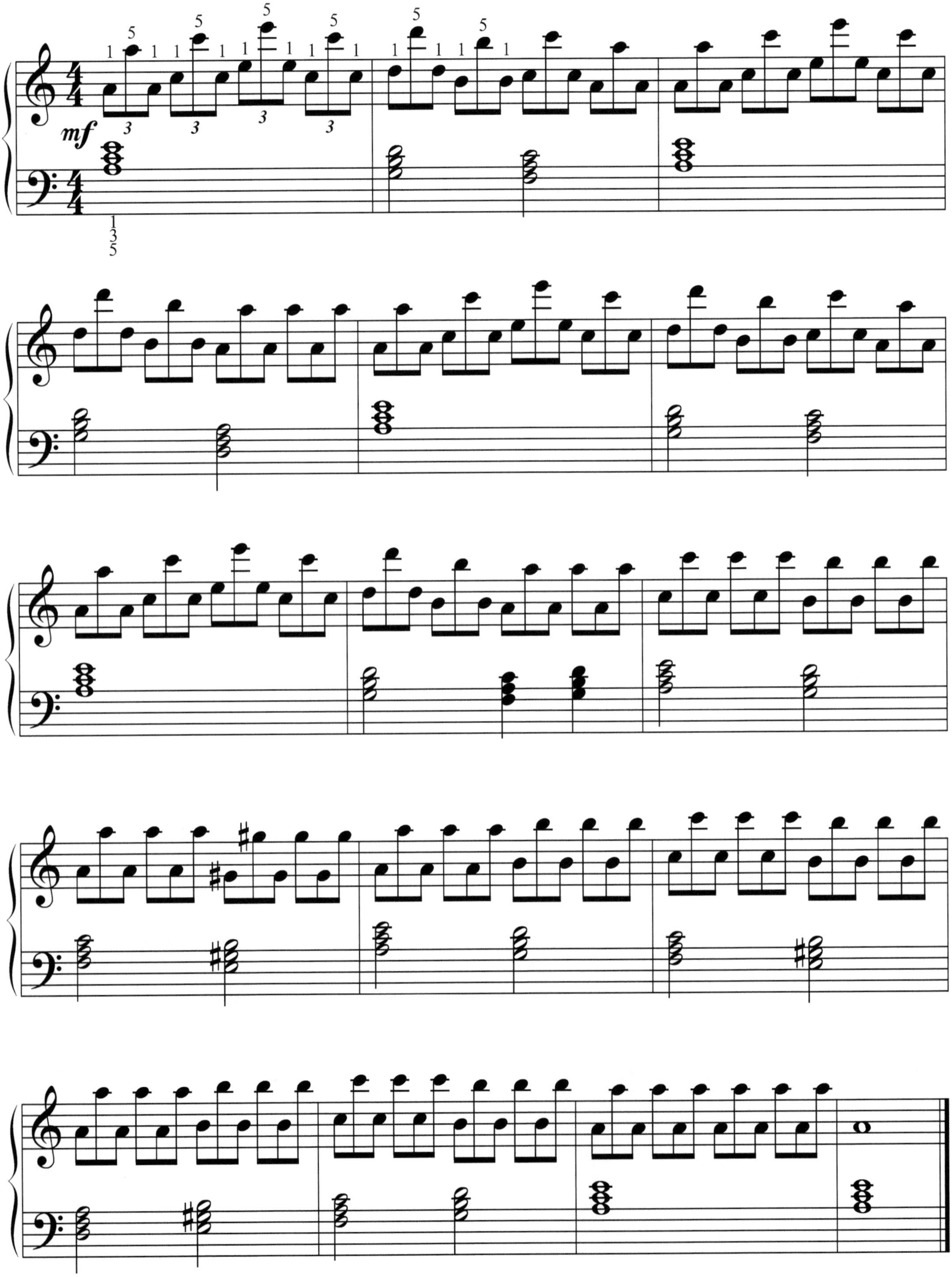

mf

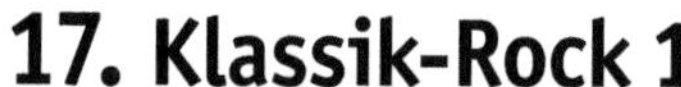

17. Klassik-Rock 1

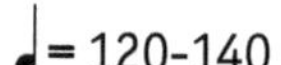

Nun spielt die linke Hand Oktaven. Übe wieder zunächst jede Hand einzeln, danach beidhändig.

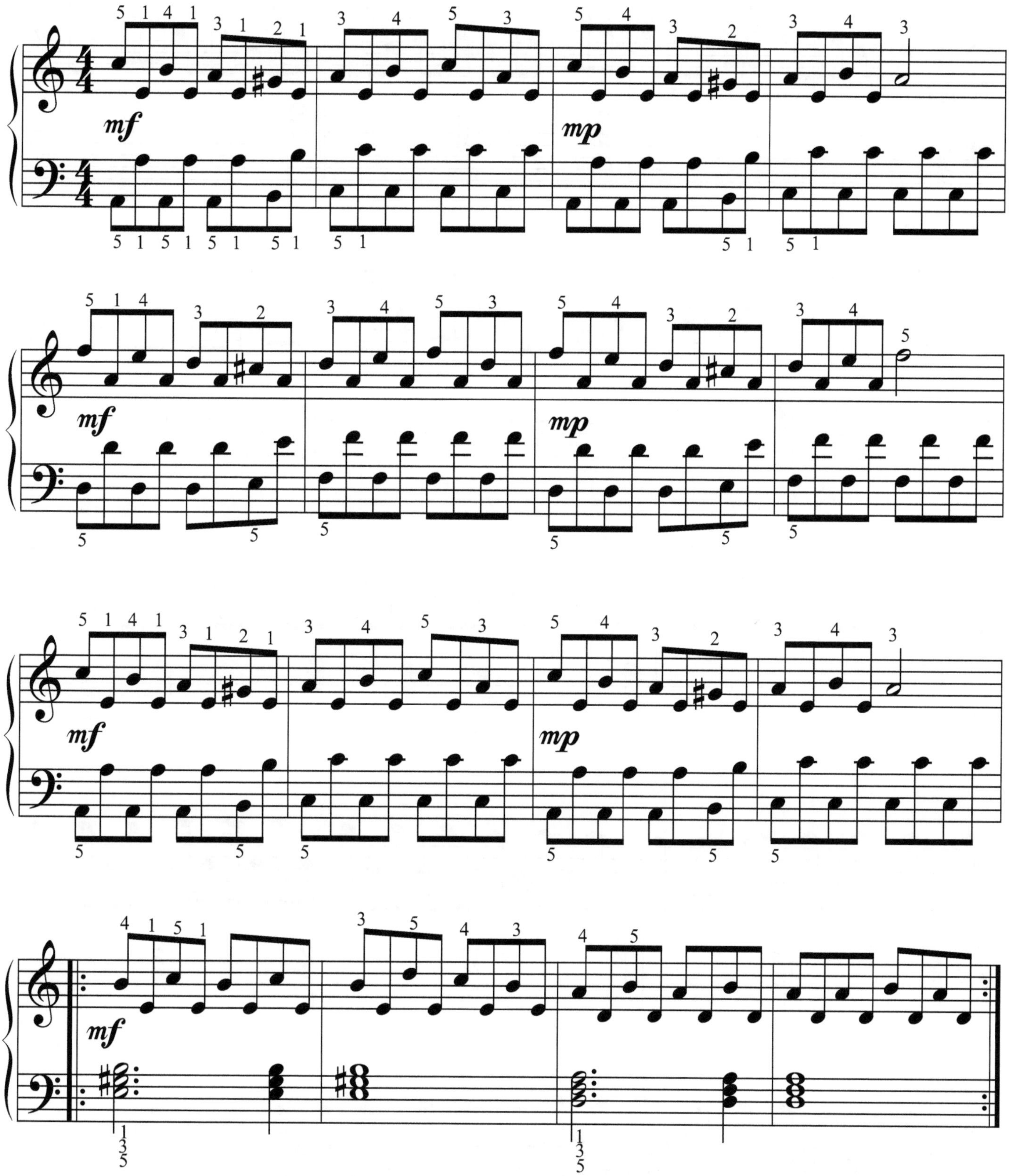

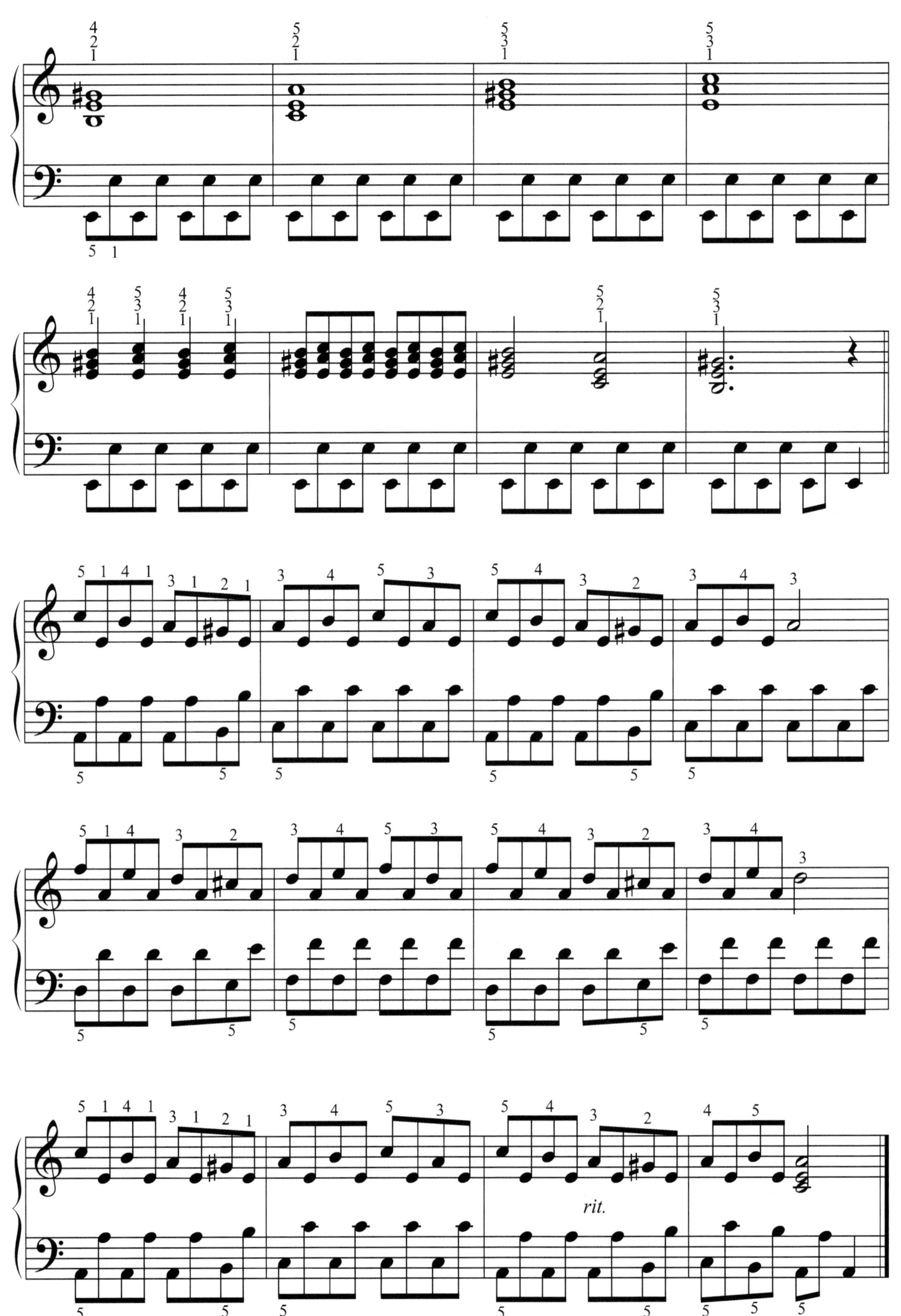
rit.

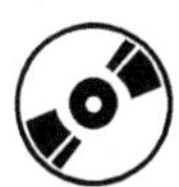

18. Übung in F-Dur

♩. = 70-100

Die nächste Übung wird im 6/8 Takt gespielt. Die Hände werden wieder auf Grundlage der F-Dur-Tonleiter auf- und abwärts verschoben.

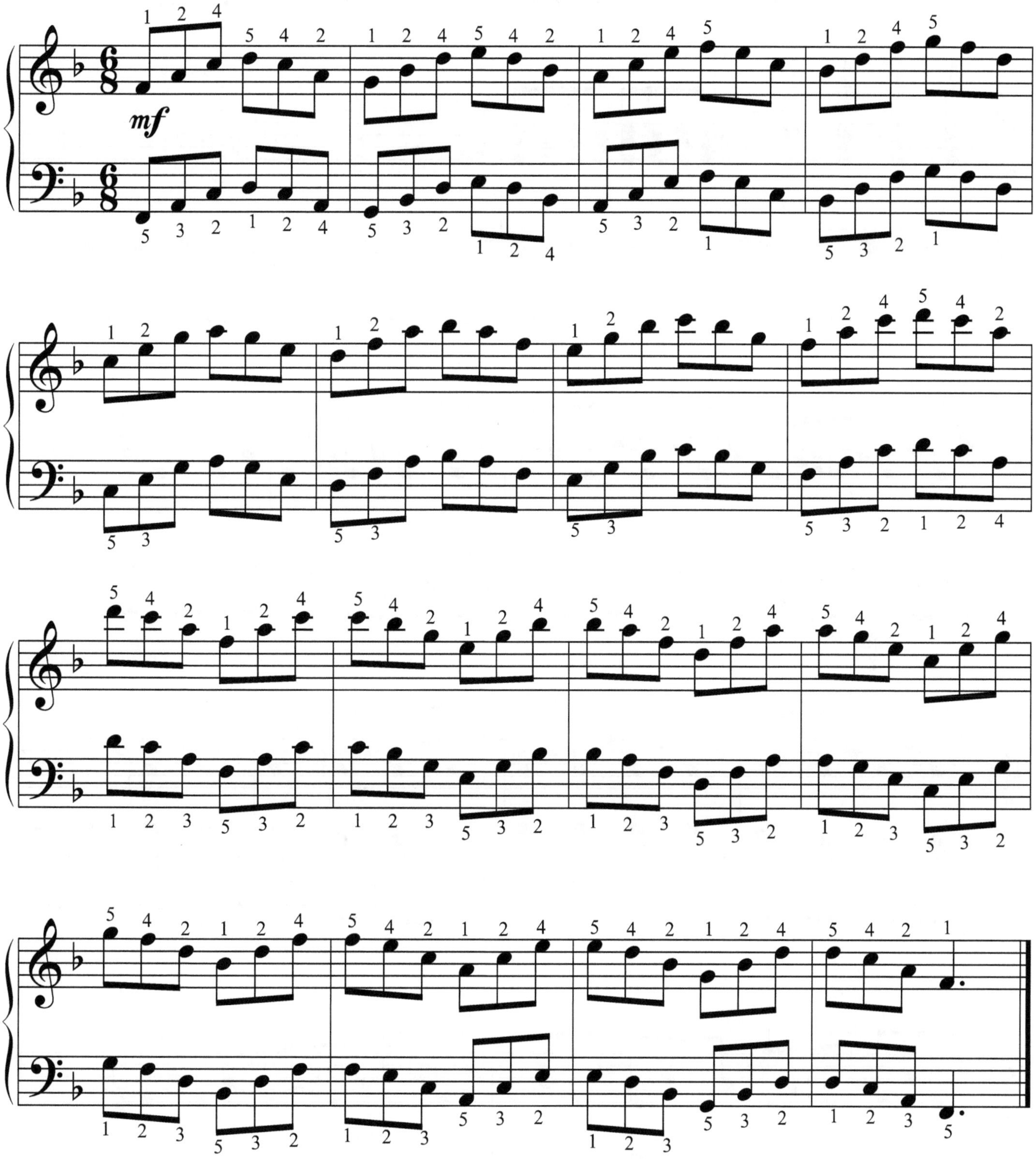

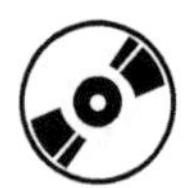

19. Übung mit Sexten in F-Dur

♩= 100-130

Jetzt wird zu Beginn jeden Taktes der Tonabstand einer Sexte gespielt. Dadurch entsteht zwischen dem ersten und fünften Finger eine leichte Spreizung.

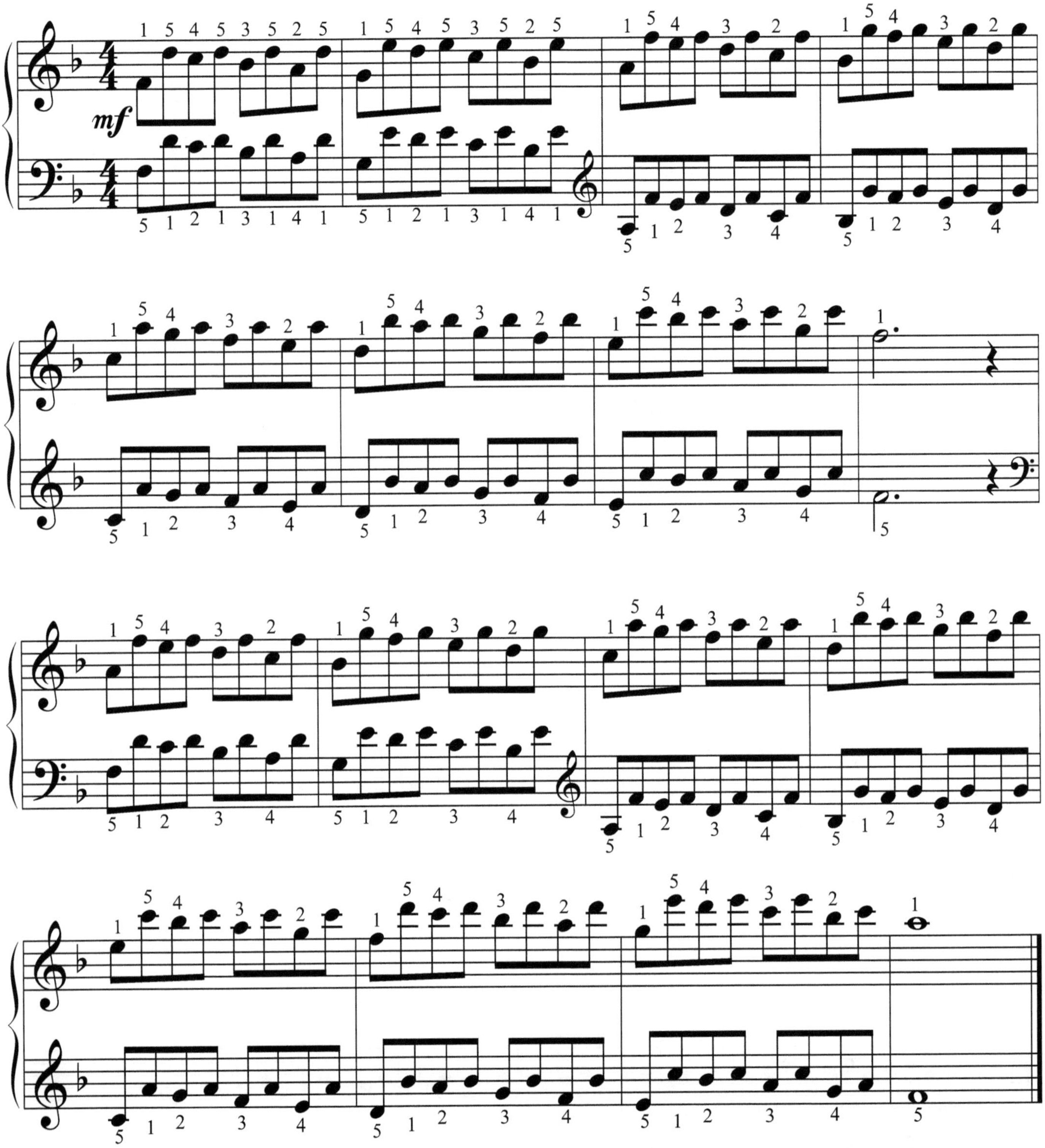

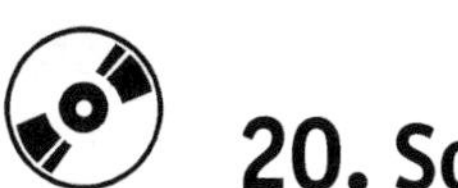

20. Solo

♩= 120-144

In diesem Stück spielt die linke Hand die Akkorde A-Moll, G-Dur, F-Dur, E-Dur. Die rechte Hand spielt ein „Solo" mit Akkordzerlegungen, Achteltriolen und eine Melodie mit Sechzehntelnoten.
Achte auf die Dynamik und die Betonungszeichen.

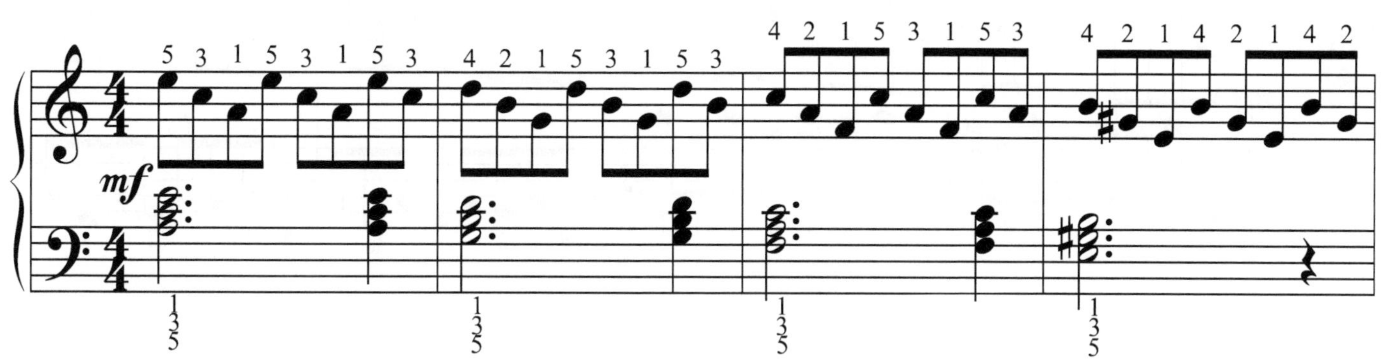

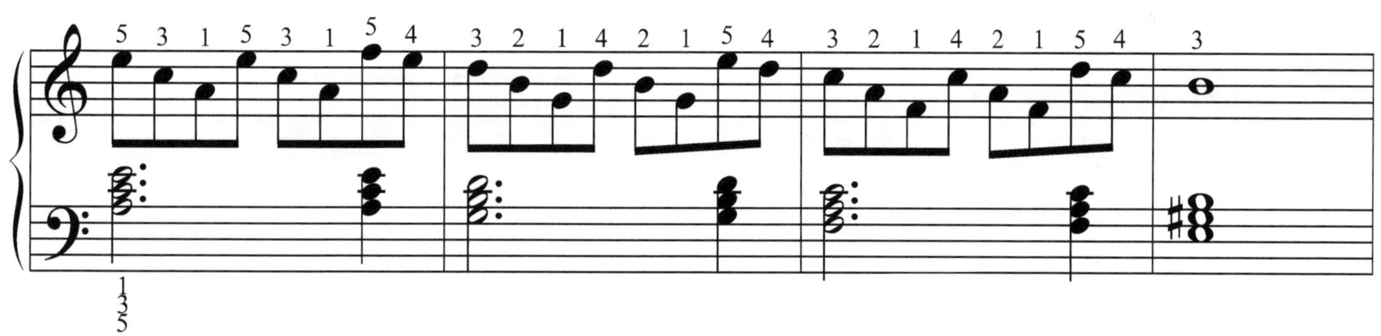

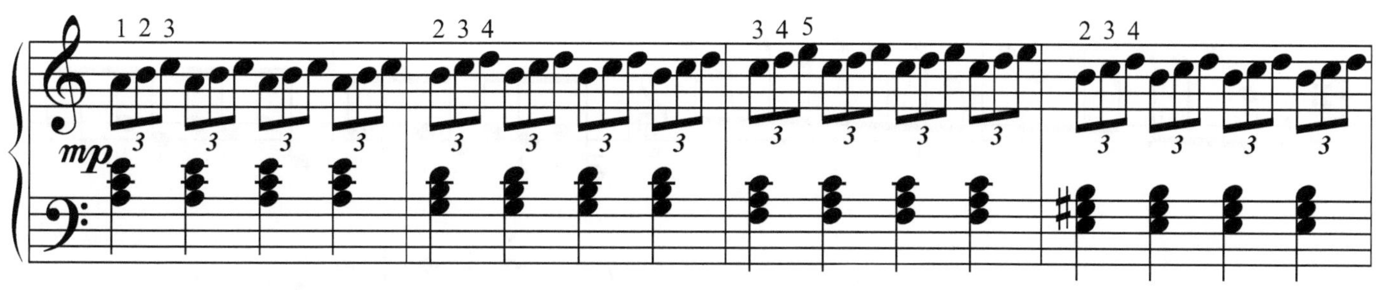

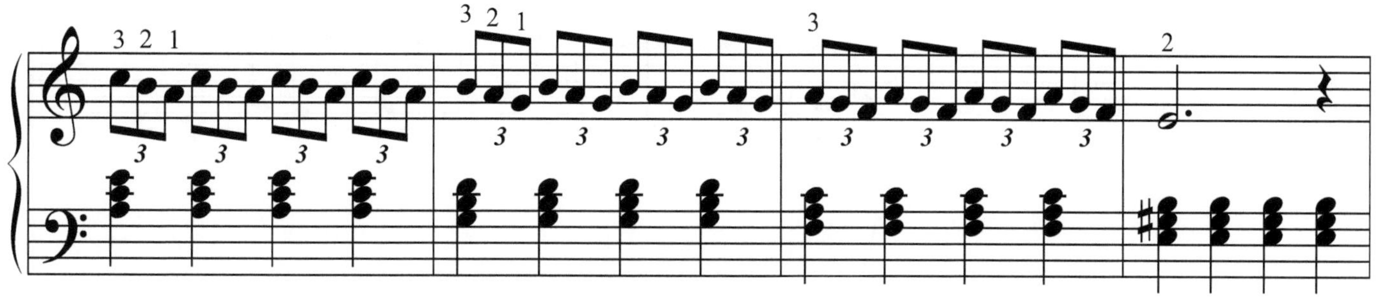

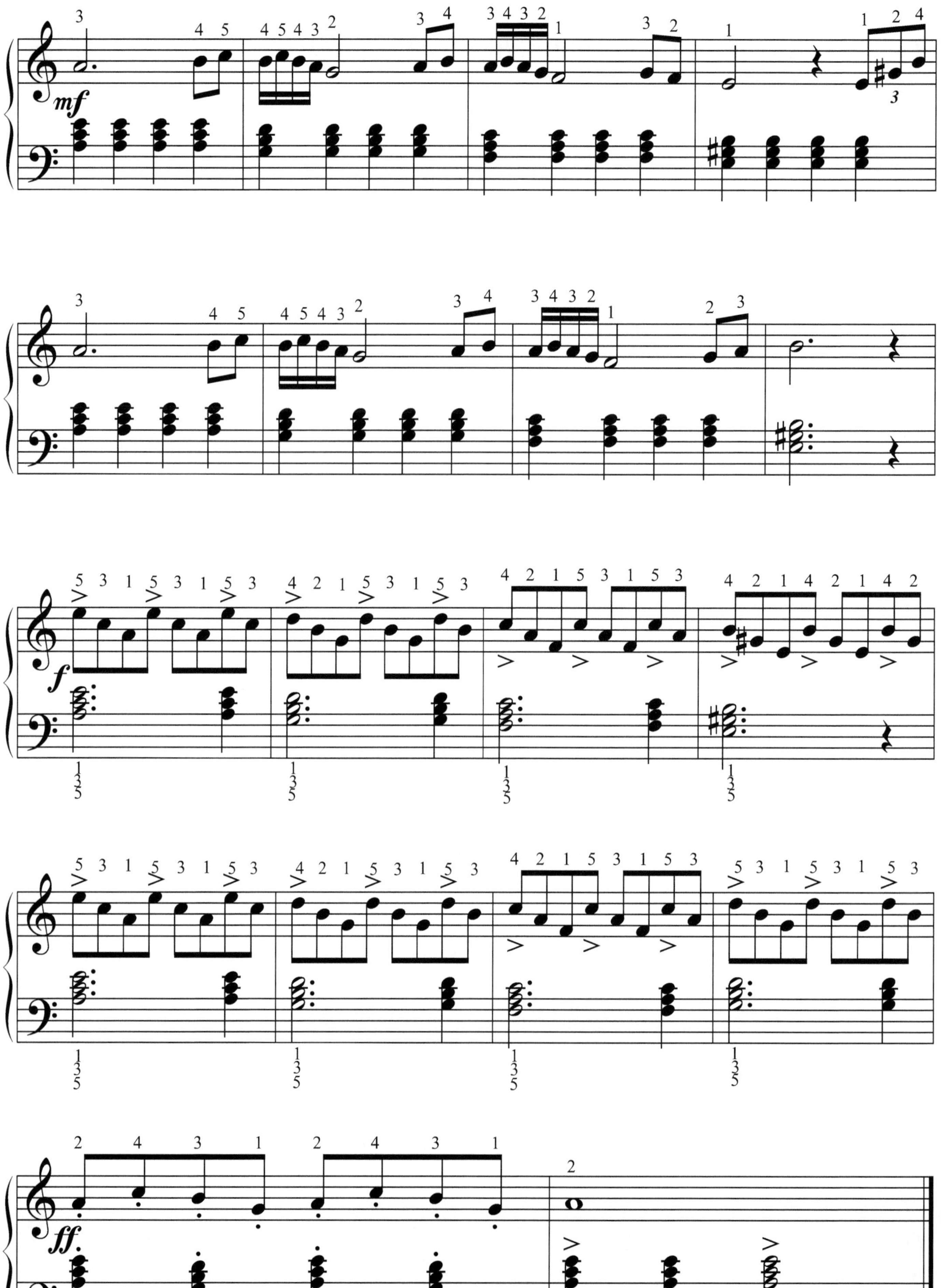
mf
f
ff

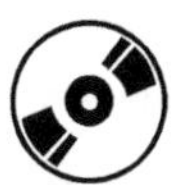

21. Kirchentonleitern und Akkorde in F-Dur

♩= 100-130

Zunächst spielt die rechte Hand die Kirchentonleitern von F-Dur und die linke Hand die Akkorde F-Dur, G-Moll, A-Moll, B-Dur, C-Dur, D-Moll und E vermindert, danach übernimmt die rechte Hand die Akkorde und die linke Hand spielt die Tonleitern.

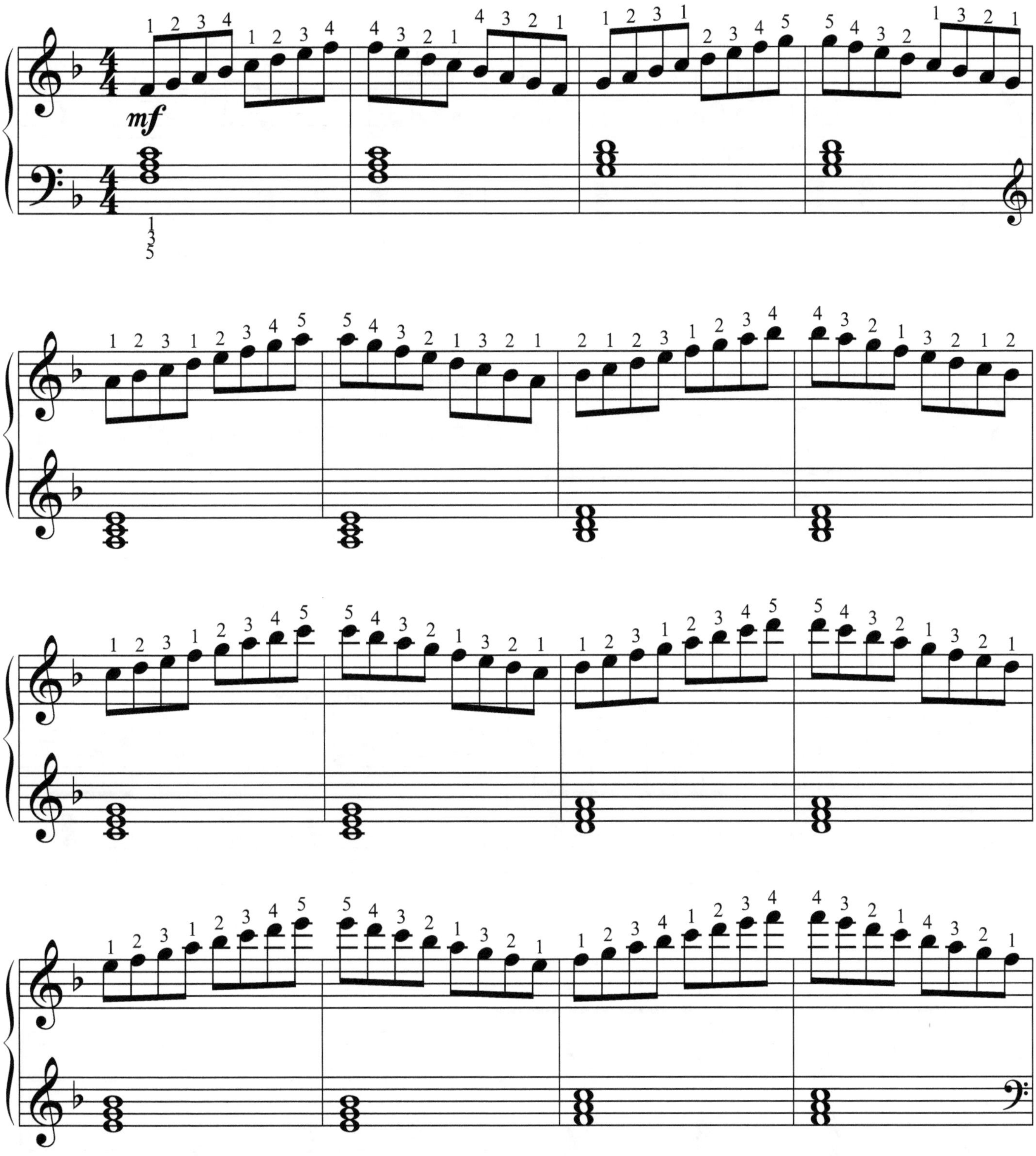

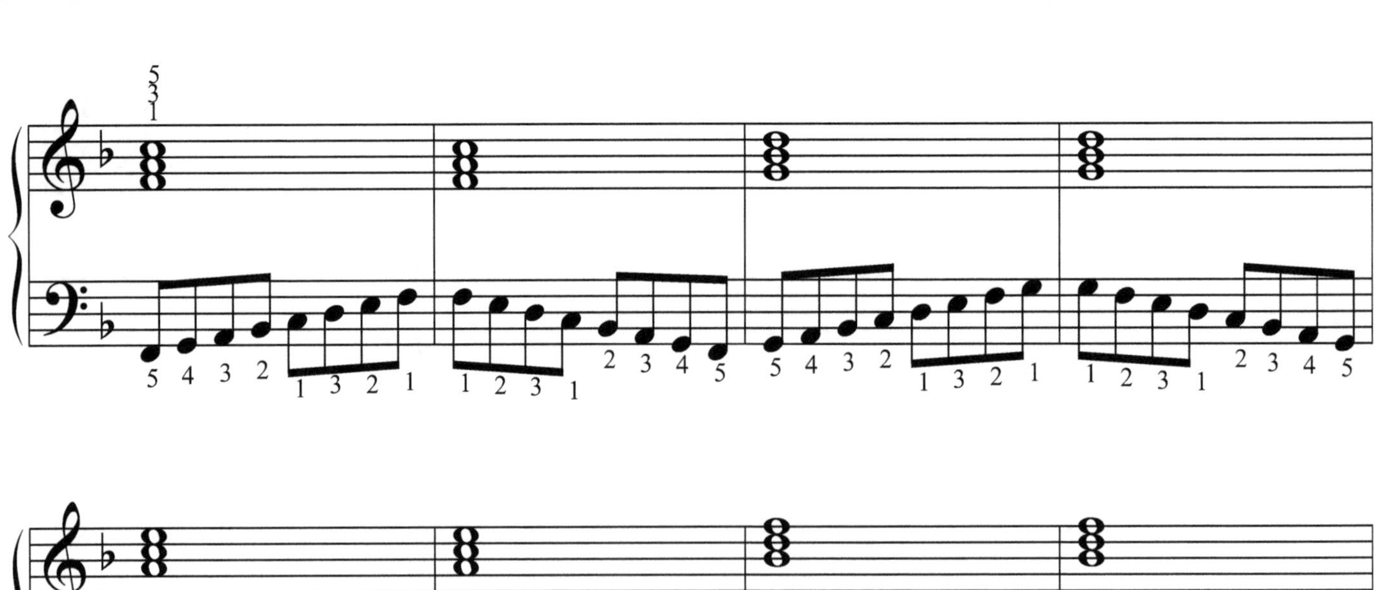

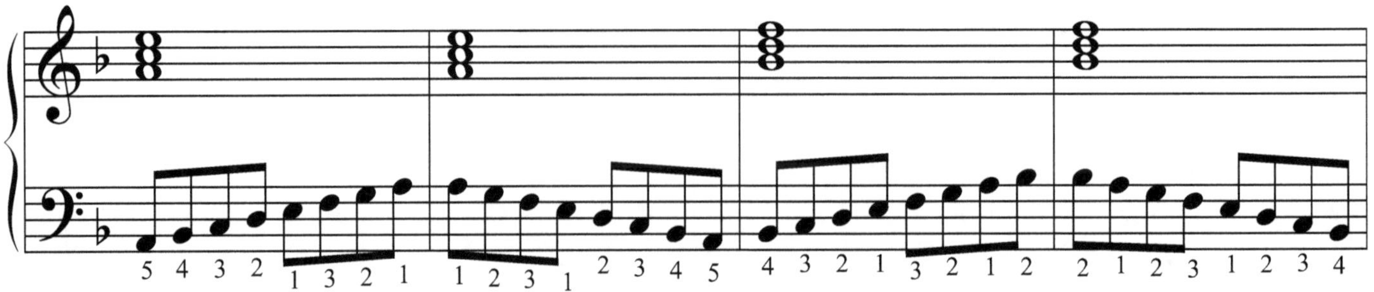

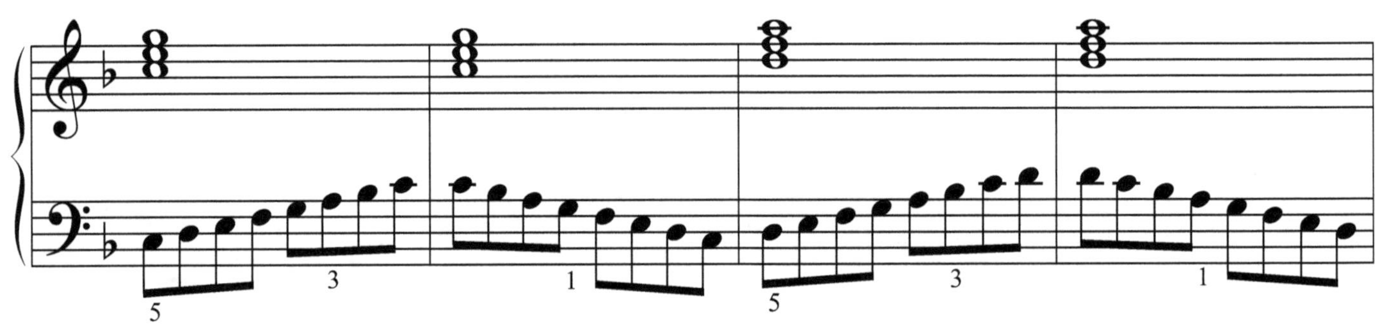

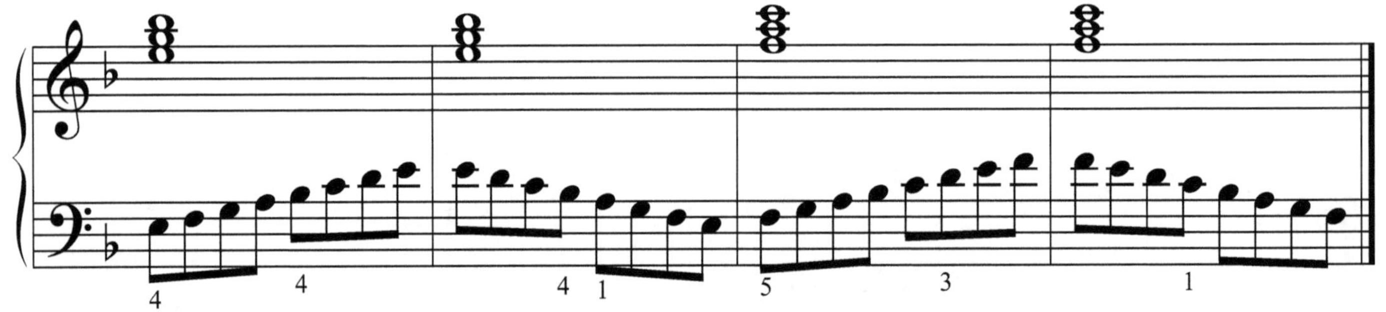

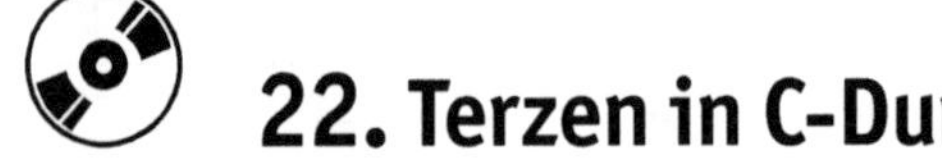

22. Terzen in C-Dur

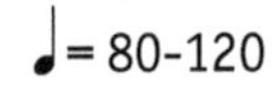

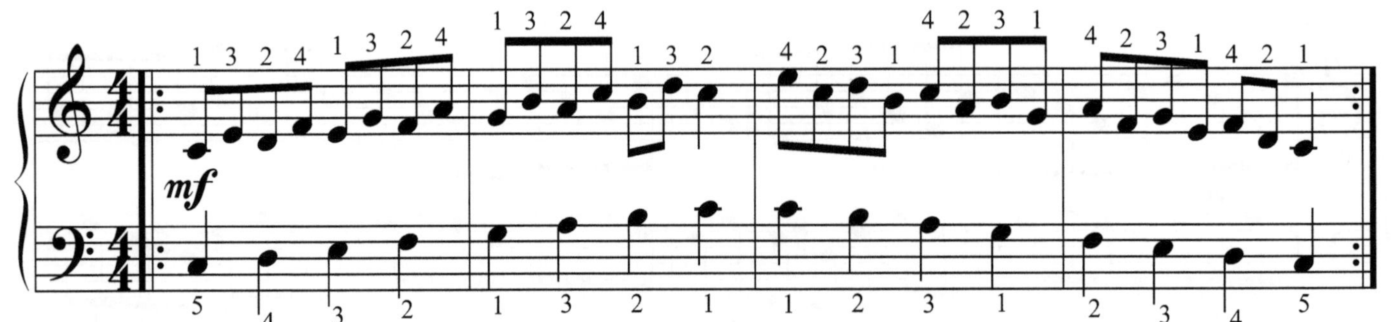

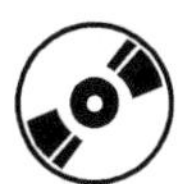

23. Klassik-Rock 2

♩= 130-170

Die linke Hand spielt wieder überwiegend Oktaven und die rechte Hand Akkordzerlegungen.

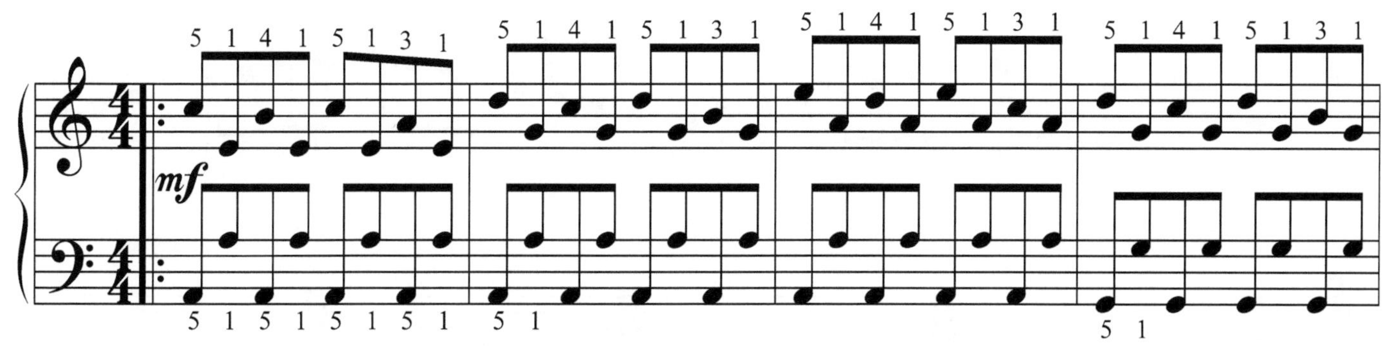

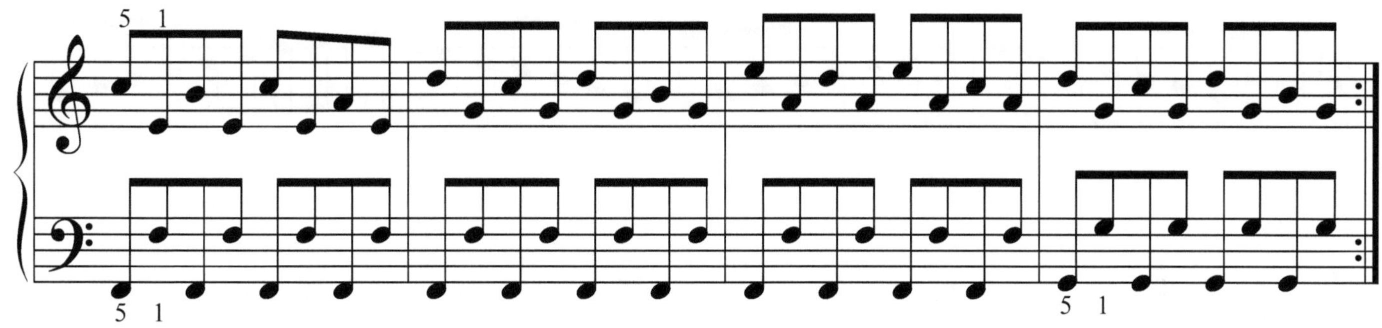

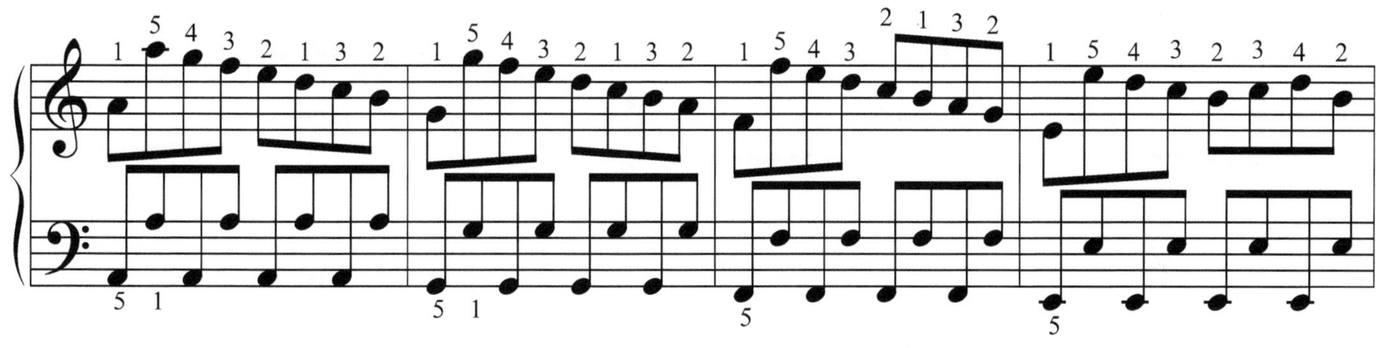

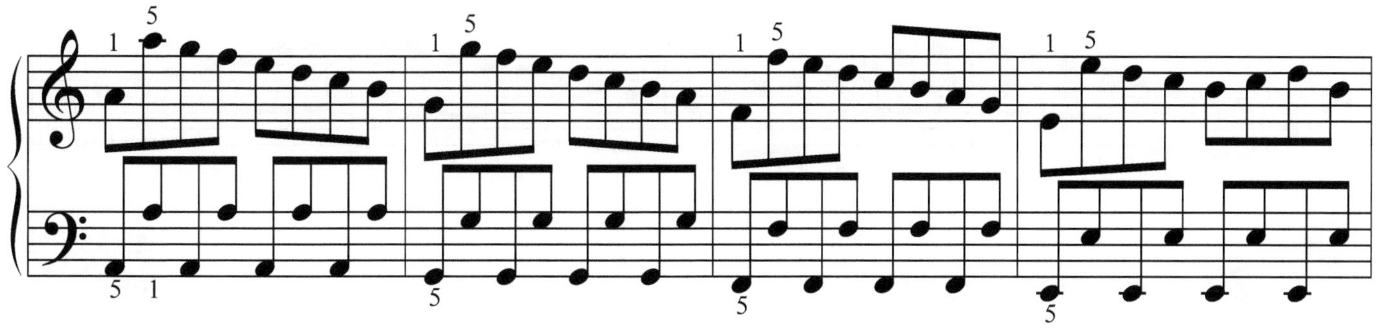

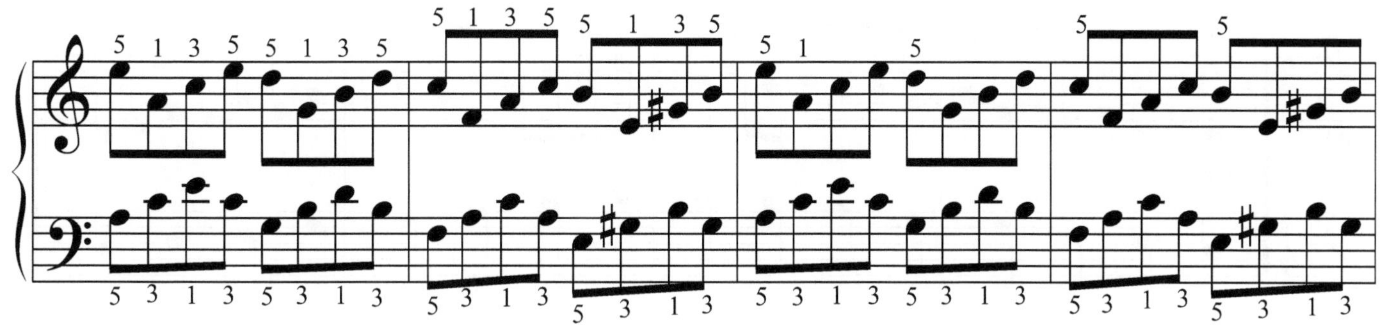

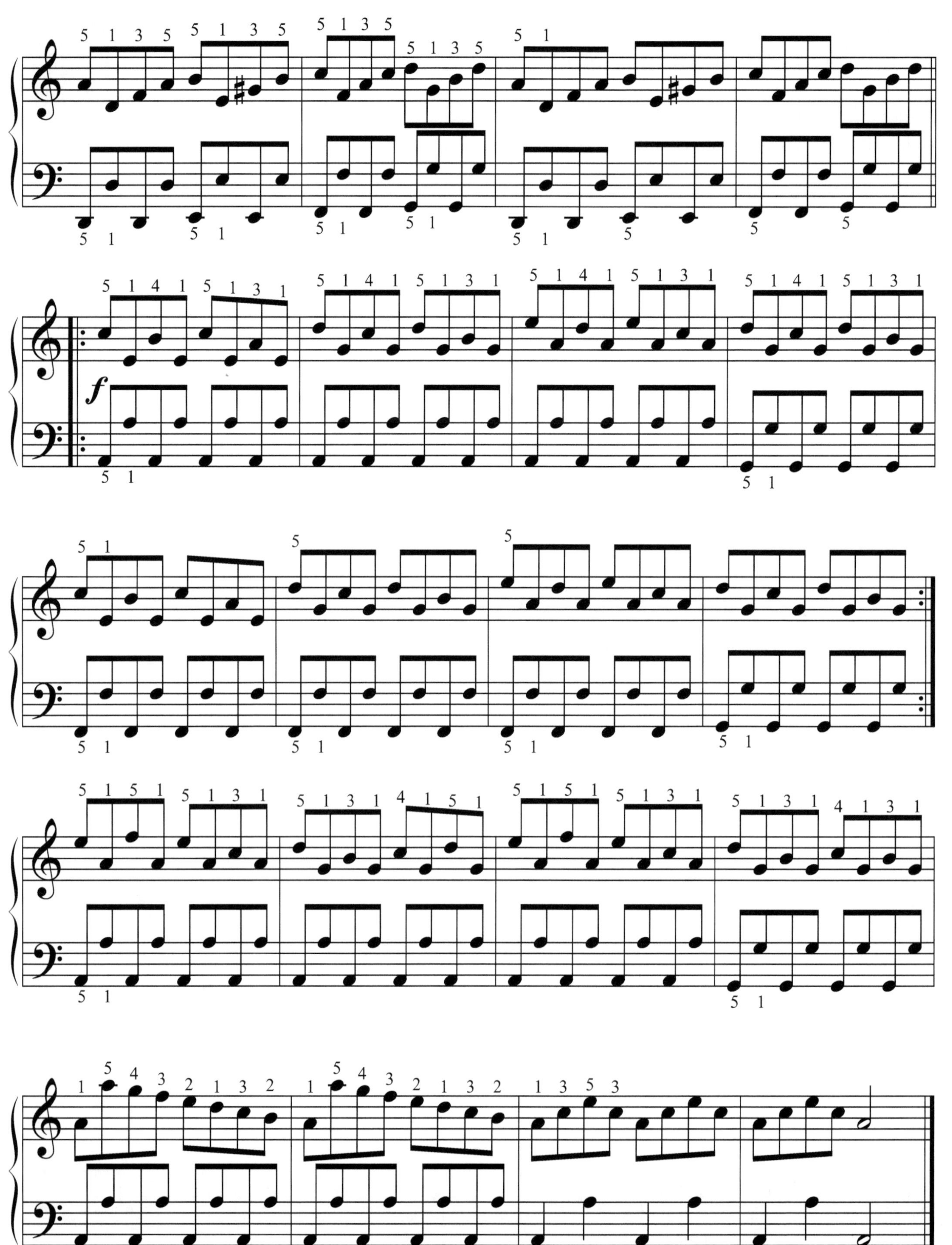

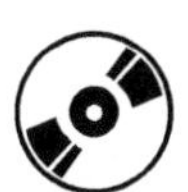

24. Präludium in A-Moll

♩= 130-150

In dieser Übung beginnen beide Hände mit Achtelnoten. Dann spielt die rechte Hand Akkordzerlegungen und die linke Hand begleitet mit Halben Noten.

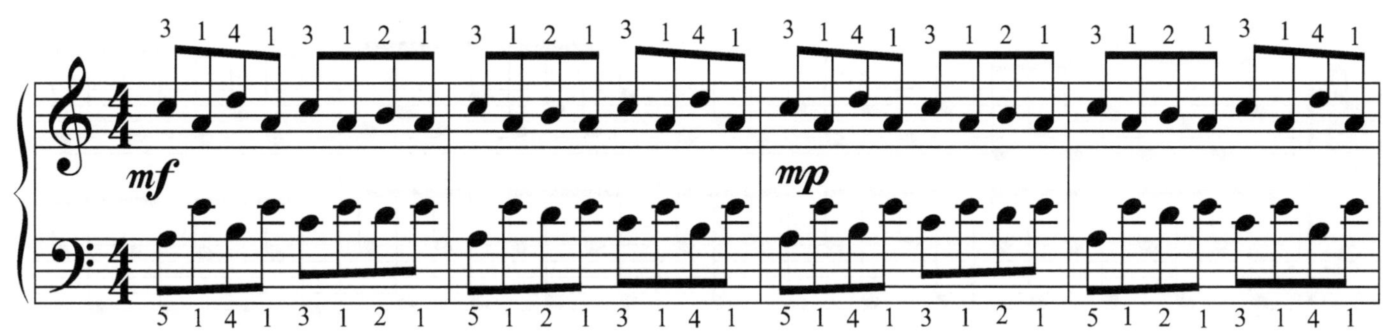

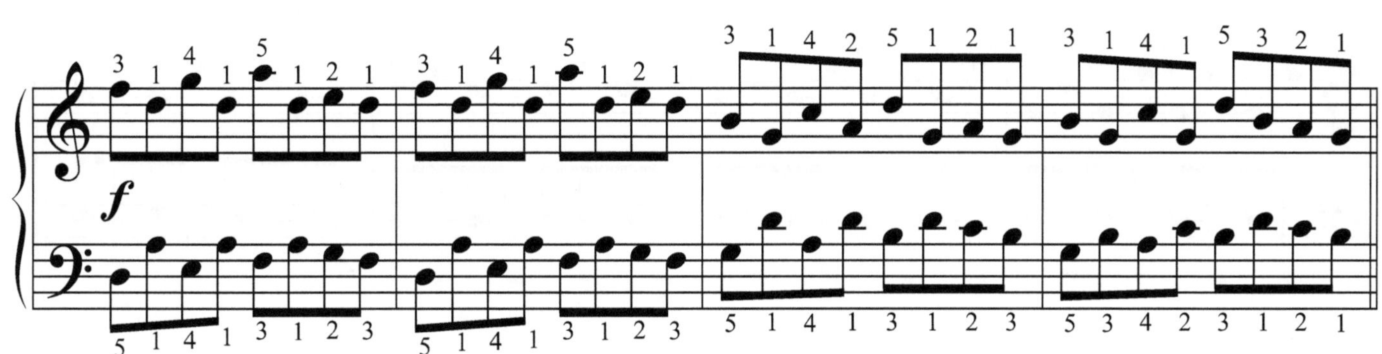

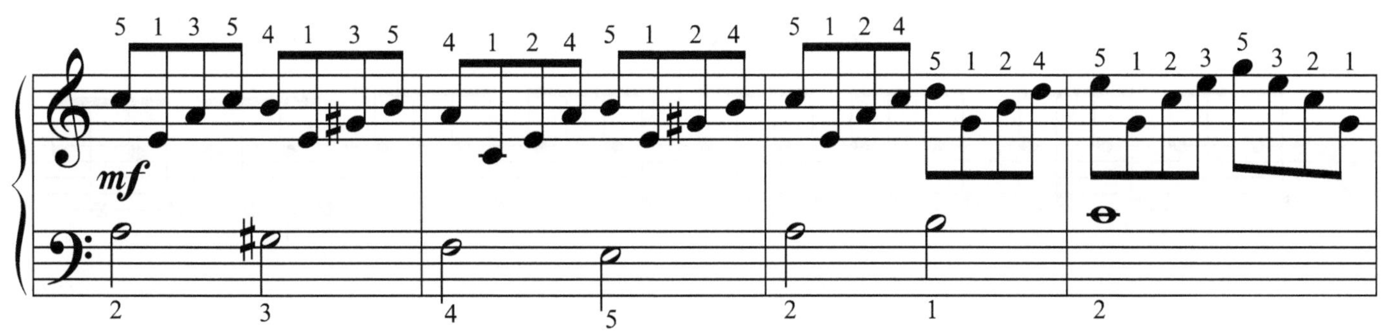

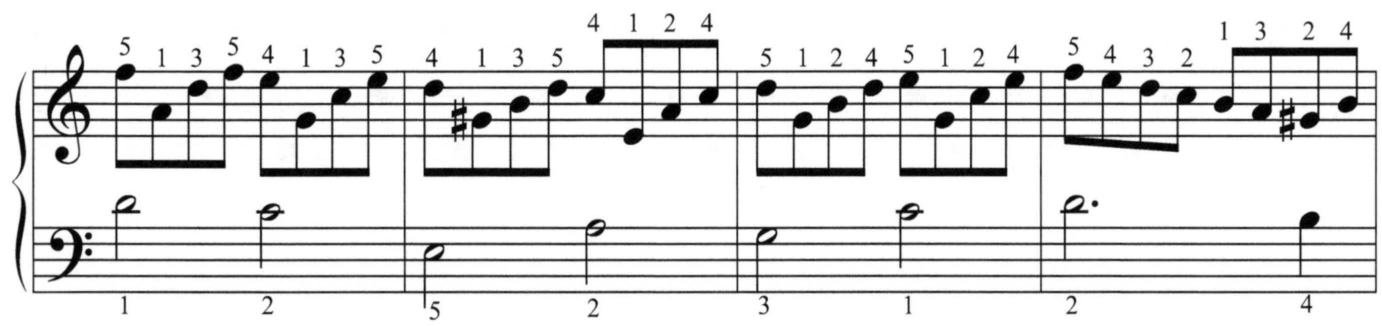

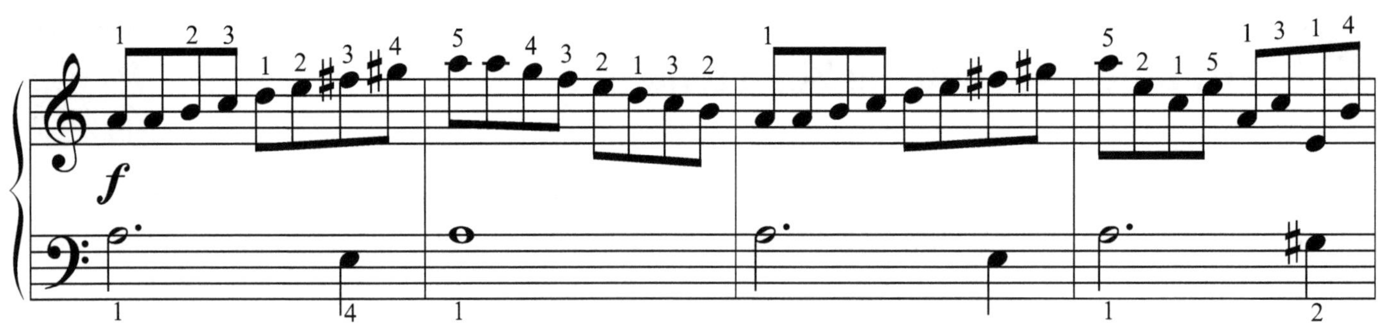

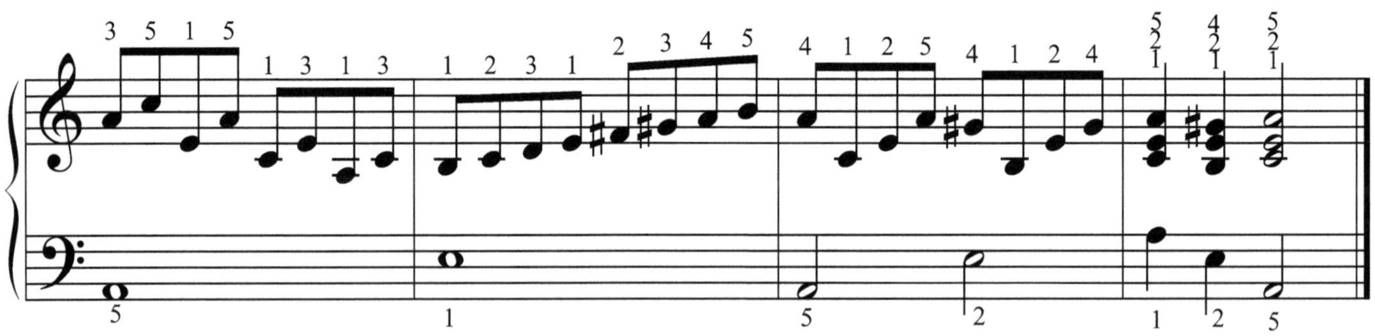

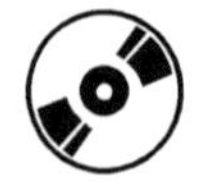

25. Sechzehntel-Noten in G-Dur

♩= 60-72

Beachte das **fis**!

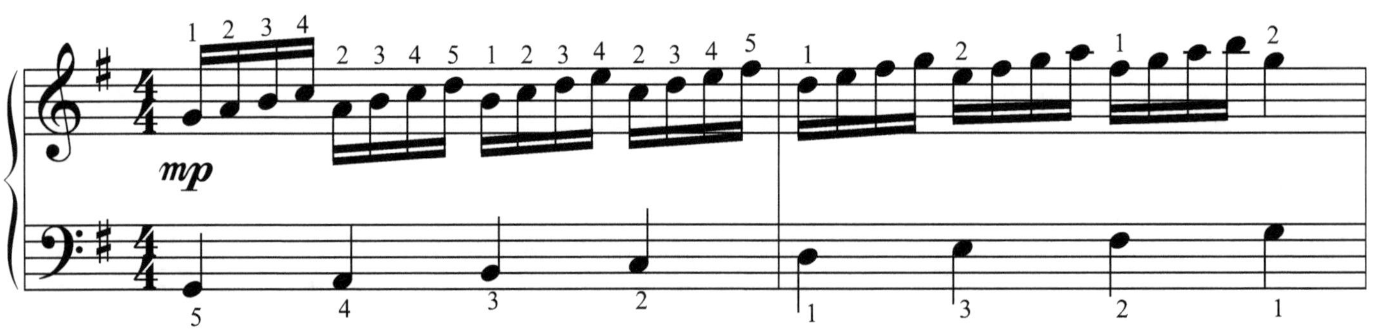

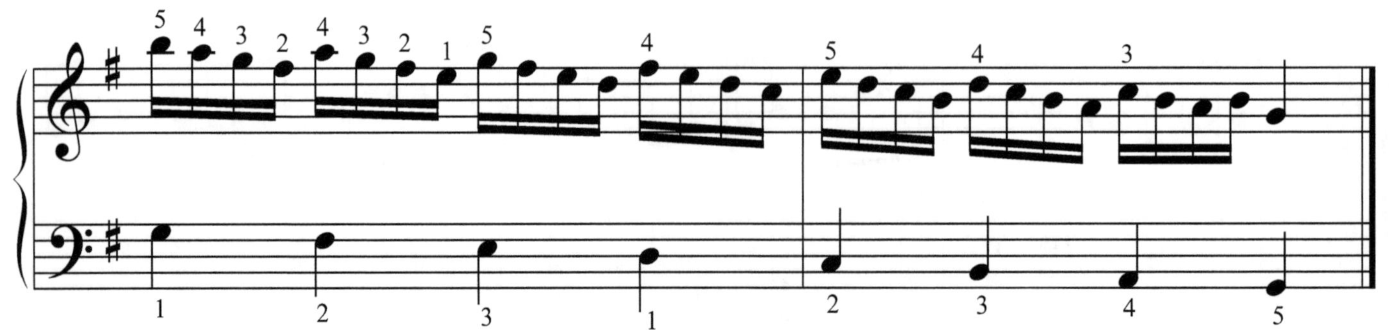

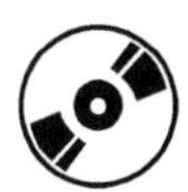

26. Bluesrock und die Bluestonleiter

♩= 90-110

Die linke Hand spielt jetzt die Quinten: **c** und **g**, **es** und **b**, **f** und **c** sowie **as** und **es**. Die rechte Hand spielt zunächst eine Melodie aus den Tönen der C-Bluestonleiter, danach wird die Bluestonleiter über eine Oktave und über zwei Oktaven geübt.

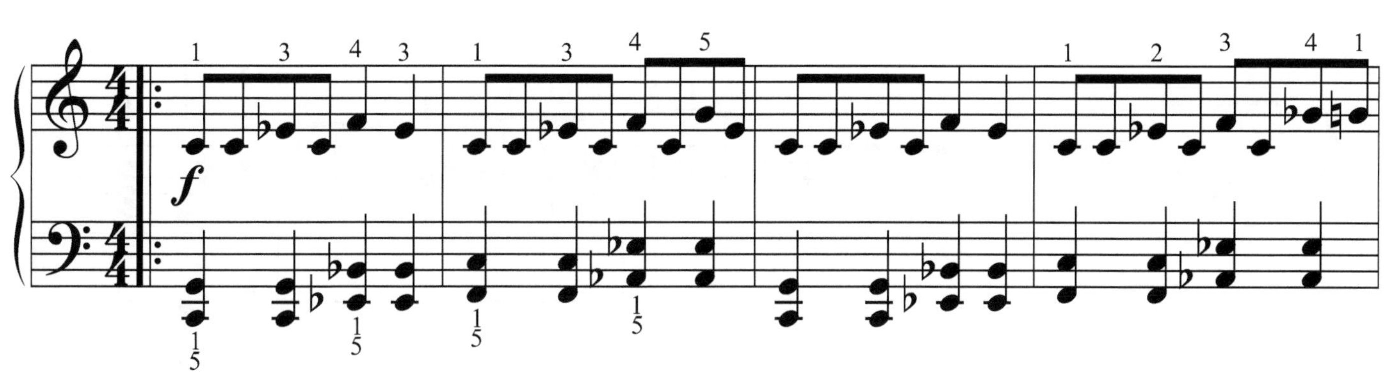

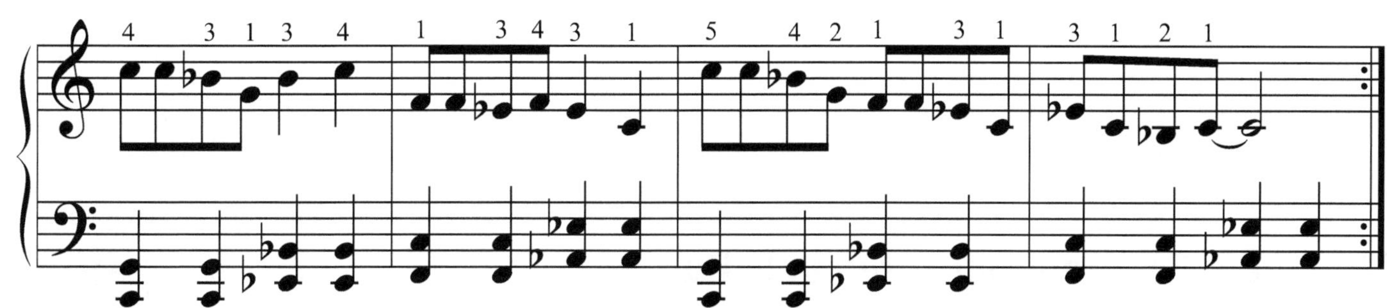

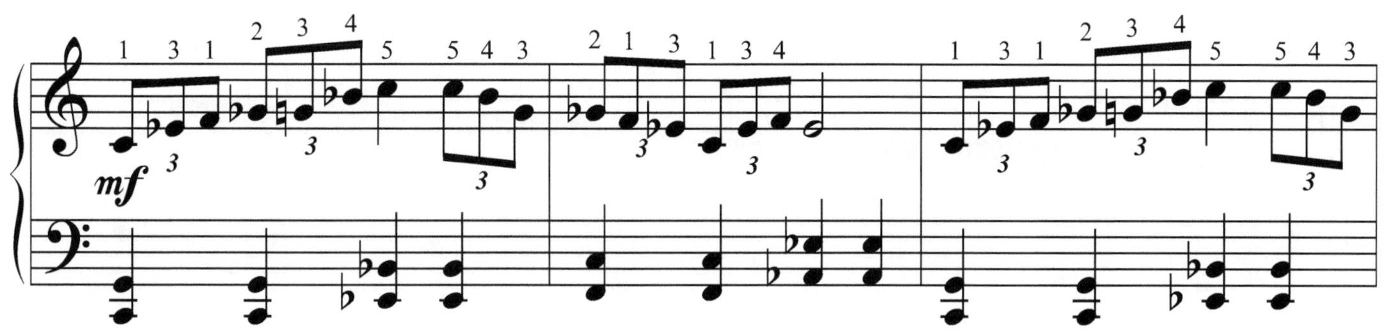

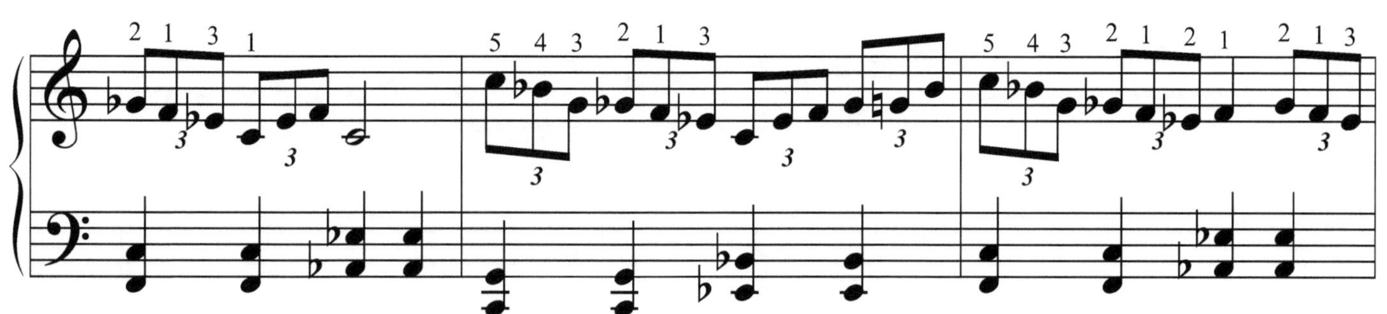

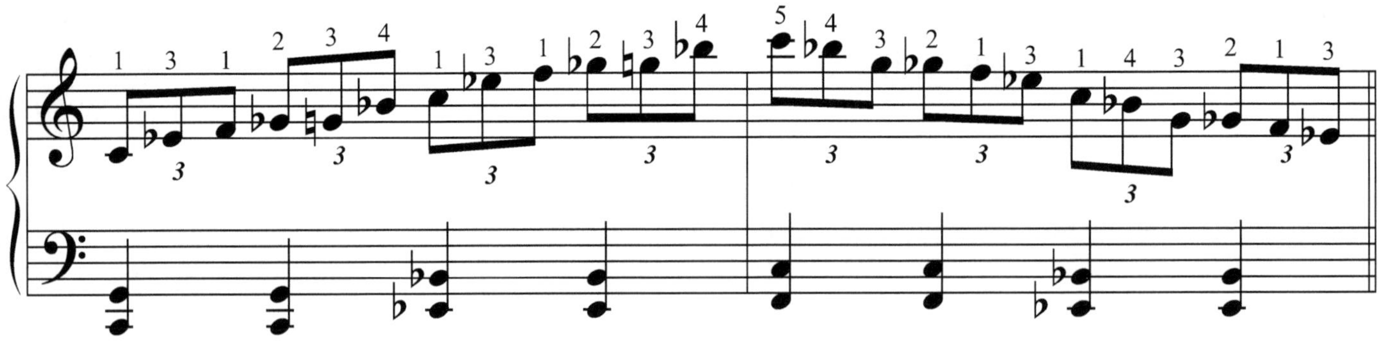

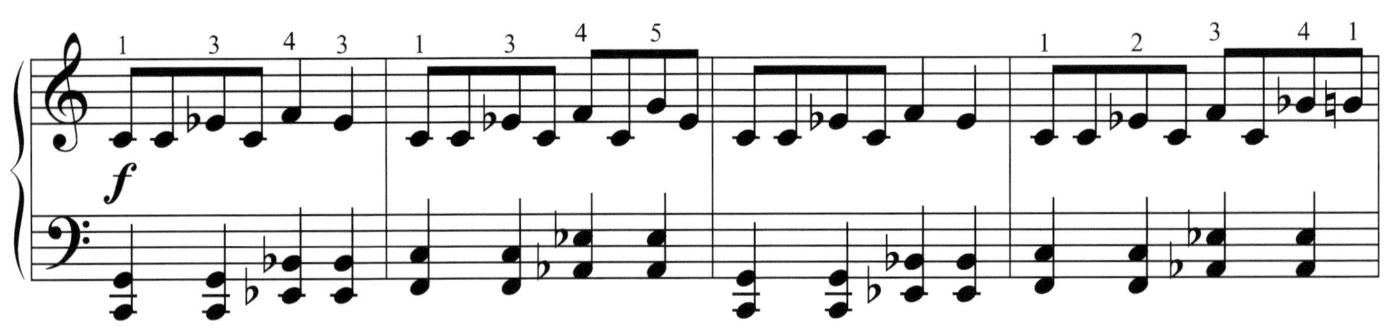

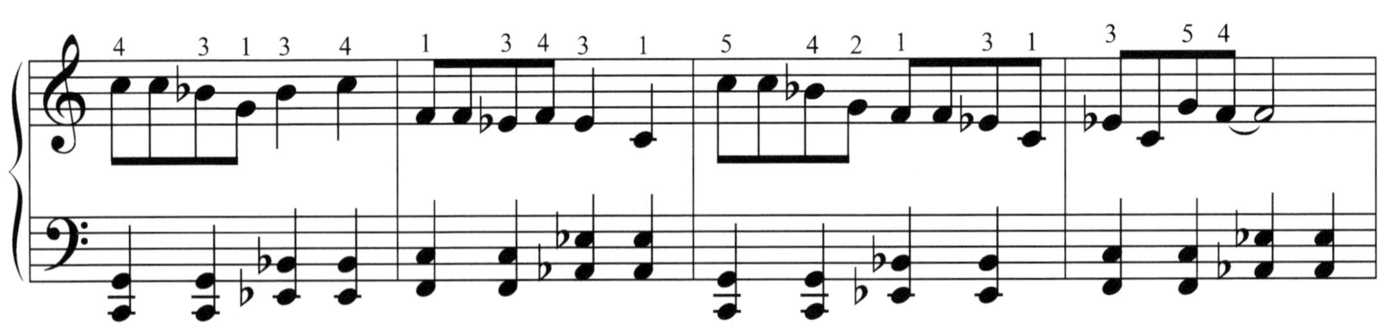

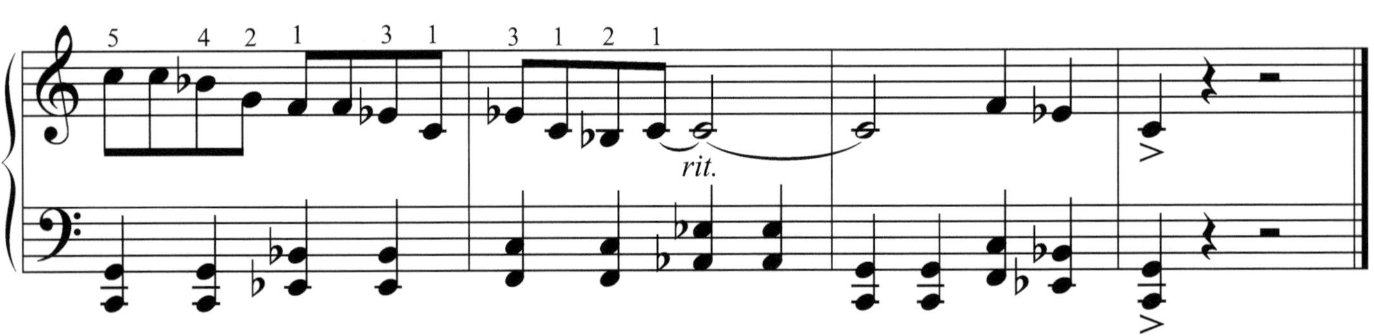
rit.

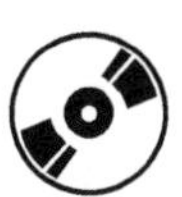

27. Präludium von Bach

♩= 80-100

Zum Abschluss von ***Meine besten Fingerübungen*** haben wir es nun mit einem anspruchsvollen Präludium aus dem „Wohltemperierten Klavier - Band 1" von Johann Sebastian Bach zu tun. Das Stück ist im Original einen Ton tiefer in C-Moll geschrieben und wesentlich länger. Um diese Musik näher zu bringen, ist diese Version in der etwas leichteren Tonart D-Moll geschrieben und gekürzt.

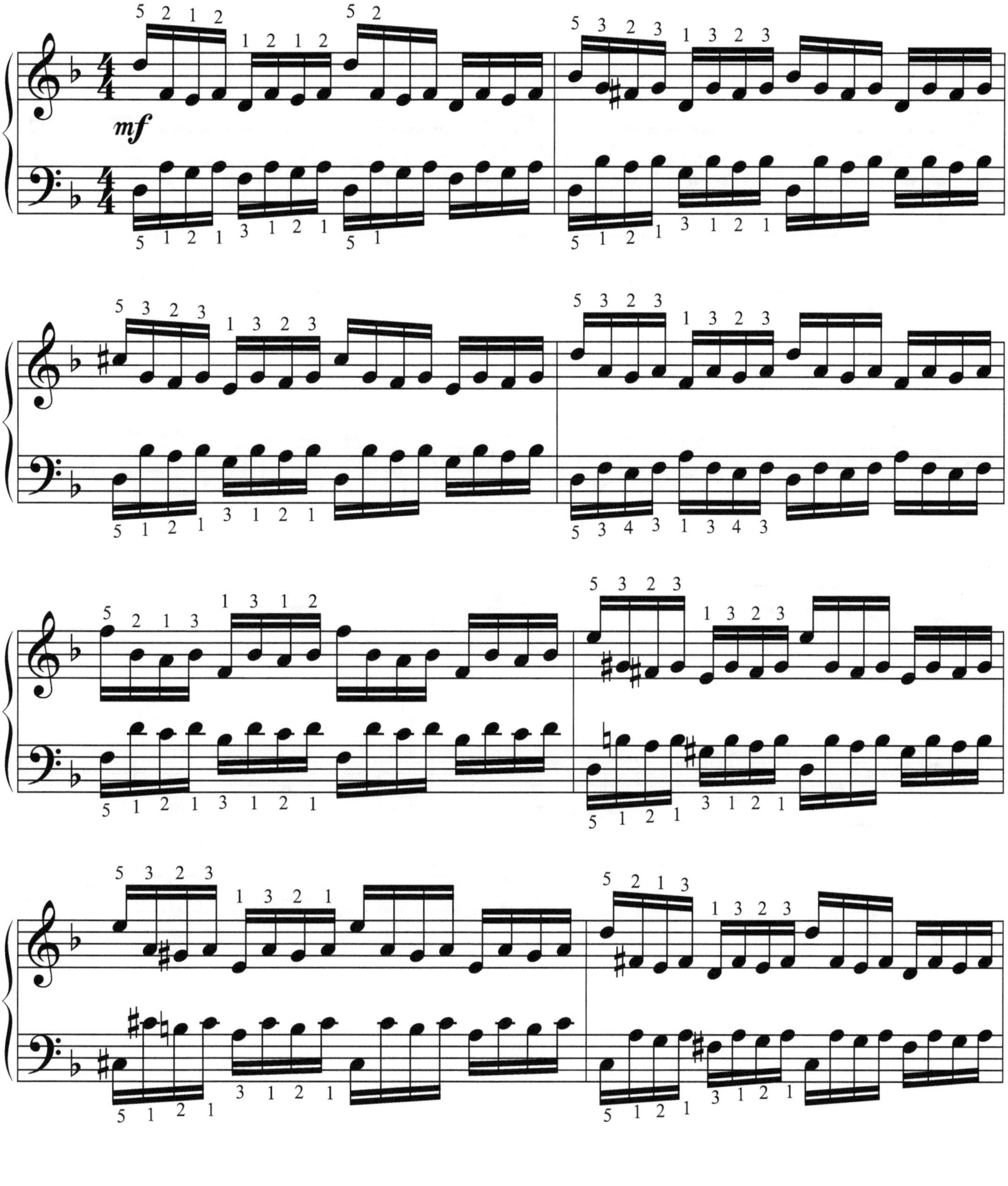

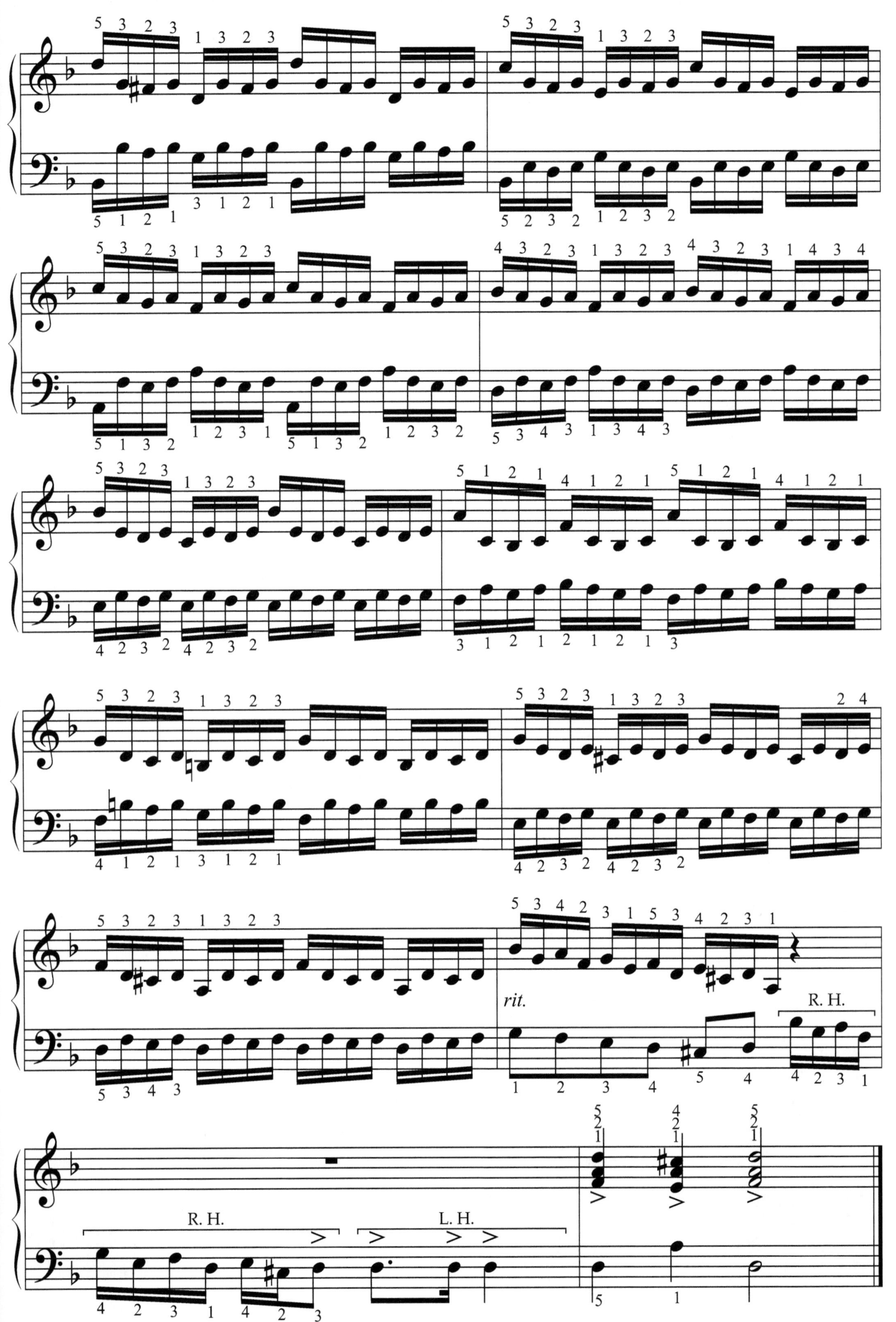
rit.
R. H.
R. H.
L. H.